CURSO DE DIREITO POLICIAL

Aldo Ribeiro Britto

Mestre e Bacharel em Direito pela
Universidade Federal da Bahia (UFBA)
Especialista em Direito do Estado pelo Juspodivm
Professor de cursos de pós-graduação no âmbito do Direito Público
Delegado de Polícia Federal

CURSO DE
DIREITO
POLICIAL

Freitas Bastos Editora

Copyright © 2022 by Aldo Ribeiro Britto

Todos os direitos reservados e protegidos pela Lei 9.610, de 19.2.1998. É proibida a reprodução total ou parcial, por quaisquer meios, bem como a produção de apostilas, sem autorização prévia, por escrito, da Editora.

Direitos exclusivos da edição e distribuição em língua portuguesa:

Maria Augusta Delgado Livraria, Distribuidora e Editora

Editor: *Isaac D. Abulafia*

Capa e Diagramação: *Jair Domingos de Sousa*

DADOS INTERNACIONAIS DE CATALOGAÇÃO NA PUBLICAÇÃO (CIP) DE ACORDO COM ISBD

B862c

Britto, Aldo Ribeiro
Curso de Direito Policial / Aldo Ribeiro Britto. – Rio de Janeiro, RJ: Freitas Bastos, 2022.

672 p. ; 16cm x 23cm.

Inclui bibliografia e índice

ISBN: 978-65-5675-095-8

1. Direito. 2. Direito Policial. I. Título.

2022-97   CDD 341.413   CDU 347.963

Elaborado por Vagner Rodolfo da Silva – CRB-8/9410

Índice para catálogo sistemático:
1. Direito Policial 341.413
2. Direito Policial 347.963

Freitas Bastos Editora

atendimento@freitasbastos.com
www.freitasbastos.com

Dedico este livro à memória do meu querido pai que pôde, ainda em vida, presenciar a redação das suas primeiras linhas; à minha amada filha, por ter me brindado com sua vida, quando da redação das suas últimas linhas; e à minha igualmente amada esposa, pelo seu apoio ao longo de toda jornada.

APRESENTAÇÃO

De todas as formas de controle que o Estado dispõe para efetivação de um ordenamento jurídico, certamente a polícia é a sua expressão mais elementar e presente na vida cotidiana de uma sociedade.

No Brasil, temas relacionados à polícia estão cada vez mais em voga, tendo em vista a escalada da corrupção e da violência nos centros urbanos e a aparente ineficiência da administração pública em manter a ordem e tornar a persecução penal efetiva, o que tem suscitado frequentes debates entre juristas, sociólogos (em especial, aqueles que lidam com criminologia), historiadores, policiais, políticos e demais interessados no tópico denominado "segurança pública".

Todavia, no plano jurídico, nota-se um nítido descompasso entre o estudo da polícia no Brasil e a importância do tema. As escassas obras da primeira metade do século passado como *Do Direito Policial*, do então Desembargador do Tribunal de Justiça do Paraná Antônio de Paula [1943?], e *Tratado de Polícia*, de João Francisco da Cruz (1932), praticamente não foram sucedidas após o até hoje em vigor Código de Processo Penal de 1941. Tal diploma, ao concentrar disposições legais sobre polícia judiciária, propiciou a dicotomização dos supervenientes estudos sobre a polícia, de forma a encontrar-se parcialmente contemplada em obras no âmbito direito processual penal, e administrativo, ambos sem o devido aprofundamento em sua normatização.

No entanto, a polícia, enquanto objeto de estudo, extravasa o direito administrativo ou processual penal para ganhar conotação juridicamente transdisciplinar.

Por sua vez, tal cenário propiciou que a relevância da polícia nos estudos jurídicos permanecesse diminuída, com as pesquisas sobre a matéria carecendo de abrangência e coesão sistêmica, não sendo exagerado afirmar que esta, em diversos dos seus aspectos, é praticamente uma ilustre desconhecida, sendo, na maior parte das vezes, sobejamente incompreendida, tanto por juristas como pela própria sociedade. Tal incompreensão, como se observará a seguir, certamente se refletiu em nosso ordenamento jurídico, permeado por uma legislação sobre o tema que tem se desenvolvido disfuncionalmente, e onde não raras vezes a polícia é tratada de maneira lacônica e sistematicamente imprecisa.

Diante disto, objetiva este trabalho estudar de forma didática e coesa a polícia no ordenamento jurídico brasileiro, a partir do resgate dos seus conceitos jurídicos, em especial na análise dos seus aspectos funcionais, sem deixar de submeter tais premissas a irradiação de todo arcabouço principiológico emanado pela Constituição Federal de 1988.

Para tanto, inicialmente introduz-se ao direito policial, com destaque a precisa compreensão das diferentes naturezas jurídicas das funções policiais, apresentando-se, em seguida, os órgãos constitucionalmente previstos que as exercem. Fixadas tais premissas, aprofunda-se a análise das funções policiais nos dois capítulos seguintes, para daí se abordar as operações policiais a partir de um conceito e classificação teleológica, baseada na natureza jurídica das funções por estas exercidas. Por fim, adentra-se a análise do controle da atividade policial, apresentando seus mecanismos sem perder de vista o exposto nos capítulos anteriores.

No decorrer do referido trajeto, não raras vezes se fez necessária a fundada reconstituição de conceitos e revisão de papéis, do que resultou divergência em diversos pontos tidos como consolidados pela doutrina e/ou jurisprudência, o que, combinada com a abordagem sobre temas pouco estudados, leva a algumas conclusões surpreendentes e até mesmo perturbadoras, contudo, aptas a servir de farol para embasar novas posturas no estudo e prática jurídicas em temas relacionados à polícia.

Com isso, busca-se contribuir para que acadêmicos e profissionais do direito, assim como demais interessados no estudo da polícia, possam subsidiar suas pesquisas a respeito, a partir da perspectiva do direito policial como um ramo autônomo no âmbito do direito público.

SUMÁRIO

1 INTRODUÇÃO AO DIREITO POLICIAL 1
1.1 ASPECTOS GERAIS DA POLÍCIA 2
1.2 FUNÇÕES POLICIAIS 7
1.2.1 Polícia Administrativa.. 8
1.2.1.1 Polícia Administrativa Geral... 10
1.2.1.2 Polícia Administrativa Especial... 13
1.2.2 Polícia Judiciária 15
1.2.3 Limites e interação entre as funções de polícia administrativa geral e judiciária... 22
1.2.4 Discricionariedade funcional da polícia................................. 31
1.2.4.1 A autoridade policial.. 37
1.3 ÓRGÃOS POLICIAIS 41
1.3.1 Órgãos policiais na Constituição Brasileira 42
1.3.1.1 Polícia Federal... 43
1.3.1.2 Polícias Rodoviária e Ferroviária Federal.......................... 56
1.3.1.3 Polícias Civis 59
1.3.1.3.1 A ressalva aos crimes militares 61
1.3.1.4 Polícias Militares e Corpos de Bombeiros Militares....... 65
1.3.1.5 Polícias Legislativas 68
1.3.1.6 Polícias Penais 69
1.3.1.7 Órgãos que extraordinariamente exercem funções policiais 71
1.3.1.7.1 Casas Legislativas 71
1.3.1.7.2 Forças Armadas 74
1.3.2 Força Nacional de Segurança e Secretaria Extraordinária de Segurança para Grandes Eventos 83
1.3.3 Guardas Municipais 87
1.3.4 Quadros sinóticos.. 89

2 POLÍCIA ADMINISTRATIVA 93
2.1 POLÍCIA ADMINISTRATIVA GERAL 93
2.1.1 Marcos históricos no Brasil 94
2.1.2 Formas de organização 99
2.1.3 Principais meios de exercício 105
2.2 POLÍCIA ADMINISTRATIVA ESPECIAL 107
2.2.1 Principais especialidades 108
2.2.1.1 Polícia tributária 109
2.2.1.2 Polícia de trânsito 118
2.2.1.3 Polícia de migração 124
2.2.1.4 Polícia ambiental 128
2.2.1.5 Polícia do trabalho 133
2.2.1.6 Polícia da atividade econômica 135
2.2.1.6.1 Polícia da concorrência 136
2.2.1.6.2 Polícia do mercado de consumo 142
2.2.1.6.3 Polícia da exploração de atividade econômica delegada pelo Estado 144
2.2.2.6.4 Polícia de transportes 149
2.2.2.7 Polícia das ações e serviços de saúde 152
2.2.2.7.1 Polícia sanitária 153
2.2.2.7.2 Polícia dos planos privados de assistência à saúde 154

3 POLÍCIA JUDICIÁRIA 158
3.1 BREVE ESTUDO SOBRE NO DIREITO ESTRANGEIRO 159
3.1.1 Titularidade da autoridade judicial 160
3.1.2 Titularidade do membro do Ministério Público 161
3.1.3 Titularidade da autoridade de polícia judiciária 165
3.2 MARCOS HISTÓRICOS NO BRASIL 168
3.3 A POLÍCIA JUDICIÁRIA ENQUANTO FUNÇÃO ESSENCIAL À JUSTIÇA 189
3.4 FORMAS DE EXERCÍCIO NO BRASIL 200
3.4.1 Inquérito policial 200
3.4.1.1 Conceito e natureza jurídica 201
3.4.1.2 Principais características do inquérito policial 207
3.4.1.2.1 Presidência do delegado de polícia 207

3.4.1.2.2 Oportunidade regrada 214
3.4.1.2.3 Indisponibilidade.. 220
3.4.1.2.4 Documentação predominantemente escrita............ 221
3.4.1.2.5 Dispensabilidade como exceção................................. 222
3.4.1.2.6 Publicidade restrita 225
3.4.1.2.6.1 Quadro sinótico.. 237
3.4.1.3 Situações jurídicas no inquérito policial 238
3.4.1.3.1 Ofendido 239
3.4.1.3.2 Testemunha 240
3.4.1.3.3 Investigado 242
3.4.1.3.4 Indiciado 246
3.4.1.3.4.1 Indiciamento: conceito e efeitos................................. 247
3.4.1.4 Inquérito policial e direito de defesa 260
3.4.1.5 Instauração do inquérito policial 268
3.4.1.5.1 A iniciativa da instauração do inquérito policial 268
3.4.1.5.1.1 Instauração de ofício 269
3.4.1.5.1.2 Instauração mediante requerimento
 ou representação do ofendido ou seu
 representante legal 271
3.4.1.5.1.3 Instauração mediante requisição................................ 279
3.4.1.5.2 Formalização da instauração do inquérito policial .. 287
3.4.1.5.2.1 Portaria 289
3.4.1.5.2.2 Auto de prisão em flagrante 290
3.4.1.5.2.2.1 A concessão de liberdade provisória mediante
 fiança pelo delegado de polícia.................................... 303
3.4.1.5.2.2.2 A homologação judicial da prisão em flagrante.. 310
3.4.1.5.2.2.3 Termo circunstanciado... 319
3.4.1.5.2.2.4 Quadro sinótico.. 326
3.4.1.6 Atos e procedimentos de instrução do inquérito
 policial 326
3.4.1.6.1 Requisição de informações e documentos................. 328
3.4.1.6.2 Perícia.. 330
3.4.1.6.3 Inquirições... 336
3.4.1.6.3.1 Testemunha 338
3.4.1.6.3.2 Ofendido... 343
3.4.1.6.3.3 Indiciado... 346

3.4.1.6.3.3.1 Colaboração premiada 353
3.4.1.6.3.4 Investigado 363
3.4.1.6.3.5 Acareação 365
3.4.1.6.3.6 Proteção de ofendidos, testemunhas e
indiciados colaboradores 367
3.4.1.6.3.7 Quadro sinótico 369
3.4.1.6.4 Reconhecimento de pessoas e coisas 370
3.4.1.6.5 Reprodução simulada dos fatos 371
3.4.1.6.6 Medidas cautelares penais decretáveis pelo
delegado de polícia 373
3.4.1.6.6.1 Prisão em flagrante 375
3.4.1.6.6.1.1 Fiança 376
3.4.1.6.6.2 Entrada em casa para fins de busca domiciliar
em caso de flagrante delito 377
3.4.1.6.6.3 Apreensão de bens móveis 381
3.4.1.6.6.4 Condução coercitiva 386
3.4.1.6.7 Medidas penais sujeitas a autorização judicial 397
3.4.1.6.7.1 Prisão preventiva 406
3.4.1.6.7.1.1 Prisão domiciliar 412
3.4.1.6.7.2 Prisão temporária 414
3.4.1.6.7.3 Medidas penais diversas da prisão 417
3.4.1.6.7.4 Entrada diurna em casa para fins de busca
domiciliar 420
3.4.1.6.7.5 Sequestro de bens 423
3.4.1.6.7.6 Afastamento de sigilo de dados 428
3.4.1.6.7.7 Afastamento de sigilo de correspondência
e/ou de comunicação telegráfica, de dados
e/ou telefônica 435
3.4.1.6.7.8 Captação ambiental 439
3.4.1.6.7.9 Medidas cautelares atípicas 446
3.4.1.6.8 Procedimentos especificamente aplicáveis à
investigação de organizações criminosas 461
3.4.1.6.8.1 Ação controlada 465
3.4.1.6.8.2 Infiltração de agentes do delegado de polícia 467
3.4.1.6.9 A "infiltração" na internet de agentes do delegado
de polícia 470

3.4.1.6.10 Cooperação internacional 474
3.4.1.6.10.1 Cooperação entre órgãos policiais 475
3.4.1.6.10.2 Cooperação judicial 479
3.4.1.7 Incidentes.. 482
3.4.1.7.1 Insanidade mental 484
3.4.1.7.2 Restituição de coisas apreendidas cujo direito é duvidoso 486
3.4.1.7.3 Suspeição 486
3.4.1.7.4 Declínio e conflito de atribuição 489
3.4.1.7.4.1 Investigados com foro privilegiado 493
3.4.1.7.5 Hipoteca legal e arresto de bens 505
3.4.1.8 Conclusão do inquérito policial e seus possíveis desdobramentos imediatos 508
3.4.1.8.1 Prazos de conclusão 508
3.4.1.8.2 Relatório... 516
3.4.1.8.3 Providências passíveis de adoção pelo Ministério Público diante de inquérito policial que apurou crime objeto de ação penal pública........................ 520
3.4.1.8.3.1 Requerimento de devolução para diligências imprescindíveis... 521
3.4.1.8.3.2 Pedido de arquivamento... 526
3.4.1.8.3.3 Proposição de transação penal 533
3.4.1.8.3.4 Proposição de acordo de não persecução penal..... 535
3.4.1.8.3.5 Ajuizamento de ação penal pública 542
3.4.1.8.4 Providências passíveis de adoção pelo ofendido diante de inquérito policial que apurou crime objeto de ação penal privada 544
3.4.2 Formas especiais de exercício da polícia judiciária......... 546
3.4.2.1 Apuração de ato infracional atribuído a adolescente... 546
3.4.2.2 Inquérito policial militar 552
3.4.2.3 Inquérito parlamentar penal 560
3.5 INQUÉRITOS EXTRAPOLICIAIS 563
3.6 ATRIBUIÇÕES ADICIONAIS DA AUTORIDADE DE POLÍCIA JUDICIÁRIA 567
3.6.1 Fornecimento de informações às autoridades judiciais . 568
3.6.2 Atendimento de requisições de diligências investigatórias... 569

3.6.3 Execução de mandados de prisão 572
3.7 NULIDADES NO EXERCÍCIO DA POLÍCIA JUDICIÁRIA 573
   3.7.1 Casos de ilegitimidade 579
      3.7.1.1 Autoridade de polícia judiciária exercida por
         autoridade de polícia administrativa ou seus agentes. 580
      3.7.1.2 Autoridade de polícia judiciária exercida por
         membro do Ministério Público 587
         3.7.1.2.1 Formação de grupos parapoliciais 594
      3.7.1.3 Autoridade de polícia judiciária exercida por
         autoridade judicial 595

4 OPERAÇÕES POLICIAIS 601
4.1 CONCEITO 601
4.2 TIPOLOGIA DAS OPERAÇÕES POLICIAIS 605
   4.2.1 Operações de polícia administrativa geral 605
   4.2.2 Operações de polícia administrativa especial 606
   4.2.3 Operações de polícia judiciária 609
   4.2.4 Operações policiais plurifuncionais 611

5 CONTROLE DA ATIVIDADE POLICIAL 616
5.1 CONTROLE INTERNO 618
5.2 CONTROLE EXTERNO 626
   5.2.1 Controle externo administrativo 626
   5.2.2 Controle externo contábil, financeiro, orçamentário,
      e patrimonial 627
   5.2.3 Controle externo finalístico 629
   5.2.4 Controle externo jurisdicional 636
      5.2.4.1 Controle *a posteriori* 636
      5.2.4.2 Controle *a priori* 639
5.3 QUADRO SINÓTICO 649

REFERÊNCIAS 650

1 INTRODUÇÃO AO DIREITO POLICIAL

Destina-se esta seção ao estudo introdutório da polícia, a partir da análise lógica dos seus conceitos jurídicos, a recondução desta análise a um sistema e a aplicação dos resultados desta análise nos dispositivos diretamente correlatos na Constituição de 1988.

Para tanto, preliminarmente cumpre destacar o pensamento de Luigi Ferrajoli, para quem o direito de polícia, porque considerado direito inferior, ou pior, não direito, representa talvez o campo mais negligenciado dos estudos acadêmicos na área do Direito. Ao refletir sob um ponto de vista político e sociológico da ciência jurídica, o jurista italiano atribui a referida negligência intelectual a, pelo menos, três razões. A primeira seria uma bizarra hierarquia nobiliárquica estabelecida a partir do direito romano entre os diversos ramos dos estudos jurídicos, onde prevaleceria o direito civil, depois o direito público, depois o penal e, apenas por último, o direito e a praxe de polícia, insinuando que, quanto mais o direito tangencia a violência e nele é difícil e incerta a legitimação, tanto menos será meritório de estudo e de reflexão teórica e axiológica. A segunda razão seria um tipo de crença de que a polícia obsta, pela sua natureza, as bem delineadas formas constitucionais do Estado de direito – do princípio da legalidade à divisão dos poderes e à inviolabilidade dos direitos fundamentais – não se apresentando de acordo com as doutrinas liberais democráticas dos fundamentos políticos do Estado moderno. Por fim, a terceira razão para tal discriminação consistiria em um reflexo inconsciente, dos tratamentos de classe da denominada cultura jurídica como daquela política, uma vez que a atuação da polícia, especialmente aquela objeto da polícia administrativa geral é, de fato, destinada de forma prevalente aos que não se encontram no exercício do poder e aos marginalizados, de forma que o seu estudo resultaria também por sua vez marginalizado dos tradicionais interesses acadêmicos[1].

---

[1] FERRAJOLI, Luigi, *Direito e razão*: teoria do garantismo penal. Tradução de Ana Paula Zomer et al. 3 ed. rev. São Paulo: Revista dos Tribunais, 2010. p. 708-709.

Diante disso, se analisará o tema a partir das suas premissas mais básicas, diferenciando-se os vários papéis que a polícia pode cumprir no ordenamento jurídico. A partir daí, apresentar-se-ão os órgãos com funções policiais constantes na vigente Constituição Federal, esclarecendo a natureza jurídica de suas funções, para ao final do capítulo se traçar uma visão panorâmica do ordenamento jurídico-policial brasileiro.

Desta forma, busca-se tornar possível o estabelecimento das bases que alicerçarão a análise da legislação infraconstitucional nas seções seguintes, de forma a alcançar uma abordagem global da polícia, que contemple das suas origens às suas tendências.

1.1 ASPECTOS GERAIS DA POLÍCIA

Fixar um conceito jurídico de polícia nunca foi tarefa das mais simples. Afinal, cuida-se de um termo cuja noção sofreu evolução fértil em vários sentidos ao longo dos tempos.

Numa tentativa de superar esta dificuldade conceitual, José Cretella Júnior apresenta três elementos essenciais. O primeiro elemento seria subjetivo, orgânico, instrumental, na medida em que considera que a polícia provém do Estado; o segundo seria de natureza teleológica, uma vez que seu fim seria assegurar a ordem e segurança públicas; o terceiro, por sua vez, seria objetivo ou material, consistente nas limitações a qualquer atividade que possa perturbar a vida em comum. A partir de tais elementos, o referido autor define juridicamente a polícia como sendo "[...] o conjunto de poderes coercitivos exercidos pelo Estado sobre as atividades do cidadão mediante restrições legais impostas a estas atividades, quando abusivas, a fim de assegurar-se a ordem pública"[2], assim como a segurança pública.

Não se deve olvidar, contudo, que *polícia* também é compreendida como o nome que se reserva aos órgãos públicos encarregados de impor tais restrições jurídicas.

O vocábulo polícia deriva do latim *politia*, que, por sua vez, procede da expressão grega *politeia*, ligada, assim como o termo política, ao vocábulo *polis*, que significa cidade ou Estado.

---

2 CRETELLA JÚNIOR, José. Polícia Militar e poder de polícia no direito brasileiro. In: LAZZARINI, Álvaro et al. *Direito administrativo da ordem pública*. 2 ed., Rio de Janeiro: Forense, 1987, p. 164-165.

De acordo com Antônio Francisco de Sousa[3], tinha o referido termo, na Grécia Antiga, diversos significados. Em sentido individual, *politeia* significava qualidade e direitos de cidadão. Em sentido coletivo, significava medidas de governo, regime político, forma de governo, cooperação dos órgãos de Estado e interpretação das suas funções. Por sua vez, em sentido geral, significava ciência dos fins e deveres do Estado, governo dos cidadãos por si próprios, governo republicano, tanto oligárquico como democrático.

A partir da sua derivação para o latim *politia*, o amplo significado anteriormente descrito passou a ser dotado de ênfase para o sentido de organização política e de governo[4]. Na Europa Medieval, a palavra *polícia* identificava e qualificava o próprio Estado, então afirmado pelo absolutismo real, exprimindo-se pelos poderes conferidos ao déspota como meio de garantir a ordem entre seus súditos e servos[5].

Entretanto, a partir do século XVIII, um processo de racionalização se inicia no seio de todas as administrações dos países europeus, nas quais diferentes categorias de funções policiais começam a se distinguir umas das outras[6]. Assim, com o Estado de Direito, consolidou-se uma gradual transição onde a polícia deixou de se identificar com a administração estatal como um todo e passou a designar a atividade destinada à prevenção e punição dos ilícitos por meio de um autoritário aparato de intervenção[7].

Durante esta transição, constata-se que, num primeiro momento, o Estado de Direito desenvolveu-se fundado nos princípios do liberalismo, em que se colimava assegurar ao indivíduo uma série de direitos subjetivos, dentre os quais a liberdade. Por consequência, tudo o que significasse uma interferência nessa liberdade deveria ter um caráter excepcional, sendo a regra o livre exercício dos direitos individuais amplamente assegurados nas declarações universais de direitos, e posterior-

---

3 SOUSA, Antônio Francisco de. *A polícia no estado de direito*. São Paulo: Saraiva, 2009, p. 1.
4 SOUSA, loc. cit.
5 ZACARIOTTO, José Pedro. *A polícia Judiciária no Estado Democrático*. Sorocaba: Brazilian Books, 2005, p. 25.
6 MONET, Jean-Claude. *Polícias e sociedades na Europa*. Tradução de Mary Amazonas Leite de Barros. 2 ed., São Paulo: Editora da Universidade de São Paulo, 2002. p. 65.
7 ZACARIOTTO, José Pedro. *A polícia Judiciária no Estado Democrático*. Sorocaba: Brazilian Books, 2005, p. 26.

mente reproduzidos nas constituições. Desta forma, a atuação estatal constituía exceção, só podendo limitar o exercício dos direitos individuais para assegurar a ordem pública, com a polícia administrativa funcionando essencialmente como uma polícia de segurança.

Nesse contexto, na França, pouco depois da revolução que estatuiu a Declaração Universal do Homem e do Cidadão (1789), adveio a Lei de 3 do Brumário do ano IV (1795), denominada Código dos Delitos e das Penas, que bipartiu o conceito de polícia conforme o seguinte esboço (arts. 18 a 20):

> Artigo 18 (A polícia) se divide em administrativa e judiciária.
>
> Artigo 19 A polícia administrativa tem por objeto a manutenção habitual da ordem pública em cada lugar e em cada parte da administração geral. Ela tende principalmente a prevenir os delitos. As leis que dizem respeito à parte do código das administrações civis.
>
> Artigo 20 A polícia judiciária investiga os delitos que a polícia administrativa não pôde evitar que fossem cometidos, colige as provas e entrega os autores aos tribunais incumbidos pela lei de puni-los[8] (tradução nossa).

A referida dicotomia, mais do que uma mera divisão de atribuições, consagrou a delimitação de funções de natureza jurídica bastante distintas: uma, como a própria denominação denuncia, de índole explicitamente administrativa, e a outra, por sua vez, de viés eminentemente judicial.

Em um segundo momento, quando o Estado Liberal de Direito passou a tomar as feições intervencionistas que viriam a consolidar o Estado Social de Direito, a polícia administrativa passou a não mais limitar a sua atuação à segurança, estendendo-a também à ordem econômica e social. Diogo de Figueiredo Moreira Neto ilustra este momento

---

8 "Article 18 - Elle se divise en police administrative et en police judiciaire; Article 19 – La police administrative a pour objet le maintien habituel de l'ordre public dans chaque lieu et dans chaque partie de l'administration générale. Elle tend principalement à prévenir les délits. Les lois qui la concernent font partie du code des administrations civiles; Article 20 – La police judiciaire recherche les délits que la police administrative n'a pu empêcher de commettre, en rassemble les preuves, et en livre les auteurs aux tribunaux chargés par la loi de les punir". Disponível em: <http://ledroitcriminel.free.fr/la_legislation_criminelle/anciens_textes/code_delits_et_peines_1795/code_delits_et_peines_1795_1.htm>. Acesso em 13 set. 2014.

histórico ao afirmar que, na medida em que o Estado expandia e diversificava a sua atuação administrativa, "o poder de polícia, a mais antiga dessas atividades, sofria também uma evolução própria, adaptando-se às sucessivas fases históricas"[9]. O conceito de segurança, inicialmente circunscrito no âmbito da convivência, em especial a convivência pública, foi se expandindo de forma a acomodar todas as garantias que o estado deveria propiciar, em todos os campos do agir humano[10]. O poder de polícia, por sua vez, como atividade administrativa do Estado juridicamente referida, necessitava se conter em seu conceito próprio, para continuar a se distinguir de outras manifestações coercitivas do poder do Estado, como as do Poder Judiciário e das ações de defesa empregadas pelo Poder Executivo por meio das forças armadas[11].

Desta forma, paralelamente a uma polícia administrativa geral, voltada genericamente para a segurança e ordem públicas, sobrevieram polícias administrativas especiais, atuantes nos mais variados setores da atividade humana que afetem bens de interesse coletivo.

É também corrente na doutrina a expressão "poder de polícia", oriunda da jurisprudência norte-americana do século XIX, cuja noção, ainda segundo Cretella Júnior, é mais ampla do que "polícia". O poder de polícia, para o autor, seria o fundamento da atuação da polícia. "Se a polícia é atividade ou aparelhamento, o poder de polícia é o princípio jurídico que informa essa atividade, justificando a ação policial, nos estados de direito"[12].

Essas diferenciações, no entanto, não têm sido praxe na doutrina brasileira, que tradicionalmente tem se atido a expressão "poder de polícia" enquanto atividade, ao âmbito do direito administrativo. Nesta linha, pode-se citar, à guisa de exemplo, o magistério de Dirley da Cunha Júnior, para quem poder de polícia seria a

> [...] atividade administrativa a cargo dos órgãos e das entidades da administração pública que se destina a condicionar e restringir o exercício das liberdades individuais e o

---
[9] MOREIRA NETO, Diogo de Figueiredo. Direito administrativo da segurança pública. In: LAZZARINI, Álvaro et al. *Direito administrativo da ordem pública*. 2 ed. Rio de Janeiro: Forense, 1987. p. 114-115.
[10] MOREIRA NETO, loc. cit.
[11] MOREIRA NETO, ibid., p. 118-119.
[12] CRETELLA JÚNIOR, José. Polícia Militar e poder de polícia no direito brasileiro. In: LAZZARINI, Álvaro et al. *Direito administrativo da ordem pública*. 2 ed. Rio de Janeiro: Forense, 1987. p. 195-196.

uso, gozo e disposição da propriedade, objetivando ajustá-los aos interesses coletivos e ao bem-estar social da comunidade[13].

Diogo de Figueiredo Moreira Neto, por sua vez, conceitua poder de polícia como

[...] a atividade administrativa que tem por fim limitar e condicionar o exercício das liberdades de direitos individuais visando a assegurar, em nível capaz de preservar a ordem pública, o atendimento de valores mínimos de convivência social, notadamente a segurança, a salubridade, o decoro e a estética[14].

Mais recentemente, Vitor Rhein Schirato entendeu o poder de polícia como sendo o

[...] conjunto de ações estatais que, com amparo no ordenamento jurídico, limitam ou condicionam o exercício de direitos com vistas a garantir os direitos fundamentais dos cidadãos e, por conseguinte, a estabelecer a convivência pacífica e harmônica de todos[15].

Na legislação pátria, o Código Tributário Nacional, ao prever o exercício do poder de polícia como hipótese de cobrança de taxas, tratou de descrevê-lo em seu art. 78, conceituando, nos seguintes termos:

Considera-se poder de polícia a atividade da administração pública que, limitando ou disciplinando direito, interêsse ou liberdade, regula a prática de ato ou abstenção de fato, em razão de interêsse público concernente à segurança, à higiene, à ordem, aos costumes, à disciplina da produção e do mercado, ao exercício de atividades econômicas dependentes de concessão ou autorização do Poder Público, à tran-

---

13 CUNHA JÚNIOR, Dirley da. *Curso de direito administrativo*. 10 ed. rev., ampl. e atual. Salvador: Juspodivm, 2011, p. 84.
14 MOREIRA NETO, Diogo de Figueiredo. Direito administrativo da segurança pública. In: LAZZARINI, Álvaro et al. *Direito administrativo da ordem pública*. 2 ed. Rio de Janeiro: Forense, 1987, p. 79.
15 SCHIRATO, Vitor Rhein. O poder de polícia é discricionário? In: MEDAUAR, Odete; SCHIRATO, Vitor Rhein (Coord.). *Poder de polícia na atualidade*: Anuário do Centro de Estudos de Direito administrativo, Ambiental e Urbanístico – CEDAU do ano de 2011. Belo Horizonte: Fórum, 2014, p. 36.

quilidade pública ou ao respeito à propriedade e aos direitos individuais ou coletivos.

Apesar de o art. 78 do CTN e até mesmo o posterior art. 145, II da Constituição brasileira[16] terem consagrado a expressão "poder de polícia", Cunha Júnior salienta ainda que a maioria dos estados europeus, excetuando-se a França, abandonaram a referida expressão, para, em sua substituição, adotar o termo "limitações administrativas à liberdade e à propriedade"[17], melhor distinguindo-a de outras acepções correntemente atribuídas ao vocábulo "polícia"[18].

Entretanto, paralelamente ao desenvolvimento de uma doutrina sob a denominação "poder de polícia" no âmbito do direito administrativo pátrio, o estudo da polícia judiciária foi migrando para o direito processual penal, onde se desenvolveu de forma marginalizada por não integrar a relação processual propriamente dita, ao tempo que também foi carecendo de aprofundamento no que tange às suas origens jurídico-administrativas.

Desta forma, para melhor se compreenderem as diferentes nuances da polícia no Brasil, faz-se necessário um estudo mais detido das diferentes funções policiais, acima ilustradas, o que forçosamente perpassa uma reaproximação da polícia judiciária para o âmbito do direito administrativo, acompanhado de um reestudo de suas principais características no âmbito do direito processual penal.

1.2 FUNÇÕES POLICIAIS

Apresentados brevemente os aspectos gerais da polícia e da especialização das suas funções, cumpre agora aprofundar-se nos diferentes papéis que esta pode exercer no ordenamento jurídico, a partir da precisa compreensão da polícia administrativa e da polícia judiciária.

Conforme aludido na subseção anterior, a função de polícia administrativa, como sua própria denominação sugere, tem seu regime jurí-

---

16 "Art. 145. A União, os Estados, o Distrito Federal e os Municípios poderão instituir os seguintes tributos: [...] II – taxas, em razão do exercício do poder de polícia [...]".
17 CUNHA JÚNIOR, Dirley da. *Curso de direito administrativo*. 10 ed. rev., ampl. e atual. Salvador: Juspodivm, 2011, p. 83.
18 Neste sentido, NIETO, Alejandro. *Derecho administrativo sancionador*. 5 ed. Madri: Tecnos, 2012, p. 140-160, onde se propõe um direito administrativo sancionador como campo de estudo desvinculado da polícia, embora oriundo desta.

dico situado no âmbito do direito administrativo; a polícia judiciária, por sua vez, tem seu regime jurídico preponderantemente situado no âmbito do direito processual penal, embora significativa parcela desta função também esteja disciplinada no direito administrativo, uma vez que esta é judiciária nos fins e administrativa em sua forma e substância[19].

Tais peculiaridades, apesar de preservarem inúmeros pontos de contato entre as duas funções, implicam marcantes diferenças que dão ao seu estudo um caráter juridicamente transdisciplinar, propondo-se, portanto, uma teoria geral do direito policial, que incidiria sobre um âmbito específico de interpretação e de aplicação integrado por um campo jurídico-administrativo e outro jurídico-criminal[20], sem deixar de aferi-los no campo jurídico constitucional, implicando, assim, um ramo específico de estudo no âmbito do direito público[21].

A partir de tais premissas, passar-se-á, doravante, a analisar as funções policiais, com vistas a melhor delinear seus aspectos jurídicos.

1.2.1 Polícia Administrativa

A função de polícia administrativa, conforme visto no item 1.1, tem por finalidade limitar e condicionar o exercício das liberdades de direitos individuais visando à segurança pública, assim como à preservação da ordem pública, viabilizando, destarte, a convivência social.

Como ali sinalizado, adotar-se-á nesta obra a subdivisão da função de polícia administrativa em geral e especial, tradicionalmente conhe-

---

19 Entendendo que o regime jurídico da função de polícia judiciária possui regulamentação híbrida (direito administrativo e processual penal), vejam-se: MOREIRA NETO, Diogo de Figueiredo. Direito administrativo da segurança pública. In: LAZZARINI, Álvaro et al. *Direito administrativo da ordem pública*. 2 ed. Rio de Janeiro: Forense, 1987, p. 140; TORNAGHI, Hélio Bastos. *Instituições de direito processual penal*, v. 2, 2 ed. rev. e atual. São Paulo: Saraiva, 1977, p. 202; PITOMBO, Sérgio M. de Moraes. *Inquérito policial*: Novas tendências. Belém: Cejup, 1986, p. 22; Exposição de motivos do Projeto de Reforma do Código de Processo Penal de 1983, item 48 (PL nº 1.655/1983), disponível em: <http://imagem.camara.gov.br/Imagem/d/pdf/DCD01JUL1983SUP.pdf#page=1>. Acesso em 23 set. 2014. Em sentido diverso, entendendo que o regime jurídico da função de polícia judiciária é de direito processual penal. Veja-se, VITTA, Heraldo Garcia. *Poder de polícia*. São Paulo: Malheiros, 2010, p. 27-28.

20 VALENTE, Manuel Monteiro Guedes. *Teoria geral do direito policial*. 2 ed. Coimbra: Almedina, 2009, p. 21.

21 Ibid., p. 24-32. No mesmo sentido, PAULA, Antônio de. *Do direito policial*. 2 ed. Rio de Janeiro: A Noite, [1943?]. p.11-12; MORAES, Bismael B. *Estado e segurança diante do direito*. São Paulo: Revista dos Tribunais, 2008. p. 121.

cida na doutrina administrativista francesa de autores como Georges Vedel[22], Jean Rivero[23] e Marcel Waline[24], e bastante difundida na doutrina luso-brasileira por autores como Marcello Caetano[25] e Hely Lopes Meirelles[26].

Em apertada síntese, conceitua-se a função de polícia administrativa geral como sendo aquela que genericamente cuida da preservação da ordem e segurança públicas, enquanto que a função de polícia administrativa especial versa sobre setores específicos da atividade humana, para os quais há restrições próprias e regime jurídico peculiar[27].

No entanto, para melhor se compreender essa dupla proteção, faz-se necessário discorrer detidamente sobre cada uma destas subfunções.

---

22 Cf. VEDEL, Georges. *Droit administratif*. 10 ed. Paris: Presses Universitaires de France, 1961. p. 595-596.
23 "Lorsqu'une autorité este reponsable du maintien de l'ordre sun um certain territoire, ele dispose, ipso facto, d'um ensemble de compétences et de moyens d'action: c'est la police générale. Mais em outre, certain textes prévoient em vue de prevenir des désodres dans um domaine bien défini, des moyens plus précis, tecniquement adaptés à ce domaine, et em general plus rigoureux; ce son les polices spéciales, qui's appliquent, soi à une catégorie particulière d'individus [...]" (RIVERO, Jean. *Droit administratif*. 2 ed. Paris: Dalloz, 1962. p. 361).
24 "Dans la langue du droit admministratif, le mot 'police generérale' designe le régime de droit commun de la police administrative, cést-à-diré l'ensemble des pouvoirs donnés d'une façon générale aux autorités de police pour le maintien de l'ordre, de la securité et de la salubrité; tandis qu'on dit qu'il y a une police spéciale lorsqu'un ordre déterminé d'activité des citoyens peut faire l'objet de limitations particulières, les autorités administratives ayant reçu em cette matière des pouvoirs particuliers en verta d'une loi." (WALINE, Marcel. *Droit administratif*. 9 ed. Paris: Sirey, 1963. p. 640).
25 *Cf.* CAETANO, Marcello. *Manual de direito administrativo*, Vol. II. 10ª Ed. rev. e atual., 9ª reimp. Coimbra: Almedina, 2008, p. 1154; CAETANO, Marcello. *Princípios fundamentais do direito administrativo*, Rio de Janeiro: Forense: 1977, p. 355-357.
26 *Cf.* MEIRELLES, Hely Lopes. *Direito administrativo moderno*. 14ª Ed. São Paulo: RT, 1990, p. 110.
27 Neste particular, cumpre consignar o entendimento VITTA, Heraldo Garcia. *Poder de polícia*. São Paulo: Malheiros, 2010, p. 70-76, para quem não se justifica a subdivisão da polícia administrativa entre geral e especial no Brasil, uma vez que, na França, os regimes jurídicos especiais foram criados por meios de normas infralegais, enquanto estes, no Brasil, estariam sujeitos à reserva legal por força dos arts. 5º, II e 84, IV da CF. Entretanto, em que pese a observação do referido autor, não se vislumbra como a peculiaridade da norma que cria um regime jurídico particular ser legal ou infralegal teria o condão de comprometer a aplicabilidade desta subdivisão, uma vez que a proteção geral e especial, a par da natureza jurídica das normas que as criaram, continua a subsistir em ambos os ordenamentos jurídicos.

1.2.1.1 Polícia Administrativa Geral

Um conceito primário da função de polícia administrativa geral, também denominada polícia preventiva, de segurança ou de preservação/manutenção da ordem pública, pode ser extraído a partir do magistério de Antônio Francisco de Sousa, quando, ao discorrer sobre a polícia preventiva, afirma que a mesma tem por objeto a prevenção de perigos para a ordem e segurança públicas, assim como a prevenção de crimes, uma vez que, na medida em que o Código Penal tem um efeito preventivo, também ele faz parte do escopo da polícia preventiva[28].

Em aprofundamento ao referido conceito, o jurista lusitano traça as balizas do que seriam a ordem e segurança públicas, ao afirmar que a primeira é o conjunto das normas sociais não escritas relativas à conduta do particular na comunidade, cuja observância é pressuposto indispensável de uma vida humana e cívica ordenada em comunidade. "A ordem pública abarca, assim, normas não positivadas na lei, que poderão ser sociais, morais, éticas, estéticas etc., que são naturalmente mutáveis – *ratione materiae, ratione loci, ratione temporis*"[29].

Portanto, para Sousa, a ordem pública deve satisfazer as seguintes exigências para poder ser diretamente invocada como fundamento da atuação policial: a) deve tratar-se de uma "norma" não escrita seguida pela maioria de uma dada comunidade; b) a "norma" deve dizer respeito ao mínimo existencial da coletividade; c) deve ser compatível com os princípios do Estado de direito. Desta forma, a ordem pública apenas compreende as normas não escritas de conduta relativas a valores sociais relevantes e partilhados pela maioria. "Todas as normas escritas, de qualquer grau, ao serem parte integrante do ordenamento jurídico objetivo, são parte integrante da segurança pública"[30]. A crescente *juridificação* de quase todos os domínios da vida tem vindo a paulatinamente restringir o campo de aplicação possível da ordem pública[31].

---
28 SOUSA, Antônio Francisco de. *A polícia no estado de direito*. São Paulo: Saraiva, 2009, p. 8-9.
29 Ibid., p. 23. No mesmo sentido, veja-se: MADEIRA, José Maria Pinheiro. *Reconceituando o poder de polícia*. Rio de Janeiro: Lumen Juris, 2000, p. 95.
30 SOUSA, op. cit., p. 24-25.
31 SOUSA, Antônio Francisco de. *A polícia no estado de direito*. São Paulo: Saraiva, 2009, p. 24-25. Assim, a denominação polícia de segurança não exaure por com-

1 – Introdução ao Direito Policial

A tais lições agregam-se as de Diogo de Figueiredo Moreira Neto, para quem a ordem pública não se baseia apenas na lei ou nos princípios democráticos, mas sim em uma dimensão moral diretamente referida às vigências sociais, e, por isso, própria de cada coletividade[32]. A segurança pública, por seu turno, funcionaria como garantia da ordem pública. Se as garantias proporcionadas pela segurança pública são eficientes e satisfatórias, tem-se mantida a ordem pública, assim como, se deficientes ou insatisfatórias, tem-se esta abalada, ou, se insuficientes, tem-se esta sacrificada[33].

E desta linha de intelecção não destoa o *caput* do art. 144 da CF, ao estatuir que "a segurança pública, dever do Estado, direito e responsabilidade de todos, é exercida **para** a preservação da ordem pública [...]". Por conta de tais especificidades, incumbe à polícia administrativa geral tanto protagonizar a atividade preventiva de preservação da ordem pública[34], quanto promover a segurança pública, notadamente mediante

---

pleto a definição conceitual da polícia administrativa geral, já que compete à polícia administrativa geral tanto promover a manutenção da ordem pública, quanto da segurança pública, esta última mediante atividade de prevenção criminal. Tal denominação poderá ser observada em, dentre outros, SILVA, José Afonso da. *Curso de direito constitucional positivo*. 15 ed. rev. São Paulo: Malheiros, 1998. p. 743; LAZZARINI, Álvaro. *Polícia de manutenção da ordem pública e a justiça*. In: LAZZARINI, Álvaro et al. *Direito administrativo da ordem pública*. 2 ed., Rio de Janeiro: Forense, 1987, p. 47-48; MOREIRA NETO, Diogo de Figueiredo. Revisão doutrinária dos conceitos de ordem pública e segurança pública. *Revista de Informação Legislativa*, Brasília, n. 97, jan./mar., 1988, p. 154; TORNAGHI, Hélio Bastos. *Instituições de direito processual penal*, v. 2, 2 ed. rev. e atual. São Paulo: Saraiva, 1977, p. 200-201; TOURINHO FILHO, Fernando da Costa. *Processo Penal, volume 1*. 25ª ed. São Paulo: RT, 2003, p. 188-189.

32 MOREIRA NETO, Diogo de Figueiredo. A segurança pública na Constituição. *Revista de Informação Legislativa*, Brasília, n. 109, jan./mar. 1991, p. 141.

33 MOREIRA NETO, op. cit., p. 152.

34 Neste particular, deve-se salientar que o fato de a defesa da ordem pública perpassar por "normas sociais não escritas" impõe que as mesmas se coadunem com o arcabouço jurídico vigente, mais precisamente com os princípios que o norteiam. A promoção da segurança pública, por conseguinte, deverá estar em conformidade com as regras positivadas no ordenamento jurídico que, por sua vez, se espera que estejam alinhadas com estes mesmos princípios. No que tange à funcionalidade dos princípios e das regras, recomenda-se a leitura da obra de ÁVILA, Humberto. *Teoria dos princípios: da defini*ção a aplicação dos *Princípios Jurídicos*. 12 ed. São Paulo: Malheiros, 2011, de onde se reproduz o seguinte trecho (p. 104-105): "as regras consistem em normas com pretensão de solucionar conflitos entre bens e interesses, por isso possuindo caráter "prima facie" forte

atividade de prevenção criminal.

A prevenção criminal, de acordo com Manuel Monteiro Guedes Valente, abrange a vigilância (também denominada patrulhamento ou ronda, quando itinerante) e a prevenção criminal em sentido estrito[35]. O referido autor, valendo-se do escólio de Gomes Canotilho e Vital Moreira, define a função de vigilância como aquela levada a cabo pela polícia ostensiva ao tentar evitar que se infrinjam "[...] as limitações impostas pelas normas e atos das autoridades para a defesa da segurança interna, da legalidade democrática e dos direitos dos cidadãos"[36], sem que se façam violar estes mesmos direitos. A função de prevenção criminal em sentido estrito, por sua vez, traduz-se na adoção de medidas adequadas para a proteção de pessoas e bens, sem que se restrinjam ou limitem os direitos e garantias do cidadão[37].

Entretanto, em casos extremos como distúrbio civil ou flagrante delito, à polícia ostensiva, em sua atividade de prevenção criminal *stricto sensu*, não restará outra alternativa senão momentaneamente restringir direitos e garantias individuais, sendo tal atuação dotada de legitimidade desde que se limite ao estrito cumprimento do dever de conter a turbação à segurança pública, submetendo-se aqueles que supostamente se encontrem em flagrante delito e com supostos instrumentos ou produtos de crime porventura arrecadados à polícia judiciária, a fim de que seja analisado o cabimento ou não da prisão dos conduzidos, assim como a apreensão dos bens apresentados.

Como possíveis medidas de prevenção criminal *stricto sensu*, também cabíveis em face da preservação da ordem pública, pode-se citar o isolamento ou evacuação de áreas, impedimento momentâneo da saída de pessoas de um determinado local, revista pessoal[38], mudança de local

---

e superabilidade mais rígida (isto é, as razões geradas pelas regras, no confronto com as razões contrárias, exigem um ônus argumentativo maior para serem superadas); os princípios consistem em normas com pretensão de complementariedade, por isso tendo caráter "prima facie" fraco e superabilidade mais flexível (isto é, as razões geradas pelos princípios, no confronto com razões, exigem um ônus argumentativo menor para serem superadas)".

35 VALENTE, Manuel Monteiro Guedes. *Teoria geral do direito policial*. 2 ed. Coimbra: Almedina, 2009, p. 100.
36 VALENTE, loc. cit.
37 VALENTE, op. cit., p. 101.
38 Art. 244 do CPP: "A busca pessoal independerá de mandado, no caso de prisão *ou quando houver fundada suspeita de que a pessoa esteja na posse de arma proibi-*

e horário de reunião[39] ou de itinerário de cortejos, restrição da prática de determinadas atividades, colocação de pessoas em fila, dissuasão pela presença etc.

Para a execução destas importantes tarefas em nome do Estado-administração, é essencial que a polícia seja dotada de ostensividade, normalmente expressada mediante constante utilização de uniforme e veículos devidamente identificados, a fim de que, como bem salientado por Manoel Messias Barbosa, "sua presença notada e identificada represente tudo aquilo que seja ordem mantida, autoridade respeitada e lei cumprida"[40]. De outra banda, a referida presença deve ser mais efetiva nas ocasiões, locais e/ou segmentos sociais mais potencialmente ameaçados por atos antissociais, contravenções e/ou crimes, com vistas a primordialmente evitar que os mesmos ocorram, salvaguardando a ordem e segurança públicas.

1.2.1.2 Polícia Administrativa Especial

A função de polícia administrativa especial, por sua vez, versa sobre setores específicos da atividade humana, tais como a construção, a indústria de alimentos e medicamentos, o pagamento de tributos, a entrada e saída do país, a exploração das florestas, trânsito e transporte, para os quais há restrições próprias e regime jurídico peculiar.

Interessante observar que tais regimes jurídicos particularizados fazem com que a função policial administrativa especial venha a ter a sua atuação sobremaneira mais vinculada à legalidade do que à polícia administrativa geral, cuja atuação, dada a sua generalidade, impõe uma maior margem de discricionariedade, uma vez que a mesma não possibilita à lei prever regularmente as suas hipóteses de incidência.

Desta forma, partindo dos conceitos de ordem e segurança públicas anteriormente esboçados, pode-se afirmar que a função de polícia administrativa especial, por ter seu exercício preponderantemente vin-

---

da ou de objetos, ou papéis que constituam corpo de delito, ou quando a medida for determinada no curso de busca domiciliar".

39 Art. 5º, XVI da CF: "Todos podem reunir-se pacificamente, sem armas, em locais abertos ao público, independentemente de autorização, *desde que não frustrem outra reunião anteriormente convocada para o mesmo local, sendo apenas exigido prévio aviso à autoridade competente".*

40 BARBOSA, Manoel Messias. *Inquérito policial.* 7 ed. rev. e atual. São Paulo: Método, 2009. p. 23.

culado, estaria mais estreitamente incumbida da promoção da segurança pública[41] que, ao contrário do que supõe o senso comum, diz respeito à ordem jurídica positivada como um todo[42], e não apenas à prevenção e repressão em esfera criminal[43].

Para a aplicação destes regimes jurídicos particularizados, normalmente são criados órgãos administrativos especificamente voltados para o exercício da polícia administrativa especial. Contudo, quando isso não ocorre, tal função em regra recai em órgãos originalmente incumbidos da polícia administrativa geral, que acabam por acumular atribuições de ambas as espécies[44].

É de se notar, ainda, que, diversamente da polícia administrativa geral, a polícia administrativa especial incidiria preponderantemente sobre bens e atividades, ao passo que aquela incidiria precipuamente sobre pessoas, individualmente ou indiscriminadamente, distinção cujo

---

41 Ousa-se, portanto, divergir de José Afonso da Silva, quando, em sua obra, *Curso de direito constitucional positivo*. 15 ed. rev. São Paulo: Malheiros, 1998, p. 743, subdivide a atividade policial em administrativa e de segurança, que compreenderia, por sua vez, as polícias administrativa geral e judiciária (mais adiante abordada como uma função à parte).

42 SOUSA, Antônio Francisco de. *A polícia no estado de direito*. São Paulo: Saraiva, 2009, p. 30-46, define como bens protegidos pela segurança pública, além da ordem jurídica, a defesa do Estado e das suas instituições, e a defesa de bens individuais como a vida, a integridade física, a saúde, a liberdade, e o patrimônio (p. 30-32). Já o art. 144, *caput*, da CF estatui que a segurança pública "é exercida para a preservação da ordem pública e da incolumidade das pessoas e do patrimônio", o que não deixa de se adequar à visão subsidiária do conceito de ordem pública defendido pelo referido autor.

43 Restringindo a noção de segurança pública à esfera criminal, LAZZARINI, Álvaro. Polícia de manutenção da ordem pública e a justiça. In: LAZZARINI, Álvaro et al. *Direito administrativo da ordem pública*. 2 ed., Rio de Janeiro: Forense, 1987, p. 17-18; MADEIRA, José Maria Pinheiro. *Reconceituando o poder de polícia*. Rio de Janeiro: Lumen Juris, 2000. p. 95; SILVA, José Afonso da. *Curso de direito constitucional positivo*. 15 ed. rev. São Paulo: Malheiros, 1998. p. 743; MIRABETE, Julio Fabbrini. *Processo Penal*. 8ª Ed. rev. e atual. São Paulo: Atlas, 1998, p. 74.

44 Como exemplo no direito brasileiro, pode-se citar Polícia Rodoviária Federal, cuja função de polícia administrativa geral encontra-se prevista no art. 144 § 2º da CF, e no art. 20, II, IV, VII, VIII e IX Código de Trânsito Brasileiro (Lei nº 9.503/1997), enquanto no plano infraconstitucional e com fulcro no art. 22, XXII da CF, são conferidas funções de polícia administrativa especial (fiscalização de trânsito ao mesmo órgão pelo Código de Trânsito Brasileiro (Lei nº 9.503/1997), mais especificamente em seu art. 20, I, III, V, VI, X e XI. Em sede estadual, atribuições análogas são conferidas à Polícia Militar (também titular de função de policiais administrativa geral, por força do art. 144 § 5º da CF), por força do art. 23, III do referido diploma legal.

esboço pode ser visto no art. 144, *caput*, da CF, ao estatuir, *in verbis*, que "A segurança pública, dever do Estado, direito e responsabilidade de todos, é exercida para a preservação da ordem pública **e da incolumidade das pessoas e do patrimônio** [...]"[45].

A polícia administrativa especial atua tanto de maneira preventiva, expedindo atos normativos regulamentares, concedendo licenças e autorizações, bem como promovendo ações fiscalizatórias e vistorias (também denominadas "vigilância especial"[46]), quanto eventualmente repressiva, por meio da imposição e eventual execução de sanções ao descumprimento de obrigações eventualmente averiguadas em ação fiscalizatória, como multas, interdições ou apreensão e destruição de bens.

1.2.2 Polícia Judiciária

À polícia judiciária, também denominada polícia criminal ou polícia de investigação, incumbe, em apertada síntese, a apuração de fatos supostamente delituosos e correspondente autoria a partir da sua ocorrência ou notícia, com vistas a elucidar se os mesmos se enquadram ou não em alguma infração penal.

Um conceito mais analítico desta função nos é trazido por Manoel Monteiro Guedes Valente, que, ao discorrer sobre investigação criminal levada a cabo pela polícia, salienta que esta procura descobrir, recolher, conservar, examinar e interpretar elementos de convicção reais (materialidade delitiva), assim como procura localizar, contatar e apresentar elementos de convicção pessoais (autoria) que conduzam ao esclarecimento da verdade material judicialmente admissível dos fatos que consubstanciam a prática de um crime, "[...] ou seja, a investigação criminal pode ser um motor de arranque e o alicerce do processo crime que irá decidir pela condenação ou pela absolvição"[47].

Como se pode observar, a função de polícia judiciária, ao promover a investigação criminal, tem por objeto a isenta apuração da materialidade e autoria de um suposto crime ou contravenção penal mediante busca da sua verdade fática e jurídica[48] com base em um juízo de

---

45 Neste particular, cf. MEIRELLES, Hely Lopes. *Direito administrativo moderno*. 14ª Ed. São Paulo: RT, 1990, p. 110.
46 CAETANO, Marcello. *Princípios fundamentais do direito administrativo*. Rio de Janeiro: Forense, 1977. p. 352.
47 VALENTE, op. cit., p. 102.
48 Utiliza-se aqui o termo verdade em sua concepção de verdade processual (ade-

probabilidade indiciária[49], e não necessariamente a busca de elementos para quaisquer partes em superveniente processo judicial. A verdade, portanto, não interessa apenas ao processo, mas importa também à própria investigação, uma vez que a mesma também se destina a evitar acusações desnecessárias, como se demonstrará a seguir[50].

Desta forma, observa-se que da função de polícia judiciária decorrem três finalidades básicas: resguardar a imparcialidade, seletividade e eficiência da Justiça Criminal.

A imparcialidade da Justiça Criminal permanece resguardada pela função de polícia judiciária na medida em que esta municia o Juiz com uma instrução provisória procedida por uma autoridade não comprometida ou vinculada à acusação ou a defesa, preservando-o de juízos açodados e/ou parciais.

Tal observação restou bem ilustrada no item IV da Exposição de Motivos do Código de Processo Penal brasileiro, onde se justificava a manutenção do inquérito policial enquanto investigação criminal pela autoridade de polícia judiciária, em detrimento do sistema de Juizado de Instrução, onde esta é presidida por um juiz[51]:

> **É ele uma garantia contra apressados e errôneos juízos, formados quando ainda persiste a trepidação moral causada pelo crime, nas suas circunstâncias objetivas e sub-**

---

quada à persecução penal como um todo) adotada por Luigi Frerrajoli (op. cit., p. 54), de onde reproduzimos o seguinte trecho: "[...] deve-se salientar que a verdade processual, seja de fato seja de direito, não pode ser afirmada por observações diretas. A verdade processual fática é, na realidade, um tipo particular de verdade histórica, relativa a proposições que falam de retratos passados, não diretamente acessíveis como tais à experiência; enquanto a verdade processual jurídica é uma verdade que podemos chamar de classificatória, ao referir-se à classificação ou qualificação dos fatos históricos comprovados conforme as categorias pelo léxico jurídico e elaboradas mediante a interpretação da linguagem legal".

49 Neste particular, cumpre salientar que juízo de probabilidade na investigação criminal, por ser indiciário, *a priori* revela-se sumário e deve se ater à sua própria finalidade, qual seja, justificar o processo ou não processo criminal. Em contrapartida, o juízo de certeza no processo criminal, por ser exauriente, deve-se revelar mais aprofundado, de sorte a justificar a absolvição ou condenação. A respeito, conferir PEREIRA, Eliomar da Silva. *Teoria da investigação criminal*: uma introdução jurídico-científica. Coimbra: Almedina, 2010, p. 135-138.

50 Neste sentido, ROVEGNO, André. *O inquérito policial e os princípios do contraditório e da ampla defesa*. Campinas: Bookseller, 2005. p. 143.

51 Para considerações mais detalhadas acerca do sistema de investigação denominado Juizado de Instrução, vide item 4.1.1 desta obra.

jetivas. **Por mais perspicaz e circunspeta, a autoridade que dirige a investigação inicial, quando ainda perdura o alarma provocado pelo crime, está sujeita a equívocos ou falsos juízos *a priori*, ou a sugestões tendenciosas.**

Não raro, é preciso voltar atrás, refazer tudo, para que a investigação se oriente no rumo certo, até então desapercebido. Por que então, abolir-se o inquérito preliminar ou instrução provisória, expondo-se a justiça criminal aos azares do *detetivismo*, às marchas e contramarchas de uma instrução imediata e única? **Pode ser mais expedito o sistema de unidade de instrução, mas nosso sistema tradicional, como inquérito preparatório, assegura uma justiça menos aleatória, mais prudente e serena** (grifo nosso).

Portanto, na esteira da referida finalidade, repousa o que Joaquim Canuto Mendes de Almeida denominou "função preparatória da instrução preliminar"[52], determinada pela necessidade de produção, antes e fora da audiência, de provas dificilmente realizáveis na instrução do processo criminal propriamente dito, em razão da impossibilidade ou inconveniência da sua constituição na concomitância das alegações e provas definitivas[53]. Leciona o autor que "[...] *preparo* significa preaparelhar, predispor, preordenar, preconstituir. Processo preparatório é exatamente o processo anterior ao definitivo e no qual se preconstituem elementos destinados a valer no debate da causa"[54]. Com efeito, nem toda instrução que integra o processo penal pode ser feita em sua audiência final, como exames no local do crime, apreensão dos seus objetos e instrumentos, ou seleção de testemunhas. Longo rol de medidas exige que haja uma instrução preparatória, capaz de servir aos fins principais do debate e julgamento da causa, e suscetível de permitir o aproveitamento de elementos de convicção, sem sacrifício do princípio da oralidade durante o processo penal[55].

---

52 De acordo com Marta Saad (*O direito de defesa no inquérito policial*. São Paulo: Revista dos Tribunais, 2004. p. 169), fala-se em instrução no inquérito policial, uma vez que com base em dados obtidos no seu curso que o juiz decide se há, ou não, fundamento para a acusação, bem como avalia se os requisitos para medidas cautelares penais estão, ou não, faticamente presentes.

53 ALMEIDA, Joaquim Canuto Mendes de. *Princípios fundamentais de processo penal*. São Paulo: Revista dos Tribunais, 1973. p. 8, 24.

54 ALMEIDA, Joaquim Canuto Mendes de. *Princípios fundamentais de processo penal*. São Paulo: Revista dos Tribunais, 1973. p. 24.

55 Ibid., p. 27-29.

A seletividade da Justiça Criminal mantém-se igualmente preservada pela função de polícia judiciária, na medida em que esta evita que acusações infundadas ou temerárias sejam indevidamente judicializadas, esquivando-se de que sejam submetidos a Juízo um sem número de casos fatalmente destinados à absolvição, bem como salvaguardando direitos individuais ao evitar que inocentes sejam açodadamente submetidos ao desgaste de um processo penal.

Neste particular, convém novamente trazer as lições de Joaquim Canuto Mendes de Almeida, para quem a finalidade da "instrução preliminar" é a de "[...] preservar a inocência contra acusações infundadas e o organismo judiciário contra o custo e a inutilidade em que estas redundariam"[56]. Portanto, denominou Mendes de Almeida tal finalidade de "função preservadora da justiça contra acusações infundadas"[57], parafraseada por Marta Saad como "função preservadora da persecução inicial"[58].

Para Aury Lopes Jr. e Ricardo Jacobsen Gloeckner, a finalidade de evitar acusações infundadas é o principal fundamento da investigação criminal, pois, em realidade, evitar acusações infundadas é assegurar a sociedade de que não existirão abusos por parte do poder persecutório estatal, uma vez que se a impunidade causa uma grave intranquilidade social, não menos grave que o mal causado por processar um inocente[59]. Essa atividade de "filtro processual", para o referido autor, resta plenamente concretada se levarmos em consideração três fatores: o custo do processo judicial, o sofrimento que causa para o sujeito passivo (estado de ânsia prolongada) e a estigmatização social e jurídica que gera[60].

Com efeito, em diversas hipóteses, o exercício da polícia judiciária, ao elucidar fatos supostamente delituosos, revela cenários que não autorizam e, por vezes, impedem o exercício da ação penal, como na demonstração de que o fato investigado foi alcançado pela prescrição ou não possui natureza criminosa; decadência do direito de queixa. Em todas estas hipóteses não haverá processo; entretanto, certamente em todas elas a investigação criminal atingiu a sua finalidade[61], zelando as-

---
56 Ibid., p. 17.
57 Ibid., p. 8-9.
58 SAAD, Marta. *O direito de defesa no inquérito policial*. São Paulo: Revista dos Tribunais, 2004. p. 23.
59 LOPES JR., Aury Lopes; GLOECKNER; Ricardo Jacobsen. *A investigação preliminar no processo penal*. 5 ed. São Paulo: Saraiva, 2013. p. 109-110.
60 Ibid., p. 113.
61 Neste sentido, ROVEGNO, André. *O inquérito policial e os princípios do contraditó-*

sim por uma *persecutio criminis* calcada no direito penal mínimo. Nos termos a seguir, lecionados por Luigi Ferrajoli[62],

> A certeza perseguida pelo direito penal máximo está em que nenhum culpado fique impune, à custa da incerteza de que também algum inocente possa ser punido. **A certeza perseguida pelo direito penal mínimo está, ao contrário, em que nenhum inocente seja punido à custa da incerteza de que também algum culpado possa ficar impune.** Os dois tipos de certeza e os custos ligados às incertezas correlativas refletem interesses e opiniões políticas contrapostas: por um lado, a máxima tutela da certeza pública acerca das ofensas ocasionadas pelo delito e, por outro lado, a máxima tutela das liberdades individuais acerca das ofensas ocasionadas pelas penas arbitrárias (grifo nosso).

José Pedro Zaccariotto vai ainda mais além, ao esclarecer que parte considerável das notícias de crimes que cotidianamente chegam aos órgãos encarregados de exercer a polícia judiciária (notadamente Delegacias de Polícia) dizem respeito a fatos por vezes até induvidosamente ilícitos, porém carentes de comprovação quanto à sua efetiva natureza, se civil ou criminal, como ocorre, com grande frequência, em face de casos permeados por hipotéticos descumprimentos de obrigações, normal e insistentemente interpretados como estelionatos e apropriações indébitas, mercê da tênue linha que demarca a fronteira das aludidas espécies. Nesses e em tantos outros casos semelhantes, não deve a função de polícia judiciária objetivar a descoberta do autor dos fatos que lhe são apresentados de forma sintética e parcial, mas, sim, e antes de mais nada, desvendar se estes fatos subsumem-se ou não a alguma hipótese delituosa[63].

Desta forma, nada impede que, ao se concluir pela existência de ilícito civil ou administrativo paralelamente à existência ou não de infração penal, a autoridade de polícia judiciária prontamente encaminhe cópia dos respectivos elementos de convicção para a autoridade ou ór-

---

rio e da ampla defesa. Campinas: Bookseller, 2005. p. 139-140.
62 FERRAJOLI, Luigi, *Direito e razão*: teoria do garantismo penal. Tradução de Ana Paula Zomer et al. 3 ed. rev. São Paulo: Revista dos Tribunais, 2010. p. 103.
63 ZACARIOTTO, José Pedro. *A polícia judiciária no estado democrático.* Sorocaba: Brazilian Books, 2005. p. 110.

gão correspondente, para conhecimento e medidas que entender cabíveis.

Em contrapartida, o que passa pelo referido "filtro processual", com a devida apuração de materialidade e autoria delituosa, resulta em uma maior eficiência da Justiça Criminal, ao permitir que o titular da ação penal ingresse em juízo com elementos mínimos que viabilizem que o mesmo possa legitimamente exercer o *jus persequendi*, com uma perspectiva concreta de possível condenação. Não é demais dizer que, apesar de a instrução preliminar não ser indispensável ao ajuizamento da ação penal, esta, em regra, acompanha a inicial acusatória, dotando-a de maior credibilidade por ser instruída com elementos colhidos por uma autoridade alheia e neutra em relação ao destino da causa.

Entretanto, esta terceira finalidade, apesar de não mais importante do que as outras duas anteriormente ilustradas[64], infelizmente, é a única correntemente referida pela doutrina processualista penal brasileira, o que acaba por praticamente reduzir a função de polícia judiciária a uma investigação monocular, voltada tão somente para viabilizar a pretensão da parte acusadora de subsequente processo penal, cuja condenação seria seu objetivo principal[65].

Neste particular, salienta André Rovegno que o compromisso da investigação criminal, ético e jurídico é com a reprodução honesta dos fatos; em outras palavras, é a busca da verdade, atingindo a sua finalidade sempre que o faz. Essa verdade, uma vez desvelada, é que poderá recomendar, por disposição legal, o oferecimento de uma acusação perante o juízo criminal. Dizer, portanto, que o exercício da função de polícia judiciária tem por única finalidade fornecer elementos para acusação é, para o referido autor, "[...] restringir sua função e tomar uma de

---

64 Em sentido análogo, cf. GIACOMOLLI, Nereu José. *A fase preliminar do processo penal*: crises, misérias e novas metodologias investigatórias. Rio de Janeiro: Lumen Juris, 2011. p. 52, onde se salienta que a finalidade da função de polícia judiciária de resguardar a seletividade da Justiça Criminal ("perspectiva negativa") está no mesmo patamar da finalidade daquela resguardar a eficiência desta ("perspectiva positiva").

65 Cf., dentre outros, MENDRONI, Marcelo Batlouni. *Curso de investigação criminal*. 2 ed. rev. e aum. São Paulo: Ed. Juarez de Oliveira, 2008. p. 339; NUCCI, Guilherme de Souza. *Manual de processo penal e execução penal*. 2ª Ed. – São Paulo: RT, 2006, p. 126; OLIVEIRA, Eugênio Pacelli de. *Curso de processo penal*, 3ª Ed. Belo Horizonte: Del Rey, 2004, p. 31.

suas consequências como sinônimo de sua função essencial"[66]. A função de polícia judiciária, assim, não tem compromisso com a acusação ou com a defesa de eventual processo criminal decorrente do seu exercício, mas com a verdade, sobre a qual se constrói a Justiça[67].

Destarte, diferentemente da polícia administrativa, seja ela geral ou especial, o que a polícia judiciária busca de fato proteger revela-se sobremaneira mais restrito, porém não menos importante do que a preservação da ordem e segurança públicas precipuamente procedidas mediante execução de medidas de caráter estritamente administrativo. Diversamente, incumbe a esta, ao protagonizar a investigação criminal e integrar a persecução penal, a defesa da ordem jurídica, mais especificamente no que tange a questões que orbitam a sua esfera criminal, reflexamente aproveitando a segurança pública enquanto direito e responsabilidade de todos, conforme art. 144, *caput*, da CF[68].

Em contrapartida, diversamente da prevenção criminal exercida pela polícia administrativa geral, incidente essencialmente sobre pessoas e atividades, a função de polícia judiciária pode incidir tanto sobre bens, quanto sobre pessoas e atividades, diferindo da polícia administrativa geral, no tocante a sua incidência pessoal, em razão de esta dever ser necessariamente individualizada, por meio do indiciamento[69].

---

66 ROVEGNO, André. *O inquérito policial e os princípios do contraditório e da ampla defesa*. Campinas: Bookseller, 2005. p. 145-146.
67 ROVEGNO, André. *O inquérito policial e os princípios do contraditório e da ampla defesa*. Campinas: Bookseller, 2005. p. 145-146. Em sentido semelhante, PERAZZONI, Franco. Art. 3º. O cargo de delegado de polícia é privativo de bacharel em Direito, devendo-lhe ser dispensado o mesmo tratamento protocolar que recebem os magistrados, os membros da Defensoria Pública e do Ministério Público e os advogados. In: PEREIRA, Eliomar da Silva; DEZAN; Sandro Lúcio (Coord.). *Investigação criminal*: Conduzida por delegado de polícia – comentários à Lei 12.830/2013. Curitiba: Juruá, 2013, p. 238-239, passim; DEZAN, Sandro Lúcio. Prólogo sobre a investigação criminal e sua teoria comum, o inquérito policial como fase do processo criminal. In: ZANOTTI, Bruno Taufner; SANTOS, Cleopas Isaías. (Coord.). *Temas avançados de polícia judiciária*. Salvador: Juspodivm, 2015, p. 30; SANNINI NETO, Franciso. Delegado de polícia: O juiz da fase pré processual e sua relação com o Poder Judiciário e com o Ministério Público. In: ZANOTTI, Bruno Taufner; SANTOS, Cleopas Isaías. (Coord.). *Temas avançados de polícia judiciária*. Salvador: Juspodivm, 2015, p. 147.
68 Neste sentido, ZACARIOTTO, José Pedro. *A polícia judiciária no estado democrático*. Sorocaba: Brazilian Books, 2005. p. 108.
69 Neste ponto, diverge-se de Hely Lopes Meirelles (*in Direito administrativo moderno*. 14ª Ed. São Paulo: RT, 1990, p. 110), quando o mesmo afirma que a função de polícia judiciária apenas sobre pessoas, individualmente ou indiscriminadamen-

Para tanto, como já salientado, rege-se a polícia judiciária precipuamente por normas de índole processual penal, revestindo-se seus atos de caráter incidentalmente repressivo, quando concretizados por meio de medidas cautelares penais, em regra precedidas de autorização judicial, quando também incumbirá à polícia judiciária a execução das próprias medidas que postulou em Juízo.

Por fim, a autoridade de polícia judiciária foi incumbida, acessoriamente, de atribuições adicionais correlatas a função que exerce, como o cumprimento dos mandados de prisão expedidos pelas autoridades judiciais, prestar-lhes as informações que se fizerem necessárias à instrução e julgamento dos processos, bem como realizar as diligências requisitadas por esta ou pelo Ministério Público no curso ou após processos criminais (art. 13 e 402 do CPP).

1.2.3 Limites e interação entre as funções de polícia administrativa geral e judiciária

Da análise realizada acerca das funções policiais, pode-se observar que, no Brasil, a polícia atua sob o que João Mendes de Almeida Júnior[70] denominou sistema jurídico, de origem francesa, tendo por fim não apenas prevenir os delitos, mas também investigar seus indícios e provas. Exercendo as funções da primeira espécie, a polícia é administrativa (geral); exercendo as funções da segunda espécie, a polícia é judiciária, quer agindo por si, como no caso da prisão em flagrante delito, coleta e exame dos vestígios do crime (corpo de delito), e consequentes apreensões, quer devendo agir mediante autorização judicial, como no caso das demais medidas cautelares penais. Assim, a polícia é independente de autorização judicial para os atos de prevenção dos delitos (objeto da função de polícia administrativa geral), assim como para determinados atos urgentes de conservação da materialidade e autoria delitivas, quando da investigação criminal objeto da função de polícia judiciária. O exercício da polícia judiciária é, contudo, dependente de autorização judicial para as demais medidas cautelares penais passíveis de incidir durante a investigação criminal, que constituem a sua grande maioria,

---

te, olvidando se das medidas assecuratórias previstas no Capítulo VI do Título VI do CPP, bem como da natureza individualizante da imputação penal.
70 ALMEIDA JÚNIOR. João Mendes de. *O processo criminal brasileiro*. v. 1. 4 ed. Rio de Janeiro/São Paulo: Freitas Bastos, 1959. p. 247.

e ostentam variados graus de interferência em direitos fundamentais de indiciados e investigados.

Dependentemente ou não de autorização judicial, constata-se que, em sede criminal, existe uma divisão de tarefas entre as duas funções policiais, cabendo à polícia administrativa geral a prevenção das condutas delituosas com vistas à promoção da ordem e segurança públicas, enquanto à Polícia Judiciária compete a apuração e eventual repressão às infrações penais em defesa da ordem jurídica, por meio da postulação e execução de medidas coercitivas.

Todavia, há muito se consolidou na doutrina administrativista o entendimento de reduzir, em esfera criminal, a função de polícia administrativa geral a uma atividade "preventiva" e a função de polícia judiciária a uma atividade "repressiva", consistente na descoberta e apresentação ao Poder Judiciário de supostos autores de infrações penais, como se estas invariavelmente existissem, uma vez noticiadas. Ademais, os limites e a interação entre estas duas funções, além de pouco estudados, até então não restaram bem esclarecidos, tendo tal lacuna gerado toda sorte de confusão no que se refere ao tema[71], acompanhada por uma forte tendência na doutrina de indevidamente se equipararem as duas funções, ou apresentar critérios distintivos genéricos, que não se adequam às nuances funcionais anteriormente estudadas[72].

Contudo, Álvaro Lazzarini busca ilustrar de maneira mais precisa este marco de transição, aduzindo que "a linha de diferenciação" entre as polícias administrativa e judiciária está situada "na ocorrência ou não de ilícito penal". Assim, a polícia judiciária seria a função policial que se desenvolve após a eclosão da infração penal[73].

---

71 Neste particular, convém consignar o posicionamento de MADEIRA, José Maria Pinheiro. *Reconceituando o poder de polícia*. Rio de Janeiro: Lumen Juris, 2000. p. 104, para quem a falta de uma clara definição de critérios delimitando com nitidez o âmbito de atuação das referidas funções policiais conduz a um angustiante estado de incerteza, e propicia o abuso de autoridade, uma vez que a população em geral não sabe o que incumbe a quem fazer.

72 Cf. MEDAUAR, Odete. *Direito administrativo moderno*. 7ª Ed. São Paulo: RT, 2003, p. 359; MEIRELLES, Hely Lopes. *Op. Cit.*, 1990, p. 110; CARVALHO FILHO, José dos Santos. *Manual de Direito Administrativo*. 20ª Ed. rev. ampl. e atual. Rio de janeiro: Lumen Juris, 2008, p. 75.

73 LAZZARINI, Álvaro. Polícia de manutenção da ordem pública e a justiça. In: LAZZARINI, Álvaro et al. *Direito administrativo da ordem pública*. 2. ed. Rio de Janeiro: Forense, 1987, p. 36.

Embora ainda apegado às expressões "preventiva" e "repressiva", tradicionalmente atribuídas às duas funções, Diogo de Figueiredo Moreira Neto vai além, ao afirmar que a função de polícia administrativa (geral) é preponderantemente preventiva e excepcionalmente repressiva; sua maneira normal de atuar é a prevenção. Já a função de polícia judiciária, embora possa usar de meios coercitivos, não é preventiva nem repressiva, ela é preparatória da repressão, ao levar o indiciado à Justiça (a quem incumbiria a repressão) sendo este o seu objetivo[74].

Tal linha de intelecção, sem dúvida, avança ao afirmar que a função de polícia administrativa geral é preponderantemente preventiva e excepcionalmente repressiva. Entretanto, apesar de também avançar ao admitir que a função de polícia judiciária não é propriamente "preventiva" ou "repressiva" em relação à prática delituosa, o referido jurista omite-se quanto à finalidade da polícia judiciária de evitar processos penais, analisada no item anterior, que não deixaria de ser "preventiva", embora sob outro enfoque.

Com efeito, para melhor se exprimir a natureza da função de polícia judiciária, deve-se aprofundar o desapego às qualificações "preventiva" e "repressiva", para simplesmente admitir que a mesma é de índole **investigativa**, podendo ser incidentalmente repressiva, na medida em que determinadas medidas cautelares penais orientam-se para cessar a continuidade delitiva ou assegurar a aplicação da lei penal; ou preventiva, na medida em que a investigação criminal pode eventualmente igualmente dissuadir a continuação da prática criminosa.

De fato, o "divisor de águas" entre as funções de polícia administrativa geral e judiciária se encontra no cometimento de infração penal, pois é neste momento que, a um só tempo, cessa a atuação da primeira e se inicia a da segunda. Neste crítico momento de transição, deve-se atentar que o grande diferenciador das duas funções não está propriamente nos atos praticados em face da prática delituosa[75], mas, sim, na finalidade que os norteia: enquanto polícia administrativa geral atua no

---

74 MOREIRA NETO, Diogo de Figueiredo. Direito administrativo da segurança pública. In: LAZZARINI, Álvaro et al. *Direito administrativo da ordem pública*. 2. ed.Rio de Janeiro: Forense, 1987, p. 123-124.

75 Classificando a função em administrativa geral ou judiciária com base nos atos em si mesmo praticados ("preventivo" ou "repressivo"), LAZZARINI, Álvaro. Polícia de manutenção da ordem pública e a justiça. In: LAZZARINI, Álvaro et al. *Direito administrativo da ordem pública*. 2 ed. Rio de Janeiro: Forense, 1987, p. 37.

sentido de prevenir ou conter a turbação à segurança pública, a polícia judiciária é acionada no sentido de defender a ordem jurídica recém--violada.

A fim de bem ilustrar a referida diferenciação, volta-se então ao exemplo do flagrante delito cometido perante a polícia administrativa geral, já aludido anteriormente (item 1.2.1.1). Nesta hipótese, a polícia administrativa geral, como medida extrema em sua atividade de prevenção criminal, deverá proceder à captura e condução do flagrado à polícia judiciária, juntamente com o(s) instrumento(s) ou produto(s) do crime arrecadado(s) em seu poder, ambos com fundamento no estrito cumprimento do dever de conter a turbação à segurança pública, bem como prevenir a continuidade da prática delituosa[76]. Apresentados o conduzido e os bens arrecadados à polícia judiciária, incumbe a esta, por intermédio da autoridade policial competente, analisar o cabimento ou não da prisão em flagrante do conduzido, determinando, em caso positivo, a autuação do mesmo em flagrante delito, bem como a apreensão dos bens arrecadados[77], sendo ambas as medidas procedidas em defesa da ordem jurídica, também violada pela consumação do ilícito penal.

Neste particular, deve-se ainda esclarecer que, de acordo com o art. 302 do CPP, considera-se em flagrante delito quem está cometendo a infração penal ou acaba de cometê-la (doutrinariamente denominado flagrante próprio, incisos I e II); é perseguido, logo após, pela autoridade, pelo ofendido ou por qualquer pessoa, em situação que faça presumir ser autor da infração (flagrante impróprio, inciso III, também denominado flagrante irreal ou quase flagrante); ou é encontrado, logo depois, com instrumentos, armas, objetos ou papéis que façam presumir ser ele autor da infração (flagrante ficto, inciso IV, também denominado presumido ou assimilado). Desta forma, nas hipóteses de flagrante impróprio ou ficto, o fundamento da perseguição e/ ou captura por parte da polícia administrativa geral não seria mais conter a turbação à segurança

---

76 Em sentido diverso, entendendo que a Polícia Militar (órgão detentor de função de polícia administrativa geral), ao perseguir e capturar criminosos, estaria excepcionalmente exercendo função de polícia judiciária, leia-se MEIRELLES, Hely Lopes. Polícia de manutenção da ordem pública e suas atribuições. In: LAZZARINI, Álvaro et al. *Direito administrativo da ordem pública.* 2 ed. Rio de Janeiro: Forense, 1987. p. 154.

77 Art. 6º do CPP: "Logo que tiver conhecimento da prática da infração penal, a autoridade policial deverá: [...] II – apreender os objetos que tiverem relação com o fato [...].

pública, uma vez que a mesma já teria cessado, mas sim o de prevenir a continuidade da prática delituosa. Pensar diferentemente equivaleria a fundamentar a atuação da polícia administrativa geral, nos casos de flagrante delito impróprio ou ficto, na colaboração espontânea para que seja efetivada a defesa da ordem jurídica, a cargo da polícia judiciária, mesmo fundamento que legitimaria idênticas medidas por parte de qualquer cidadão[78], algo que, além de irrazoável, revelar-se-ia despropositado, uma vez que permitiria que o policial, no exercício da função de polícia administrativa geral, se recusasse a atuar, nessas hipóteses.

Ou seja, a finalidade que norteia a função de polícia administrativa geral é precipuamente preventiva, mesmo quando incidentalmente o ato praticado no seu exercício seja caracteristicamente repressivo, como se pode observar no exemplo da captura de quem esteja em flagrante delito, onde esta visa, mais do que conter turbação a ordem pública, prevenir a sua reiteração. Da mesma forma, a polícia judiciária, ao determinar, postular e/ou executar uma medida cautelar penal, mais do que reprimir a prática delituosa pela cessação ou prevenir a sua continuidade pela dissuasão, objetiva elucidar fatos supostamente criminosos mediante investigação.

E este parece ser o entendimento de Marcello Caetano, ao afirmar que não é contraditória, apesar de parecê-lo, a existência de atos policiais repressivos para fins preventivos. "Estabelecidas certas regras tendentes a evitar um dano social, reprimem-se as transgressões dessas regras que embora não produzindo ainda o dano, poderiam, pela sua continuação, conduzir à ineficácia das regras, e, portanto, à produção do que se pretende evitar"[79].

---

[78] Art. 301 do CPP: "*Qualquer do povo poderá* e *as autoridades policiais* (ou seja, de polícia judiciária) *e seus agentes deverão* prender quem quer que seja encontrado em flagrante delito".

Tal artigo explicita a obrigatoriedade de captura em relação "a autoridade policial e seus agentes", redação que, conforme abordado mais adiante nos itens 1.2.4.1, 2.1.1 e 3.4.1.2.1, reflete uma época na qual os delegados de polícia eram em princípio autoridades tanto de polícia judiciária, quanto de polícia administrativa, o que trazia para o âmbito dos seus agentes tanto aqueles aqueles que lhe são administrativamente vinculados, incumbidos de executar atos de polícia judiciária, quanto os policiais oriundos da força pública incumbidos da polícia administrativa.

[79] CAETANO, Marcello. *Manual de direito administrativo*. v. 2. 10 ed. rev. e atual., 9 reimp. Coimbra: Almedina, 2008. p. 1165. O mesmo autor também se manifesta em sentido semelhante em Id., *Princípios fundamentais do direito administrativo*.

Há ainda casos em que a finalidade investigativa da atuação da polícia judiciária pode ser até mesmo sobrepujada quando da postulação e execução de medidas que, embora aparentemente "repressivas", possuem finalidade nitidamente preventiva, como a prisão preventiva que se destina à "garantia da ordem pública" e econômica (art. 312 do CPP), tradicionalmente compreendida como aquela que objetiva evitar que o indiciado volte a delinquir. Prevenir a reiteração da prática criminosa também é a finalidade de algumas outras medidas passíveis de adoção durante a persecução penal, como a proibição de acesso ou frequência do indiciado ou acusado a determinados lugares, para evitar o risco de novas infrações (art. 319, II do CPP); suspensão do exercício de função pública ou de atividade de natureza econômica ou financeira quando houver justo receio de sua utilização para a prática de infrações penais (art. 319, VI do CPP); internação provisória do acusado nas hipóteses de crimes praticados com violência ou grave ameaça, quando os peritos concluírem ser inimputável ou semi-imputável e houver risco de reiteração (art. 319, VII do CPP); assim como a suspensão de carteira de habilitação ou a proibição de sua obtenção (art. 294 da Lei nº 9.503/1997).

Observe-se ainda que o art. 282, I do CPP prevê expressamente que as medidas neste previstas destinam-se à "[...] aplicação da lei penal, para a investigação ou a instrução criminal **e, nos casos expressamente previstos, para evitar a prática de infrações penais**", indicando assim que as referidas medidas preventivas jurisdicionadas ostentam caráter excepcional[80]. Neste particular, impõe-se salientar a existência de severa crítica da doutrina a tais medidas, bem ilustrada por Fábio Machado de Almeida Delmanto, para quem estas, existentes também no processo penal italiano e português, não possuem natureza cautelar, uma vez que não se destinam a salvaguardar a elucidação dos fatos delituosos (assim como o resultado do processo criminal), o que tornaria difícil, senão impossível, conciliar a sua aplicação com a garantia da presunção de inocência (art. 5º, LVII da CF), que impediria a aplicação de medidas que venham representar uma antecipação de pena[81].

Rio de Janeiro: Forense, 1977. p. 346.
80 Dessa forma, não se permite a aplicação de medidas atípicas dessa natureza (cf. item 3.4.1.6.7.9).
81 DELMANTO, Fábio Machado de Almeida. *Medidas substitutivas e alternativas à prisão cautelar*. Rio de Janeiro: Renovar, 2008. p. 102-105. No mesmo sentido, FERRAJOLI, Luigi, *Direito e razão*: teoria do garantismo penal. Tradução de Ana Paula

Ademais, há medidas que podem ser identicamente adotadas tanto pela polícia administrativa geral quanto pela judiciária, estando ambas legitimadas, desde que condizentes com a finalidade de cada uma das referidas funções. Como exemplo, pode-se citar a realização de revista pessoal, adotada pela polícia administrativa geral como forma de prevenção criminal *stricto sensu* em relação ao porte ou posse de possível objeto ou instrumento de crime, igualmente passível de adoção pela polícia judiciária com vistas a apurar notícia de crime relacionada ao porte ou posse de possível objeto ou produto de crime.

Da mesma forma, até mesmo atividades que em princípio seriam afins à polícia preventiva se justificariam na polícia judiciária e vice-versa, desde que implementadas com a finalidade precípua de atender peculiaridades atinentes à finalidade das suas respectivas funções. Nesta hipótese, adequam-se os denominados "setores de inteligência" aos órgãos de polícia administrativa geral, desde que destinados à coleta velada de informações sobre criminosos e o modo como eles atuam com vistas a melhor planejar ações de policiamento ostensivo, bem como grupos de pronta intervenção no âmbito dos órgãos de polícia judiciária, desde que criados com vistas a atender peculiaridades relacionadas a crimes violentos, que requerem ostensividade em situações específicas e com maior probabilidade de confronto durante investigações criminais, como capturas em situações de flagrante delito e execução de mandados de prisão.

Em síntese, a finalidade da atuação da polícia administrativa geral será essencialmente preventiva e a da polícia judiciária essencialmente investigativa, independentemente da coercitividade dos atos praticados.

Desta forma, conclui-se que, apesar das exceções supramencionadas, para a correta compreensão entre os limites e interação entre as funções da polícia administrativa geral e judiciária, deve-se atentar não para os atos em si praticados, mas sim se os mesmos estão sendo adotados com vistas a atender, em última análise, à finalidade inerente a cada uma das referidas funções.

Zomer et al. 3 ed. rev. São Paulo: Revista dos Tribunais, 2010. p. 715-717; GOMES FILHO, Antônio Magalhães. Medidas cautelares e princípios constitucionais. In: FERNANDES, Og (Coord.). *Medidas cautelares no processo penal*: comentários à Lei 12.403, de 04.05.2011. São Paulo: Revista dos Tribunais, 2012. p. 23-24.

1.2.4 Discricionariedade funcional da polícia

Diante do conceito de funções policiais que se acabou de apresentar, releva abordar sobre a abrangência e limites da discricionariedade no seu exercício, a qual se constitui num fundamental instrumento pelo qual decididas as ações policiais, assim como concebidas as operações policiais.

No entanto, inicialmente, convém trazer à baila a advertência de Vitor Rhein Schirato, para quem a polícia poderá ser exercida tanto de maneira vinculada quanto discricionária, podendo sua margem ser menor ou maior, conforme disposições legais específicas que venham a regrar determinada atuação da administração pública, não sendo assim possível se falar, *a priori*, que esta é caracterizada necessariamente por um exercício discricionário ou vinculado[82].

Fixada tal premissa e partindo-se da conceituação da discricionarieadade estabelecida no direito administrativo, pode-se conceituar a discricionariedade policial como a margem de apreciação conferida ao policial para que esta, dentro dos parâmetros da ordem e segurança públicas, possa determinar, diante do caso concreto, qual a melhor solução a ser adotada, dentre as diversas que se mostrem em tese aplicáveis, diante da ausência de dispositivo na legislação vinculando o seu modo de atuação.

No Brasil, seguramente um dos primeiros dentre os poucos juristas a tratar da questão foi Antônio de Paula, ao salientar que a discricionariedade é recorrente às atribuições da polícia, uma vez que não é possível para a lei prever e determinar todo o objeto de sua atuação, assim como todos os meios e a forma de providência a se tomar em cada caso[83]. Ao se posicionar em sentido semelhante, o administrativista lusitano Marcello Caetano acrescenta ainda que, sem a discricionariedade, a polícia perderia muitas vezes a oportunidade de intervir e não se alcançaria a utilidade da intervenção[84].

---

82 SCHIRATO, Vitor Rhein. O poder de polícia é discricionário? In: MEDAUAR, Odete; SCHIRATO, Vitor Rhein (Coord.). *Poder de polícia na atualidade*: Anuário do Centro de Estudos de Direito administrativo, Ambiental e Urbanístico – CEDAU do ano de 2011. Belo Horizonte: Fórum, 2014. p. 38-40.
83 PAULA, Antônio de. *Do direito policial*. 2 ed. Rio de Janeiro: A Noite, [1943?]. p. 14. Em sentido semelhante cf. MORAES, Bismael Batista. *Direito e polícia*: uma introdução à polícia judiciária. São Paulo: Revista dos Tribunais, 1986. p. 37-38
84 CAETANO, Marcello. *Manual de direito administrativo*. v. 2. 10 ed. rev. e atual.,

No mesmo sentido, alinha-se Diogo de Figueiredo Moreira Neto, ao afirmar que organização e ação de acordo com o direito não significam, entretanto, que todo comportamento deve estar necessariamente prescrito em lei, uma vez que "[...] há uma vasta área de ação que não se compadece com a geometria social de prévias definições vinculativas e que, assim, demandarão juízos de conveniência e oportunidade"[85], consistentes na discricionariedade. O que se pretende com a sujeição do Estado à lei é que aquele aja ou deixe de agir quando esta o determina; que aja dentro dos seus limites, quando ela abra alternativas de opção de tempo e modo[86]. Para o autor, inclusive a polícia judiciária gozaria de discricionariedade funcional, na medida em que esta incidiria "[...] em tudo o que não esteja prescrito expressamente pelo Direito Processual Penal"[87].

Mais recentemente, a discricionariedade funcional da polícia foi detidamente estudada pelo jurista português Antônio Francisco de Sousa, para quem, no âmbito da polícia administrativa geral ("prevenção do perigo"), na generalidade dos casos, só aparentemente, pode-se falar em discricionariedade, uma vez que, quando confrontada com situações reais, a liberdade de escolha característica da discricionariedade densifica-se na necessidade de adoção de uma dada decisão que seria a única admitida pela lei e pelo direito, fazendo-a convergir para uma decisão vinculada[88]. Contudo, o fato de a ação policial ser vinculada, no que tange à forma de sua execução, não lhe retira a discricionariedade, quando da sua escolha, em especial quando, neste momento, uma pluralidade de medidas for juridicamente possível diante do caso concreto. Uma vez decidida a ação policial, não há a sua "transformação" de ato discricionário em vinculado, mas sim dois momentos distintos: discricionariedade quando da decisão sobre a ação policial a ser adotada e eventual

---

9 reimp. Coimbra: Almedina, 2008, p. 1148. No mesmo sentido, MADEIRA, José Maria Pinheiro. *Reconceituando o poder de polícia*. Rio de Janeiro: Lumen Juris, 2000. p. 216.

85 ROVEGNO, André. *O inquérito policial e os princípios do contraditório e da ampla defesa*. Campinas: Bookseller, 2005.p. 65-66.

86 MOREIRA NETO, Diogo de Figueiredo. Direito administrativo da segurança pública. In: LAZZARINI, Álvaro et al. *Direito administrativo da ordem pública*. 2 ed. Rio de Janeiro: Forense, 1987, p. 110-111.

87 Ibid., p. 141.

88 SOUSA, Antônio Francisco de. *A polícia no estado de direito*. São Paulo: Saraiva, 2009, p. 51-61. Em sentido semelhante, Cf. MEIRELLES, Hely Lopes. *Direito administrativo moderno*. 14ª Ed. São Paulo: RT, 1990, p. 115.

vinculação quanto a sua execução, que Sousa entende ser a regra, pelo menos no que diz respeito à polícia administrativa geral.

Neste particular, é oportuno salientar que cada função policial, em maior ou menor medida, comporta um grau de discricionariedade para o seu exercício, que é, portanto, fundamento jurídico para a sua atuação no caso da ausência da lei positiva, assegurando-lhes a flexibilidade necessária para atender as mais diversas situações reais. Desta forma, pode-se observar que a discricionariedade policial apresentará amplitude e restringibilidade de direitos distinta, a depender a função a ser exercida.

À polícia administrativa geral, a qual incumbe tanto protagonizar a atividade preventiva de preservação da ordem pública, quanto promover a segurança pública, notadamente mediante atividade de prevenção criminal, acaba por possuir um exercício marcadamente discricionário com incidência preponderantemente pessoal e vasta amplitude, uma vez que a generalidade de tal função, como já sinalizado no item 1.2.1.1, frequentemente escapa a um prévio regramento legal.

Por sua vez, a discricionadiedade ou vinculação do exercício da polícia administrativa especial dependerá do momento do seu exercício. Subsiste singnificativa discricionariedade quando de sua atuação preventiva, bem como na apuração de infrações administrativas, embora restritas a atividade especialmente regulamentada. Entretanto, uma vez que infração administrativa é verificada, a adoção das providências que lhe são cabíveis se dará, em regra, de forma preponderantemente vinculada, já que, conforme visto no item 1.2.1.2, os regimes jurídicos particularizados que caracterizam a polícia administrativa especial fazem com que seu exercício se dê de forma sobremaneira mais vinculada ao dircito positivo do que a polícia administrativa geral, cuja atuação, dada a sua generalidade, impõe uma maior margem de discricionariedade.

Afinal, o Estado, ao eleger uma dada atividade para regulamentação especial, naturalmente o fez porque entendeu que esta, dada a sua relevância, mereceu uma disciplina legal mais minudente, restringindo a margem de apreciação discricionária. Tal restrição se concretiza pela legislação de um direito administrativo sancionador de caráter preponderantemente patrimonial, que contempla não apenas a previsão de infrações administrativas para cada área de atuação, mas também de um procedimento administrativo para a aplicação das correspondentes sanções pela própria autoridade policial, onde reste assegurada a ampla defesa do suposto infrator, com os recursos que lhe são inerentes[89].

Contudo, a margem de discricionariedade inerente às funções de polícia administrativa (geral e especial) só permite que providências restritivas de direitos fundamentais incidam em situações que prescindem de autorização judicial ou do exercício da polícia judiciária, como na realização de busca pessoal (art. 244 do CPP), tornando-as, assim, potencialmente menos ofensivas ao livre exercício de direitos fundamentais.

Neste aspecto, ao se escalonar as margens de discricionariedade relativas a cada função policial, observa-se que aquela referente à função de polícia judiciária, ao incidir no âmbito da investigação criminal, de fato se apresenta potencialmente mais restringível a direitos do que a das funções de polícia administrativa.

Uma boa ilustração da discricionariedade na função de polícia judiciária pode ser obtida a partir do pensamento de André Rovegno, quando assevera não existir no inquérito policial uma sucessão de atos que implique um encadeamento, onde o antecedente condicione o consequente, tampouco legislação a indicar, obrigatoriamente, a ordem de tal sucessão, como nos processos e procedimentos. "Vale dizer, a lei confere ampla margem de discricionariedade para que a autoridade de polícia judiciária (em regra o Delegado de Polícia) aprecie os múltiplos caminhos a seguir"[90]. Para tanto, deverá atentar ao sucesso da investiga-

---

89 Neste particular, comunga-se do entendimento de Odete Medauar (*Direito administrativo moderno*. 7ª Ed. São Paulo: RT, 2003, p. 179), para quem a Constituição de 1988, ao dispor em seu art. 5º, LV que "aos litigantes, em *processo* judicial ou *administrativo*, e aos acusados em geral são assegurados o contraditório e ampla defesa, com os meios e recursos a ela inerentes", consagrou o termo processo enquanto *processualidade* administrativa, de forma a abranger também o procedimento administrativo, o qual, diferentemente do processo, não é marcado pelo contraditório, tanto que no inciso XXI do seu art. 37, ao referir-se a "processo de licitação", e no § 1º do seu art. 41, ao referir-se "processo administrativo (disciplinar) que lhe seja assegurada ampla defesa", quis o constituinte-se, em última análise, referir-se a procedimentos administrativos.

90 ROVEGNO, André. *O inquérito policial e os princípios do contraditório e da ampla defesa*. Campinas: Bookseller, 2005. p. 178-179. Em sentido semelhante, cf. MIRABETE, Julio Fabbrini. *Processo Penal*. 8ª Ed. rev. e atual. São Paulo: Atlas, 1998, p. 77. MARQUES, José Frederico. *Elementos de Direito Processual Penal – volume 1*. 1ª Ed. Campinas: Bookseller, 1998, p. 149-153.

ção (que significa a maior aproximação possível da verdade) e aos direitos fundamentais de indiciados e investigados, bem como ao disposto na legislação processual penal que, diferentemente do que ocorre em relação ao processo penal propriamente dito, não implica ordenação de atos. Ainda segundo o referido autor, "Apenas o destino está fixado: a reconstrução, pautada pelo imperativo de busca inarredável pela verdade, de um fato que se apresentou preliminarmente como criminoso"[91].

No mesmo sentido, alinha-se Joaquim Canuto Mendes de Almeida, ao afirmar que, "[...] se a investigação é uma necessidade da pesquisa da verdade real e dos meios de poder prová-la em juízo, não menos necessária parece a liberdade discricionária da investigação, sem a qual essa função de polícia seria mutilada, contrariaria a sua própria natureza"[92]. O ser humano investiga a verdade buscando na matéria os sinais físicos ou químicos dos fenômenos e na memória dos seus congêneres os resíduos mentais dos acontecimentos. "Privar a investigação de um ou de alguns processos naturais de consultar a matéria ou a mente acerca da realidade ocorrida, é mutilá-la, e, por isso mesmo, mutilar a verdade investigável". Limitar a liberdade investigatória só é admissível quando a discrição e o arbítrio da autoridade de polícia judiciária possam representar lesão a direitos fundamentais e suas garantias[93].

Com efeito, a função de polícia judiciária, apesar de restringir-se à investigação criminal, incide sobre uma margem de discricionariedade que abrange um amplo espectro de direitos fundamentais, tanto em situações que prescindem de autorização judicial, quanto, sobretudo, por meio das mais variadas medidas a esta sujeitas, passíveis de adoção no curso da investigação criminal, quando também incumbirá ao órgão titular de tal função a execução das próprias diligências postuladas em Juízo.

Desta forma, observa-se que a discricionariedade inerente ao exercício polícia judiciária, quando comparadas às da polícia administrativa *in genere*, apresentam uma amplitude consideravelmente maior em ter-

---

91 Ibid., p. 179.
92 ALMEIDA, Joaquim Canuto Mendes de. *Princípios fundamentais de processo penal*. São Paulo: Revista dos Tribunais, 1973. p. 61.
93 ALMEIDA, loc. cit. Também situando a liberdade de escolha de linhas investigatórias no âmbito da discricionariedade funcional da autoridade de polícia judiciária, GIACOMOLLI, Nereu José. *A fase preliminar do processo penal*: crises, misérias e novas metodologias investigatórias. Rio de Janeiro: Lumen Juris, 2011. p. 76-77.

mos e restrições a direitos fundamentais, uma vez que é aí onde estes estão sujeitos a uma maior variedade e profundidade de reflexos de uma função policial.

Por outro lado, não se deve esquecer que os direitos fundamentais são, eles próprios, as maiores balizas legitimadoras da discricionariedade policial, cujo exercício, embora não completamente determinado por regras positivas necessárias, encontra-se limitado por regras negativas que tiram do seu âmbito de possibilidade uma parcela de caminhos considerados inadmissíveis perante o direito, ou admitidos somente sob certas condições[94].

Evidentemente, a discricionariedade não é um poder ilimitado. Assim, onde houver previsão legal de atribuição, forma ou qualquer outro elemento do ato a ser praticado, deve-se providenciar o seu atendimento. A discricionariedade deve atender também à necessidade de motivação dos atos administrativos, decorrência do princípio do devido processo legal e garantia de controle dos atos estatais, na medida em que, apenas através da motivação é possível entender os fundamentos do ato, determinantes para a sua legitimidade ou eventual impugnação[95].

Desta forma, como salientado por Caio Tácito, o fortalecimento da discricionariedade, que tem no poder de polícia uma das suas manifestações mais atuantes, coloca em destaque a necessidade de se aperfeiçoar o seu controle de legalidade de modo a conter, oportunamente, os excessos e violências da administração pública[96].

Neste cenário, impõe-se à autoridade policial um excepcional senso de proporcionalidade no exercício de sua função, com vistas a restringir direitos fundamentais apenas de maneira adequada, e tão somente na

---

[94] No mesmo sentido, e especificamente em relação à investigação criminal, cf. PEREIRA, Eliomar da Silva. *Teoria da investigação criminal*. Coimbra: Almedina, 2010. p. 63.

[95] A propósito, a Lei no 9.784/1999, ao dispor sobre normas gerais sobre processo administrativo no âmbito federal, não à toa, instituiu, em seu art. 2º, VII, o dever de indicar os pressupostos de fato e de direito que detrminaram a decisão da autoridade administrativa, o qual foi mais especificamente abordado em seu art. 50, onde são elencadas diversas situações recorrentes no exercício de funções piliciais, tais como decisões onde se "neguem, limitem ou afetem direitos ou interesses" (I); "imponham ou agravem deveres, encargos ou sanções (II); ou decidam recursos administrativos (V).

[96] TÁCITO, Caio. Poder de polícia e polícia do poder. In: LAZZARINI, Álvaro et al. *Direito administrativo da ordem pública*. 2 ed. Rio de Janeiro: Forense, 1987. p. 104.

medida da necessidade requerida por cada função policial, conciliando-a de maneira intransigente com a dignidade da pessoa humana[97].

O exame da proporcionalidade, a propósito, será abordado de forma mais detida no item 3.4.1.6.7.9, embora contextualizado enquanto critério no exercício da polícia judiciária.

1.2.4.1 A autoridade policial

Apresentadas as características essenciais da discricionariedade policial, assim como suas peculiaridades em relação às suas funções, cumpre esclarecer que embora todo policial em alguma medida esteja legitimado a exercê-la, sua utilização incumbe precipuamente àqueles dotados de autoridade pelo Estado.

Ao se analisar a etimologia do vocábulo *autoridade*, observa-se que o mesmo é primordialmente definido como "direito ou poder de ordenar, de decidir, de atuar, de fazer obedecer"[98]. No mesmo sentido coaduna-se a legislação, uma vez que a Lei nº 9.784/1999, ao estabelecer normas básicas sobre o processo administrativo no âmbito da Administração Federal, considera autoridade "o servidor ou agente público dotado de poder de decisão" (art. 1º, § 2º, III).

Neste ponto, convém trazer à baila o pensamento de Hélio Tornaghi, que elencou, amparado em doutrina alemã, as seguintes características da autoridade: *"a) é órgão do Estado; b) exerce o poder público; c) age motu proprio; d) guia-se por sua prudência, dentro dos limites da lei; e) pode ordenar e traçar normas; f) em sua atividade não visa apenas os meios, mas aos próprios fins do Estado"*[99]. *Por sua vez, aqueles investidos de autoridade exercem o poder público em nome do Estado, mediante discrição, e não arbítrio, uma vez que este último expressa a violação*

---

[97] Neste particular, impõe-se consignar que, recentemente, a Lei nº 13.060/2014 expressamente previu, em seu art. 2º, III, a proporcionalidade como princípio vetor no exercício de funções policiais, considerando ilegítimo, no parágrafo único do referido dispositivo, o uso de arma de fogo para conter pessoa em fuga que esteja desarmada ou que não represente risco imediato de morte ou de lesão aos policiais ou a terceiros; assim como para conter veículo que desrespeite bloqueio policial em via pública, exceto quando o ato represente risco de morte ou lesão aos policiais ou a terceiros.

[98] HOUAISS, Antônio e VILLAR, Mauro de Salles. Dicionário Houaiss da Língua Portuguesa. Rio de Janeiro: Objetiva, 2001. p. 352.

[99] TORNAGHI, Hélio Bastos. *Instituições de direito processual penal*, v. 2, 2 ed. rev. e atual. São Paulo: Saraiva, 1977, p. 240.

da área de legalidade delimitada pelo Estado[100]. Estabelecido o conceito de autoridade, o referido jurista propõe, no que diz respeito ao poder público, uma escala entre os servidores do Estado que pode ser assim sintetizada[101]:

> – *servidores que exercem em nome próprio o poder de Estado*. Tomam decisões, impõem regras, dão ordens, restringem bens jurídicos e direitos individuais, tudo dentro dos limites traçados por lei. São as autoridades;
>
> – *servidores que não têm autoridade* para praticar esses atos por iniciativa própria, mas que agem (*agentes*) a mando da autoridade. São os agentes da autoridade.
>
> – *servidores que se restringem à prática de atos administrativos* e não exercem o poder público; não praticam atos de autoridade, nem por iniciativa própria, nem como meros executores que agem a mando da autoridade. Não são autoridades nem agentes da autoridade.
>
> Exemplos dos primeiros: juízes, delegados de polícia.
>
> Exemplos dos segundos: oficiais de justiça, membros da força Pública.
>
> Exemplos dos últimos: oficiais judiciários, oficiais administrativos.

Ao adentrar o estudo da autoridade policial na lei processual brasileira, Tornaghi ainda salienta que o art. 4º do CPP, ao estatuir que "a polícia judiciária será exercida pelas autoridades policiais", subentende evidente referência às autoridades de polícia judiciária. Desta forma, segundo o autor, não seriam autoridades policiais, no sentido do art. 4º, os que mesmo pertencendo à Polícia, em seu sentido amplo, não exercem a polícia judiciária, mas a polícia administrativa[102].

Para tanto, considerou-se ainda que a polícia administrativa, está cuidadosamente separada do poder de decidir; ela é instrumento de execução geral (por meio de uma força pública). O órgão que exerce o poder público pode enfeixar também a força, enquanto um órgão criado para ser apenas força não pode licitamente assenhorear-se do poder

---

100 Idem, ibidem.
101 Idem, p. 243.
102 Idem, p. 242-243.

público. Neste cenário a polícia judiciária detém o poder, a autoridade, enquanto a polícia administrativa geral detém a força.

Com efeito, Tornaghi pautou seu posicionamento durante a década de 1970, levando em consideração a tradição histórica da organização policial brasileira, na qual a *autoridade* policial estava concentrada nos Chefes de Polícia e seus Delegados, à qual englobava função de polícia judiciária quanto de polícia administrativa e até mesmo jurisdicionais, incumbindo aos policiais da força pública era reconhecida apenas auxiliar-lhes às nos seus misteres[103], por meio do exercício da polícia administrativa.

Portanto, embora divididas em polícia administrativa e judiciária, a *autoridade* de ambas as funções era exercida pelo Chefe de Polícia, delegados e subdelegados. O *exercício* da polícia administrativa, contudo, incumbia a órgãos administrativamente autônomos para o exercício força, mas despidos de autoridade própria.

No plano legislativo, tal estrutura era observada na redação original do art. 3º alínea *a*, do Decreto-lei nº 667/1969, o qual atribuía às Polícias Militares, *in verbis*:

> Art. 3º [...]
>
> a) executar com exclusividade, ressalvadas as missões peculiares das Fôrças Armadas, o policiamento ostensivo, fardado **planejado pelas autoridades policiais competentes**, a fim de assegurar o cumprimento da lei, a manutenção da ordem pública e o exercício dos poderes constituídos (grifo nosso).

Contudo, tal dispositivo foi reformado pelo Decreto-lei nº 2.010/1983, o qual, substituiu a expressão "planejado pelas autoridades policiais competentes" por "*planejados* pelas autoridades competentes". Paralelamente, o art. 4º Decreto-lei nº 667/1969 foi reformulado pelo Decreto-lei nº 2.010/1983, de forma a detalhar que a sujeição funcional das Polícias Militares aos órgãos (Secretarias Estaduais) de Segurança Pública, se dá "para fins de emprego nas ações de manutenção da Ordem Pública, ficam sujeitas à vinculação, orientação, *planejamento* e

---

103 Cf. PAULA, Antônio de. *Do direito policial*, 2ª Ed. Rio de Janeiro: A Noite, [1943?], p.14-25. Para maiores informações sobre a evolução histórica das funções policiais no Brasil, cf. itens 2.1.1 e 3.2.

controle operacional do órgão responsável pela Segurança Pública, sem prejuízo da subordinação administrativa ao respectivo Governador" (grifo nosso). Dessa forma, ao tempo em que foram totalmente desvinculadas das autoridades policiais (notadamente delegados de polícia, os quais gradualmente passaram a exercer precipuamente função de polícia judiciária), as Polícias Militares foram sujeitadas *funcionalmente* ao órgão de Segurança Pública, titularizado Secretário de Segurança Pública. Tal centralização, inclusive, foi ratificada pelo constituinte de 1988, ao dispor, no § 6º do art. 144 da CF, que "As polícias militares e corpos de bombeiros militares [...] subordinam-se, juntamente com as polícias civis, aos Governadores dos Estados, do Distrito Federal e dos Territórios" (redação original).

Contudo, a centralização de todo o poder discricionário da polícia administrativa geral em uma única autoridade revela-se manifestamente incompatível com o exercício da discricionariedade que lhe é inerente, uma vez que, para tanto, seria-lhe exigido o dom da onipresença, deliberando concretamente em cada situação que requeresse discrição, razão pela qual, no passado, foram criados os cargos de Delegados e Subdelegados de Polícia, a fim de possibilitar o exercício concreto da discricionariedade funcional da polícia por uma autoridade do Estado.

Em sendo inerente ao exercício de um âmbito discricionário a cada função policial, logo, também existirão autoridades policiais encarregadas pela sua aplicação concreta no exercício de cada uma destas funções. Desta forma, e diante da desvinculação da força pública das autoridades policiais efetuada pelo Decreto-lei nº 2.010/1983, um Policial Militar (membro da Força Pública), certamente exercerá a autoridade de polícia administrativa geral, quando concretamente incumbido de coordenar um grupo responsável policiamento preventivo de uma dada área[104], assim como um auditor fiscal exerce autoridade de polícia ad-

---

104 Portanto, exercem autoridade de polícia administrativa geral os Policiais Militares chefes de grupos policiais, assim como dos Pelotões, Companhias e Batalhões ou em Esquadrões e Regimento refereidos nos §§ 1º e 2º do art. 5º do Decreto-lei nº 667/1969, que assim dispõem: "§ 1º Considerados as finalidades essenciais e o imperativo de sua articulação pelo território de sua jurisdição, as Polícias Militares deverão estruturar-se em grupos policiais. Sendo essas frações os menores elementos de ação autônoma, deverão dispor de um chefe e de um número de componentes habilitados indispensáveis ao atendimento das missões básicas de polícia. § 2º De acôrdo com a importância da região o interêsse administrativo e facilidades de comando os grupos de que trata o parágrafo an-

ministrativa tributária (especial) ao dirigir uma fiscalização tributária, ou um delegado de polícia, que continuará a exercer sua autoridade de polícia judiciária, ao presidir um inquérito policial.

Portanto, como se demonstrará mais detalhadamente adiante, no item 2.1.1, a conformação atual das funções policias no ordenamento jurídico pátrio implica em um nível de especialização na qual há de se reconhecer autoridade policial a órgãos anteriormente vistos como apenas titulares da "força", restringida, contudo, às peculiaridades das suas funções[105].

Desta forma, hoje coexistem, no direito brasileiro, autoridades de polícia administrativa, geral, especial e judiciária, as quais serão mais detidamente estudadas nos capítulos seguintes, devendo as mesmas, sempre que possível, atuar coordenadamente, para a consecução da ordem e segurança públicas.

1.3 ÓRGÃOS POLICIAIS

Procedida a análise das funções policiais, resta apresentar os aspectos atinentes àqueles que as titulam que, enquanto entes inerentes à estrutura do Estado, se encontram estruturados sob a forma de órgãos públicos.

A fim de ilustrar o conceito básico de órgão público, utiliza-se mais uma vez a lição de Maria Sylvia Zanella Di Pietro[106], que o define como "uma unidade que congrega atribuições exercidas pelos agentes públicos que o integram com o objetivo de expressar a vontade do Estado". Em sentido semelhante, coaduna-se a legislação, uma vez que a Lei nº 9.784/1999, ao estabelecer normas básicas sobre o processo administra-

---
terior poderão ser reunidos, constituindo-se em Pelotões, Companhias e Batalhões ou em Esquadrões e Regimento, quando se tratar de unidades montadas".
105 Daí deriva, por exemplo, a capacidade postulatória de que dispõem as autoridades de polícia judiciária para representar judicialmente por diversas medidas cautelares durante o curso das apurações que presidem, como forma de assegurar o adequado desenvolvimento da *persecutio criminis*. Já as autoridades de polícia administrativa não dispõem de capacidade postulatória judicial, em razão da natureza das suas funções, *a priori*, não demandar a restrição de direitos fundamentais sujeitos à reserva de jurisdição.
106 DI PIETRO, Maria Sylvia Zanella. *Direito Administrativo*. 14ª ed., São Paulo: Atlas, 2002, p. 426.

tivo no âmbito da Administração Federal, considera órgão "a unidade de atuação integrante da estrutura da Administração direta e da estrutura da Administração indireta" (art. 1, § 2º, I).

Com relação aos órgãos titulares de funções policiais, cumpre esclarecer que as funções de polícia administrativa geral e de polícia judiciária são em princípio atribuídas especificamente a determinados órgãos da administração pública direta, elencados na Constituição[107], enquanto a polícia administrativa especial se reparte entre diversos órgãos da administração direta e indireta de maneira não taxativa, onde se incluem os próprios órgãos titulares de polícia administrativa geral.

Feitos estes esclarecimentos introdutórios, cumpre analisar como se dá a disposição dos órgãos policiais na Constutuição pátria em vigência, os quais podem ser subdivididos entre queles que ordinariamente exercem funções policiais e os que extraordinariamente as desempenham. Além das referidas corporações, serão ainda abordadas as Guardas Municipais, inseridas junto à maioria dos órgãos policiais no capítulo referente à Segurança Pública (Título V, Capítulo III), bem como a Força Nacional de Segurança e Secretaria Extraordinária de Segurança para Grandes Eventos, instituídas a partir da regulamentação do art. 241 da CF.

1.3.1 Órgãos policiais na Constituição Brasileira

Como visto logo acima, as funções de polícia administrativa geral e de polícia judiciária são, em princípio, atribuídas especificamente a determinados órgãos da administração pública direta, elencados na Constituição, a maioria dos quais previstos no art. 144 da CF, inserido no título "Da Defesa do Estado e das Instituições Democráticas" (Título V) em capítulo referente à Segurança Pública (Capítulo III)[108].

De acordo com precedentes do Supremo Tribunal Federal, apenas os referidos órgãos poderiam ser instituídos como corporações po-

---

107 Contudo, a Força Nacional de Segurança e a Secretaria Extraordinária de Segurança para Grandes Eventos, que não é um órgão tampouco contempla previsão na Constituição Federal, tem exercido funções de polícia administrativa geral. Para maiores informações, *cf.* item 1.3.2.
108 No Brasil, até a Constituição de 1988, não havia capítulo próprio, nem previsão constitucional mais detalhada, relativa à segurança pública. Neste particular, a atual Constituição brasileira, se individualiza ainda no direito comparado, em que predominam referências pontuais acerca do tema.

liciais, não se autorizando a criação de outros órgãos com função de polícia administrativa geral ou judiciária nas constituições dos estados federados[109]. Contudo, na fundamentação de tais precedentes, o pretório excelso levou em conta apenas o rol do art. 144 da CF, omitindo-se quanto aqueles que se encontram dispersos em outros dos seus artigos.

Diante disto, com base nos conhecimentos já expostos, a seguir será procedida a análise de cada órgão policial relacionado na Constituição Federal, quais sejam; Polícia Federal, Polícias Rodoviária e Ferroviária Federal, Polícias Civis, Polícias Militares e Corpos de Bombeiros Militares, Polícias da Câmara dos Deputados e Senado Federal, além das Casas legislativas e Forças Armadas que também exercem funções policiais, em casos particulares e/ ou excepcionais.

1.3.1.1 Polícia Federal

A Polícia Federal encontra-se prevista no art. 144 § 1º da CF, conforme disposições a seguir transcritas:

> Art. 144 [...]
>
> § 1º A polícia federal, instituída por lei como órgão permanente, organizado e mantido pela União e estruturado em carreira, destina-se a:
>
> I – apurar infrações penais contra a ordem política e social ou em detrimento de bens, serviços e interesses da União ou de suas entidades autárquicas e empresas públicas, assim como outras infrações cuja prática tenha repercussão interestadual ou internacional e exija repressão uniforme, segundo se dispuser em lei;
>
> II – prevenir e reprimir o tráfico ilícito de entorpecentes e drogas afins, o contrabando e o descaminho, sem prejuízo da ação fazendária e de outros órgãos públicos nas respectivas áreas de competência;

---

109 *Cf.* STF, ADI 1.182/DF, Tribunal Pleno, Rel. Min. Eros Grau, j. em 24/11/2005, DJ 10/03/2006; STF, ADI 236/ RJ, Tribunal Pleno, Rel. Min. Octávio Galotti, j. em 07/05/1992, DJ 01/06/2001. Nos referidos julgados, veda-se aos estados-membros, respectivamente, atribuir função policial ao departamento de trânsito, ou instituir "polícia penitenciária", encarregada da vigilância dos estabelecimentos penais.

III – exercer as funções de polícia marítima, aeroportuária e de fronteiras;

IV – exercer, com exclusividade, as funções de polícia judiciária da União.

Para a melhor compreensão dos dispositivos constitucionais supra reproduzidos, serão primeiramente analisados os incisos IV e I, em seguida passando-se para o inciso III, para, finalmente, se versar sobre o inciso II.

Como textualmente se pode observar no inciso IV do § 1º do art. 144 da CF, à Polícia Federal é conferido, **com exclusividade**, o exercício da função polícia judiciária da União, incumbindo apenas ao referido órgão a realização de investigações criminais de interesse da União, incluídas aí não apenas aquelas abrangidas pela competência da Justiça Federal, mas também aquelas de competência da Justiça Eleitoral, e até mesmo da Justiça Militar, como será mais adiante demonstrado, muito embora não seja isso o que tem ocorrido na prática. Adicionalmente, incumbe ainda a Polícia Federal atribuições correlatas a investigação criminal junto aos referidos Juízos, consistentes no cumprimento dos mandados de prisão por estes expedidos, prestação de informações que se fizerem necessárias à instrução e julgamento dos processos criminais, além de realização de diligências requisitadas por aqueles ou pelo Ministério Público no curso de processos criminais (art. 13 do CPP).

O inciso I do § 1º do art. 144 da CF, por sua vez, ao prever que à Polícia Federal incumbe "apurar infrações penais contra a ordem política e social ou em detrimento de bens, serviços e interesses da União ou de suas entidades autárquicas e empresas públicas", prevê atribuições que, em regra, já estariam abrangidas pelo inciso IV, pois, enquanto polícia judiciária da União, competiria ao referido órgão efetuar a investigação criminal no âmbito da competência da Justiça Federal prevista no art. 109 da CF, cujo inciso IV que assim dispõe:

Art. 109. Aos juízes federais compete processar e julgar:

[...]

IV – os crimes políticos e as infrações penais praticadas em detrimento de bens, serviços ou interesse da União ou de suas entidades autárquicas ou empresas públicas, **excluídas as contravenções e ressalvada a competência da Justiça Militar e da Justiça Eleitoral** (grifo nosso)

1 – Introdução ao Direito Policial

Todavia, como se pode observar, apesar da grande semelhança na redação dos dispositivos sob comento, ambos distinguem-se em razão de o art. 144 § 1º, I da CF não ressalvar a apuração das contravenções penais, bem como textualmente também prever como de atribuição da Polícia Federal a apuração de "outras infrações cuja prática tenha repercussão interestadual ou internacional e exija repressão uniforme, segundo se dispuser em lei".

Desta forma, conclui-se que, em que pese aparentar uma certa redundância entre as redações dos arts. 109, IV e 144 § 1º I da CF[110], existem significativas diferenças entre os mesmos, o que leva à conclusão de que a função de polícia judiciária atribuída à Polícia Federal eventualmente abarcará infrações penais de competência da Justiça Estadual, como as contravenções penais e outras infrações cuja prática tenha repercussão interestadual ou internacional e exija investigação uniforme. Estas últimas, encontram-se previstas infra constitucionalmente na Lei nº 10.446/2002, cujo art. 1º incumbe à Polícia Federal, investigar, dentre outras, das seguintes infrações penais:

> I – sequestro, cárcere privado e extorsão mediante sequestro (arts. 148 e 159 do Código Penal), se o agente foi impelido por motivação política ou quando praticado em razão da função pública exercida pela vítima;
>
> II – formação de cartel (incisos I, a, II, III e VII do art. 4º da Lei nº 8.137/1990);
>
> III – relativas à violação a direitos humanos, que a República Federativa do Brasil se comprometeu a reprimir em decorrência de tratados internacionais de que seja parte[111];

---

110 A propósito, cuida o art. 144 § 1º, I da CF de reprodução aproximada do que já dispunha o art. 8º, VIII "c" da CF de 1967, anterior à de 1988, que assim dispõe (grifei):
"Art. 8º Compete à União:
[...]
VIII – organizar e manter a polícia federal com a finalidade de:
[...]
c) apurar infrações penais contra a segurança nacional, a ordem política e social ou em detrimento de bens, serviços e interêsses da União, assim como outras infrações cuja prática tenha repercussão interestadual e exija repressão uniforme, segundo se dispuser em lei".
111 Tal atribuição, desde que caracterizada repercussão interestadual ou internacio-

IV – furto, roubo ou receptação de cargas, inclusive bens e valores, transportadas em operação interestadual ou internacional, quando houver indícios da atuação de quadrilha ou bando em mais de um Estado da Federação;

V – falsificação, corrupção, adulteração ou alteração de produto destinado a fins terapêuticos ou medicinais e venda, inclusive pela *internet*, depósito ou distribuição do produto falsificado, corrompido, adulterado ou alterado (art. 273 do Código Penal);

VI – furto, roubo ou dano contra instituições financeiras, incluindo agências bancárias ou caixas eletrônicos, quando houver indícios da atuação de associação criminosa em mais de um Estado da Federação[112];

VII – quaisquer crimes praticados por meio da rede mundial de computadores que difundam conteúdo misógino, definidos como aqueles que propagam o ódio ou a aversão às mulheres[113].

Desde que haja repercussão interestadual ou internacional que exija repressão uniforme, à Polícia Federal poderá ser ainda incumbida da apuração de outros casos, desde que tal providência seja autorizada ou determinada pelo Ministro da Justiça (art. 1º, parágrafo único da Lei nº 10.446/2002).

Por outro lado, deve se ainda se considerar que, ao longo da história da legislação processual penal brasileira, paulatinamente função de polícia judiciária foi sendo separada do Poder Judiciário, ao tempo que a mesma foi se vinculando de maneira mais estreita ao Poder Executivo, juntamente com a função de polícia administrativa. Entretanto, tal separação não chegou a se aperfeiçoar ao ponto das autoridades de polícia judiciária estarem incumbidas apenas da investigação criminal, função

---

nal que exija investigação uniforme, aindepende do incidente previsto no art. 109 § 5º da CF, o qual dispõe, in verbis, que "Nas hipóteses de grave violação de direitos humanos, o Procurador-Geral da República, com a finalidade de assegurar o cumprimento de obrigações decorrentes de tratados internacionais de direitos humanos dos quais o Brasil seja parte, poderá suscitar, perante o Superior Tribunal de Justiça, em qualquer fase do inquérito ou processo, incidente de deslocamento de competência para a Justiça Federal".

112 Incluído pela Lei nº 13.124/2015.
113 Incluído pela Lei nº 13.642/2018.

que lhe seria inerente conforme consolidada doutrina administrativista desde o século XIX, uma vez que a lei processual pátria tradicionalmente se fez acompanhar de outras atribuições de natureza acessória ou até mesmo diversa da apuração de delitos[114].

Este contexto histórico provavelmente propiciou ao constituinte de 1988, ao ineditamente prever um capítulo específico destinado à segurança pública (Título V, Capítulo III), ter-se utilizado da expressão "funções [no plural] de polícia judiciária e a apuração de infrações penais" (art. 144, § 5º da CF)[115], possivelmente em apego à redação do art. 8º, VIII, "c" da Constituição anterior, de 1967, onde se previa que a Polícia Federal teria por finalidade "[...] apurar infrações penais contra a segurança nacional, a ordem política e social ou em detrimento de bens, serviços e interesses da União, assim como outras infrações cuja prática tenha repercussão interestadual e exija repressão uniforme, segundo se dispuser em lei". Tal redação, na Constituição de 1988, foi praticamente reproduzida no art. 144 § 1º, I da CF, onde novamente se destinou a Polícia Federal a "[...] apurar infrações penais contra a ordem política e social ou em detrimento de bens, serviços e interesses da União ou de suas entidades autárquicas e empresas públicas, assim como outras infrações cuja prática tenha repercussão interestadual ou internacional e exija repressão uniforme, segundo se dispuser em lei"; contudo, tal dispositivo agora vinha seguido do art. 144 § 1º, IV, destinando o referido órgão a "[...] exercer, com exclusividade, as *funções* de polícia judiciária da União".

De acordo com André Rovegno, tal dicção deu margem a que se entendesse que a função (no singular) de polícia judiciária seria algo diferente da apuração de infrações penais[116], levando, assim, a se acreditar que aquela ideia de polícia judiciária que tradicionalmente era definida, em última instância, como apuração de infrações penais estaria

---

114 Para maiores detalhes sobre a evolução da polícia judiciária no Brasil, cf. item 3.2.
115 Tal redação, a propósito, acabou por ser reproduzida no art. 2º da Lei nº 12.830/2013, que dispõe, *in verbis*, que *"As funções de polícia judiciária e a apuração de infrações penais* exercidas pelo delegado de polícia são de natureza jurídica, essenciais e exclusivas de Estado".
116 Neste sentido, CALABRICH, Bruno Freire de Carvalho. Pequenos mitos sobre a investigação criminal no Brasil. In: CALABRICH, Bruno Freire de Carvalho; FISCHER, Douglas; PELELLA, Eduardo (Coord.). *Garantismo penal integral*. Salvador: Juspodivm, 2010. p. 96-97.

equivocada ou superada, uma vez que o texto constitucional afrontava a doutrina longa e tranquilamente estabelecida, vindo inclusive a se chocar com o já longamente assentado art. 4º, *caput*, do Código de Processo Penal que estabelece, *in verbis*, que "A polícia judiciária será exercida pelas autoridades policiais no território de suas respectivas circunscrições e terá por fim a apuração das infrações penais e da sua autoria"[117].

Contudo, salienta o referido autor que se de um lado é cediço que a interpretação da norma infraconstitucional deve se adequar à do texto constitucional, por outro "[...] não há como negar que a atuação do legislador constituinte – até pela sua característica menos técnico-jurídica e mais política – não está livre de equívocos e de utilização imprecisa de conceitos consagrados na terminologia jurídica". Quando a afronta ao texto constitucional se dá em viva divergência interpretativa, a sua redação fatalmente move a decisão sobre a melhor interpretação do texto infralegal. Entretanto, "Quando, diversamente, o texto constitucional derrapa em questões já longamente assentadas, sem que se vislumbrem razões técnicas ou sociológicas para tanto, não é descabido cogitar-se má técnica do legislador constituinte"[118].

Ademais, o legislador infraconstitucional pós 1988, por meio da Lei nº 9.043/1995, já teve a oportunidade de alterar a redação do art. 4º do CPP, fazendo-o, entretanto, tão somente para substituir a expressão "jurisdições" por "circunscrições", reafirmando assim o conceito essencial tradicionalmente conferido à função polícia judiciária, nos termos descritos por José Pedro Zaccariotto, para quem, apesar das autoridades que a titulam tenham sido incumbidas de mais do que apenas investigar, cabendo-lhe, exemplificativamente, também a captura de criminosos condenados à Justiça e a prestação de informações importantes à lide judicial, "[...] avulta igualmente inequívoca a natureza complementar e secundária dessas atividades, desdobramentos óbvios do labor investigativo, que se resume na própria razão de ser policial judiciária"[119].

O entendimento de se inovar, negando a indentidade entre a apuração de infrações penais e "as funções" de polícia judiciária, portanto,

---

117 ROVEGNO, André. *O inquérito policial e os princípios do contraditório e da ampla defesa*. Campinas: Bookseller, 2005. p. 65.
118 Ibid., p. 65-66.
119 ZACARIOTTO, José Pedro. *A polícia judiciária no estado democrático*. Sorocaba: Brazilian Books, 2005. p. 201.

não parece ser o mais acertado, até porque tal linha de intelecção implicaria simplesmente em negar a existência de um órgão constitucionalmente atribuído para apuração dos crimes previstos ou relacionados aos incisos V, V-A, VI, IX, X e XI do art. 109 da CF, a seguir transcritos, por não se encontram expressamente previstos no art. 144, § 1º, I da CF.

Art. 109. Aos juízes federais compete processar e julgar:

[...]

V – os crimes previstos em tratado ou convenção internacional, quando, iniciada a execução no País, o resultado tenha ou devesse ter ocorrido no estrangeiro, ou reciprocamente;

V-A as causas relativas a direitos humanos a que se refere o § 5º deste artigo;

VI – os crimes contra a organização do trabalho e, nos casos determinados por lei, contra o sistema financeiro e a ordem econômico-financeira;

[...]

IX – os crimes cometidos a bordo de navios ou aeronaves, ressalvada a competência da Justiça Militar;

X – os crimes de ingresso ou permanência irregular de estrangeiro, a execução de carta rogatória, após o "exequatur", e de sentença estrangeira, após a homologação, as causas referentes à nacionalidade, inclusive a respectiva opção, e à naturalização;

XI – a disputa sobre direitos indígenas.

[...]

§ 5º Nas hipóteses de grave violação de direitos humanos, o Procurador-Geral da República, com a finalidade de assegurar o cumprimento de obrigações decorrentes de tratados internacionais de direitos humanos dos quais o Brasil seja parte, poderá suscitar, perante o Superior Tribunal de Justiça, em qualquer fase do inquérito ou processo, incidente de deslocamento de competência para a Justiça Federal

Da mesma forma, a apuração dos crimes eleitorais, igualmente incumbida à Polícia Federal em razão da mesma exercer a polícia judiciária da União, estaria ao desabrigo de um órgão constitucionalmente designado para tal fim, o que levaria o intérprete do texto constitucional a, forçosamente, considerar todas as referidas hipóteses como desdobramentos do art. 144, § 1º, I da CF, que, como demonstrado, não passa de um desdobramento do art. 109, IV da CF.

Na interpretação da constituição não devem existir lacunas ou contradições. Portanto, ao se interpretar o art. 144, § 1º, IV da CF de forma sistemática e histórica, confere-se ao referido dispositivo constitucional a máxima efetividade em harmonia com a unidade da constituição. Portanto, observa-se que o inciso I do § 1º do art. 144 da CF, deve ser interpretado no sentido de que "as funções" de polícia judiciária da Polícia Federal, precipuamente previstas no seu inciso IV, englobam também a apuração das matérias objeto do art. 109, IV da CF, e que o referido inciso I do § 1º do art. 144 parte da redação do art. 109, IV justamente para diferenciar as atribuições da Polícia Federal, pontualmente[120].

Outro ponto interessante no que se refere ao art. 144, § 1º, IV da CF, diz respeito ao dimensionamento da exclusividade das funções de polícia judiciária da Polícia Federal, em matéria eleitoral.

A Constituição Federal de 1988, entre os artigos 118 à 121, assim como o Código Eleitoral, entre os artigos 12 à 41, determinam a composição e organização dos Tribunais e Juízes Eleitorais. Neste particular, observa-se que a magistratura da Justiça Eleitoral tem a peculiaridade de ser composta por juízes de outros órgãos do Poder Judiciário, assim como advogados, e cidadãos comuns, estes últimos com o intuito de compor as Juntas Eleitorais.

Em primeiro grau, a jurisdição eleitoral é exercida pelos juízes de direito (art. 11, *caput*, LC nº 35/1979), designados na forma do art. 32, parágrafo único, do CE, que assim dispõe:

> Art. 32. Cabe a jurisdição de cada uma das zonas eleitorais a um juiz de direito em efetivo exercício e, na falta deste, ao seu substituto legal que goze das prerrogativas do Art. 95 da Constituição.

---

120 Da mesma forma, o art. 144 § 4º da CF, em que pese não refletir a melhor técnica legislativa, deve ser interpretado no sentido de que incumbe às Polícias Civis a função de Polícia Judiciária, em especial a apuração de infrações penais, ressalvadas aquelas atribuídas a outros órgãos policiais no texto constitucional, expressa ou implicitamente.

Parágrafo único. Onde houver mais de uma vara o Tribunal Regional designará aquela ou aquelas, a que incumbe o serviço eleitoral.

Tal artigo encontra-se em plena consonância com o art. 121, § 1º da Magna Carta, que dispõe, *verbis*, que "Os membros dos tribunais, **os juízes de direito** e os integrantes das juntas eleitorais, no exercício de suas funções, e no que lhes for aplicável, gozarão de plenas garantias e serão inamovíveis"(grifo nosso):

Diferentemente do Poder Judiciário, para o qual se prevê a existência de Justiça Eleitoral, ainda que composta por magistrados de outros órgãos, não há previsão de semelhante estrutura destacada de Ministério Público Eleitoral, sendo suas funções, contudo, também exercidas por membros do Ministério Público, em especial aqueles do Ministério Público Federal (Art. 72 da LC nº 75/1993). Todavia, em primeira instância, de forma análoga à magistratura, as funções eleitorais são incumbidas a Promotores de Justiça (Ministério Público Estadual) que exercem as funções por delegação do Ministério Público Federal, conforme arts. 78 e 79 da LC nº 75/1993, a seguir transcritos:

Art. 78. As funções eleitorais do Ministério Público Federal perante os Juízes e Juntas Eleitorais serão exercidas pelo Promotor Eleitoral.

Art. 79. O Promotor Eleitoral será o membro do Ministério Público local que oficie junto ao Juízo incumbido do serviço eleitoral de cada Zona.

Parágrafo único. Na inexistência de Promotor que oficie perante a Zona Eleitoral, ou havendo impedimento ou recusa justificada, o Chefe do Ministério Público local indicará ao Procurador Regional Eleitoral o substituto a ser designado.

Desta forma, observa-se que, ao organizar a Justiça Eleitoral, o constituinte e legislador ordinário optou por um sistema em que suas funções são exercidas, cooperativamente, por membros de todos os órgãos congêneres, em especial nas localidades mais distantes, onde a outorga de funções eleitorais a representante local se mostra essencial para que a justiça se dê de forma mais célere e eficiente.

Atento a esta sistemática, o legislador ordinário, ao redigir o art. 93 § 4º da Lei nº 9.504/1997, distribuiu laconicamente as funções eleitorais entre os órgãos de polícia judiciária, conforme abaixo:

> Art. 94. Os feitos eleitorais, no período entre o registro das candidaturas até cinco dias após a realização do segundo turno das eleições, terão prioridade para a participação do Ministério Público e dos Juízes de todas as Justiças e instâncias, ressalvados os processos de habeas corpus e mandado de segurança.
>
> [...]
>
> § 3º Além **das polícias judiciárias**, os órgãos da receita federal, estadual e municipal, os tribunais e órgãos de contas auxiliarão a Justiça Eleitoral na apuração dos delitos eleitorais, com prioridade sobre suas atribuições regulares.(grifei)

Contudo, o art. 144 § 1º, IV da CF, ao estatuir que a Polícia Federal, destina-se a "exercer, com exclusividade, as funções de polícia judiciária da União", requeria uma regulamentação do art. 93 § 4º da Lei nº 9.504/1997 com vistas a que este não seja interpretado no sentido de outorgar à Polícia Civil atribuição concorrente à Polícia Federal em matéria eleitoral, sem ainda deixar de conciliá-lo com a sistemática organizacional exprimida pelos arts. 118 à 121 da CF[121].

Diante deste contexto, o Tribunal Superior Eleitoral há muito tem re-editado regulamentos nos moldes da Resolução nº 23.640/2021[122], que delimitam a prevalência da Polícia Federal enquanto polícia judiciária em matéria eleitoral, nos seguintes termos:

> Art. 2º A Polícia Federal exercerá, com prioridade sobre suas atribuições regulares, a função de polícia judiciária em matéria eleitoral, limitada às instruções e requisições dos Tribunais e Juízes Eleitorais.

---

[121] Anteriormente a consitutuição de 1988, o art. 2º do Decreto lei nº 1.064/1969, previa apenas que a Polícia Federal "ficará à disposição da Justiça Eleitoral, sempre que houver de se realizar eleições, gerais ou parciais, em qualquer parte do Território Nacional", sem detalhar a função policial a ser exercida, tampouco a atuação de outros órgãos policiais.

[122] Tais regulamentos periódicos têm sido expedidos com fulcro no Art. 105 da Lei 9.504/1997, que assim dispõe: "Até o dia 5 de março do ano da eleição, o Tribunal Superior Eleitoral, atendendo ao caráter regulamentar e sem restringir direitos ou estabelecer sanções distintas das previstas nesta Lei, poderá expedir todas as instruções necessárias para sua fiel execução, ouvidos, previamente, em audiência pública, os delegados ou representantes dos partidos políticos".

Parágrafo único. **Quando no local da infração não existirem órgãos da Polícia Federal, a Polícia do respectivo Estado terá atuação supletiva**. (grifo nosso)

Note-se que a referida norma infralegal, ao dispor que a atuação da Polícia Civil seria supletiva – ou seja, nem concorrente, tampouco subsidiária[123] – portanto, restrita aos locais onde não existisse sede da Polícia Federal, tanto atentou para a exclusividade deste órgão enquanto polícia judiciária da União, quanto respeitou a sistemática em que se organizou a Justiça Eleitoral pátria, conciliando ambos os ditames constitucionais e integrando o ordenamento jurídico vigente.

Desta forma, a um só tempo, interpreta-se o art. 93 § 4º da Lei nº 9.504/1997, no sentido de ser respeitada a primazia da atribuição expressa no art. 144 § 1º, IV da CF, sem deixar adequar a norma legal à sistemática em que se organizou a Justiça Eleitoral, cujas balizas também se encontram delimitadas na Carta Magna.

Afinal, não faria sentido ter as funções da Justiça e Ministério Público Eleitorais atribuídas a seus respectivos representantes locais, se a Polícia Judiciária, a quem primeiro incumbe atuar frente a fatos supostamente delituosos, tiver que se deslocar quilômetros de distância para tomar as medidas de sua alçada.

Portanto, a Resolução nº 23.396/2013 regulamentou o art. 93 § 4º da Lei nº 9.504/1997 de forma a dotá-lo de interpretação conforme a Constituição Federal, harmonizando-o com a sistemática extraída do cotejo dos arts. 118 a 121 com o art. 144, § 1º, IV da CF.

Contudo, salienta-se que a atuação supletiva da Polícia Civil legitima-se tão somente quando no local da infração não existir unidade da Polícia Federal. Desta forma, na medida em que a Polícia Federal for se interiorizando, deverá esta, gradativamente, assumir de forma plena as funções de polícia judiciária eleitoral nos municípios onde forem instaladas suas novas sedes.

---

[123] A Lei Complementar nº 140/2011, ao dispor sobre a competência comum dos entes federativos em matéria ambiental, em seu art. 2º, II e III, diferencia atuação supletiva da subsidiária, de forma que a primeira consiste na atuação do ente da Federação que se substitui aquele originariamente detentor das atribuições, em hipóteses específicas, enquanto a segunda consiste naquela onde o ente visa a auxiliar no desempenho de atribuições comuns.

Superada a análise dos aspectos atinentes aos incisos I e IV do § 1º do art. 144 da CF, cumpre agora debruçar-se sobre os seus incisos II e III.

No inciso III do § 1º do art. 144 da CF, atrela-se a polícia genericamente a locais, quais sejam – mares, aeroportos e fronteiras – e não a uma atividade, bem jurídico de interesse coletivo ou apuração de delitos, do que se depreende que a função da Polícia Federal, neste particular, é de polícia administrativa geral, efetivada mediante vigilância ostensiva nas fronteiras terrestres, mar territorial[124] e aeroportos internacionais, com vistas a promover a ordem e segurança Nacional, sem prejuízo da atribuição de defesa (externa) da pátria incumbida às Forças Armadas[125].

Por outro lado, de acordo com o art. 38 da Lei nº 13.445/2017, a função de polícia administrativa especial referente controle migratório nas fronteiras, portos e aeroportos, além da emissão de passaporte, incumbe a Polícia Federal[126]. Desta forma, nas fronteiras terrestres, portos e aeroportos internacionais, a Polícia Federal exerce, a um só tempo,

---

124 Outros países que possuem órgão específico precipuamente para esta finalidade, usualmente o denominam Guarda Costeira (p. ex. Estados Unidos da América, Reino Unido, Rússia, Itália, Japão).

Por sua vez, a polícia administrativa especial de trânsito marítimo, conforme art. 39 da Lei nº 9.537/1997, é atribuída a Marinha do Brasil, a qual, por meio de autoridades constituídas no seu âmbito, incumbe aplicar seu regime jurídico precipuamente previsto no referido diploma legal, sem embargo sua função institucional de defesa (externa) da pátria. A respeito, cf. item 1.3.1.7.2).

125 Segundo o art. 1º da Lei nº 6.634/1979, "É considerada área indispensável à Segurança Nacional a faixa interna de 150 Km (cento e cinquenta quilômetros) de largura, paralela à linha divisória terrestre do território nacional, que será designada como Faixa de Fronteira". Desta forma, a função de polícia administrativa geral da Polícia Federal, deverá se ater à área denominada faixa de fronteira, e não coincide com a função de polícia administrativa geral atribuída à Polícia Militar, a ser vista mais adiante, uma vez que esta deverá ser exercida objetivando precipuamente a promoção da segurança local/ regional interna, enquanto aquelas deverão ser exercidas objetivando a promoção da Segurança Nacional, sem prejuízo da atribuição de defesa (externa) da pátria incumbida às Forças Armadas (art. 142 da CF).

126 Anteriormente, de acordo com a Lei nº 6.815/1980, a função de polícia administrativa especial referente à emissão de passaporte e controle migratório nas fronteiras, portos e aeroportos incumbe ao Ministro da Justiça, o qual, por sua vez, a incumbiu seu exercício à Polícia Federal, por atos como a Portaria nº 2.877/2011, expedida com fulcro nos incisos I e II do parágrafo único do art. 87 da CF, uma vez que o referido órgão se insere na estrutura administrativa do Ministério da Justiça.

1 – *Introdução ao Direito Policial*

funções de polícia administrativa geral e especial, além da polícia judiciária da União prevista no art. 144 § 1º, IV da CF, subsistindo, nos referidos locais de tráfego internacional, hipótese onde um único órgão detém concomitantemente todas as funções policiais.

Por sua vez, no inciso II do § 1º do art. 144 da CF, o legislador constituinte pretendeu enfatizar a atuação da Polícia Federal em relação a determinados tipos de crimes, mais especificamente o contrabando/descaminho e o tráfico de drogas, os quais devem ser *prevenidos* e *reprimidos*, "sem prejuízo da ação fazendária e de outros órgãos públicos nas respectivas áreas de competência"[127].

Entretanto, a real noção do alcance da referida norma perpassa por uma interpretação conjugada com o inciso III do § 1º do art. 144 da CF, no que tange à atuação criminal preventiva inerente à polícia administrativa geral, e com o inciso IV do § 1º do art. 144 da CF, no que se refere à atuação repressiva, que eventualmente decorre da função de polícia judiciária. Pensar diferente equivaleria a conceber, de forma assistemática, atribuições a cargo da Polícia Federal, paralelamente às de outros órgãos policiais, em especial dos órgãos de polícia administrativa especial nas áreas aduaneira e fiscal, polícia administrativa geral, e polícia judiciária estadual[128], os quais foram genericamente ressalvados no dispositivo em questão.

Portanto, em que pese a ênfase exprimida no texto constitucional, os crimes de contrabando/descaminho e tráfico de drogas, deverão ter, juridicamente, o mesmo tratamento em relação às demais infrações penais objeto de atuação da Polícia Federal, ou seja, atuação preventiva

---

127 Tal ressalva, inclusive, não constavam expressamente nos dispositivos análogos das Contituições de 1967 e da sua Emenda nº 1/1969, cujos arts. 8º, VII, *b*, e 8º, VIII, *b*, previam, respectivamente, que incumbia à Polícia Federal, prover "a repressão ao tráfico de entorpecentes" e "prevenir e reprimir o tráfico de entorpecentes e drogas afins".

128 Desta forma, e ao contrário da praxe adotada no âmbito da Polícia Federal, não há atribuição investigativa concorrente entre autoridades de polícia judiciária da União e dos Estados no que se refere ao tráfico de drogas, aplicando-se, assim como na esfera judicial, o disposto na Súmula nº 522 do STF que dispõe, *in verbis*, que "Salvo ocorrência de tráfico para o exterior, quando então a competência será da Justiça Federal, compete à Justiça dos Estados o processo e julgamento dos crimes relativos a entorpecentes". Tal preceito jurisprudencial, veio a ser posteriormente positivado no art. 70 da Lei nº 11.343/2006, o qual estatui que o processo e o julgamento dos crimes relacionados ao tráfico de drogas, se caracterizada transnacionalidade, são da competência da Justiça Federal.

nas fronteiras marítimas, mar territorial e aeroportos internacionais, e eventualmente "repressiva" enquanto crimes cometidos em detrimento de bens, serviços ou interesse da União, tendo a norma do art. 144, § 1º, II da CF, administrativamente, dotado os referidos delitos de caráter prioritário no exercício das referidas atividades[129].

Portanto, analisadas todas as funções constitucionalmente atribuídas da Polícia Federal, conclui-se que as mesmas contemplam tanto a de polícia judiciária (art. 144, § 1º, I e IV da CF), quanto a de polícia administrativa geral (art. 144, § 1º, III da CF).

1.3.1.2 Polícias Rodoviária e Ferroviária Federal

Prosseguindo na análise do art. 144 da CF, encontram-se em seus §§ 2º e 3º referências às Polícias Rodoviária e Ferroviária Federal, a seguir reproduzidas:

> Art. 144 [...]
>
> § 2º A polícia rodoviária federal, órgão permanente, organizado e mantido pela União e estruturado em carreira, destina-se, na forma da lei, ao patrulhamento ostensivo das rodovias federais.
>
> § 3º A polícia ferroviária federal, órgão permanente, organizado e mantido pela União e estruturado em carreira, destina-se, na forma da lei, ao patrulhamento ostensivo das ferrovias federais.

Aqui, observa-se que tanto a Polícia Rodoviária Federal quanto a Polícia Ferroviária Federal possuem, essencialmente, as mesmas atribuições, quais sejam, patrulhamento ostensivo das vias terrestres federais, diferenciando-se apenas no que tange à delimitação do local onde a mesmas são executadas, rodovias ou ferrovias federais.

O patrulhamento, por seu turno, consiste em uma das modalidades *vigilância ostensiva* pela qual se concretiza a atuação preventiva para preservação da ordem pública, que pode se dar por meio da *permanência*, que é a atividade predominantemente estática de observação, fiscalização, reconhecimento, proteção ou custódia, desempenhada em

---

[129] O que, por sua vez, perpassa por treinamento especializado dos servidores policiais e aparelhamento específico a detecção dos referidos crimes, como a aquisição e treinamento de cães farejadores e equipamentos de raio-x.

um ou mais locais determinados, como postos de observação; ou *patrulhamento*, que consiste no exercício de tais atividades de forma predominantemente itinerante (a respeito, cf. item 2.1.3).

Portanto, ante o teor dos dispositivos supra transcritos, observa-se que, constitucionalmente, a função policial conferida às referidas corporações de natureza civil possuem natureza administrativa geral, cujas previsões constitucionais, no entanto, mais uma vez não se valeram da melhor técnica, pois indicaram tal função pela descrição de apenas uma das espécies de vigilância ostensiva (seu principal meio de exercício), qual seja, patrulhamento (vigilância móvel), omitindo-se quanto a vigilância por meio da permanência, muito embora ambas sejam, na prática, indissociáveis. Incumbe-lhes, portanto, prevenir a ordem e segurança públicas nas rodovias e ferrovias federais.

Apesar da previsão do art. 144, § 3º da CF, a Polícia Ferroviária Federal nunca foi efetivamente criada, muito em razão do ocaso do sistema ferroviário nacional. O que há, na prática, é apenas a segurança patrimonial exercida pelas próprias empresas concessionárias de serviço ferroviário[130].

Já no que se refere à Polícia Rodoviária Federal, a sua função de polícia administrativa geral, no plano infraconstitucional, da encontra-se elencada nos incisos II, IV, VI, VII, VIII e IX do art. 20, Código de Trânsito Brasileiro (Lei nº 9.503/1997), quais sejam:

> Art. 20. [...]
>
> II – realizar o patrulhamento ostensivo, executando operações relacionadas com a segurança pública, com o objetivo de preservar a ordem, incolumidade das pessoas, o patrimônio da União e o de terceiros;
>
> [...]
>
> IV – efetuar levantamento dos locais de acidentes de trânsito e dos serviços de atendimento, socorro e salvamento de vítimas;
>
> [...]
>
> VI – assegurar a livre circulação nas rodovias federais, podendo solicitar ao órgão rodoviário a adoção de medidas

---

130 A respeito, *cf.* ROCHA, Luiz Carlos. *Organização Policial Brasileira*. São Paulo: Saraiva. 1991, p. 30-32.

emergenciais, e zelar pelo cumprimento das normas legais relativas ao direito de vizinhança, promovendo a interdição de construções e instalações não autorizadas;

VII – coletar dados estatísticos e elaborar estudos sobre acidentes de trânsito e suas causas, adotando ou indicando medidas operacionais preventivas e encaminhando-os ao órgão rodoviário federal;

VIII – implementar as medidas da Política Nacional de Segurança e Educação de Trânsito;

IX – promover e participar de projetos e programas de educação e segurança, de acordo com as diretrizes estabelecidas pelo CONTRAN;

Tais atribuições, contudo, devem ser adotadas sem embargo de outras medidas de preservação da ordem pública, em razão da sua vasta abrangência, já analisada no item 1.2.1.1.

Deve-se ainda consignar que o referido dispositivo, paralelamente, também atribui à Polícia Rodoviária Federal atribuições de polícia administrativa especial de trânsito, com fulcro no art. 22, XXII da CF[131], mais especificamente nos incisos I, III, V, VI e XI do referido art. 20, quais sejam:

Art. 20. [...]

I – cumprir e fazer cumprir a legislação e as normas de trânsito, no âmbito de suas atribuições;

[...]

III – aplicar e arrecadar as multas impostas por infrações de trânsito, as medidas administrativas decorrentes e os valores provenientes de estada e remoção de veículos, objetos, animais e escolta de veículos de cargas superdimensionadas ou perigosas;

[...]

V – credenciar os serviços de escolta, fiscalizar e adotar medidas de segurança relativas aos serviços de remoção de veículos, escolta e transporte de carga indivisível;

---

131 "Art. 22. Compete privativamente à União legislar sobre: [...] XXII – competência da polícia federal e das polícias rodoviária e ferroviária federais; [...]".

[...]
XI – fiscalizar o nível de emissão de poluentes e ruído produzidos pelos veículos automotores ou pela sua carga, de acordo com o estabelecido no art. 66, além de dar apoio, quando solicitado, às ações específicas dos órgãos ambientais.

Em sede estadual, atribuições análogas são conferidas à Polícia Militar (também titular de atribuições de polícia administrativa geral, como se verá no item 3.4), por força do art. 23, III do referido diploma legal, assim como a órgãos com esta finalidade instituídos pelos municípios (art. 24). Análise mais detalhada acerca da polícia administrativa especial de trânsito, e seu regramento legal, será procedida mais adiante, no item 2.2.2.2.

1.3.1.3 Polícias Civis

Ainda no art. 144 da CF, relativo à segurança pública, situa-se referência expressa às Polícias Civis dos Estados e Distrito Federal[132], conforme seu § 4º que dispõe, *verbis*, que "às polícias civis, dirigidas por delegados de polícia de carreira, incumbem, ressalvada a competência da União, as funções de polícia judiciária e a apuração de infrações penais, exceto as militares".

Da leitura do referido artigo, prontamente se percebe que às Polícias Civis incumbe a função de polícia judiciária, ressalvando-se aquela conferida à Polícia Federal por força do art. 144, § 1º, I e IV da CF, e a apuração de infrações penais militares, a ser abordada mais detalhadamente adiante (item 3.4.2.2). No referido dispositivo, também se verifica a aparente dicotomia resultante da locução "funções de polícia judiciária e a apuração de infrações penais", já analisada anteriormente no item 1.3.1.1, o que leva a crer que, diante dos argumentos ali expandidos, tal redação, aqui, buscou salientar a ressalva em relação à apuração dos crimes militares.

Interessante notar que também determina a Constituição Federal que as polícias civis sejam *dirigidas* por delegados de polícia "de carreira", reafirmando sua natureza de autoridade de polícia judiciária[133], bem

---
132 Com relação à Polícia Civil do Distrito Federal, cumpre salientar que esta é mantida e organizada pela União, conforme art. 21, XIV, da CF.
133 A respeito, coadunam-se as seguintes ementas de julgados do Supremo tribunal

como evitando que sejam nomeados em tal cargo figura vulgarmente apelidada "Delegado calça-curta", o qual seria alguém investido na referida função sem prestação do correspondente concurso público sendo, por vezes, detentor de cargo em comissão, e por vezes sem a formação jurídica necessária para presidir investigações criminais.

Federal:

EMENTA: CONSTITUCIONAL. ADMINISTRATIVO. DECRETO N. 1.557/2003 DO ESTADO DO PARANÁ, QUE ATRIBUI A SUBTENENTES OU SARGENTOS COMBATENTES O ATENDIMENTO NAS DELEGACIAS DE POLÍCIA, NOS MUNICÍPIOS QUE NÃO DISPÕEM DE SERVIDOR DE CARREIRA PARA O DESEMPENHO DAS FUNÇÕES DE DELEGADO DE POLÍCIA. DESVIO DE FUNÇÃO. OFENSA AO ART. 144, *CAPUT*, INC. IV E V E §§ 4º E 5º, DA CONSTITUIÇÃO DA REPÚBLICA. AÇÃO DIRETA JULGADA PROCEDENTE.
(ADI 3614, Relator(a): Min. GILMAR MENDES, Relator(a) p/ Acórdão: Min. CÁRMEN LÚCIA, Tribunal Pleno, julgado em 20/09/2007, DJe-147 DIVULG 22-11-2007 PUBLIC 23-11-2007 DJ 23-11-2007).

EMENTA: CONSTITUCIONAL. AÇÃO DIRETA DE INCONSTITUCIONALIDADE. IMPUGNAÇÃO DA EXPRESSÃO "PODEM SER EXERCIDAS POR POLICIAL CIVIL OU MILITAR E CORRESPONDEM, EXCLUSIVAMENTE, AO DESEMPENHO DAS ATIVIDADES DE DIREÇÃO E CHEFIA DAS DELEGACIAS DE POLÍCIA DO INTERIOR DO ESTADO". PARÁGRAFO ÚNICO DO ARTIGO 4º DA LEI Nº 7.138, DE 25 DE MARÇO DE 1998, DO ESTADO DO RIO GRANDE DO NORTE. Em frontal violação ao § 4º do art. 144 da Constituição, a expressão impugnada faculta a policiais civis e militares o desempenho de atividades que são privativas dos Delegados de Polícia de carreira. De outra parte, o § 5º do art. 144 da Carta da República atribui às polícias militares a tarefa de realizar o policiamento ostensivo e a preservação da ordem pública. O que não se confunde com as funções de polícia judiciária e apuração de infrações penais, estas, sim, de competência das polícias civis. Ação procedente.
(ADI 3.441, Relator(a): Min. CARLOS BRITTO, Tribunal Pleno, julgado em 05/10/2006, DJ 09-03-2007).

EMENTA: AÇÃO DIRETA DE INCONSTITUCIONALIDADE. LEIS N. 10.704/94 E N. 10.818/94 DO ESTADO DO PARANÁ. CRIAÇÃO DE CARGOS COMISSIONADOS DE "SUPLENTES DE DELEGADOS", POSTERIORMENTE DENOMINADOS ASSISTENTES DE SEGURANÇA PÚBLICA. ATRIBUIÇÃO DAS FUNÇÕES DE DELEGADO DE POLÍCIA A ASSISTENTES DE SEGURANÇA PÚBLICA. VIOLAÇÃO DO DISPOSTO NO ARTIGO 144, § 4º, DA CONSTITUIÇÃO DO BRASIL. 1. A Lei n. 10.704/94, que cria cargos comissionados de Suplentes de Delegados, e a Lei n. 10.818/94, que apenas altera a denominação desses cargos, designando-os "Assistentes de Segurança Pública", atribuem as funções de delegado a pessoas estranhas à carreira de Delegado de Polícia. 2. Este Tribunal reconheceu a inconstitucionalidade da designação de estranhos à carreira para o exercício da função de Delegado de Polícia, em razão de afronta ao disposto no artigo 144, § 4º, da Constituição do Brasil. Precedentes. 3. Ação Direta de Inconstitucionalidade julgada totalmente procedente.
(ADI 2.427, Rel. Min. Eros Grau, julgamento em 30-8-2006, Plenário, *DJ* de 10-11-2006.)

Outra decorrência da previsão constitucional da direção das Polícias Civis por delegados de carreira é a sua aplicação, por analogia[134], ao art. 144, § 1º da CF, de forma que a Polícia Federal também seja dirigida por delegados de carreira, uma vez que, como visto, prepondera neste órgão o exercício da função de polícia judiciária. A direção da Polícia Federal por delegado de carreira, atualmente já se encontra prevista na legislação infraconstitucional, mais especificamente no art. 2-A, parágrafo único, da Lei 9.266/1996[135].

Portanto, ante o teor do art. 144, § 4º da CF, não há maiores dificuldades em se perceber que às Polícias Civis incumbem função residual ou remanescente de polícia judiciária, ante as ressalvas constantes no texto constitucional.

1.3.1.3.1 A ressalva aos crimes militares

Como pontuado, ao final do art. 144, § 4º da CF, além da competência da União, é ressalvada da Polícia Civil a apuração das infrações

---

134 Neste particular, *cf.* LEONCY, Léo Ferreira. *Princípio da simetria e argumento analógico*: o uso da analogia na resolução de questões federativas sem solução constitucional evidente. 2011. Tese (Doutorado em Direito do Estado) – Faculdade de Direito, Universidade de São Paulo, São Paulo, 2011. Disponível em: <http://www.teses.usp.br/teses/disponiveis/2/2134/tde-03092012-143741/>. Acesso em: 14 ago. 2015; e LEONCY, Léo Ferreira. *Uma proposta de releitura do "princípio da simetria"*. Disponível em: <http://www.conjur.com.br/2012-nov-24/observatorio-constitucional-releitura-principio-simetria/>. Acesso em: 14 ago. 2015. Nos referidos textos – alternativamente ao "princípio da simetria", aplicado pelo Supremo Tribunal Federal associado à ideia (não recíproca) de que aos Estados, no exercício das suas competências legislativas, deve-se adotar, tanto quanto possível, os modelos normativos constitucionalmente estabelecidos para a União – propõe-se forma de argumentação por analogia composta pela seguinte estrutura: I – identificação de uma questão federativa sem solução constitucional evidente; II – identificação de um parâmetro constitucional aplicável a uma hipótese semelhante (no caso, o art. 144 § 1º, I e IV e art. § 4º); III – reconhecimento da identidade de razão entre a situação não regulada e a hipótese regulada; IV – identificação de um princípio constitucional comum às duas situações (no caso, o princípio federativo, concretizado pelos princípios interpretativos da unidade, efeito integrados e conformidade funcional da constituição); V – reconhecimento da inexistência de uma "vontade" constitucional contrária; VI – construção da máxima de decisão para o caso.

135 Art. 2-A, parágrafo único, da Lei 9.266/1996 "Os ocupantes do cargo de Delegado de Polícia Federal, autoridades policiais no âmbito da polícia judiciária da União, são responsáveis pela direção das atividades do órgão e exercem função de natureza jurídica e policial, essencial e exclusiva de Estado".

penais militares, sem qualquer menção expressa ao órgão incumbido de fazê-la.

Tal ressalva, assim como a disposição que pertine à direção da Polícia Civil por delegados de carreira, não se faz presente no art. 144, § 1º da CF, contudo, diferentemente da omissão verificada nesta hipótese, o inciso IV deste parágrafo afirma textualmente que a polícia judiciária da União deverá ser exercida pela Polícia Federal, com *exclusividade*, o que abrange, portanto, a polícia judiciária militar, assim como a polícia judiciária eleitoral[136]. Desta forma, à Polícia Federal deve(ria) incumbir a apuração dos crimes militares no âmbito das Forças Armadas, constituídas pela Marinha, Exército e Aeronáutica (art. 142 da CF).

Partindo-se de tal premissa, e diante da omissão constitucional em relação à criação de um órgão específico para o exercício da polícia judiciária militar em matéria estadual, o mais indicado seria que uma emenda constitucional suprisse tal omissão, criando de um órgão especificamente destinado para tal fim, preferencialmente dirigido por delegados de carreira, o que, inclusive, pode ser depreendido do ordenamento jurídico infraconstitucional que adveio após a Constituição Federal de 1988[137], mais especificamente o art. 2º § 1º da Lei nº 12.830/2013, ao prever que ao delegado de polícia, "[...] na qualidade de autoridade policial, cabe a condução da investigação criminal por meio de inquérito policial **ou outro procedimento previsto em lei**, que tem como objetivo a apuração das circunstâncias, da materialidade e da autoria das infrações penais" (grifo nosso).

Contudo, o que se verifica na prática é que, neste particular, continua-se a aplicar, como se recepcionada pela Constituição de 1988, a legislação infraconstitucional que se encontrava previamente em vigor, qual seja, o Decreto-lei nº 1.002/1969 (Código de Processo Penal Militar) não apenas nos Estados, mas também na União. No referido diploma legal, se atribui o exercício a polícia judiciária militar a determinados membros das corporações com essa natureza, que exercem a

---

136 Neste particular, cumpre consignar que a Justiça do Trabalho, apenar de também instituída no âmbito da União, não possui competência penal, sendo seus crimes julgados pela Justiça Federal (art. 109, VI da CF).
137 A legislação infraconstitucional anterior a Carta de 1988, mais precisamente o Parágrafo Único do art. 4º do CPP, autoriza que outras autoridades de polícia judiciária possam coexistir paralelamente ao delegado de polícia, desde que esteja previsto em lei.

autoridade de polícia judiciária militar no âmbito da respectiva milícia, conforme disposto em seu art. 7º, a seguir transcrito:

Exercício da polícia judiciária militar

Art. 7º A polícia judiciária militar é exercida nos termos do art. 8º, pelas seguintes autoridades, conforme as respectivas jurisdições:

a) pelos ministros da Marinha, do Exército e da Aeronáutica, em todo o território nacional e fora dele, em relação às forças e órgãos que constituem seus Ministérios, bem como a militares que, neste caráter, desempenhem missão oficial, permanente ou transitória, em país estrangeiro;

b) pelo chefe do Estado-Maior das forças Armadas, em relação a entidades que, por disposição legal, estejam sob sua jurisdição;

c) pelos chefes de Estado-Maior e pelo secretário-geral da Marinha, nos órgãos, forças e unidades que lhes são subordinados;

d) pelos comandantes de Exército e pelo comandante-chefe da Esquadra, nos órgãos, forças e unidades compreendidos no âmbito da respectiva ação de comando;

e) pelos comandantes de Região Militar, Distrito Naval ou Zona Aérea, nos órgãos e unidades dos respectivos territórios;

f) pelo secretário do Ministério do Exército e pelo chefe de Gabinete do Ministério da Aeronáutica, nos órgãos e serviços que lhes são subordinados;

g) pelos diretores e chefes de órgãos, repartições, estabelecimentos ou serviços previstos nas leis de organização básica da Marinha, do Exército e da Aeronáutica;

h) pelos comandantes de forças, unidades ou navios;

Delegação do exercício

§ 1º Obedecidas as normas regulamentares de jurisdição, hierarquia e comando, as atribuições enumeradas neste artigo poderão ser delegadas a oficiais da ativa, para fins especificados e por tempo limitado.

§ 2º Em se tratando de delegação para instauração de inquérito policial militar, deverá aquela recair em oficial de posto superior ao do indiciado, seja este oficial da ativa, da reserva, remunerada ou não, ou reformado.

§ 3º Não sendo possível a designação de oficial de posto superior ao do indiciado, poderá ser feita a de oficial do mesmo posto, desde que mais antigo.

§ 4º Se o indiciado é oficial da reserva ou reformado, não prevalece, para a delegação, a antiguidade de posto.

Designação de delegado e avocamento de inquérito pelo ministro

§ 5º Se o posto e a antiguidade de oficial da ativa excluírem, de modo absoluto, a existência de outro oficial da ativa nas condições do § 3º, caberá ao ministro competente a designação de oficial da reserva de posto mais elevado para a instauração do inquérito policial militar; e, se este estiver iniciado, avocá-lo, para tomar essa providência.

Em que pese a respeitabilidade dos postos arrolados no art. 7º do CPPM, não se deve admitir que a autoridade de polícia militar fique a cargo de militares ou ministros de Estado, *ad hoc* e sem qualquer exigência de formação jurídica específica para a presidência de investigações criminais (art. 8, "a" do CPPM[138]), o que, forçosamente, acaba por comprometer a eficiência no desempenho da referida função, sobretudo ao se considerar que a competência da justiça militar eventualmente incidirá em crimes em que a vítima será um civil, como se pode observar no art. § 5º do art. 125 da própria Constituição atual, inserindo pela Emenda nº 45/2004, que prevê, *in verbis*, que "compete aos juízes de direito do juízo militar (estadual) processar e julgar, singularmente, os crimes militares cometidos contra civis [...]".

Tal panorama se agrava sobremaneira ao se observar que à autoridade policial militar, conforme previsto no art. 7º do CPPM, é amplamente delegável pelo rol de autoridades militares ali relacionadas, exigindo-se, tão somente que a quem esta for cometida seja oficial de

---

138 Art. 8º do CPPM: Compete à Polícia judiciária militar: a) apurar os crimes militares, bem como os que, por lei especial, estão sujeitos à jurisdição militar, e sua autoria; [...]

posto superior ao do indiciado, ou até mesmo oficial do mesmo posto, desde que mais antigo, caso não haja de posto superior.

Tais parâmetros – por serem excessivamente elásticos e se pautarem tão somente na hierarquia castrense, sem exigência de qualquer formação jurídica à autoridade policial judiciária militar – acabam por reduzir a sua designação ao casuísmo, vulnerando a eficiência na presidência das investigações policiais militares, bem como a sua própria isenção, sobretudo se for considerado o fato das mesmas serem conduzidas *interna corporis*, e não no âmbito de um órgão autônomo e especificamente destinado para este fim.

Peculiaridades do regime jurídico relativo ao exercício da polícia judiciária em âmbito militar voltarão a ser analisadas mais detalhadamente quando do estudo do inquérito policial militar, no item 3.4.2.2.

1.3.1.4 Polícias Militares e Corpos de Bombeiros Militares

Dentre os órgãos policiais relacionados no art. 144 da CF figuram ainda as Polícias Militares dos Estados e Distrito Federal[139], bem como os Corpos de Bombeiros Militares, cuja referência se situa em seu § 5º, que estatui que "às polícias militares cabem a polícia ostensiva e a preservação da ordem pública; aos corpos de bombeiros militares, além das atribuições definidas em lei, incumbe a execução de atividades de defesa civil".

Como pode se observar por sua denominação, tais órgãos diferentemente, dos outros órgãos até então analisados, possuem natureza militar, apresentando hierarquia análoga a das Forças Armadas[140], bem como funcionam como forças auxiliares e de reserva do exército (art. § 6º da CF), submetendo-se a praticamente o mesmo regime jurídico-criminal, previsto no Código Penal Militar e de Processo Penal Militar.

Apesar de o art. 144 § 5º da CF prever autonomia orgânica entre as Polícias Militares e os Corpos de Bombeiros Militares, o Dec. Lei nº

---

139 Assim como a Polícia Civil, a Polícia Militar e o Corpo de Bombeiros Militar do Distrito Federal são mantidos e organizados pela União, conforme art. 21, XIV, da CF.
140 Dec.-Lei no 667/1969: "Art. 8º A hierarquia nas Polícias Militares é a seguinte: a) Oficiais de Polícia: Coronel, Tenente-Coronel, Major, Capitão, 1º Tenente, 2º Tenente; b) Praças Especiais de Polícia: Aspirante-a-Oficial, Alunos da Escola de Formação de Oficiais da Polícia; c) Praças de Polícia: Graduados: Subtenente, 1º Sargento, 2º Sargento, 3º Sargento, Cabo, Soldado".

667/1969, que veicula normas gerais de organização dos referidos órgãos[141], não traz substanciais diferenciações organizacionais no âmbito das duas corporações, sendo esta a provável razão de ainda haver estados nos quais esta divisão até hoje não se efetivou, encontrando-se os corpos de bombeiros ainda estejam administrativamente inseridos na estrutura da Polícia Militar[142].

Ante a atual inexistência de lei ampliando as atribuições dos corpos de bombeiros, atualmente suas funções restringem-se às atividades de defesa civil, que abrangem o conjunto de ações preventivas e de socorro destinados a evitar desastres, minimizar seus impactos para a população e restabelecer a normalidade social, preservando assim a ordem e segurança públicas.

Da leitura do art. 144, § 5º da CF, observa-se que às Polícias Militares é conferida função de polícia administrativa geral, uma vez que no referido dispositivo há expressa referência à sua finalidade, qual seja, preservação da ordem pública, bem como referência à sua atuação ostensiva (visivelmente identificada). Ressalvam-se do seu âmbito de atuação, contudo, outros órgãos com funções congêneres cuja atuação tenha um âmbito espacial mais restrito, como as Polícias Rodoviária e Ferroviária Federais, anteriormente analisadas.

Da mesma forma, a execução de atividades de defesa civil a cargo dos corpos de bombeiros militares também consiste em função de polícia administrativa geral. No entanto, diferentemente das Polícias Militares, a atividade de polícia administrativa geral dos corpos de bombeiros militares não possui caráter genérico ou orientada para a prevenção criminal, mas sim cunho nitidamente assistencial, embora também voltado para a manutenção da ordem pública.

Com efeito, o art. 1º, parágrafo único da Lei nº 12.340/2010 conceituava legalmente defesa civil como "o conjunto de ações preventivas, de socorro, assistenciais e recuperativas destinadas a evitar desastres e minimizar seus impactos para a população e restabelecer a normalidade social". Como se vê, cuida-se de um conceito amplo, que abarca até

---

141 O referido diploma legal, em suas linhas gerais, foi recepcionado pelo art. 22, XXI da CF, que prevê, *in verbis*, que "Compete privativamente à União legislar sobre: [...] normas gerais de organização, efetivos, material bélico, garantias, convocação e mobilização das polícias militares e corpos de bombeiros militares".
142 Mais especificamente Bahia, Paraná, Rio Grande do Sul e São Paulo.

ações de cunho meramente assistencial que, em última análise, visam preservar a ordem pública. O referido dispositivo, contudo, foi revogado pela Lei nº 12.608/2012, a qual estipulou que ato regulamentar se encarregaria de estabelecer suas "definições técnicas".

Este último diploma legal, traça as bases da Política Nacional de Defesa Civil (PNPDEC), ordenando a defesa civil sob a forma de sistema, denominado Sistema Nacional de Proteção e Defesa Civil – SINPDEC, sem chegar a aperfeiçoar um regime jurídico peculiar a tal atividade, nos moldes de uma função de polícia administrativa especial. O SINPDEC tem por finalidade contribuir no processo de planejamento, articulação, coordenação e execução dos programas, projetos e ações de proteção e defesa civil, sendo constituído por órgãos e entidades da administração pública federal, dos Estados, do Distrito Federal e dos Municípios e pelas entidades públicas e privadas de atuação significativa na área de proteção e defesa civil (art. 10 da Lei nº 12.608/2012). Poderão participar do SINPDEC as organizações comunitárias de caráter voluntário ou outras entidades com atuação significativa nas ações locais de proteção e defesa civil (art. 11, parágrafo único, da Lei nº 12.608/2012).

De se notar, portanto, que o referido sistema alude a atuação de órgãos de todas as esferas de governo na matéria em questão, a até mesmo organizações não governamentais. No entanto, ao longo da Lei nº 12.608/2012, não se especifica qualquer órgão encarregado de executar as atividades de defesa civil, o que ganha relevo considerando-se que há um órgão constitucionalmente designado para tal atividade na esfera estadual, qual seja, o Corpo de Bombeiros Militar.

Por outro lado, como a estrutura do SINPDEC propicia a criação de outros órgãos para a execução a função de polícia administrativa geral orientada para a defesa civil, como ações preventivas de prontidão para fins de socorro, destinadas a imediatamente conter os impactos de catástrofes para a população, poderá o Supremo Tribunal Federal ser instado a reapreciar seus precedentes anteriormente aludidos, no sentido da taxatividade dos órgãos com função de polícia administrativa geral ou judiciária[143].

Perdeu o legislador, portanto, uma ótima oportunidade de se regulamentar o art. 144, § 5º, *in fine*, da CF, especificando as atividades de

---

143 Cf. nota 109.

defesa civil e seu desemprenho pelos Corpos de Bombeiros Militares, ou até mesmo atribuir-lhes outras atribuições correlatas ao exercício de tal função de polícia administrativa geral, em especial funções de polícia administrativa especial como a fiscalização das condições de segurança em edificações, e áreas de risco e eventual interdição preventiva e a evacuação da sua população, a qual, no entanto, foi atribuída genericamente aos municípios pelo art. 8º, VII da Lei nº 12.608/2012.

1.3.1.5 Polícias Legislativas

No Título IV, Capítulo I da CF (Do Poder Legislativo), encontra-se alusão às Polícias da Câmara dos Deputados e do Senado Federal, conforme dispositivos a seguir transcritos:

> Art. 51. Compete privativamente à Câmara dos Deputados:
>
> [...]
>
> IV – dispor sobre sua organização, funcionamento, **polícia**, criação, transformação ou extinção dos cargos, empregos e funções de seus serviços, e a iniciativa de lei para fixação da respectiva remuneração, observados os parâmetros estabelecidos na lei de diretrizes orçamentárias;
>
> [...]
>
> Art. 52. Compete privativamente ao Senado Federal:
>
> [...]
>
> XIII – dispor sobre sua organização, funcionamento, **polícia**, criação, transformação ou extinção dos cargos, empregos e funções de seus serviços, e a iniciativa de lei para fixação da respectiva remuneração, observados os parâmetros estabelecidos na lei de diretrizes orçamentárias; (grifei)

Concede-se, desta forma, autonomia à Câmara dos Deputados e Senado Federal para dispor sobre a organização de suas respectivas Polícias Legislativas, as quais, *a priori*, consistiriam em órgãos de natureza civil. Tais dispositivos, isoladamente considerados, em princípio se mostram lacônicos, não fornecendo qualquer indicativo de quais atividades de fato devem ser desempenhadas pelas referidas corporações.

No entanto, ao se analisar tais previsões constitucionais à luz das características das funções policiais, observa-se que as mesmas atrelam a polícia a um local, quais sejam, Câmara dos Deputados e Senado Federal, e não a uma atividade, bem jurídico de interesse coletivo ou apuração de delitos, do que se depreende que a função das Polícias Legislativas é de polícia administrativa geral, com vistas a preservação da ordem pública no âmbito das referidas casas legislativas[144].

Por conseguinte, enquanto órgãos titulares de função de polícia administrativa geral, incumbe às Polícias Legislativas realizar o policiamento preventivo das suas dependências através de patrulhamento interno e externo ao respectivo parlamento, edifícios anexos, e outros que lhes sejam pertencentes ou que estejam sob sua responsabilidade; manter postos avançados de vigilância nos referidos locais, bem como fazer o controle de entrada e saída de visitantes, veículos e materiais; adotar medidas de prevenção e proteção contra ações ou acidentes que atentem contra a integridade física dos parlamentares, servidores ou dignitários presentes na casa legislativa; impedir a interrupção (ainda que temporariamente) das sessões plenárias ou trabalhos administrativos etc.

A partir da reprodução, em suas respectivas constituições, dos dispositivos acima transcritos, diversos estados têm instituído suas polícias legislativas no âmbito das suas assembleias[145], o que, em princípio, revela-se lícito à luz da simetria constitucional, que consiste na construção jurisprudencial[146] tendente a garantir, quanto aos aspectos reputados substanciais, homogeneidade na disciplina normativa da separação, independência e harmonia dos poderes, no plano federativo. Seu fundamento mais direto está no art. 25 da CF, que determina aos Estados-membros a observância dos princípios da Constituição da República.

1.3.1.6 Polícias Penais

As Polícias Penais tiveram sua previsão constitucional contemplada pela Emenda nº 104/2019, a qual, além de elencá-las pela inclusão

---

144 Sobre a inconstitucionalidade do exercício de função de polícia judiciária pelas polícias legislativas ante a exclusividade do exercício da Polícia Judiciária da União pela Polícia Federal, (art. 144, § 1º, IV da CF), cf. item 3.8.1.
145 A título exemplificativo, pode-se citar a existência de órgãos policiais desta natureza no Rio Grande do Sul, Rio de Janeiro, Bahia, Minas Gerais, Roraima, e Goiás. A respeito, cf. <https://www.sindalemg.org.br/noticia/encontro-nacional-das-policias-legislativas>. Acesso em 2 set. 2019.
146 A respeito, cf. STF, ADI no 1.521/RS, Tribunal Pleno, Rel. Min. Ricardo Lewandowski, j. 19-6-2013, P, *DJe -157* de 13/8/2013.

do inciso VI do art. 144 da CF, acrescentou-lhe ainda o § 5º-A ao, nos seguintes termos:

Art. 144 [...]

§ 5º-A. Às polícias penais, vinculadas ao órgão administrador do sistema penal da unidade federativa a que pertencem, cabe a segurança dos estabelecimentos penais

Na referida emenda constitucional, dispôs-se ainda que o preenchimento do quadro de servidores das polícias penais será feito, inicialmente, por meio dos cargos de carreira dos atuais agentes penitenciários e dos cargos públicos equivalentes (art. 4º).

Por sua vez, aos agentes penitenciários competiam, essencialmente, a manutenção da ordem pública nos estabelecimentos penais por meio da vigilância no âmbito das suas instalações, no que se sobreleva a prevenção de infrações administrativas disciplinares nas suas dependências, praticáveis pelos presos e/ ou internados que nestas se encontrem. O sancionamento de tais infrações, objeto de polícia administrativa especial, incumbia, de acordo com a Lei de Execução Penal (Lei nº 7.210/1984), ao juiz competente, quando se tratar de inclusão no regime disciplinar diferenciado, e ao diretor do estabelecimento penal no qual o infrator se encontre, nas demais sanções (art. 54, *caput*).

Por consta de tais circunstâncias, depreende-se que o constituinte derivado, ao dispor no § 5º-A do art. 144 que às Polícias Penais "cabe a *segurança* dos estabelecimentos penais", pretendeu reconhecer atribuições de polícia administrativa geral aos referidos órgãos no âmbito dos estabelecimentos de execução penal, apesar de não ter se valido da redação mais adequada, na qual se poderia utilizar, no lugar da palavra "segurança", o termo *vigilância*, principal meio pelo qual se concretiza a referida função policial, ou ainda, a expressão "polícia ostensiva e a preservação da ordem pública", empregada pelo constituinte originário no art. 144, § 5º.

Para tanto, vale também rememorar as considerações já tecidas no item 1.2.1, no qual, partindo-se dos conceitos de ordem e segurança públicas, pôde-se afirmar que a função de polícia administrativa especial, por ter seu exercício preponderantemente vinculado, estaria mais estreitamente incumbida da promoção da *segurança* pública do que a função de polícia administrativa geral, voltada para a preservação da ordem pública, o que poderia induzir à exegese de que no § 5º-A do art. 144 teriam sido constitucionalmente conferidas funções de polícia administrativa especial às Polícias Penais.

1.3.1.7 Órgãos que extraordinariamente exercem funções policiais

A par do exercício de funções policiais pelos dos órgãos que desta são ordinariamente incumbidos, a Constituição Federal alberga duas hipóteses onde o mesmo se dá de forma extraordinária, uma no âmbito dos órgãos do Poder Legislativo e outra pelas Forças Armadas, os quais passarão a ser analisados a seguir.

1.3.1.7.1 Casas Legislativas

Assim como as Polícias legislativas, anteriormente analisadas, o Título IV, Capítulo I da CF também contempla previsão às Comissões Parlamentares de Inquérito, constituídas no âmbito do Congresso Nacional ou uma das suas casas legislativas, nos termos do art. 58, § 3º, abaixo colacionado:

> Art. 58. [...]
>
> § 3º – As comissões parlamentares de inquérito, que terão poderes de investigação próprios das autoridades judiciais, além de outros previstos nos regimentos das respectivas Casas, serão criadas pela Câmara dos Deputados e pelo Senado Federal, em conjunto ou separadamente, mediante requerimento de um terço de seus membros, para a apuração de fato determinado e por prazo certo, sendo suas conclusões, se for o caso, encaminhadas ao Ministério Público, para que promova a responsabilidade civil ou criminal dos infratores.

Assim, da leitura do dispositivo constitucional supra reproduzido, pode-se observar que as referidas comissões, compostas por membros tanto da Câmara dos Deputados, quanto do Senado Federal, apresentam as seguintes características: 1) Requerimento de um terço de seus membros para a sua criação; 2) Apuração de fato determinado e por prazo certo; 3) Poderes de investigação próprios das autoridades judiciais; 4) Encaminhamento das suas conclusões, se for o caso, para o Ministério Público, a fim de que seja promovida a responsabilidade civil ou criminal dos infratores.

Das duas primeiras características acima listadas, verifica-se que a criação de comissões parlamentares de inquérito constitui-se medida de exceção, uma vez que criadas temporariamente para apurar fatos após o seu cometimento, o que é vedado em sede judicial por força da garantia constitucional do art. 5º, XXXVII da CF. No entanto, o requerimento de um terço dos membros da casa legislativa para criação de CPI foi concebido pelo constituinte de 1988 como forma de fazer com que apenas fatos realmente graves sejam submetidos à apuração parlamentar, sendo tal gravidade mensurada a partir do consenso de um número significativo de parlamentares. Já apuração de fato determinado requer sua descrição precisa, de sorte que a investigação possa ocorrer em casos delimitados e de forma minimamente eficaz. A exigência de prazo certo, por sua vez, objetiva que a investigação não se protraia indeterminadamente no tempo, concentrando as diligências em um determinado período.

Com relação à extensão da autoridade das CPI's, cumpre esclarecer que, de acordo com Supremo Tribunal Federal[147], o fato de os seus poderes serem "próprios das autoridades judiciais", não significa que estas possam proceder, *sponte propria*, a medidas que a própria Constituição determinou que fossem reservadas à prévia autorização judicial, como a busca domiciliar (art. 5º, XI da CF), interceptação telefônica (art. 5º, XII da CF), e decretação de prisão, ressalvada a hipótese de flagrância penal (art. 5º, LXI da CF). Ressalvadas as hipóteses de reserva constitucional de jurisdição, podem as CPI's proceder, independentemente de autorização judicial, a atos que importem restrição a direitos fundamentais, tais como decretação de afastamento de sigilo bancário e fiscal (art. 5º, X da CF), desde que fundamentadamente e no interesse da investigação.

Quando as apurações presididas por CPI's incidem sobre supostos fatos delituosos, o Congresso Nacional ou uma de suas casas legislativas acaba por exercer função de polícia judiciária, aplicando-se ao inquérito legislativo, no que não for contrário às suas peculiaridades, o mesmo regramento jurídico aplicável ao inquérito policial, conforme previsto no art. 6º da Lei nº 1.579/1952, acrescido da prerrogativa de restingir um leque mais amplo de direitos fundamentais, independentemente de autorização judicial.

---

147 STF – MS 23.652/DF, Tribunal Pleno, Rel. Min. Celso de Mello, j. em 22/11/2000, DJ 16/12/2001.

O excepcional exercício da autoridade de polícia judiciária por comissão formada por membros do Poder Legislativo fundamenta-se no fato deste, além da sua típica função de criação das leis, cumprir fiscalizar a própria administração pública, mediante apurações específicas voltadas, em especial, para condutas dos membros do Poder Executivo, bem como do próprio parlamento.

Todavia, assim como já pontuado em relação às autoridades de polícia judiciária militar, a outorga da presidência de investigações criminais a agentes políticos, sem qualquer formação jurídica específica para o exercício da polícia judiciária, inevitavelmente acarreta efeitos deletérios em desfavor da eficiência das apurações, que, não raras vezes, acabam ocupando um plano secundário em favor de interesses alheios à efetiva apuração de fatos delituosos.

As consequências da condução política inquéritos policiais parlamentares foram detalhadas por Adel el Tasse, ao relatar que, historicamente as comissões parlamentares de inquérito foram, muitas vezes, utilizadas tão somente com a finalidade de conceder destaque político ao parlamentar que dela participasse, sendo suas conclusões, no mais das vezes, de pouco ou nenhum valor prático, decorrendo daí uma preocupação em dotá-las de um roteiro lógico[148]. O referido autor também aponta que se tem acompanhado, reiteradamente, nos trabalhos das comissões parlamentares de inquérito, atos abusivos e que confrontam de forma aviltante com o Estado Democrático de Direito, notadamente a afronta ao profissional de advocacia e ao seu indispensável trabalho, essencial para a administração da justiça, exemplificada nas mais absurdas situações, como ser o advogado retirado à força das salas de sessão dos trabalhos de CPI por policiais legislativos, de maneira a impedi-lo de acompanhar o depoimento de seu constituinte; ou a reiterada tentativa de se obrigar o acusado a falar, ainda que a orientação técnica de sua defesa seja no sentido de que utilize o seu direito constitucional de permanecer em silêncio, não sendo incomum a ameaça do aprisionamento da pessoa como alguém que se encontra em flagrante delito, em regra pela prática do crime de desacato[149].

Dessa forma, urge que sejam repensados os casos onde a autoridade de polícia judiciária seja outorgada excepcionalmente a pessoas

---
148 TASSE, Adel El. *Investigação preparatória*. 3ª Ed. Curitiba: Juruá, 2010, p. 117-120.
149 Ibid., p. 122-127.

estranhas a uma carreira autônoma e especificamente destinada ao seu exercício, sob pena de se macular a isenção das apurações, essencial para a efetiva defesa da ordem jurídica, bem como a própria validade dos elementos coletados.

As comissões parlamentares de inquérito voltarão a ser abordadas nos itens 3.4.2.3 e 3.5, quando serão analisadas mais detidamente as peculiaridades do inquérito parlamentar.

1.3.1.7.2 Forças Armadas

Como visto, no art. 144, § 5º da Constituição o exercício da polícia administrativa geral é incumbido órgãos militarizados. Em seu art. 142, *caput, in fine*, a carta magna pátria vai mais além, permitindo que as próprias Forças Armadas exerçam a polícia administrativa geral, ao estabelecer, que as mesmas também se destinam à garantia "da lei e da ordem", por iniciativa de qualquer dos "poderes constitucionais".

A interpretação conjunta dos art. 142 e 144 da CF, assim como dos seus arts. 136, 137 e 34, III, indica que a própria Constituição já contempla os estados de exceção onde, por iniciativa do Chefe do Poder Executivo, se autoriza o exercício da polícia administrativa geral pelas Forças Armadas, quando tenha lugar a decretação de (a) estado de defesa, (b) estado de sítio ou (c) intervenção federal.

De acordo com o artigo 136 da CF o Presidente da República pode "decretar estado de defesa para preservar ou prontamente restabelecer, em locais restritos e determinados, a *ordem pública* ou a paz social". Já o art. 137 da CF dispõe que caberá ao Presidente da República "solicitar ao Congresso Nacional autorização para decretar o estado de sítio" no caso de "comoção grave de repercussão nacional ou ocorrência de fatos que comprovem a ineficácia de medida tomada durante o estado de defesa". Por sua vez, o art. 34, III da CF estabelece que a União poderá decretar intervenção nos estados para "pôr termo a *grave comprometimento da ordem pública*" (grifo nosso). Como se vê, nessas três hipóteses – estado de defesa, estado de sítio e intervenção – a Constituição prevê a atuação do ente federal com o intuito de garantir a ordem pública, para o que poderá, se necessário, empregar as Forças Armadas como polícia administrativa geral, uma vez que os órgãos federais destinados ao exercício da polícia administrativa geral, o fazem apenas no âmbito das rodovias, ferrovias ou fronteiras marítimas, terrestres e aeroportos, dispondo, portanto, de aptidão limitada de atuação.

No estado de defesa, são passíveis de ser restringidos o direito de reunião, e sigilos de correspondência, comunicação telegráfica e telefônica (CF, art. 136, I). Há ainda a possibilidade da ocupação e uso temporário de bens e serviços públicos, na hipótese de calamidade pública, respondendo a União pelos danos e custos decorrentes (CF, art. 136, II). No estado de sítio, permite-se que o Governo determine a permanência em localidade determinada; a detenção em edifício não destinado a acusados ou condenados por crimes comuns; restrições relativas à inviolabilidade da correspondência, ao sigilo das comunicações, à prestação de informações e à liberdade de imprensa, radiodifusão e televisão, na forma da lei; a suspensão da liberdade de reunião; a busca e apreensão em domicílio; a intervenção nas empresas de serviços públicos; e a requisição de bens (CF, art. 139, I a VII).

O estado de defesa não poderá durar mais de trinta dias, admitindo-se apenas uma prorrogação, e sua decretação será submetida, dentro de vinte e quatro horas, ao Congresso Nacional, que decidirá por maioria absoluta (CF, art. 136, § 4º). Se o decreto for rejeitado, interrompe-se o estado de defesa (CF, art. 136, § 7º). Já a decretação do estado de sítio, mais gravoso que o de defesa, depende de autorização prévia do poder legislativo (CF, art. 137, *caput*). Em ambos os casos, a Mesa do Congresso Nacional designará comissão para acompanhar e fiscalizar a execução das medidas (CF, art. 140). Logo que cesse o estado de defesa ou o estado de sítio, as medidas aplicadas durante sua vigência serão relatadas pelo Presidente da República ao Congresso Nacional (CF, art. 141, parágrafo único). Os executores das medidas poderão ser responsabilizados pelos ilícitos cometidos (CF, art. 141). Quanto à intervenção, o decreto que a determinar deverá especificar a amplitude, o prazo e as condições de execução e será apreciado pelo Congresso Nacional, em vinte e quatro horas (CF, art. 34, § 1º). Durante a vigência de qualquer dessas medidas – estado de defesa, estado de sítio ou intervenção federal – a Constituição não poderá ser emendada (CF, art. 60, § 1º).

Como se observa, nessas três hipóteses excepcionais, a atuação militar enquanto polícia administrativa geral submete-se a intenso controle do Parlamento, uma vez que pode permitir excepcional restrição de direitos fundamentais e/ou relativização da autonomia dos estados membros.

Além das hipóteses constitucionalmente previstas, a legislação, brasileira, ao estabelecer normas gerais a serem adotadas na organização, preparo e emprego das Forças Armadas (art. 142, § 1º da CF), previu ainda outra possibilidade do seu emprego no exercício da polícia administrativa geral, decorrente da regulamentação direta do art. 142, *caput, in fine* da CF – qual seja, garantia "da lei e da ordem", por iniciativa de qualquer dos "poderes constitucionais" – pela Lei Complementar nº 1999/97. Trata-se, portanto, de hipótese diversa do estado de defesa, estado de sítio ou intervenção federal.

De acordo com o art. 15, § 2º da LC nº 97/1999, atuação das Forças Armadas, na garantia da lei e da ordem pública, por iniciativa de quaisquer dos poderes constitucionais, ocorrerá de acordo com as diretrizes baixadas em ato do Presidente da República, após esgotados os instrumentos destinados à sua preservação, relacionados no art. 144 da CF. O referido ato da presidência, se deu no Decreto nº 3.897/2001, o qual, em seu art. 2º, estabelece que a decisão pelo emprego das forças armadas para este fim é de competência exclusiva do presidente da república, que o fará por iniciativa dos outros poderes constitucionais, representados pelo Presidente do Supremo Tribunal Federal, pelo Presidente do Senado Federal ou pelo Presidente da Câmara dos Deputados.

O § 3º do art. 15 da LC nº 97/1999 esclarece que se consideram esgotados os instrumentos relacionados no art. 144 da Constituição Federal "quando, em determinado momento, forem eles formalmente reconhecidos pelo respectivo Chefe do Poder Executivo Federal ou Estadual como indisponíveis, inexistentes ou insuficientes ao desempenho regular de sua missão constitucional". Deve o governante, portanto, fundamentar a indisponibilidade, insuficiência ou inexistência de meios para que os órgãos constitucionalmente designados para o exercício da polícia administrativa geral desempenhem suas funções empregando as Forças Armadas nesta função de forma temporária e em área limitada, sob pena do ato de emprego ser reputado ilegítimo. Caracterizadas tais condições, e após mensagem do Presidente da República, serão empregadas as Forças Armadas na função de polícia administrativa geral[150],

---

150 Note-se, contudo, que o dispositivo sob comento textualmente estabelece que o emprego das Forças Armadas se dará para desenvolver "ações de caráter preventivo e repressivo necessárias para assegurar o resultado das operações na garantia da lei e da ordem", valendo-se do termo "reprimir" de forma dissociada da terminologia classicamente adotada pela doutrina administrativista analisa-

as quais serão desenvolvidas, de forma episódica, em área previamente estabelecida e por tempo limitado (§ 4º).

Neste ponto, deve-se esclarecer que o art. 142, *caput*, da CF, embora condicione o emprego das Forças Armadas para garantia da lei e da ordem à *iniciativa* dos (demais) poderes constitucionais, também estabelece que aquelas encontram-se sob a autoridade *suprema* do Presidente da República, o qual pode não autorizar seu uso enquanto polícia administrativa geral. Portanto, o § 3º do art. 15 da LC nº 97/1999, ao condicionar o emprego das forças armadas ao reconhecimento formal, pelo Presidente e até por Governador do Estado, da carência dos meios de que dispõe para garantir a lei e a ordem e, com isso, autorizar o emprego das Forças Armadas, estabelece um critério e requisito para a decisão presidencial, revelando-se adequado e necessário o reconhecimento formal, pelo Governador do Estado, sempre que, no caso concreto, a manutenção da ordem pública turbada for de incumbência da Polícia Militar, por encontrar-se sob sua autoridade, o que vai de encontro ao princípio federativo insculpido no art. 1º, *caput*, e 60, § 4º, I da CF[151].

O art. 2º do Decreto nº 3.897/2001, ainda estabelece que decisão presidencial pelo emprego das Forças Armadas para a garantia da lei e da ordem poderá ocorrer *por sua própria iniciativa*, a qual também poderá se dar à vista de solicitação de Governador de Estado ou do Distrito Federal. No entanto, como normas constitucionais que afastam o Estado de sua normalidade institucional e relacionadas à potencial restrição de direitos fundamentais devem ser interpretadas restritivamente, o alargamento da iniciativa para emprego de Forças Armadas enquanto polícia administrativa geral, padece de inconstitucionalidade, uma vez que a decisão pela própria iniciativa presidencial já é prevista para o caso de estado de defesa ou intervenção federal, só que com o controle subsequente do Poder Legislativo. Desta forma, o Decreto nº 3.897/2001, já se mostra passível de ser reputado inconstitucional por ampliar a hipótese do art. 142, *caput*, *in fine* da CF.

---

da no item 1.2.3. Como exposto no referido tópico, devem tais ações ser adotadas orientadas pela finalidade de conter a turbação à ordem pública.

151 "Art. 1º A República Federativa do Brasil, formada pela união indissolúvel dos Estados e Municípios e do Distrito Federal, constitui-se em Estado Democrático de Direito e tem como fundamentos:[...]

Art. 60 [...] § 4º Não será objeto de deliberação a proposta de emenda tendente a abolir: I – a forma federativa de Estado; [...]".

Tal inconstitucionalidade parece se respaldar na redação do art. 15, § 1º da própria LC nº 97/1999 o qual, ao dispor, *in verbis*, que "Compete ao Presidente da República a decisão do emprego das Forças Armadas, **por iniciativa própria** ou em atendimento a pedido manifestado por quaisquer dos poderes constitucionais, por intermédio dos Presidentes do Supremo Tribunal Federal, do Senado Federal ou da Câmara dos Deputados", o faz em termos genéricos, devendo ser conjugado com o seu *caput*, que, por seu turno, dispõe que "O emprego das Forças Armadas **na defesa da Pátria e na garantia dos poderes constitucionais**, da lei e da ordem, e na participação em operações de paz, é de responsabilidade do Presidente da República [...]" (grifos nossos). Ambos os dispositivos devem ser interpretados conforme a Constituição, de forma a facultar ao Presidente acionar as Forças Armadas, por iniciativa própria, apenas para sua finalidade típica de defesa da pátria e garantia dos poderes constitucionais, em face de agressão externa, e não para a garantia da ordem pública, da qual dependeria de provocação de representante de um dos demais poderes do Estado.

Semelhante entendimento é sufragado por Cláudio Pereira Souza Neto, para quem a referência feita no art. 142 à possibilidade das Forças Armadas serem empregadas para a manutenção da lei e da ordem deve ser interpretada restritivamente, pela circunstância de a atuação federal implicar restrição grave à autonomia do estado membro, devendo o exercício pelas Forças Armadas da polícia administrativa geral se limitar às hipóteses constitucionalmente previstas, em especial às de decretação de estado de defesa, estado de sítio e intervenção federal[152]. Nessas três hipóteses, a Constituição Federal prevê instrumentos consistentes de controle do Poder Executivo. A decretação das medidas excepcionais depende de aprovação parlamentar, exigindo-se o pronunciamento do Congresso Nacional, o qual fiscalizará suas medidas; bem como impede a aprovação de Emenda Constitucional durante a sua vigência.

---
152 SOUZA NETO, Cláudio Pereira Souza. Segurança pública na Constituição de 1988: Coceituação constitucionalmente adequada, competências federativas e órgãos de execução das políticas. *RDE – Revista de Direito do Estado*. Rio de Janeiro, v. 8, out./dez, 2007, p. 19-73. Esclarece ainda o autor que, até então, a hipótese foi aplicada em casos pontuais, durante curtíssimos períodos de tempo, como, por exemplo, quando Governadores (Minas Gerais, Tocantins, Alagoas e Pernambuco) solicitaram a atuação federal por conta de greve de policiais, e que em razão da brevidade dos períodos em que esse emprego ocorreu, o STF ainda não apreciou demandas onde se colocasse em questão a sua constitucionalidade.

Portanto, a partir do art. 15 da LC nº 97/1999, pretende-se que o Executivo Federal possa executar medidas de caráter excepcional, com séria limitação da autonomia estadual, sem se submeter aos controles que a Constituição prevê para os casos de estado de defesa, estado de sítio e intervenção federal, revelando-se inconstitucional, em última análise, até mesmo por franca afronta às cláusulas pétreas da separação dos poderes (art. 60 § 4º, III da CF). Permite-se, assim, que a utilização das Forças Armadas como polícia seja decretada, sem que se observem as restrições constitucionalmente definidas e sem que se adotem os veículos formais adequados[153].

Determinado o emprego das Forças Armadas na garantia da lei e da ordem, caberá à autoridade competente – ou seja, o Governador de Estado, por meio do Secretário de Segurança Pública, ou o próprio Presidente, por meio do seu Ministro da Justiça – mediante ato formal, transferir o "controle operacional" dos órgãos de segurança pública necessários ao desenvolvimento das ações para a autoridade militar competente, a qual deverá constituir um "centro de coordenação de operações", composto por representantes dos órgãos públicos sob seu controle ou com interesses afins (art. 15, § 5º da LC nº 97/1999). Estabelece-se, assim, uma subordinação funcional entre os órgãos ordinariamente encarregados da polícia administrativa geral e a autoridade (agora policial) militar encarregada do emprego excepcional das Forças Armadas, a qual atribuirá e coordenará tarefas específicas a serem desempenhadas

---

153 Por essa razão, provavelmente demorou-se tanto para, formalmente, decretar-se intervenção no Estado do Rio de Janeiro em razão de grave comprometimento a ordem pública, o que veio a ocorrer apenas por meio do Decreto nº 9.288/2018, entre 16 de fevereiro a 31 de dezembro de 2018, com emprego das Forças Armadas para a sua execução. Tal medida, inclusive, foi adotada após o mesmo Presidente da República, com fulcro no art. 15 da LC nº 97/1999, ter empregado as Forças Armadas naquele Estado por meio do Decreto de 28 de julho de 2017, para "apoio às ações do Plano Nacional de Segurança Pública", naquele Estado (art. 1º, *caput*).

No entanto, apesar de se observar a ineficácia da intervenção federal para restaurar de forma perene a ordem pública no referido estado, em especial nas áreas carentes na região metropolitana da cidade do Rio de Janeiro, novo Presidente da República, empossado em 1º de janeiro de 2019 não adotou qualquer medida objetivando decretar estado de defesa ou de sítio em regiões comandadas por organizações criminosas nas referidas áreas, muito embora o efetivo restabelecimento da ordem pública nestes locais perpasse, *a priori*, por restrições excepcionalmente mais amplas aos direitos fundamentais daqueles que ali residem.

por efetivos dos órgãos de segurança pública, obedecidas as suas competências constitucionais ou legais (§ 6º).

O art. 5º do Decreto nº 3.897/2001, que deveria apenas regulamentar a LC nº 97/1999, estatui ainda que se autoriza o emprego das forças armadas em hipóteses "[...] outras em que *se presuma ser possível* a perturbação da ordem, tais como as relativas a eventos oficiais ou públicos, particularmente os que contem com a participação de Chefe de Estado, ou de Governo, estrangeiro, e à realização de pleitos eleitorais, nesse caso quando solicitado". Aqui, observa-se que dispositivo infralegal, institui hipótese de emprego das Forças Armadas para a garantia de lei e da ordem alheio ao do art. 142, caput, *in fine* da CF, vulgarizando a sua utilização atípica no exercício da polícia administrativa geral para hipóteses nas quais apenas se "presuma ser possível" a sua perturbação, ao ponto de usar como parâmetro eventos que, quando realizados em situação de normalidade institucional, objetivamente dispensariam tal emprego, revelando-se, mais uma vez, em contraste com os dispositivos constitucionais sobre a matéria.

A própria a LC nº 97/1999, também excedeu a sua função de regulamentar o art. 142, caput, *in fine* da CF, a LC nº 97/1999, para prever mais duas hipóteses onde, subsidiariamente, as Forças Armadas podem ser empregadas no exercício da polícia administrativa geral.

O art. 16 do referido diploma legal estatui, *in verbis*, que "Cabe às Forças Armadas, como atribuição subsidiária geral, cooperar com o desenvolvimento nacional e a defesa civil, na forma determinada pelo Presidente da República". No que tange a cooperação na defesa civil, o presente artigo guarda similitude com o art. 6º da Lei nº 12.608/2012, o qual autoriza o Departamento Nacional de Infraestrutura de Transportes – DNIT e o Ministério da Defesa (ao qual se subordinam as Forças Armadas), mediante solicitação do ente federado interessado, a atuar, em conjunto ou isoladamente, na recuperação, execução de desvios e restauração de estradas e outras vias de transporte rodoviário afetadas por desastres.

No mais, pode-se observar que o art. 16 da LC nº 97/1999 trata-se de dispositivo extremamente vago, dando ampla margem para que o poder executivo regulamente praticamente qualquer coisa para justificar uma atuação subsidiária das Forças Armadas fora da sua função típica de defesa da pátria, notadamente enquanto polícia administrativa geral, em nome do "desenvolvimento nacional".

Já no *caput* e incisos do art. 16-A do referido diploma legal, elenca-se como "atribuições subsidiárias", atos que podem ser perfeitamente praticados tendo em vista a finalidade típica de defesa da pátria das forças armadas, tais como, policiamento (patrulhamento) na faixa de fronteira marítima e terrestre; revista pessoal; de veículos e aeronaves; bem como captura daqueles que se encontrem em flagrante delito, em coordenação com outros órgãos, em especial aqueles incumbidos de exercer funções policiais. No entanto, o referido dispositivo elenca tais atos como atribuições subsidiárias ressalvando apenas o exercício da polícia judiciária pelos órgãos deste incumbidos, o que indicaria que tais atos se destinariam ao exercício da polícia administrativa geral. Como anteriormente estudado, a polícia administrativa geral nas fronteiras marítimas e terrestres incumbe à Polícia Federal, sem embargo da atuação de mesma natureza das Polícias Militares, na manutenção ordinária da ordem pública local, não devendo a lei perpetuar o desvio de função das Forças Armadas para "subsidiar" eventuais deficiências estruturais dos referidos órgãos, mas sim fomentar uma cooperação dentro da sua típica finalidade institucional, de defesa externa.

Por fim, o parágrafo único do art. 16-A da LC nº 97/1999, ao incumbir as Forças Armadas de zelar pela segurança pessoal das autoridades nacionais e estrangeiras em missões oficiais, isoladamente ou em coordenação com outros órgãos do Poder Executivo, mais uma vez as desvia para funções de polícia administrativa geral que, *a priori*, não ostentam qualquer excepcionalidade para justificar a sua atuação, podendo ser desempenhada por órgãos ordinariamente incumbidos da polícia administrativa geral, notadamente Polícias Militares e/ ou Polícia Rodoviária Federal.

Desta forma, observa-se que o emprego subsidiário das Forças Armadas no exercício de função de polícia administrativa geral, previsto no art. 16 e 16-A da LC nº 97/1999, além de extravasar a regulamentação do art. 142, *caput, in fine* da CF, objetivou atender ocasiões que, *a priori*, não demandam qualquer excepcionalidade ao ponto de justificar o seu emprego atípico, mas que deveriam, ao contrário, ensejar um maior investimento nos órgãos constitucionalmente designados para nestas atuar[154].

Por fim, deve-se ainda pontuar que, o fato de a Constituição Federal ter previsto a atuação das Forças Armadas como polícia administrativa geral apenas em caráter extraordinário, não impediu que infraconstitucionalmente tenha se previsto a sua atuação ordinária como polícia administrativa especial, como pode ser observado no art. 39 da Lei nº 9.537/1997[155], onde é atribuída à Marinha do Brasil a função de polícia de trânsito marítimo, incumbindo-lhe e aplicar o regime jurídico precipuamente previsto no referido diploma legal. Por sua vez, a função de polícia de trânsito (tráfego) aéreo, conforme art. 8º, II, *in fine*, XXI, *in fine*, e § 2º da Lei nº 11.182/2005 é atribuída ao Comando da Aeronáutica, que a exerce por meio do Departamento de Controle do Espaço Aéreo (DECEA), incumbindo-lhe aplicar seu regime jurídico precipuamente previsto no Capítulo II da Lei nº 7.565/1986 (Código Brasileiro de Aeronáutica).

Contudo, para adequação a diretriz constitucional, dever-se-ia, com relação à polícia de trânsito marítimo, constituir um órgão diverso especificamente para este fim, ou atribuir a referida função à Polícia Federal, órgão ao qual, como visto no item 1.3.1.1, constitucionalmente já foi incumbida a polícia administrativa geral em âmbito marítimo, conforme art. 144, § 1º, III da CF. Para a polícia de trânsito (tráfego) aéreo, por sua vez, igualmente deveria ser criado um órgão específico, ou ter sido incumbida cumulativamente à Agência Nacional de Aviação Civil (ANAC), criada pela referida Lei nº 11.182/2005, ao qual incumbe, precipuamente, a função de polícia do transporte aéreo (*cf.* item 2.2.2.6.4).

---

154 Neste particular, faz-se oportuno diferenciar a atuação supletiva das Polícias Civis em matéria eleitoral, analisada no item 1.3.1.1. Há uma diferença marcante entre aplicação supletiva e aplicação subsidiária. Enquanto a atuação supletiva destina-se a suprir a ausência de um determinado órgão em uma dada localidade ou situação onde se faça necessária sua atuação, a atuação subsidiária significa a complementação da atuação de um órgão por outro, que originalmente não deteria atribuição para tanto.

155 Art. 39 da Lei nº 9.537/1997: "A autoridade (de polícia administrativa especial especial) marítima é exercida pelo Ministério da Marinha".

1.3.2 Força Nacional de Segurança e Secretaria Extraordinária de Segurança para Grandes Eventos

Um aspecto controvertido verificado nos últimos anos é o exercício da polícia administrativa geral, não pelos órgãos constitucionalmente designados para tal, mas por novos entes decorrentes de convênios intergovernamentais, instituídos com fundamento no art. 241 da Constituição Federal.

Através da Emenda Constitucional nº 19/1998, mudou-se o teor do art. 241 da CF, a fim de se outorgar a União, Estados, Distrito Federal e Municípios a regulamentação por lei de consórcios públicos e *convênios de cooperação entre os entes federados*, autorizando-se a gestão associada de serviços públicos, bem como a transferência total ou parcial de encargos, serviços, pessoal e bens essenciais à continuidade dos serviços transferidos.

Por sua vez, a Lei nº 10.277/2001, então ineditamente previu a possibilidade da União firmar convênio com os Estados-membros para que estes, em caráter emergencial e provisório, utilizem servidores públicos federais, ocupantes de cargos congêneres e de formação técnica compatível, para execução de atividades e serviços imprescindíveis à preservação da ordem pública e da incolumidade das pessoas e do patrimônio (art. 1º). Permitiu-se anda que os Estados-membros e o Distrito Federal, por intermédio de seus Governadores, possam firmar convênio de mesma finalidade, entre si (art. 2º).

Valeu-se o legislador infraconstitucional, portanto, da redação do art. 144, *caput, in fine*, da CF, para definir o objeto específico dos referidos convênios emergenciais e provisórios, do que se depreende que os mesmos teriam por finalidade precípua atuação no âmbito da segurança pública, a qual, nos termos do referido dispositivo constitucional, se presta a preservação da ordem pública e da incolumidade das pessoas e do patrimônio.

Posteriormente, a Lei nº 10.277/2001 foi revogada pela Lei nº 11.473/2007, a qual não mais previu o requisito da emergência e provisoriedade para a formalização dos referidos convênios de cooperação federativa, bem como a possibilidade de sua efetivação entre os estados membros e o Distrito Federal, restringindo seu objeto a operações conjuntas, transferências de recursos e desenvolvimento de atividades de capacitação e qualificação de profissionais, no âmbito da Força Nacional de Segurança Pública – e, a partir da Lei nº 13.173/2015, também no âmbito da Secretaria Extraordinária de Segurança para Grandes Eventos – sob a coordenação consensual e conjunta da União e do Ente convenente (arts. 1º e 2º). Parágrafo único. O caráter emergencial e provisório, todavia, foi requerido apenas para que a União, por intermédio do Ministério da Justiça, possa colocar à disposição dos Estados e do Distrito Federal, servidores públicos federais, ocupantes de cargos congêneres e de formação técnica compatível, para execução do convênio, sem ônus (art. 4º, parágrafo único).

Por sua vez, de acordo com o art. 4º da Lei nº 11.473/2007, a celebração dos convênios em tela deverá conter, além de identificação do objeto nos referidos termos com previsão de início e fim da sua execução (I e VI), a identificação de metas (II), definição das etapas ou fases de execução (III); plano e cronograma de aplicação especificada dos seus recursos financeiros (IV e V e VII).

Tanto a Lei nº 10.277/2001 quanto a sua sucessora Lei nº 11.473/2007 (art. 3º), ao elencar as atividades e serviços que seriam imprescindíveis à preservação da ordem pública e da incolumidade das pessoas e do patrimônio, menciona não apenas atividades típicas de polícia administrativa geral, como o policiamento ostensivo e atividades relacionadas à segurança dos grandes eventos (I e VII, incluída pela Lei nº 13.173/2015), ou atividades comuns a qualquer função policial, como o registro de ocorrências (VI), mas as relaciona indiscriminadamente com atividades no âmbito da polícia judiciária, tais como execução de mandados de prisão[156] (II) e serviços técnico-periciais[157] (V), e até mesmo de serviços a cargo dos departamentos penitenciários[158], como a guarda, a vigilância e a custódia de presos, e a execução de alvarás de soltura (III e IV).

Esta tendência a indistinção das atividades policiais no âmbito da Força Nacional de Segurança Pública pode ser ainda observada no art. 5º da Lei nº 11.473/2007, onde se dispõe que estas serão desempenhadas tanto por militares e servidores civis, o que permitiria que sua integração tanto por policiais militares, constitucionalmente incumbidos da função de polícia administrativa geral, quanto por policiais civis,

---

156 Cf. art. 13, III do CPP.
157 Cf. art. 6º, VII do CPP.
158 Cf. arts. 2º, parágrafo único; 61, V; e 71 a 74 da Lei nº 7.210/1984 (Lei de Execução Penal).

constitucionalmente incumbidos de exercer a polícia judiciária[159]. Por sua vez, a cooperação federativa no âmbito da Secretaria Extraordinária de Segurança para Grandes Eventos ocorrerá apenas para atividades relacionadas à segurança dos grandes eventos (art. 3º, parágrafo único da Lei nº 11.473/2007), o que, em tese, demandaria sua integração apenas por policiais de órgãos incumbidos da polícia administrativa geral, quando os referidos eventos ocorressem em espaços públicos.

Portanto, apesar dos precedentes do Supremo Tribunal Federal anteriormente aludidos, no sentido da taxatividade dos órgãos com função de polícia administrativa geral ou judiciária[160], criou-se, por convênio, órgãos policiais, sendo a Secretaria Extraordinária de Segurança para Grandes Eventos incumbida da polícia administrativa geral relacionada à segurança de grandes eventos, como as Olimpíadas de 2016 no Rio de Janeiro, e a Força Nacional de Segurança Pública como órgão permanente (ainda que venha a atuar eventualmente), incumbido de um vago hibridismo de funções de polícia administrativa geral ou judiciária[161], a ser melhor delimitado em cada convênio de cooperação federativa em que a mesma for engajada ao fundamento da preservação da ordem pública, sem qualquer requisito de urgência ou provisoriedade. No entanto, o que tem se verificado da prática é que a Força Nacional de Segurança Pública ordinariamente tem sido integrada por Policiais Militares de diversos Estados, a fim de atuar para efetivar a polícia administrativa geral nos estados convenentes em situações onde estes, isoladamente, não estejam conseguindo preservar a ordem pública por suas respectivas Polícias Militares.

---

159 Até ter sua redação alterada pelo Decreto nº 7.318/2010, o art. 2º do Decreto nº 5.289/2004, o qual criou a Força Nacional de Segurança Pública, estatuía que a mesma somente poderia atuar em atividade de policiamento ostensivo destinada à preservação da ordem pública e da incolumidade das pessoas e do patrimônio. A partir de então, sua atuação se permitiu "em atividades destinadas à preservação da ordem pública e da incolumidade das pessoas e do patrimônio".
160 Cf. nota nº 109.
161 O Decreto nº 7.318/2010, ao alterar o Decreto nº 5.289/2004, que criou a Força Nacional de Segurança Pública, acabou por enumerar, em seu art. 2º-A, diversas hipóteses de atuação de policiais não militares ("servidores civis") no âmbito da Força Nacional de Segurança Pública, elencando tanto atividades de polícia judiciária (incisos I e III), quanto de polícia administrativa geral (incisos II, IV, V e VI), propiciando o desvio de função no âmbito dos que a integram, notadamente quando estes forem policiais civis, constitucionalmente incumbidos e formados para o exercício da função de polícia judiciária.

Tal (re)arranjo institucional não se coaduna com o princípio federativo (art. 60 § 4º, I da CF), até porque o art. 241 da CF, no qual tais convênios de cooperação seriam fulcrados, outorgou a União, Estados, Distrito Federal e Municípios a regulamentação por lei de consórcios públicos e convênios de cooperação entre os entes federados, autorizando apenas a regulamentação da gestão associada de serviços públicos entre estes, bem como a transferência total ou parcial de encargos, serviços, pessoal e bens essenciais à sua continuidade, e não a criação de novos órgãos na União a partir de tais transferências[162], e com funções concorrentes às já previamente esquadrinhadas no art. 144 da CF a outros órgãos no âmbito dos Estados e da própria da União.

Por ter uma atuação incidente na esfera criminal, e, por consequência, interferir do direito à liberdade de locomoção dos cidadãos, o constituinte em 1988 houve por bem listar os órgãos que exercem a polícia administrativa geral e judiciária, ressalvando-se apenas o exercício da polícia judiciária militar em matéria estadual, no que foi omisso – diferentemente do que ocorreu com aos órgãos de polícia administrativa especial, os quais tiveram sua previsão essencialmente outorgada ao legislador infraconstitucional – não sendo facultado a União a criação infraconstitucional de novos órgãos desta natureza, disfarçadamente sob convênios de transferência de funções e pessoal, mas apenas legislar sobre *a organização e o funcionamento dos órgãos já previstos no texto constitucional, como pode se depreender do art. 7 § ,144º da CF*[163].

---

162 Tanto a Força Nacional de Segurança Pública quanto a Secretaria Extraordinária de Segurança para Grandes Eventos foram criados no âmbito do Ministério da Justiça, sendo a primeira criada pelo Decreto nº 5.289/2004, e a segunda pelo Decreto nº 7.538/2011 por tempo determinado, com previsão de extinção em 31 de julho de 2017 (art. 5º, *caput*, e § 2º). No entanto, considerando que a Força Nacional de Segurança teve previsão na Lei *no* 11.473/2007, e que a Secretaria Extraordinária de Segurança para Grandes Eventos foi contemplada no referido diploma legal a partir da Lei nº 13.173/2015, observa-se que ambos os órgãos foram criados apenas por decreto, inicialmente não atendendo ao art. 241 da CF, o qual exige que o convênio entre União e Estados esteja previsto em lei e não apenas em decreto do Poder Executivo.

163 Art. *144, § 7º da CF: "A lei disciplinará a organização e o funcionamento dos órgãos responsáveis pela segurança pública, de maneira a garantir a eficiência de suas atividades". Com base em tal artigo, foi editada a Lei no 13.675/2018, a qual* criou a Política Nacional de Segurança Pública e Defesa Social (PNSPDS), e instituiu o Sistema Único de Segurança Pública (SUSP), englobando não apenas por órgãos policiais, mas também guardas municipais, órgãos do sistema penitenciário, secretarias de temas correlatos à segurança pública (art. 9º, § 2º, VII

Ademais, se considerarmos que a Força Nacional de Segurança Pública, tem sido regularmente empregada para efetivar a polícia administrativa geral nos estados convenentes quando estes, isoladamente, não estejam conseguindo preservar a ordem pública por suas respectivas Polícias Militares[164], observar-se-á que a mesma tem sido utilizadas como alternativa às Forças Armadas no seu emprego fulcrado na LC nº 97/1999, o qual, como explanado no tópico anterior (item 1.3.1.6.2), o que já se afigurava inconstitucional em diversas das suas hipóteses, pois buscava evitar que a restrição da autonomia do estado membro se dê restritivamente de acordo com as regras constitucionalmente previstas para a decretação de estado de defesa, estado de sítio e intervenção federal. Com isso, exaspera-se no Brasil a banalização de verdadeiras "intervenções brancas", onde o Poder Executivo dissimuladamente se furta ao controle do Poder Legislativo, driblando a decretação de estado de exceção.

1.3.3 Guardas Municipais

Outra situação peculiarmente controversa no texto constitucional refere-se às Guardas Municipais, órgãos de natureza civil cujas atribuições seguem delineadas em seu § 8º do art. 144 da CF, nos seguintes termos: "Os Municípios poderão constituir guardas municipais destinadas à proteção de seus bens, serviços e instalações, conforme dispuser a lei".

Portanto, a guarda municipal destina-se à proteção das instalações, serviços e bens públicos municipais, como parques e jardins, edifícios públicos e museus, onde a ação dos depredadores do patrimônio público se mostra mais recorrente. Até então, não há lei federal regulamentando o art. 144. § 8º da CF.

---

a XV), e até mesmo pela guarda portuária (art. 9º, § 2º, XVI), que nada mais é do que um setor de vigilância patrimonial organizado por cada concessionária de serviço público administra os portos brasileiros (art. 17, § 1º, XV *da Lei no 12.815/2013*).

164 Neste particular, cumpre salientar que o art. 4º, *caput*, do Decreto nº 5.289/2004, nos termos da redação dada pelo Decreto nº 7.957/2013, autoriza o emprego da Força Nacional de Segurança Pública em qualquer parte do território nacional, mediante solicitação expressa do respectivo Governador de Estado, do Distrito Federal ou de Ministro de Estado, sem especificar a sua justificativa. Por sua vez, o § 1º do referido artigo dispõe que compete ao Ministro da Justiça determinar o emprego da Força Nacional de Segurança Pública, o qual será episódico e planejado.

Face ao teor do dispositivo acima transcrito, conclui-se que, constitucionalmente, as atribuições conferidas às referidas corporações consistem tão somente na vigilância objetivando proteção patrimonial, não possuindo, portanto, natureza policial[165]. Trata-se, aqui, de órgão que visa efetivar a segurança pública especificamente pela preservação da incolumidade do patrimônio público municipal, no que aproveita secundariamente a preservação da ordem pública, concretizada pela polícia administrativa geral.

Robustece tal contatação também a própria estrutura do art. 144 da CF, no qual as Guardas Municipais, embora previstas no § 8º, não se encontram listadas nos incisos que se seguem ao *caput* do referido artigo, nos quais se encontrame elencados os órgãos mencionados nos demais parágrafos do referido dispositivo, incumbidos de funções policiais, muito provavelmente em razão da segurança pública, de acordo com o *caput* do art. 144, ser exercida para a "incolumidade das pessoas *e* do patrimônio", e não apenas para a incolumidade do patrimônio, como ocorre no § 8º do art. 144 da CF, ainda que, no caso, este seja público.

Portanto, da forma como se encontra redigido, seria mais adequado que o constituinte originário tivesse posicionado o dispositivo constante no § 8º do art. 144 da CF, para o Capítulo IV do Título III da CF, denominado "Dos Municípios" (arts. 29 a 31).

Entretanto, nada impede que integrantes da Guarda Municipal, no exercício da sua função de vigilância patrimonial, efetuem captura e condução para fins de prisão em flagrante daqueles que cometam crimes contra o patrimônio público, uma vez que o art. 301 do CPP faculta qualquer do povo a fazê-lo[166].

Todavia, o que tem se verificado na prática é que as Guardas Municipais, no mais das vezes, têm atuado de forma concorrente às Polícias Militares na polícia administrativa geral, promovendo policiamento ostensivo na área dos municípios, sem se restringir à proteção dos seus

---

165 Neste sentido, GASPARINI, *Direito Administrativo*. 15ª Ed. atualizada por Fabrício Motta. São Paulo: Saraiva, 2010, p. 313-314. Em sentido contrário, defendendo que as Guardas Municipais, não obstante o texto constitucional, possuem função de polícia administrativa geral, atuando concorrentemente às Polícias Militares, MORAES, Bismael B. *Estado e segurança diante do direito*. São Paulo: Revista dos Tribunais. 2008, p. 39-40; ROCHA, Luiz Carlos. *Organização Policial Brasileira*. São Paulo: Saraiva. 1991, p. 259.

166 Para um maior aprofundamento sobre o tema, cf. itens 3.4.1.5.2.2 e 1.2.3.

bens, serviços e instalações. Para se legitimar tal estado de coisas, deve-se emendar o art. 144 da CF de modo a deixar claro o exercício da polícia administrativa geral das Guardas Municipais, de modo concorrente ou não com as Polícias Militares.

1.3.4 Quadros sinóticos

Realizado o estudo dos das funções policiais e dos órgãos que as titulam na Constituição de 1988, mostra-se possível se conceber dois quadros esquemáticos. O primeiro contemplando as resumidamente as principais características das funções policiais, e o segundo ilustrando a localização de cada órgão e função no texto constitucional, conforme abaixo:

Função Policial		Bem Jurídico Protegido	Finalidade da atuação	Previsão orgânica	Restringibilidade a direitos fundamentais sujeitos à reserva de jurisdição	Incidência preponderante
Administrativa	Geral	Ordem Pública, Segurança Pública	Preventiva	Constitucional	Não	Pessoas, individualmente ou indiscriminadamente
	Especial	Segurança Pública	Preventiva e eventualmente repressiva	Infraconstitucional	Não	Bens e atividades
Judiciária		Ordem Jurídica	Investigativa (Eventual e incidentalmente repressiva	Constitucional	Sim	Pessoas individualizáveis, bens e atividades

Função Poli-cial	Órgão / Topografia no texto constitucional		
	Título V, Capítulo III – Das Forças Armadas	Título V, Capítulo III – Da Segurança Pública	Título IV, Capítulo I – Do Poder Legislativo
Administrativa Geral	Forças Armadas (art. 142, 136, 137 e 34, III)	Polícia Federal (art. 144, § 1º, III); Polícia Rodoviária Federal (art. 144, § 2º, III); Polícia Ferroviária Federal (art. 144, § 3º, III); Polícias Militares (art. 144, § 5º); Corpos de Bombeiros Militares (art. 144, § 5º), Polícias Penais (art. 144, § 5º-A)	Polícia da Câmara dos Deputados (art. 51, IV); Polícia do Senado Federal (art. 52, XIII)
Judiciária		Polícia Federal (art. 144, § 1º, I e IV); Polícias Civis (art. 144, § 4º)	Congresso Nacional, Câmara dos Deputados e/ ou ou Senado Federal – Comissões Parlamentares de Inquérito (art. 58, § 3º)

Da análise procedida, constatou-se ainda que no texto constitucional não foi conferida função policial às Guardas Municipais, em que pese as mesmas terem sido também arroladas em capítulo referente à Segurança Pública (art. 144, § 8º da CF); e que não foi designado um órgão incumbido das funções de polícia judiciária em relação aos crimes militares, pelo menos em nível estadual, permanecendo o seu exercício no seio da própria organização hierárquica castrense, considerando-se constitucionalmente a recepcionado o art. 7º do CPPM.

Ao final do estudo do texto constitucional à luz dos conhecimentos apresentados sobre as funções policiais, verifica-se que o constituinte não se valeu da melhor técnica ao tratá-las, por vezes se valendo de expressões ora redundantes ou imprecisas, ora lacônicas, o que, por mais de uma vez, requereu que se recorresse à interpretação histórica e sistemática, como forma de solucionar as antinomias nos dispositivos constitucionais referentes ao tema.

Ainda assim, há momentos em que a segurança pública se mostra disciplinada de maneira claramente assistemática, como na inserção das

Guardas Municipais no capítulo correspondente (art. 144, § 8º da CF), a despeito de qualquer função policial constitucionalmente atribuída às referidas guarnições, de forma com que a sua previsão constitucional, da forma como se encontra redigida, ficasse mais adequadamente situada no Titulo III, Capítulo IV da Constituição, denominado "Dos Municípios" (arts. 29 a 31 da CF).

Noutro giro, observou-se também que o constituinte manteve a incumbência da parcela mais significativa da polícia administrativa geral a órgãos militarizados, sem embargo do emprego das Forças Armadas para este fim, em casos extraordinários, contudo, indevidamente expandidos pelo legislador infraconstitucional, adotando-se como parâmetros até mesmo exemplos que, em circunstâncias ordinárias, objetivamente dispensariam tal emprego. Paralelamente, permitiu-se ou deu-se margem para que, no ordenamento jurídico pátrio, sobrevivessem casos em que a polícia judiciária fosse exercida por autoridades sem a devida formação jurídico-funcional, como políticos e militares, infirmando a isenção e autonomia inerentes à função que, como já exposto, diz respeito à defesa da ordem jurídica, e, em última análise, é essencial à Justiça.

Tal cenário, entretanto, pode ser justificado a partir do contexto histórico onde foi concebida a Constituição de 1988. Embora a história constitucional brasileira esteja repleta de referências difusas à segurança pública, até a carta vigente, não havia capítulo próprio ou previsão mais detalhada, como a anteriormente analisada, o que, sem dúvidas representou uma evolução em relação à Consituição de 1967, qua a antecedeu, pelo menos do ponto de vista formal[167]. No entanto, esclarece Humberto Barrionuevo Fabretti que, durante a elaboração do referido capítulo, poucos profissionais favoráveis aos direitos humanos e juristas da área criminal defendiam o remodelamento dos órgãos policiais, notadamente por meio da sua desmilitarização e permeabilização por uma atuação orientada sob a perspectiva da proteção ao cidadão e não do "combate à criminalidade". Com isso, apesar da necessidade de

---

167 De acordo com SOUZA NETO, Cláudio Pereira Souza, Segurança pública na Constituição de 1988: Conceituação constitucionalmente adequada, competências federativas e órgãos de execução das políticas. *RDE – Revista de Direito do Estado*. Rio de Janeiro, v. 8, out./dez, 2007, p. 19-73, a constituição de 1988 se individualiza ainda no direito comparado, em que também predominam referências pontuais à segurança pública.

adaptação dos órgãos policiais ao regime democrático decorrente da sua intensa atuação durante a ditadura militar, tais debates acabaram sendo dominados por aqueles que defendiam basicamente a manutenção do arranjo institucional modelado no período de exceção[168].

Desta forma, o constituinte, embora legitimamente preocupado em ampliar os direitos fundamentais ante os arbítrios cometidos por meio da polícia no regime político que o antecedeu, acabou por desperdiçar a chance de efetuar reformas mais profundas no sistema policial encarregado de assegurá-los. Assim, manteve-se a militarização de órgãos incumbidos da polícia administrativa geral, bem como se deixou de se sistematizar efetivamente as diferentes funções policiais ao manter as polícias judiciária e administrativa indistintamente vinculadas ao Poder Executivo no capítulo referente à segurança pública (Título V, Capítulo III), ao invés de formalmente reconhecer a primeira enquanto função essencial à Justiça (Título IV, Capítulo IV – arts. 127 a 135), concedendo-lhe autonomia e garantias equivalentes aos outros atores do Estado na persecução penal, quais sejam, o Poder Judiciário, Ministério Público e Advocacia.

A partir de então, sacramentou-se na estrutura constitucional do Estado brasileiro um latente desequilíbrio institucional em seu sistema de defesa da ordem pública e jurídica, cujas peculiaridades, em relação a cada uma das funções policiais, serão mais detidamente estudadas nos capítulos seguintes.

---

168 FABRETTI. Humberto Barronuevo. *Segurança pública:* fundamentos jurídicos para uma abordagem constitucional. São Paulo: Atlas, 2013, p. 86-87.

2 POLÍCIA ADMINISTRATIVA

No capítulo anterior, ao se tratar das funções policiais (item 1.2.1), apresentou-se a polícia administrativa como aquela que tem por finalidade limitar e condicionar o exercício das liberdades de direitos individuais visando à segurança pública, assim como à preservação da ordem pública. Tal função encontra-se doutrinariamente subdividida em polícia administrativa em geral e especial, em razão do desenvolvimento a sua atuação diante deste amplo escopo de abrangência.

Doravante, passar-se-á a uma análise mais detida em cada uma das referidas vertentes, visando a uma compreensão um pouco mais aprofundada dos referidos aspectos, já abordados introdutoriamente.

2.1 POLÍCIA ADMINISTRATIVA GERAL

Anteriormente, foi visto que à polícia administrativa geral, em apertada síntese, incumbe tanto protagonizar a atividade preventiva de preservação da ordem pública, quanto promover a segurança pública, notadamente mediante atividade de prevenção criminal.

Por sua vez, a ordem pública consiste em um conceito jurídico extremamente vasto, abarcando, normas não positivadas na lei, desde que seguida pela maioria de uma dada comunidade e compatível com os princípios do Estado de Direito. Já normas escritas, de qualquer grau, integrantes do ordenamento jurídico objetivo, integram a segurança pública, a qual, portanto, funciona como garantia da ordem pública.

Para a manutenção da ordem pública, requer-se um exercício marcadamente discricionário com incidência preponderantemente pessoal e vasta amplitude, uma vez que a generalidade de tal da atuação, frequentemente escapa a um prévio regramento legal.

Assim, uma vez fixadas as premissas integrantes desta relevante função, é momento de se abordar os marcos históricos de seu desenvolvimento no Brasil, para em seguida se abordar as formas de organização dos órgãos que a titulam e seus principais meios de exercício.

2.1.1 Marcos históricos no Brasil

Como visto no item 1.1, entre a segunda metade do Século XVIII e a primeira do Século XIX, delinearam-se, na França, os contornos das diferentes funções policiais, as quais foram implantadas no Brasil durante os últimos anos de colonização portuguesa. Neste cenário, adveio a Lei de 3 do Brumário do ano IV (1795), que bipartiu o conceito de polícia em administrativa e judiciária.

A referida dicotomia então estatuiu que caberia à polícia administrativa a manutenção habitual da ordem pública, em cada lugar e em cada parte da administração geral, e a prevenção de delitos, enquanto a polícia judiciária seria incumbida de investigar os delitos que a primeira não pôde evitar que fossem cometidos, coligindo as provas e entregando os autores aos tribunais incumbidos pela lei de puni-los.

Na época, existia em Portugal a Intendência Geral de Polícia da Corte e do Reino, criada no ano de 1760, objetivando fortalecer o poder real por meio da busca mais ágil e eficiente da imposição da ordem pública. A Intendência se constituía num órgão com amplos poderes, ao qual ficaram vinculados diversas autoridades como magistrados e funcionários reais, encarregados tanto de fiscalizar o cumprimento das leis, quanto de prender os transgressores, entregando-os à Justiça.

Para tanto, sempre que necessário, o intendente de polícia e as referidas autoridades que lhe eram subordinadas podiam recorrer à força armada, valendo-se das organizações militares então existentes nos domínios portugueses. Em 1801, no entanto, outro órgão foi criado em Portugal, especificamente para apoiar o trabalho da intendência: o Corpo de Guarda Real de Polícia de Lisboa.

Tal órgão, conforme o Decreto português de 10 de dezembro de 1801, foi concebido para ser "um corpo permanente, o qual vigie na conservação da ordem e tranquilidade pública e que obedeça, no que toca à disciplina militar, ao General das Armas da Província, e no que toca ao exercício das suas funções, ao Intendente Geral da Polícia". Constituia-se assim, um órgão específico para o *exercício* da polícia administrativa (geral), cujos integrantes, porém, eram despidos de autoridade policial, a qual permaneceria concentrada nas autoridades integrantes da Intendência Geral de Polícia, a quem incumbia prestar apoio armado, sempre que necessitassem do uso da força. Neste ponto, convém consignar que a Declaração Universal do Homem e do Cidadão (1789), que precedeu a Lei de 3 do Brumário do ano IV (1795) na França, estatuía que a "garantia dos direitos do homem e do cidadão necessita de uma força pública[169] [...] instituída para fruição por todos".

Desenhava-se, assim, um modelo que posteriormente foi mantido no Brasil, de atribuir o *exercício* das funções policiais a cargo de duas instituições distintas: a função chamada polícia judiciária organizada civilmente, ficava com a Intendência, enquanto a função de polícia administrativa (geral), preventiva, organizada militarmente, foi atribuída à Guarda Real. A *autoridade* policial de ambas as funções, contudo, permaneceria civil, então no âmbito da Intendência, à qual deveria se submeter a Guarda Real.

Com a transmigração da família real portuguesa para o Brasil, em 1808, instituições policiais similares a essas foram criadas na cidade do Rio de Janeiro, a nova sede da Côrte, e, posteriormente, nas províncias. No referido ano, foi criada a Intendência Geral de Polícia da Côrte e do Estado do Brasil, havendo um delegado em cada província, e comissários em tantos distritos quantos eram os municípios[170]. Em 1809, foi criada a Divisão Militar da Guarda Real de Polícia, sucedendo-se, nos anos seguintes, a criação de congêneres corpos de polícia nas províncias, reputando-se, a alguns destes, a origem das atuais Polícias Militares em seus respectivos estados[171].

---

169 Daí porque expressão força pública surge em alguns artigos do Código de Processo Penal em vigor (arts. 218, 251, 497, II e 794), com o significado de organismo policial encarregado do exercício da polícia administrativa geral, à disposição das autoridades policiais e judiciárias brasileiras.

Nesta linha, a Polícia Militar do Estado de São Paulo, ostentou os nomes de Força Policial e de Força Pública, por mais de uma vez, entre 1891 e 1970, ocasião em que todas os órgãos estaduais desta natureza passaram a ser denominados Polícias Militares, exceto no Rio Grande do Sul, onde continuou a ser denominado Brigada Militar, derivada da legislação federal do início do século XX. A respeito, *cf.* QUEIROZ, Carlos Alberto Marchi de. *Conceito doutrinário de força pública*. Disponível em: <http://israelcop2.blogspot.com/2010/07/conceito-doutrinario-de-forca-publica.html> Acesso em: 27 jun. 2019 e MORAES, Bismael B. *Estado e segurança diante do direito*. São Paulo: Revista dos Tribunais. 2008, p. 25-26.

170 PAULA, Antônio de. *Do direito policial*. 2 ed. Rio de Janeiro: A Noite, [1943?]. p.17.

171 FARIA, Regina Helena Martins de. *Em nome da ordem*: a constituição de aparatos policiais no universo luso-brasileiro (séculos XVIII e XIX). 2007. Tese (Doutorado em História) – Centro de Filosofia e Ciências Humanas, Universidade Federal de Pernambuco, Recife, p. 48-49.

Após a independência do Brasil, mais precisamente com a reforma constitucional de 1834, foi concedido às províncias a competência para legislar sobre questões relativas à polícia preventiva[172], o que propiciou a criação dos referidos corpos de polícia militarmente organizados pelas províncias que ainda não o fizeram[173].

Por meio do Decreto nº 3.598/1866 o imperador criou, paralelamente ao Corpo Militar da Corte, um Corpo Civil uniformizado, denominado Guarda Urbana, subordinada imediatamente ao Chefe de Polícia (e aos seus Delegados), com a finalidade de exercer a polícia administrativa geral na cidade do Rio de Janeiro, cabendo ao corpo militar (então denominado Corpo Policial) auxiliar-lhe no que for necessário. Aqui, mais uma vez, observa-se clara inspiração no modelo francês, no qual, segundo um critério territorial, normalmente corpos de polícia militarmente organizados denominados gendarmarias são responsáveis pela polícia administrativa de regiões rurais e dos pequenos centros urbanos, enquanto que o tal função nas grandes cidades fica prioritariamente a cargo de corpos policiais organizados civilmente[174].

Após a Proclamação da República, o Corpo Militar de Polícia da Corte[175] passa a se chamar Brigada Policial[176], a qual, embora administrativamente subordinada ao Ministro da Justiça, permanece funcionalmente à disposição das autoridades policiais (civis) "para o serviço que estas requisitarem em bem da ordem e segurança pública no Districto Federal", bem como para servirem de forças auxiliares e de reserva do exército[177], sendo que esta última característica viria a ter assento constitucional a partir de 1934, atualmente constando no art. 144, § 6º da Constituição Federal de 1988[178]. A Lei nº 947/1902, ao reorganizar a

---

Neste ponto, convém salientar que, em 1825, D. Pedro I ordenou a organização de corpos de polícia nas cidades de Salvador (Decreto de 17 de fevereiro de 1825) e Recife (Decreto de 11 de junho de 1825). No mesmo ano, outro decreto determinou que ambas deviam ter o mesmo uniforme da Guarda Real de Polícia (Decreto de 25 de julho de 1825).

172 Lei nº 16, de12 de agosto de 1834. 1891. arts. 10, "4º e 11, "2º").
173 FARIA, op. cit., p. 78. Neste caso, inclui-se a criação do Corpo de Polícia do Maranhão, no ano de 1836 (p. 174).
174 A respeito, cf. MONET, Jean-Claude. *Polícias e sociedades na Europa*. Tradução de Mary Amazonas Leite de Barros. 2 ed. São Paulo: Editora da Universidade de São Paulo, 2002, p. 79-86.
175 Denominação utilizada no art. 1º do Decreto nº 10.222, de 5 de abril de 1889.
176 Denominação utilizada no art. 3º, X da Lei nº 746/1900. Regulamentado pelo Decreto nº 4.272/1901.
177 Arts. 2º e 3º do Decreto nº 4.272/1901.
178 Constituição de 1934, art. 167: "As polícias militares são consideradas *reservas*

polícia no Distrito Federal, dividiu-a organicamente em civil e militar (art. 1º, I), bem como reafirmou em linhas gerais, o modelo do Decreto nº 3.598/1866, no qual havia a coexistência, paralelamente a Brigada Policial, da Guarda Civil, integrante da Polícia Civil, a qual era exercida pelas autoridades policiais civis (Chefe de polícia e delegados), sendo que à Guarda "além dos serviços de ronda e vigilância, serão confiados todos os mais de que possa estar encarregada a Polícia Militar" (art. 3º da Lei nº 947/1902[179]).

Portanto, para a mesma função de polícia administrativa geral, concorriam no Distrito Federal do início do Século XX dois órgãos, um civilmente organizado, subordinado administrativa e funcionalmente as autoridades policiais (civis), e outro militar, funcionalmente sujeito às referidas autoridades e administrativamente subordinado ao Ministro da Justiça.

De acordo com Bismael Batista de Morares até o ano de 1969, Guardas Civis foram criadas em 16 (dezesseis) Estados do Brasil, em decorrência do prestígio alcançado pela Guarda Civil de São Paulo (criada em 1926) no eficiente exercício da polícia administrativa geral na capital e principais cidades do interior[180].

---

do Exército [...]".

Constituição de 1937, art. 16, XXVI: "Compete privativamente à União o poder de legislar sobre as seguintes matérias: [...] organização, instrução, justiça e garantia das *forças policiais* (*i.e.* órgãos policiais dotados de força, cf. item 1.2.4.1) dos Estados e sua utilização como *reserva do Exército*".

Constituição de 1946, art. 183: "As polícias militares instituídas para a segurança interna e a manutenção da ordem nos Estados, nos Territórios e no Distrito Federal, *são consideradas, como forças auxiliares, reservas do Exército. Parágrafo único – Quando mobilizado a serviço da União em tempo de guerra externa ou civil*, o seu pessoal gozará das mesmas vantagens atribuídas ao pessoal do Exército".

Constituição de 1967, art. 13, § 4º: "*As polícias militares*, instituídas para a manutenção da ordem e segurança interna nos Estados, nos Territórios e no Distrito Federal, *e os corpos de bombeiros militares são considerados forças auxiliares e reserva do Exército* [...]".

Constituição de 1988, art. 144, § 6º: "As polícias militares e corpos de bombeiros militares, *forças auxiliares e reserva do Exército*[...]".

179 Aqui convém consignar que o art. 5º da Lei nº 947/1902, estatuía, *in verbis*, que "A polícia militar continuará a ser exercida pela brigada policial, nos termos do Decreto nº 4.272/1901.

180 MORAES, Bismael B. *Estado e segurança diante do direito*. São Paulo: Revista dos Tribunais. 2008, p. 27.

Todavia, ao final do referido ano de 1969, durante o período da ditadura militar, mudanças significativas neste cenário foram operadas por meio do Dec.-lei n° 1.072/1969, o qual, alterou ao art. 3°, *a*, da então recente Dec.-lei n° 667/1969, que versa sobre normas gerais relativas a organização das Polícias Militares e Corpos de Bombeiros nos Estados, a fim de dotar-lhes de exclusividade no exercício da polícia administrativa geral, bem como determinava o aproveitamento dos integrantes das Guardas Civis no quadro de oficiais das Polícias Militares (art. 2°), extinguindo-se, portanto, as Guardas Civis.

Como argumento utilizado para tal alteração legislativa, Bismael Batista de Morares relata que os integrantes das Guardas Civis, por serem civis e poderem, diferentes dos militares, votar e ser votados, seriam mais influenciáveis politicamente, embora naquele momento histórico o regime militar de exceção perseguisse políticos de oposição. Adicionalmente, alegou-se que seria mais cômodo e econômico que houvesse apenas um órgão responsável pela polícia administrativa geral em cada Estado[181].

No entanto, ressalvaram-se, implicitamente, órgãos civis de polícia administrativa geral existentes na esfera federal, por não estarem abrangidos pela referida norma, o que abriu caminho para que as Polícias Rodoviária (cujas funções à época eram exercidas no âmbito do Departamento Nacional de Estadas de Rodagem, desde 1935[182]) e Ferroviária Federais posteriormente fossem previstas na Constituição de 1988, sem previsão de organização militar, no art. 144, §§ 2° e 3°. Embora no § 8° referido artigo constitucional tenha ainda se previsto a possibilidade de criação de guardas civis, agora na alçada municipal, estas foram desprovidas de função policial, conforme já exposto no item 1.3.2.

No acima citado art. 3° alínea *a*, do Decreto-lei n° 667/1969, mantinha-se ainda a sujeição das Polícias Militares às diretrizes funcionais das autoridades policiais competentes, quais sejam aquelas integrantes da Polícia Civil, notadamente Delegados de Polícia. Contudo, tal dispositivo foi reformado ainda no regime ditatorial militar pelo Decreto-lei n° 2.010/1983, o qual, substituiu a expressão "planejado pelas autoridades policiais competentes" por "planejados pelas autoridades competentes".

---
181 MORAES, ibid., p. 28.
182 ROCHA, Luiz Carlos. *Organização Policial Brasileira*. São Paulo: Saraiva. 1991, p. 23-25.

Paralelamente, o art. 4º do mesmo Decreto-lei nº 667/1969 foi também reformulado pelo Decreto-lei nº 2.010/1983, de forma a detalhar que a sujeição funcional das Polícias Militares "para fins de emprego nas ações de manutenção da Ordem Pública, ficam sujeitas à vinculação, orientação, *planejamento* e controle operacional do órgão responsável pela Segurança Pública, sem prejuízo da subordinação *administrativa* ao respectivo Governador" (grifo nosso).

Dessa forma, ao tempo em que foram totalmente desvinculadas das autoridades policiais (notadamente delegados de polícia, os quais gradualmente passaram a exercer precipuamente função de polícia judiciária), as Polícias Militares foram subordinadas funcionalmente de forma direta ao órgão de Segurança Pública, titularizado Secretário de Segurança Pública, ao qual também se subordinava a Polícia Civil. Tal cenário, inclusive, foi consolidado pelo constituinte de 1988, ao dispor, no § 6º do art. 144 da CF, que "As polícias militares e corpos de bombeiros militares [...] subordinam-se, juntamente com as polícias civis, aos Governadores dos Estados, do Distrito Federal e dos Territórios", rol ao qual foram acrescentadas as Polícias Penais estaduais e distrital, reconhecidas pela Emenda Constitucional nº 104/2019.

Desta forma, as Polícias Militares e demais órgãos de polícia administrativa geral, passaram a exercer, por autoridade própria, tal função, como visto no item 1.2.4.1. Por sua vez, os Delegados de Polícia buscaram, paralelamente, qualificar seus agentes para também exercer por seus próprios meios o emprego da força, quando necessário no exercício da polícia judiciária, de forma a atuar independentemente do apoio de Policiais Militares, neste particular.

2.1.2 Formas de organização

Como visto no item anterior, durante a maior parte da história do Brasil enquanto país soberano, coexistiram órgãos encarregados do exercício da polícia administrativa geral estruturados sob estatutos civis e militares. Atualmente, são organizadas civilmente a Polícia Rodoviária Federal, assim como a Polícia Ferroviária, embora esta não tenha sido instituída infraconstitucionalmente, bem como as polícias legislativas, encontrando-se militarmente organizadas as polícias corpos de bombeiros militares encarregados do exercício da polícia administrativa geral nos Estados federados.

A coexistência entre organizações civis e militares no exercício da referida função policial não é uma exclusividade brasileira. Esta resulta de tendência adotada em diversos países latinos europeus como França, Bélgica, Portugal, Espanha, Itália, Luxemburgo. Já em países do norte da Europa como o Reino Unido, Irlanda, Holanda, Alemanha e Dinamarca, a polícia administrativa geral é exercida apenas por órgãos civis[183].

Por sua vez, a prevalência do modelo militar nos órgãos de polícia administrativa geral no Brasil, como visto no item anterior, deita suas raízes em vários fatores históricos, como ter sido o modelo implantado por Portugal nos últimos anos pré-independência, bem como o fato de a organização militar melhor propiciar a utilização de policiais como forças auxiliares e de reserva do exército em caso de guerra, o que tradicionalmente se fez constar nas constituições de brasileiras desde a carta de 1934, atualmente constando no art. 144, § 6º da Constituição Federal de 1988, apesar de, à época desta última, o país já se encontrar a décadas sem quaisquer potenciais inimigos externos.

A atual Constituição Federal, também prevê expressamente, em seu art. 42, que "membros das Polícias Militares e Corpos de Bombeiros Militares, instituições organizadas com base na hierarquia e disciplina, são militares dos Estados, Distrito Federal e Territórios", estendendo-lhes, em linhas gerais, o regime jurídico constitucional aplicável aos militares das Forças Armadas. Por sua vez, o art. 22, inciso XXI do texto constitucional estatui que compete a União legislar sobre "normas gerais de organização, efetivos, material bélico, garantias, convocação e mobilização das polícias militares e corpo de bombeiros militares", recepcionando-se, assim, o Dec.-lei nº 667/1969, que versa sobre normas gerais relativas à organização das Polícias Militares e Corpos de Bombeiros nos Estados.

O referido diploma legal estabelece que as Polícias Militares serão regidas por Código de Ética e Disciplina, aprovado por lei estadual ou federal para o Distrito Federal, no qual serão observados, dentre outros, os princípios da dignidade da pessoa humana; legalidade; presunção de inocência; razoabilidade e proporcionalidade; vedando-se a adoção de medida privativa e restritiva de liberdade em sede administrativo-disci-

---

183 A respeito, cf. MONET, Jean-Claude. *Polícias e sociedades na Europa*. Tradução de Mary Amazonas Leite de Barros. 2 ed. São Paulo: Editora da Universidade de São Paulo, 2002, p. 82-83.

plinar (art. 18). Contudo, a instrução das Polícias Militares é controlada pelo Exército (art. 13), aplicando-se aos seus policiais as disposições constitucionais relativas ao alistamento eleitoral e condições de elegibilidade dos militares, assim como aquelas relativas às garantias, vantagens prerrogativas, deveres, e restrições, ressalvado o exercício de cargos de interesse policial assim definidos em legislação própria (art. 25). Estabeleceu ainda que compete ao Exército, através da Inspetoria-Geral das Polícias Militares, exercer, dentre outras atribuições, o controle da organização, da instrução, dos efetivos, do armamento e material bélico das Polícias Militares (art. 21, c).

Diante de tal normatização, observa-se que ao policial militar aplica-se, em sua maioria, o mesmo regime jurídico de um militar do Exército brasileiro, tendo inclusive sua instrução fiscalizada por este, muito embora a atividade que exerce seja, a rigor, civil.

Por sua vez, a atividade militar, em princípio, é caracterizada por forjar em quem a exerce um perfil psicológico voltado ao preparo para a guerra, no qual se desenvolve a agressividade requerida para a prontidão em combater e subordinação ao seu comando, necessárias para enfrentar a constante iminência do risco de morte que lhe é inerente. Embora tal perfil profissiográfico tenha a sua funcionalidade diante das condições extremas de uma realidade bélica, este, forçosamente, é mais propício à utilização excessiva da força, com consequentes violações a direitos humanos, tanto que, para assegurar a integridade das forças militares, lhes é imposto um regime mais rígido de controle, dotado de características, direitos e deveres diferenciados em relação aos servidores públicos civis. Afinal, seria potencialmente desastroso deixar pessoas capacitadas e treinadas para o combate, com amplo acesso ao manuseio de informações, armamentos e equipamentos de alto poder destrutivo, desprovidas de normas repressivas mais duras acompanhadas, inclusive, de derrogações em vários direitos assegurados aos demais cidadãos.

Esse peculiar regime jurídico-administrativo lastreia-se, basicamente, em dois pilares, a dedicação integral e exclusiva ao serviço militar e a rigorosa hierarquia e disciplina.

A dedicação integral e exclusiva pode ser traduzida pela proibição ao militar da ativa de exercer comércio (art. 29 da Lei nº 6.880/1980), expressamente imposta aos policiais militares, por força do art. 22 do Dec.-lei nº 667/1969; assim como a vedação à sindicalização, greves, e de atividades políticas (art. 142, § 3º, IV e V da CF).

Por sua vez, a rigorosa hierarquia e disciplina a que se sujeita o militar pode ser verificada no próprio Estatuto dos Militares (Lei nº 6.880/1980), segundo o qual a hierarquia militar é a ordenação da autoridade, em níveis diferentes, dentro da estrutura das Forças Armadas, cujo respeito é consubstanciado no espírito de acatamento à sequência de autoridade" (art. 14, § 1º). Caracteriza-se, portanto, por um vínculo de subordinação escalonado e graduado de inferior a superior na ordenação da autoridade[184]. Já a disciplina é a rigorosa observância e o acatamento integral das leis, regulamentos, normas e disposições que fundamentam o organismo militar e coordenam seu funcionamento, traduzindo-se pelo perfeito cumprimento do dever por parte de todos e de cada um dos seus integrantes (art. 14, § 2º). Consiste, por conseguinte, na prerrogativa que os superiores hierárquicos têm de impor condutas e dar ordens aos inferiores. Ambos os conceitos, apesar de diversos, estão intimamente ligados de forma que a disciplina pressupõe a relação hierárquica[185].

Para a efetivação da rigorosa disciplina, faz-se necessária uma estrutura de subordinação e comando militar diferenciadas dos cargos do serviço público no meio civil, com ênfase específica, como pode-se observar nos arts. 34 e 35 da Lei nº 6.880/1980, onde se estatui que o comando "é a soma de autoridade, deveres e responsabilidades de que o militar é investido legalmente quando *conduz homens* ou dirige uma organização militar", e a "subordinação não afeta, de modo algum, a dignidade pessoal do militar e decorre, exclusivamente, da estrutura hierarquizada das Forças Armadas". A violação de tal estrutura, é punida por normas administrativas e criminais especificamente mais rigorosas que se impõem, inclusive, mediante restrições de garantias constitucionais asseguradas aos civis, como a possibilidade de prisão por crime propriamente militar ou infração administrativa (transgressão) militar, independentemente de situação de flagrância ou ordem judicial funda-

---

184 SILVA, José Afonso da. *Curso de direito constitucional positivo*. 15 ed. rev. São Paulo: Malheiros, 1998. p. 738.
185 SILVA, loc. cit..

mentada, (art. 5º, LXI, in fine, da CF[186]), vedada aos policiais militares em pelo referido art. 18 do Dec.-Lei nº 667/1969, e descabimento *habeas corpus* em relação a sanções disciplinares militares (art. 142, § 2º da CF[187]).

Portanto, diante de das premissas aplicáveis à formação militar, na qual pressupõe-se derrogações em direitos assegurados à população civil, alguns dos quais fundamentais, e doutrina voltada para o combate, questiona-se a sua adequação à polícia administrativa geral, uma vez que o policial com esta formação naturalmente tenderia a refleti-la nos cidadãos a quem cumpre proteger, tanto que, como já exposto no item 1.3.1.7.2, o uso de militares das Forças Armadas para a referida função, com fulcro no art. 142, *in fine* da CF, deve(ria) ter caráter nitidamente excepcional.

Desta forma, o militar, ao garantir a ordem pública, tende a partir da ideia de que os crimes e suas demais violações, mais do que algo a ser prevenido, seria o inimigo a ser combatido, personificado nos cidadãos que os praticam, ou, o que é pior, no seu estereótipo, propiciando-se assim um campo mais fértil ao uso excessivo da força, e restrição indevida a direitos fundamentais, especialmente nos grandes centros urbanos. Não por acaso que, em países como a França, o órgão militar de polícia administrativa geral (*Gendarmerie*) normalmente são responsáveis pelo policiamento das regiões rurais e dos pequenos centros urbanos, enquanto que o policiamento das grandes cidades fica a cargo de um órgão civil (*Police Nationale*), o que, no Brasil, como visto no item anterior, em alguma medida ocorreu durante o século XX até o ano de 1969, quando Guardas Civis concorriam com as Polícias Militares no exercício da polícia administrativa geral, tendo aquelas, no Estado de São Paulo, sido incumbidas do policiamento na capital e principais cidades do interior.

Ademais, como visto no item anterior, a própria autoridade de polícia administrativa geral durante a maior parte da história do Brasil enquanto Estado soberano esteve sob a alçada civil, ainda que os órgãos que a exercessem fossem, em sua ampla maioria, militarizados, o que só veio a mudar em 1983, durante o período de ditadura militar, quan-

---

186 "Art. 5º [...] *LXI* – ninguém será preso senão em flagrante delito ou por ordem escrita e fundamentada de autoridade judiciária *competente,* salvo *nos casos de transgressão militar ou* crime propriamente militar, definidos em lei".
187 "Art. 142 [...] § 2º Não caberá *habeas corpus* em relação a punições disciplinares militares".

do as Polícias militares passaram a exercer tais funções por autoridade própria.

Entretanto, abrir mão da histórica prevalência dos órgãos militarizados na polícia administrativa geral do Brasil é uma decisão que está longe de ser óbvia. Além de requerer um amplo consenso necessário para uma emenda constitucional[188], não se pode perder de vista que, especialmente na periferia das grandes cidades, organizações criminosas, com a escalada da violência, se armaram para o combate, inclusive com dispositivos de uso privativo das forças armadas, retroalimentando a cultura militar no policiamento.

Diante deste cenário, mais viável seria se pensar em medidas de curto a longo prazo para uma eventual transição, dentre as quais, as primeiras implicariam na imediata reformulação da formação dos policiais militares, a fim de que seja dada ênfase a conhecimentos sobre direitos fundamentais.

Um avanço neste sentido foi dado pela lei 13.967/2019 a qual reformulou, o já citado art. 18 do Dec.-Lei nº 667/1969 – que originalmente estabelecia que as Polícias Militares eram regidas por regulamento disciplinar redigido de maneira semelhante ao do Exército, embora adaptado às condições especiais de cada Corporação – para prever a adoção de Código de Ética e Disciplina, mais adequado às peculiaridades da polícia administrativa geral do que da atividade militar, concedendo-se aos Estados e ao Distrito Federal o prazo de doze meses para implementá-lo. A partir daí, vislumbram-se condições mais propícias para se efetivar um processo de mudança de cultura, com aprofundamento do debate sobre a abolição de órgãos policiais militarizados, no plano constitucional.

Internamente, as polícias militares e corpos de bombeiros militares, encontram-se estruturadas em setores de direção, de execução e de apoio, e, territorialmente, em grupos policiais, sendo estes os menores elementos de ação autônoma, deverão dispor de um chefe, o qual exerce autoridade de polícia administrativa geral, e de um número de componentes habilitados indispensáveis ao exercício da referida função. Caso seja mais eficiente para a administração, tais grupos poderão ser reunidos, constituindo-se em pelotões, companhias e batalhões ou em esqua-

---

188 O tema da desmilitarização das polícias, pode ser visto, por exemplo, no Projeto de Emenda Constitucional no 51/2013.

drões e regimento, quando se tratar de unidades montadas (art. 5º do Dec.-Lei nº 667/1969).

O comando geral das polícias militares será exercido, em princípio, por oficial, do último posto, da própria corporação, ou por general-de--brigada do Exército ou por oficial superior combatente em atividade, preferentemente do posto de Tenente-Coronel ou Coronel, proposto ao Ministro do Exército pelos Governadores de Estado e de Territórios e do Distrito Federal (art. 6º, *caput* e § 1º do Dec.-Lei nº 667/1969).

Como uma parca referência legal de estruturação interna de um órgão de polícia administrativa geral civilmente organizado tomar--se-á aqui a lei sobre a carreira de Policial Rodoviário Federal (Lei nº 9.654/1998), uma vez que a Polícia Ferroviária Federal, apesar da sua previsão constitucional, não foi efetivamente criada. Atualmente subdivide-se o cargo de Policial Rodoviário Federal em quatro classes (art. 2º-A, § 1º), cabendo apenas a Classe Especial a atribuição de direção, inerente a autoridade da referida função policial. Por sua vez, as polícias legislativas são organizadas conforme dispor cada parlamento, nos termos dos arts. 51, IV e 52, XIII da CF, já transcritos no item 1.3.1.5.

2.1.3 Principais meios de exercício

Como visto no item 1.2.1.1, incumbe à polícia administrativa geral tanto protagonizar a atividade preventiva de preservação da ordem pública, quanto promover a segurança pública, notadamente mediante atividade de prevenção criminal.

Tal função, em princípio, é exercida por meio da *vigil*ância ostensiva, que pode se dar por meio da *permanência*, que é a atividade predominantemente estática de observação, fiscalização, reconhecimento, proteção ou custódia, desempenhada em um ou mais locais determinados, como postos de observação; ou por *patrulhamento*, que consiste no exercício de tais atividades de forma predominantemente itinerante, cuja locomoção dos policiais pode ser a pé; em bicicletas; montada (em regra, a cavalo); motorizada, a qual compreende veículos terrestres como automóveis (comumente denominados de "viaturas") e motocicletas; ou, ainda, por veículos aéreos (helicóptero se/ou aviões); ou náuticos (embarcações).

Ambas as modalidades de vigilância podem ser utilizadas de forma combinada, sendo que, no patrulhamento motorizado, há a vantagem da velocidade para se chegar ao local de intervenção, e da flexibilidade de se convertê-lo em permanência pelo estacionamento o qual pode se dar, inclusive, por meio de pontos de parada pré-estabelecidos, os quais são escolhidos de acordo com o índice de ocorrências, preferencialmente em locais de fácil acesso e saída rápida.

Neste ponto, convém retomar ponto já abordado no item 1.3.1.2, no que se refere a má técnica do constituinte de 1988 ao, nos §§ 2º e 3º do art. 144 da CF, descrever as funções das Polícias Rodoviária e Ferroviária Federal por meio da expressão "patrulhamento ostensivo". Aqui, descreve-se parcialmente a atividade de vigilância pela referência ao patrulhamento, omitindo-se quanto aquela por meio da permanência, muito embora ambas sejam, na prática, indissociáveis, para o devido exercício da polícia administrativa geral.

Por sua vez, a ostensividade que deve acompanhar a vigilância normalmente expressa-se pela constante utilização de uniforme e veículos devidamente identificados do órgão policial, a fim de que a presença dos policiais seja imediatamente notada, dissuadindo-se eventuais turbações à manutenção da ordem e segurança públicas.

É de se ressaltar, contudo, que tem sido cada vez mais comum a vigilância remota (ou seja, não presencial) tem sido utilizada tanto por permanência, através de câmeras de segurança ocultas, quanto mediante patrulhamento, através de veículos não tripulados, notadamente aéreos, como drones. Nesta hipótese, deve-se utilizar placas do órgão policial nos locais sujeitos à vigilância remota, a fim de dotá-la de ostensividade, com preservação do seu respectivo efeito dissuasório.

Entretanto, a depender da circunstância, tem-se inicialmente utilizado a vigilância remota de forma velada, a fim de que a polícia se manifeste ostensivamente apenas na hipótese de intervenção, em seguida à identificação de turbação da ordem pública.

Por sua vez, quando necessário intervir para preservação da ordem pública, um incontável número de providências podem se fazer necessárias, cujo critério de escolha deverá ser norteado pela discricionariedade, conforme demonstrado no item 1.2.4. Como possíveis medidas de preservação da ordem pública, pode-se citar o isolamento ou evacuação de áreas, impedimento momentâneo da saída de pessoas de um determinado local, revista pessoal[189], mudança de local e horário de reunião[190] ou de itinerário de cortejos, restrição da prática de determinadas atividades, colocação de pessoas em fila, além da dissuasão pela presença.

Entretanto, em casos de violação da ordem pública, como distúrbio civil ou flagrante delito, para a manutenção da ordem pública, não restará outra alternativa senão empregar proporcionalmente a força, e eventualmente restringir, de maneira momentânea, direitos e garantias individuais, sendo tal atuação dotada de legitimidade desde que se limite ao estrito cumprimento do dever de conter a turbação à segurança pública (cf. item 1.2.3). Em tais cenários, pode-se revelar cabível o uso da força física e de armas não letais e até de fogo, com captura daqueles que supostamente se encontrem em flagrante delito e supostos instrumentos ou produtos de crime, submetendo-os à polícia judiciária, a fim de que seja analisado o cabimento ou não da prisão dos conduzidos, assim como a apreensão dos bens apresentados.

2.2 POLÍCIA ADMINISTRATIVA ESPECIAL

Como visto no item 1.2.1.2, a função de polícia administrativa especial versa sobre setores específicos da atividade humana, os quais os quais foram destacados da polícia administrativa geral, para a imposição de restrições próprias em regimes jurídicos particularizados, que fazem com que a sua atuação sobremaneira seja mais vinculada à legalidade positivada de um direito administrativo sancionador de caráter preponderantemente patrimonial, que contempla não apenas a previsão de infrações administrativas para cada área de atuação, mas também um procedimento administrativo para a aplicação das correspondentes sanções pela própria autoridade policial, onde reste assegurada a ampla defesa do suposto infrator, com os recursos que lhe são inerentes.

No Brasil, tal processo de especialização começou a se intensificar a partir do século XX, quando, a aplicação dos primeiros regimes jurídicos especiais, que inicialmente eram da alçada do Chefe de Polícia e Delegados, migravam para órgãos especificamente destinados para exercê-las, com autoridade própria. Posteriormente, consolidou-se a tendência de se criar tais órgãos e autoridades de polícia administrativa especial tão

---

189 Cf. nota nº 38.
190 Cf. nota nº 39.

logo o Estado percebia a necessidade de fiscalização de um determinado setor específico da atividade humana, sem que a autoridade e o exercício de sua especialidade fosse mais atribuída ao Delegado de Polícia. Na atualidade, quando não são criados órgãos administrativos especificamente voltados para o exercício da polícia administrativa especial, sua aplicação, em regra, recai em órgãos originalmente incumbidos da polícia administrativa geral, que acabam por acumular atribuições de polícia administrativa especial.

No entanto, diferentemente dos órgãos de polícia administrativa geral, os quais invariavelmente constituem-se parte da administração pública direta, órgãos de polícia administrativa especial têm sido, a depender da matéria, também constituídos no âmbito da administração indireta, sob a forma de autarquias, com independência administrativa e autonomia financeira, e, em alguns casos, sob a forma de autarquia especial, sendo legalmente conferido às suas autoridades dirigentes independência ao Poder Executivo, mandato fixo e estabilidade. Tais prerrogativas visam proteger o exercício da especialidade policial de interferências políticas que porventura venham a se originar no seio da própria administração pública na qual estes órgãos encontram-se inseridos.

A polícia administrativa especial atua tanto de maneira preventiva, expedindo atos normativos regulamentares, concedendo licenças e autorizações, bem como promovendo ações fiscalizatórias e vistorias; quanto eventualmente repressiva, por meio da imposição e eventual execução de sanções ao descumprimento de obrigações eventualmente averiguadas em ação fiscalizatória, como multas, interdições ou apreensão e destruição de bens.

2.2.1 Principais especialidades

A seguir, serão apresentadas as principais modalidades de polícia administrativa especial.

Contudo, aqui não se pretenderá analisar aprofundadamente cada especialidade policial, mas sim apresentá-las sinteticamente, descrevendo seu objeto e características essenciais dos seus regimes jurídicos, indicando o(s) órgão(s) que a exerce(m), uma vez que este(s), por não se encontrar(em) individualizados no texto constitucional, não foram objeto do item 1.3.1.

Por sua vez, no que tange às especialidades policiais, é possível localizar no texto constitucional referências à polícia ambiental (art. 225, § 3º) e polícia de trânsito (art. 144, § 10º, inserido pela Emenda Constitucional nº 82/2014), transcritas em seus respectivos tópicos.

2.2.1.1 Polícia tributária

A polícia tributária (ou fiscal) é a especialidade de polícia administrativa encarregada de assegurar a justa tributação, impondo deveres e sanções no intuito de efetivar o princípio da capacidade contributiva, depreendido do art. 145, § 1º da CF[191], de acordo com o qual os impostos terão caráter pessoal e serão graduados segundo a capacidade econômica do contribuinte, bem como assegurar a arrecadação dos recursos decorrentes de tal efetivação para o Estado.

Apesar de cada ente federativo deter competência para instituir e regular os tributos que lhe foram constitucionalmente atribuídos, o art. 146, III, *b* da CF atribuiu à lei complementar editada pela União estabelecer normas gerais em matéria tributária, notadamente sobre obrigação, lançamento e crédito tributários.

Como a referida lei complementar, foi recepcionada a Lei nº 5.172/1666, denominado Código Tributário Nacional, na qual se inserem, algumas normas gerais relacionada a tais temas pertinentes à polícia tributária.

No que tange a obrigação tributária, o art. 113 do CTN estabelece que esta pode ser principal ou acessória, sendo a primeira aquela que surge com a ocorrência do fato gerador do tributo, tem por objeto o pagamento de tributo ou sanção pecuniária e extingue-se juntamente com o crédito dela decorrente.

A obrigação acessória, por sua vez, tem por objeto as prestações, positivas ou negativas, previstas na legislação tributária – a qual compreende as leis, os tratados e as convenções internacionais, os decretos e as normas complementares que versem, no todo ou em parte, sobre tributos e relações jurídicas a eles pertinentes (art. 96 do CTN) – a fim

---

191 Art. 145, § 1º da CF: "Sempre que possível, os impostos terão caráter pessoal e serão graduados segundo a capacidade econômica do contribuinte, facultado à administração tributária, especialmente para conferir efetividade a esses objetivos, identificar, respeitados os direitos individuais e nos termos da lei, o patrimônio, os rendimentos e as atividades econômicas do contribuinte".

de assegurar a arrecadação ou a fiscalização dos tributos. Sua inobservância, converte-se em obrigação principal, sob a forma de sanção pecuniária. No entanto, a eventual isenção ou anistia do crédito tributário não dispensa o cumprimento das obrigações acessórias dependentes da obrigação principal cujo crédito seja excluído, ou dela consequente (art. 175, parágrafo único, do CTN).

Desta forma, a obrigação acessória, diversamente ao que sugere a sua denominação, não supõe a existência da obrigação principal[192], não lhe sendo, a rigor, acessória, mas sim instrumental a esta, uma vez que possibilita o controle, pelos órgãos de polícia tributária, do cumprimento das obrigações tributárias principais[193], razão pela qual estas, doravante e por adequação didática, será denominada obrigação *instrumental*. Entre estes, pode-se citar a escrituração de livros, conservação dos livros obrigatórios de escrituração comercial e fiscal e comprovantes dos lançamentos neles efetuados até a prescrição dos créditos tributários decorrentes das operações a que se refiram (art. 195, parágrafo único do CTN), prestar informações ou declarações, expedir documentos como faturas (notas fiscais) etc.

A rigor, são apenas acessórias a obrigação tributária principal as sanções *civis* decorrentes do seu descumprimento, como multas de mora, juros de mora e correção monetária, cuja existência lhe pressupõe.

De acordo com o art. 121 do CTN, a pessoa obrigada ao pagamento de tributo ou penalidade pecuniária é o sujeito passivo da obrigação principal, sendo este, o contribuinte, assim denominado como aquele que tenha relação pessoal e direta com a situação que constitua o respectivo fato gerador do tributo, ou, o responsável, que é aquele que, embora não seja contribuinte, tenha a obrigação decorrente de disposição expressa de lei.

Por sua vez, o sujeito passivo da obrigação instrumental ("acessória") é a pessoa obrigada às prestações que constituam o seu objeto (art. 122 do CTN), podendo, portanto, ser contribuintes, responsáveis ou até terceiros alheios ao pagamento do tributo, como pode ser observado

---

192 Vale aqui a analogia com o art. 92 do CC, que, ao dispor sobre os bens reciprocamente considerados, considera principal o bem que existe sobre si, abstrata ou concretamente; e acessório, aquele cuja existência supõe a do principal.
193 Neste sentido, BATISTA JÚNIOR, Onofre Alves. *O poder de polícia fiscal*. Belo Horizonte: Mandamentos, 2001, p. 191-192.

no art. 194 do CTN, o qual prever também que na legislação tributária tratar-se-á ainda das atribuições das autoridades de polícia tributária[194].

Desta forma, embora o dever de pagar tributos recaia primariamente sobre os contribuintes, e, excepcionalmente, sobre os responsáveis, estão sujeitos a polícia tributária, não apenas estes, mas também terceiros alheios aos fatos geradores dos tributos.

Portanto, caso a autoridade de polícia tributária, verifique a falta de pagamento de tributo (obrigação principal), ou de atendimento de obrigações que lhe são instrumentais, poderá aplicar normas administrativas sancionadoras, aos contribuintes e/ou responsáveis, no primeiro caso, ou a estes e/ou terceiros, no segundo caso. A sanção pecuniária resultante, independentemente da obrigação descumprida, será, por ficção legal, será englobada aos tributos como obrigação principal (art. 113, § 3º do CTN), a fim de facilitar a sua cobrança conjunta.

A atribuição para o exercício da polícia tributária, em regra, pertence ao ente federativo constitucionalmente competente para instituir e legislar sobre o tributo. Tal função tem sido atribuída a órgãos situados no Ministério e Secretarias da Fazenda, como a Receita Federal, no âmbito da União, nos quais a autoridade de polícia tributária é exercida, em princípio, por auditores fiscais. Todavia, o art. 7º do CTN possibilita que a função de polícia tributária seja delegada a outra pessoa jurídica de direito público[195] (mesmo da administração indireta[196]).

Para que seja atingido o principal objetivo da polícia tributária, qual seja, assegurar a justa tributação mediante efetivação do princípio

---

194 Art. 194 do CTN: "A legislação tributária, observado o disposto nesta Lei, regulará, em caráter geral, ou especificamente em função da natureza do tributo de que se tratar, a competência e os poderes das autoridades administrativas em matéria de fiscalização da sua aplicação.

Parágrafo único. A legislação a que se refere este artigo aplica-se às pessoas naturais ou jurídicas, contribuintes ou não, inclusive às que gozem de imunidade tributária ou de isenção de caráter pessoal".

195 Art. 7º do CTN: "A competência tributária é indelegável, *salvo atribuição das funções de* arrecadar ou *fiscalizar tributos, ou de executar leis, serviços, atos ou decisões administrativas em matéria tributária, conferida por uma pessoa jurídica de direito público a outra* [...]". De acordo com o § 3º do referido artigo, para as pessoas jurídicas de direito privado só se autoriza a função de arrecadar tributos, para o qual não se considera haver delegação.

196 STJ, RE 20.953/PE, 2ª Turma, Rel. Min. Américo Luz, j. em 27/04/1994, DJ 30/05/1994.

da capacidade contributiva, o art. 145, § 1º, *in fine*, da CF, atribuiu à autoridade de polícia tributária a prerrogativa de, no exercício da atividade de fiscalização, "identificar, respeitados os direitos individuais e nos termos da lei, o patrimônio, os rendimentos e as atividades econômicas do contribuinte".

Ao dispor sobre o sigilo das operações sobre instituições financeiras, a Lei Complementar nº 105/2001, por meio do se art. 6º[197], acabou regulamentando o referido dispositivo constitucional[198], ao prever que as autoridades de polícia tributária da União e seus agentes poderão examinar documentos, livros e registros de instituições financeiras, inclusive os referentes a contas de depósitos e aplicações financeiras. Para tanto, deverá haver processo ou procedimento administrativo-fiscal instaurado ou em curso, e no qual a autoridade de polícia tributária, fundamentadamente, considerará tal exame indispensável, cujo resultado, juntamente com os documentos examinados, permanecerá em sigilo, nos termos da legislação tributária.

A fim de propiciar o exercício de tal fiscalização no âmbito da União, as instituições financeiras ainda informarão periodicamente ao seu órgão de polícia tributária as operações financeiras efetuadas pelos usuários de seus serviços[199], na forma de informes relacionados com a

---

197 Art. 6º da Lei Complementar nº 105/2001: "As autoridades e os agentes fiscais tributários da União, dos Estados, do Distrito Federal e dos Municípios somente poderão examinar documentos, livros e registros de instituições financeiras, inclusive os referentes a contas de depósitos e aplicações financeiras, quando houver processo administrativo instaurado ou procedimento fiscal em curso e tais exames sejam considerados indispensáveis pela autoridade administrativa competente.

Parágrafo único. O resultado dos exames, as informações e os documentos a que se refere este artigo serão conservados em sigilo, observada a legislação tributária".

198 Neste sentido, STF, RE 601314/ SP, Tribunal Pleno, Relator(a): Min. Edson Fachin, j. em 24/02/2016, DJe-198 de 16/09/2016, de cuja ementa transcreve-se o seguinte trecho: "O art. 6º da Lei Complementar 105/01 não ofende o direito ao sigilo bancário, pois realiza a igualdade em relação aos cidadãos, por meio do princípio da capacidade contributiva, bem como estabelece requisitos objetivos e o translado do dever de sigilo da esfera bancária para a fiscal".

199 Consideram-se, para tanto, operações financeiras, os depósitos à vista e a prazo, inclusive em conta de poupança; pagamentos efetuados em moeda corrente ou em cheques; emissão de ordens de crédito ou documentos assemelhados; resgates em contas de depósitos à vista ou a prazo, inclusive de poupança; contratos de mútuo; descontos de duplicatas, notas promissórias e outros títulos de crédito; aquisições e vendas de títulos de renda fixa ou variável; aplicações

identificação dos titulares das operações e os montantes globais mensalmente movimentados, vedada a inserção de qualquer elemento que permita identificar a sua origem ou a natureza dos gastos a partir deles efetuados. Recebidas tais informações, as mesmas serão conservadas sob sigilo fiscal, na forma da legislação tributária, e caso detectados indícios de falhas, incorreções ou omissões, ou de cometimento de infração administrativo-fiscal, a autoridade de polícia tributária poderá realizar fiscalização, bem como requisitar as informações e os documentos de que, para tanto, necessitar (art. 5º, *caput*, e §§ 2º, 4º, e 5º da Lei Complementar nº 105/2001).

Ressalvados os casos de sigilo profissional legalmente previsto, pode ainda autoridade de polícia tributária requisitar informações de entidades ou pessoas que disponham de dados com relação aos bens, negócios ou atividades de contribuintes fiscalizados, notadamente os tabeliães, instituições financeiras, empresas de administração de bens; os corretores, leiloeiros e despachantes oficiais; inventariantes, síndicos, comissários e liquidatários (art. 197 do CTN). Da mesma forma, lhe é assegurado o direito de examinar mercadorias, livros, arquivos, documentos, papéis e efeitos comerciais ou fiscais, dos comerciantes industriais ou produtores, assim como obrigar-lhes de exibi-los, sob pena de sancionamento administrativo por descumprimento de obrigação instrumental (art. 195 do CTN), sem embargo da eventual requisição de auxílio da polícia administrativa geral em caso de embaraço à fiscalização que não se configure infração penal, ou de condução do contribuinte recalcitrante à autoridade de polícia judiciária, caso o embaraço caracterize possível flagrante delito, notadamente de resistência ou desacato (art. 200 do CTN).

Para tanto, a autoridade de polícia tributária que presidir a quaisquer diligências de fiscalização lavrará os termos necessários para que se documente o início do procedimento, sempre que possível, em um

---

em fundos de investimentos; aquisições de moeda estrangeira; conversões de moeda estrangeira em moeda nacional; transferências de moeda e outros valores para o exterior; operações com ouro; operações com cartão de crédito; operações de arrendamento mercantil, e quaisquer outras operações de natureza semelhante que venham a ser autorizadas pelos órgãos competentes. Contudo, não se incluem entre as informações prestadas as operações financeiras efetuadas pelas administrações direta e indireta da União, dos Estados, do Distrito Federal e dos Municípios (art. 5º, §§ 1ºe 3º da Lei Complementar nº 105/2001).

dos livros exibidos, fixando prazo máximo para a sua conclusão. Quando lavrados em separado, deles se entregará, à pessoa sujeita à fiscalização, cópia autenticada pela autoridade de polícia tributária (art. 196 do CTN). Por meio de tal formalidade, além de se possibilitar a verificação da regularidade da fiscalização, pode-se fixar o termo inicial da contagem do prazo de decadência do direito de se constituir o crédito tributário (art. 173, I do CTN[200]), bem como cessa a possibilidade do contribuinte faltoso comunicar espontaneamente sua infração, o que o isentaria de responsabilização tributária, desde que acompanhada do pagamento do tributo devido (art. 138 do CTN[201]).

Caso a autoridade de polícia tributária verifique em fiscalização a ocorrência do fato gerador da obrigação tributária sem declaração, esta, de ofício, a delimitará, calculando o montante do tributo devido e identificar o sujeito passivo bem como, sendo caso, propondo a aplicação da sanção cabível por infração administrativo-tributária, tudo isso por meio do ato denominado lançamento (arts. 142 e 149 do CTN).

Neste ponto, convém consignar que a responsabilidade tributária é, em regra, objetiva (art. 136 do CTN), cabendo a autoridade de polícia tributária demonstrar apenas o nexo de causalidade entre a conduta comissiva ou omissiva e obrigação tributária descumprida, dispensando-se a demonstração da vontade livre e consciente do infrator em cometê-la, muito embora, em alguns casos, legalmente se imponha a interpretação favorável ao fiscalizado, em caso de dúvida (art. 112 do CTN[202]).

---

200 Art. 173 do CTN: "O direito de a Fazenda Pública constituir o crédito tributário extingue-se após 5 (cinco) anos, contados:

I – do primeiro dia do exercício seguinte àquele em que o lançamento poderia ter sido efetuado; [...]".

201 Art. 138 do CTN: "A responsabilidade é excluída pela denúncia espontânea da infração, acompanhada, se for o caso, do pagamento do tributo devido e dos juros de mora, ou do depósito da importância arbitrada pela autoridade administrativa, quando o montante do tributo dependa de apuração.

Parágrafo único. Não se considera espontânea a denúncia apresentada após o início de qualquer procedimento administrativo ou medida de fiscalização, relacionados com a infração".

202 De acordo com o art. 112 do CTN, a lei tributária que define infrações, ou lhe comina penalidades, interpreta-se da maneira mais favorável ao fiscalizado, em caso de dúvida quanto: à capitulação legal do fato; à sua natureza ou circunstâncias materiais do fato assim como à natureza ou extensão dos seus efeitos; à autoria, imputabilidade, ou punibilidade, quando a infração aplicável for de responsabilidade subjetiva; e à natureza da penalidade aplicável, ou à sua graduação.

Todavia, a responsabilidade é pessoal em infrações administrativo--tributárias em cuja definição o dolo específico do agente seja elementar; bem como naquelas que decorram direta e exclusivamente de dolo específico de pessoas solidariamente responsáveis referidas no artigo 134 do CTN, contra aquelas por quem respondem[203]; assim como de mandatários, prepostos ou empregados, contra seus mandantes, preponentes ou empregadores; e diretores, gerentes ou representantes de pessoas jurídicas de direito privado, contra estas (art. 137, II e III do CTN). Contudo, a responsabilidade pessoal não se aplica em relação ao tributo devido, cujo pagamento continua a incumbir ao contribuinte, mas apenas em relação às sanções decorrentes do seu não pagamento, ou pelo descumprimento de obrigações instrumentais.

As sanções administrativo-tributárias em regra consistem no pagamento de multa (diversa da multa de mora) e na privação de certos direitos ou faculdades alheias à privação de liberdade, como a cassação de regimes especiais de tributação mais benéficos[204] e a perda de bens[205], podendo recair sobre pessoas jurídicas e ser transferível a sucessores e herdeiros. Nada impede o concurso de diferentes tipos de sanções, salvo previsão legal em contrário.

Como o exercício da polícia tributária eventualmente implicará no acesso a dados, *a priori*, protegidos pelo direito a intimidade e priva-

---

[203] Art. 134 do CTN: "Nos casos de impossibilidade de exigência do cumprimento da obrigação principal pelo contribuinte, respondem solidariamente com este nos atos em que intervierem ou pelas omissões de que forem responsáveis: I – os pais, pelos tributos devidos por seus filhos menores; II – os tutores e curadores, pelos tributos devidos por seus tutelados ou curatelados; III – os administradores de bens de terceiros, pelos tributos devidos por estes; IV – o inventariante, pelos tributos devidos pelo espólio; V – o síndico e o comissário, pelos tributos devidos pela massa falida ou pelo concordatário; VI – os tabeliães, escrivães e demais serventuários de ofício, pelos tributos devidos sobre os atos praticados por eles, ou perante eles, em razão do seu ofício; VII – os sócios, no caso de liquidação de sociedade de pessoas.

Parágrafo único. O disposto neste artigo só se aplica, em matéria de penalidades, às de caráter moratório".

[204] Neste sentido, BATISTA JÚNIOR, Onofre Alves. *O poder de polícia fiscal*. Belo Horizonte: Mandamentos, 2001, p. 323.

[205] Aqui, vale citar que a importação de mercadorias, ao desamparo de guia de importação ou documento de efeito equivalente, é qualificada como dano ao erário punível com a sanção administrativa de perdimento, consoante previsto no art. 23, inciso I e § 1°, do Decreto-lei n° 1.455/1976, com a redação dada pela Lei n° 10.637/2002.

cidade (art. 5º, X da CF), dispôs a legislação sobre o sigilo profissional sobre dados em poder dos das suas autoridades, disciplinado nos arts. 198 do CTN, comumente denominado *sigilo fiscal*.

Ali, veda-se a divulgação, por parte dos órgãos de polícia tributária ou de seus integrantes, de informação obtida em razão do ofício sobre a situação econômica ou financeira do sujeito passivo da obrigação tributária ou de terceiros e sobre a natureza e o estado dos seus negócios ou atividades. Excetua-se, no entanto, os casos de requisição de autoridade judiciária no interesse da justiça, a ser analisados mais detidamente no item 3.4.1.6.7.6 no que tange a esfera criminal; e solicitações com o objetivo de instruir processo administrativo que verse por prática de infração administrativa, desde que comprovada a sua regular instauração, no órgão ou na entidade respectiva. Neste caso, o intercâmbio do dado fiscalmente protegido, no âmbito da administração pública, será realizado mediante procedimento regularmente instaurado, e a entrega será feita a autoridade solicitante, mediante recibo.

Não é vedada ainda a divulgação de informações sobre a situação econômica ou financeira do sujeito passivo da obrigação tributária eventualmente veiculadas em representações fiscais para fins penais, inscrições na dívida ativa da fazenda pública, e parcelamento ou moratória.

Com relação a primeira hipótese, convém pontuar que o art. 83 da Lei nº 9.430/1996, dispõe que a representação fiscal para fins penais relativa aos crimes de sonegação fiscal e previdenciária e apropriação indébita previdenciária, será encaminhada ao Ministério Público depois de proferida a decisão final, na esfera administrativa, sobre a exigência fiscal do crédito tributário correspondente.

Cuida a norma, portanto, de hipótese em que, *ao final* do procedimento administrativo tributário sancionador, verifica-se ser possível a configuração de infração penal paralelamente a infração administrativa[206], devendo a respectiva notícia de crime (representação) ser encaminhada ao Ministério Público, a fim de que o mesmo avalie a possibilidade de imediato ajuizamento de ação penal. Caso os fatos objeto da representação, no entanto, ainda careçam de investigação criminal, especialmente levando-se em consideração que no direito penal a responsabilidade é subjetiva, deverá o membro do Ministério Público re-

---

206 Os crimes contra a ordem tributária constam no Capítulo I da Lei nº 8.137/1990 (arts. 1º a 3º).

quisitar a instauração de inquérito policial a autoridade de polícia judiciária (delegado de polícia).

Por sua vez, deve-se ressaltar que o parcelamento, pagamento, e até mesmo a confissão de dívidas tributárias, desde que esta última se dê antes da ação da polícia fiscal, apresentam reflexos na esfera penal no que tange aos crimes tributários, mais especificamente os dos arts. 1º e 2º da Lei nº 8.137/1990 (sonegação fiscal), e arts. 168-A e 337-A do CP (apropriação indébita previdenciária e sonegação fiscal previdenciária).

Com relação ao parcelamento em relação a tais crimes, art. 83 da Lei nº 9.430/1996, na redação dada pela da Lei nº 12.382/2011, estabelece que, na hipótese de concessão de parcelamento do crédito tributário, a representação fiscal para fins penais somente será encaminhada ao Ministério Público após a exclusão da pessoa física ou jurídica do parcelamento. Mesmo que a referida representação já tenha sido encaminhada previamente ao parcelamento, *é* suspensa a pretensão punitiva do Estado, assim como o curso do prazo para a prescrição criminal, durante o período em que a pessoa física ou a pessoa jurídica relacionada com o agente dos aludidos crimes estiver incluída no parcelamento, desde que seu pedido tenha sido formalizado antes do recebimento da denúncia criminal. Quando a pessoa física ou a pessoa jurídica relacionada com o agente efetuar o pagamento integral dos débitos oriundos de tributos, inclusive acessórios, que tiverem sido objeto de concessão de parcelamento, extingue-se a punibilidade em relação aos referidos nos crimes tributários.

A propósito, em caso de pagamento integral, a extinção da punibilidade penal pode se dar a qualquer tempo até o trânsito em julgado da sentença penal condenatória, conforme art. 9º, § 2º da Lei nº 10.684/2003[207].

---

207 Neste sentido, STF, HC 116828/SP, Primeira Turma, Relator(a): Min. Dias Toffoli, j. em 13/08/2013, DJe-206 de 17/10/2013, e GOMES, Luiz Flávio; TASSE, Adel El. *Os crimes tributários e a extinção da punibilidade*. Disponível em: <http://www.conjur.com.br/2011-mar-17/coluna-lfg-crimes-tributarios-extincao-punibilidade> Acesso em: Compartilhar

11 out. 2016. Art. 9º, § 2º da Lei nº 10.684/2003: "Extingue-se a punibilidade dos crimes referidos neste artigo quando a pessoa jurídica relacionada com o agente efetuar o pagamento integral dos débitos oriundos de tributos e contribuições sociais, inclusive acessórios".

Desta forma, a autoridade de polícia tributária, caso tenha conhecimento da existência de persecução penal paralelamente a administrativa, deverá comunicar a existência de parcelamento ou pagamento dos débitos tributários, ao delegado de polícia, membro do Ministério Público ou juiz, a depender do momento que aquela se encontre.

Há ainda previsão especial de extinção da punibilidade penal, sem pagamento, mas com conduta facilitadora da atuação da autoridade de polícia tributária, no crime de do art. 337-A do CP (sonegação fiscal previdenciária), cujo § 1º prevê tal consequência se o agente, espontaneamente, declarar e confessar as contribuições, importâncias ou valores, prestando todas as informações devidas à Previdência Social, na forma definida em lei ou regulamento, antes do início da ação fiscal.

Por fim, deve-se salientar que, de acordo com Enunciado nº 24 da Súmula Vinculante do STF[208], a própria consumação dos crimes contra a ordem tributária previstos no art. 1º, I a IV, da Lei 8.137/1990 (sonegação fiscal), depende do lançamento definitivo do tributo no procedimento administrativo fiscal correspondente, independentemente da existência de representação fiscal para fins penais, o que tem sido estendido pela jurisprudência aos crimes do art. 337-A e 168-A do CP (sonegação fiscal e apropriação indébita previdenciária)[209]. Aqui, consagra-se o princípio da subsidiariedade do direito penal, de sorte que a própria persecução criminal depende da prévia persecução administrativa, com quantificação do tributo devido e sanção pecuniária, até para se permitir a pronta efetivação das causas extintivas de punibilidade decorrentes do pagamento ou parcelamento do débito, acima descritas.

2.2.1.2 Polícia de trânsito

A polícia de trânsito é a especialidade de polícia administrativa encarregada de efetivar a segurança viária, por meio da fiscalização das vias terrestres públicas e privadas de uso coletivo, impondo obrigações e eventuais sanções que lhe são legalmente pertinentes.

---

208 Enunciado nº 24 da Súmula Vinculante do STF: "Não se tipifica crime material contra a ordem tributária, previsto no art. 1º, incisos I a IV, da Lei 8.137/1990, antes do lançamento definitivo do tributo".
209 STJ, RHC 44.669/RS, Sexta Turma, Rel. Ministro Nefi Cordeiro, j. em 05/04/2016, DJe de 18/04/2016.

Contudo, embora o termo polícia de trânsito tenha sido comumente utilizado para referir-se apenas ao trânsito terrestre, esta, a rigor, é uma sub-especialidade, que concorre com as funções de polícia de trânsito marítimo e aéreo. A polícia de trânsito marítimo, conforme art. 39 Lei nº 9.537/1997 é atribuída a Marinha do Brasil, a qual, por meio de autoridades constituídas no seu âmbito, incumbe aplicar seu regime jurídico precipuamente previsto no referido diploma legal. Por sua vez, a função de polícia de trânsito (tráfego) aéreo, conforme art. 8º, II, *in fine*, XXI, *in fine*, e § 2º da Lei nº 11.182/2005 é atribuída ao Comando da Aeronáutica, que a exerce por meio do Departamento de Controle do Espaço Aéreo (DECEA), incumbindo-lhe aplicar seu regime jurídico precipuamente previsto no Capítulo II da Lei nº 7.565/1986 (Código Brasileiro de Aeronáutica).

A Emenda Constitucional nº 82/2014, ao incluir o § 10º ao art. 144 da CF, concedeu assento constitucional à polícia de trânsito (terrestre), nos seguintes termos:

> Art. 144 [...]
> § 10. A segurança viária, exercida para a preservação da ordem pública e da incolumidade das pessoas e do seu patrimônio nas vias públicas:
> I – compreende a educação, engenharia **e fiscalização de trânsito**, além de outras atividades previstas em lei, **que assegurem ao cidadão o direito à mobilidade urbana eficiente;**
> II – compete, no âmbito dos Estados, do Distrito Federal e dos Municípios, aos respectivos órgãos ou entidades executivas e seus agentes de trânsito, estruturados em Carreira, na forma da lei" (grifo nosso).

Por sua vez, o art. 22, XI da CF dotou a União de competência privativa para legislar sobre trânsito e transporte.

As normas relativas à polícia de trânsito (terrestre) encontram-se precipuamente previstas no Código de Trânsito Brasileiro (Lei nº 9.503/1997), cujo art. 1º, § 1º considera trânsito "a utilização das vias por pessoas, veículos e animais, isolados ou em grupos, conduzidos ou não, para fins de circulação, parada, estacionamento e operação de carga ou descarga". Já o *caput* do referido dispositivo, ao dispor que o diploma legal em questão aplica-se ao trânsito "de qualquer natureza", estabeleceu que, o seu regime jurídico aplicar-se-á independentemente da utilização da via por veículos pedestres ou animais conduzidos.

Por sua vez, a referida função policial é distribuída pelo diploma legal em questão entre a Polícia Rodoviária Federal (art. 20, I, III, V, VI, e X)[210]; órgãos executivos rodoviários, como o Departamento Nacional de Infraestrutura de Transportes (DNIT) no âmbito federal, os DER (Departamentos de Estradas e Rodagem) no âmbito estadual, e congêneres eventualmente existentes no âmbito municipal (art. 21, VI, VII, VIII, IX e XV[211]); órgãos executivos de trânsito dos Estados e do Distrito Fe-

---

[210] Art. 20 da Lei nº 9.503/1997: "Compete à Polícia Rodoviária Federal, no âmbito das rodovias e estradas federais:

I – cumprir e fazer cumprir a legislação e as normas de trânsito, no âmbito de suas atribuições;

[...]

III – aplicar e arrecadar as multas impostas por infrações de trânsito, as medidas administrativas decorrentes e os valores provenientes de estada e remoção de veículos, objetos, animais e escolta de veículos de cargas superdimensionadas ou perigosas;

[...]

V – credenciar os serviços de escolta, fiscalizar e adotar medidas de segurança relativas aos serviços de remoção de veículos, escolta e transporte de carga indivisível;

VI – [...] zelar pelo cumprimento das normas legais relativas ao direito de vizinhança, promovendo a interdição de construções e instalações não autorizadas;

[...]

X – integrar-se a outros órgãos e entidades do Sistema Nacional de Trânsito para fins de arrecadação e compensação de multas impostas na área de sua competência, [...];

[211] Lei nº 9.503/1997: "Art. 21. Compete aos órgãos e entidades executivos rodoviários da União, dos Estados, do Distrito Federal e dos Municípios, no âmbito de sua circunscrição:

[...]

VI – executar a fiscalização de trânsito, autuar, aplicar as penalidades de advertência, por escrito, e ainda as multas e medidas administrativas cabíveis, notificando os infratores e arrecadando as multas que aplicar;

VII – arrecadar valores provenientes de estada e remoção de veículos e objetos, e escolta de veículos de cargas superdimensionadas ou perigosas;

VIII – fiscalizar, autuar, aplicar as penalidades e medidas administrativas cabíveis, relativas a infrações por excesso de peso, dimensões e lotação dos veículos, bem como notificar e arrecadar as multas que aplicar;

IX – fiscalizar o cumprimento da norma contida no art. 95, aplicando as penalidades e arrecadando as multas nele previstas;

[...]

XIV – vistoriar veículos que necessitem de autorização especial para transitar e estabelecer os requisitos técnicos a serem observados para a circulação desses veículos.

deral, denominados DETRAN's – Departamentos Estaduais e Distrital de Trânsito (art. 22, II, III, V, VI e VII e 24, § 1º[212]), órgãos executivos de trânsito dos Municípios (art. 24, VI, VII, VIII, IX, XII, XVII, XVIII e XXI[213]); assim como a Polícia Militar, em convênio com os referidos

---

[...]

Art. 95. Nenhuma obra ou evento que possa perturbar ou interromper a livre circulação de veículos e pedestres, ou colocar em risco sua segurança, será iniciada sem permissão prévia do órgão ou entidade de trânsito com circunscrição sobre a via".

212 Lei nº 9.503/1997: "Art. 22. Compete aos órgãos ou entidades executivos de trânsito dos Estados e do Distrito Federal, no âmbito de sua circunscrição:

[...]

II – realizar, fiscalizar e controlar o processo de formação, aperfeiçoamento, reciclagem e suspensão de condutores, expedir e cassar Licença de Aprendizagem, Permissão para Dirigir e Carteira Nacional de Habilitação, mediante delegação do órgão federal competente;

III – vistoriar, inspecionar quanto às condições de segurança veicular, registrar, emplacar, selar a placa, e licenciar veículos, expedindo o Certificado de Registro e o Licenciamento Anual, mediante delegação do órgão federal competente;

[...]

V – executar a fiscalização de trânsito, autuar e aplicar as medidas administrativas cabíveis pelas infrações previstas neste Código, excetuadas aquelas relacionadas nos incisos VI e VIII do art. 24, no exercício regular do Poder de Polícia de Trânsito;

VI – aplicar as penalidades por infrações previstas neste Código, com exceção daquelas relacionadas nos incisos VII e VIII do art. 24, notificando os infratores e arrecadando as multas que aplicar;

VII – arrecadar valores provenientes de estada e remoção de veículos e objetos;

[...]

Art. 24. [...]

§ 1º As competências relativas a órgão ou entidade municipal serão exercidas no Distrito Federal por seu órgão ou entidade executivos de trânsito.

213 Art. 24. Compete aos órgãos e entidades executivos de trânsito dos Municípios, no âmbito de sua circunscrição:

[...]

VI – executar a fiscalização de trânsito em vias terrestres, edificações de uso público e edificações privadas de uso coletivo, autuar e aplicar as medidas administrativas cabíveis e as penalidades de advertência por escrito e multa, por infrações de circulação, estacionamento e parada previstas neste Código, no exercício regular do poder de polícia de trânsito, notificando os infratores e arrecadando as multas que aplicar, exercendo iguais atribuições no âmbito de edificações privadas de uso coletivo, somente para infrações de uso de vagas reservadas em estacionamentos;

VII – aplicar as penalidades de advertência por escrito e multa, por infrações

órgãos executivos (art. 23, III[214]).

No que diz respeito especificamente a sanções relativas a infrações por excesso de peso, dimensões e lotação dos veículos (art. 21 VIII), incumbe a Agência Nacional de Transportes Terrestres (ANTT), também exercer a polícia administrativa de trânsito terrestre concorrentemente aos referidos órgãos nas rodovias federais por ela administradas (art. 24, XVII da Lei nº 10.233/2001[215]).

Nas estradas, todavia, o que mais comumente se verifica na prática é a polícia administrativa especial de trânsito sendo exercida em cumu-

---

de circulação, estacionamento e parada previstas neste Código, notificando os infratores e arrecadando as multas que aplicar;

VIII – fiscalizar, autuar e aplicar as penalidades e medidas administrativas cabíveis relativas a infrações por excesso de peso, dimensões e lotação dos veículos, bem como notificar e arrecadar as multas que aplicar;

IX – fiscalizar o cumprimento da norma contida no art. 95, aplicando as penalidades e arrecadando as multas nele previstas;

[...]

XII – credenciar os serviços de escolta, fiscalizar e adotar medidas de segurança relativas aos serviços de remoção de veículos, escolta e transporte de carga indivisível;

[...]

XVII – registrar e licenciar, na forma da legislação, veículos de tração e propulsão humana e de tração animal, fiscalizando, autuando, aplicando penalidades e arrecadando multas decorrentes de infrações;

XVIII – conceder autorização para conduzir veículos de propulsão humana e de tração animal;

[...]

XXI – vistoriar veículos que necessitem de autorização especial para transitar e estabelecer os requisitos técnicos a serem observados para a circulação desses veículos".

214 "Art. 23 da Lei nº 9.503/1997: "Compete às Polícias Militares dos Estados e do Distrito Federal:

[...]

III – executar a fiscalização de trânsito, quando e conforme convênio firmado, como agente do órgão ou entidade executivos de trânsito ou executivos rodoviários, concomitantemente com os demais agentes credenciados".

215 "Lei nº 10.233/2001: Art. 24. Cabe à ANTT, em sua esfera de atuação, como atribuições gerais:

[...]

XVII - exercer, diretamente ou mediante convênio, as competências expressas no inciso VIII do art. 21 da Lei no 9.503, de 23 de setembro de 1997 – Código de Trânsito Brasileiro, nas rodovias federais por ela administradas".

lação com a polícia administrativa geral nas rodovias federais pela Polícia Rodoviária Federal, e pela Polícia Militar nas rodovias dos estados e municípios, por meio de convênio com os órgãos executivos de trânsito, ressalvando-se aqueles cujos órgãos executivos se estruturaram para exercer diretamente tal especialidade policial. Contudo, na atuação da Polícia Militar como polícia de trânsito, as sanções que eventualmente aplicar em fiscalização não deixam de ser emitidas em nome do órgão pelo qual, por convênio, lhe foi delegada a referida função. Como a atribuição da Polícia Rodoviária Federal não decorre de convênio, mas sim da norma legal, forçoso reconhecer a sua atribuição concorrente com o Departamento Nacional de Infraestrutura de Transportes (DNIT), para a polícia de trânsito em rodovias federais.

As sanções administrativas de trânsito consistem na advertência por escrito; multa; suspensão do direito de dirigir; cassação da Carteira Nacional de Habilitação ou Permissão para Dirigir; e frequência obrigatória em curso de reciclagem. A multa, por seu turno, é única modalidade de sanção prevista para todas as infrações de trânsito e tem seu valor graduado de acordo com a natureza atribuída a sua gravidade, classificada em leve, média, grave ou gravíssima, sendo estes, agravados por fatores multiplicadores ou índices adicionais em determinadas infrações[216] (arts. 256 e 258 da Lei nº 9.503/1997). Os órgãos de polícia de trânsito municipais poderão aplicar apenas sanções de advertência por escrito e multa, por infrações de circulação, estacionamento e parada de veículos (art. 24, VII).

A fim de prevenir infrações de trânsito e/ou assegurar a aplicação das referidas sanções, o art. 269 da Lei nº 9.503/1997 prevê uma série de medidas administrativas adotáveis pela autoridade de polícia de trânsito ou seus agentes[217], quais sejam, remoção e/ou retenção do veículo; re-

---

216 Cf. arts. 162, 163, 164, 173, 174, 176, 193, 219, III, 231, V e X, e 246 da Lei nº 9.503/1997. Há de se pontuar, ainda, outra multa agravada que não se aplica especificamente a qualquer infração de trânsito, prevista no art. 257, § 8º da Lei nº 9.503/1997, aplicável a não identificação de condutor no prazo de 15 (quinze) dias, em notificações de multa encaminhadas a veículos de propriedade de pessoa jurídica, caso em que lhe será lavrada nova multa, mantida a originada pela infração, cujo valor é o da multa multiplicada pelo número de infrações iguais cometidas no período de doze meses.
217 O referido artigo, no mesmo rol, relaciona ainda providências de sua competência que não se relacionam imediatamente com a prevenção ou persecução de infrações de trânsito, mais especificamente o, recolhimento de animais que se

colhimento da Carteira Nacional de Habilitação, da Permissão para Dirigir, do Certificado de Registro e/ou do Certificado de Licenciamento Anual; transbordo do excesso de carga; e realização de teste de dosagem de alcoolemia ou perícia de substância entorpecente ou que determine dependência física ou psíquica. Com relação a esta última medida, cumpre pontuar que, caso o condutor fiscalizado, invocando a garantia de não produzir prova contra si mesmo[218], se recuse a se submeter a medida do teste de dosagem de alcoolemia ou perícia de substância entorpecente ou que determine dependência física ou psíquica, o art. 277, § 2º da própria Lei nº 9.503/1997, esclarece ser possível a obtenção de outras provas em direito admitidas pelo agente de trânsito a partir de outros elementos que indiquem alteração da capacidade psicomotora apresentada pelo condutor, os quais inclusive podem ser documentados mediante imagem e/ou vídeo.

2.2.1.3 Polícia de migração

A polícia de migração é a especialidade de polícia administrativa encarregada de efetivar a soberania e independência nacional, por meio da fiscalização da entrada e saída de pessoas do território do país, mais especificamente mediante controle migratório nas fronteiras, portos e aeroportos, além da emissão de passaporte, impondo obrigações e eventuais sanções que lhe são legalmente pertinentes, as quais atualmente encontram-se essencialmente previstas na Lei nº 13.445/2017.

Como visto no item 1.3.1.1, o art. 144, § 1º, III da CF, atribui à Polícia Federal a polícia administrativa geral referente ao policiamento ostensivo nas fronteiras terrestres, marítimas e aeroportos internacionais,

---

encontrem soltos nas vias e na faixa de domínio das vias de circulação; e realização de exames de aptidão física, mental, de legislação, de prática de primeiros socorros e de direção veicular (incisos X e XI). Por outro lado, o rol de medidas administrativas cautelares do art. 269 da Lei nº 9.503/1997 não se revela exaustivo, uma vez que há outras medidas administrativas especificamente previstas para prevenir ou assegurar a aplicação de determinadas infrações de trânsito na Lei nº 9.503/1997, como a apreensão de placas irregulares (art. 221), recolhimento de placas e documentos (art. 243), remoção de mercadoria ou material (art. 245) e remoção de bicicleta (art. 255).

218 Art. 8º, 2, *g*, do Decreto nº 678/1992 (Pacto de San Jose da Costa Rica): "[...] Durante o processo, toda pessoa tem direito, em plena igualdade, às seguintes garantias mínimas: [...] direito de não ser obrigada a depor contra si mesma, nem a confessar-se culpada".

com vistas a promover a ordem e segurança nacional, sem prejuízo da atribuição de defesa (externa) da pátria incumbida às Forças Armadas. Para tanto, deve-se atentar que não há qualquer alusão a atuação especial ou regime jurídico específico, mas apenas do local onde se dará a atuação policial, em termos genéricos, pelas "funções" de "polícia marítima, aeroportuária e de fronteiras".

Por outro lado, no art. 22, XV da CF, estatui-se que compete privativamente à União legislar sobre "emigração e imigração, entrada, extradição e expulsão de estrangeiros", contexto no qual se insere as normas relativas a polícia administrativa especial de migração.

Por sua vez, o art. 38 da Lei nº 13.445/2017 (Lei de Migração), embora replique o texto do art. 144, § 1º, III da CF ao incumbir à Polícia Federal "funções de polícia marítima, aeroportuária e de fronteira" acrescentando que a mesma se de dará nos pontos de entrada e de saída do território nacional, encontra-se inserido em seu Capítulo IV, denominado "Da Entrada e da Saída do Território Nacional", e Seção I, denominada "Da *Fiscalização* Marítima, Aeroportuária e de Fronteira", onde se encontram disciplinadas normas de polícia de imigração, do que se depreende a atribuição desta especialidade policial ao referido órgão.

Desta forma, nas fronteiras terrestres, portos e aeroportos internacionais, a Polícia Federal exerce, a um só tempo, funções de polícia administrativa geral e especial, além da polícia judiciária da União prevista no art. 144 § 1º, IV da CF, subsistindo, nos referidos locais de tráfego internacional, hipótese onde a autoridade de um único órgão, no caso, o delegado de polícia federal, detém concomitantemente todas as funções policiais, fazendo jus à genérica denominação gênero "autoridade policial"[219],

---

219 Registre-se ainda que outras funções de polícia administrativa especial são atribuídas pela Polícia Federal com base em leis esparsas amparadas pelo art. 22, XXII da CF (que estatui competir a União legislar sobre competência da Polícia Federal e Polícias Rodoviária e Ferroviária Federais). Neste caso, inclui-se a Lei nº 10.357/2001, que atribuiu à Polícia Federal o controle e fiscalização de produtos e insumos químicos; a Lei nº 7.102/1983, que lhe incumbiu a fiscalização da atividade de segurança privada em estabelecimentos financeiros; e a Lei nº 10.826/2003, que lhe atribuiu o controle sobre a concessão do registro e porte de arma a civis (arts. 5º, § 1º e 10). Quanto esta última especialidade policial, cumpre ainda consignar às irregularidades relativas a posse ou porte de arma de fogo não foram atribuídas infrações administrativas, mas apenas infrações penais, constantes nos arts. 12 e 14 da Lei nº 10.826/2003, o que sujeitará eventuais infratores diretamente (e não subsidiariamente) à persecução penal, e, caso necessária investigação criminal, à polícia judiciária, por violação a normas

consagrada no Código de Processo Penal como herança das origens da polícia no Brasil, em que as funções policiais eram concentradamente exercidas pelo Chefe de Polícia e seus delegados, conforme já tratado nos itens 1.2.4.1 e 2.1.1, e a ser ainda abordado mais adiante, no item 3.2.

As infrações administrativas de migração sujeitam ao imputado às sanções de multa e deportação (Capítulo IX, arts. 107 a 110 da Lei nº 13.445/2017). A multa aplicada por dia de atraso ou por excesso de permanência do estrangeiro poderá ser convertida em redução equivalente do período de autorização de estada para o visto de visita, em caso de nova entrada no País (art. 107, § 2º da Lei nº 13.445/2017).

A deportação, por sua vez, é sanção administrativa consistente na retirada compulsória de pessoa que se encontre ou entre em território nacional sem estar autorizada ou nele permanecer esgotado o prazo legal da estadia (art. 109 da Lei nº 13.445/2017), e deve ser precedida de notificação pessoal ao deportando apontando as irregularidades e o prazo para a regularização, a qual não impede a livre circulação em território nacional. Vencido o prazo sem que se regularize a situação migratória, a deportação será executada, sendo que a saída voluntária de pessoa notificada para deixar o país equivale ao cumprimento da notificação de deportação (art. 50 da Lei nº 13.445/2017). Caso o estrangeiro atenda a notificação para sua regularização migratória, responderá a procedimento administrativo do qual será notificada a Defensoria Pública da União, a fim de assegurar-lhe ampla defesa (art. 51, § 1º da Lei nº 13.445/2017), não podendo a deportação ser executada enquanto não houver decisão final do delegado de polícia federal. Não se aplicará, ainda, a deportação, caso a medida configurar extradição não admitida pela legislação brasileira (art. 53 da Lei nº 13.445/2017).

Além da deportação, a lei de imigração prevê a repatriação e a expulsão as quais, embora também impliquem retirada compulsória do migrante para seu país de nacionalidade ou procedência (art. 47), não se tratam de sanções administrativas, sendo a primeira efeito de um ato administrativo vinculado de indeferimento da entrada do estrangeiro no país, e a segunda efeito não automático de condenação criminal no Brasil.

---

de polícia administrativa especial, as quais complementam as normas penais em branco constantes nos referidos artigos.

Caso se verifique que o estrangeiro encontra-se impedido de ingressar o país quando da fiscalização da sua entrada em território nacional, conforme hipóteses do art. 50 da Lei nº 13.445/2017[220] proceder-se-á sua repatriação, prevista art. 49 do referido diploma legal, a qual consiste na devolução da pessoa que tentou ingressar em território nacional em situação de impedimento ao país de procedência ou de nacionalidade. O ato fundamentado de repatriação deverá ser imediatamente comunicado pelo delegado de Polícia Federal à empresa transportadora do migrante e à autoridade consular do seu país de procedência ou nacionalidade.

---

220 Art. 45 da Lei nº 13.445/2017: "Poderá ser impedida de ingressar no País, após entrevista individual e mediante ato fundamentado, a pessoa:

I – anteriormente expulsa do País, enquanto os efeitos da expulsão vigorarem;

II – condenada ou respondendo a processo por ato de terrorismo ou por crime de genocídio, crime contra a humanidade, crime de guerra ou crime de agressão, nos termos definidos pelo Estatuto de Roma do Tribunal Penal Internacional, de 1998, promulgado pelo Decreto no 4.388, de 25 de setembro de 2002;

III – condenada ou respondendo a processo em outro país por crime doloso passível de extradição segundo a lei brasileira;

IV – que tenha o nome incluído em lista de restrições por ordem judicial ou por compromisso assumido pelo Brasil perante organismo internacional;

V – que apresente documento de viagem que:

a) não seja válido para o Brasil;

b) esteja com o prazo de validade vencido; ou

c) esteja com rasura ou indício de falsificação;

VI – que não apresente documento de viagem ou documento de identidade, quando admitido;

VII – cuja razão da viagem não seja condizente com o visto ou com o motivo alegado para a isenção de visto;

VIII – que tenha, comprovadamente, fraudado documentação ou prestado informação falsa por ocasião da solicitação de visto; ou

IX – que tenha praticado ato contrário aos princípios e objetivos dispostos na Constituição Federal.

Parágrafo único. Ninguém será impedido de ingressar no País por motivo de raça, religião, nacionalidade, pertinência a grupo social ou opinião política".

Por sua vez, o art. 49, § 4º, da Lei nº 13.445/2017 desautoriza a repatriação de pessoa em situação de refúgio ou de apatridia, de fato ou de direito; ao menor de 18 (dezoito) anos desacompanhado ou separado de sua família, exceto nos casos em que se demonstrar favorável para a garantia de seus direitos ou para a reintegração a sua família de origem, ou a quem necessite de acolhimento humanitário; nem, em qualquer caso, medida de devolução para país ou região que possa apresentar risco à vida, à integridade pessoal ou à liberdade da pessoa.

A **expulsão, por sua vez, consiste** na retirada compulsória de migrante/visitante do território nacional, com impedimento de reingresso, na hipótese de condenação judicial transitada em julgado relativa à prática de: I – crime de genocídio, crime contra a humanidade, crime de guerra ou crime de agressão; ou II – crime comum doloso passível de pena privativa de liberdade (art. 54 da Lei nº 13.445/2017). No entanto, não se procederá à expulsão quando esta configurar extradição inadmitida pela legislação brasileira, ou quando o expulsando: a) tiver filho brasileiro que esteja sob sua guarda ou dependência econômica ou socioafetiva ou tiver pessoa brasileira sob sua tutela; b) tiver cônjuge ou companheiro residente no Brasil reconhecido judicial ou legalmente; c) tiver ingressado no Brasil até os 12 (doze) anos de idade, residindo desde então no país; d) for pessoa com mais de 70 (setenta) anos que resida no País há mais de 10 (dez) anos, considerados a gravidade e o fundamento da expulsão.

A fim de verificar a existência de tais excludentes legais, bem como estabelecer prazo do impedimento de reingresso e decidir sobre a suspensão ou a revogação dos efeitos da expulsão, o art. 54 da Lei nº 13.445/2017 prevê um procedimento administrativo prévio a sua aplicação, no qual o delegado de Polícia Federal fixará prazo de vigência do impedimento de reingresso proporcional ao prazo total da pena aplicada, o qual não poderá ser superior ao dobro de seu tempo. O trâmite do procedimento de expulsão, em caso de crime comum, não prejudicará a progressão de regime, o cumprimento da pena, a suspensão condicional do processo, a comutação da pena ou a concessão de pena alternativa, de indulto coletivo ou individual, de anistia ou de quaisquer benefícios concedidos em igualdade de condições ao nacional brasileiro (§ 3º).

Não é permitida a deportação, repatriação, ou expulsão coletiva, assim entendida como aquela em que não é individualizada a situação migratória irregular de cada pessoa. Da mesma forma, desautoriza-se a deportação, repatriação, ou expulsão quando subsistirem razões para acreditar que a retirada ou devolução do migrante poderá colocar em risco a sua vida ou a integridade pessoal (arts. 61 e 62 da Lei nº 13.445/2017).

2.2.1.4 Polícia ambiental

A polícia ambiental é a especialidade de polícia administrativa encarregada de efetivar a preservação do meio ambiente ecologicamente equilibrado, por meio da fiscalização das regras para o seu uso, gozo, promoção, proteção e recuperação, impondo obrigações e eventuais sanções que lhe são legalmente pertinentes, cujas normas gerais encontram-se previstas nas Leis n° 9.605/1998 e 6.938/1981 e subsequentes alterações. Possui fundamento constitucional no art. 225, § 3° da CF, o qual dispõe que "As condutas e atividades consideradas lesivas ao meio ambiente sujeitarão os infratores, pessoas físicas ou jurídicas, a sanções penais e *administrativas*, independentemente da obrigação de reparar os danos causados".

A função de polícia administrativa ambiental concretiza-se, sobretudo, por meio de ações de fiscalização, pelas quais são eventualmente cominadas sanções administrativas a pessoas físicas e jurídicas que violam a legislação ambiental. Mostra-se de suma relevância, ainda, a atuação na outorga de licenças ambientais e de autorizações (para a supressão de vegetação, transporte de produtos florestais ou animais, instalação de criadouros conservacionistas e comerciais, coleta de espécimes com vistas à pesquisa científica etc.).

A polícia ambiental é atribuída, no plano federal, às autarquias denominadas Instituto Brasileiro do Meio Ambiente e dos Recursos Naturais Renováveis (IBAMA) e Instituto Chico Mendes de Conservação da Biodiversidade (Instituto Chico Mendes – ICMBio), uma vez que tais órgãos do Ministério do Meio Ambiente, no Sistema Nacional do Meio Ambiente (SISNAMA), incumbem a fiscalização do meio ambiente e eventual autuação de infração ambiental e instauração processo administrativo nas Unidades de Conservação federais (ICMBio) e demais áreas de interesse da União (IBAMA), função que é paralelamente atribuída as Capitanias dos Portos, do Ministério da Marinha (art. 70, § 1° da Lei n° 9.605/1998 e art. 6°, IV da Lei n° 6.938/1981, inserido pela da Lei n° 12.856/2013[221]). Nas esferas estadual e municipal, a função de

---

221 Lei n° 9.605/1998: "Art. 70. [...] § 1º São autoridades competentes para lavrar auto de infração ambiental e instaurar processo administrativo *os funcionários de órgãos ambientais integrantes do Sistema Nacional de Meio Ambiente – SISNAMA, designados para as atividades de fiscalização*, bem como os agentes das Capitanias dos Portos, do Ministério da Marinha".

Lei n° 6.938/1981: "Art. 6º – Os órgãos e entidades da União, dos Estados, do Distrito Federal, dos Territórios e dos Municípios, bem como as fundações instituídas pelo Poder Público, responsáveis pela proteção e melhoria da qualidade ambiental, constituirão o Sistema Nacional do Meio Ambiente – SISNAMA, assim estruturado: [...] IV – órgãos executores: o Instituto Brasileiro do Meio Am-

polícia ambiental fica a cargo de órgãos congêneres na estrutura das secretarias estaduais e municipais do Meio Ambiente, denominados, no âmbito do SISNAMA, como órgãos "seccionais" ou "locais" (art. 6, V e VI da Lei nº 6.938/1981).

Apesar de o art. 23, VI e VII da CF estabelecer ser da competência comum da União, dos Estados, do Distrito Federal e dos Municípios proteger o meio ambiente e combater a poluição em qualquer de suas formas e preservar as florestas, a fauna e a flora, a Lei Complementar nº 140/2011, ao buscar fixar normas para a cooperação entre os entes federativos (art. 23, parágrafo único da CF), acabou por ordenar suas atribuições em polícia ambiental[222].

Para tanto, o art. 17 do referido diploma legal estabeleceu ser, em princípio, da atribuição do órgão responsável pelo licenciamento ou autorização ambiental de um empreendimento ou atividade, a persecução em face de infrações administrativas à legislação ambiental cometidas pelo empreendimento ou atividade licenciada ou autorizada.

Por sua vez, estabeleceu-se ser da atribuição da União – promover o licenciamento ambiental de empreendimentos e atividades localizados ou desenvolvidos conjuntamente no Brasil e em país limítrofe; no mar territorial, na plataforma continental ou na zona econômica exclusiva; em terras indígenas; em unidades de conservação instituídas pela União, exceto em Áreas de Proteção Ambiental (APAs)[223]; ou em 2

---

biente e dos Recursos Naturais Renováveis – IBAMA e o Instituto Chico Mendes de Conservação da Biodiversidade – Instituto Chico Mendes, com a finalidade de executar e fazer executar a política e as diretrizes governamentais fixadas para o meio ambiente, de acordo com as respectivas competências".

222 Neste ponto, cabe consignar o entendimento de Solange Teles da Silva, para quem a Lei Complementar nº 140/2011 não estabeleceu efetivamente normas de cooperação entre os entes federativos para o exercício do poder de polícia, mas "fragmentou toda a lógica e dinâmica da proteção ambiental, o que representa um retrocesso da proteção ambiental (sic), flagrantemente inconstitucional" (Poder de polícia em matéria ambiental. In: MEDAUAR, Odete; SCHIRATO, Vitor Rhein (Coord.). *Poder de polícia na atualidade*: Anuário do Centro de Estudos de Direito administrativo, Ambiental e Urbanístico – CEDAU do ano de 2011. Belo Horizonte: Fórum, 2014, p. 293-309).

223 De acordo com o art. 15 da Lei nº 9.985/2000, a Área de Proteção Ambiental (APA) "é uma área em geral extensa, com um certo grau de ocupação humana, dotada de atributos abióticos, bióticos, estéticos ou culturais especialmente importantes para a qualidade de vida e o bem-estar das populações humanas, e tem como objetivos básicos proteger a diversidade biológica, disciplinar o processo de ocupação e assegurar a sustentabilidade do uso dos recursos naturais".

(dois) ou mais Estados, bem como empreendimentos e atividades de caráter militar, que utilizem material radioativo ou energia nuclear, ou que "atendam tipologia estabelecida por ato do Poder Executivo [...] considerados os critérios de porte, potencial poluidor e natureza da atividade ou empreendimento". (art. 7º, XIV). Aos municípios foi atribuída promoção do licenciamento ambiental das atividades ou empreendimentos que causem ou possam causar impacto ambiental de âmbito local, conforme tipologia definida pelos respectivos Conselhos Estaduais de Meio Ambiente; ou localizados em unidades de conservação instituídas pelo Município, exceto em Áreas de Proteção Ambiental[224] (art. 9º, XIV). Já aos estados foi atribuído promover o licenciamento ambiental de atividades ou empreendimentos utilizadores de recursos ambientais, efetiva ou potencialmente poluidores ou capazes, sob qualquer forma, de causar degradação ambiental, ressalvadas atribuições da União e municípios, ou localizados ou desenvolvidos em unidades de conservação instituídas pelo Estado, exceto em Áreas de Proteção Ambiental[225] (art. 8º, XIV e XV).

Todavia, a própria Lei Complementar nº 140/2011, apesar de propor a referida divisão de atribuições, não impede o exercício comum pelos entes da fiscalização da conformidade de empreendimentos e atividades efetiva ou potencialmente poluidores ou utilizadores de recursos

---

No caso das Áreas de Proteção Ambiental (APAs), o licenciamento e autorização ambiental, é da atribuição da União quando envolver empreendimentos e atividades localizados ou desenvolvidos conjuntamente no Brasil e em país limítrofe; no mar territorial, na plataforma continental ou na zona econômica exclusiva; ou em 2 (dois) ou mais Estados, bem como empreendimentos e atividades de caráter militar, ou que "atendam tipologia estabelecida por ato do Poder Executivo [...] considerados os critérios de porte, potencial poluidor e natureza da atividade ou empreendimento" (art. 7º, XIV, *a, b, e, f* e *h* c/c art. 12, parágrafo único da Lei Complementar nº 140/2011).

224 No caso das Áreas de Proteção Ambiental (APAs), o licenciamento e autorização ambiental, é da atribuição dos municípios apenas quando envolver atividades ou empreendimentos que causem ou possam causar impacto ambiental de âmbito local, conforme tipologia definida pelos respectivos Conselhos Estaduais de Meio Ambiente (art. 9º, XIV, *a* c/c art. 12, parágrafo único da Lei Complementar nº 140/2011).

225 No caso das Áreas de Proteção Ambiental (APAs), o licenciamento e autorização ambiental, é da atribuição dos estados apenas quando envolver atividades ou empreendimentos utilizadores de recursos ambientais, efetiva ou potencialmente poluidores ou capazes, sob qualquer forma, de causar degradação ambiental, ressalvadas atribuições da União e municípios (art. 8º, XIV c/c art. 12, parágrafo único da Lei Complementar nº 140/2011).

naturais com a legislação ambiental em vigor, embora prevaleça aquela realizada pelo órgão detentor da atribuição de licenciamento ou autorização, assim como nos casos de iminência ou ocorrência de degradação da qualidade ambiental, nos quais o ente federativo que tiver conhecimento do fato deverá determinar medidas para evitá-la, fazer cessá-la ou mitigá-la, comunicando imediatamente ao órgão com atribuição para as demais providências cabíveis, caso não o seja (art. 17. §§ 2º e 3º).

Por sua vez, a Lei nº 9.605/1998 conceitua a infração administrativa ambiental como a "ação ou omissão que viole as regras jurídicas de uso, gozo, promoção, proteção e recuperação do meio ambiente" (art. 70, *caput*). Para estas, são aplicáveis as sanções de advertência; multa simples ou diária; apreensão dos animais, produtos e subprodutos da fauna e flora, e instrumentos utilizados na infração; destruição ou inutilização do produto; suspensão de venda e fabricação do produto; embargo de obra ou atividade; demolição de obra; suspensão parcial ou total de atividades; além de sanções restritivas de direitos, quais sejam, suspensão de registro, licença ou autorização, cancelamento de registro, licença ou autorização; perda ou restrição de incentivos e benefícios fiscais ou da participação em linhas de financiamento em estabelecimentos oficiais de crédito; e proibição de contratar com a Administração Pública, pelo período de até três anos (art. 72, I a XI e § 8º).

Na aplicação das referidas sanções, a autoridade de polícia ambiental, observará a gravidade do fato, tendo em vista os motivos da infração e suas consequências para a saúde pública e para o meio ambiente; os antecedentes do infrator quanto ao cumprimento da legislação ambiental, bem como a sua situação econômica do infrator, no caso de multa. Se o infrator cometer, simultaneamente, duas ou mais infrações, ser-lhe-ão aplicadas, cumulativamente, as sanções a elas cominadas. (arts. 6º e 72, § 1º da Lei nº 9.605/1998).

Para tanto, a própria lei fornece parâmetros de adequação de algumas sanções administrativas ambientais.

A advertência será aplicada pela inobservância das disposições desta Lei e da legislação em vigor, ou de preceitos regulamentares, sem prejuízo das demais sanções administrativas ambientais (art. 72, § 2º da Lei nº 9.605/1998).

A multa simples será aplicada sempre que o agente, por negligência ou dolo deixar de sanar irregularidades que praticar, uma vez advertido, no prazo assinalado pela autoridade de polícia ambiental, ou opuser embaraço à fiscalização ambiental, podendo esta ser convertida em serviços de preservação, melhoria e recuperação da qualidade do meio ambiente. A multa diária, por seu turno, será aplicada sempre que o cometimento da infração se prolongar no tempo (art. 72, §§ 3º a 5º da Lei nº 9.605/1998). O valor da multa terá por base a unidade, hectare, metro cúbico, quilograma ou outra medida pertinente, de acordo com o objeto jurídico lesado (art. 74 da Lei nº 9.605/1998).

Já as sanções de suspensão de venda e fabricação do produto, embargo de obra ou atividade, demolição de obra e suspensão parcial ou total de atividades serão aplicadas quando o produto, a obra, a atividade ou o estabelecimento fiscalizado não estiver obedecendo às suas respectivas normas ambientais (art. 72, § 7º da Lei nº 9.605/1998).

2.2.1.5 Polícia do trabalho

A polícia do trabalho é a especialidade de polícia administrativa à qual incumbe efetivar a redução dos riscos inerentes ao trabalho, por meio da fiscalização, em especial, das regras relacionadas à segurança e à medicina do trabalho, no âmbito das relações de trabalho e de emprego, cumprimento de acordos, convenções e contratos coletivos de trabalho celebrados entre empregados e empregadores, e obrigações patronais decorrentes da relação de emprego, cujas normas encontram-se precipuamente previstas na Consolidação das Leis do Trabalho (CLT), e Leis nº 7.855/1989 e 10.593/2002.

Neste ponto, convém salientar que a redução dos riscos inerentes ao trabalho, é um direito social consagrado no art. 7º, XXII da CF, o qual, ainda de acordo com este dispositivo, deverá ser assegurado por meio de normas de saúde, higiene e segurança.

De acordo com o art. 626 da CLT, incumbe às autoridades competentes do Ministério do Trabalho, a fiscalização do fiel cumprimento das normas de proteção ao trabalho. O art. 11 da Lei nº 10.593/2002, por seu turno, estabelece que a autoridade de polícia trabalhista é exercida pelo cargo de auditor fiscal do trabalho, pormenorizando as suas atribuições, as quais englobam a fiscalização do cumprimento de disposições legais e regulamentares no âmbito das relações de trabalho e de emprego, inclusive as relacionadas à segurança e à medicina do trabalho, assim como dos acordos, tratados e convenções internacionais da matéria dos quais o Brasil seja signatário, e dos acordos, convenções e contratos coletivos de trabalho celebrados entre empregados e empregadores. Adicioinalmente, foi incumbida ao referido cargo a verificação dos registros em Carteira de Trabalho e Previdência Social – CTPS; do recolhimento, constituição e lançamento dos créditos referentes ao Fundo de Garantia do Tempo de Serviço (FGTS) e a contribuição social devida pelos empregadores em caso de despedida de empregado sem justa causa, assim como da cota-parte da contribuição sindical urbana e rural (incisos I a V e VII)[226].

Estabelece-se assim, uma estrutura administrativa peculiar, em que o auditor fiscal do trabalho, apesar de ser a autoridade de polícia do trabalho, não dirige um órgão policial destinado a sua função, estando administrativamente subordinado de maneira direta ao Ministro da Economia, muito embora seja vedado a este interferir na autoridade daquele[227].

O auditor fiscal do trabalho ou seus agentes terão livre acesso a todas as dependências dos estabelecimentos sujeitos a sua fiscalização, sendo as empresas, por seus dirigentes ou prepostos, obrigados a prestar-lhes os esclarecimentos necessários ao desempenho de suas atribuições legais e a exibir-lhes, quando exigidos, quaisquer documentos que digam respeito a fiscalização, os quais deverão permanecer nos locais de trabalho, salvo quando, excepcionalmente a critério do auditor fiscal do trabalho, sejam os mesmos apresentados em dia e hora previamente fixados (art. 630, § 3º e 4º da CLT), podendo, ainda, lavrar de auto de apreensão e guarda de documentos, materiais, livros e assemelhados,

---

226 De acordo com o art. 11, § 1º da Lei nº 10.593/2002, o Poder Executivo poderá cometer outras atribuições ao cargo de Auditor-Fiscal do Trabalho, desde que "compatíveis com atividades de auditoria e fiscalização".

227 Lei nº 10.593/2002: "Art. 11 [...] § 2º Os ocupantes do cargo de Auditor-Fiscal do Trabalho, no exercício das atribuições previstas neste artigo, são autoridades trabalhistas". Ao regulamentar o referido dispositivo, o art. 19, II do Decreto nº 4.552/2002, veda às autoridades de direção do Ministério do Trabalho e Emprego "interferir no exercício das funções de inspeção do trabalho ou prejudicar, de qualquer maneira, sua imparcialidade ou a autoridade do Auditor-Fiscal do Trabalho".

Por sua vez, o art. 31, XXXII da Lei nº 13.844/2019 atribuiu ao Ministério da Economia a fiscalização do trabalho, e aplicação das sanções previstas em normas legais ou coletivas.

para verificação da existência de fraude e irregularidades, (art. 11, VI da Lei nº 10.593/2002).

Caso o Auditor Fiscal do Trabalho conclua pela existência de violação ao preceito legal, procederá a lavratura de auto de infração, no qual o infrator, em sua defesa, poderá requerer a audiência de testemunhas e as diligências que lhe parecerem necessárias à elucidação do caso objeto do procedimento administrativo (arts. 628 e 632 da CLT).

O sancionamento administrativo das infrações a legislação trabalhista é efetuado por meio de multa, as quais serão agravadas até o grau máximo, nos casos de artifício, ardil, simulação, desacato, embaraço ou resistência a fiscalização, levando-se em conta, além de circunstâncias atenuantes ou agravantes, a situação econômico-financeira do infrator e os meios a seu alcance para cumprir a lei (art. 5º da Lei nº 7.855/1989).

2.2.1.6 Polícia da atividade econômica

À preservação da economia nacional foi dada tamanha importância na Contituição Federal de 1988, que ali chegou-se ao ponto de destacar-se da ordem pública a ordem econômica e financeira, sendo-lhe dedicado o Título VII, cujo Capítulo I versa sobre os princípios gerais da atividade econômica.

Portanto, a partir do conceito de ordem pública estudado no item 1.2.1.1, vislumbra-se que a ordem econômica é o conjunto de normas positivadas ou não, jurídicas ou não que incidem sobre o comportamento dos agentes econômicos. Tem por fundamentos a livre iniciativa e a valorização do trabalho humano, e por finalidade assegurar a todos existência digna, conforme os ditames da justiça social (art. 170, *caput*, da CF).

Nos incisos do art. 170 da CF, encontram-se listados diversos princípios da ordem econômica, alguns mais conectados a efetivação da sua finalidade, quais sejam, defesa do consumidor e do meio ambiente, redução das desigualdades, busca do pleno emprego, e favorecimento às empresas de pequeno porte com sede no país (incisos V, VI, VII, VIII e IX); enquanto os demais preponderantemente se conectam a efetivação dos seus fundamentos, a fim de permitir o desenvolvimento da atividade econômica de acordo com os mesmos, por meio da soberania nacional, propriedade privada e sua função social, bem como da livre concorrência (incisos I, II, III, e IV).

Nos artigos seguintes, discorre-se sobre a concessão de serviços públicos (art. 175), concessão ou permissão de atividade econômica, notadamente as relacionadas a recursos minerais e potenciais de energia hidráulica (art. 176), e petróleo, gás natural e outros hidrocarbonetos fluidos (art. 177), bem como os transportes aéreo, aquático e terrestre (art. 178).

Para a concretização deste arcabouço normativo, o art. 174, *caput*, da CF textualmente estabelece que:

> Como agente normativo e regulador da atividade econômica, o Estado exercerá, na forma da lei, as funções de **fiscalização**, incentivo e planejamento, sendo este determinante para o setor público e indicativo para o setor privado (grifo nosso).

Diante de tal ordenamento jurídico, a atividade econômica é aquela que, seguramente, foi dedicada a maior quantidade de especialidades policiais pela legislação infraconstitucional, de sorte que, rememorando os conceitos de ordem e segurança pública estudados no item 1.2.1.1, pode-se, a partir da ideia de ordem econômica constitucionalmente estabelecida, se identificar na infraconstitucionalmente uma série de especialidades policiais destinadas a efetivar a *segurança econômica*, embora esta última não se encontre expressamente prevista na legislação.

Neste prisma, como sub-especialidades de polícia administrativa da atividade econômica, contempla-se na legislação pátria a polícia da concorrência, do mercado de consumo, bem como de atividades econômicas específicas, cujo interesse público requereu um regime jurídico diferenciado.

2.2.1.6.1 Polícia da concorrência

A fim de efetivar o princípio da livre concorrência, e, reflexamente, o da defesa ao consumidor e função social da propriedade (art. 170, III, IV e V da CF), a Contituição Federal estabeleceu, por meio do seu art. 173, § 4º, que "A lei reprimirá o abuso do poder econômico que vise à dominação dos mercados, à eliminação da concorrência e ao aumento arbitrário dos lucros". Esta lei, é atualmente a de número 12.529/2011, que estrutura o Sistema Brasileiro de Defesa da Concorrência – SBDC e dispõe sobre a prevenção e persecução a infrações administrativas contra a ordem econômica.

Apesar de o SBDC ser composto pela Secretaria de Acompanhamento Econômico do Ministério da Fazenda (SEAE) e pela autarquia denominada Conselho Administrativo de Defesa Econômica (CADE), apenas este último exerce função policial especializada, cabendo àquela, essencialmente, "promover a concorrência em órgãos de governo e perante a sociedade" (art. 19, *caput*)[228].

O CADE é constituído por uma superintendência geral, um tribunal administrativo, e pelo Departamento de Estudos Econômicos (art. 3º). Junto ao CADE, funcionam ainda uma procuradoria federal para prestar-lhe consultoria jurídica e representá-lo judicialmente e extrajudicialmente, bem como um membro do Ministério Público Federal para emitir parecer nos procedimentos de imposição de sanções administrativas por infrações à ordem econômica (arts. 17 e 20). Aqui, releva o interesse nas atribuições da Superintendencia-Geral do CADE, uma vez que da natureza de algumas destas faz com que o Superintendente Geral do CADE exerça autoridade de polícia da concorrência.

Por meio da sua Superintendência-Geral, o CADE fiscaliza as práticas de mercado, mediante acompanhamento permanente das atividades e práticas comerciais de pessoas físicas ou jurídicas que detiverem posição dominante em mercado relevante de bens ou serviços, para prevenir infrações administrativas da ordem econômica, podendo, para tanto, requisitar as informações e documentos necessários, mantendo o sigilo legal, quando for o caso (art. 13, II).

Em caso de ato de concentração econômica, a atuação preventiva ganha relevo, uma vez que estes serão submetidos a Superintendência-Geral do CADE[229], a qual, por meio de procedimento para sua apura-

---

228 Neste sentido, RIBAS, Guilherme Fávaro Corvo. O poder de polícia do Conselho Administrativo de Defesa Econômica (CADE). In: MEDAUAR, Odete; SCHIRATO, Vitor Rhein (Coord.). *Poder de polícia na atualidade*: Anuário do Centro de Estudos de Direito administrativo, Ambiental e Urbanístico – CEDAU do ano de 2011. Belo Horizonte: Fórum, 2014, p. 260.
229 De acordo com art. 90 Lei nº 12.529/2011, realiza-se um ato de concentração quando: "I – 2 (duas) ou mais empresas anteriormente independentes se fundem; II – 1 (uma) ou mais empresas adquirem, direta ou indiretamente, por compra ou permuta de ações, quotas, títulos ou valores mobiliários conversíveis em ações, ou ativos, tangíveis ou intangíveis, por via contratual ou por qualquer outro meio ou forma, o controle ou partes de uma ou outras empresas; III – 1 (uma) ou mais empresas incorporam outra ou outras empresas; ou IV – 2 (duas) ou mais empresas celebram contrato associativo, consórcio ou *joint venture*". Por sua vez, o art. 88 do referido diploma legal estabelece que "Serão submeti-

ção e análise, poderá propor fundamentadamente ao seu Tribunal que seja rejeitado ou aprovado com restrições (art. 13, III e art. 57).

Na Lei n° 12.529/2011, prevê-se também formalização de inquérito para apuração de infrações administrativas à ordem econômica e seus atos preparatórios para verificação de procedência da sua notícia, incumbindo ao Superintendencia Geral decidir, arquivando os autos, em caso de insubsistência de indícios (art. 13, IV). Cabe aqui, contudo, pontuar que caso durante o inquérito para apuração de infrações administrativas à ordem econômica, paralelamente também se verifique ser possível a configuração de infração penal correlata[230], deve a respectiva notícia de crime (representação) ser encaminhada ao Ministério Público perante o CADE, a fim de que o mesmo avalie a possibilidade de imediato ajuizamento de ação penal. Caso os fatos objeto da representação, no entanto, ainda careçam de investigação criminal, especialmente levando-se em consideração que no direito penal a responsabilidade é subjetiva, deverá o membro do Ministério Público requisitar a instauração de inquérito policial a autoridade de polícia judiciária (delegado de polícia).

Em face de indícios suficientes de infração administrativa à ordem econômica, cabe-lhe ainda a Superintendência-Geral instaurar e instruir procedimento[231] para imposição de sanções, assim como para imposi-

---

dos ao Cade pelas partes envolvidas na operação os atos de concentração econômica em que, cumulativamente: I – pelo menos um dos grupos envolvidos na operação tenha registrado, no último balanço, faturamento bruto anual ou volume de negócios total no País, no ano anterior à operação, equivalente ou superior a R$ 400.000.000,00 (quatrocentos milhões de reais); e II – pelo menos um outro grupo envolvido na operação tenha registrado, no último balanço, faturamento bruto anual ou volume de negócios total no País, no ano anterior à operação, equivalente ou superior a R$ 30.000.000,00 (trinta milhões de reais)". Tais valores poderão ser adequados, simultânea ou independentemente, por indicação do Plenário do Cade, e/ ou por portaria interministerial dos Ministros de Estado da Fazenda e da Justiça (§ 1º).

230 Os crimes contra a ordem econômica constam no art. 4º da Lei n° 8.137/1990, cuja redação foi dada pela Lei n° 12.529/2011.

231 Optou-se, aqui, por se utilizar do termo procedimento, ao invés da palavra "processo", utilizada pelo texto da Lei n° 12.529/2011, por entender-se que, a rigor, não há contraditório neste modelo de persecução administrativa. Com efeito, tal estrutura processual, onde quem acusa também presidirá a instrução processual, não possui estrutura acusatória – marcada pela divisão de papéis entre acusação, defesa e julgador independente e imparcial, a quem também incumbe presidir a instrução processual – não se adequando ao que dispõe o

2 – Polícia Administrativa

ção de medidas incidentais para prevenção e apuração de infração desta natureza, remetendo ao seu Tribunal administrativo, para julgamento, os casos em que entender configurada, ou recorrendo de ofício a este quando decidir pelo arquivamento de procedimento para imposição de correspondentes sanções administrativas (art. 13, V, VII e VIII).

Na instrução dos referidos feitos, pode o Superintendente-Geral do CADE, provocar a Procuradoria Federal junto ao referido órgão, a fim de que esta requeira ao Poder Judiciário a busca e apreensão de objetos, papéis de qualquer natureza, assim como de livros comerciais, computadores e arquivos magnéticos de empresa ou pessoa física, aplicando-se, no que couber, dispositivos correlatos no Código de Processo Civil, sendo inexigível a propositura de ação principal (art. 13, VI, *d*)[232]. Caso seja detectada a prática de infração administrativa da ordem econômica durante o inquérito ou procedimento administrativo sancionador, poderá o Superintendente-Geral, por iniciativa própria ou mediante provocação do Procurador-Chefe do Cade, adotar medidas preventivas da reiteração infracional que conduzam à cessação da sua prática, fixando prazo para seu cumprimento e o valor da multa diária a ser aplicada, no caso de descumprimento (arts. 13, XI e 84).

Durante o inquérito ou procedimento administrativo sancionador, ou até mesmo durante os atos preparatórios do primeiro, pode a Superintendência-Geral do CADE também propor termo de compromisso de cessação de prática por infração à ordem econômica, submetendo-o à aprovação do Tribunal, e fiscalizar o seu cumprimento. O procedimento administrativo ficará suspenso enquanto estiver sendo cumprido o compromisso e será arquivado ao término do prazo fixado, se atendidas todas as condições estabelecidas no termo. Em caso de descumprimento do compromisso, serão aplicadas as sanções nele previstas, e determinado o prosseguimento da persecução administrativa (arts. 13, IX e 88).

---

art. 5º LV da CF, o qual assegura ao processado administrativamente um rito contraditório, assim entendido essencialmente como a garantia de que ao envolvido no processo de estrutura acusatória a possibilidade de realizar pedidos, de argumentar e assim demonstrar razões de aceitabilidade de seus pleitos a autoridade julgadora, e, por fim, da mesma maneira, demonstrar as razões de não aceitabilidade dos pedidos da parte adversa.

232 Sobre a natureza do controle jurisdicional, especificamente em relação a esta hipótese, *cf.* nota nº 1007.

Com relação a pessoas físicas e jurídicas que forem autoras de infração à ordem econômica, e que colaborem efetivamente na persecução administrativa, a Superintendência-Geral, poderá ainda celebrar acordo de leniência, com a sua extinção ou a redução de 1 (um) a 2/3 (dois terços) da sanção aplicável.

Para ser considerada efetiva, a colaboração deverá levar a identificação dos demais envolvidos na infração administrativa, bem como à obtenção de informações e documentos que a comprovem. Paralelamente, a pessoa imputada deverá confessar sua participação no ilícito, comparecendo, sob suas expensas, sempre que solicitada, a todos os atos procedimentais, até seu encerramento, bem como cessar completamente seu envolvimento na infração da data de propositura do acordo, e a Superintendência-Geral não disponha de provas suficientes para assegurar a sancionamento por ocasião da propositura do acordo. No caso de acordo de colaboração premiada com pessoa jurídica, exige-se ainda que esta seja a primeira a se qualificar com respeito à infração (art. 86, §§ 1º e 2º).

Salvo no interesse da persecução administrativa, considera-se sigilosa a proposta de acordo, a qual, caso rejeitada, não importará em confissão quanto à matéria de fato, nem reconhecimento de ilicitude da conduta analisada, não sendo objeto de qualquer divulgação (art. 86, §§ 9º e 10º).

O Tribunal do CADE, ao verificar o cumprimento do acordo de leniência, por ocasião do julgamento do processo administrativo, deverá decretar a extinção da persecução administrativa em favor do infrator, nas hipóteses em que a proposta de acordo tiver sido apresentada à Superintendência-Geral sem que esta tivesse conhecimento prévio da infração, ou, nas demais hipóteses, reduzir de 1 (um) a 2/3 (dois terços) as sanções aplicáveis, devendo também considerar na gradação da pena a efetividade da colaboração prestada e a boa-fé do infrator no cumprimento do acordo (art. 86, § 4º).

Aspecto que desperta especial interesse no acordo de leniência consiste nos seus efeitos na persecução penal, uma vez que este determina a suspensão do curso do prazo prescricional e impede a propositura de ação penal em face do agente beneficiário da leniência no caso de crimes contra a ordem econômica, tipificados no art. 4º da Lei nº 8.137/1990 e demais crimes diretamente relacionados à prática de cartel, extinguindo-se automaticamente a punibilidade de tais crimes, uma vez cumprido o acordo (art. 87). Desta forma, caso haja persecução penal paralelamente a persecução administrativa de infração a ordem econômica, o membro do Ministério Público e o juiz deverão ser informados sobre a celebração de tais acordos, assim como o delegado de polícia, caso aquela ainda se encontre durante o inquérito policial.

As sanções aplicáveis isolada ou cumulativamente a infrações administrativas a ordem econômica consistem, além da multa, na publicação, em jornal de extrato da decisão condenatória; proibição de contratar com instituições financeiras oficiais e participar de licitação tendo por objeto aquisições, alienações, realização de obras e serviços, concessão de serviços públicos, na administração pública, bem como em entidades da administração indireta, por prazo não inferior a 5 (cinco) anos; inscrição do infrator no Cadastro Nacional de Defesa do Consumidor; recomendação aos órgãos públicos competentes para que seja concedida licença compulsória de direito de propriedade intelectual de titularidade do infrator, quando a infração estiver relacionada ao uso desse direito, ou não seja concedido ao infrator parcelamento de tributos federais por ele devidos ou para que sejam cancelados, no todo ou em parte, incentivos fiscais ou subsídios públicos; cisão de sociedade, transferência de controle societário, venda de ativos ou cessação parcial de atividade; e proibição de exercer o comércio em nome próprio ou como representante de pessoa jurídica, pelo prazo de até 5 (cinco) anos (arts. 37 e 38)[233].

Em caso de sancionamento administrativo por infração a ordem econômica, cabe a Superintendência-Geral do Cade, por fim, adotar as medidas necessárias à execução e ao cumprimento das decisões do Tribunal do CADE (art. 13, XVIII).

---
233 O art. 38, VII da Lei n° 12.529/2011 ainda lista a possibilidade da sanção administrativa por infração da ordem econômica se de mediante "qualquer outro ato ou providência necessários para a eliminação dos efeitos nocivos à ordem econômica", o qual, por si só, não define qualquer tipo infracional. Todavia, em sede de tipificação e aplicação de sanções, inclusive administrativas, vigora claramente o princípio da legalidade, sobre o qual Cobtituição Federal textualmente estabelece que "ninguém será obrigado a fazer ou deixar de fazer alguma coisa senão em virtude de lei", com incidência também especificamente prevista na atuação da administração pública (art. 37, *caput*, da CF). Desta forma, entende-se inconstitucional a estipulação de sanções atípicas com base no referido dispositivo legal.

2.2.1.6.2 Polícia do mercado de consumo

A fim de efetivar o princípio da defesa ao consumidor (art. 170, V da CF), a Contituição Federal estabeleceu, por meio do seu art. 5º, XXXII, que "o Estado promoverá, na forma da lei, a defesa do consumidor", fixando ao Congresso Nacional, em seu art. 48, prazo de cento e vinte dias a partir da sua promulgação da Constituição, para elaboração de código de defesa do consumidor. Tal código só viria a ser publicado quase dois anos depois, por meio da Lei nº 8.078/1990, que, ao estabelecer normas de defesa ao consumidor, dedicou seu Capítulo VII às sanções aplicáveis a infrações administrativas (arts. 55 a 60).

Tais infrações serão estabelecidas pela União, Estados e o Distrito Federal os quais, em desdobramento a competência concorrente para legislar sobre produção e consumo (art. 24, V da CF)[234], normatizarão a produção, industrialização, distribuição e consumo de produtos e serviços, bem como, juntamente com os Municípios, fiscalizarão e controlarão a produção, industrialização, distribuição, a publicidade de produtos e serviços e o mercado de consumo, no interesse da preservação da vida, da saúde, da segurança, da informação e do bem-estar do consumidor, emitindo as normas que se fizerem necessárias (art. 55, *caput*, e § 1º).

Os órgãos federais, estaduais, do Distrito Federal e municipais com atribuições para fiscalizar e controlar o mercado de consumo manterão comissões permanentes para elaboração, revisão e atualização deste último arcabouço normativo, sendo obrigatória a participação dos consumidores e fornecedores, bem como expedirão notificações aos fornecedores para que, sob pena de desobediência, prestem informações sobre questões de interesse do consumidor, resguardado o segredo industrial (art. 55, §§ 3º e 4º). Portanto, tais órgãos de proteção e defesa do consumidor, comumente denominados PROCON's, ao fiscalizar e controlar o mercado de consumo exercem polícia administrativa sobre mercado de consumo.

No que diz respeito especificamente ao mercado de consumo do petróleo, do gás natural e dos biocombustíveis, incumbe a Agência Nacional do Petróleo (ANP), exercer a polícia administrativa de forma direta e concorrente aos PROCON's, ou mediante convênio com estes nos

---
[234] Neste ponto, convém ressaltar que o art. 39 da própria Lei nº 8.078/1990 define como "práticas abusivas" uma série de condutas, que no âmbito da legislação concorrente, funcionam como normas gerais de infrações administrativas.

Estados e Distrito Federal (art. 8°, VII da Lei nº 9.478/1997[235]).

Apesar de a definição das infrações administrativas ao mercado de consumo estarem inseridas na competência concorrente, a Lei nº 8.078/1990, em seu art. 56 e seguintes, preocupou-se em estabelecer as sanções que lhe são aplicáveis, sem prejuízo daquelas definidas em normas específicas[236], as quais serão aplicadas pela autoridade de polícia do mercado de consumo, mediante procedimento administrativo, assegurada ampla defesa[237], de forma isolada ou cumulativa, inclusive por medida cautelar, antecedente ou incidente ao referido procedimento.

A modalidade de sanção mais usual é a de multa, cuja aplicação será graduada de acordo com a gravidade da infração, a vantagem auferida e a condição econômica do fornecedor (art. 57).

Quando forem constatados vícios de quantidade ou de qualidade por inadequação ou insegurança do produto ou serviço, são (também) aplicáveis as sanções de apreensão, de inutilização de produtos, de proibição de fabricação de produtos, de suspensão do fornecimento de produto ou serviço, de cassação do registro do produto e revogação da concessão ou permissão de uso (art. 58).

Em caso de reincidência na prática das infrações de maior gravidade previstas neste código e na legislação de consumo, aplicam-se as sanções de cassação de alvará de licença, de interdição e de suspensão temporária da atividade, bem como a de intervenção administrativa. Por sua vez, a sanção de cassação da concessão será aplicada à concessionária de serviço público, quando violar obrigação legal ou contratual, e a de intervenção administrativa sempre que as circunstâncias de fato

---

235 Lei no 9.478/1997: "Art. 8º A ANP terá como finalidade promover a regulação, a contratação e a fiscalização das atividades econômicas integrantes da indústria do petróleo, do gás natural e dos biocombustíveis, cabendo-lhe: [...] VII – fiscalizar diretamente e de forma concorrente nos termos da Lei no 8.078, de 11 de setembro de 1990, ou mediante convênios com órgãos dos Estados e do Distrito Federal as atividades integrantes da indústria do petróleo, do gás natural e dos biocombustíveis, bem como aplicar as sanções administrativas e pecuniárias previstas em lei, regulamento ou contrato;".

236 CF: "Art. 2 4[...] § 1º No âmbito da legislação concorrente, a competência da União limitar-se-á a estabelecer normas gerais".

237 Apesar de o art. 57, diferentemente dos arts. 58, 59 da Lei nº 8.078/1990, não mencionar expressamente que no procedimento administrativo para aplicação da multa deverá ser assegurada ampla defesa, é inadmissível que procedimentos de cariz sancionador não sejam por esta acompanhados.

desaconselharem a cassação de licença, a interdição ou suspensão da atividade. Contudo, estando pendente ação judicial na qual se discuta a anterior imposição de sanção administrativa, não haverá reincidência até o seu trânsito em julgado (art. 59).

Por fim, na hipótese de prática de publicidade enganosa ou abusiva[238], será cominada sanção de imposição de contrapropaganda, às expensas do infrator, a qual será divulgada da mesma forma, frequência e dimensão e, preferencialmente no mesmo veículo, local, espaço e horário, de forma capaz de desfazer a desinformação (art. 60).

2.2.1.6.3 Polícia da exploração de atividade econômica delegada pelo Estado

Em decorrência do princípio da livre concorrência, a atividade econômica deve ser possibilitada a todos, independentemente de autorização de órgãos públicos, salvo nos casos previstos em lei, conforme art. 170, IV e parágrafo único da CF. Todavia, tal princípio é mitigado pelo próprio texto constitucional, que em seu art. 173 assim dispõe:

> Art. 173 Ressalvados os casos previstos nesta Constituição, a exploração direta de atividade econômica pelo Estado só será permitida quando necessária aos imperativos da segurança nacional ou a relevante interesse coletivo, conforme definidos em lei.

Portanto, no ordenamento jurídico brasileiro, a regra é a de que o Estado não explora atividade econômica, a qual incumbe precipuamente a iniciativa privada. O Estado somente explorará tal atividade em casos que a própria Constituição Federal preveja expressamente, ou razão diploma legal fundado em imperativos de segurança nacional e/ou relevante interesse social.

---

238 Lei nº 8.078/1990: "Art. 37. [...] § 1º É enganosa qualquer modalidade de informação ou comunicação de caráter publicitário, inteira ou parcialmente falsa, ou, por qualquer outro modo, mesmo por omissão, capaz de induzir em erro o consumidor a respeito da natureza, características, qualidade, quantidade, propriedades, origem, preço e quaisquer outros dados sobre produtos e serviços. § 2º É abusiva, dentre outras a publicidade discriminatória de qualquer natureza, a que incite à violência, explore o medo ou a superstição, se aproveite da deficiência de julgamento e experiência da criança, desrespeita valores ambientais, ou que seja capaz de induzir o consumidor a se comportar de forma prejudicial ou perigosa à sua saúde ou segurança. § 3º Para os efeitos deste código, a publicidade é enganosa por omissão quando deixar de informar sobre dado essencial do produto ou serviço".

As atividades econômicas poderão ser consideradas como serviço público ou não pelo legislador. Para tanto, deve-se partir de uma noção ampla de atividade econômica – ou seja, tudo aquilo que é potencialmente lucrativo – para se fazer uma divisão entre a atividade econômica que está mais essencialmente ligada ao papel do Estado de assegurar o bem estar social (serviço público), e aquela que, por não apresentar esta associação direta, estaria, em princípio, atribuída a iniciativa dos particulares (atividade econômica em sentido estrito).

Nesta senda, a Constituição Federal refere-se não apenas a serviços públicos em gênero e em algumas espécies, mas também a atividades econômicas em sentido estrito que tiveram sua titularidade atribuída ao Estado em regime de monopólio como forma de salvaguardar o interesse público. Ambos, contudo, tem sua execução delegável ao particular, por meio de contratos de concessão, permissão ou autorização, sendo os dois primeiros sempre precedidos de procedimento licitatório. Aqui, logicamente, não se transfere a titularidade da atividade, mas apenas a sua exploração, mediante contrato, ao qual se agregam as normas de direito público aplicáveis.

No texto constitucional, discorre-se sobre a concessão de serviços públicos genericamente considerados (art. 175[239]); concessão, permissão ou autorização de serviços (públicos) de telecomunicações (art. 21,

---

239 CF: "Art. 175. Incumbe ao Poder Público, na forma da lei, diretamente ou sob regime de concessão ou permissão, sempre através de licitação, a prestação de serviços públicos.

Parágrafo único. A lei disporá sobre:

I – o regime das empresas concessionárias e permissionárias de serviços públicos, o caráter especial de seu contrato e de sua prorrogação, bem como as condições de caducidade, fiscalização e rescisão da concessão ou permissão;

II – os direitos dos usuários;

III – política tarifária;

IV – a obrigação de manter serviço adequado".

A lei referida no dispositivo constitucional ora transcrito é a Lei nº 8.987/1995, cujo art. 2º, II e IV, apresenta os seguintes conceitos:

"Art. 2º [...] II – concessão de serviço público: a delegação de sua prestação, feita pelo poder concedente, *mediante licitação, na modalidade de concorrência, à pessoa jurídica ou consórcio de empresas* que demonstre capacidade para seu desempenho, por sua conta e risco *e por prazo determinado*; [...] IV – permissão de serviço público: a delegação, *a título precário, mediante licitação, da prestação de serviços públicos, feita pelo poder concedente à pessoa física ou jurídica* que demonstre capacidade para seu desempenho, por sua conta e risco".

XI) e energia elétrica (art. 21, XII, *b*); concessão ou permissão de atividade econômica, notadamente as relacionadas a recursos minerais e potenciais de energia hidráulica (art. 176), e petróleo, gás natural e outros hidrocarbonetos fluidos (art. 177).

Todavia, mesmo o Estado não prestando por si próprio tais atividades, este tem que zelar para que a sua execução seja realizada adequadamente pela empresa delegatária. Como a delegação pelo Estado de atividade econômica (em sentido amplo) a particular não retira daquele a sua titularidade, mas apenas a sua execução, é atribuído à administração pública o dever-poder de fiscalizá-la e eventualmente sancionar o delegatário em caso de inadimplemento[240], por meio do exercício de polícia administrativa especializada, a fim de cumprir com a sua obrigação de garantir a boa execução.

Com isso, viabiliza-se verificar a execução errônea das atividades em desacordo com a lei e/ou o contrato, e, além disso, há possibilidade de verificar se tal ato ocasionou lesão, dano, ou algum tipo de prejuízo ao usuário do serviço, decorrente de má conduta da empresa delegatária. Nessas hipóteses, deverá autoridade policial aplicar-lhe as sanções cabíveis em lei e/ou contrato.

Para tanto, na legislação infraconstitucional foram criados órgãos policiais especializados em outorgar e fiscalizar cada uma das referidas delegações de execução de atividade econômica (em sentido amplo). Tais órgãos têm sido constituídos sob a forma de autarquia de regime especial denominada agência, na qual, além de ser caracterizada por independência administrativa e autonomia financeira em relação ao Poder Executivo, suas autoridades dirigentes não são subordinados hierarquicamente ao governo, bem como possuem mandato fixo e estabilidade[241]. Tais características foram conferidas como forma de proteger a empresa contratada de interferências indevidas do poder público contratante na fiscalização da execução da atividade delegada, dotando o órgão de prerrogativas que favoreçam um maior distanciamento e isenção no exercício da função policial[242].

---

240 DI PIETRO, Maria Sylvia Zanella. *Direito Administrativo*. 14ª ed., São Paulo: Atlas, 2002, p. 277.
241 *Cf.* art. 8º § 2º Lei nº 9.472/1997, arts 5º e 11, parágrafo único da Lei nº 9.427/1996, arts. 7º, 9º, e 20 da Lei nº 13.575/2017, arts. 9º, 10 e 20 da Lei nº 9.984/2000 e arts. 11 e 15 da Lei nº 9.478/1997.
242 Neste ponto, convém ainda pontuar o momento histórico bem ilustrado por

A fiscalização da concessão, permissão ou autorização de serviços (públicos) de telecomunicações foi incumbida a Agência Nacional de Telecomunicações (ANATEL), cuja criação foi prevista no art. 21, XI da CF na redação da Emenda nº 8/1995[243], e efetivada pela Lei nº 9.472/1997. A infração a referida lei ou demais normas correlatas, bem como a inobservância dos deveres decorrentes dos contratos de concessão, permissão, ou autorização, sujeitará os infratores às sanções administrativas de advertência, multa aplicável isolada ou cumulativamente, suspensão temporária, caducidade, e declaração de inidoneidade (art. 173), sendo que a caducidade importará na extinção de concessão, permissão, autorização (art. 181).

Já a fiscalização da concessão, permissão ou autorização de serviços (públicos) de geração, a transmissão, a distribuição e a comercialização da energia elétrica, prevista no art. 21, XII, *b*, da CF[244], oi incumbida a Agência Nacional de Energia Elétrica (ANEEL), criada pela Lei no 9.427/1996. A infração a referida lei ou demais normas correlatas, bem como a inobservância dos deveres decorrentes dos contratos de concessão, permissão, ou autorização, sujeitará os infratores à sanção administrativa de multa, observado o limite, por infração, de 2% (dois por cento) do faturamento, ou do valor estimado da energia produzida (art. 3º, X), bem como advertência, multa, suspensão, e declaração de inidoneidade, e caducidade previstas previstas respectivamente no art. 87 da Lei nº 8.666/1993 e 38 da Lei nº 8.987/1995, cuja aplicação foi expressamente prevista no art. 23 da Lei nº 9.427/1996.

Juliana Bonarcosi de Palma, ao salientar que tais agências foram projetadas no âmbito da reforma do Estado para disciplinar, de forma técnica e blindada de insurgências políticas, determinadas atividades cujo modelo de prestação passara com as desestatizações do intervencionismo direto estatal para a iniciativa privada, por meio de instrumentos de delegação (Regulação e autoridade – O poder sancionador na regulação. In: MEDAUAR, Odete; SCHIRATO, Vitor Rhein (Coord.). *Poder de polícia na atualidade*: Anuário do Centro de Estudos de Direito administrativo, Ambiental e Urbanístico – CEDAU do ano de 2011. Belo Horizonte: Fórum, 2014, p. 81-107.

243 CF: "Art. 21. Compete à União: [...] XI – *explorar, diretamente ou mediante autorização, concessão ou permissão, os serviços de telecomunicações, nos termos da lei, que disporá sobre* a organização dos serviços, *a criação de um órgão regulador* e outros aspectos institucionais;".

244 CF: "Art. 21. Compete à União: [...] XII – *explorar, diretamente ou mediante autorização, concessão ou permissão:* [...] b) *os serviços e instalações de energia elétrica e o aproveitamento energético dos cursos de água*, em articulação com os Estados onde se situam os potenciais hidroenergéticos".

Por sua vez, a fiscalização da concessão ou autorização da atividade econômica da exploração de recursos minerais, prevista no art. 176, § 1º da CF[245], foi incumbida a Agência Nacional de Mineração (ANM), criada pela Lei nº 13.575/2017 em substituição ao Departamento Nacional de Produção Mineral (DNPM), à qual cabe aplicar administrativamente o Decreto-lei no 227/1967 (Código de Mineração) e legislação correlata (art. 2º, *caput*). A infração a tais normas, bem como a inobservância dos deveres decorrentes dos contratos de concessão, permissão, ou autorização, sujeitará os infratores às sanções administrativas de advertência, multa e caducidade (art. 63 do Decreto-lei no 227/1967 e art. 2º, XII, c, e XIX da Lei nº 13.575/2017), bem como expropriação das substâncias minerais e equipamentos encontrados ou provenientes de atividades ilegais (art. 2º, XXVII da Lei nº 13.575/2017).

A fiscalização da concessão ou autorização da atividade econômica decorrente do aproveitamento de potenciais de energia hidráulica, também previsto no art. 176, § 1º da CF, foi incumbida a Agência Nacional de Águas (ANA), criada pela Lei nº 9.984/2000, à qual cabe aplicar administrativamente Lei nº 9.433/1997 e legislação correlata (art. 2º, *caput*). A infração ao art. 49 deste último diploma legal, sujeitará os infratores às sanções administrativas de advertência, multa e embargos provisório e definitivo, implicando o embargo definitivo na revogação da outorga (art. 50).

Por fim, a fiscalização da outorga da exploração de atividades econômicas de lavra, refino, processamento, transporte, importação e exportação de petróleo e gás natural foi incumbida a Agência Nacional do Petróleo, Gás Natural e Biocombustíveis (ANP), cuja criação foi prevista

---

245 CF: "Art. 176. As jazidas, em lavra ou não, e demais *recursos minerais e os potenciais de energia hidráulica* constituem propriedade distinta da do solo, para efeito de exploração ou aproveitamento, e pertencem à União, garantida ao concessionário a propriedade do produto da lavra.

§ 1º A *pesquisa e a lavra de recursos minerais e o aproveitamento dos potenciais a que se refere o caput deste artigo somente poderão ser efetuados mediante autorização ou concessão da União*, no interesse nacional, por brasileiros ou empresa constituída sob as leis brasileiras e que tenha sua sede e administração no País, na forma da lei, que estabelecerá as condições específicas quando essas atividades se desenvolverem em faixa de fronteira ou terras indígenas. [...]

§ 4º Não dependerá de autorização ou concessão o aproveitamento do potencial de energia renovável de capacidade reduzida."

no art. 177, § 1º, III da CF na redação da Emenda no 9/1995[246], e efetivada pela Lei nº 9.478/1997, à qual cabe aplicar administrativamente a Lei nº 9.847/1999 e legislação correlata. A infração a tais normas, bem como a inobservância dos deveres decorrentes dos contratos de concessão, permissão, ou autorização, sujeitará os infratores a aplicação, isolada ou cumulativa, das sanções administrativas de multa, expropriação de bens e produtos, cancelamento de registro do produto junto à ANP, suspensão de fornecimento de produtos; suspensão temporária, total ou parcial, de funcionamento de estabelecimento ou instalação; cancelamento de registro de estabelecimento ou instalação, e revogação de autorização para o exercício de atividade (art. 2º da Lei nº 9.847/1999).

Cumpre ainda lembrar que, conforme já pontuado no item anterior, cabe a Agência Nacional do Petróleo (ANP), no que diz respeito especificamente ao mercado de consumo do petróleo, do gás natural e dos biocombustíveis, exercer a polícia administrativa de forma direta e concorrente aos PROCON's, ou mediante convênio com estes nos Estados e Distrito Federal (art. 8º, VII da Lei nº 9.478/1997).

2.2.1.6.4 Polícia de transportes

Ainda no Capítulo I do Título VII da Constituição Federal, sobre os princípios gerais da atividade econômica, previu-se que a lei disporá

---

246 CF: "Art. 177. Constituem monopólio da União:

I – a pesquisa e a lavra das jazidas de petróleo e gás natural e outros hidrocarbonetos fluidos;

II – a refinação do petróleo nacional ou estrangeiro;

III – a importação e exportação dos produtos e derivados básicos resultantes das atividades previstas nos incisos anteriores;

IV – o transporte marítimo do petróleo bruto de origem nacional ou de derivados básicos de petróleo produzidos no País, bem assim o transporte, por meio de conduto, de petróleo bruto, seus derivados e gás natural de qualquer origem;

[...]

§ 1º *A União poderá contratar com empresas estatais ou privadas a realização das atividades previstas nos incisos I a IV deste artigo observadas as condições estabelecidas em lei.*

§ 2º *A lei a que se refere o § 1º disporá sobre*:

I – a garantia do fornecimento dos derivados de petróleo em todo o território nacional;

II – as condições de contratação;

III – *a estrutura e atribuições do órgão regulador do monopólio* da União;".

sobre a ordenação dos transportes aéreo, aquático e terrestre (art. 178, *caput*).

Para cada um dos referidos modos de transporte, foi criada na legislação infraconstitucional uma autarquia de regime especial encarregada de fiscalizar tais atividades, sendo estas, respectivamente, a Agência Nacional de Aviação Civil (ANAC), Agência Nacional de Transportes Aquaviários (ANTAQ) e Agência Nacional de Transporte Terrestres (ANTT).

Como visto no item anterior, as agências, autarquias de regime especial, além de ser caracterizadas por independência administrativa e autonomia financeira em relação ao Poder Executivo, têm autoridades dirigentes não subordinadas hierarquicamente ao governo, as quais possuem mandato fixo e estabilidade[247].

A fiscalização da atividade econômica de transporte aéreo – incumbida a Agência Nacional de Aviação Civil (ANAC), criada pela Lei nº 11.182/2005 – abrange aplicar administrativamente a Lei nº 7.565/1986 (Código Brasileiro de Aeronáutica) e legislação correlata, no que diz respeito a serviços de transporte aéreo e exploração da infraestrutura aeroportuária para fins privados[248]. A infração a tais normas, sujeitará os infratores às sanções administrativas de multa e suspensão ou cassação de certificados, licenças, concessões ou autorizações (art. 289, I a III da Lei nº 7.565/1986).

Por sua vez, a fiscalização da atividade econômica dos transportes aquático e terrestre no âmbito da União, foram incumbidas, respectivamente, a Agência Nacional de Transportes Aquaviários (ANTAQ) e

---

247 Cf. art. 4º da Lei nº 11.182/2005, e art. 21, § 2º da Lei nº 10.233/2001.
248 Cf. art. 12, III a VI da Lei nº 7.565/1986 c/c art. 8º, VII, X, XIII, XIV, XXI, XXXII, e XXXV da Lei nº 11.182/2005.

Paralelamente, contudo, à ANAC foram incumbidas atribuições no sentido de assegurar o cumprimento de normas de segurança na aviação (art. 8º, X, XVI e XVII, da Lei nº 11.182/2005), mais afins à polícia de trânsito (tráfego) aéreo, atribuída ao Comando da Aeronáutica, conforme art. 8º, II, *in fine*, XXI, *in fine*, e § 2º da Lei nº 11.182/2005 c/c art. 12, I e II da Lei nº 7.565/1986. Tal (des)arranjo normativo, tem propiciado incertezas e conflitos de atribuições entre a ANAC e o comando da Aeronáutica. A respeito, cf. ainda RIBEIRO, Carlos Vinícius Alves. Poder de polícia na aviação brasileira. Uma questão de (in)competência. In: MEDAUAR, Odete; SCHIRATO, Vitor Rhein (Coord.). *Poder de polícia na atualidade*: Anuário do Centro de Estudos de Direito administrativo, Ambiental e Urbanístico – CEDAU do ano de 2011. Belo Horizonte: Fórum, 2014, p. 269-279.

Agência Nacional de Transporte Terrestres (ANTT), criadas pela Lei nº 10.233/2001, devendo ambas se articular com órgãos e entidades da administração, em especial ANAC e órgãos de polícia de trânsito (item 2.2.2.2), para resolução das interfaces entre as modalidades de transporte, com a finalidade de promover a movimentação intermodal mais econômica e segura de pessoas e bens (arts. 22, § 1º e 23, § 1º).

Tais agências, além da fiscalização dos serviços de transporte terrestre e aquaviário respectivamente (art. 24, V, VIII e 27, V e XXI da Lei nº 10.233/2001), foram incumbidas de proceder e fiscalizar a outorga de *bens* da União integrantes da infraestrutura e de prestação destes serviços, celebrando e gerindo os respectivos contratos e demais instrumentos administrativos, aplicando as sanções pelo descumprimento, notadamente aquelas avençadas nas outorgas (art. 24, V e VIII e 27, V e XXVI da Lei nº 10.233/2001).

No que diz respeito especificamente a sanções relativas a infrações de trânsito por excesso de peso, dimensões e lotação dos veículos previstas na Lei 9.503/1997, incumbe a ANTT, ainda exercer a polícia administrativa nas rodovias federais por ela administradas, concorrentemente aos demais demais órgãos contemplados no referido diploma legal, já analisado no item 2.2.2.2 (art. 24, XVII da Lei nº 10.233/2001).

A infração ao disposto na Lei nº 10.233/2001 e o descumprimento dos deveres estabelecidos no contrato de concessão, no termo de permissão e na autorização sujeitará o responsável às sanções administrativas de advertência, multa, suspensão, cassação, declaração de inidoneidade, e perdimento do veículo, aplicáveis pela ANTT e pela ANTAQ (art. 78-A).

Apesar da Lei nº 10.233/2001 atribuir ainda à ANTT "elaborar e editar normas e regulamentos relativos à exploração de vias e terminais" e "*dispor sobre as infrações, sanções e medidas administrativas aplicáveis aos serviços de transportes*" (art. 24, IV e XVIII); e à ANTAQ "elaborar e editar normas e regulamentos relativos à prestação de serviços de transporte e à exploração da infraestrutura aquaviária e portuária" (art. 27, IV), o seu exercício pode apenas implicar em regular tais funções por meio de normas de efeitos *interna corporis*, ou conceituar, interpretar, explicitar conceitos jurídicos indeterminados contidos em lei que não tenham sido objeto de regulamento emitido pelo Presidente da República (art. 84, IV da CF[249]), sob pena de inconstitucionalidade, por violar o direito fundamental à legalidade, segundo o qual "ninguém será obrigado a fazer ou deixar de fazer alguma coisa senão em virtude de lei", bem como a cláusula pétrea da separação dos poderes (arts. 5, II e 60, § 4º, III da CF)[250].

Todavia, ambos os órgãos policiais estão se valendo de normas infralegais para, inconstitucionalmente, instituir infrações infrações administrativas não previstas em lei, por meio das Resoluções nº 223/2003[251] e 4.799/2015 da ANTT, e Resolução nº 3.274/2014 da ANTAQ, sujeitando os infratores às sanções administrativas de advertência, multa, suspensão e cancelamento, no primeiro caso, e, no segundo, a advertência, multa, proibição temporária de ingresso na área do porto, cancelamento de credenciamento de operador portuário, suspensão, cassação, declaração de inidoneidade e declaração de caducidade.

2.2.1.7 Polícia das ações e serviços de saúde

Outra importante matéria objeto de especialização da polícia administrativa diz respeito às ações e serviços de saúde as quais, de acordo com o art. 197 da CF, são de relevância pública, devendo sua execução ser feita diretamente pelo Estado ou através de terceiros e, também, por pessoa física ou jurídica de direito privado, "cabendo ao Poder Público dispor, nos termos da lei, sobre sua regulamentação, *fiscalização e controle*".

Os órgãos de polícia administrativa especial, incumbidos da fiscalização das ações e serviços de saúde na esfera federal são a Agência Nacional de Vigilância Sanitária (ANVISA), Agência Nacional de Saúde Suplementar (ANS). As agências, como visto alhures, são submetidas ao regime autárquico especial, caracterizado pela independência administrativa, autonomia financeira e funcional e mandato fixo e estabilidade

---

249 CF: "Art. 84. Compete privativamente ao Presidente da República: [...] IV – sancionar, promulgar e fazer publicar as leis, bem como *expedir decretos e regulamentos para sua fiel execução*".
250 Em sentido semelhante, DI PIETRO, Maria Sylvia Zanella. *Direito Administrativo*. 14ª ed., São Paulo: Atlas, 2002, p. 405-407.
251 Tal resolução, inclusive, é objeto da Ação Direta de Inconstitucionalidade nº 5906/DF, na qual se pleiteia a declaração de sua inconstitucionalidade, por considerá-la incompatível com os princípios da legalidade e da separação de poderes (arts. 5, II e 60, § 4º, III da CF).

de suas autoridades dirigentes, não sendo, em tese, subordinadas hierarquicamente ao governo[252].

Tais órgãos, assim como ocorre entre os órgãos de polícia da atividade econômica, também acabam por exercer verdadeiras subespecialidades policiais no âmbito das ações de serviços de saúde, por conta das peculiaridades das suas atribuições, razão pela qual serão abordados a seguir em dois subtópicos distintos.

2.2.1.7.1 Polícia sanitária

A polícia sanitária é a (sub) especialidade de polícia administrativa à qual incumbe efetivar o direito à saúde, por meio da fiscalização e controle sanitário da produção e da comercialização de produtos e serviços que envolvam a possibilidade de risco à saúde, inclusive dos ambientes, dos processos, dos insumos e das tecnologias a eles relacionados.

De acordo com o art. 198, I da CF, as ações e serviços públicos de saúde constituem um sistema único, integrado por uma rede regionalizada e hierarquizada e organizado mediante descentralização, com direção única em cada esfera de governo.

Por sua vez, o art. 200, I, II VI e VII da CF, inclui atribuições de polícia administrativa no referido sistema único de saúde (SUS), ao estabelecer que compete ao mesmo fiscalizar procedimentos, produtos e substâncias de interesse para a saúde, inclusive alimentos, compreendendo o controle de seu teor nutricional, assim como produção, transporte, guarda e utilização de substâncias e produtos psicoativos, tóxicos e radioativos; além de executar as ações de vigilância sanitária e epidemiológica.

No plano infraconstitucional, a Lei nº 8.080/1990, ao dispor sobre SUS, conceitua vigilância sanitária como "um conjunto de ações capaz de eliminar, diminuir ou prevenir riscos à saúde e de intervir nos problemas sanitários decorrentes do meio ambiente, da produção e circulação de bens e da prestação de serviços de interesse da saúde" (art. 6º § 1º), bem como estatui que a União, os Estados, o Distrito Federal e os Municípios, em seu âmbito administrativo, definirão "as instâncias e mecanismos de controle e **fiscalização inerentes ao poder de polícia sanitária**" (art. 15, XX).

---

252 Cf. arts. 3º, parágrafo único e 4º da Lei nº 9.782/1999, e art. 1º, parágrafo único, da Lei nº 9.961/2000.

Neste ponto, grande avanço ocorreu com a Lei nº 9.782/1999, a qual definiu o Sistema Nacional de Vigilância Sanitária, integrado por instituições da Administração Pública direta e indireta da União, dos Estados, do Distrito Federal e dos Municípios, que exerçam atividades de regulação, normatização, controle e fiscalização na área de vigilância sanitária (art. 1º). Paralelamente, criou, no âmbito da União, a Agência Nacional de Vigilância Sanitária (ANVISA), incumbida de coordenar o referido sistema, e com a finalidade institucional promover o controle sanitário da produção e da comercialização de produtos e serviços que envolvam a possibilidade de risco à saúde, inclusive dos ambientes, dos processos, dos insumos e das tecnologias a eles relacionados, e especialmente nos portos, aeroportos e fronteiras, cabendo-lhe, dentre outras atribuições[253], autuar e aplicar as sanções administrativas correlatas previstas em lei (art. 6º e 7º, I e XXIV).

Por sua vez, as infrações sanitárias em esfera federal, encontram-se precipuamente previstas na Lei nº 6.437/1977, cuja prática sujeita os infratores às sanções administrativas de advertência; multa; apreensão, inutilização, interdição, suspensão de vendas e/ou fabricação, ou cancelamento de registro de produto; cancelamento de autorização para funcionamento ou interdição parcial ou total de estabelecimento; intervenção no estabelecimento que receba recursos públicos; cancelamento de autorização para funcionamento de empresa; suspensão ou proibição de propaganda e publicidade, e imposição de mensagem retificadora (art. 2º).

2.2.1.7.2 Polícia dos planos privados de assistência à saúde

Como visto, as ações e serviços de saúde, embora de relevância pública, têm sua execução ser feita não apenas diretamente pelo Estado ou através de terceiros em nome deste, mas também por pessoa física ou

---

253 Interessante notar que as alíneas "c" e "d" do inciso XXV do art. 7º da Lei nº 9.782/1999, também atribui a ANVISA o exercício, pontualmente concorrente ao CADE, da polícia da concorrência (cf. item 2.2.2.6.1), ao incumbir àquela o monitoramento da evolução dos preços de medicamentos, equipamentos, componentes, insumos e serviços de saúde, podendo, quando for verificada a existência de indícios da ocorrência de infrações atualmente previstas nos incisos III ou IV do art. 36 da Lei nº 12.529/2011, mediante aumento injustificado de preços ou imposição de preços excessivos, dos bens e serviços referidos nesses incisos, convocar os responsáveis para, no prazo máximo de dez dias úteis, justificar a respectiva conduta, bem como aplicar a sanção atualmente prevista no art. 40 da Lei no 12.529/2011.

jurídica de direito privado (art. 197 da CF), o que é ainda mais explicitado pelo art. 199 da CF, ao estatuir, *in verbis*, que "a assistência à saúde é livre à iniciativa privada".

Portanto, embora as ações e serviços de saúde possam ser executadas pela iniciativa privada, esta não descaracteriza a relevância pública que lhe é inerente, cabendo ao Estado zelar pela sua eficiência, inclusive mediante exercício da polícia administrativa especializada.

No Brasil, a forma mais comum de acesso pela população as ações e serviços de saúde prestados pela iniciativa privada se dá mediante planos privados de assistência a saúde, assim conceituados pelo art. 1º, I da Lei nº 9.656/1988:

> prestação continuada de serviços ou cobertura de custos assistenciais a preço pré ou pós estabelecido, por prazo indeterminado, com a finalidade de garantir, sem limite financeiro, a assistência à saúde, pela faculdade de acesso e atendimento por profissionais ou serviços de saúde, livremente escolhidos, integrantes ou não de rede credenciada, contratada ou referenciada, visando a assistência médica, hospitalar e odontológica, a ser paga integral ou parcialmente às expensas da operadora contratada, mediante reembolso ou pagamento direto ao prestador, por conta e ordem do consumidor

Por sua vez, o art. 1º, II e § 2º do referido diploma legal define operadora de Plano de Assistência à Saúde como a pessoa jurídica constituída sob a modalidade de sociedade civil ou comercial, cooperativa, ou entidade de autogestão, que opere produto, serviço ou contrato" acima conceituado.

A Agência Nacional de Saúde Suplementar (ANS), criada pela Lei nº 9.961/2000 é o órgão de polícia administrativa das atividades dos planos privados de assistência à saúde no Brasil. Tal denominação parte do princípio de que, tais planos de saúde fornecem assistência à saúde de forma suplementar, de modo que o cidadão não perde o direito às ações e serviços públicos de saúde que integram o SUS ao contar com a cobertura do plano privado.

Dentre as atribuições da ANS destacam-se, enquanto órgão de polícia administrativa especial, fiscalizar as atividades das operadoras de planos privados de assistência à saúde e zelar pelo cumprimento das normas atinentes ao seu funcionamento, bem como em relação à abrangência das coberturas de patologias e procedimentos; fiscalizar o cumprimento das disposições da Lei nº 9.656/1998, bem como aplicar as penalidades pelo seu descumprimento; e – articular-se com os órgãos de polícia do mercado de consumo, visando a eficácia da proteção e defesa do consumidor de serviços privados de assistência à saúde (art. 4º, XXIII, XXVI, XXIX, XXX e XXXVI da Lei nº 9.961/2000).

Por sua vez, as infrações dos dispositivos da Lei nº 9.656/1998, que versa sobre os planos privados de assistência a saúde, bem como aos dispositivos dos contratos firmados entre operadoras de planos privados de assistência à saúde e seus usuários, sujeitam a operadora, seus administradores, membros de conselhos administrativos, deliberativos, consultivos, fiscais e assemelhados às penalidades de advertência; multa pecuniária; suspensão do exercício do cargo; inabilitação temporária ou permanente para exercício de cargos; e cancelamento da autorização de funcionamento e alienação da carteira de contratos da operadora (art. 25 da Lei nº 9.656/1998).

Embora não tenha sido legalmente enquadrada como sanção administrativa, vale ainda mencionar que incumbe à ANS proceder à liquidação extrajudicial das operadoras de planos privados de assistência a saúde, bem como autorizar o liquidante a requerer a sua falência ou insolvência civil (art. 4º, XXXIV da 9.961/2000), sendo a liquidação extrajudicial, portanto, uma possível consequência da sanção de cancelamento de autorização de funcionamento. Com efeito, sempre que detectadas nas operadoras insuficiência das garantias do equilíbrio financeiro e/ou anormalidades econômico-financeiras ou administrativas graves que coloquem em risco a continuidade ou a qualidade do atendimento à saúde, a ANS poderá determinar a alienação da sua carteira de contratos, o regime de direção fiscal ou técnica, por prazo não superior a trezentos e sessenta e cinco dias, ou a liquidação extrajudicial, conforme a gravidade do caso (art. 24 da Lei nº 9.656/1998).

À vista do relatório do liquidante extrajudicial, a ANS poderá autorizá-lo a requerer a falência ou insolvência civil da operadora, quando, no curso da liquidação extrajudicial, for verificado que o ativo da massa liquidanda não for suficiente para o pagamento de pelo menos a metade dos créditos quirografários; o ativo conversível em moeda corrente da massa liquidanda não for suficiente, nem sequer, para o pagamento das despesas administrativas e operacionais inerentes ao regular processamento da liquidação extrajudicial; ou nas hipóteses de fundados indícios de crimes falimentares (art. 23, §§ 1º a 3º da Lei nº 9.656/1998), nas quais cópia do relatório e documentos que o embasam também deverão ser encaminhados ao Ministério Público, para análise quanto ao ajuizamento de ação penal, ou requisição de instauração de inquérito policial pelo delegado de polícia, caso aquele entenda que tais indícios carecem de ulterior investigação criminal.

3 POLÍCIA JUDICIÁRIA

Como visto no capítulo primeiro, à polícia judiciária, incumbe, em apertada síntese, a apuração de fatos supostamente delituosos e correspondente autoria a partir da sua ocorrência ou notícia, com vistas a elucidar se os mesmos se enquadram ou não em alguma infração penal. Tem por objeto a isenta apuração da materialidade e autoria de um suposto crime ou contravenção penal mediante busca da sua verdade fática e jurídica com base em um juízo de probabilidade indiciária, e não necessariamente a busca de elementos para quaisquer partes em superveniente processo judicial, decorrendo-lhe três finalidades básicas: resguardar a imparcialidade, seletividade e eficiência da Justiça Criminal. Acessoriamente, incumbe ainda aos órgãos incumbidos da polícia judiciária atribuições adicionais correlatas a esta função, como a execução de mandados de prisão expedidos pelas autoridades judiciais, prestar-lhes as informações que se fizerem necessárias à instrução e julgamento dos processos, bem como realizar as diligências requisitadas por estas ou pelo Ministério Público no curso dos processos criminais (art. 13 e 402 do CPP).

Diferentemente da polícia administrativa, seja ela geral ou especial, o que a polícia judiciária busca de fato proteger revela-se sobremaneira mais restrito, porém não menos importante do que a preservação da ordem e segurança públicas precipuamente procedidas mediante execução de medidas de caráter estritamente administrativo. Diversamente, incumbe a esta, ao protagonizar a investigação criminal e integrar a persecução penal, a defesa da ordem jurídica, mais especificamente no que tange a questões que orbitam a sua esfera criminal, reflexamente aproveitando a segurança pública enquanto direito e responsabilidade de todos, conforme art. 144, *caput*, da CF.

Em contrapartida, diversamente da prevenção criminal exercida pela polícia administrativa geral, incidente essencialmente sobre pessoas e atividades, a função de polícia judiciária pode incidir tanto sobre bens, quanto sobre pessoas e atividades, diferindo da polícia administrativa geral, no tocante a sua incidência pessoal, em razão de esta dever ser necessariamente individualizada, por meio do indiciamento.

Para tanto, como já salientado, rege-se a polícia judiciária precipuamente por normas de índole processual penal, revestindo-se seus atos de caráter incidentalmente repressivo, quando concretizados por meio de medidas penais, em regra precedidas de autorização judicial, quando também incumbirá à polícia judiciária a execução das próprias medidas que postulou em Juízo.

Nesta seção, aprofundar-se-á didaticamente sobre o exercício da polícia judiciária no Brasil. Para tanto, inicialmente será apresentado um breve estudo sobre a mesma no direito estrangeiro, para em seguida se analisar sua evolução histórica no Brasil. Após isso, passar-se-á a análise das diferentes formas de exercício da polícia judiciária no país, com especial ênfase ao inquérito policial, a partir do qual serão diferenciadas as demais, para, em seguida, se estudar o seu exercício colaborativo junto à justiça criminal. Mais adiante, analisar-se-á casos onde a polícia judiciária tem sido exercida ilegitimamente por órgãos que não detêm a referida função, para, por fim, se adentrar a análise das nulidades passíveis de inquiná-la.

3.1 BREVE ESTUDO SOBRE NO DIREITO ESTRANGEIRO

Antes de se aprofundar o estudo da função de polícia judiciária no direito pátrio, oportuno se faz apresentar as diferentes formas de seu exercício no direito estrangeiro. Entretanto, não se pretenderá neste tópico proceder a uma análise aprofundada do sistema processual penal de cada país, mas apenas ilustrar seus traços comuns, para melhor se se compreender a legislação brasileira[254].

Sob este prisma, observar-se-á que todos os países analisados possuem órgãos destinados ao exercício da polícia judiciária, modificando-se apenas a titularidade do seu exercício. Assim, a depender da legislação processual penal, a função de polícia judiciária será presidida por um servidor público externo ou integrante do órgão que a materializa[255].

---

254 Informações sobre os sistemas de persecução penal dos países europeus disponíveis em <https://e-justice.europa.eu/content_legal_professions-29-pt.do>. Acesso em 16 set. 2014. Informações sobre a justiça criminal no Canadá disponíveis em <http://www.justicebc.ca /en/cjis/understanding/how_it_works/investigating.html>. Acesso em 16 set. 2014.
255 Desta forma, impõe-se consignar o constatado por GIACOMOLLI, Nereu José. *A*

3.1.1 Titularidade da autoridade judicial

Na legislação processual penal de Espanha, Argentina e Uruguai, optou-se pelo sistema onde o presidente da investigação criminal é um juiz de instrução, competindo aos órgãos especificamente destinados à polícia judiciária um papel meramente auxiliar, consistente na atividade de materializar as suas determinações[256].

Como se observará adiante, este sistema foi objeto de grande debate sobre sua adoção, quando da elaboração do vigente Código de Processo Penal, de 1941. Entretanto, a autoridade de polícia judiciária foi mantida para se preservar a imparcialidade da Justiça Criminal, como já salientado no item 1.2.2, bem como garantir sua atuação nos distritos mais longínquos, em uma época em que as dificuldades de comunicação eram infinitamente superiores às atuais.

Aury Lopes Jr. e Ricardo Jacobsen Gloeckner salientam que na maior parte dos países onde o juiz preside a investigação criminal há a garantia de que este não seja o mesmo que venha a julgar a causa, sob pena de se caracterizar um sistema inquisitivo, característico dos processos inquisitórios que se notabilizaram na idade média, onde o juiz acumulava as funções de investigar acusar e julgar[257].

Dessa forma, na hipótese de vedação de o juiz julgar a causa cuja investigação criminal conduziu, o juizado de instrução estruturalmente se aproxima da investigação presidida por uma autoridade de polícia judiciária, uma vez que ambas são atribuídas a autoridades com dever de isenção e distintas daquela que julga, diferenciando-se esta última em razão de a autoridade investigadora pertencer a um órgão externo ao Poder Judiciário, que, pelo menos em tese, também deveria ser dotado de autonomia.

---

fase preliminar do processo penal: crises, misérias e novas metodologias investigatórias. Rio de Janeiro: Lumen Juris, 2011. p. 27, quando afirma que nenhum dos modelos a seguir analisados prescinde do exercício da polícia judiciária.

256 E foi justamente por conta deste papel auxiliar em face do Poder Judiciário, previamente ao processo criminal, que se cunhou a denominação "polícia judiciária". Contudo, esta nomenclatura se revela imprecisa para conceituar o exercício da investigação criminal que representa a essência da referida função, em especial quando a mesma é titulada por um órgão autônomo à relação processual como no Brasil e Inglaterra, onde mais técnico seria atribuir-lhe a denominação "polícia investigativa".

257 LOPES JR., Aury Lopes; GLOECKNER; Ricardo Jacobsen. *A investigação preliminar no processo penal*. 5 ed. São Paulo: Saraiva, 2013. p. 135.

Em contrapartida, na hipótese de se admitir que o mesmo juiz que presidiu a investigação preliminar acabe por julgar o subsequente processo penal, critica-se severamente a investigação judicial por permitir que a imparcialidade do julgador reste seriamente vulnerada pelo risco de o mesmo se fixar às conclusões que previamente teceu enquanto titular da prévia investigação que presidiu[258].

Outra destacada vantagem da titularidade da função de polícia judiciária por um juiz de instrução consiste na celeridade imprimível na investigação criminal, decorrente da conveniência de o próprio presidente da investigação deter poderes jurisdicionais para, ele próprio, decretar todas as medidas cautelares criminais limitadoras de direitos fundamentais. Contudo, esta mesma vantagem acaba sendo questionável, caso se entenda logicamente incompatíveis as funções de investigar e de garantir os direitos fundamentais do investigado, quando da análise da decretação de uma medida cautelar penal.

3.1.2 Titularidade do membro do Ministério Público

Na Alemanha, Itália, Portugal, França e nos Estados Unidos, por sua vez, predomina o sistema chamado Promotor-investigador, onde, como o próprio nome sugere, o presidente da investigação criminal é

---

258 Sob esta perspectiva, questionava-se o fato de, na legislação brasileira, o juiz que autorizava as medidas representadas pela autoridade de polícia judiciária ser o mesmo que julgaria eventual processo penal subsequente em primeira instância uma vez que, ainda que em menor medida, o julgador acabava por tomar contato com questões afetas à investigação criminal que antecedeu a causa a ser julgada. Para modificar tal cenário, alterações no Código de Processo Penal incluídas pela Lei nº 13.964/2019, instituíram uma autoridade judicial específica, denominado juiz de garantias, para decidir as questões relacionadas à investigação criminal, sem, contudo, atribuir-lhe a sua presidência, a qual permaneceu sendo exercida no próprio órgão destinado à polícia judiciária.

Contudo, o Supremo Tribunal Federal, por meio de medida cautelar concedida na ADI 6299 MC/DF pelo Ministro Relator Luiz Fux em 22/01/2020, suspendeu, por tempo indeterminado, a eficácia dos arts. 3º-A a F do CPP, por meio dos quais foi introduzida o juízo de garantias pela Lei nº 13.964/2019. Na referida decisão, entendeu-se que a referida alteração legislativa demandaria uma completa reorganização da justiça criminal do país, padecendo de possível inconstitucionalidade formal, uma vez que sua iniciativa não se deu pelo Poder Judiciário, mas sim pelo Poder Executivo, bem como de possível inconstitucionalidade material, em razão da ausência de dotação orçamentária e estudo de impacto prévios para implementação da lei, e do seu impacto na eficiência da persecução penal no país.

um membro do Ministério Público, igualmente competindo aos órgãos especificamente destinados à polícia judiciária um papel meramente auxiliar, consistente na atividade de materializar as suas determinações, sob sua dependência funcional.

Entretanto, com relação ao processo penal Francês, Carlos Alberto Simões de Almeida, ressalva que, apesar de se encontrarem sob a direção do Procurador da República, e de serem colocados sob a vigilância do Procurador Geral, aos Oficiais de Polícia Judiciária incumbiria a condução do inquérito "a título principal"[259]. Assim, de acordo com o jurista lusitano, "[...] no sistema francês é à polícia que compete a titularidade do inquérito, sem prejuízo dos poderes de direção do Ministério Público [...]"[260].

Dentre os argumentos que exaltam o referido sistema, destaca-se a premissa de que a investigação criminal se presta exclusivamente para a formação da *opinio delicti* da parte acusadora da ação penal pública, ou seja, o Ministério Público. Sob este prisma, seria ilógico que o

---

[259] ALMEIDA, Carlos Alberto Simões de. *Medidas cautelares e de polícia do processo penal em direito comparado*, Coimbra: Almedina, 2006. p. 61. Neste particular, convém ainda transcrever os artigos 12 e 38 do Código de Processo Penal Francês, que assim dispõem: "Article 12 *La police judiciaire est exercée, sous la direction du procureur de la République*, par les officiers, fonctionnaires et agents désignés au présent titre"; "Article 38 Les officiers et agents de police judiciaire *sont placés sous la surveillance du procureur général*. Il peut les charger de recueillir tous renseignements qu'il estime utiles à une bonne administration de la justice." "Art. 12 A polícia judiciária é exercida sob a direção do procurador da república, por seus oficiais, funcionários e agentes designados no presente título"; "Art. 38 Os oficiais e agentes de polícia judiciária são colocados sob a supervisão do procurador geral. Este pode providenciar o recolhimento de todas as informações que considere necessárias à boa administração da justiça." (tradução nossa). No entanto, cumpre salientar que Franco Perazzoni (*in* Art. 3º. O cargo de delegado de polícia é privativo de bacharel em Direito, devendo-lhe ser dispensado o mesmo tratamento protocolar que recebem os magistrados, os membros da Defensoria Pública e do Ministério Público e os advogados. In: PEREIRA, Eliomar da Silva; DEZAN; Sandro Lúcio (Coord.). *Investigação criminal*: conduzida por delegado de polícia – comentários à Lei 12.830/2013. Curitiba: Juruá, 2013, p. 232), Fauzi Hassan Choukr (*in Garantias constitucionais na investigação criminal*. 3 ed. rev. ampl. e atual. Rio de Janeiro: Lumen Juris, 2006. p. 25-29), dentre outros, consideram que a função de polícia judiciária na França é presidida por um juiz de instrução, provavelmente em razão da coexistência de uma instrução preparatória ao julgamento da causa, posterior ao inquérito, onde ainda subsiste caráter investigativo. Neste particular, cf. ainda ALMEIDA, op cit., p. 57.

[260] Ibid., p. 267.

promotor estivesse limitado por uma autoridade externa, seja judicial, seja policial-judiciária, na busca dos elementos que devem servir tão somente para formar a sua convicção quanto ao ajuizamento da ação penal pública.

Todavia, como já exposto, a investigação não deve apenas se resumir a fornecer elementos para subsidiar a acusação de eventual ação penal, seja ela pública ou privada. Igualmente, se presta ela a resguardar a imparcialidade do juízo de eventual processo penal, bem como salvaguardar pessoas inocentes do ajuizamento de ações penais inviáveis ou açodadas, mediante isenta colheita de elementos que também possam militar em favor de sua defesa prévia[261], promovendo também a defesa da ordem jurídica como um todo.

Desta forma, o maior inconveniente da apuração presidida pelo membro do Ministério Público reside no fato de ela requerer a busca de uma isenção totalmente incompatível com quem visa, em suma, a atuar como parte acusadora no processo penal, o que faz com que o sistema sob análise acabe por violar o princípio da paridade de armas entre as partes (ainda que estas, na investigação exitam apenas em potencial), essencial nesta seara[262].

A fim de ilustrar as consequências deste óbice à investigação presidida pelo Ministério Público, recorre-se, mais uma vez, ao magistério de Aury Lopes Jr. e Ricardo Jacobsen Gloeckner, que, ao ponderarem desvantagens do referido sistema, salientam que se o Ministério Público (MP), no processo penal, existe para ser o contraditor natural do imputado, é ilógica sua construção a partir da imparcialidade. A verdade

---

261 Neste particular, cumpre lembrar que a Súmula nº 330 STJ, de 13/09/2006 (DJ 20.09.2006), estatui que "É desnecessária a resposta preliminar de que trata o artigo 514 do Código de Processo Penal, na ação penal instruída por inquérito policial". Ou seja, a prevalecer no Brasil o entendimento de que a investigação criminal veiculada no inquérito policial se serve apenas para subsidiar a acusação de eventual processo penal; esta não se prestaria a substituir a defesa prévia em rito especial de processo e julgamento dos crimes de responsabilidade dos funcionários públicos.
262 De acordo com Welton Roberto (cf. *Paridade de armas no processo penal*. Belo Horizonte: Fórum, 2011, p.101, 123), o princípio da paridade de armas, apesar de não se encontrar normatizado de forma expressa no Brasil, consiste em uma irradiação do princípio do devido processo legal. Tal princípio, assim como o da ampla defesa, incidiria sobre toda a persecução penal, o que implica em abranger também a investigação criminal, uma vez que é a partir daí que os efeitos da ação de uma parte (ainda que em potencial) podem ser percebidos pela outra.

surge para o juiz do confronto entre as partes, do contraste de argumentos e de interesses. Portanto, a imparcialidade do MP não é só infundada como também é molesta. Quanto maior é a parcialidade das partes, mais garantida está a imparcialidade do juiz, de modo que a pretendida imparcialidade do Ministério Público vem de encontro à necessidade natural de sua existência. "Em outras palavras, o processo penal e o juiz necessitam que a parte seja parte; é imprescindível sua parcialidade" [263].

Pontuam também os referidos autores que a prática demonstra que o promotor não é mais que um órgão acusador e, como tal, uma parte parcial que não vê mais que uma direção e que, por sua própria índole, está inclinado a acumular exclusivamente provas contrárias ao imputado. Portanto, "Não contribui em nada a construção de uma parte polivalente no processo penal, pois sob o manto protetor da imparcialidade o que se faz é atribuir cada dia mais poderes para uma das partes (MP), ao mesmo tempo em que se dá maior credibilidade à sua atuação". Com isso, o desequilíbrio se torna patente, caindo por terra qualquer pretensão de fazer do processo uma luta franca entre duas partes iguais, com paridade de armas[264].

Neste particular, insta ressaltar que o referido desequilíbrio traduz-se na inviabilidade de o investigado requerer a produção de elementos informativos ou probatórios que militem em seu favor antes do ajuizamento da ação penal pública perante eventual parte contrária, forçando-o a realizar toda essa atividade já no curso do processo, enquanto acusado, cerceando a sua ampla defesa[265].

---

263 LOPES JR., Aury Lopes; GLOECKNER; Ricardo Jacobsen. *A investigação preliminar no processo penal*. 5 ed. São Paulo: Saraiva, 2013. p. 163-164.

264 Ibid. p. 164. Ainda sobre a impertinência da de se atribuir imparcialidade ao Ministério Públcio na persecução penal, cf. CARNELUTTI, Francesco. Mettere il pubblico ministero al suo posto. In: *Rivista di diritto processuale*. Padova: Cedam, 1953, Volume VIII, Parte I, p. 257-264; CASARA, Rubens R. R. *Mitologia Processual Penal*, São Paulo: Saraiva, 2015. p. 152-165. Com relação a este último autor, vale ainda transcrever o seguinte trecho (p. 161): "Percebe-se, pois, que a ideia de imparcialidade do Ministério Público choca-se com a concepção moderna de processo penal, ou seja, com a noção de que o processo penal constitui um processo de partes. A afirmação da existência de uma "parte imparcial", crença comum entre os atores jurídicos, expressa contradição em seus próprios termos; tem-se nessa contradição teórica, que integra o imaginário dos membros do Ministério Público, verdadeira incompatibilidade ontológica".

265 Cf. ROVEGNO, André. *O inquérito policial e os princípios do contraditório e da ampla defesa*. Campinas: Bookseller, 2005. p. 76-77.

Portanto, atribuir ao Ministério Público a presidência da investigação criminal equivaleria a admitir que a mesma não atende à Justiça Criminal como um todo – informando a acusação, a defesa e também ao juiz – mas, antes, que se trata de uma ferramenta que servirá tão somente à primeira[266], razão pela qual revelar-se-ia o sistema menos apto a promover uma Justiça Criminal equilibrada, prudente e serena.

Além da inerente parcialidade da atuação do Ministério Público na persecução penal, deve ser ainda salientado que em grande parte, senão a maioria dos países onde este titula a função de polícia judiciária, o mesmo se encontra vinculado ao Poder Executivo, como ocorre na França, Alemanha e nos Estados Unidos, inclusive sendo seus membros, neste último país, escolhidos mediante voto popular. Tal vinculação acaba por, adicionalmente, sujeitar a presidência das investigações a interferências políticas, a serem mais detidamente analisadas adiante, ao longo da análise da investigação titulada por autoridade de polícia judiciária.

3.1.3 Titularidade da autoridade de polícia judiciária

Na Inglaterra, Dinamarca, Finlândia, Canadá, Chipre, assim como no Brasil, em regra, se outorga a titularidade da investigação criminal a uma autoridade constituída do âmbito dos próprios órgãos aos quais competem executar as funções da polícia judiciária, fazendo com que estes, para além de auxiliar o Poder Judiciário e o Ministério Público, exerçam a investigação criminal em sua plenitude, e sem qualquer vínculo de subordinação àqueles.

Em alguns países cujo direito tem matriz anglo-saxônica, como a Inglaterra, a autoridade de polícia judiciária (*the Chief Constable*) ainda

---

266 Assim, revelar-se-ia claramente plausível se defender a transferência da direção do inquérito civil público, atribuído ao Ministério Público por força do art. 129, III da CF e art. 8º e 9º da Lei nº 7.347/1985, à autoridade de polícia judiciária. Apesar de o ilícito civil, *a priori*, ostentar menor gravidade objetiva do que o ilícito penal, por versar sobre direitos disponíveis, a existência de diversas condutas objeto de dupla tipicidade em esfera penal e civil, recomendaria a apuração global de ambas as infrações pela autoridade de polícia judiciária, não apenas em razão de militar em favor da paridade de armas entre acusação e defesa, mas também por efetivar o princípio da eficiência na administração pública (art. 37, *caput*, da CF), igualmente coroado pela otimização de recursos públicos decorrente da formalização de uma única apuração para cada ato ilícito, independentemente da sua esfera jurídica.

tem a responsabilidade de propor a acusação. Ao Ministério Público, por seu turno, incumbe dar continuidade ou indeferimento às acusações inicialmente oferecidas pela autoridade de polícia judiciária.

Entretanto, no Brasil, assim como na maioria dos países onde uma autoridade de polícia judiciária titula a função correspondente, o oferecimento da acusação em regra incumbe privativamente ao Ministério Público, nos crimes de ação penal pública, ou à vítima, nos crimes de ação penal privada e ação penal privada subsidiária da pública (arts. 24, 29 e 30 do CPP). Assim, além de determinar a realização de todas as diligências necessárias ao esclarecimento dos fatos supostamente delituosos no âmbito do órgão a que pertence, incumbe à autoridade de polícia judiciária postular em juízo uma gama de medidas penais que impliquem restrições a direitos fundamentais, como prisões temporárias ou preventivas, buscas domiciliares, interceptações telemáticas e telefônicas etc, além de decretar, *sponte propria*, a medida cautelar de prisão em flagrante, ainda que sujeita a posterior homologação judicial no que tange à sua legalidade, conforme art. 5º, LXI e LXV da CF; condução coercitiva de ofendido, testemunha e perito não oficial, assim entendida como medida adotada em face do prévio desatendimento injustificado de intimação para comparecimento (arts. 201, § 1º; e 278 do CPP)[267]; além da apreensão de bens móveis, ressalvados aqueles com indícios veementes da proveniência ilícita, que não se encontram sujeitos à busca domiciliar ou pessoal (art. 6º, II c/c art. 132 do CPP).

Destaca-se entre as vantagens deste sistema, além da preservação da imparcialidade, seletividade e eficiência da Justiça Criminal (já salientadas no item 1.2.2), a garantia da paridade de armas entre a acusação e a defesa, ainda que estas, durante a investigação criminal, coexistam apenas em potencial. Com efeito, enquanto agente externo e neutro à relação processual penal, incumbe à autoridade de polícia judiciária, em nome do Estado, presidir a investigação criminal de forma isenta, podendo produzir prova que não só favoreça a acusação, mas também a defesa, pois busca a obtenção da verdade material dos fatos apurados.

Tal linha de intelecção, na legislação brasileira, materializa-se no disposto nos art. 252, incisos I e II, bem como no art. 258, todos do CPP, que considera impedidos o juiz e o membro do Ministério Público[268]

---
267 A respeito, *cf.* item 3.4.1.6.6.4.
268 Neste particular, cumpre ainda salientar que a Súmula nº 234 do STJ, que dispõe,

que atuem no processo, e anteriormente tenham funcionado como autoridade policial (*rectius*, de polícia judiciária). Tais normas tiveram por finalidade impedir que o presidente da investigação criminal atuasse no processo desta decorrente como juiz[269] ou acusador, preservando assim a lógica que norteia tal sistemática processual.

Em contrapartida, um inconveniente da investigação criminal presidida pela autoridade de polícia judiciária, em relação àquela presidida pelo juiz de instrução, consiste na morosidade em razão de a maioria dos atos nela produzidos terem de ser necessariamente reproduzidos em sede judicial, por não serem se dado sob o pálio do contraditório, possuindo apenas valor informativo em relação ao processo penal dela decorrente (art.5º, LV da CF). Não se incluem aí, contudo, atos de investigação não repetíveis em sede judicial, como perícias em vestígios transeuntes, apreensões, depoimentos cuja testemunha posteriormente vem a óbito etc.[270]. Todavia, a estrita submissão da investigação criminal a todos os ritos imprescindíveis à escorreita marcha processual, como se observará adiante (item 3.4.1.1), consiste em uma equação de difícil solução, pois, além de alguns destes lhe serem incompatíveis, poder-se-ia comprometer a dinâmica necessária à celeridade na colheita dos indícios, prejudicando eventual instrução processual[271].

in verbis, que "A *participação* de membro do Ministério Público na fase investigatória criminal não acarreta o seu impedimento ou suspeição para o oferecimento da denúncia" não pode ser interpretada de sorte que o conceito de "participação" contemple a própria presidência da investigação criminal, atribuída à autoridade de polícia judiciária. Assim, de acordo com o referido enunciado, não se considerará impedido para o oferecimento da denúncia o membro do Ministério Público que, *verbi gratia*, requisitar a instauração de inquérito policial que o antecedeu ou neste indicar diligências suplementares objetivando um maior esclarecimento acerca dos fatos apurados (art. 5º, II e 16 do CPP).

269 O Supremo Tribunal Federal já se debruçou sobre a constitucionalidade de atos de investigação criminal realizados diretamente por juízes com competência para julgamento do processo criminal, mais precisamente na ADI 1.570/DF, Tribunal Pleno, Relator(a): Min. Maurício Corrêa, j. em 12/02/2004, DJ 22/10/2004. No referido julgado, a corte reconheceu a inconstitucionalidade das disposições contidas no art. 3º da Lei nº 9.034/1995 que atribuíam autoridade de polícia judiciária ao juiz competente para o correspondente processo criminal por meio da realização pessoal de diligências.

270 Art. 155, *caput*, do CPP: "O juiz formará sua convicção pela livre apreciação da prova produzida em contraditório judicial, não podendo fundamentar sua decisão exclusivamente nos elementos informativos colhidos na investigação, *ressalvadas as provas cautelares, não repetíveis e antecipadas*".

271 Art. 6º, III do CPP: "Logo que tiver conhecimento da prática da infração penal, a

Neste particular, cumpre ressalvar a legislação inglesa, uma vez que nesta, segundo Carlos Alberto Simões de Almeida, não existe instrução processual, não havendo, em regra, a possibilidade de aprofundamento da investigação criminal, senão em hipóteses de "infrações graves ou mistas", quando um mérito da acusação é apreciado por um "juiz de paz"[272].

No entanto, o principal inconveniente da investigação presidida no âmbito da própria polícia judiciária reside no fato de os órgãos policiais, independentemente de suas funções, tradicionalmente encontrarem-se vinculados, indistintamente, ao Poder Executivo, o que, como se demonstrará adiante, acaba por interferir na isenção imprescindível à investigação criminal, em prol de uma atuação não raras vezes norteada por interesses de governo, e não de Estado, como se observará a seguir.

3.2 MARCOS HISTÓRICOS NO BRASIL

Como se pode observar, o ordenamento jurídico pátrio optou por uma investigação criminal presidida por uma autoridade constituída no âmbito do próprio órgão encarregado de exercê-la, especializada e autônoma aos futuros atores que protagonizarão eventual *persecutio criminis in juditio*[273], autoridade esta que hoje, em regra[274], encontra-se investida

---

autoridade policial deverá: [...] III - colher todas as provas que servirem para o esclarecimento do fato e suas circunstâncias".
272 ALMEIDA, Carlos Alberto Simões de. *Medidas cautelares e de polícia do processo penal em direito comparado*, Coimbra: Almedina, 2006. p. 187.
273 Para *Fernando da Costa* Tourinho Filho, *(Processo Penal, volume 1*. 25ª ed. São Paulo: RT, 2003, p. 283), '[...], o sistema brasileiro supera, em muito, os demais. Parece-nos ser o melhor de todos. Poderíamos até dizer, parafraseando Winston Churchill quando afirmava que "a democracia é o pior dos regimes, à exceção de todos os outros", [...] a nossa investigação preliminar ou preparatória para o (eventual) exercício do direito de ação, conhecida como Inquérito Policial, é a mais abominável de todas, à exceção de todas as outras [...]'.
274 No Brasil, a polícia judiciária excepcionalmente poderá ser ainda exercida por autoridades militares, quando da ocorrência de crimes militares (art. 144, § 1º, IV da CF c/c arts. 7º e 8º do Decreto-lei nº 1.002/1969 – Código de Processo Penal Militar), e por parlamentares, na hipótese de constituição de comissões parlamentares de inquérito que versem sobre fatos supostamente delituosos, quando se aplicará ao inquérito legislativo, no que não for contrário às suas peculiaridades, o mesmo regramento jurídico aplicável ao inquérito policial (art. 58, § 3º da CF e art. 6º da Lei nº 1.579/1952). Entretanto, em julgado de repercussão geral, o Supremo Tribunal Federal decidiu, por maioria, que o Ministério Público também pode, excepcionalmente, presidir investigações criminais, em casos de abuso de autoridade, prática de delito por policiais, crimes contra a Administração Pública, inércia dos organismos policiais, ou procrastinação indevi-

no delegado de polícia, como se observará mais adiante.

No entanto, a melhor compreensão de tal opção legislativa perpassa pela recapitulação dos marcos históricos relativos ao desenvolvimento da função de polícia judiciária no Brasil.

Como visto nos itens 1.1 e 2.1.1, entre a segunda metade do Século XVIII e a primeira do Século XIX, delinearam-se, na França, os contornos das diferentes funções policiais, as quais foram implantadas no Brasil durante os últimos anos de colonização portuguesa.

Nesta época, mais precisamente ao final do século XVIII, eclodiam na Europa diversas reformas legislativas inspiradas no iluminismo, que se consolidava com movimento de insurgência em face dos abusos anteriormente cometidos pela Igreja e pelo Estado. Desta forma, institutos fundamentais do direito penal da época, como a tortura e a pena de morte, passaram a ser contestados e repensados, em prol de uma concepção menos opressora da relação entre Estado e cidadão.

Neste contexto, destaca-se a Declaração Universal do Homem e do Cidadão, ocorrida na França no ano de 1789, que partia de duas premissas básicas: a garantia dos direitos individuais e a separação de poderes, tripartida em suas faces executiva, legislativa e judiciária[275].

E foi neste cenário, conforme já visto no item 1.1, que adveio a Lei de 3 do Brumário do ano IV (1795), que bipartiu o conceito de polícia em administrativa e judiciária, tendo a referida divisão, em linhas gerais, sido mantida pelo *Code d'Instruction Criminelle* de 1808, que à época acabaria por influenciar a legislação processual penal de diversos países europeus e até de outras partes do mundo[276].

Não custa rememorar que referida dicotomia então estatuiu que caberia à polícia administrativa a manutenção habitual da ordem públi-

---

da no desempenho de investigação penal, situações que, exemplificativamente, justificariam sua intervenção subsidiária. Apesar de inexistir expressa previsão a respeito no ordenamento jurídico pátrio, a legitimidade de tal investigação criminal, de acordo com o referido pretório, seria extraída da própria Constituição, a partir de cláusula que outorgaria o monopólio da ação penal pública e o controle externo sobre a atividade policial ao Ministério Público (STF, RE 593.727/ MG, Tribunal Pleno, Rel. Min. Gilmar Mendes, j. em 14/05/2015, DJe-097 Divulg. 22-05-2015).

275 ZACARIOTTO, José Pedro. *A polícia judiciária no estado democrático*. Sorocaba: Brazilian Books, 2005. p. 86-87.

276 Ibid., p. 90.

ca, em cada lugar e em cada parte da administração geral, e a prevenção de delitos, enquanto a polícia judiciária seria incumbida de investigar os delitos que a primeira não pôde evitar que fossem cometidos, coligindo as provas e entregando os autores aos tribunais incumbidos pela lei de puni-los.

A época, o processo penal português já havia firmado a opção por um sistema misto, com a existência de uma investigação inquisitorial a cargo do juiz (inquirição devassa ou querela), bem como de uma fase acusatória, onde o escrivão ou tabelião fazia as vezes da acusação. Tal sistema de juizado de instrução se encontrava presente nas Ordenações Filipinas, as quais vigoraram no Brasil até o ano de 1832 (quando entrou em vigor o primeiro Código de Processo Criminal genuinamente brasileiro), ainda que sua validade estivesse adstrita àquilo que não fosse incompatível com a constituição brasileira de 1824 e pelas leis anteriores ou posteriores à sua promulgação[277].

Em Portugal, já no Século XVIII se tentava separar as funções judiciais das policiais uma vez que estas últimas, de acordo com as ordenações do reino, eram primitivamente exercidas pelos almotacéis, de forma a confundi-las com atribuições da magistratura[278]. Neste particular, José Henrique Pierangeli e João Mendes de Almeida Júnior salientam que a separação entre as funções policiais e judiciárias tem como marco, na velha legislação portuguesa, o Alvará de 25 de julho de 1760, onde se criou o cargo de Intendente Geral de Polícia, com a firme intenção de separar as duas classes de atribuições, sem lograr, contudo, o êxito almejado, pois se antes as pessoas que exerciam atividade judiciária acumulavam funções policiais, com este Alvará foi o Intendente Geral de Polícia que passou a acumular funções judiciárias[279].

Com a chegada da corte Portuguesa ao Brasil, o rei D. João VI, em 1808, criou o cargo de Intendente Geral de Polícia da Corte, com status de ministro de Estado, cujo exercício competia a um desembargador do

---
277 Ibid., p. 67.
278 PAULA, Antônio de. *Do direito policial*. 2 ed. Rio de Janeiro: A Noite, [1943?]. p. 26.
279 PIERANGELI, José Henrique. *Processo penal*: Evolução histórica e fontes legislativas. 2 ed. São Paulo: Thomson IOB, 2004. p. 110; ALMEIDA JÚNIOR. João Mendes de. *O processo criminal brasileiro*. v. 1. 4 ed. Rio de Janeiro/São Paulo: Freitas Bastos, 1959. p. 254.

Paço, havendo um delegado em cada província, e comissários em tantos distritos quantos eram os municípios[280].

Após a independência do Brasil, no entanto, mais precisamente em 1827, a criação dos Juízes de Paz concentrou nestes magistrados leigos as funções policiais, sistema que foi mantido pelo Código de Processo Criminal de 1832[281]. Os juízes de paz – embora tendo como Chefe de Polícia um juiz de direito, no lugar do Intendente Geral[282] – eram eleitos em cada distrito municipal, na mesma oportunidade em que se escolhiam os vereadores, ou seja, sem qualquer exigência de formação jurídica, e acumulavam funções de polícia administrativa e judiciária, além de atribuições propriamente judiciárias. No Código de Processo Criminal de 1832, onde a organização judiciária tinha um acentuado cunho municipalista, estes dividiam atribuições com os juízes municipais, escolhidos a partir de lista tríplice proposta pelas câmaras municipais, e com os juízes de direito, nomeados pelo Imperador, sendo que de ambos eram requeridos conhecimentos jurídicos para o exercício do cargo[283].

O referido sistema, entretanto, acabou por ser duramente contestado, pois a forma como eram escolhidos os juízes de paz e municipais acabou por torná-los autoridades mais políticas do que judiciárias, ar-

---

280 De acordo com Adriano Mendes Barbosa, a intendência foi implantada e organizada sob os moldes da polícia francesa, por meio de um segmento destinado à vigilância das ruas e outro destinado à investigação dos delitos e captura dos criminosos. Portanto, para o referido autor, o nascedouro da investigação criminal no Brasil está umbilicalmente ligado ao surgimento da organização e sistematização da investigação pela polícia (BARBOSA, Adriano Mendes. *Curso de investigação criminal*. Porto Alegre: Núria Fabris, 2014. p. 42-43).
281 PIERANGELI, José Henrique. *Processo penal*: Evolução histórica e fontes legislativas. 2 ed. São Paulo: Thomson IOB, 2004. p. 110; ALMEIDA JÚNIOR. João Mendes de. *O processo criminal brasileiro*. v. 1. 4 ed. Rio de Janeiro/São Paulo: Freitas Bastos, 1959. p. 258.
282 Cf. SAAD, Marta. *O direito de defesa no inquérito policial*. São Paulo: Revista dos Tribunais, 2004. p. 38.
283 PIERANGELI, José Henrique. *Processo penal*: Evolução histórica e fontes legislativas. 2 ed. São Paulo: Thomson IOB, 2004. p. 97-99. Interessante observar ainda que, conforme o Estatuto Criminal de 1832, as funções do órgão acusador, representado pelo Promotor Público, não eram privativas de graduados em Direito, embora recaíssem, preferencialmente, nos que "fossem instruídos em leis", nomeados por três anos, mediante proposta das Câmaras Municipais (art. 36), ao passo que os cargos de Chefe de Polícia eram exclusivamente preenchidos por Juízes de Direito, bacharéis em Direito (arts. 6º e 44).

raigando abusos que, em síntese, colimavam proteger aqueles que os ajudaram a vencer, e, em contrapartida, perseguir aqueles que quedaram vencidos[284].

Na tentativa de mudar este quadro, a Lei nº 261/1841 e correspondente Regulamento nº 120/1842 acabaram por reformar o Código de Processo Criminal de 1832, e prever expressamente a dicotomia entre as funções de polícia administrativa e judiciária entre nós, embora concentradas nas mesmas autoridades, sendo que esta última abarcava não apenas atribuições de índole investigativa criminal, mas também funções judiciais[285]. Desta forma, como bem salientado por José Henrique Pierangeli, "A atividade policial, portanto, se tripartia em funções de polícia administrativa, polícia judiciária e atividade judiciária propriamente dita.[286]", com a figura do Chefe de Polícia apenas na capital e em cada província e os delegados e subdelegados que foram necessários (art. 1º), a quem foi incumbida a grande maioria das atribuições outorgadas aos juízes de paz, cujas funções remanescentes "[...] resumiram-se, a partir da nova legislação, na custódia de ébrios, repressão à vadiagem, à destruição de quilombos, combate às meretrizes escandalosas, concessão de termo de bem viver e cartas de segurança"[287].

Aqui, deve-se ainda ressaltar que, embora agora expressamente divididas em polícia administrativa e judiciária, a *autoridade* de ambas era

---

284 Ibid., p. 131-132.
285 ZACARIOTTO, José Pedro. *A polícia judiciária no estado democrático*. Sorocaba: Brazilian Books, 2005. p. 92.
286 No Regulamento nº 120/1842, se consagra a divisão funcional entre a polícia administrativa e judiciária, tratando-as em seções diferentes do mesmo capítulo, enquanto, inclusive chegando a denominar a primeira, em seu art. 2º, de "polícia administrativa *geral*" (Cf. SAAD, Marta. *O direito de defesa no inquérito policial*. São Paulo: Revista dos Tribunais, 2004. p. 42-43). Neste particular, Hélio Tornaghi observa ainda que, apesar de no Regulamento nº 120/1842 aparecerem distinguidas as funções de polícia administrativa e judiciária por meio de regras gerais previstas, respectivamente, em seus arts. 2º e 3º, adiante, ao tratar das atribuições de cada funcionário, as enuncia promiscuamente (op. cit., 1977, p. 220). Por sua vez, foram as autoridades de polícia judiciária ainda incumbida de função judicante, consistente em julgar contravenções crimes com pena de até seis meses e multa de até cem mil réis ou, prisão de até seis meses (art. 4º, § 1º da Lei nº 261/1941).
287 PIERANGELI, José Henrique. *Processo penal*: Evolução histórica e fontes legislativas. 2 ed. São Paulo: Thomson IOB, 2004. p. 134. No mesmo sentido, ALMEIDA, Joaquim Canuto Mendes de. *Princípios fundamentais de processo penal*. São Paulo: Revista dos Tribunais, 1973. p. 64.

civil, exercida pelo Chefe de Polícia, delegados e subdelegados (daí até hoje ser empregada na legislação processual penal o genérico *autoridade policial*). O *exercício* da polícia administrativa, contudo, incumbia a corpos de polícia militarizados, origem das atuais polícias militares, as quais só seriam juridicamente dotadas de autoridade policial própria quase um século e meio depois, em 1983, como visto no item 1.2.4.1 e 2.1.1. Neste ínterim, as referidas autoridades e os policiais que lhe eram diretamente subordinados funcional e administrativamente passaram a ser denominados *Polícia Civil*, enquanto os corpos militarizados de polícia, cujos policiais eram subordinados apenas funcionalmente às autoridades policiais civis, passaram a ser denominados *Polícia Militar*[288].

Por sua vez, de acordo com Joaquim Canuto Mendes de Almeida, o art. 4º § 9º da Lei nº 261/1841, e art. 58, § 3º do seu Regulamento nº 120/1842, ao prever que competia aos Chefes e Delegados de Polícia "[...] remetter, quando julgarem conveniente, todos os dados, provas e esclarecimentos que houverem obtido sobre um delicto, com uma exposição do caso e de suas circumstancias, aos Juízes competentes, a fim de formarem a culpa", acabou por conceber o embrião do que viria a ser o inquérito policial, agregando ainda a esta prerrogativa a incumbência de diversos atos que hoje se inserem no seu âmbito[289].

Dispunha ainda a Lei nº 261/1841 que os Chefes de Polícia seriam escolhidos dentre os Desembargadores e Juízes de Direito, e que os Delegados e Subdelegados dentre quaisquer juízes e cidadãos, sendo todos inamovíveis (Art. 2º)[290]. De acordo com Antônio de Paula, o mérito

---

288 Como marco legislativo, convém citar a Lei nº 947/1902 que, ao reorganizar a polícia no Distrito Federal, dividiu-a organicamente em civil e militar (art. 1º, I).
289 Neste sentido, ALMEIDA, Joaquim Canuto Mendes de. *Princípios fundamentais de processo penal*. São Paulo: Revista dos Tribunais, 1973. p. 68-69. Cf. ainda SAAD, Marta. *O direito de defesa no inquérito policial*. São Paulo: Revista dos Tribunais, 2004. p. 48-49; CRUZ, Francisco da. *Tratado de polícia*. São Paulo, Revista dos Tribunaes, 1932. p. 65; TOURINHO FILHO, Fernando da Costa. *Processo Penal, volume 1*. 25ª ed. São Paulo: RT, 2003, p. 177. Em sentido diverso, entendendo que o inquérito policial surgiu apenas com as reformas operadas no código de processo criminal pela Lei nº 2.033/1871 e pelo Decreto nº 4.824, do mesmo ano, MENDES, Regina Lúcia Teixeira. A invenção do inquérito policial brasileiro em uma perspectiva histórica comparada. *Revista da SJRJ*, Rio de Janeiro, n. 22, 2008, p. 162.
290 Quanto à escolha dos Delegados e Subdelegados de Polícia, assim dispunha o Regulamento nº 120/1841: "Art. 26. Os Delegados serão propostos d'entre os Juizes Municipaes, de Paz, Bachareis Formados, ou outros quaesquer Cidadãos (à exceção dos Parochos), ou com tanto que residão nas cidades, ou Villas, que

principal da referida legislação, com relação à polícia, consiste no fato de ela haver estabelecido uma estrutura jurídico-administrativa, nos moldes da organização da Lei de 3 do Brumário do ano IV, além de cometer o exercício dos cargos de chefe de polícia, delegado e subdelegado a magistrados togados, tendo em vista o prestígio e a valorização da função policial, fazendo com que, a esta altura, os delegados e subdelegados gozassem de prerrogativas de autoridade[291].

Desta forma, valorizou-se a autoridade policial, assim como se resgatou a figura do delegado de polícia; todavia, mais uma vez, não se separaram as funções de investigação criminal das estritamente judiciais, o que, por também estarem atribuídas à polícia, motivou forte reação de correntes mais liberais da sociedade da época[292].

Por outro lado, com a reforma do Código de Processo Penal de 1841, a função de polícia judiciária, ainda que chefiada por juízes, era incumbida ao Poder Executivo, o que, apesar de declaradamente visar à melhor prevenção e persecução da criminalidade, de fato constituía uma forma de centralização do poder, propiciando ao governo central e provincial o controle sobre a administração da justiça criminal, com fins políticos.

Com as modificações realizadas pela Lei nº 2.033/1871, regulamentada pelo Decreto nº 4.824 do mesmo ano, buscou-se uma melhor separação entre as funções judiciais e de polícia judiciária, tendo a jurisdição dos chefes de polícia, delegados e subdelegados se restringido à preparação dos processos relativos às infrações penais (de menor potencial

---

forem cabeças de Termos (ou dos Termos, no caso de reunião), de que trata o Art. 31 da Lei de 3 de dezembro de 1841 ou mui proximamente (nunca porém fóra dos limites dos ditos Termo ou Termos), e tenhão as qualidades requeridas para ser Eleitor, e que sejão homens de reconhecida probidade e intelligencia. Art. 27. Os Subdelegados serão propostos, ouvido o Delegado, d'entre os Juizes de Paz dos respectivos Districtos; d'entre os Bachareis Formados e outros quaesquer Cidadãoes, que nelles residirem, e tiverem as qualidades requeridas no Artigo antecedente".

291 PAULA, Antônio de. *Do direito policial*. 2 ed. Rio de Janeiro: A Noite, [1943?]. p.18-19.

292 Bismael Batista de Moraes, inclusive, salienta que nessa época as funções do delegado e do juiz se aproximavam de tal forma que, por força de decreto imperial, as autoridades policiais deveriam usar becas no exercício de suas funções, como uniforme solene que as identificasse, acompanhado de uma faixa na cintura para distinguir-se do juiz (*Direito e polícia*: uma introdução à polícia judiciária. São Paulo: Revista dos Tribunais. 1986. p. 91-92).

ofensivo) anteriormente atribuídas pela Lei n° 261/1941 (denominado procedimento *ex officio*), sendo-lhes vedado, contudo, proceder ao julgamento (art. 9° e 10° *caput*). Desta forma, coube precipuamente às autoridades de polícia judiciária a incumbência de proceder às diligências cabíveis para investigar os fatos supostamente delituosos.

De acordo com André Rovegno, tal cenário trouxe uma clara inovação, uma vez que ficou nitidamente dividida a atuação dos juízes e dos delegados e subdelegados, que anteriormente atuavam de maneira concorrente na investigação criminal[293]. Outra inovação consistiu na previsão de instrução preliminar em moldes bastante semelhantes ao hodierno inquérito policial, conforme art. 10, § 1° Lei n° 2.033/1871, a seguir transcrito:

> Art. 10. [...]
> § 1.º Para a formação da culpa nos crimes communs as mesmas autoridades policiaes deverão em seus districtos proceder ás diligencias necessarias para descobrimento dos factos criminosos e suas circumstancias e transmittirão aos promotores publicos, com os autos de corpo de delicto e indicação das testemunhas mais idoneas, todos os esclarecimentos colligidos, e desta remessa ao mesmo tempo darão parte à autoridade competente para a formação da culpa.

Por sua vez, o Decreto n° 4.824/1871 valeu-se pela primeira vez da denominação "inquérito policial" (Seção III), para denominar "[...] todas as diligências necessárias para o descobrimento dos fatos criminosos, de suas circunstâncias e de seus autores e cúmplices" (art. 42).

Outro avanço da reforma de 1871 foi a exigência de formação jurídica e quatro anos de prática forense aos chefes de polícia, bem como impossibilidade de acúmulo da referida função com a magistratura (art. 1°, § 5°)[294]. O cargo de delegado de polícia, por sua vez, passavem a ser

---

293 ROVEGNO, André. *O inquérito policial e os princípios do contraditório e da ampla defesa*. Campinas: Bookseller, 2005. p. 82.
294 Art. 1º, § 5º do Decreto n° 4.824/1871:
"Art. 1º [...] § 5° Os chefes de polícia serão nomeados d'entre os magistrados, doutores e bacharéis em direito que tiverem quatro annos de pratica do fôro ou de administração, não sendo obrigatoria a aceitação do cargo. E, quando magistrado no exercicio do cargo policial, não gosarão do predicamento de sua

incompatíveis com os da magistratura, com a aceitação de cargo judiciario importando na perda do policial (art. 7º)[295]. Por outro lado, com relação deixou-se de prever semelhante requisito aos delegados e subdelegados de polícia, inalterava-se o disposto no art. 2º da Lei nº 261/1841, que dispunha que os delegados e subdelegados seriam escolhidos dentre quaisquer juízes e cidadãos, sem exigência específica de formação jurídica ou prática forense. Aprofundava-se assim, a distinção entre a autoridade policial e a judicial[296].

Com a Constituição republicana de 1891, permitiu-se que os Estados membros legislassem em matéria processual (art. 34), o que fez com que alguns destes adotassem seus próprios Códigos, enquanto outros preferiram permanecer com a legislação em vigor até então, legislando supletivamente. A essa altura, de acordo com Regina Lúcia Teixeira Mendes, a investigação criminal – que, no Brasil imperial, foi (em 1827) atribuída a um juiz de instrução, o Juiz de Paz, legitimamente eleito – como resultado da reforma de 1841, passou a ser atribuição de delegados do desembargador chefe de Polícia Judiciária, nomeado pelo imperador. Mais adiante, como resultado da reforma de 1871, consolidou-se a sua formalização por um instrumento público, o inquérito policial, também presidido no âmbito da (autoridade de) polícia judiciária. Com a Proclamação da República, o inquérito policial permanece inalterado, porém o exercício da polícia judiciária é (totalmente) deslocado do Poder Judiciário para os poderes executivos estaduais, segundo a estrutura federalista prevalecente quando da proclamação da república[297].

---

magistratura; vencerão, porém, a respectiva antiguidade e terão os mesmos vencimentos pecuniarios, se forem superiores aos do lugar de chefe de policia".

295 Art. 7º do Decreto nº 4.824/1871: "Os cargos de Juiz Municipal e de Juiz Substituto são incompatíveis com o de qualquer autoridade policial.

Esta incompatibilidade abrange os respectivos Supplentes.

A aceitação de cargo judiciario importa a perda do policial, e não poderão ser nomeados Delegados ou Subdelegados de Polícia os que tiverem cargo judiciario, ainda sendo meros Supplentes".

296 De acordo com Regina Helena Martins de Faria, a incompatibilidade com os cargos judiciais, alida a perda (da maioria das funções de referida natureza, ocasionarram dificuldades para o preenchimento dos cargos de delegados e Subdelegados de Polícia [in Em nome da ordem: a constituição de aparatos policiais no universo luso-brasileiro (séculos XVIII e XIX). 2007. Tese (Doutorado em História) – Centro de Filosofia e Ciências Humanas, Universidade Federal de Pernambuco, Recife, p. 103].

297 MENDES, Regina Lúcia Teixeira. A invenção do inquérito policial brasileiro em

3 – Polícia Judiciária

Nos primeiros anos republicanos, com os Chefes de Polícia vinculados ao Ministério da Justiça[298] no Distrito Federal (embora ainda nomeados pelo Presidente da República[299]), e ao Secretários de Justiça e Segurança Pública nos Estados (quando também começaram ser denominados Delegados Gerais[300]), começa-se a se observar desuniformidade nos critérios adotados na legislação para a sua nomeação, os quais, a depender do momento, eram suprimidos, tornando tais cargos de livre nomeação, sem exigência de qualificação e totalmente vulneráveis a interferências políticas[301].

Em 1941, reunificou-se a legislação processual penal pátria, por meio do Código de Processo Penal em vigor até os dias atuais. Neste, não mais se previu a figura do juiz de paz e consolidou-se a separação da Polícia Judiciária em relação ao Poder Judiciário, desaparecendo quaisquer referências à origem e critérios de escolha das autoridades policiais, seja entre magistrados, ou não.

O referido Código disciplinou ainda o inquérito policial, repetindo, em linhas gerais, o conceito que lhe dera o Decreto nº 4.824/1871, delineando-o pelo apontamento do modo de iniciar-se (arts. 5º e 8º), seu conteúdo ou atividade a se desenvolver (art. 6º), assim como sua

---

uma perspectiva histórica comparada. *Revista da SJRJ*, Rio de Janeiro, n. 22, 2008, p. 167.

298 De acordo com o Decreto nº 1.631/1907, o Chefe de Polícia do Distrito Federal, embora nomeado pelo Presidente da República, fica sob a *superintendência geral* do Ministro da Justiça e Negócios Interiores (arts. 1º e 2º, § 1º). A nomeação do Chefe de Polícia do Distrito Federal pelo Presidente da República foi mantida pelo art. 5º do Decreto nº 15.848/1922 e art. 9º do Decreto nº 24.531/1934, muito embora seu art. 1º dispunha que o serviço de polícia do Distrito Federal, embora, imediatamente dirigido por um Chefe de Polícia, é subordinado ao Ministério da Justiça e Negócios Interiores.

299 Cf. art. 1º, *caput* e 2º, § 1º do Decreto nº 1.631/1907, art. 5º do Decreto nº 15.848/1922, e art. 9º do Decreto nº 24.531/1934

300 Neste ponto, cabe consignar o registro histórico de Francisco da Cruz, no que tange a organização da Polícia do estado de São Paulo, na qual por meio da Lei nº 1.510/1916, foi criado o cargo de Delegado Geral, ao qual ficou incumbido atribuições que antes competiam ao Chefe de Polícia, denominação que foi então reestabelecida pela Lei nº 2.34/1924 (CRUZ, Francisco da. *Tratado de polícia*. São Paulo, Revista dos Tribunaes, 1932. p. 37-38)

301 No art. 5º do Decreto nº 15.848/1922, estatuiu-se que o Cargo de Chefe de Polícia do Distrito Federal era de livre nomeação do Presidente da República, abolidas as restrições do art. 9º, § 1º do Decreto nº 6.440/1907, quanto a exigência do bacharelado em direito e dez anos de tirocínio na magistratura, advocacia ou administração pública.

finalização (art. 10)³⁰². Adicionalmente, incumbia-se ainda à autoridade de polícia judiciária atividades estritamente auxiliares à Justiça, quais sejam, cumprir os mandados de prisão e demais medidas cautelares penais expedidas por esta e não decorrentes de representação da autoridade de polícia judiciária nos autos da investigação criminal, prestar informações que se fizerem necessárias à instrução e julgamento dos processos criminais, bem como realizar as diligências requisitadas por esta ou pelo Ministério Público (art. 13 do CPP).

Por fim, foi ainda incumbido à autoridade de polícia judiciária resquícios de função judicial, dentre os quais a possibilidade de deflagrar e presidir parte da instrução probatória no rito processual sumário, destinado às contravenções e lesões corporais e homicídios culposos (arts. 531 a 540 do CPP e art. 1º da Lei nº 4.611/1965).

Ao dotar suas autoridades de atuação nacional nos casos de polícia administrativa marítima, aérea e de fronteiras, em 1944³⁰³ a Polícia Civil do Distrito Federal passou a se denominar Departamento Federal de Segurança Pública (D.F.S.P). Em 1946, tal atuação nacional chegou a ser estendida para abranger também a polícia judiciária em relação a algumas infrações penais³⁰⁴. No entanto, com a promulgação da Constituição do referido ano, tais atribuições de polícia administrativa foram limitadas à superintendência (fiscalização) da sua execução pelas autoridades policiais estaduais, sendo que à época prevaleceu entendimento de que tal limitação também seria implicitamente aplicável à referida função de polícia judiciária³⁰⁵.

---

302 PITOMBO, Sérgio Marcos de Moraes. Polícia judiciária: regras orientadoras. In: MORAES, Bismael B. (Coord.) *A polícia à luz do direito*. São Paulo: Revista dos Tribunais, 1991. p. 35.

303 *Cf.* Dec.-Lei nº 6.378/1944.

304 Por meio do Dec.-Lei nº 9.353/1946 (art. 1º), o art. 2º Dec.-Lei nº 6.378/1944, ganhou nova redação, com seu inciso II, b atribuindo ao Departamento Federal de Segurança Pública a apuração das seguintes frações penais: "1 - que atentarem contra a personalidade internacional a estrutura e a segurança do Estado a ordem social e a organização do trabalho; 2 - referentes à entrada permanência ou saída de estrangeiros do território nacional; 3 - as definidas nos Títulos X e XI da Parte Especial do Código Penal (Crimes contra a fé pública e a administração pública), quando interessada a Fazenda Nacional; 4 - comércio clandestino ou facilitação do uso de entorpecentes".

305 ALONSO, Annibal Martins. *Organização Policial*. Rio de Janeiro/São Paulo: Freitas Bastos, 1959, p. 53. Com a Constituição de 1946, as atribuições nacionais do Departamento Federal de Segurança Pública foram limitadas em razão de competir aos Estados prover as necessidades do seu governo e da sua admi-

Todavia, já durante a ditadura militar, a Lei n° 4.483/1964, voltou a prever funções nacionais de polícia judiciária ao Departamento Federal de Segurança Pública, embora em colaboração com as autoridades (policiais) dos Estados (art. 1°, c e d). Estabeleceu ainda que, a partir de 1966, a Polícia (Civil) do Distrito Federal, seria desmembrada do Departamento Federal de Segurança Pública, para integrar a Secretaria de Segurança Pública do Distrito Federal[306] (art. 15, parágrafo único). Com a Constituição de 1967, previu-se a Polícia Federal, nova denominação dada ao desmembramento do Departamento Federal de Segurança Pública[307], sendo-lhe incumbida a execução da polícia administrativa marítima, aérea e de fronteiras, e função de polícia judiciária em termos praticamente idênticos aos atualmente constantes no art. 144, § 1° da CF, já analisado no item 1.3.1.1.

Por sua vez, as alterações no Decreto-lei n° 667/1969 realizadas pelo Decreto-lei n° 2.010/1983, desvincularam das autoridades policiais nos estados as Polícias Militares, sujeitando-as funcionalmente de forma direta ao órgão de Segurança Pública, titularizado pelo Secretário de Segurança Pública, ao qual também se sujeitava a Polícia Civil o que, inclusive, foi consolidado pelo constituinte de 1988, ao dispor, no § 6° do art. 144 da CF, que "As polícias militares e corpos de bombeiros militares [...] subordinam-se, juntamente com as polícias civis, aos Governadores dos Estados, do Distrito Federal e dos Territórios" (redação original). Desta forma, as Polícias Militares e demais órgãos de polícia administrativa geral, passaram a exercer, por autoridade própria, tal função, tornando as autoridades policiais nos estados (delegados de polícia), essencialmente, autoridades de polícia judiciária, como visto no item 2.1.1.

Portanto, ao longo da história do Brasil, ocorreu um processo de especialização da autoridade policial, ao ponto de, no plano estadual, as autoridades policiais, agora apenas denominadas delegado de polícia, passaram a ser, essencialmente, autoridades de polícia judiciária, enquanto a autoridade da polícia administrativa geral foi conferida às Polícias Militares. No plano federal, contudo, o delegado ainda é, a rigor,

---

nistração (art. 18, § 1º), enquanto o seu art. 5º, VII atribuía a União apenas "superintender, em todo o território nacional, os serviços de polícia marítima, aérea e de fronteiras".
306 O que veio a ocorrer por meio do Dec.-lei n° 315/1967.
307 A mudança de nome foi inicialmente prevista no art. 210 do Dec.-lei n° 200/1967.

uma autoridade policial (em sentido amplo), uma vez que ao mesmo compete funções de polícia administrativa e judiciária.

Paralelamente, de forma notável a partir do século XX, concorreu para este cenário outro processo de fragmentação no âmbito da polícia administrativa especial, no qual matérias que, inicialmente, eram da alçada da autoridade policial (chefe de polícia e delegados), migraram para órgãos e autoridades especificamente destinados a exercê-las. Posteriormente, tais órgãos de polícia administrativa especial foram sendo criados tão logo o Estado percebia a necessidade de fiscalização de um determinado dado setor da atividade humana, sem que a autoridade e o exercício de sua especialidade anteriormente estivesse a cargo do delegado de polícia.

Durante este processo histórico, os delegados de polícia ainda deixaram de estar submetidas a um Chefe de Polícia, escolhido entre magistrados, para hoje estarem vinculadas a Secretários de Segurança Pública, nos Estados, ou ao Ministro da Justiça, no Plano Federal, cargos de livre nomeação ao critério político dos referidos chefes do Poder Executivo, os quais, por vezes, promoveram flexibilização ou abolição dos requisitos para nomeação de Delegados de Polícia.

Tal vinculação ao Poder Executivo, despida de quaisquer garantias funcionais, fatalmente acaba fazer com que o exercício da polícia judiciária, ao invés de efetivamente se integrar à Justiça Criminal, torne-se suscetível a servir aos interesses do governante da ocasião, e seu grupo político.

Assim, a depender do momento histórico-político, em regimes totalitaristas, ao invés de ser a primeira a coibir os inevitáveis abusos da polícia administrativa, a polícia judiciária, forçosamente, seria exercida de maneira arbitrária, pautando-se pelo desprezo institucional aos direitos fundamentais, reprimindo aqueles que ousavam de qualquer forma se opor à ditadura, ainda que no plano das ideias.

A propósito, como bem salientado por André Augusto Mendes Machado[308], as próprias normas do ainda vigente Código de Processo Penal de 1941 "[...] surgiram em pleno regime ditatorial, no qual se defendia a eficiência da persecução criminal a todo custo e o imputado

---

308 MACHADO, André Augusto Mendes. *Investigação criminal defensiva*. 2009, p. 36. Disponível em: <http://www.teses.usp.br/teses/disponiveis/2/2137/tde-27082009-114835/pt-br.php>. *Acesso em 08 mar. 2012.*

era tratado como mero objeto da investigação". Durante a vigência do referido diploma legal, a face mais evidente dessa forma de distorção institucionalizou-se por meio das Delegacias de Ordem Política e Social, que, como o próprio nome sugere, a pretexto de apurar crimes que atentassem contra a "ordem política e social", até o início da década de 1980 buscavam identificar e perseguir suspeitos de conspirarem contra a ditadura, protagonizando assim uma série de abusos cometidos em face de direitos fundamentais, que se buscou coibir em diversos dispositivos expressos na Constituição de 1988[309].

Em contrapartida, em tempos de regimes supostamente democráticos, sucateava-se os órgãos incumbidos da polícia judiciária, com seus parcos recursos materiais e humanos sendo voltados para a apuração de crimes violentos e/ou protagonizados por pessoas de classes sociais menos abastadas, e paradoxal inércia em relação aos ilícitos penais mais intimamente ligados àqueles que ocupam as esferas de poder, que normalmente requerem investigações mais complexas, e, por consequência, órgãos mais bem aparelhados, tanto materialmente quanto intelectualmente.

Por outro lado, ao se analisar historicamente a legislação processual penal brasileira, verifica-se que o referido processo histórico de especialização das autoridades policiais não chegou a se aperfeiçoar ao ponto de os delegados de polícia, enquanto autoridades de polícia judiciária, estarem incumbidas apenas da investigação criminal, uma vez que a lei processual pátria tradicionalmente se fez acompanhar de outras atribuições de natureza acessória ou até mesmo diversa da apuração de delitos, como as do art. 13 do CPP, anteriormente mencionadas.

Este contexto histórico, como já ilustrado no item 1.3.1.1, provavelmente propiciou ao constituinte de 1988, ao ineditamente prever um capítulo específico destinado à segurança pública (Título V, Capítulo III), ter-se utilizado da expressão "funções [no plural] de polícia judiciária e a apuração de infrações penais" (art. 144, § 5º da CF)[310], possivel-

---

309 Na Constituição de 1988, assim como na de 1967, foi atribuída a Polícia Federal a incumbência de "apurar infrações penais contra a ordem política e social", conforme art. 144, § 1º, I da CF, estando tais delitos atualmente previstos no Título XII do CP (Dos crimes contra o Estado Democrático de Direito), inserido pela Lei nº 14.197/2021.
310 No entanto, como visto na Nota nº 115, a Lei 12.830/2013, em seu art. 2º, *caput*, reproduz a dicção constitucional ao referir-se que as *"funções de polícia judi-*

mente em apego à redação do art. 8º, VIII, "c" da Constituição anterior, de 1967, onde se previa que a Polícia Federal teria por finalidade "[...] apurar infrações penais contra a segurança nacional, a ordem política e social ou em detrimento de bens, serviços e interêsses da União, assim como outras infrações cuja prática tenha repercussão interestadual e exija repressão uniforme, segundo se dispuser em lei". Tal redação, na Constituição de 1988, foi praticamente reproduzida no art. 144 § 1º, I da CF, onde novamente se destinou a Polícia Federal a "[...] apurar infrações penais contra a ordem política e social ou em detrimento de bens, serviços e interesses da União ou de suas entidades autárquicas e empresas públicas, assim como outras infrações cuja prática tenha repercussão interestadual ou internacional e exija repressão uniforme, segundo se dispuser em lei"; contudo, tal dispositivo agora vinha seguido do art. 144 § 1º, IV, destinando o referido órgão a "[...] exercer, com exclusividade, as *funções* de polícia judiciária da União".

Tal dicção deu margem a que se entendesse que a função (no singular) de polícia judiciária seria algo diferente da apuração de infrações penais, induzindo a se acreditar que aquela ideia de polícia judiciária que tradicionalmente era definida, em última instância, como apuração de infrações penais estaria equivocada ou superada, uma vez que o texto constitucional afrontava a doutrina longa e tranquilamente estabelecida, vindo inclusive a se chocar com o já longamente assentado art. 4º, *caput*, do Código de Processo Penal que estabelece, *in verbis*, que "A polícia judiciária será exercida pelas autoridades policiais no território de suas respectivas circunscrições e terá por fim a apuração das infrações penais e da sua autoria".

Contudo, se de um lado é cediço que a interpretação da norma infraconstitucional deve se adequar à do texto constitucional, por outro é também inegável que a atuação do constituinte – até pela sua característica menos técnico-jurídica e mais política – não está livre de equívocos e de utilização imprecisa de conceitos juridicamente consagrados.

Quando a afronta ao texto constitucional se dá diante de clara divergência interpretativa, a sua redação fatalmente move a decisão sobre a melhor interpretação do texto infralegal. Entretanto, quando o texto constitucional revela-se dissociado de questões já longamente assenta-

---

ciária e apuração de infrações penais exercidas pelo delegado de polícia são de natureza jurídica, essenciais e exclusivas de Estado".

das, sem que se vislumbrem razões técnicas ou sociológicas para tanto, não é descabido cogitar-se má técnica do constituinte, que, não raras vezes, pode ser verificada no art. 144 da CF, conforme demonstrado ao longo do Capítulo 1.

Ademais, o legislador infraconstitucional pós 1988, por meio da Lei nº 9.043/1995, já teve a oportunidade de alterar a redação do art. 4º do CPP, fazendo-o, entretanto, tão somente para substituir a expressão "jurisdições" por "circunscrições", reafirmando assim o conceito essencial tradicionalmente conferido à função polícia judiciária como correspondente a própria investigação criminal, onde outras atividades ostentam natureza complementar e secundária.

Por outro lado, o descuido do legislador constituinte ao tratar da função de polícia judiciária não ocorreu no que tange a disciplina dos direitos e garantias fundamentais, uma vez que, quando da Assembleia Constituinte que resultou na Carta de 1988, a então quase centenária república brasileira já tinha passado tanto por regimes totalitaristas, quanto supostamente democráticos, e, naquele momento histórico, buscava transitar de cerca de duas décadas de ditadura militar para um efetivo Estado de Direito, calcado pelo estrito respeito aos direitos e garantias individuais, reiteradamente violados quando da ditadura militar.

A fim de evitar os referidos abusos, foi inserida na Constituição vigente uma série de dispositivos contemplando garantias individuais em face do exercício da polícia judiciária. Desta forma, as buscas domiciliares, ressalvados os casos de prisão em flagrante, passaram a requerer autorização judicial (art. 5º, XI), não sendo recepcionado o art. 241 do CPP, que permitia que a própria autoridade de polícia judiciária também determinasse a referida medida; asseguraram-se aos presos em flagrante diversos direitos que se prestam ao controle da atuação das autoridades de polícia judiciária, como informação dos seus direitos, dentre os quais o de permanecer calado e de ter assistência da família e do advogado (art. 5º, LXIII); comunicação do local da prisão ao juiz competente e à família do preso por ele indicada (art. 5º, LXII); identificação dos responsáveis por sua prisão ou por seu interrogatório em sede policial (art. 5º, LXIV); não identificação criminal do civilmente identificado, ressalvadas as hipóteses hoje previstas na Lei nº 12.037/2009 (art.5º, LVIII); respeito à integridade física e moral do preso, sendo responsabilizado qualquer abuso contra este cometido (art. 5º, XLIX e XLIII). Por derradeiro, previu-se ainda o controle externo da atividade policial pelo Ministério Público (art. 129, VII).

Da mesma forma, em face do disposto no art. 129, I da CF, que incumbiu o Ministério Público de privativamente promover a ação penal pública, também não foi recepcionada a possibilidade de a autoridade de polícia judiciária iniciar a ação penal e subsequentemente presidir grande parte da instrução probatória no rito sumário, originalmente destinado ao julgamento das contravenções penais no Código de Processo Penal de 1941 (arts. 531 a 540), e posteriormente aplicado também às lesões corporais e homicídios culposos por força do art. 1º da Lei nº 4.611/1965. Posteriormente, os dispositivos diretamente relacionados a tal rito, também conhecido como procedimento *ex officio*, foram expressamente revogados pela Lei nº 11.719/2008.

Destarte, nos dias atuais, autoridade de polícia judiciária pode restringir direitos fundamentais independentemente de autorização judicial na decretação da constrição cautelar da liberdade mediante prisão em flagrante[311] – ainda que sujeita à posterior homologação judicial no que tange à sua legalidade, conforme art. 5º, LXI e LXV da CF – entrada em casa para fins de busca domiciliar em caso de flagrante delito,

---

311 No que tange à decretação da prisão em flagrante, cumpre trazer à baila o magistério de Anderson Souza Daura, a seguir transcrito: "Assim, aqui no Brasil, o preso não é apresentado a um juiz, conforme ocorre em muitos países, sem, contudo ferir nossas garantias individuais previstas na Constituição ou, até mesmo, os direitos inerentes à pessoa humana. Inclusive, esta hipótese de apresentação do detido a outra autoridade que não um juiz é prevista na Convenção Americana sobre Direitos Humanos, a qual foi devidamente referendada pelo Congresso Nacional através do Decreto Legislativo 27/92 que neste tocante assim dispõe: "Toda pessoa detida ou retida deve ser conduzida, sem demora, à presença de um juiz, *ou outra autoridade a exercer funções judiciais* [...]". A autoridade que, para tal ato exerce função judicial quando decide com base jurídica pela manutenção [rectius: decretação] da prisão ou soltura do detido, é a autoridade policial [rectius: de polícia judiciária], o Delegado de Polícia. Este, de antemão, analisa a legalidade do ato prisional, procede à representação escrita representativa de tal constrição podendo, ao final, ou de pronto, se convencer de que a detenção foi arbitrária, soltando o averiguado e deixando de proceder a sua lavratura. Formalizará, então, apenas o registro dos fatos ou instaurará inquérito policial mediante portaria, ou ainda, continuará com tal autuação visando melhor documentar todo o ocorrido para aferir, ao final, se deve proceder a outras responsabilidades por possíveis abusos e excessos, ou até mesmo, possibilitar um reexame posterior de sua decisão quando da remessa dos autos ao juízo." (*Inquérito policial*: Competência e Nulidades de Atos de Polícia Judiciária, 3 ed. rev. e atual. Curitiba: Juruá, 2009. p. 130-131).

apreensão de bens móveis – ressalvados aqueles que, embora com indícios veementes da proveniência ilícita, não se encontram sujeitos à busca domiciliar ou pessoal (art. 6º, II c/c art. 132 do CPP) – e condução coercitiva[312].

Todavia, premido pelo clamor à efetivação de direitos fundamentais ante o arbítrio do Estado, deixou o Constituinte de 1988 de, paralelamente, também sistematizar de forma efetiva o exercício das funções policiais, uma vez que, ao ineditamente se prever um capítulo específico destinado à segurança pública (Título V, Capítulo III), limitou-se a repetir, em linhas gerais, dispositivos que versavam sobre a matéria esparsamente previstos nas cartas de 1946 e 1967, que sucederam ao Código de Processo Penal de 1941, de maneira assistemática e acompanhados de uma imprecisão terminológica tal que mais infirma do que milita em favor da segurança jurídica, no que se refere ao tema, como pôde se observar no item 1.3.4.

Neste cenário, embora possa se afirmar que, com a Constituição de 1988 confirmou-se o processo histórico e legislativo no qual os Delegados de Polícia, incumbem essencialmente presidir a investigação criminal[313], estes, no entanto, permaneceram vinculadas ao Poder Executivo à míngua de quaisquer garantias para o seu eficiente exercício, e até mesmo de requisitos legais para sua investidura. Tal cenário, continua a interferir na autonomia e independência essenciais a uma investigação criminal isenta, ainda mais por que, no âmbito do Poder Executivo, os órgãos com função de polícia judiciária são geridos conjuntamente com aqueles destinados à polícia administrativa geral, que se presta, como visto, à manutenção da ordem e segurança públicas, nos termos do anteriormente transcrito § 6º do art. 144 da CF, de sorte que a polícia judiciária permaneça sendo percebida distorcidamente como uma função de governo, e não de Estado.

Perdeu o constituinte, portanto, a oportunidade de reestruturar os órgãos incumbidos da polícia judiciária, dotando-os de autonomia ad-

---

312 Cf. item 3.4.1.6.6.
313 Em sentido semelhante, PERAZZONI, Franco. Art. 3º. O cargo de delegado de polícia é privativo de bacharel em Direito, devendo-lhe ser dispensado o mesmo tratamento protocolar que recebem os magistrados, os membros da Defensoria Pública e do Ministério Público e os advogados. In: PEREIRA, Eliomar da Silva; DEZAN, Sandro Lúcio (Coord.). *Investigação criminal*: conduzida por delegado de polícia – comentários à Lei 12.830/2013. Curitiba: Juruá, 2013, p. 242.

ministrativa e assegurando-lhe independência funcional, uma vez que a investigação criminal por esta concretizada, como visto no item 1.2.2, relaciona-se precipuamente à defesa da ordem jurídica criminal, devendo, portanto, estar prevista entre as Funções Essenciais à Justiça (Título IV, Capítulo IV), posto que esta é a sua natureza primordial, cumprindo-lhe a promoção da segurança pública em caráter secundário[314].

Contudo, nos anos que se sucederam, a regulamentação de alguns dispositivos constitucionais permitiu que a polícia judiciária tivesse o seu exercício reinventado, não apenas no que tange ao respeito dos direitos e garantias fundamentais, mas também no que se refere à sua eficiência, ante o surgimento de novos instrumentos de investigação criminal.

Neste particular, o primeiro marco legal neste sentido pode ser observado na Lei nº 9.034/1995[315] que, no intuito de melhor instrumentalizar o exercício da polícia judiciária em face da criminalidade organizada, previu uma série de diligências investigativas, quais sejam: a) ação controlada, que consiste em retardar a intervenção do exercício da polícia judiciária em suposta ação praticada por organizações criminosas ou a elas vinculadas, desde que mantida sob observação e acompanhamento para que a medida se concretize no momento mais eficaz do ponto de vista da formação de provas e elucidação do fato delituoso; b) acesso a

---

[314] Neste sentido, BRITTO, Aldo Ribeiro. A polícia judiciária enquanto função essencial à Justiça, Salvador: publicação do autor, 2012; ROVEGNO, André. *O inquérito policial e os princípios do contraditório e da ampla defesa*. Campinas: Bookseller, 2005. p. 73-75; PEREIRA, Eliomar da Silva. *Introdução*: investigação criminal, inquérito policial e polícia judiciária. In: PEREIRA, Eliomar da Silva; DEZAN, Sandro Lúcio (Coord.). *Investigação criminal*: conduzida por delegado de polícia – comentários à Lei 12.830/2013. Curitiba: Juruá, 2013, p. 27-33; KFOURI FILHO, Abrahão José. Polícia Civil – Institucionalização. In: MORAES, Bismael B. (Coord.) *A polícia à luz do direito*. São Paulo: Revista dos Tribunais, 1991. p. 30. Em sentido diverso, entendendo que a função de polícia judiciária deveria ser exercida no âmbito do Poder Judiciário, DALLARI, Dalmo de Abreu. A Polícia Civil no Estado Brasileiro. In: MORAES, Bismael B. (Coord.). *A polícia à luz do direito*. São Paulo: Revista dos Tribunais, 1991. p. 71; FERRAJOLI, Luigi, *Direito e razão*: teoria do garantismo penal. Tradução de Ana Paula Zomer et al. 3 ed. rev. São Paulo: Revista dos Tribunais, 2010. p. 709. Para Ferrajoli, "[...] a polícia judiciária, destinada à investigação dos crimes e a execução dos provimentos jurisdicionais, deveria ser separada rigidamente dos outros corpos de polícia e dotada, em relação ao Executivo, das mesmas garantias de independência que são asseguradas ao Poder Judiciário do qual deveria, exclusivamente, depender".

[315] Hoje revogada pela Lei nº 12.850/2013.

dados, documentos e informações fiscais e bancárias, financeiras e eleitorais; c) captação e interceptação ambiental de sinais eletromagnéticos, óticos ou acústicos, e o seu registro e análise, mediante circunstanciada autorização judicial; d) infiltração por agentes da autoridade de polícia judiciária em organizações criminosas durante a investigação criminal, mediante circunstanciada autorização judicial.

No ano seguinte, sobreveio a Lei n° 9.296/1996 que, ao regulamentar o art. 5°, XII, da Constituição da República, veio cuidar da "interceptação de comunicações telefônicas, de qualquer natureza, para prova em investigação criminal e em instrução processual penal" (art. 1°), disponibilizando uma importantíssima medida cautelar, cuja utilização revolucionou a forma de se presidir inquéritos policiais, ao viabilizar a coleta continuada de uma grande quantidade de indícios dos crimes investigados em tempo real, sem deixar propiciar sua aplicação cumulativa com outras medidas cautelares mediante autorização judicial.

Por sua vez, as Leis Complementares n° 104 e 105/2001, ao reafirmarem em seus dispositivos a possibilidade do afastamento do direito fundamental à privacidade *in genere* (art. 5°, X da CF) por meio da previsão de afastamento dos sigilos bancário e fiscal mediante ordem judicial[316], só consolidaram a ampliação do espectro da investigação criminal, cujo objeto de apuração agora perpassava por um aprofundamento na engenharia financeira de organizações criminosas.

Paralelamente à ampliação das medidas cautelares penais, os concursos para delegado de polícia, autoridade que em regra exerce a função de polícia judiciária, passaram a invariavelmente exigir o bacharelado em direito para a sua investidura, melhor qualificando a presidência

---

316 O art. 1º § 4º da LC n° 105/2001 dispõe, *in verbis*, que "A quebra de sigilo poderá ser decretada, quando necessária para apuração de ocorrência de qualquer ilícito, em qualquer fase do inquérito ou do processo judicial, e especialmente nos seguintes crimes: I – de terrorismo; II – de tráfico ilícito de substâncias entorpecentes ou drogas afins; III – de contrabando ou tráfico de armas, munições ou material destinado a sua produção; IV – de extorsão mediante sequestro; V – contra o sistema financeiro nacional; VI – contra a Administração Pública; VII – contra a ordem tributária e a previdência social; VIII – lavagem de dinheiro ou ocultação de bens, direitos e valores; IX – praticado por organização criminosa". Por sua vez, a LC n° 104/2001 alterou o art. 198 do CTN, para permitir o fornecimento pela Fazenda Pública, de informação obtida em razão do ofício sobre a situação econômica ou financeira do sujeito passivo ou de terceiros e sobre a natureza e o estado de seus negócios ou atividades, no caso de requisição de autoridade judiciária no interesse da justiça.

dos inquéritos policiais. Estava, assim, configurado o cenário propício para que um novo e mais eficiente método de investigação criminal viesse a lume: as operações de polícia judiciária.

As operações de polícia judiciária passaram a ganhar notoriedade no Brasil a partir do ano de 2003, quando os noticiários passaram a ser periodicamente protagonizados por inquéritos policiais, objeto desta metodologia no âmbito da Polícia Federal. Tais investigações se valiam de conjugações particularizadas de medidas, cautelares penais, em regra integradas por busca domiciliar, prisão (temporária e preventiva) e interceptação telefônica, eventualmente acompanhadas por quebra dos sigilos bancário e fiscal, sendo todas as referidas medidas executadas em face de investigados e indiciados mediante devida autorização judicial.

Este novo método de investigação criminal teve o mérito de não só inaugurar um novo paradigma de amplitude e eficiência na apuração de delitos, mas também dar sustentação empírica às origens da criminalidade organizada no Brasil, revelando que as organizações criminosas nascem tanto na sociedade como em ambientes estatais. A quantidade de funcionários públicos presos cautelarmente em inquéritos policiais, que na Polícia Federal foram objeto de operações, indicou que alguns grupos organizados têm origem dentro do Estado e que este é um elemento estratégico para a dinâmica da criminalidade organizada, já que os criminosos o procuram em busca de cooperação ilícita[317].

O reconhecimento por tais méritos, inclusive, recentemente começou a se refletir na legislação pátria. Primeiramente, com a Lei 12.830/2013, ao prever expressamente a natureza jurídica da autoridade de polícia judiciária titulada pelo delegado de polícia[318], e em seguida

---

317 Sobre a análise da dinâmica do Crime Organizado no Brasil, por meio as operações de polícia judiciária da Polícia Federal, cf. OLIVEIRA, Adriano; ZAVERUCHA, Jorge. A dinâmica da criminalidade organizada no Brasil a partir das operações da Polícia Federal: origens, atores e escolha institucional. *Dilemas:* Revista de Estudos de Conflito e Controle Social. Rio de Janeiro, v. 5, n. 3, jul./ago./set., 2012, p. 423-446.

318 Recentemente, a Lei nº 13.047/2014 avançou ainda mais no reconhecimento da necessidade de qualificação jurídica para o delegado de polícia, ao alterar a na Lei nº 9.266/1996 para prever, no ingresso dos cargos de Delegado de Polícia Federal e Delegado de Polícia do Distrito Federal, concurso público de provas e títulos, com a participação da Ordem dos Advogados do Brasil, exigindo-se

com a Lei nº 12.850/2013 que, ao suceder a Lei nº 9.034/1995, aprofundou o regramento das diligências investigativas aplicáveis na apuração de fatos delituosos perpetrados por organizações criminosas.

Na atualidade, além de marcado pelo método das operações, o exercício da polícia judiciária tem incorporado a utilização de medidas alternativas à prisão, inicialmente com base em entendimentos jurisprudenciais, e mais recentemente também lastreadas na pela Lei nº 12.403/2011, que incluiu um substancial rol de alternativas cautelares à prisão no Código de Processo Penal.

3.3 A POLÍCIA JUDICIÁRIA ENQUANTO FUNÇÃO ESSENCIAL À JUSTIÇA

No item anterior, salientou-se que a função de polícia judiciária, por se relacionar precipuamente à defesa da ordem jurídica criminal, deveria estar prevista entre as Funções Essenciais à Justiça (Título IV, Capítulo IV), posto que esta é a sua natureza primordial, cumprindo-lhe a promoção da segurança pública em caráter secundário.

Aqui, cabe iniciar uma abordagem um pouco mais aprofundada a respeito para que, na seguinte subseção, se adentre às formas de exercício da polícia judiciária admitidas na legislação pátria com o necessário conhecimento das premissas adotadas para seu estudo.

De acordo com a clássica teoria da divisão de poderes notabilizada por Montesquieu no século XVIII[319], caberiam ao Estado, essencialmente, três modalidades de funções, celebremente denominadas de Poder Executivo, Legislativo e Judiciário. Ao primeiro, competiria, em linhas gerais, a prática de atos de chefia de estado e de governo, incluídas a orientação de decisões gerais e de direção da administração, dentre as

---

diploma de Bacharel em Direito e, no mínimo, 3 (três) anos de atividade jurídica ou policial, comprovados no ato da posse. Dessa forma, ainda que tardiamente e mediante legislação infraconstitucional, consolida-se uma tendência de se equiparar a qualificação para ingresso na carreira de Delegado de Polícia àquelas instituídas para a magistratura ao Ministério Público, por meio da Emenda Constitucional nº 45/2004.

319 Teoria esta que acabaria por influenciar decisivamente a diversas constituições promulgadas ao final do Século XVIII, bem como a revolução Francesa de 1789, em cuja esteira adviria a dicotomia entre as polícias administrativa e judiciária (1795).

quais aquelas referentes à manutenção da ordem e segurança pública internas, incumbidas aos órgãos de polícia administrativa, e de defesa em face de agressões externas, a cargo das Forças Armadas.

A clássica concepção da teoria da divisão de poderes também previa que a tripartição proposta não deveria ocorrer de forma absoluta, devendo os poderes se relacionar de maneira harmônica, de forma que se limitassem reciprocamente, sem que tal levasse ao ponto de paralisar uns aos outros. Esta limitação recíproca, denominada *sistema de freios e contrapesos (checks and balances)*, exemplifica-se, por exemplo, na proposição e veto de lei pelo Poder Executivo, na declaração de inconstitucionalidade de leis procedidas pelo Poder Judiciário, bem como na fiscalização financeiro-orçamentária e político-administrativa da União a cargo do Poder Legislativo, sendo a primeira exercida com auxílio do Tribunal de Contas, e a segunda por meio das Comissões Parlamentares de Inquérito, cujas funções, como estudado, eventualmente podem possuir natureza de polícia judiciária.

Desta forma, o objetivo inicial da separação das funções do Estado e distribuição entre órgãos autônomos e independentes tinha como finalidade a proteção da liberdade individual contra o arbítrio de um governante onipotente[320].

Por sua vez, no Estado democrático de direito contemporâneo, apesar de se permanecer alinhado à tradicional ideia de tripartição de poderes, já se percebe que esta fórmula, se aplicada com rigidez, torna-se inadequada para atender todas as suas necessidades, que perpassam pelo constante aperfeiçoamento dos mecanismos de controle recíproco entre as suas funções.

Nesta senda, a Constituição Federal de 1988, ao alçar o princípio da separação de poderes à condição de cláusula pétrea (art. 60 § 4º, III), atribuiu in(ter)dependência aos três tradicionais poderes de Estado: Executivo, Legislativo e Judiciário (art. 2º), ao tempo em que também previu órgãos, como o Ministério Público, os Tribunais de Contas que, por terem funções relacionadas à fiscalização de todos os poderes, tiveram sua autonomia financeira e administrativa reconhecida (arts. 73, §

---

320 Neste sentido, cf. MORAES, Alexandre de. *Direito constitucional*. 11ª ed. São Paulo: Atlas, 2002, p. 373.

3º, e 127 § 2º da CF), não se subordinando a nenhum deles. Mais recentemente, por meio da Emenda Constitucional nº 45/2004, foram reconhecidas idênticas prerrogativas às Defensorias Públicas dos Estados[321], por força dos arts. 134 § 2º e 168 da CF.

Com efeito, os referidos órgãos podem potencialmente se contrapor aos interesses dos integrantes quaisquer dos três poderes estatais, concretizando de forma mais efetiva as suas limitações recíprocas de forma a se evitar que quaisquer destes sejam exercidos de forma tirânica e/ou divorciada dos princípios que norteiam toda a administração pública, quais sejam, legalidade, impessoalidade, moralidade, publicidade e eficiência, enunciados no art. 37, *caput*, da CF.

Portanto, natural seria que os órgãos titulares de função de polícia judiciária – por ser uma função destinada deflagrar a persecução penal mediante isenta apuração de fatos supostamente delituosos mediante busca da verdade, cuja autoria pode recair em integrantes de qualquer dos três poderes – também ostentassem a autonomia administrativa e financeira. A garantia de autonomia administrativa permite aos referidos entes a sua auto-organização, possibilitando-lhes, por exemplo, elaborar o seu regimento interno e eleger seus dirigentes; já garantia de autonomia financeira autorizaria a tais **órgãos** apresentar sua própria proposta orçamentária, preservando-os de ingerências que visem a cercear os recursos necessários para o exercício das suas funções.

Da mesma forma, deveriam ser asseguradas garantias de independência funcional às autoridades de polícia judiciária, a quem, por presidirem a investigação criminal e eventualmente restringirem direitos fundamentais independentemente de prévia autorização judicial, devem ser concedidas garantias equivalentes àquelas atribuídas aos magistrados – quais sejam, vitaliciedade, inamovibilidade e irredutibilidade de subsídios – com vistas a proporcionar-lhes equivalente isenção e liberdade de atuação.

Tais medidas assegurariam a isonomia entre as referidas autoridades e os demais agentes estatais atuantes na *persecutio criminis*, como

---

321 Frise-se, contudo, que o texto do art. 134 § 2º da CF, de forma francamente anti-isonômica, restringiu a referida autonomia apenas às Defensorias Públicas Estaduais, impropriedade que se encontra em via de ser reparada por conta da PEC nº 82/2011, que prevê o reconhecimento expresso de idênticas prerrogativas à Defensoria Pública da União.

se pode observar na leitura do inciso I, do art. 93; dos incisos I, II, III, do art. 95, bem como nas alíneas "a", "b" e "c", do inciso I, do § 5º, do art. 128, e art. 129 § 3º da Constituição Federal, que, respectivamente, atribuem não apenas aos magistrados, mas também aos integrantes do Ministério Público as garantias da vitaliciedade, inamovibilidade e irredutibilidade de subsídios.

Em relação às garantias de independência funcional, não custa rememorar que a vitaliciedade é a garantia que assegura à autoridade o direito de só ser destituída da sua função por decisão judicial transitada em julgado, preservando-a de ser demitida apenas por decisão administrativa disciplinar. A inamovibilidade, por sua vez, consiste na impossibilidade de remoção da autoridade de um local para outro, sem seu consentimento, exceto quando por interesse público, devidamente fundamentado. Já a irredutibilidade de subsídio significa que a autoridade não pode ter seus vencimentos reduzidos.

Com relação à inamovibilidade, um claro avanço se deu com a edição Lei nº 12.830/2013, cujo § 5º do art. 2º, previu expressamente que a remoção do delegado de polícia dar-se-a somente por ato fundamentado.

Todavia, seja por conta da má compreensão das diferentes naturezas jurídicas das referidas funções policiais, seja pela desatenção do constituinte em não reestruturar a persecução penal extrajudicial, compatibilizando-a com os avanços em sede de direitos fundamentais na carta de 1988, permaneceu a polícia judiciária subordinada ao Poder Executivo, juntamente com a polícia administrativa geral, sem quaisquer garantias institucionais ou funcionais, perpetuando na estrutura do Estado brasileiro um desequilíbrio institucional em seu sistema de defesa da ordem jurídica em sede criminal, que se apresenta por meio de uma polícia judiciária susceptível a interferências políticas, com prejuízos à efetividade da Justiça.

Portanto, diante da atual ordem constitucional, a função de polícia judiciária continua a ser percebida distorcidamente como uma função de governo, e não de Estado. Perdeu o constituinte originário – como já sinalizado na subseção anterior, assim como no item 1.3.4 – a oportunidade de reestruturar os órgãos que a titulam, dotando as suas autoridades das garantias necessárias para o seu devido exercício.

3 – Polícia Judiciária

Apesar da referida função – por se relacionar precipuamente à defesa da ordem jurídica criminal, dever estar prevista entre as Funções Essenciais à Justiça (Título IV, Capítulo IV), posto que esta é a sua natureza primordial[322], cumprindo-lhe a promoção da segurança pública em caráter secundário – seus dispositivos foram inseridos em capítulo referente à segurança pública no texto constitucional, com os órgãos que a titulam administrativamente[323] subordinados ao titular do Poder Executivo (art. 144, § 6º da CF), juntamente com aqueles que exercem da polícia administrativa os quais, como a própria denominação sugere, atuam em nome da administração (executiva) do Estado.

Assim, propicia-se que os órgãos e autoridades titulares de diferentes funções policiais recebam tratamento essencialmente indistinto sem atentar para as suas peculiaridades, induzindo-as a uma atuação hierarquizada e imediatista, inclinada a incidir apenas sobre os crimes em que os traços de violência e desordem se mostrem mais visíveis, e cujos autores normalmente são oriundos de classes sociais menos favorecidas, o que não exaure grande parte das incidências penais objeto da polícia judiciária. Dessa forma, na busca de se dar uma rápida "resposta" à sociedade, seja qual for a função policial, preserva-se da atuação investigativa os crimes "menos visíveis", conquanto mais complexos e de até maior lesividade, onde se encontram envolvidas pessoas de maior poder econômico, não raras vezes ligadas ao próprio Poder Executivo[324].

---

322 Em sentido semelhante posiciona-se André Nicolitt, para quem "a função de polícia judiciária, muito embora não figure no capítulo das funções essenciais a justiça (arts. 127 a 135 CF/1988) implicitamente trata-se de função essencial à justiça" (*Manual de Processo Penal*, 6ª ed. rev. atual. e ampl., São Paulo: Revista dos Tribunais, 2016, p. 178).

323 Note-se que o texto constitucional nem sequer esclarece a natureza da subordinação das diferentes funções policiais ao Poder Executivo, se apenas administrativa ou também funcional, depreendendo-se que esta, em relação à polícia judiciária, deve se ater apenas no âmbito administrativo, dada a nítida incompatibilidade entre uma subordinação funcional ao governo e o seu independente exercício.

324 Neste contexto, sobrecarregada pela cobrança do governo e da sociedade leiga por um imediatismo incompatível com a natureza de sua função, compromete-se a serenidade e prudência imprescindível para um eficiente exercício da polícia judiciária, cotidianamente deturpado pela falsa ideia de que a identificação e eventual captura de suspeitos de cometer crimes é mais importante e até mesmo dissociada do desvelamento da verdade material dos fatos a serem apurados. Desta forma, afasta-se a polícia judiciária de desempenhar adequadamente aquela que, em um Estado que se pauta pelo zelo aos direitos funda-

Neste particular, cumpre trazer à baila a reflexão tecida por José Pedro Zaccariotto, quando assevera que apenas um governante verdadeiramente honesto, competente e ainda realizador, concordaria em conferir alguma autonomia – de direito e não apenas faticamente por casuísmo, fraqueza ou inaptidão – a um órgão incumbido da polícia judiciária, dotando-lhe de condições para eficientemente apurar não apenas a criminalidade "rasteira", mas, também, a ele próprio ou seus parceiros e financiadores, por profissionais de alto gabarito técnico e ético, sem enxergá-los como estorvos, e meros subordinados[325].

A realidade tem demonstrado, no entanto, que os governantes brasileiros, não raras vezes, têm divergido do perfil acima idealizado[326].

---

mentais, deveria ser a sua principal finalidade, qual seja, garantir que o cidadão não sofra imputações levianas ou açodadas em juízo.

325 ZACARIOTTO, José Pedro. *A polícia judiciária no estado democrático*. Sorocaba: Brazilian Books, 2005, p. 181.

326 Como provável exemplo, pode-se citar a remoção simultânea, por ato do Governador de Estado, de *todos* os delegados que presidiam investigações sobre crimes de corrupção na Polícia Civil, publicada na madrugada do dia 07/11/2019. Na mesma semana, o Delegado-Diretor da Divisão de Comate à Corrupção do referido órgão já havia sido exonerado, mais precisamente em 05/11/2019, dia no qual a instituição em questão executou uma operação em inquérito que investigava fraudes em contratos realizados pelo governo estadual.

Na semana seguinte, em 14/11/2019, sobreveio decisão judicial liminar após ação movida pelo Sindicato dos Delegados de Polícia, a qual suspendeu a referida remoção simultânea, considerando a ausência da sua fundamentação, expressamente requerida pelo art. 2º, § 5º da Lei nº 12.830/2013, bem como o prejuízo que causaria às investigações em curso, cujo interrompimento prejudicaria o interesse público. Na citada decisão, asseverou-se ainda que, "não pode a Administração Pública deslocar seus funcionários de maneira abusiva ou indiscriminada, ou sem fundamentação, camuflando vontades escusas e alheias ao interesse público, afetando o interesse individual do administrado. E o controle de legalidade, que permite proteger inclusive o Administrador de falsas acusações, somente pode ser efetivado por meio da motivação dada ao ato administrativo. [...] não se pode olvidar que o Brasil precisa passar por uma verdadeira assepsia para combater o cancro feroz da corrupção. Para que isso ocorra, precisamos ter instituições fortes e comprometidas com esse objetivo, de modo que consigam desenvolver suas atividades constitucionalmente previstas de maneira independente e indene de interferências. Nunca é demais lembrar, que as condutas dos administradores devem sempre ser pautadas pelos princípios constitucionais da legalidade e moralidade, mesmo quando os atos forem discricionários". Disponível em: <https://g1.globo.com/to/tocantins/noticia/2019/11/07/governo-faz-novas-mudancas-na-policia-civil-e-transfere-delegados-que-investigavam-casos-de-corrupcao.ghtml>, <https://g1.globo.com/to/tocantins/noticia/2019/11/05/delegado-evaldo-gomes-e-exonerado-do-cargo-de-diretor-de-combate-a-corrupcao-do-tocantins.ghtml> e <https://globo-

Esta conjuntura, evidentemente, não se coaduna com a visão contemporânea do princípio da separação dos poderes no qual se lastreia a constituição de 1988, tampouco com diversos outros princípios que a orientam, tais como a isonomia (art. 5º, *caput*), e a eficiência administrativa (art. 37, *caput*, da CF), acima aludidos.

---

play.globo.com/v/8085573/?utm_source=facebook&utm_medium=share-player-desktop>. Acesso em: 14 nov. 2019.

Posteriormente, em 20/10/2021, o Superior Tribunal de Justiça determinou o afastamento do mesmo Governador de Estado de sua função pública, pelo prazo de 6 (seis) meses, a partir de duas investigações criminais, sendo que uma das quais versava sobre atuação de organização criminosa na Secretaria de Segurança Pública, suspeita de obstruir investigações e vazar informações aos investigados. Em nota, a Polícia Federal – órgão que executou a referida decisão judicial, exarada no bojo da operação denominada *Éris* – informou que, de acordo com a correspondente investigação criminal, "o governo estadual removeu indevidamente delegados responsáveis por inquéritos de combate à corrupção conforme as apurações avançavam e mencionavam expressamente membros da cúpula do Estado." Disponível em: <https://g1.globo.com/to/tocantins/noticia/2021/10/20/policia-federal-cumpre-mandados-de-busca-na-casa-de-mauro-carlesse-governador-do-tocantins.ghtml>. Acesso em: 20 out. 2021.

Outro fato digno de registro consiste no anúncio público de demissão por parte de Minsitro da Justiça e Segurança Pública, no dia 24/04/2020, sob o fundamento de que o Presidente da República estaria querendo interferir politicamente na Polícia Federal, órgão integrante do referido Ministério, por meio da substituição do seu Delegado Diretor Geral por outro de sua proximidade pessoal, sem causa aparente, bem como estaria querendo obter informações de natureza reservada da Polícia Federal.

Em mandado de Segurança ajuizado em face da nomeação do novo Delegado Diretor Geral em 27/04/2020, o Supremo Tribunal Federal, por meio de Decisão do seu Ministro Relator Alexandre de Moraes no dia 24/04/2020, deferiu medida liminar para suspender a eficácia do referido ato (MS 37.097/DF). Na referida decisão, fundamentou-se que a escolha e nomeação do Delegado Diretor da Polícia Federal pelo Presidente da República (CF, art. 84, XXV e Lei Federal 9.266/1996, art. 2º-C), mesmo tendo caráter discricionário quanto ao mérito, está vinculada ao império constitucional e legal, verificando-se, no caso, probabilidade de desvio de finalidade do ato presidencial de nomeação, por inobservância aos princípios constitucionais da impessoalidade, da moralidade (art. 37, *caput*, da CF) e do interesse público. Com a escolha pelo Presidente da República de outro Delegado para a Direção Geral da Polícia Federal, foi o MS 37.097/DF julgado prejudicado em 08/05/2020, ante a superveniente perda do seu objeto.

Em relação ao caso, foi ainda instaurado perante o Supremo Tribunal Federal o Inquérito nº 4.831/DF para apuração de eventuais infrações penais, dentre as quais advocacia administrativa (art. 321 do CP), prevaricação (art. 319 do CP), obstrução de Justiça (art. 2º, § 1º, da Lei nº 12.850/2013), e corrupção passiva privilegiada (art. 317, § 2º, do CP).

Viola-se o princípio da igualdade ao se permitir que órgãos de funções potencialmente antagônicas aos Poderes Executivo, Legislativo e Judiciário possuam tratamento distinto, com o reconhecimento de autonomia administrativa ao Ministério Público, Defensorias Públicas e Tribunais de Contas, enquanto permanecem os órgãos de polícia judiciária tanto financeiramente quanto administrativamente subordinados ao Poder Executivo. Aí, sobreleva-se ainda a desigualdade do tratamento da polícia judiciária em relação ao Ministério Público e Defensoria Pública, já que a primeira, conforme demonstrado, de fato constitui-se em uma função essencial à Justiça, assim como as atribuições exercidas pelos dois últimos.

Como visto ao longo do item 2.2, até mesmo alguns órgãos de polícia administrativa especial constituídos como autarquias (especialmente aqueles qualificados como agências), detêm algum grau infraconstitucional de autonomia administrativa não conferido àqueles incumbidos da *polícia judiciária* – como autoridades dirigentes não subordinadas hierarquicamente ao governo, com mandato fixo e estabilidade – o que só evidencia ainda mais esta distorção ao ponto de, na polícia brasileira, haver casos onde até a polícia incumbida de apurar (e processar) infrações administrativas legalmente goza de uma autonomia maior do que aquela incumbida de apurar infrações penais, cuja persecução processual demanda mais garantias a direitos fundamentais.

Da mesma forma, viola-se o referido princípio ao não se assegurar garantias de independência funcional às autoridades de polícia judiciária, equivalentes àquelas atribuídas aos magistrados (e membros do Ministério Público) – quais sejam, vitaliciedade, inamovibilidade e irredutibilidade de subsídios – com vistas a proporcionar-lhes equivalente isenção e liberdade de atuação.

Por consequência, vulnera-se o princípio da eficiência administrativa na administração pública, ao se propiciar que determinado perfil de criminalidade – onde frequentemente se inserem agentes estatais eventualmente comprometidos com práticas delituosas, notadamente aqueles da alta cúpula do Poder Executivo – esteja preservado da investigação criminal, por meio da administração dos órgãos de polícia judiciária de sorte a comprometer o desenvolvimento de investigações mais complexas, como aquelas que versam sobre peculato de verbas públicas, lavagem de dinheiro e crimes contra o sistema financeiro, não raras vezes limitando a sua atuação[327].

Portanto, estabelecida a necessidade de adequação do tratamento constitucional dado à polícia judiciária e à sua natureza jurídica, passa-se a propor, *de lege ferenda*, medidas para que, doravante, seja plenamente atingido este desiderato.

Primeiramente, deve ser a polícia judiciária reconhecida enquanto função essencial à Justiça, sendo os órgãos que albergam as autoridades que a exercem devidamente posicionados no Título IV, Capítulo IV da Constituição Federal, bem como dotados de autonomia administrativa e financeira, com sua autoridade dirigente não subordinada hierarquicamente ao governo, com mandato fixo não coincidente com o dos Chefes do Poder Executivo e Legislativo e estabilidade. As referidas garantias institucionais são prerrogativas que visam a preservar a independência dos órgãos policiais-judiciários da ingerência de qualquer outro poder cujo membro esteja sob sua investigação.

Paralelamente, além dos órgãos destinados ao exercício da Polícia Judiciária da União e nos Estados, hoje previstos nos arts. 144 § 1º, I e IV e § 4º da CF, dever-se-ia prever órgãos específicos para o exercício da polícia judiciária militar, compostos por autoridades civis, especificamente destinados a este fim. Ademais, permaneceriam as funções de polícia administrativa vinculadas ao Poder Executivo, no Título V, Capítulo III da Constituição Federal, de forma a não haver mais situa-

---

[327] Em sentido semelhante, posiciona-se Fábio Konder Comparato, quando em entrevista concedida enquanto presidente da Comissão Nacional de Defesa da República e da Cidadania da Ordem dos Advogados do Brasil (OAB), assim declarou: "a polícia judiciária não pode ficar submetida ao Executivo, porque ela é um órgão essencial para o funcionamento do sistema judiciário. E se ela estiver no Executivo, há dois defeitos capitais: não só ela não investiga eventuais infrações penais cometidas, e já não digo pelo chefe do Executivo, que é absolutamente responsável, como uma espécie de rei, mas ela também não investiga os amigos do chefe. Por outro lado, ela pode servir como uma arma do chefe do Executivo contra os seus inimigos. O que no Brasil está claríssimo.". Disponível em: http://terramagazine.terra.com.br/interna/0,,OI1638587-EI6578,00.html. Acesso em: 14 abr. 2012. Também, entendendo que a polícia judiciária deve ser cercada de garantias que a afastem das influências e injunções de ordem partidária, MARQUES, José Frederico. *Elementos de direito processual penal – volume 1*. Campinas: Bookseller, 1998, p. 158.

ções em que um mesmo órgão detenha funções policiais de ambas as espécies.

Desta forma, com órgãos autônomos e autoridades independentes dedicadas exclusivamente ao exercício da polícia judiciária, incluída aí a apuração de crimes militares, não haveria mais porque existir investigações criminais presididas por comissões parlamentares de inquérito. Tal instituto, originalmente concebido como um instrumento de fiscalização do Poder Legislativo sobre o Poder Executivo, não se coaduna com a concepção contemporânea do princípio da separação dos poderes ao exercer funções de polícia judiciária, pois, além da ausência de autonomia perante o Poder Legislativo, os parlamentares que compõem as referidas comissões são políticos que em regra não detêm a necessária isenção ou preparo técnico para a eventual presidência de investigações criminais, conforme já demonstrado no item 1.3.1.7.1.

Em contrapartida, o controle externo em relação à polícia judiciária seria aperfeiçoado de forma a se adequar ao seu escopo de defesa da ordem jurídica. Para tanto, sugere-se a instituição de um órgão colegiado especificamente destinado ao controle externo finalístico do seu exercício, composto não apenas por membros do Ministério Público, como preceitua o art. 129, VII da CF, mas também por magistrados, advogados e até mesmo membros da sociedade civil organizada, de sorte que a isenção e eficiência da investigação criminal seja representativamente fiscalizada sob a ótica de toda a sociedade, e não apenas daquele que deverá atuar como parte acusadora no caso de um processo penal desta decorrente[328].

Com a adoção das providências ora sugeridas, vislumbra-se que, ao invés de instituir um "Estado Policialesco" estereotipado por arbitrariedades resultantes das distorções históricas anteriormente descritas, pelo contrário, finalmente se possibilitaria uma justiça criminal democrática, serena e eficiente, resultante de uma persecução onde, do início ao fim, seus atores estejam munidos de equivalentes garantias para o exercício de suas funções, conformando o texto de constitucional com a visão contemporânea do princípio da separação dos poderes que ela própria adotou de forma sistêmica, além dos princípios da isonomia (art. 5º, *caput*), e da eficiência administrativa (art. 37, *caput*).

---

328 Para uma análise mais aprofundada desta proposição, cf. item 5.2.3.

3 – Polícia Judiciária

Apesar da materialização da maioria tais proposições reformistas requerem emenda constitucional[329], medidas como a concessão de garantias de independência funcional *às autoridades de polícia judiciária*, dentre outras que visem a dotar de maior eficiência o seu exercício, mostram-se também possíveis de ser adotadas em sede infraconstitucional[330], em regulamentação ao art. 144 § 7º da CF, o qual dispõe, *in verbis*, que "A lei disciplinará a organização e o funcionamento dos órgãos responsáveis pela segurança pública, **de maneira a garantir a eficiência de suas atividades**"(grifo nosso)[331].

Com fulcro no referido dispositivo constitucional, foi editada a Lei nº 13.675/2018, a qual estabeleceu a Política Nacional de Segurança Pública e Defesa Social (PNSPDS), e instituiu o Sistema Único de Segurança Pública (SUSP), englobando não apenas por órgãos policiais, mas também guardas municipais, órgãos do sistema penitenciário, secretarias de temas correlatos à segurança pública (art. 9º, § 2º, VII a XV), e até mesmo pela guarda portuária (art. 9º, § 2º, XVI), que nada mais é do que um setor de vigilância patrimonial organizado por cada concessionária de serviço público administra os portos brasileiros (art. 17, § 1º, XV da *Lei nº 12.815/2013).*

Contudo, no referido diploma legal, nada se dispôs acerca de garantias de independência funcional às autoridades de polícia judiciária, tendo a omissão legislativa até então desperdiçado a oportunidade de efetivamente prever garantias para a eficiência da polícia judiciária.

---

329 Medidas que se aproximam das propostas ora elencadas encontram-se na PEC nº *409/2009*, em trâmite no Congresso Nacional. Todavia, nesta a polícia judiciária continua prevista o artigo 144, da Constituição Federal como função relacionada ao Poder Executivo, perpetuando uma incompreensão que não deixa de vulnerar o conjunto dos seus avanços.

330 Desta forma, esclarecer-se-ia expressamente a subordinação dos Delegados de Polícia aos respectivos titulares do Poder Executivo, seria administrativa, e não funcional, como pode sugerir o art. 144, § 6º da CF.

331 Neste particular, cumpre salientar que a concessão de garantias de independência funcional às autoridades de polícia judiciária, desacompanhada da autonomia administrativo-financeira dos órgãos por estas dirigidos, se revela claramente insuficiente para preservá-las de eventuais antagonismos entre as investigações que presidem e os interesses do Poder Executivo, já que este ainda disporia este de meios para limitar a sua eficiência, privando-as dos recursos materiais e humanos necessários para o satisfatório desempenho de sua função.

3.4 FORMAS DE EXERCÍCIO NO BRASIL

Estabelecida uma visão histórica a e teleológica sobre a polícia judiciária no Brasil, cumpre agora adentrar a análise das suas formas de exercício previstas na legislação pátria, quais sejam, inquérito policial, inquérito policial militar e inquérito parlamentar penal.

Na mesma categoria, foi incluída a apuração de ato infracional atribuído a criança e adolescente, uma vez que estes, embora não sejam penalmente imputáveis, são responsabilizados pelas condutas descritas como infração penal, mediante aplicação de medidas socioeducativas (art. 103 da Lei nº 8.069/1990), analogamente ao que ocorre com o inimputável que, em razão de doença mental ou desenvolvimento mental incompleto, ou retardado, era, ao tempo da conduta, inteiramente incapaz de entender o caráter ilícito do fato ou de determinar-se de acordo com esse entendimento (art. 26 do CP). Estes, embora não se sujeitem às sanções penais previstas no Título V do Código Penal (art. 32) são responsabilizados mediante aplicação de medidas de segurança previstas no Título VI do mesmo diploma legal (art. 96, I e II).

Como a polícia judiciária ordinariamente se formaliza por meio do inquérito policial, aqui tomar-se-á este como ponto de partida, procedendo-se ao seu estudo analítico, para, mais adiante, se tratar das especificidades dos demais veículos de apuração criminal.

3.4.1 Inquérito policial

O inquérito policial, como dito, é a forma pela qual ordinariamente se materializa apuração de infrações penais, ressalvando-se as de natureza militar, objeto do inquérito policial militar, previsto no Título II do Livro I do Código de Processo Penal Militar. As suas normas, inclusive, aplicam-se subsidiariamente às demais formas de exercício da polícia judiciária previstas na legislação pátria, como pode se observar no art. 3º "a" do CPPM e art. 6º da Lei nº 1.579/1952, que versa sobre o inquérito parlamentar.

Na legislação em vigor, a espinha dorsal do regramento do inquérito policial encontra-se originalmente contemplada no Título II do Livro I do Código de Processo Penal (arts. 4º a 23), sendo complementada não apenas por diversos dispositivos esparsos no referido diploma legal, mas também na legislação extravagante, notadamente nas Leis nº 7.960/1989, 9.099/1995, 12.830/2013 e 12.850/2013, as quais serão contextualizadamente estudadas no transcorrer da análise sistematizada do referido conjunto normativo.

3.4.1.1 Conceito e natureza jurídica

O inquérito policial é o conjunto dos atos e procedimentos pelo qual ordinariamente é documentada a investigação de fatos que aparentemente configuram infração penal, demonstrando-se a sua materialidade, bem como respectiva autoria.

A definição de infração penal no direito brasileiro está prevista no art. 1º da Lei de Introdução ao Código Penal (Dec.-Lei nº 3.914/1941), como um gênero, cujas espécies seriam o crime e a contravenção. O crime (também denominado delito) é a infração penal que a lei comina pena de prisão por reclusão ou detenção, quer isoladamente, quer alternativa ou cumulativamente com a pena de multa; enquanto a contravenção é a infração penal a que a lei comina, isoladamente, pena de prisão simples ou de multa, ou ambas, alternativa ou cumulativamente[332].

---

332 Aqui, há de ressalvar o art. 28 da Lei nº 11.343/2006, o qual previu para o usuário de drogas infração que não contempla qualquer de pena de prisão, e prevê a aplicação subsidiária de multa não como pena, mas apenas como meio para a garantia do cumprimento das medidas educativas ali cominadas como sanção.

De acordo com o precedente do Supremo tribunal Federal, a referida infração ostentaria natureza jurídica de crime (RE 430105 QO, Primeira Turma Relator(a): Min. Sepúlveda Pertence, julgado em 13/02/2007, DJe-004 de 27-04-2007 DJ 27-04-2007). Para tanto, entendeu-se que o art. 1º da Lei de Introdução ao Código Penal – que se limita a estabelecer um critério que permite distinguir quando se está diante de um crime ou de uma contravenção – não obsta a que lei ordinária superveniente adote outros critérios gerais de distinção, ou estabeleça para determinado crime – como o fez o art. 28 da L. 11.343/06 – pena diversa da privação ou restrição da liberdade, a qual constitui somente uma das opções constitucionais passíveis de adoção pela lei incriminadora (CF/88, art. 5º, XLVI e XLVII). Soma-se a tudo a previsão, como regra geral, ao processo de infrações atribuídas ao usuário de drogas, do rito estabelecido para os crimes de menor potencial ofensivo, possibilitando até mesmo a proposta de aplicação imediata da pena de que trata o art. 76 da Lei nº 9.099/1995 (art. 48, §§ 1º e 5º), bem como a disciplina da prescrição segundo as regras do art. 107 e seguintes do CP (art. 30 da 28 da Lei nº 11.343/2006). Portanto, entendeu-se que o referido tipo teria sido objeto de "despenalização", entendida como exclusão das penas privativas de liberdade.

Contudo, a natureza jurídica do art. 28 da Lei nº 11.343/2006 voltou a ser objeto de discussão Supremo Tribunal Federal, mais precisamente no RE 635.659 RG, cujo Relator é o Min. Gilmar Mendes, ainda pendente de julgamento pelo plenário da referida corte.

Por sua vez, a materialidade, também denominada corpo de delito, consiste no conjunto dos vestígios materiais resultantes da prática criminosa[333]. Já a autoria, nos termos do art. 29 do CP, compreende aquele que, de qualquer modo, concorre para a conduta delituosa.

Em apertada síntese, pode se afirmar que o autor é aquele que realiza a conduta descrita no núcleo do tipo penal, e tem o poder de decidir se irá até o fim ou não com a sua execução. Dentro de um cenário de concurso de pessoas, serão coautores todos aqueles que tiverem uma participação importante e necessária ao cometimento da infração, não se exigindo que todos sejam, necessariamente, executores, praticando a conduta prevista no núcleo do tipo penal. Caso o crime chegue, ao menos, a ser tentado, ou seja, tenha a sua execução iniciada e não se consume por circunstâncias alheias à vontade do autor (art. 14, II do CP), também revela-se punível o partícipe, ou seja, aquele que tem atuação acessória, seja ela moral, por meio do induzimento (determinação) ou instigação ao autor, seja na prestação de auxílio material (art. 31 do CP)[334].

Portanto, na apuração da autoria de infrações penais cometidas mediante concurso de pessoas, é de extrema relevância se identificar tanto quem é(são) o(s) (co)autores, quanto quem é(são) o(s) partícipe(s). Igualmente, releva identificar se a autoria ou participação é dolosa (quando se quer o resultado ou se assume o risco de produzi-lo, art. 18, I do CP) ou culposa (praticada mediante negligência ou imperícia, sem assunção do risco do resultado, art. 18, II do CP), uma vez que apenas determinadas infrações penais são puníveis a título culposo, bem como se, no caso apurado, incide alguma causa excludente de responsabilidade penal[335].

Os atos e procedimentos que dão substância ao inquérito policial podem ser administrativos ou jurisdicionais, sendo os primeiros essenciais (alguns deles obrigatórios), e os segundos eventuais e acessórios. No entanto, ambos resultam reunidos em uma única pasta, em razão de comungarem da mesma finalidade: apurar a verdade sobre um fato aparentemente delituoso.[336]

O inquérito policial, enquanto conjunto de atos e procedimentos, não apresenta feições de processo, tampouco de procedimento adminis-

---

333 Sobre corpo de delito, cf. item 3.4.1.6.2.
334 Para maior aprofundamento sobre autoria, coautoria e participação, *cf.* GRECO, Rogério. *Curso de Direito Penal*: Parte geral. 3ª Ed. Rio de Janeiro: Impetus, 2003, p. 474-531.
335 *Cf.* arts. 20 a 27 do CP.
336 ROVÉGNO, André. *O inquérito policial e os princípios do contraditório e da ampla defesa*. Campinas: Bookseller, 2005, p. 228.

trativo. Falta-lhe característica essencial do processo, uma vez que neste momento da persecução penal ainda não há partes, e sim situações jurídicas, as quais serão analisadas a mais adiante, sendo-lhe, portanto, incompatível o exercício do contraditório, assim entendido essencialmente como a garantia de que ao envolvido no processo de estrutura acusatória a possibilidade de realizar pedidos, de argumentar e assim demonstrar as razões de aceitabilidade de seus pleitos à autoridade judicial, e, por fim, da mesma maneira, demonstrar as razões de não aceitabilidade dos pedidos da parte adversa. Por conta da ausência de partes processuais, o inquérito policial, diferentemente do processo, não é predominantemente impulsionado e não pelas partes que o integram, mas por atos de ofício da autoridade de polícia judiciária que o preside (inquisitoriedade).

Por outro lado, nem sequer é possível globalmente abarcá-lo na noção de procedimento, uma vez que a formação dos seus atos, ao contrário deste, não devem obedecer uma sequência pré-determinada legalmente.[337] Como já observado no item 1.2.4, o inquérito policial é caracterizado fundamentalmente pela liberdade de rito, reconhecendo-se ampla discricionariedade à autoridade que o preside na escolha do momento, ordem e conteúdo dos atos que o compõem. No entanto, cumpre salientar que o inquérito policial também se mostra passível de ser pontualmente composto por procedimentos, uma vez que ditados por uma sequência de atos legalmente prevista338, que passam a compô-lo juntamente com os demais atos que venham a integrá-lo, na ordem discricionariamente determinada pela autoridade de polícia judiciária que o preside.

Por sua vez, o art. 6º do CPP determina que alguns atos administrativos passíveis de compor o inquérito policial possuem adoção obrigató-

---

337 Em sentido semelhante, cf. FERNANDES, Antônio Scarance. *Processo Penal Constitucional*. 3. Ed. rev. Atual. e ampl. – São Paulo: Ed. Revista dos Tribunais, 2002, p. 64. No entanto, a partir das alterações efetuadas na legislação penal e processual penal pela Lei nº 13.964/2019, passou-se a ser inadequadamente utilizada em dispositivos legais a expressão "procedimento" para denominar os meios de formalização de investigação criminal, como pode-se observar nos arts. 14-A, *caput* e § 1º; e 158-B, VII, ambos do CPP; art. 1- A, § 1º da Lei nº 12.694/2012; art. 4º, § 4-Aº da Lei nº 12.850/2013; e art. 16-A, *caput* e § 1º do CPPM, cujas redações foram dadas pela Lei nº 13.964/2019.
338 Como exemplo, pode-se citar o auto de prisão em flagrante, cujo procedimento se encontra disciplinado no Livro I, Título IX, Capítulo II, do Código de Processo Penal (arts. 301 a 310), bem como a execução da medida cautelar de interceptação telefônica, prevista na Lei nº 9.296/1996.

ria, caso aplicáveis[339], como pode-se observar pela sua própria redação, onde se estatui que a autoridade que o preside deverá, ao tomar conhecimento da infração a ser investigada, determinar, sempre que cabível, que se proceda a exame de corpo de delito[340] e quaisquer outras perícias, bem como, providenciar para que não se alterem o estado e conservação das coisas, até sua realização (incisos I e VII); apreender os objetos que tiverem relação com o fato (II); ouvir o ofendido e o indiciado (IV e V); proceder a reconhecimento de pessoas e coisas e acareações (VI); ordenar a identificação criminal do indiciado (VIII)[341].

O art. 6º, III do CPP ainda alude ao dever genérico de "colher todas as provas que servirem para o esclarecimento do fato e suas circunstâncias", para o qual atualmente a legislação, por meio do art. 2º, § 2º da lei nº 12.830/2013, prevê expressamente o instrumento da requisição de exames periciais, informações, documentos e dados que interessem à apuração junto a seus detentores[342].

Medidas cautelares urgentes, em especial aquelas sobre indícios que corram o risco de desaparecimento em razão do fator tempo, podem ser determinadas diretamente pelo delegado de polícia, mais especificamente a decretação da constrição cautelar da liberdade mediante prisão em flagrante, ainda que sujeita à posterior homologação judicial no que tange à sua legalidade (art. 5º, LXI e LXV da CF); condução coercitiva de ofendido, testemunha e perito não oficial, assim entendida como medida adotada em face do prévio desatendimento injustificado de intimação para comparecimento (arts. 201, § 1º; e 278 do CPP)[343]; determinação para a realização de perícias (art. 6º, VII do CPP); bem como apreensão para a qual não se faça necessária busca domiciliar (art. 6º, II do CPP)[344].

---

339 Neste sentido, MIRABETE, Julio Fabbrini. *Processo Penal*. 8ª Ed. rev. e atual. São Paulo: Atlas, 1998, p. 86.
340 Art. 158 do CPP: "Quando a infração deixar vestígios, será indispensável o exame de corpo de delito, direto ou indireto, não podendo supri-lo a confissão do acusado".
341 O art.5º, LVIII da CF, determina a não identificação criminal do civilmente identificado, ressalvadas as hipóteses hoje previstas na Lei nº 12.037/2009. Para uma análise mais detida das referidas normas, *cf.* item 3.4.1.3.4.1.
342 A respeito, *cf.* item 3.4.1.6.1.
343 A respeito, *cf.* item 3.4.1.6.6.4.
344 Neste sentido, cf. ROVEGNO, André. *O inquérito policial e os princípios do contraditório e da ampla defesa*. Campinas: Bookseller, 2005. p. 203. Ressalte-se, ainda, que a prisão em flagrante, e por crime militar, independentemente do estado de flagrância, prescinde de autorização judicial (art. 5º LXI CF).

3 – Polícia Judiciária

Já os atos jurisdicionais passíveis de integrar o inquérito policial consistem nas demais medidas eventualmente aplicáveis, previstas tanto no Código de Processo Penal, quanto na legislação extravagante, como as prisões temporária e preventiva, medidas alternativas à prisão, afastamento de sigilo de dados, interceptação de comunicações, busca domiciliar, sequestro ou arresto de bens, ação controlada, escuta ambiental, e infiltração de agentes da autoridade de polícia judiciária.

Tais atos e procedimentos administrativos e jurisdicionais integram o inquérito policial em função de compartilharem da mesma finalidade: apurar a verdade sobre um fato aparentemente delituoso.

Como pôde se observar no item 1.2.2, o exercício da polícia judiciária, da qual decorre o inquérito policial, tem por objeto a isenta apuração da materialidade e autoria de um suposto crime ou contravenção penal mediante busca da sua verdade fática e jurídica com base em um juízo de probabilidade indiciária, e não necessariamente a busca de elementos para quaisquer partes em superveniente processo judicial.

Desta forma, observa-se que do inquérito policial, veículo do exercício da polícia judiciária, decorrem três finalidades básicas: resguardar a imparcialidade, seletividade e eficiência da Justiça Criminal.

A imparcialidade da Justiça Criminal permanece resguardada na medida em que se municia o juiz com uma instrução provisória procedida por uma autoridade não comprometida ou vinculada à acusação ou a defesa, preservando-o de juízos açodados e/ou parciais.

A seletividade da Justiça Criminal mantém-se igualmente preservada, na medida em que se evita que acusações infundadas ou temerárias sejam indevidamente judicializadas, esquivando-se de que sejam submetidos ao Juízo um sem número de casos fatalmente destinados à absolvição, bem como salvaguardando direitos individuais ao evitar que inocentes sejam açodadamente submetidos ao desgaste de um processo penal.

Em contrapartida, o que passa pelo referido "filtro processual", com a devida apuração de materialidade e autoria delituosa, resulta em uma maior eficiência da Justiça Criminal, ao permitir que o titular da ação penal ingresse em juízo com elementos mínimos que viabilizem que o mesmo possa legitimamente exercer o *jus persequendi*, com uma perspectiva concreta de possível condenação. Não é demais dizer que, apesar de o inquérito policial não ser indispensável ao ajuizamento da ação penal, esta, em regra, acompanha a inicial acusatória, dotando-a de maior credibilidade por ser instruída com elementos colhidos por uma autoridade alheia e neutra em relação ao destino da causa.

Desta forma, por ser o objeto do inquérito policial a isenta apuração da materialidade e autoria delitivas mediante busca da verdade, as provas coletadas em sua instrução não implicam, necessariamente, em fornecer elementos para que a ação penal seja ajuizada pelo seu titular, podendo estas igualmente militar em favor da defesa do investigado[345], como, por exemplo, no caso de perícia conclusiva quanto à não autoria de um determinado suspeito.

Destarte – em razão do esclarecimento dos fatos objetivado pelo inquérito policial possibilitar, inclusive, a desnecessidade de um processo penal, e não necessariamente a busca de elementos para quaisquer partes em superveniente processo judicial – impõe-se reconhecer que o inquérito policial, enquanto veículo de investigação criminal, compatibiliza-se com uma destinação, qual seja, a busca da verdade sobre uma conduta supostamente delituosa, e não com um "destinatário", representado pelas partes[346] que, durante o seu curso, quando muito, só existem potencialmente.

---

345 Neste sentido, DAURA, Anderson Souza, *Inquérito Policial*: Competência e Nulidades de Atos de Polícia Judiciária. 3ª Ed, rev. e atual. Curitiba: Juruá, 2009, p. 116.

346 Portanto, bastante questionável revela-se o art. 3º-C, § 3º do CPP, introduzido pela Lei nº 13.964/2019, o qual, ao instituir o juízo de garantias com competência para as questões afetas ao inquérito policial, estatuiu que os seus autos, após o seu encerramento, "ficarão acautelados na secretaria desse juízo, à disposição do Ministério Público e da defesa, e não serão apensados aos autos do processo enviados ao juiz da instrução e julgamento, ressalvados os documentos relativos às provas irrepetíveis, medidas de obtenção de provas ou de antecipação de provas, que deverão ser remetidos para apensamento em apartado".

Com isso, o juiz da instrução estaria, em princípio, privado de todas as informações produzidas no inquérito policial que antecedeu o processo, caso estas não sejam apresentadas pela acusação ou defesa, prejudicando a busca da verdade e propiciando um aumento de ocorrências de dúvidas quando do julgamento do processo, do qual decorrerá um maior número de absolvições.

Entretanto, o Supremo Tribunal Federal, por meio de medida cautelar concedida na ADI 6299 MC/DF pelo Ministro Relator Luiz Fux em 22/01/2020, suspendeu, por tempo indeterminado, a eficácia dos arts. 3º-A a F do CPP, por meio dos quais foi introduzida o juízo de garantias pela Lei nº 13.964/2019. Na referida decisão, entendeu-se que a referida alteração legislativa demandaria uma completa reorganização da justiça criminal do país, padecendo de possível inconstitucionalidade formal, uma vez que sua iniciativa não se deu pelo Poder Judiciário, mas sim pelo Poder Executivo, bem como de possível inconstitucionalidade material, em razão da ausência de dotação orçamentária e estudo de impacto prévios para implementação da lei, e do seu impacto na eficiência da persecução penal no país.

3.4.1.2 Principais características do inquérito policial

Tem sido comum na doutrina processual penal brasileira se elencar características ou "princípios" do inquérito policial, incluindo-se, nesta categoria, a autoritariedade, obrigatoriedade, indisponibilidade, documentação escrita, facultatividade e sigilação[347].

Aqui, no entanto, tais características não serão apenas revisitadas, mas também revisadas, para adequá-las a aspectos contemporâneos do inquérito policial, e/ ou que, até então escaparam aos consolidados estudos sobre o tema.

Fixada tal premissa, elenca-se, em revisão às supra mencionadas características do inquérito policial, a presidência do delegado de polícia, oportunidade regrada, indisponibilidade, documentação predominantemente escrita, facultatividade e publicidade restrita, a serem analisadas a seguir.

3.4.1.2.1 Presidência do delegado de polícia

A presidência do inquérito policial por delegado de polícia é uma tradição que sobreviveu à evolução da legislação processual penal pátria, não sem também sofrer uma notável atualização à luz dos paradigmas que atualmente norteiam o ordenamento jurídico pátrio de sorte que, para melhor se compreender esta característica, outrora referida genericamente como autoritariedade, necessário se faz revisitar brevemente alguns aspectos históricos já abordados anteriormente, agora com enfoque específico na referida autoridade.

Como visto no item 3.2, durante o final do período colonial brasileiro, com a chegada da Corte portuguesa ao país, implantou-se a Intendência Geral de Polícia, cuja chefia era desempenhada por um desembargador, nomeado Intendente Geral de Polícia, com status de ministro de Estado. Dadas as peculiaridades e extensão do território nacional, o intendente podia autorizar outra pessoa a representá-lo nas províncias, surgindo desta atribuição o uso do termo "delegado" no Brasil. Este "delegado" exercia, contemporaneamente, funções típicas de autoridade policial (tanto administrativa como judiciária) e judiciais.

Pouco após a independência do país, em 1827, foi implementada sensível alteração no sistema de persecução penal, que introduziu o juiz

---
347 *Cf.*, dentre outros, TÁVORA, Nestor; ANTONINI, Rosmar. *Curso de Direito Processual Penal*, 7ª Ed. Salvador: Juspodivm, 2012, p. 105 e ss.

de paz previsto na Constituição de 1824, com atribuição policial e judiciária, e extinguiu os delegados de polícia. A principal diferença entre os delegados de polícia e os juízes de paz vinha da origem da autoridade judicial. Enquanto a autoridade do intendente e seu delegado emanava do monarca, a do juiz de paz vinha da eleição na localidade.

Tal sistema, mantido pelo novel Código de Processo Criminal, de 1832, perdurou até a reforma processual de 1841, quando a Lei n° 261, de 03 de dezembro, sucedida pelo Regulamento n° 120/1942, determinou que os chefes de polícia, na capital e em cada província, seriam escolhidos entre os desembargadores e juízes de direito, e que os delegados e os subdelegados podiam ser nomeados entre juízes e demais cidadãos, tendo autoridade para julgar e punir. Ressurge, assim, a figura do Delegado de Polícia, o qual, tal qual anteriormente, exercia funções de polícia administrativa e judiciária, e até mesmo funções judiciais, abarcando, a um só tempo autoridades de características policial e judiciária.

Com o advento da Lei n° 2.033/1871 e do subsequente Decreto n° 4.824/1871, se consolidou uma separação mais acentuada entre funções judiciais e de polícia judiciária, vedando-se às autoridades policiais o julgamento de quaisquer ilícitos penais, e consagrando-se, no ordenamento pátrio, o inquérito policial como principal modelo legal de apuração de fatos criminosos. Na referida lei, já é possível se observar a designação dos Chefes, Delegados e subdelegados de polícia pelo gênero "autoridades policiais" (art. 1°, § 4°), terminologia posteriormente consagrada pelo vigente Código de Processo Penal de 1941, e legislação posterior. A separação entre as funções judiciais e de polícia judiciária aprofundar-se-ia ainda mais, ganhando as atuais feições com a Constituição de 1988, facultando-se à autoridade de polícia judiciária restringir direitos fundamentais independentemente de autorização judicial apenas em determinados casos, a ser detidamente estudados mais adiante.

Neste ínterim, como visto no item 1.2.4.1 e 2.1.1, a própria autoridade de polícia administrativa também foi sendo desmembrada da autoridade policial, não apenas pelo advento da regulamentação de polícias administrativas especiais alheias às suas atribuições, mas também pela desvinculação da polícia administrativa geral ocorrida, no plano legislativo, pela alteração dos art. 3° alínea *a*, e 4° do Decreto-lei n° 667/1969 pelo Decreto-lei n° 2.010/1983, sujeitando as funcionalmente as Polícia Militares de maneira direta ao órgão de Segurança Pública do respectivo Estado federado, titularizado Secretário de Segurança Pública. Tal centralização, inclusive, foi ratificada pelo constituinte de 1988, ao dispor, no § 6º do art. 144 da CF, que "As polícias militares e corpos de bombeiros militares [...] subordinam-se, juntamente com as polícias civis, aos Governadores dos Estados, do Distrito Federal e dos Territórios" (redação original).

Em contrapartida, como visto ao longo do capítulo 1, a constituição de 1988, também consagrou a carreira de Delegado de Polícia como dirigente de órgãos titulares da função de polícia judiciária, conforme se depreende do art. 144 § 5º da CF.

Desta forma, o emprego da denominação "delegado de polícia" resistiu ao tempo muito mais em face da herança histórica e da familiaridade que a população em geral detém, do que da efetiva natureza do cargo e origem dos respectivos poderes. No ordenamento jurídico atual, o delegado de polícia é essencialmente uma autoridade especializada no exercício da polícia judiciária[348] ordinariamente exprimida pelo inquéri-

---

348 Tal sinonímia pode ser, inclusive, observada na Lei nº 11.343/2006, que se valeu da expressão "autoridade de polícia judiciária", ao invés do gênero "autoridade policial" (art. 50, 51, 52, 60 e 62), para posteriormente, quando da alteração do seu art. 72 pela Lei nº 12.961/2014, substituir a expressão "autoridade de polícia judiciária" por "delegado de polícia". A menção específica ao delegado de polícia, a propósito parece ser uma tendência na legislação mais recente, como pode-se observar nas Leis nº 12.850/2013 (arts. 4º, §§ 2º, 6º e 9º; 6º, II e IV; 7º, II, 8º, III; 10º, *caput*, e §§ 1º e 5º; 11; 12, §§ 1º e 3º; 15; 16 e 21), 13.260/2016 (art. 12), 13.344/2016 (art. 8º e 11º, o qual incluiu os arts. 13-A, *caput*, e 13-B, *caput*, no CPP), 13.432/2017 (art. 5º, parágrafo único), 13.441/2017 (que incluiu os arts. 190-A, II, e 190-B, parágrafo único, na Lei nº 8.069/1990), e 13.964/2019 (que incluiu os arts. 3º-B, § 2º, cuja eficácia foi suspensa por medida cautelar concedida pelo Supremo Tribunal Federal na ADI 6299 MC/DF, em 22/01/2020, assim como os arts. 10-A, §§ 2º e 6º; 10-B, parágrafo único, do CPP).

Observe-se, contudo, que o Delegado de Polícia Federal, em face das diferentes naturezas jurídicas das funções policiais incumbidas à Polícia Federal (cf. item 1.3.1.1), também exerce autoridade de polícia administrativa geral (art. 144, § 1º, III da CF) e especial, uma vez que algumas atividades dessa natureza são desenvolvidas pelo referido órgão com base em leis esparsas amparadas pelo art. 22, XXII da CF, como a Lei nº 10.357/2001, que atribuiu à Polícia Federal o controle e fiscalização de produtos e insumos químicos; a Lei nº 7.102/1983, que lhe incumbiu a fiscalização da atividade de segurança privada em estabelecimentos financeiros; Lei nº 13.445/2017, expedida com fulcro no art. 22, XV da CF, que lhe incumbiu da emissão de passaporte e controle migratório nas fronteiras, portos e aeroportos; e a Lei nº 10.826/2003, que lhe atribuiu a manutenção do Sistema Nacional de Armas. No entanto, o art. 2º A, parágrafo único introduzido na Lei nº 9.266/1996 pela Lei nº 13.047/2014, prevê, *in verbis*, que

to policial, por expressa disposição constitucional e legal (art. 4º do CPP c/c art. 144 da CF de 1988), nos limites de sua circunscrição, não mais por "delegação" do antigo Intendente Geral de Polícia (1808) ou dos Chefes de Polícia (1841). Hoje, no que se refere aos "Chefes de Polícia" judiciária (Delegados-gerais ou diretores-gerais), ao invés de serem escolhidos entre magistrados, necessariamente deverão ser delegados de polícia civil ou federal349 conforme o caso, cujos cargos são privativos de bacharel em direito[350].

E, neste sentido, alinha-se o art. 2º da Lei nº 12.830/2013, que explicita que a função de polícia judiciária exercida pelo delegado de polícia é de natureza jurídica e exclusiva de Estado, bem como que ao mesmo incumbe a presidência da investigação criminal por meio de inquérito policial, expressando uma característica do referido instituto.

Enquanto presidente do inquérito policial, dispõe o delegado de polícia de ampla margem de discricionariedade para apreciar juridicamente a conveniência e o momento adequado para a realização das múltiplas diligências investigativas eventualmente aplicáveis, uma vez que o inquérito policial, como salientado no item anterior, não se rege por uma necessária uma sucessão de atos que implique um encadeamento, onde o antecedente condicione o consequente, como nos processos e procedimentos. Para tanto, deverá atuar com isenção, atentando para a eficiência da investigação, que significa a maior aproximação possível da verdade em relação a um fato que se apresentou preliminarmente como criminoso, sem deixar de zelar pelos direitos fundamentais de indiciados e investigados.

"Os ocupantes do cargo de Delegado de Polícia Federal, *autoridades policiais no âmbito da polícia judiciária da União*, são responsáveis pela direção das atividades do órgão [...]", revelando-se dissociada do ordenamento jurídico supramencionado, por dar a entender que o Delegado de Polícia Federal, exerceria autoridade apenas no que diz respeito à função de polícia judiciária.

349 Com relação ao Delegado de Polícia Federal, cumpre consignar que a legislação infraconstitucional, por meio do art. 2º C, introduzido na Lei nº 9.266/1996 pela Lei nº 13.047/2014, prevê expressamente que o cargo de Diretor-Geral da Polícia federal, é privativo de delegado de Polícia Federal.

350 Com relação ao Delegado de Polícia Federal, cumpre consignar que a legislação infraconstitucional, por meio do art. 2º A, parágrafo único, e 2º B, introduzido na Lei nº 9.266/1996 pela Lei nº 13.047/2014, prevê expressamente que a referida autoridade exerce função de natureza jurídica e policial e que o ingresso na sua função, a qual é privativa de bacharel em Direito e exige 3 (três) anos de atividade jurídica ou policial, comprovados no ato de posse, se dá mediante concurso público de provas e títulos, com a participação da Ordem dos Advogados do Brasil.

3 – Polícia Judiciária

De acordo com Franco Perazzoni, o delegado de polícia, no Brasil, não pode nem deve ser visto como o simples chefe de uma repartição policial, a agir por determinação do verdadeiro titular da investigação criminal, como se afigura em instituições policiais de outros países, mas sim como o próprio titular do Estado-investigação, exercendo, aqui, funções que, em outros países, são incumbidas a magistrados e membros do Ministério Público. Não se trata, por assim dizer, de um "policial-jurista" – ou seja, um servidor policial cuja exigência mínima de ingresso na carreira seja a graduação em Direito –, mas, na verdade, um "jurista-policial", uma autoridade pública, cuja atribuição legal é eminentemente jurídica, mas que, por opção legislativa e constitucional, deixou de integrar, historicamente, a carreira da magistratura, para tomar assento no âmbito do próprio órgão encarregado de desempenhar função de polícia judiciária, como um sujeito autônomo isento e externo à eventual futura relação processual, em plena consonância com um sistema jurídico verdadeiramente acusatório[351], o qual caracteriza-se, primordialmente, por distribuir as funções de investigar, acusar, defender e julgar a órgãos distintos.

E, neste sentido, alinham-se outros dispositivos da Lei nº 12.830/2013, como seu art. 3º que dispõe, *in verbis*, que "O cargo de delegado de polícia é privativo de bacharel em Direito, devendo-lhe ser dispensado o mesmo tratamento protocolar que recebem os magistrados, os membros da Defensoria Pública e do Ministério Público e os advogados". Busca-se, aí, nortear **a forma como devem ser tratadas tais autoridades em outros atos oficiais ou solenes relativos às funções por eles desempenhadas**, tendo como parâmetro as disposições relativa aos magistrados, promotores, defensores públicos e advogados, constante na legislação referente às referidas carreiras, como a Lei Complementar nº 35/1979, Lei nº 8.625/1993, Lei Complementar nº 80/1994, e Lei nº 8.906/1994.

---

351 PERAZZONI, Franco. O delegado de polícia no sistema jurídico brasileiro: das origens inquisitoriais ao garantismo penal de Ferrajoli. 2010. Disponível em: <http://www.amdepol.org.br >. Acesso em: 20 dez. 2010, p. 14. *Cf.* ainda, GIACOMOLLI, Nereu José. *A fase preliminar do processo penal*: crises, misérias e novas metodologias investigatórias. Rio de Janeiro: Lumen Juris, 2011. p. 28, onde se equipara, "guardadas as proporções", o delegado de polícia a um juiz de instrução.

Da análise das referidas leis, extrai-se que a convocação de delegado de polícia para testemunhar em processos criminais, cíveis ou em outros processos, ou procedimentos administrativos, deverá o juiz ou autoridade administrativa competente consultá-lo previamente sobre o dia, hora e local em que poderão ser ouvidos (art. 33, I, da LC nº 35/1979[352]; art. 40, I, da Lei nº 8.625/1993[353], e arts. 44, XIV e 128, XIV da LC nº 80/1994[354]). Em audiências judiciais, poderá ele ainda retirar-se do recinto onde se encontre aguardando pregão para o ato após trinta minutos do horário designado, e ao qual ainda não tenha comparecido a autoridade que deva presidir ao ato, mediante comunicação (art. 7º, XX, da Lei nº 8.906/1994[355]).

Estas disposições atendem aos princípios da eficiência e celeridade na administração pública (art. 37, *caput*, e art. 5º LXXVII da CF), na medida em que permitem ao delegado de polícia, mediante contato prévio com as autoridades que eventualmente o convocarem, programar antecipadamente as atividades relativas aos inquéritos policiais que preside, sem que haja prejuízo ao seu andamento.

---

352 Art. 33, I da Lei Complementar nº 35/1979:

"Art. 33. São prerrogativas do magistrado: [...]

I – ser ouvido como testemunha em dia, hora e local previamente ajustados com a autoridade ou Juiz de instância igual ou inferior".

353 Art. 40, I da Lei nº 8.625/1993:

"Art. 40. Constituem prerrogativas dos membros do Ministério Público, além de outras previstas na Lei Orgânica: [...]

I – ser ouvido, como testemunha ou ofendido, em qualquer processo ou inquérito, em dia, hora e local previamente ajustados com o Juiz ou autoridade competente".

354 Arts. 44, XIV e 128, XIV da Lei Complementar nº 80/1994

"Art. 44. São prerrogativas dos membros da Defensoria Pública da União: [...]

XIV – ser ouvido como testemunha, em qualquer processo ou procedimento, em dia, hora e local previamente ajustados com a autoridade competente; [...]

Art. 128. São prerrogativas dos membros da Defensoria Pública do Estado, dentre outras que a lei local estabelecer: [...]

XIV – ser ouvido como testemunha, em qualquer processo ou procedimento, em dia, hora e local previamente ajustados com a autoridade competente".

355 Art. 7º, XX, da Lei nº 8.906/1994:

"Art. 7º São direitos do advogado: [...]

XX - retirar-se do recinto onde se encontre aguardando pregão para ato judicial, após trinta minutos do horário designado e ao qual ainda não tenha comparecido a autoridade que deva presidir a ele, mediante comunicação protocolizada em juízo".

3 – Polícia Judiciária

Quando da eventual necessidade de dirigir-se diretamente ao magistrado, em especial no que diz respeito a representações por medidas penais que dependam de sua autorização, pode o delegado de polícia fazê-lo nas salas e gabinetes de trabalho do julgador, independentemente de horário previamente marcado ou outra condição, observando-se a ordem de chegada (art. 7º, VIII, da Lei nº 8.906/1994[356]). Tal prerrogativa é de suma importância para o eficiente exercício da polícia judiciária que, muitas vezes, depende da imediata obtenção de autorização judicial de uma dada medida cautelar penal para evitar o perecimento do elemento de convicção, ou a oportunidade de sua colheita.

Ademais, quando ofendido no exercício da profissão ou em razão dela, é assegurado ao Delegado de Polícia o direito de ser publicamente desagravado (art. 7º, XVII, da Lei nº 8.906/1994[357]), bem como lhe é assegurado o direito de utilizar privativamente as insígnias e símbolos privativos do seu cargo (art. 41, X, da Lei nº 8.625/1993[358]; arts. 44, IV e 128, IV da LC nº 80/1994[359] e art. 7º, XVIII, da Lei nº 8.906/1994[360]). Por fim, ao Delegado de Polícia, da mesma forma que aos membros do Ministério Público e da Defensoria Pública, deve ser dispensado idên-

---

356 Art. 7º, VIII, da Lei nº 8.906/1994:

"Art. 7º São direitos do advogado: [...]

VIII - dirigir-se diretamente aos magistrados nas salas e gabinetes de trabalho, independentemente de horário previamente marcado ou outra condição, observando-se a ordem de chegada".

357 Art. 7º, XVII, da Lei nº 8.906/1994:

"Art. 7º São direitos do advogado: [...]

XVII - ser publicamente desagravado, quando ofendido no exercício da profissão ou em razão dela".

358 Art. 41, X, da Lei nº 8.625/1993:

"Art. 41. Constituem prerrogativas dos membros do Ministério Público, no exercício de sua função, além de outras previstas na Lei Orgânica: [...]

X - usar as vestes talares e as insígnias privativas do Ministério Público".

359 Arts. 44, IV e 128, IV da LC nº 80/1994:

"Art. 44. São prerrogativas dos membros da Defensoria Pública da União: [...]

IV - usar vestes talares e as insígnias privativas da Defensoria Pública; [...]

Art. 128. São prerrogativas dos membros da Defensoria Pública do Estado, dentre outras que a lei local estabelecer: [...]

IV - usar vestes talares e as insígnias privativas da Defensoria Pública".

360 Art. 7º, XVIII, da Lei nº 8.906/1994:

"Art. 7º São direitos do advogado: [...]

XVIII - usar os símbolos privativos da profissão de advogado".

tico tratamento pronominal ao dos magistrados (art. 41, I, da Lei nº 8.625/1993[361]; arts. 44 XIII e 128, XIII, da LC nº 80/1994[362]).

Apesar de o delegado de polícia, lamentavelmente, não contar com a garantia da inamovibilidade – que, como visto no item 3.3, consiste na impossibilidade de remoção da autoridade de um local para outro, sem seu consentimento, exceto quando por interesse público – a Lei 12.830/1013, ainda que timidamente, visa impedir que sua remoção se dê sem qualquer critério, ao prever que a mesma se dará necessariamente mediante ato fundamentado (art. 2º § 5º).

Por fim, prevê o referido diploma legal que a destituição do delegado de polícia da presidência de inquérito policial somente se dará mediante despacho fundamentado em motivo de interesse público, ou nas hipóteses de inobservância de norma regulamentar que venha a prejudicar a eficiência da investigação neste veiculada (art. 2º § 4º).

Desta forma, a autoridade de polícia judiciária presidente do inquérito policial será doravante denominada delegado de polícia, e não mais pelo gênero autoridade de polícia judiciária ou autoridade policial.

3.4.1.2.2 Oportunidade regrada

Tradicionalmente, atribuía-se ao inquérito policial a característica da obrigatoriedade, a qual derivava da obrigatoriedade da ação penal pública, partindo da premissa de que o delegado de polícia, ao tomar conhecimento de notícias de crime que em tese se constituam em fatos passíveis de ser processados mediante ação penal pública incondicionada ou condicionada (esta última, desde que instruída com tempestiva

---

361 Art. 41, I, da Lei nº 8.625/1993:
"Art. 41. Constituem prerrogativas dos membros do Ministério Público, no exercício de sua função, além de outras previstas na Lei Orgânica: [...]
I - receber o mesmo tratamento jurídico e protocolar dispensado aos membros do Poder Judiciário junto aos quais oficiem".
362 Arts. 44 XIII e 128, XIII, da LC nº 80/1994:
"Art. 44. São prerrogativas dos membros da Defensoria Pública da União: [...]
XIII - ter o mesmo tratamento reservado aos Magistrados e demais titulares dos cargos das funções essenciais à justiça; [...]
Art. 128. São prerrogativas dos membros da Defensoria Pública do Estado, dentre outras que a lei local estabelecer: [...]
XIII - ter o mesmo tratamento reservado aos Magistrados e demais titulares dos cargos das funções essenciais à justiça".

representação, conforme art. 24 do CPP), teria o dever de instaurar o respectivo inquérito policial.

Diante de tal preceito, inquéritos policiais até recentemente eram (ou ainda são) instaurados para apurar quaisquer comunicações de crime, até mesmo aquelas onde não se vislumbra, *ab inicio*, qualquer elemento apto a orientar uma linha investigativa com razoável perspectiva de ir além do mero dispêndio de recursos. Em tais casos, desde logo verifica-se uma baixíssima probabilidade de efetivamente se elucidar o fato noticiado, o que, em nome do princípio da eficiência na administração pública, não justificaria nem sequer a instauração de inquérito policial, em razão do mesmo estar irremediavelmente fadado ao insucesso.

No entanto, o notório colapso do aparato estatal destinado à persecução criminal ante a demanda gerada pela obrigatoriedade persecutória, e uma suposta ineficiência atribuída especialmente ao órgãos exercentes da polícia judiciária, requerem que a obrigatoriedade atribuída ao inquérito polical seja urgentemente revista para dar lugar a outra característica: a oportunidade regrada.

Afinal, se dispõe o delegado de polícia de ampla margem de discricionariedade para apreciar juridicamente a conveniência e o momento adequado para a realização das múltiplas diligências investigativas eventualmente aplicáveis durante o inquérito policial, nada mais justo que o mesmo possa também deliberar sobre a não instauração de notícias de fatos que, embora manifestamente criminais, também manifestamente não apresentam qualquer perspectiva concreta de elucidação, bem como geri-las objetivando o momento mais oportuno e a forma mais eficiente para a sua devida apuração. Para tanto, também deverá atuar com isenção, atentando para a eficiência da investigação, que significa a maior aproximação possível da verdade em relação a um fato que se apresentou preliminarmente como criminoso.

A partir da oportunidade regrada, o delegado de polícia, previamente à instauração do inquérito policial, considerará o conjunto de notícias de crimes, para decidir quais casos serão aptos a serem investigados, e quais ainda não apresentam condições mínimas de elucidação, objetivando o momento mais oportuno e a forma mais eficiente para a sua devida apuração[363]. Esta apreciação deverá ainda levar em conta o

---

363 O que guarda similitude com a diligência de ação controlada, atualmente encontra prevista na legislação brasileira por meio dos arts. 8º e 9º da Lei nº

contexto da prática criminosa em questão e os meios materiais e humanos à disposição para a sua investigação.

Neste particular, cumpre observar que contemporaneamente tem se verificado que muitas destas notícias de crime das quais decorriam inquéritos policiais fadados à ineficiência, têm uma concreta perspectiva de êxito caso apuradas agrupadamente, uma vez que potencialmente protagonizadas por organizações criminosas.

Louvável iniciativa neste sentido se verifica nas iniciativas denominadas "Projeto Tentáculos" e "Projeto Prometheus", desenvolvidos pela Polícia Federal.

No "Projeto Tentáculos", a apuração de crimes e fraudes bancárias eletrônicas contra clientes da Caixa Econômica Federal passou a focar as quadrilhas, e não mais cada delito isoladamente. A mudança significou melhoria na eficiência dos inquéritos policiais destinados à elucidação de tais crimes, além da otimização dos recursos humanos e materiais envolvidos nesse tipo de investigação.

Fruto do entendimento entre a Polícia Federal e o Ministério Público Federal, o qual formulou recomendação nesse sentido para todos os seus membros (Resolução nº 001/2009 / 2ª Câmara Criminal do MPF), o "Projeto Tentáculos" adotou a oportunidade regrada em relação a inquéritos policiais em andamento que, investigavam, isoladamente, furtos de valores de contas bancárias, clonagem de cartões ou violação do acesso ao sistema de *internet banking* de correntistas da Caixa Econômica Federal. Tais inquéritos foram concluídos e posteriormente arquivados, com os dados dos crimes apurados sendo inseridos em um banco de dados para análise comparativa. Em lugar dos casos arquivados, foram instaurados novos inquéritos policiais com o objetivo de apurar a atuação das quadrilhas a partir de características comuns verificadas nas notícias de crimes globalmente consideradas, e não mais buscando investigar cada fraude isoladamente.

Desta forma, recursos humanos e materiais foram otimizados, resultando em uma maior eficiência na elucidação dos fatos apurados nos

---

12.850/2013, que consiste no retardamento da intervenção sobre a atuação de uma organização criminosa sob investigação, desde que mantida sob observação e acompanhamento para que a medida legal se concretize no momento mais eficaz à formação de provas e obtenção de informações essenciais à elucidação dos fatos delituosos.

novos inquéritos, instaurados em uma quantidade exponencialmente menor a partir de um banco de dados com todas as notícias dos referidos crimes. Em tais inquéritos, possibilitou-se identificar organizações criminosas responsáveis pela autoria de diversos fatos, bem como "mapear" a sua atuação. Desta forma foi possível, por exemplo, instaurar 11 inquéritos abarcando 1.264 vítimas e 1.169 destinatários dos recursos, com o esclarecimento da atuação de organizações especializadas neste tipo de crime a partir de somente 11 inquéritos e não 1.264 casos (um inquérito para cada *notitia criminis*) que, apurados isoladamente, em regra muito provavelmente recairiam na não elucidação[364].

Por sua vez, por meio do "Projeto Prometheus"[365], desde 2017 a metodologia desenvolvida "Projeto Tentáculos" vem sendo aprimorada e ampliada para diversos outros crimes de atribuição da Polícia Federal[366]. Dentre os crimes incluídos encontra-se, por exemplo, o de moeda

---

364 Disponível em: <http://www.conjur.com.br/2009-out-02/investigacao-pf-fraudes-bancarias-nao>. Acesso em 16 set. 2015.
365 Disponível em: <https://www.premioinnovare.com.br/pratica/9844/print>. Acesso em 7 fev. 2020.
366 Em agosto de 2019, por meio da Portaria Conjunta n° 001/2019-COGER/DICOR/PF, foram integradas ao "Projeto Prometheus" as notícias de crime e inquéritos policiais em curso que tenham como objeto as seguintes modalidades delitivas:
I - Delitos relacionados a apropriação indébita previdenciária (Código Penal, art. 168-A), sonegação de contribuições previdenciárias (Código Penal, art. 337-A), fraude na concessão e manutenção de benefícios previdenciários, assistenciais e sociais (estelionato – Código Penal, art. 171, § 3º; falsificação documental – Código Penal, art. 297 e falsidade ideológica – Código Penal, art. 299 e uso de documento falso, Art. 304 – Código Penal) e a inserção de dados falsos em sistemas de informação (Código Penal, 313-A) relativa aos delitos previstos neste inciso;
II - Delitos relacionados a moeda falsa (Código Penal, arts. 289 a 292), a fraude no pagamento de benefícios previdenciários, assistenciais e sociais – fraude bancária (Código Penal, art. 155 e 171), a contrabando e a descaminho (Código Penal, art. 334 e 334-A) e a importação, exportação, compra ou a venda de pequena quantidade de produtos destinados a fins terapêuticos e medicinais quando praticados por meio dos serviços postais (Código Penal, Art. 273, § 1º);
III - Delitos relacionados a estelionato (Código Penal, arts. 171), falsidade documental (Código Penal, Arts. 297, 299 e 304) e inserção de dados falsos em sistemas de informação (Código Penal, art. 313-A) quando relacionados a Documentos de Origem Florestal – DOF;
IV - Delitos relacionados à importação, exportação ou tráfico internacional de pequenas quantidades de material entorpecente ou seus insumos (Lei nº 11.343/2006, art. 33) praticados por meio dos serviços postais.
V - Delitos patrimoniais praticados contra carteiros no exercício das suas funções.

falsa onde, entre investigar diversos casos pontuais de ingresso em circulação e apurar a ação de uma quadrilha de falsários, deve-se priorizar a apuração de tais notícias de crime tendo em vista esta segunda diretriz, pois a partir de tal perspectiva ser possibilita-se uma maior eficiência no exercício da polícia judiciária.

Portanto, com a adoção da oportunidade regrada, a persecução à macrocriminalidade sobrepujará – sem, contudo, eliminar – a persecução voltada exclusivamente à microcriminalidade.

Com relação aos critérios balizadores da apreciação de notícias de crimes segundo a oportunidade regrada, devem aqueles partir das circunstâncias que estas apresentam (local do crime, presença/ausência de testemunhas, presença/ausência de suspeito etc.), estabelecendo-se então um prognóstico inicial de sua elucidação[367], o qual deverá também

---

[367] Na Portatria Conjunta n° 001/2019-COGER/DICOR/PF, dispõe-se que, após realização de análise comparativa da(s) notícia(s) no banco de dados do "Projeto Prometheus", o delegado de Polícia Federal deliberará por uma das seguintes providências:

I - juntada da notícia-crime a um inquérito policial em curso, diante de da correlação entre ambos os casos que ocorre, por exemplo, nas hipóteses de conexão, continência, concurso material ou crime continuado;

II - aglutinação de notícias de crime correlacionadas para instauração de um único inquérito policial;

III - imediata instauração de inquérito policial específico para a notícia de crime analisada, diante da suficiência dos dados nesta constantes; ou

IV - manutenção dos dados da notícia de crime no banco de dados, aguardando outras informações que poderão ensejar posterior instauração de inquérito policial com elementos que permitam uma apuração eficiente e eficaz. Para adoção de tal alternativa, além de não houver uma linha investigativa idônea, ou não ser recomendável investigação individualizada foram adotados os seguintes critérios:

a) a notícia não indicar a participação de servidor público ou conexão com crimes contra a administração pública, em qualquer de suas modalidades;

b) inexistência de violência ou grave ameaça contra pessoa;

c) a notícia não permitir concluir que foram praticados por organização ou associação criminosa;

d) o prejuízo econômico, fiscal, financeiro ou patrimonial direto da União não for superior a R$ 20.000,00 (vinte mil reais), valor definido como mínimo para o ajuizamento de execuções fiscais pela União (art. 1°, II da Portaria n° 75/2012 do Ministério da Fazenda, expedida com fulcro nos art. 5º do Decreto-Lei nº 1.569/1977, no parágrafo único do art. 65 da Lei nº 7.799/1989 e art. 54 da Lei nº 8.212/1991);

considerar as conclusões de inquéritos policiais anteriores nos quais se apuraram isoladamente casos análogos.

A partir daí, um *modus operandi*, ou circunstância de tempo, lugar ou envolvidos eventualmente comum às notícias de crime apreciadas poderá determinar sua apuração conjunta, em prol de um prognóstico mais favorável de elucidação, inclusive com repercussão na pena a ser aplicada quando de eventual condenação, em face da possibilidade caracterização de concurso material ou crime continuado (arts. 69 e 71 do CP). Exemplificativamente, assassinos ou estupradores em série, normalmente psicopatas, vítimas de abusos na infância, bem como quadrilhas de assaltantes, podem adotar um procedimento padrão, uma conduta habitual, contribuindo para a facilitação de sua identificação.

Casos que não se mostrem passíveis de compor uma apuração global, seriam apurados isoladamente, caso apresentem elementos informativos mínimos para a sua efetiva apuração; submetidos a verificação da sua procedência, em caso negativo, para a partir desta passarem por nova deliberação (§ 2º, *in fine*, do art. 5º do CPP); ou teriam sua apuração, *a priori*, indeferida, caso os dados existentes sejam insuficientes até para que sua procedência seja verificada.

A partir de tal método, obtém-se um conjunto de fatores que informam a apreciação de notícias de crime segundo a oportunidade regrada, mitigando-se assim a obrigatoriedade investigatória, podendo o delegado de polícia, inclusive, se valer dos tal fundamento ao negar apuração de comunicações de crime e requerimentos de instauração de inquérito policial, assim como esclarecer a própria autoridade judiciária ou membro do Ministério Público, no caso de requisição de instauração prevista no art. 5º, II do CPP.

e) nos casos de crimes relacionados a falsificação de moeda, a quantidade de cédulas apreendidas não for superior a 50 cédulas falsificadas;

f) nos casos de crimes relacionados à importação, exportação, compra e venda de medicamentos por meio dos serviços postais, a quantidade de material apreendidos não tiver peso líquido superior a 10 gramas, no caso de medicamentos abortivos e 500 gramas, no caso de anabolizantes;

g) nos casos de crimes relacionados à importação, exportação, compra e venda de drogas e insumos por meio dos serviços postais, a quantidade de material apreendido não ter peso líquido superior a 500 gramas;

h) nos casos de contrabando de cigarros, a quantidade de material apreendido não for superior a 50 pacotes.

3.4.1.2.3 Indisponibilidade

Tal característica – tida como consectária da característica da obrigatoriedade, superada pela oportunidade regrada – tem seu conteúdo extraído do art. 17 do CPP[368], o qual estatui que, uma vez instaurado o inquérito policial, não pode o delegado de polícia que o preside determinar o seu arquivamento ou abandonar as respectivas investigações.

Como se observará mais adiante (item 3.4.1.9), o arquivamento do inquérito policial incumbe ao juiz, após seu encerramento pelo delegado de polícia, mediante requerimento do membro do Ministério Público, caso este entenda inexistir infração penal ou não haver elementos de convicção suficientes para oferecer ação penal (art. 28 do CPP)[369].

No entanto, nem sempre se faz necessário que o delegado de polícia venha exaurir todas as diligências possíveis numa dada investigação para se autorizar o arquivamento do inquérito policial. Investigações em cujo curso se verifique que o fato apurado esteja abrangido por causas de extinção da punibilidade ou imunidades penais absolutas (ex. morte do investigado ou indiciado, perdão do ofendido, parentesco em crimes patrimoniais, ressarcimento tempestivo do erário em peculato culposo etc.[370]) deverão ser imediatamente encerradas pelo delegado e subsequentemente arquivadas pelo juiz.

Em tais casos, sem qualquer prejuízo à indisponibilidade do inquérito policial, dispensa-se o requerimento de arquivamento do membro do Ministério Público, uma vez que as circunstâncias acima mencionadas podem desde logo ser reconhecidas de ofício pelo juiz (arts. 61 do CPP)[371].

---

368   Art. 17 do CPP: "A autoridade policial não poderá mandar arquivar autos de inquérito".
369   A Lei nº 13.964/2019 deu nova redação ao art. 28 do CPP para conferir ao Ministério Público a prerrogativa de, *interna corporis*, promover o arquivamento do inquérito policial.

Entretanto, o Supremo Tribunal Federal, por meio de medida cautelar concedida na ADI 6299 MC/DF pelo Ministro Relator Luiz Fux em 22/01/2020, suspendeu, por tempo indeterminado, a eficácia do art. 28, *caput*, do CPP, introduzido pela Lei nº 13.964/2019. Na referida decisão, entendeu-se que a referida alteração legislativa padeceria de possível inconstitucionalidade material, em razão da ausência de dotação orçamentária, com violação da autonomia dos Ministérios Públicos, assim como de estudo de impacto prévio para implementação da lei, e do seu impacto na eficiência da persecução penal no país.
370   *Cf.* arts. 109, 181 e 312, § 3º do CP.
371   Procedimento similar ocorre nos casos de incompetência absoluta, devendo

Análise mais detida sobre o arquivamento do inquérito policial, será realizada mais adiante, no item 3.4.1.8.3.2.

3.4.1.2.4 Documentação predominantemente escrita

Outra característica tradicionalmente atribuída ao inquérito policial lhe atribui documentação escrita. Em 1941, quando foi editado o Código de Processo Penal, o legislador da época vislumbrou que os respectivos atos de registro e controle seriam praticados pelo costumeiro manuscrito, em livros, folhas soltas e em fichas de cartolina, ou mediante datilografia, decorrendo daí a redação original do art. 9º do CPP[372] de onde se legalmente se extrai este aspecto.

Com a informatização do serviço público, foram efetuadas algumas adaptações para a formalização de atos nos cartórios e secretarias dos mais diversos órgãos e, com a dramaticidade desta evolução, surgiu inevitavelmente a necessidade de reforma da legislação processual, a fim de adequá-la as novas formas de documentação dos atos processuais.

Neste cenário, sobrevieram as Leis nº 9.800/1999, 11.419/2006, as quais permitiram a transmissão de dados por meio eletrônico para a prática de atos processuais, e finalmente, as Leis nº 11.719/2008 e 11.900/2009 que, ao reformar o Código de Processo Penal, previram a possibilidade de documentação por gravação e realização de interrogatórios por videoconferência as quais aplicam-se plenamente ao inquérito policial, por força do art. 6º, V do CPP[373].

---

o delegado de polícia, ao verificar sua ocorrência, imediatamente suspender as investigações e encaminhar os autos ao juiz, o qual poderá reconhecê-la de ofício, declinando a competência do feito em favor do juiz competente e delegado com atribuição para atuar no feito, independentemente de manifestação do Ministério Público (art. 109 do CPP).

372 Art. 9º Todas as peças do inquérito policial serão, num só processado, reduzidas a escrito ou datilografadas e, neste caso, rubricadas pela autoridade.

373 Art. 6º, V do CPP:

"Art. 6º Logo que tiver conhecimento da prática da infração penal, a autoridade policial deverá: [...] V - ouvir o indiciado, com observância, *no que for aplicável*, do disposto no Capítulo III do Título VII, deste Livro [...]".

O Capítulo III do Título VII, deste Livro I do Código de Processo Penal refere-se justamente ao interrogatório, e foi objeto de reforma pela Lei nº 11.900/2009, nada impedindo que o sistema de videoconferência seja também utilizado para a colheita das declarações de ofendido ou investigado e depoimento de testemunha.

Até mesmo anteriormente, com o advento a Lei n° 9.296/1996 – que, ao regulamentar o art. 5°, XII, da Constituição da República, versou sobre a "interceptação de comunicações telefônicas, de qualquer natureza, para prova em investigação criminal e em instrução processual penal" (art. 1°) – o inquérito policial já vinha sendo composto por gravações, mesmo tendo a referida lei disposto como necessária sua transcrição (arts. 6°, § 1° e 9°).

Desta forma, imperioso se faz a conceber a formalização do inquérito policial nos dias de hoje não mais como um conjunto de atos exclusivamente escrito, mas também composto por elementos audiovisuais, contextualizando-o com a utilização destas novas tecnologias, na esteira de iniciativas como o "e-proc" (processo eletrônico), implantado pelo Tribunal Regional Federal da 4ª região em 2009, e posteriormente expandido para outros tribunais[374], assim como o "PJe" (Processo Judicial Eletrônico), desenvolvido pelo Conselho Nacional de Justiça (CNJ) desde 2009, cuja implantação vem sendo progressivamente expandida desde 2010 objetivando abranger todos os tribunais brasileiros[375].

Neste sentido, já se encontram sendo implantadas iniciativas como o Inquérito Policial Digital (e-pol), no âmbito da Polícia Federal, onde se visa efetivar uma maior integração do inquérito policial ao meio eletrônico, assim como subsidiar o estudo da criminalidade no país no âmbito da atuação do referido órgão, por meio de uma base de dados unificada para todas as suas unidades.

3.4.1.2.5 Dispensabilidade como exceção

A facultatividade ou dispensabilidade do inquérito policial tem sido tradicionalmente extraída de dispositivos do Código de Processo Penal, dos quais se depreende que a sua precedência não é indispensável ao oferecimento da acusação pelo titular da ação penal, desde que este disponha de suficientes elementos de convicção.

Neste particular, observa-se que apesar de o Código de Processo Penal nada dizer em relação à dispensa do inquérito policial pelo ofen-

---

374 Disponível em: <http://www2.trf4.jus.br/trf4/controlador.php?acao=noticia_visualizar&id_noticia=10500>. Acesso em 17 set. 2015.
375 Disponível em: <https://www.cnj.jus.br/programas-e-acoes/processo-judicial-eletronico-pje/historico/>. Acesso em 18 fev. 2020.

dido, enquanto titular da ação penal privada[376], esboça-se no referido diploma legal uma regulamentação da matéria no que tange à dispensa do mesmo quando do ajuizamento da ação penal pública pelo Ministério Público.

Da conjugação dos arts, 5º, § 3º e 27 do CPP, extrai-se que a qualquer pessoa do povo dá-se a opção de, nos crimes objeto de ação penal pública, optar por encaminhar sua notícia por escrito ao delegado de polícia[377] ou ao membro do Ministério Público[378.] Enquanto ao primeiro cabe verificar a procedência das informações e, se for, o caso, instaurar inquérito policial, ao último cabe dispensar o inquérito, *se com a notícia forem oferecidos elementos que o habilitem a promover a ação penal*, e, neste caso, oferecerá a denúncia no prazo de quinze dias, contados da data em que tiver recebido as peças de informações ou a representação (arts. 39, § 5º[379] e 46, § 1º do CPP).

---

[376] Aqui, vale consignar que o art. 38 do CPP prevê que o prazo decadencial de 6 (seis) meses para o ajuizamento de ação penal privada o qual tem, como marco inicial, o conhecimento, pelo ofendido, da autoria delitiva, o qua não significa que, com isso, este possa, necessariamente, dispensar o requerimento de instauração de inquérito policial, uma vez que pode não dispor de suficientes elementos de materialidade delitiva.

[377] Art. 5º, § 3o do CPP:

"Art. 5º [...]

§ 3º Qualquer pessoa do povo que tiver conhecimento da existência de infração penal em que caiba ação pública poderá, verbalmente ou por escrito, comunicá-la à autoridade policial, e esta, verificada a procedência das informações, mandará instaurar inquérito".

Art. 27 do CPP:

"Art. 27. Qualquer pessoa do povo poderá provocar a iniciativa do Ministério Público, nos casos em que caiba a ação pública, fornecendo-lhe, por escrito, informações sobre o fato e a autoria e indicando o tempo, o lugar e os elementos de convicção".

[378] Semelhante opção se dá ao juiz, o qual pode optar por requisitar a instauração de inquérito policial ao delegado de polícia ou, quando verificarem a existência de crime de ação penal pública, encaminhar ao membro do Ministério Público as cópias e os documentos necessários ao seu ajuizamento (arts. 5º, II e 40 do CPP).

[379] Art. 39, § 5º do CPP:

"§ 5º O órgão do Ministério Público dispensará o inquérito, se com a representação forem oferecidos elementos que o habilitem a promover a ação penal, e, neste caso, oferecerá a denúncia no prazo de quinze dias".

Embora o referido dispositivo faça referência aos crimes objeto de ação penal pública condicionada à representação pelo ofendido, o mesmo revela-se plena-

Caso o membro do Ministério Público entenda que as peças de informação que lhe foram diretamente apresentadas necessitam ser complementadas por maiores esclarecimentos, documentos ou novos elementos de convicção, deverá requisitá-los, diretamente, de quaisquer autoridades ou funcionários que devam ou possam fornecê-los (art. 47 do CPP).

Neste ponto, importa esclarecer até que ponto pode o membro do Ministério Público complementar tais peças de informação, dispensando a instauração de inquérito policial, prevista no art. 5º, II do CPP.

Uma interpretação sistemática do Código de Processo Penal indica que este pode legitimamente requisitar documentos e informações complementares de quaisquer autoridades, desde que os mesmos não correspondam a atos específicos cuja adoção deve-se dar de maneira obrigatória no âmbito do inquérito policial, quando cabível, elencados no art. 6º do CPP, incisos II e IV a X. Neste caso, as peças de informação deverão ser encaminhadas pelo membro do Ministério Público ao delegado de polícia acompanhadas de requisição de instauração de inquérito policial[380], cabendo ao *parquet* poderá, a partir de então, acompanhar e apresentar provas[381] que cheguem ao seu conhecimento.

Considerando que esta última hipótese, na qual se impõe a requisição de instauração de inquérito policial, é a que costuma ocorrer na grande maioria dos casos, até porque que as ações penais públicas ordinariamente tem sido precedidas por inquéritos policiais, vale repensar

---

mente aplicável aos casos de crimes objeto de ação penal pública incondicionada, como pode-se observar pela redação do próprio art. 46, § 1º do CPP, no qual se aplica o prazo de quinze dias para o oferecimento da denúncia, contados "da data em que tiver recebido as peças de informações (sem especificar se a ação penal pública é condicionada ou não) ou a representação".

380 Para tanto, deve ser ainda observado que, enquanto o art. 13, II do Código de Processo Penal, no qual se atribui ao delegado de polícia realizar as diligências requisitadas pelo Ministério Público, situa-se no seu Título II do Livro I, intitulado "Do Inquérito Policial", o art. 47 encontra-se inserido em seu Título III "Da Ação Penal", de sorte que a finalidade de cada uma das requisições encontra-se bem delimitada: Indicar diligências legalmente exigíveis no inquérito policial, no primeiro caso, ou obter informações destinadas a complementar documentação habilitável ao ajuizamento da ação penal, independentemente de inquérito policial, no segundo.

381 Neste sentido, encontra-se o art. 38, II da LC nº 75/93 que, ao dispor sobre a organização, as atribuições e o estatuto do Ministério Público da União, complementou o art. 129, VII da CF, prevendo como sua função institucional requisitar a instauração de inquérito policial, "podendo acompanhá-los e apresentar provas".

até que ponto o inquérito policial teria a facultatividade por característica, tendo em vista que o acima citado art. 39, § 5º do CPP, estatui ser este dispensável pelo Ministério Público, apenas se, com a notícia de crime (ou por sua complementação com documentos, ou elementos de convicção requisitados pelo Ministério Público), forem oferecidos elementos suficientes para o habilitar a ajuizar a ação penal.

Neste contexto legislativo e fático, considerar o inquérito policial caracteristicamente dispensável equivale a tomar a exceção como regra, o que acaba por concretizar uma visão pejorativa e descaracterizadora da importância do inquérito policial no sistema de persecução penal.

Portanto, propõe-se aqui a dispensabilidade seja revista enquanto característica do inquérito policial, uma vez que esta, nos crimes objeto de ação penal pública, só pode ser admitida como exceção.

3.4.1.2.6 Publicidade restrita

Tradicionalmente, atribuía-se ainda ao inquérito policial a característica da sigilação, na qual se preconizava a ideia de que, no inquérito policial, o sigilo seria a regra, e a publicidade exceção a partir do art. 20 CPP, onde textualmente se prevê que o delegado de polícia, ao presidi-lo, "assegurará o sigilo necessário à elucidação do fato ou exigido pelo interesse da sociedade"[382].

No entanto, à luz da atual ordem constitucional, lastreada no princípio da publicidade, tal preceito deve ser revisto, sob pena de se interpretar a constituição a partir da legislação ordinária, e não o contrário, propiciando que o inquérito policial seja compreendido de forma dissociada do ordenamento jurídico brasileiro.

Na Constituição Federal, enquanto o princípio da publicidade encontra, no (arts. 37, *caput*), previsão genérica com incidência direcionada a todas as esferas da administração pública[383], o mesmo, no art. 5º, LX e art. 93, IX, encontra previsão voltada para a esfera processual,

---

382 Tal dispositivo, diga-se de passagem, não foi revogado pela Lei nº 12.527/2011 (Lei de Acesso à Informação), uma vez que seu art. 22 estatui que o disposto no referido diploma legal não exclui as demais hipóteses legais de sigilo e de segredo de justiça.
383 Art. 37, *caput*, da CF: "Art. 37. A administração pública direta e indireta de qualquer dos Poderes da União, dos Estados, do Distrito Federal e dos Municípios obedecerá aos princípios de [...] publicidade [...]".

assim estatuída:

> Art. 5º [...]
> LX - a lei só poderá restringir a publicidade dos atos processuais quando a defesa da intimidade ou o interesse social o exigirem;
> [...]
> Art. 98 [...]
> IX - todos os julgamentos dos órgãos do Poder Judiciário serão públicos, [...], podendo a lei limitar a presença, em determinados atos, às próprias partes e a seus advogados, ou somente a estes, em casos nos quais a preservação do direito à intimidade do interessado no sigilo não prejudique o interesse público à informação

Desta forma, no âmbito processual, faz-se possível se vislumbrar uma publicidade ampla, como regra, e uma publicidade restrita às partes e/ou seus advogados em casos excepcionais, onde o direito fundamental à intimidade do interessado (art. 5º X da CF[384]) não preponderare sobre o direito fundamental à informação (art. 5º, XIV da CF[385]).

Atualmente, este regime restrito de publicidade processual encontra-se legalmente regulamentado no Código de Processo Civil, sob a denominação "segredo de justiça" (art. 11, parágrafo único[386]). De acordo com seu art. 189, tramitam sobre segredo de justiça, processos que dizem respeito a casamento, separação de corpos, divórcio, separação, união estável, filiação, alimentos e guarda de crianças e adolescentes; ou que versem sobre arbitragem, inclusive sobre cumprimento de carta arbitral, desde que a confidencialidade estipulada na arbitragem seja com-

---

384 Art. 5º, X, da CF:

"Art. 5º [...] X - são invioláveis a intimidade, a vida privada, a honra e a imagem das pessoas, assegurado o direito a indenização pelo dano material ou moral decorrente de sua violação".

385 Art. 5º, XIV, da CF:

"Art. 5º [...] XIV - é assegurado a todos o acesso à informação e resguardado o sigilo da fonte, quando necessário ao exercício profissional".

386 Art. 11 do CPC:

"Art. 11. Todos os julgamentos dos órgãos do Poder Judiciário serão públicos, e fundamentadas todas as decisões, sob pena de nulidade.

Parágrafo único. Nos casos de segredo de justiça, pode ser autorizada a presença somente das partes, de seus advogados, de defensores públicos ou do Ministério Público".

provada perante o juízo (I e IV). Prevê-se ainda uma hipótese genérica onde se possibilita sua decretação, em casos em que "exija o interesse público ou social" (II), bem como onde "em que constem dados protegidos pelo direito constitucional à intimidade" (III). Uma vez decretado o segredo de justiça, o acesso aos autos e direito de consultar de pedir certidões de seus atos é restrito às partes e a seus procuradores (§ 1º), e o terceiro, que demonstrar interesse jurídico, pode requerer ao juiz certidão do dispositivo da sentença, após prolatada (§ 2º).

Como já salientado quando da análise da natureza jurídica do inquérito policial (item 3.4.1.1), falta-lhe característica essencial do processo, uma vez que neste momento da persecução penal ainda não há partes, e sim situações jurídicas, quais sejam, indiciado, investigado, ofendido e testemunha, as quais serão mais detidamente analisadas no tópico a seguir. No entanto, considerando que, a par de tal peculiaridade, não deixa o inquérito policial de integrar a persecução penal, forçoso reconhecer que aos seus interessados e/ou a seus advogados, em regra, não deve ser privado o acesso aos seus atos, sendo-lhe aplicável, em linhas gerais, o regime de publicidade restrita constitucionalmente esboçado para a esfera processual.

Ademais, o próprio art. 20 do CPP alinha-se a tal conclusão, ao estabelecer que o delegado assegurará no inquérito policial apenas o sigilo que seja "necessário à elucidação do fato ou exigido pelo interesse da sociedade", o qual deve se coadunar com as diretrizes constitucionais acima expostas.

Isto posto, resta se fazer uma leitura constitucional de tal dispositivo legal, para averiguar quais princípios constitucionais colidentes com o princípio da publicidade no inquérito policial, a fim de dar sentido à sua restrição.

A partir daí, pode-se vislumbrar uma restrição à publicidade "necessária à elucidação do fato" fulcrada no princípio da eficiência (também previsto no (arts. 37, *caput* CF)[387], e "exigida pelo interesse da sociedade", a qual deve ser ligada ao princípio da privacidade (art. 5º X da CF)[388].

---

387 Art. 5º, X da CF:
"Art. 37. A administração pública direta e indireta de qualquer dos Poderes da União, dos Estados, do Distrito Federal e dos Municípios obedecerá aos princípios de [...] eficiência [...]".
388 Art. 5º X da CF:
"Art. 5º [...] X - são invioláveis a intimidade, a vida privada, a honra e a imagem

A ponderação entre os princípios da publicidade e eficiência, foi bem observada, por exemplo, no Enunciado nº 14 da Súmula Vinculante do STF, de fevereiro de 2009, a seguir explicitada:

> É direito do defensor, no interesse do representado, ter acesso amplo aos elementos de prova que, **já documentados** em procedimento investigatório realizado por órgão com competência de polícia judiciária, **digam respeito ao exercício do direito de defesa** (grifei).

Tal enunciado atualmente encontra-se cristalizado no art. 7º da Lei nº 8.906/1994 (Estatuto da Advocacia), por meio de dispositivos inseridos por meio da Lei nº 13.245/2016, nos seguintes termos:

> Art. 7º São direitos do advogado:
> [...]
> XIV - examinar, em qualquer instituição responsável por conduzir investigação, **mesmo sem procuração**, autos de flagrante e de investigações de qualquer natureza, findos ou em andamento, ainda que conclusos à autoridade, podendo copiar peças e tomar apontamentos, em meio físico ou digital;
> [...]
> § 10. **Nos autos sujeitos a sigilo, deve o advogado apresentar procuração para o exercício dos direitos de que trata o inciso XIV.**
> § 11. No caso previsto no inciso XIV, a autoridade competente poderá delimitar o acesso do advogado aos elementos de prova relacionados a diligências em andamento e ainda não documentados nos autos, **quando houver risco de comprometimento da eficiência, da eficácia ou da finalidade das diligências.**

Observe-se que o preceito jurisprudencial e legal, ao assegurar ao defensor, no interesse do indiciado ou investigado, o amplo acesso apenas às diligências já documentadas no inquérito policial, priva-lhe do acesso àquelas que ainda se encontram em curso, uma vez que tal equivaleria conceder a defesa o poder de se antecipar à apuração e colheita

---

das pessoas, assegurado o direito a indenização pelo dano material ou moral decorrente de sua violação".

de elementos dos crimes eventualmente investigados, comprometendo a sua eficiência. Desta forma, os atos que compõem o inquérito policial, enquanto não concluídos com subsequente integração aos seus autos, excepcionam a publicidade a fim de assegurar o sigilo necessário à elucidação do fato.

Da mesma forma, verifica-se que o enunciado em questão também ponderou devidamente os princípios da publicidade e da privacidade no caso, ao dispor que o acesso do advogado aos autos do inquérito policial deverá se dar no "interesse do representado", o que delimita tal direito, no inquérito policial, a apenas atos que digam respeito ao exercício da ampla defesa pelo indiciado ou investigado assistido, devendo tal circunstância ser comprovada mediante procuração.

Neste particular, o § 10º da Lei nº 8.906/1994, ao estatuir que o advogado deve apresentar procuração para ter aceso ao inquérito denominou o regime de publicidade restrita do inquérito policial de "sigilo", o que também ocorre na esfera processual, onde recebeu denominação "segredo de justiça". A publicidade restrita é, portanto, comum tanto ao processo judicial quanto ao inquérito policial, diferindo-se que, no primeiro, a restrição ("segredo de justiça") é exceção[389], enquanto, no segundo, contudo, é regra, em razão das suas próprias características, acima delineadas.

Desta forma, diversamente de investigações extrapenais, no inquérito policial, deve-se, *a priori*, exigir comprovação de que o advogado que postula acesso detém mandato de investigado ou indiciado, o que alberga também o auto de prisão em flagrante, uma vez que este é um ato que inerentemente o compõe.

Salvaguarda-se, com isso, a privacidade de dados relativos a outras pessoas que eventualmente figurem no inquérito, e que eventualmente não digam respeito ao exercício da defesa em questão. Portanto, o simples fato de o advogado estar inscrito nos quadros da OAB, independentemente de constituição como mandatário por indiciado ou investigado, não o autoriza a ter acesso aos autos do inquérito, salvo no que lhe for

---

389 Neste particular, cumpre ressaltar que o próprio Estatuto da Advocacia, mais precisamente no art. 7º, § 1º, "1" da Lei nº 8.906/1994, excetua o acesso do advogado (não constituído) aos "processos judiciais e administrativos de qualquer natureza" (art. 7º, XV da Lei nº 8.906/1994) sob regime de segredo de justiça, assim como examiná-los (art. 7º, XIII da Lei nº 8.906/1994).

dada excepcional publicidade ampla, como exposto mais adiante. Pensar diferentemente, sujeitaria os indiciados e investigados às implicações potenciais decorrentes do mau uso de seus dados em um momento onde a persecução penal está apenas se iniciando, vulnerando a indevassabilidade da sua vida privada, bem como imagem a honra objetiva (art. 5º, X da CF).

Isto posto, há de ressalvar que a previsão constante no art. 6º XIV da Lei nº 8.906/1994 (Estatuto da Advocacia) - no que permite ao advogado ter acesso ao inquérito policial[390], e, notadamente o auto de prisão em flagrante que eventualmente o componha, "sem procuração" - alberga apenas situações excepcionais onde, para evitar preclusão, ou para praticar ato considerado urgente, como atuação no interrogatório de indiciado preso em flagrante, deva-se autorizar sua atuação sem mandato, mediante prévia confirmação da sua existência com o indiciado pelo delegado de polícia. Para hipóteses dessa natureza, aplica-se o art. 5º, § 1º da referida Lei nº 8.906/1994, a qual dispõe, in verbis, que "O advogado, afirmando urgência, pode atuar sem procuração, obrigando-se a apresentá-la no prazo de quinze dias, prorrogável por igual período"[391].

Como sinalizado, o acesso aos autos deverá ser assegurado não apenas ao indiciado e seu advogado, mas também ao investigado e seu advogado, uma vez que, apesar de não recair sob o investigado a imputação penal decorrente do indiciamento, esta subsiste, ainda que no campo da possibilidade. Portanto, com vistas a assegurar a amplitude do direito de defesa no inquérito policial, salutar se faz reconhecer o seu potencial exercício por parte dos investigados, de forma análoga aos indiciados, concedendo-lhes o acesso de dados e documentos já produzidos no âmbito da investigação criminal[392].

---

390 O inciso XIV do art. 6º da Lei nº 8.906/1994 foi alterado pela Lei nº 13.245/2016 de forma a substituir o termo "inquérito policial" pelo gênero "investigação".

391 Para se evitar situações de urgência, é salutar a aplicação do prazo mínimo de 3 (três) dias que antecedem o ato para se assegurar ao defensor do indiciado ou investigado intimado o acesso aos autos do inquérito policial, ampliável a critério do delegado de polícia, conforme art. 23, parágrafo único, da Lei nº 12.850/2013. Apesar de tal dispositivo encontrar-se previsto em lei que trata sobre investigação de organizações criminosas, nada impede a sua aplicação a todos os inquéritos policiais, independentemente da natureza da investigação.

392 Neste sentido, STF – HC 88.189-4/RJ, 2ª Turma, Relator Min. Cezar Peluso, julgado em 29/08/2006, DJ 06/10/2006. No referido julgado, merece especial destaque o seguinte trecho do voto do Ministro Relator, prevalente com unanimidade: "[...] Os atos de instrução, enquanto documentação dos elementos re-

Apesar de não lhes assistir, *a priori*, direito de defesa, o ofendido ou seu advogado, caso titular de ação penal privada, deverá ser dado tratamento análogo ao indiciado e investigado, sendo-lhes assegurado o amplo acesso às diligências já documentadas no inquérito policial (art. 14 do CPP), a fim de lhe possibilitar requerer diligências ao delegado de polícia, bem como a utilização de seus atos no ajuizamento de demandas objetivando a reparação em esfera extrapenal, como, por exemplo, especialização de hipoteca legal, arresto ou ação civil *ex delicto*[393]. No entanto, em casos objeto de ação penal pública, o acesso ao ofendido se dará apenas em relação a atos que indispensáveis à reparação em esfera extrapenal, uma vez que a acusação, *a priori*, incumbirá ao Ministério Público. Ao final do inquérito, todavia, ao ofendido deverá ser dado acesso, pelo menos, à cópia de seu relatório conclusivo e das peças neste elencadas, a fim de que o mesmo, em caso de indiciamento, possa ajuizar ação penal privada subsidiária da pública (art. 5º LIX da CF e arts. 29 e 46 do CPP[394]), em caso de inércia do Ministério Público, ou possa, desde logo, requerer ao juiz a admissão como assistente da acusação, em caso de tempestivo ajuizamento da ação penal pública pelo Ministério Público[395].

---

tóricos colhidos na investigação, esses devem estar acessíveis ao indiciado e ao defensor, à luz da Constituição da república, *que garante à classe dos acusados, na qual não deixam de situar-se o indiciado e o investigado mesmo, o direito de defesa.* [...]" (grifo nosso). Sobre a diferenciação entre investigado e indiciado, cf. ainda item 3.4.1.3.

393 Sobre a hipoteca legal ou arresto de bens móveis em sua substituição, *cf.* item 3.4.1.7.5. Sobre a ação civil *ex delicto*, *cf.* arts. 63 a 68 do CPP.

394 Art. 5º LIX da CF: "Art. 5º [...] LIX - Será admitida ação privada nos crimes de ação pública, se esta não for intentada no prazo legal";

Art. 29 do CPP:

"Art. 29. Será admitida ação privada nos crimes de ação pública, se esta não for intentada no prazo legal, cabendo ao Ministério Público aditar a queixa, repudiá-la e oferecer denúncia substitutiva, intervir em todos os termos do processo, fornecer elementos de prova, interpor recurso e, a todo tempo, no caso de negligência do querelante, retomar a ação como parte principal".

Art. 46 do CPP: "Art. 46. O prazo para oferecimento da denúncia, estando o réu preso, será de 5 dias, contado da data em que o órgão do Ministério Público receber os autos do inquérito policial, e de 15 dias, se o réu estiver solto ou afiançado. No último caso, se houver devolução do inquérito à autoridade policial (art. 16), contar-se-á o prazo da data em que o órgão do Ministério Público receber novamente os autos".

395 Cf. arts. 268 a 273 do CPP.

Todavia, não se legitima a vista do inquérito quando o advogado, apesar de apresentar procuração, representar uma testemunha ou terceiro interessado na investigação. Nesta hipótese, o acesso à investigação, além de, *a priori*, não dizer respeito ao exercício de defesa do representado, pode levar ou induzir a testemunha a não retratar fielmente o que presenciou, apesar do seu compromisso de falar a verdade estatuído no art. 203 do CPP, prejudicando a eficiência da apuração, e justificando a restrição a publicidade do inquérito, uma vez que o sigilo se faz necessário à elucidação do fato.

Por tais aspectos, o aceso ao inquérito policial é, em regra, franqueado aos seus envolvidos, não diferindo substancialmente da publicidade restrita constitucionalmente prevista no arts. 5º, LX e 93, IX da CF, a não ser pelo fato de se poder privá-los até mesmo de atos que se encontrem em curso, desde que necessário à elucidação do fato, ou de peças que indiquem a realização de diligências futuras, cujo sigilo seja imprescindível[396].

Com relação aos atos que já compõem o inquérito policial, só se justifica o seu sigilo aos envolvidos quando se tratar de testemunhas, já que, como exposto, é necessário à elucidação do fato, e, pontualmente, em relação a indiciados, investigados e ofendidos quando, em relação aos dois primeiros, o acesso não diga respeito ao direito de defesa, e, com relação aos últimos, quando não titulares da ação penal, o acesso não se dê em relação a atos que não sejam indispensáveis à sua reparação em esfera extrapenal. Em tais casos, não resta demonstrado interesse jurídico de acesso aos autos, sendo o mesmo não exigível tendo em vista a proteção da intimidade e vida privada, bem como a imagem e a honra objetiva de terceiros que figurem nas investigações que, sendo, em última análise, exigíveis pelo interesse da sociedade.

Como comunicar a alguém que um inquérito policial se encontra em curso assim que identificado seu envolvimento na investigação pode comprometer a sua elucidação, fadando-a a ineficiência, pode ainda o

---

396 Neste ponto, convém salientar no art. 32 da Lei nº 13.869/2019, definiu-se como crime de abuso de autoridade "Negar ao interessado, seu defensor ou advogado acesso aos autos de investigação preliminar, ao termo circunstanciado, ao inquérito ou a qualquer outro procedimento investigatório de infração penal, civil ou administrativa, assim como impedir a obtenção de cópias, ressalvado o acesso a peças relativas a diligências em curso, ou que indiquem a realização de diligências futuras, cujo sigilo seja imprescindível".

delegado de polícia, discricionariamente, retardar a ciência do envolvido, postergando, no que for possível, atos que impliquem em conhecimento da sua existência, como intimação para inquirição, uma vez que, nos termos do art. 20 do CPP, mostra-se necessário à elucidação do fato.

Se, por um lado, reconhecer que vigora um regime de publicidade restrita aos envolvidos no inquérito policial pode não apresentar maiores dificuldades, o mesmo não pode ser dito em relação a uma publicidade ampla, extensível população em geral, uma vez que admissível apenas quando a preservação do direito fundamental à intimidade e a vida privada do envolvido interessado no sigilo, contemplado pelo art. 5º X da CF, não preponere sobre o direito fundamental à informação, previsto no art. 5º, XIV da CF, parâmetros previstos para a legitimação de uma publicidade restrita no âmbito processual pelo art. 93, IX da CF. Afinal, se entre os próprios envolvidos no inquérito policial, eventualmente justificam-se restrições tendo em vista a intimidade e vida privada de outros envolvidos, cautelas adicionais devem ser adotadas quando se cuida de uma publicidade ampla, uma vez que o início da persecução penal se encontra muito mais susceptível a juízos prematuros, cuja divulgação revela-se potencialmente mais danosa aos direitos fundamentais à imagem e honra do que durante o processo penal, onde já se pressupõe indícios de prática delituosa em face do acusado.

Diante disso, não há como se atribuir, *a priori*, ampla publicidade ao inquérito policial, não dispondo o mesmo de, por exemplo, um mecanismo público de busca de feitos por número de tombamento e nome de envolvidos e advogados na *internet*, diferentemente do que ocorre em relação ao processo. Deve o delegado de polícia, portanto, ponderar o direito fundamental à intimidade e a vida privada do indiciado e o direito fundamental à informação em cada caso investigado ao deliberar fundamentadamente pela sua divulgação à imprensa, por exemplo, durante a condução de investigações em curso, que impliquem em grande repercussão social[397].

Neste sentido, a divulgação de retratos falados e o uso de cartazes

---

397 Neste particular, cumpre consignar que os arts. 40 e 41, VIII da Lei nº 7.210/1984 (Lei de Execução Penal) lista como direito dos presos provisórios (onde se incluem os indiciados nesta condição) e condenados a proteção em face de qualquer forma de sensacionalismo, como reflexo da proteção à sua integridade moral.

com fotos de indivíduos "procurados" – assim entendidos como aqueles contra os quais existe mandado de prisão não cumprido, em razão de ser desconhecido o seu paradeiro – são, em princípio, legítimos, na medida em que ajustados à prevalência, nas hipóteses em que cabíveis, da eficiência persecução penal em face dos direitos fundamentais à imagem e honra objetiva[398].

Da mesma forma, quando o detentor de um mandato eletivo público ou figura destacada no cenário político nacional é indiciado em determinado inquérito policial, o direito à informação ganha realce, porque conhecer a possibilidade de eventual envolvimento criminal de quem exerce um papel importante nos destinos da coletividade não é um fator de pequena importância. Há, nessa informação, inquestionável interesse público. Nessa hipótese, a supressão da sua difusão produz lesão desproporcional ao direito à informação, em favor da proteção da honra e da imagem[399]. No entanto, a ampla divulgação de informações referentes a inquéritos policiais em curso não pode comprometer a eficiência na elucidação do fato, tampouco a privacidade de envolvidos que não sejam indiciados pela prática delituosa investigada.

Todavia, o que tem se verificado, neste particular, é a divulgação desmedida de informações relacionadas à investigações desta natureza, abrangendo indiscriminadamente medidas que se encontram em curso e praticamente todas as pessoas que nestes figuram, e não apenas em relação a quem já tenha sido identificados, fundamentadamente, indícios da prática dos crimes investigados.

Objetivando coibir excessos dessa natureza, no art. 38 da Lei nº 13.869/2019, definiu-se como crime de abuso de autoridade, a seguinte conduta:

> Art. 38. Antecipar o responsável pelas investigações, por meio de comunicação, inclusive rede social, atribuição de culpa, antes de concluídas as apurações e formalizada a acusação".

Partiu a lei, portanto, do pressuposto de que a origem do excesso na divulgação de informações de inquéritos policiais e congêneres, seria

---

398 ROVEGNO, André. *Os direitos fundamentais à honra e à imagem como limite às ações de polícia judiciária no inquérito policial*. 2011. Tese (Doutorado em Direito – Faculdade de Direito), Universidade de São Paulo, São Paulo, p. 386.
399 ROVEGNO, André. Op. cit. 2011, p. 385.

essencialmente aquele que o preside, desconsiderando todas as outras hipóteses de acesso aos autos acima relatadas.

Por outro lado, um grande dificultador para se identificar a origem destes excessos consiste no fato de, a par do sigilo da fonte da informação ser assegurado constitucionalmente à imprensa pelo art. 5º, XIV da CF, o acesso aos dados do inquérito abrange, como visto, não apenas o âmbito dos órgãos onde se exerce a polícia judiciária, mas também o Poder Judiciário e Ministério Público, além de ser devidamente autorizado a indiciados, investigados e ofendidos, nas circunstâncias acima demonstradas. Desta forma, quando instaurados inquéritos policiais para apurar a eventual prática do referido crime de abuso de autoridade, assim como violação de sigilo funcional e congêneres[400], resta difícil, senão inviável, se identificar a causa da indevida publicidade de dados que, deveriam permanecer em sigilo da população em geral, dada as várias possibilidades de fonte da divulgação indevida.

No entanto, como a responsabilidade por evitar divulgação indevida de informações no inquérito policial incumbe primordialmente ao delegado que o preside, sobre este tem recaído o ônus pela sua ocorrência independentemente da sua origem, razão pela qual a, legislação, a par do crime de abuso de autoridade acima transcrito, em casos pontuais tem passado a prever a transferência da deliberação quanto a sua publicidade deste para o juiz que neste atua, por meio da decretação do "segredo de justiça", como se o mesmo já não vigorasse, ordinariamente, no inquérito policial.

O segredo de justiça, antes de ser distorcidamente aplicado ao inquérito policial, encontrava-se disciplinado no art. 155 do Código de Processo Civil de 1973, de redação assemelhada ao art. 189 do Código de Processo Civil, acima analisado.

O instituto foi transportado para a legislação processual penal por meio do art. 1º da Lei nº 9.296/1996, ao dispor, *in verbis*, que "A interceptação de comunicações telefônicas, de qualquer natureza, para prova em investigação criminal e em instrução processual penal, observará o disposto nesta Lei e dependerá de ordem do juiz competente da ação principal, sob *segredo de justiça*"[401]. No entanto, como o inquérito po-

---
400 *Cf.* art. 325 do CP e art. 10 da Lei nº 9.296/1996.
401 Tal transposição conceitual também pode ser observada no art. 12, § 6º da Lei nº 13.431/2017, onde se estabelece que o depoimento especial de criança ou

licial, em função da sua natureza, já se dá, em princípio, sob regime de publicidade estrita, o segredo de justiça em relação à medida cautelar em tela só faria sentido caso decretada no curso do processo penal, uma vez que, neste, a publicidade restrita se dá, em princípio, em função do referido dispositivo legal, excepcionando a ampla publicidade que lhe é inerente, conforme arts. 5º, LX e 93, IX da CF.

Todavia, a praxe forense passou a comportar a decretação do segredo de justiça processual em inquéritos policiais que versavam sobre casos de potencial repercussão com base na exigência do interesse público, a partir de analogia fulcrada no arts. 155, I do CPC e 3º do CPP, como forma de reforçar a proteção a dados que devam permanecer em sigilo durante seu curso, independentemente de indícios de ação ou omissão indevida na proteção de dados por parte do delegado que o preside.

No entanto, tal providência, além de não se fundar no controle de legalidade que o poder judiciário deve exercer na administração pública, em nada acrescenta ao regime jurídico da publicidade do inquérito policial, uma vez que o modo do proceder do juiz em relação à questão em nada difere em relação àquele que deve ser adotado pelo delegado de polícia, tanto que, na prática, a assunção, pelo juiz, desta função não tem impedido tampouco dificultado a divulgação indiscriminada de dados em inquéritos policiais com potencial repercussão social, em razão das mesmas dificuldades anteriormente apontadas, as quais, em última análise, derivam do fato do inquérito policial, ser predominantemente público em relação aos seus envolvidos acima mencionados, o que propicia múltiplas possibilidades de divulgação, dolosas ou não.

Entretanto, a legislação parece ter avançando em sentido diverso[402]. No art. 23, *caput*, da Lei nº 12.850/2013, ao versar sobre a investigação criminal onde figurem organizações criminosas, assim dispôs:

> Art. 23. O sigilo da investigação poderá ser decretado pela autoridade judicial competente, para garantia da celeridade e da eficácia das diligências investigatórias,

---

adolescente vítima ou testemunha de violência perante a autoridade judicial ou de polícia judiciária necessariamente "tramitará em segredo de justiça".

[402] Embora não destinado especificamente ao inquérito policial, no art. 201 § 6º do CPP, incluído pela Lei nº 11.690/2008, previu-se que juiz poderá promover a decretação de segredo de justiça em relação aos dados, depoimentos e outras informações constantes dos autos a respeito do ofendido, para a preservação da sua intimidade, vida privada, honra e imagem perante os meios de comunicação.

assegurando-se ao defensor, no interesse do representado, amplo acesso aos elementos de prova que digam respeito ao exercício do direito de defesa, devidamente precedido de autorização judicial, ressalvados os referentes às diligências em andamento.

Como pode se observar, tal dispositivo, não mais que reproduz os ditames do Enunciado nº 14 da Súmula Vinculante do STF, substituindo o delegado de polícia pelo juiz, o qual, para tanto, devera intervir "para garantia da celeridade e da eficácia das diligências investigatórias". Contudo, tal garantia deverá ocorrer a partir de indícios de ação ou omissão indevida do primeiro na proteção de dados do inquérito policial necessária à elucidação do fato, sob pena de afrontar o princípio constitucional da separação dos poderes (arts. 2º e 60 § 4º, III da CF). Com efeito, para que o juiz intervenha gravemente na condução do inquérito policial, ao ponto de se sobrepor ao delegado que o preside no controle da sua publicidade, não deve este se fundar apenas na mera desconfiança abstrata de que, em casos de repercussão, a divulgação indevida de informações sigilosas ocorrerá na esfera de responsabilidade deste último, mas sim em elementos concretos que o mesmo tem indevidamente se omitido no controle da publicidade dos atos da investigação que preside[403].

Como acesso aos dados do inquérito policial, em regra, é franqueado aos seus envolvidos, o desafio de se efetivar a sua publicidade na medida de sua legitimidade constitucional, bem como aperfeiçoamento dos respectivos mecanismos de proteção da informação, não deve recair apenas sob as autoridades de polícia judiciária e judicial que neste oficiam, mas deve ser assumido por todos aqueles que tem direito de acesso seus dados, por mais hercúlea que tal tarefa pareça ser.

3.4.1.2.6.1 Quadro sinótico

Diante do exposto, propõe-se o seguinte quadro sinótico em rela-

---

403 Admitindo-se a legitimidade da decretação judicial de segredo de justiça, o pedido de acesso dos autos, caracterizada a legitimidade do requerente, será analisado pelo delegado de polícia à luz da correspondente decisão, submetendo-o eventualmente o pedido de vista o magistrado competente, em caso de dúvida. Caso os termos da decisão judicial contemplem a possibilidade de imediata concessão de vista pela próprio delegado, este, se for o caso, assim procederá, sem deixar de atentar para a legitimidade do acesso requerido.

ção à característica da publicidade restrita no inquérito policial, confrontando-a com sua feição processual, a fim de propiciar uma melhor assimilação do tema por sua apertada síntese.

PUBLICIDADE NA PERSECUÇÃO PENAL	Inquérito policial	Processo judicial
Ampla	Exceção	Regra
Restrita	Regra	Exceção
Controle	Delegado de polícia (e, excepcionalmente, juiz)	Juiz

3.4.1.3 Situações jurídicas no inquérito policial

Quando analisada a natureza jurídica do inquérito policial (item 3.4.1.1), pôde-se observar que este, enquanto conjunto de atos e procedimentos, não apresenta feições processuais, uma vez que neste ainda não há partes em relação de antagonismo, e sim situações jurídicas modificáveis a depender do contexto investigativo, razão pela qual o mesmo se mostra incompatível o exercício do contraditório, assim entendido essencialmente como a garantia de que ao envolvido no processo de estrutura acusatória a possibilidade de realizar pedidos, de argumentar e assim demonstrar razões de aceitabilidade de seus pleitos e, da mesma maneira, demonstrar as razões de não aceitabilidade dos pedidos da parte adversa.

Portanto, ao invés de apresentar uma estrutura acusatória integrada por partes predefinidas e presidido por uma autoridade judicial que em regra aguarda sua iniciativa, para decidir com base em um juízo de certeza; o inquérito policial é regido por situações jurídicas dinâmicas e presidido por uma autoridade de polícia judiciária, na qual, diferentemente, prepondera sua inciativa inquisitorial de busca dos elementos de convicção para o esclarecimento dos fatos, com base em um juízo de probabilidade.

Desta forma, para se sistematizar diversos institutos jurídicos no inquérito policial, é primordial conhecer as situações jurídicas essenciais dos que figuram no referido conjunto de atos, sendo estas a de ofendido (vítima), testemunha indiciado e investigado, objeto das subseções que se seguem.

3.4.1.3.1 Ofendido

Ofendido ou vítima é a pessoa que teve o seu bem jurídico ou interesse diretamente violado pela prática da infração penal. Embora o Estado formalmente sempre seja o sujeito passivo da prática delituosa, pois lhe compete o direito de punir, o sujeito passivo eventual ou material é o ofendido, sendo este a pessoa (física ou jurídica) atingida de forma direta pela conduta penalmente tipificada.

Além de fornecer as informações que dispuser para a elucidação da prática delituosa que sofreu (*cf.* item 3.4.1.6.3.2), durante o inquérito policial o papel do ofendido pode variar, a depender da infração penal. Nos crimes objeto de ação penal pública, prevê-se sua atuação para requerer o seu início, e diligências durante seu curso (arts. 5º, II e 14 do CPP), das quais, caso deferidas pelo delegado de polícia, também poderá obter cópias a fim de subsidiar eventual ação civil de reparação do dano que venha a ajuizar paralelamente (art. 63 do CPP). No entanto, nesses casos, a apuração criminal pode-se dar independentemente da intervenção do ofendido, uma vez que o direito de acusar em juízo é transferido do ofendido para o Estado, mais especificamente o Ministério Público, cabendo a este, *prima facie*, requerer ou requisitar diligências ao delegado de polícia, bem como, ao final do inquérito, deliberar pela propositura ou não da ação penal.

Quando o crime a ser apurado é objeto de ação penal pública condicionada a representação do ofendido, a instauração do inquérito policial, conquanto preambular a ação penal, depende da representação, a qual é uma manifestação de vontade do ofendido que consiste em uma condição especial para o exercício do *jus puniendi* estatal.

Por sua vez, nos crimes objeto de ação penal privada, como o direito de acusar em juízo depende do próprio ofendido, o inquérito policial, além de depender do seu tempestivo requerimento de instauração[404],

---

[404] Embora o Código de Processo Penal seja omisso a respeito, da sua interpretação sistemática depreende que o requerimento de instauração do inquérito policial pelo ofendido ou seu representante legal, assim como sua representação nos casos onde o crime a ser apurado seja objeto de ação penal pública condicionada, seria imprescindível para a sua instauração, uma vez que a sua inércia, dada a natureza dos crimes objeto de ação privada, pode ser interpretada como renúncia tácita do ofendido (art. 104, parágrafo único do CP e art. 57 do CPP), eventualmente fulcrada em uma opção sua de prevenir um prejuízo maior decorrente do escândalo que eventual processo judicial poderia lhe causar.

quando encerrado deverá aguardar em juízo a sua iniciativa ou do seu representante legal, dentro do prazo decadencial de 6 (seis) meses a contar do seu conhecimento da autoria delitiva, ou lhe será entregue, se o pedir, mediante traslado (art. 19 do CPP c/c arts. 38 CPP e 103 do CP)[405].

3.4.1.3.2 Testemunha

Testemunha é quem tomou conhecimento de algum fato juridicamente relevante, podendo confirmar a sua veracidade, em regra sob o compromisso de dizer a verdade. Pode esta ter tomado conhecimento dos fatos pelos seus próprios sentidos (testemunhas diretas), ou por terceiros (testemunhas indiretas); ou depor tanto sobre fatos relativos ao objeto da persecução penal (testemunhas próprias), quanto apenas sobre fatos ligados ao objeto desta (testemunhas impróprias).

A testemunha imprópria atesta, por exemplo, que viu alguém depor sem coação ou ameaça, ou que assistiu à apresentação de um capturado em flagrante delito. É evidente que se também presenciou ou ouviu dizer a respeito do fato investigado o testemunho, neste ponto, será próprio[406].

Em princípio, não deixa de atuar como testemunha o informante, assim compreendido como aquele que fornece, reservadamente, informações privilegiadas sobre um determinado fato delituoso. O informante, em razão da forma reservada que disponibiliza seu depoimento (como, por exemplo, via serviços de recepção de notícias dec rime por telefonema, denominados "disque denúncia"), em regra acaba não sendo formalmente inquirido, com seu testemunho, em grande parte dos casos, possuindo natureza indireta, uma vez que depõe sobre o que ouviu dizer e não a respeito do que viu.

Apesar de o testemunho indireto ser, em tese, mais frágil e menos firme, com ainda maior realce em face da maneira informal que o informante o disponibiliza, aquele pode fornecer informações relevantes para o deslinde da infração penal apurada, sobretudo em cenários de escassez de outros meios de prova disponíveis. De acordo com Hélio Bastos Tornaghi, para se admitir o testemunho indireto, deve-se exigir que o depoente indique as razões (fontes) de sua ciência como, aliás,

---

405 Sobre o prazo decadencial da ação penal privada, *cf.* ainda o item 3.4.1.5.1.2.
406 Como exemplo de testemunho impróprio no Código de Processo Penal, *cf.* arts. 6º., V, 226, IV, 245, § 7º, e 304, § 2º.

ordena o art. 203 do Código de Processo Penal[407], ou, de acordo com o referido dispositivo legal, as circunstâncias pelas quais possa se avaliar sua credibilidade.

O art. 203 do CPP, prevê também que a testemunha, previamente à sua inquirição, fará, sob palavra de honra, a promessa de dizer a verdade do que souber e lhe for perguntado, comprometendo-se a narrar, sinceramente, os fatos relevantes que lhe são perguntados, previamente ao seu depoimento, sob pena de cometer o crime de falso testemunho (art. 342 do CP)[408].

No entanto, não se deferirá o compromisso dizer a verdade aos doentes e deficientes mentais e aos menores de 14 (quatorze) anos, tampouco ao ascendente ou descendente, o afim em linha reta, o cônjuge[409], ainda que desquitado, o irmão e o pai, a mãe, ou o filho adotivo do indiciado, podendo estes últimos inclusive se recusar a depor, salvo quando não for possível, por outro modo, o esclarecimento dos fatos apurados (art. 206 e 208). Tais pessoas, por serem parentes do investigado, indiciado ou réu, ou por não serem naturalmente confiáveis em razão do pouco discernimento, foram dispensadas de prestar o referido compromisso pelo legislador[410].

---

407 TORNAGHI, Hélio Bastos. *Instituições de direito processual penal*, v. 4, 2 ed. rev. e atual. São Paulo: Saraiva, 1977, p. 64.

408 Art. 342 do CP:
"Art. 342. *Fazer afirmação falsa, ou negar ou calar a verdade* como testemunha, perito, contador, tradutor ou intérprete em processo judicial, ou administrativo, *inquérito policial*, ou em juízo arbitral". Apesar de o referido artigo, além da testemunha, fazer menção, a perito, contador, tradutor ou intérprete, os mesmos, a rigor, não deixam de se encontrar na posição jurídica de testemunha, ainda que em uma acepção mais ampla.

409 Reconhecida a união estável como entidade familiar (art. 226, § 3º da CF), impõe-se dispensar do compromisso de dizer a verdade também o companheiro ou companheira do investigado, indiciado ou acusado, uma vez comprovada tal circunstância.

410 Para Guilherme de Souza Nucci, tais pessoas, em razão da ausência do compromisso de dizer a verdade ao depor, não seriam testemunhas, mas sim *informantes*, o que definire como aquele que relata sobre fato relevante que tomou conhecimento, sem compromisso de dizer a verdade (*Manual de processo penal e execução penal*. 2ª Ed. - São Paulo: RT, 2006, p. 429-430). Todavia, a legislação processual penal pátria não adota esta distinção, elencando taxativamente no art. 208 do CPP as possibilidades de colheita de depoimento de testemunha sem compromisso de dizer a verdade.

Por sua vez, são proibidas de depor as pessoas que, em razão de função, ministério, ofício ou profissão, devam guardar segredo (*v.g.* advogados[411], médicos), salvo se, desobrigadas pelo interessado, quiserem dar o seu testemunho (art. 207 do CPP).

Análise detalhada acerca da inquirição de testemunha será realizada mais adiante, mais especificamente no item 3.4.1.6.3.2.

3.4.1.3.3 Investigado

Investigado (ou suspeito) é aquele que se encontra sujeito à investigação cuja autoria delitiva cogita-se apenas por meio de um juízo de possibilidade, e não de probabilidade[412]. Portanto, em desfavor do investigado, recai apenas uma suspeita da prática da infração penal sob apuração.

De acordo com Sérgio Marcos de Moraes Pitombo, o juízo de possibilidade consiste naquele que, logicamente, não é contraditório, bem como se revela neutro, por inexistirem suficientes motivos de convicção em favor ou em desfavor da autoria delituosa, aflorando daí uma suspeita. Por sua vez, a suspeita não vai além da conjectura, fundada em entendimento desfavorável a respeito de alguém. As suspeitas, por si sós, não possuem substância para dar corpo à imputação da autoria, nada aproveitando para a instrução processual, uma vez que servem apenas à investigação criminal[413].

O Código de Processo Penal, em sua redação original, não mencionava a situação jurídica de investigado, fazendo-o apenas com relação ao indiciado mediante previsão de uma série de medidas a ser adotadas em relação a este último a ser estudadas no item seguinte, notadamente sua individualização e interrogatório. Assim, a técnica legislativa originalmente utilizada no Código de Processo Penal vigente não diferenciou adequadamente a figura do indiciado e do investigado, fazendo tão

---

411 No entanto, de acordo com o art. 7º, XIX da Lei nº 8.906/1994, são direitos do advogado "*recusar-se* a depor como testemunha em processo no qual funcionou ou deva funcionar, ou sobre fato relacionado com pessoa de quem seja ou foi advogado, *mesmo quando autorizado ou solicitado pelo constituinte*, bem como sobre fato que constitua sigilo profissional".
412 TASSE, Adel El. *Investigação Preparatória*. 3ª Ed. Curitiba: Juruá, 2010. p. 53-54.
413 PITOMBO, Sérgio M. de Moraes. *Inquérito policial*: Novas tendências. Belém: Cejup, 1986, p. 39.

somente referência ao primeiro nos dispositivos pertinentes[414,] o que fez com que a situação jurídica de investigado fosse amplamente reconhecida na praxe policial-judiciária, ainda que à míngua de qualquer previsão legal[415.]

Tal situação perdurou até a inclusão do art. 405, § 1º no seu texto pela Lei nº 11.719/2008 que, ao dispor sobre possibilidade de gravação de audiências, paralelamente também inovou ao prever, expressamente, a figura do investigado no plano legal, nos seguintes termos:

> Art. 405. [...]
> § 1º Sempre que possível, o registro dos depoimentos do **investigado, indiciado**, ofendido e testemunhas será feito pelos meios ou recursos de gravação magnética, estenotipia, digital ou técnica similar, inclusive audiovisual, destinada a obter maior fidelidade das informações" (grifo nosso).

Assim, partindo dos conceitos de *investigado, indiciado, ofendido e testemunha*, também pode-se chegar à identificação do primeiro através de um critério de exclusão em relação às demais situações jurídicas da investigação criminal, sendo este o indivíduo objeto de apuração que não se enquadraria à condição de testemunha ou vítima dos fatos sob exame, tampouco podendo ser considerado indiciado por não haver constatação de indício suficiente da sua autoria delitiva. Tal forma de identificação ganha relevo na medida em que, como a legislação atualmente prevê apenas que o indiciado tenha sua situação jurídica devidamente fundamentada (art. 2º, § 6º da Lei nº 12.830/2013), em regra a identificação de investigado acaba tendo que ser depreendida do próprio contexto investigativo.

Contudo, mais recentemente, ao se versar sobre crimes de abuso de autoridade durante a investigação criminal por meio da Lei nº 13.869/2019, utilizou-se apenas a expressão *investigado* (arts. 10; 20, parágrafo único; 25, parágrafo único; 28, 29 e 31 *caput* e parágrafo único), deixando-se de lado o termo *indiciado*, o que leva a crer que, no referido

---

414 Cf. arts. 5º, § 1º, "b", 6º, V, VIII e IX; 10, *caput*, e § 3º; 14; 15; 23; 125 e 134 do CPP.
415 Tal fato foi decisivo para perpetuar a prática atualmente vigorante de se atribuir o prazo de trinta dias nos inquéritos em que os investigados se encontrem em liberdade, haja indiciados ou não, aspecto que voltará a ser abordado de maneira mais detida adiante, no item 3.4.1.8.1.

diploma legal, utilizou-se de terminologia na qual o investigado seria um gênero do qual o indiciado seria sua espécie.

Em alterações contemporâneas, porém ainda mais recentes, operadas na legislação processual penal pela Lei nº 13.964/2019, observa-se, por sua vez, que as expressões *investigado* e *indiciado* foram utilizadas sem rigor terminológico, com tendência à equiparação de sentidos, como pode-se observar, por exemplo, no art. 14-A do CPP, a seguir transcrito[416]:

> Art. 14-A. Nos casos em que servidores vinculados às instituições dispostas no art. 144 da Constituição Federal figurarem como **investigados** em inquéritos policiais, inquéritos policiais militares e demais procedimentos extrajudiciais, cujo objeto for a investigação de fatos relacionados ao uso da força letal praticados no exercício profissional, de forma consumada ou tentada, incluindo as situações dispostas no art. 23 do Decreto-Lei nº 2.848, de 7 de dezembro de 1940 (Código Penal), o **indiciado** poderá constituir defensor.
> § 1º Para os casos previstos no *caput* deste artigo, o **investigado** deverá ser citado da instauração do procedimento investigatório, podendo constituir defensor no prazo de até 48 (quarenta e oito) horas a contar do recebimento da citação.
> § 2º Esgotado o prazo disposto no § 1º deste artigo com

---

[416] Das alterações efetuadas pela Lei nº 13.964/2019, além das referências no art. 14-A, é utilizado o termo *investigado* nos art. 3º-B, VIII; XI, e; XV e § 2º; art. 28, *caput*, e 28-A, *caput*, § 2º, II e §§ 3º, 4º e 5º, 11º e 14º, todos do CPP; art. 1º, § 3º da Lei nº 8.038/1990; e art. 16-A, *caput*, e §§ 1º e 2º do CPPM.

Entretanto, o Supremo Tribunal Federal, por meio de medida cautelar concedida na ADI 6299 MC/DF pelo Ministro Relator Luiz Fux em 22/01/2020, suspendeu, por tempo indeterminado, a eficácia dos arts. 3º-A a F e 28, *caput*, do CPP, introduzidas pela Lei nº 13.964/2019. Na referida decisão, entendeu-se que as referidas alterações legislativas demandariam uma completa reorganização da justiça criminal do país, padecendo de possível inconstitucionalidade formal, no caso dos arts. 3º-A a F do CPP, uma vez que sua iniciativa não se deu pelo Poder Judiciário, mas sim pelo Poder Executivo, bem como de possível inconstitucionalidade material, em razão da ausência de dotação orçamentária e estudo de impacto prévios para implementação da lei, e do seu impacto na eficiência da persecução penal no país.

ausência de nomeação de defensor pelo investigado, a autoridade responsável pela investigação deverá intimar a instituição a que estava vinculado o **investigado** à época da ocorrência dos fatos, para que essa, no prazo de 48 (quarenta e oito) horas, indique defensor para a representação do **investigado**.

Apesar de tais inconsistências, deve o delegado de polícia, sempre que possível, fundamentar a situação jurídica de cada pessoa que figurar na investigação, sobretudo em atos que demandem sua presença ou cujos eventos revelem-se individualizáveis[417]. No caso do investigado, tal fundamentação ganha relevo na medida em que, apesar de relação ao mesmo existir apenas uma possibilidade de imputação penal, deve-se assegurar que a ampla defesa lhe seja estendida, por meio de todas as garantias que lhe inerentes e que lhe se revelem aplicáveis.

Desta forma, como já salientado no item 3.4.1.2.6, uma vez tendo o investigado tomado conhecimento de sua situação jurídica, deve-se assegurar a este ou ao seu defensor, o amplo acesso às diligências já documentadas no inquérito policial, bem como o exercício do seu direito constitucional de ampla defesa (art. 5º, LV da CF) de forma equiparada ao indiciado[418].

A partir do momento em que, em relação a um investigado, são reunidos elementos suficientes da sua autoria ou participação na infração penal investigada no inquérito policial, deve o mesmo ser alçado à situação jurídica de indiciado, da qual, além de uma maior consolidação do exercício da ampla defesa, decorre uma série de efeitos a ser mais detidamente analisados a seguir.

---

417 Há casos em que, contudo, muito embora se constate a necessidade de comparecimento de determinada pessoa em um ato do inquérito policial, não se faz possível se visualizar com clareza a situação jurídica em que a mesma se encontra na investigação por este veiculada, o que impede com que se fundamente, *a priori*, tal aspecto. Nesta hipótese, recomenda-se que o delegado de polícia tenha contato com o intimado e/ou seu advogado antes do início do ato, a fim de obter subsídios para situá-lo juridicamente na ocasião.
418 Sobre o direito de defesa no inquérito policial, *cf.* item. 3.4.1.4.

3.4.1.3.4 Indiciado

Segundo o Dicionário Houaiss da Língua Portuguesa[419], a palavra "indiciado" em seu sentido etimológico, significa aquele "que se indiciou, percebido por indícios". Indício, de acordo com o art. 239 do CPP, é o meio de prova consistente em uma circunstância conhecida e provada, que, tendo relação com o fato, autorizem, por indução, concluir-se a existência de outra(s) circunstância(s).

Portanto, quando circunstâncias conhecidas e provadas relacionadas ao fato delituoso apurado, autorizam, a partir de um raciocínio indutivo[420], a imputação da sua autoria um dado investigado, o mesmo é alçado a situação jurídica de indiciado.

Desta forma, a percepção do indiciado, qual seja, aquele sobre quem recaem suficientes indícios de autoria do crime apurado, faz parte do sentido e da substância do inquérito policial, que é a apuração da existência de um fato e das suas circunstâncias, sua qualificação jurídica bem como atribuição a um indivíduo imputável, identificado.

No entanto, a exegese do vocábulo na legislação processual penal pátria perpassa uma análise que combinaria elementos sistemáticos e histórico-evolutivos de interpretação jurídica, uma vez que Código de Processo Penal, em sua redação original, não distinguiu devidamente o indiciado do investigado, apenas mencionando o primeiro em suas diversas passagens, bem como originalmente não contemplou qualquer previsão legal para o ato de indiciamento, que fundamentadamente marcaria a distinção entre as duas situações jurídicas.

Apenas com a inclusão do já mencionado art. 405, § 1º pela Lei nº 11.719/2008, consagrou-se, no plano legal, a existência do investigado como um ente distinto do indiciado, o que consolida o entendimento

---

419 HOUAISS, Antônio e VILLAR, Mauro de Salles. Dicionário Houaiss da Língua Portuguesa. Rio de Janeiro: Objetiva, 2001. p. 1604.
420 O raciocínio dedutivo, em apertada síntese, apresenta premissas que definem e estabelecem a conclusão de um fato, enquanto o raciocínio indutivo fornece os dados que são o principal fundamento da própria conclusão. Além disso, a indução é feita com base em observações enquanto a dedução é pautada por conhecimentos gerais e preestabelecidos. De acordo com Maria Thereza Rocha de Assis Moura (in A prova por indícios no processo penal. Rio de Janeiro: Lumen Juris, 2009, p. 43), o termo indução, tal como posto no art. 239 do CPP, tecnicamente teria o significado de argumentação materialmente provável, aplicável tanto a indução propriamente dita quanto à dedução, no sentido de ser a conclusão, tão somente, contingente quanto à verdade, dita criminal.

de que, a partir dos conceitos de *investigado, indiciado, ofendido e testemunha*, deve-se chegar à definição do segundo como o aquele cuja autoria delitiva é imputável por meio de um juízo de probabilidade[421]. Desta forma, constatada não ser apenas possível, mas provável que um dado investigado seja autor da infração penal investigada, deve ser este, fundamentadamente, indiciado.

De acordo com Sérgio Marcos de Moraes Pitombo, o juízo de probabilidade consiste naquele que se baseia na verossimilhança, partindo de fundamentos robustos que, embora não decisivos, revelam-se suficientes para imputar a infração penal investigada, revelando-se, portanto, neutral. O indiciado, segundo o autor, é aquele sobre quem recaem, no curso do inquérito policial, indícios ou outros meios de prova bastantes para acusar em juízo, de haver praticado uma infração penal, cuja existência se acha suficientemente evidenciada[422].

Há, portanto, uma escala onde elementos de convicção de autoria gradualmente se aglutinam ao longo do inquérito policial, de onde se parte de um juízo de possibilidade em relação ao investigado para, eventualmente, se chegar a um juízo de probabilidade que o alçará a situação de indiciado. A partir do recebimento da acusação pelo juiz, o indiciado passa a ser chamado de acusado ou réu, eventualmente sendo alçado à situação jurídica de condenado, aí com base em um juízo de certeza[423].

No entanto, a transição da situação jurídica de investigado para indiciado requer um ato fundamentado, denominado indiciamento[424], onde lhe é imputada a infração penal apurada no inquérito policial, a ser analisado mais detidamente a seguir.

3.4.1.3.4.1 Indiciamento: conceito e efeitos

O indiciamento (ou indiciação) é um ato formal pelo qual o delegado de polícia conclui, fundamentadamente, haver suficientes indícios de autoria do crime investigado no inquérito policial que preside, imputando a um investigado a sua prática.

---

421 TASSE, Adel El. *Investigação Preparatória*. 3ª Ed. Curitiba: Juruá, 2010. p. 53/54.
422 PITOMBO, Sérgio M. de Moraes. *Inquérito policial*: Novas tendências. Belém: Cejup, 1986, p. 39-40.
423 Em sentido semelhante, Ibid., p. 42.
424 Ibid., p. 44.

Veja-se que é um juízo preliminar, cuja fundamentação não vincula a formação da *opinio delicti* pela parte autora da ação penal, tampouco a convicção pela culpabilidade da autoridade judicial, ao expedir um decreto condenatório/ absolvitório. Um indivíduo pode, por exemplo, ser indiciado e acusado por um determinado comportamento, em virtude de haver a reunião de elementos suficientes para afirmar a tipicidade e a ilicitude deste, bem como a sua efetiva existência material e imputação da autoria. Contudo, em um segundo momento, pode ser absolvido pela ausência de elementos bastantes para firmar a certeza penal, consoante o brocardo latino *in dubio pro reo*.

Assim como a diferenciação entre investigado e indiciado, o indiciamento, embora amplamente reconhecido pela praxe, doutrina e jurisprudência, só ganhou previsão legal por meio do art. 2º § 6º da Lei nº 12.830/2013, o qual assim dispõe:

> Art. 2º [...]
> § 6º O indiciamento, privativo do delegado de polícia, dar-se-á por ato fundamentado, mediante análise técnico-jurídica do fato, que deverá indicar a autoria, materialidade e suas circunstâncias.

Enquanto juízo fático-valorativo, o indiciamento no inquérito policial é de atribuição privativa do delegado de polícia[425] que, ao analisar o conteúdo integral da apuração, firma entendimento juridicamente fundamentado quanto a imputação da autoria delitiva a um dado investigado, indicando os pressupostos de fato e de direito que embasaram a sua imputação e respectiva tipificação do delito atribuído ao indiciado[426].

---

425 No entanto, nas formas especiais de exercício de polícia judiciária (*cf.* item 3.4.2), o indiciamento incumbe à autoridade de polícia judiciária que a presidir.
426 Como bem salientado por Eliomar da Silva Pereira em *Teoria da Investigação Criminal*, Lisboa, Ed. Almedina, 2011 p. 141: "Somente uma investigação criminal que seja capaz de apresentar uma tese aceitável de imputação do crime, justificada em fatos comprovados e normas existentes, poderá justificar um processo judicial, permitindo pelo menos a denúncia com aptidão para ser aceita (justa causa) e possivelmente chegar a uma condenação". Neste particular, vale ainda transcrever trecho de decisão onde o ministro Celso de Mello acrescenta diversas ponderações sobre o ato de indiciamento: "O indiciamento de alguém, por suposta prática delituosa, somente se justificará, se e quando houver indícios mínimos, que, apoiados em base empírica idônea, possibilitem atribuir-se, ao mero suspeito, a autoria do fato criminoso. Se é inquestionável que o ato de indiciamento não pressupõe a necessária existência de um juízo de certeza quanto à autoria do fato delituoso, não é menos exato que esse ato formal, de

3 – Polícia Judiciária

Nos casos de inquéritos iniciados por casos de flagrante delito, a prisão ou termo circunstanciado decorre necessariamente dos fundamentos pelos quais foi o indiciado flagrado, advindo seu indiciamento, no caso de prisão em flagrante, logo no início do inquérito policial, sem embargo do posterior indiciamento de outros coautores ou partícipes não capturados em fragrante delito, identificados com a continuidade das investigações. Nos demais casos, o indiciamento em regra exsurge no curso ou ao final da apuração, recaindo sobre um ou mais investigados.

A partir daí, o indiciamento funciona como marco para uma série de medidas adotáveis no curso do inquérito policial, agrupável em quatro categorias: 1) Aplicação da prisão (em flagrante delito) pelo delegado de polícia[427], ou de sua representação ao Poder Judiciário, durante o

---

competência exclusiva da autoridade policial, há de resultar, para legitimar-se, de um mínimo probatório que torne possível reconhecer que determinada pessoa teria praticado o ilícito penal. O indiciamento não pode, nem deve, constituir um ato de arbítrio do Estado, especialmente se se considerarem as graves implicações morais e jurídicas que derivam da formal adoção, no âmbito da investigação penal, dessa medida de Polícia Judiciária, qualquer que seja a condição social ou funcional do suspeito". (STF – Inq: 2041 MG, Relator: Min. Celso de Mello, Data de Julgamento: 30/09/2003, Data de Publicação: DJ 06/10/2003).

427 Em alteração a Lei n° 9.613/1998 (que dispõe sobre o crime de lavagem de dinheiro) pela Lei n° 12.683/2012 se fez constar referência expressa ao indiciamento em seu art. 17-D, nos seguintes termos:

"Art. 17-D. Em caso de indiciamento de servidor público, este será afastado, sem prejuízo de remuneração e demais direitos previstos em lei, até que o juiz competente autorize, em decisão fundamentada, o seu retorno".

Desta forma, previu-se mais uma medida cautelar aplicável pelo delegado de polícia, independentemente de prévia autorização judicial, especificamente em inquéritos policiais que versem sobre crimes de lavagem de dinheiro, consistente no afastamento de servidor público indiciado pelo referido crime. Em inquéritos que não versem sobre lavagem de capitais, a medida alternativa à prisão de suspensão do exercício de função pública, prevista no art. 319, VI do CPP pela Lei 12.403/2011, continua a depender de autorização judicial para a sua aplicação, sendo o indiciamento imprescindível, como visto, para a sua representação pelo delegado de polícia ao magistrado competente.

No entanto, ao contrário do que induz a redação do dispositivo, o referido afastamento não se dava como efeito automático do indiciamento, devendo a aplicação de tal consequência ser devidamente fundamentada pelo delegado de polícia. Tal fundamentação deverá atender ao previsto no art. 282, I e II do CPP inserido pela Lei n° 12.403/2011, ou seja, necessidade de aplicação da lei penal, para a investigação ou, nos casos expressamente previstos, para evitar a prática de infrações penais, bem como adequação à gravidade e circunstâncias do crime investigado e condições pessoais do indiciado, devendo ser ainda fundamentado o justo receio de que a função pública esteja sendo utilizada para a prática de infrações penais (art. 319, VI do CPP).

Este, todavia, não foi o entendimento do Supremo Tribunal Federal, que declarou a inconstitucionalidade do art. 17-D da Lei n° 9.613/1998, ao fundamento de que o afastamento previsto pela referida norma tratava-se de efeito automático do indiciamento, e *que a presunção de inocência exige que a imposição de medidas coercitivas ou constritivas aos direitos dos acusados, no decorrer de inquérito ou processo penal, seja amparada em requisitos concretos, não se admitindo efeitos cautelares automáticos (STF, Adin n° 4.911/DF, Tribunal Pleno, Rel. Min. Alexandre de Moraes, j. em 13-20/11/2020).*

Apesar de o afastamento de servidor público de suas funções pelo delegado de polícia denotar a intenção do legislador de se imprimir uma maior celeridade a adoção de tal medida em investigações desta natureza, tal dispositivo parecia inserir-se de maneira assistemática no ordenamento processual penal, onde em regra é facultada ao delegado de polícia a aplicação de medidas cautelares independentemente de autorização judicial em casos onde, em tese, já se vislumbre o risco de desaparecimento dos indícios em razão do fator tempo, dependendo os demais casos de autorização judicial.

Como se demonstrará mais adiante, no item 3.4.1.5.2.2.2 – melhor seria permitir ao delegado de polícia aplicar – não como efeito automático de indiciamento, mas fundamentadamente – todas as medidas previstas no art. 319 do CP, enquanto alternativas à prisão em flagrante – como já ocorre com a fiança, ainda que em casos de infração cuja pena privativa de liberdade máxima não seja superior a 4 (quatro) anos (art. 322 do CPP) – e não fazê-lo pontualmente, na aplicação autônoma de específicas medidas e em inquéritos policiais que versem apenas sobre crimes específicos, o que, pela sistemática legal, ordinariamente dependeria de autorização judicial.

Por fim, cumpre salientar que, a medida de afastamento cautelar do servidor público, isoladamente considerada, não se insere na reserva constitucional de jurisdição, tanto que é expressamente autorizada a sua decretação em processo administrativo disciplinar, como pode se observar nos arts. 147 da Lei n° 8.112/1990 (Estatuto do servidor público federal) e 20 da Lei n° 8.429/1992 (Lei de improbidade administrativa).

Ainda quanto a reserva constitucional de jurisdição, oportuno salientar que o Supremo Tribunal Federal assim já se manifestou acerca do tema (cf. ainda itens 1.3.1.7.1 e 3.4.2.2): "[...] POSTULADO CONSTITUCIONAL DA RESERVA DE JURISDIÇÃO: UM TEMA AINDA PENDENTE DE DEFINIÇÃO PELO SUPREMO TRIBUNAL FEDERAL. O postulado da reserva constitucional de jurisdição importa em submeter, à esfera única de decisão dos magistrados, a prática de determinados atos cuja realização, por efeito de explícita determinação constante do próprio texto da Carta Política, somente pode emanar do juiz, e não de terceiros, inclusive daqueles a quem se haja eventualmente atribuído o exercício de 'poderes de investigação próprios das autoridades judiciais'. A cláusula constitucional da reserva de jurisdição — que incide sobre determinadas matérias, como a busca domiciliar (CF, artigo 5°, XI), a interceptação telefônica (CF, artigo 5°, XII) e a decretação da prisão de qualquer pessoa, ressalvada a hipótese de flagrância (CF, artigo 5°, LXI) — traduz a noção de que, nesses temas específicos, assiste ao Poder Judiciário não apenas o direito de proferir a última palavra, mas, so-

inquérito policial (prisões temporária ou preventiva), assim como das suas medidas alternativas; 2) Providências de individualização do indiciado; 3) Deflagração do prazo para conclusão do inquérito policial (embora ainda não reconhecido pela praxe forense); 4) Exercício do direito de defesa pelo indiciado, por meio do seu interrogatório e requerimento de diligências ao delegado de polícia.

Uma consequência jurídica de grande importância do indiciamento é que, a partir do mesmo, possibilita-se que a prisão temporária, preventiva ou suas medidas alternativas sejam representadas pelo delegado de polícia ao juiz, ou que a prisão em flagrante delito seja aplicada pelo delegado de polícia, ainda que sujeita à posterior homologação judicial no que tange à sua legalidade (art. 5º, LXI e LXV da CF). O indiciamento é, portanto, pressuposto para aplicação da prisão durante o inquérito policial[428].

A finalidade precípua da prisão é retirar o paciente do convívio social, para que este não continue transgredindo a ordem jurídica. E, justamente por ter uma finalidade de segregação, que a prisão, ressalvados os casos de flagrante delito e crime ou transgressão militar, somente poderá ser decretada pelo juiz competente (art. 5º, LXI CF), visto que sua aplicação é norma a ser utilizada em casos excepcionais, por isso revestida de uma série de condições de admissibilidade, pressupostos e requisitos a serem vistos mais adiante.

---

bretudo, a prerrogativa de dizer, desde logo, a primeira palavra, excluindo-se, desse modo, por força e autoridade do que dispõe a própria Constituição, a possibilidade do exercício de iguais atribuições, por parte de quaisquer outros órgãos ou autoridades do Estado. Doutrina — O princípio constitucional da reserva de jurisdição, embora reconhecido por cinco juízes do Supremo Tribunal Federal — ministro CELSO DE MELLO (relator), ministro MARCO AURÉLIO, ministro SEPÚLVEDA PERTENCE, ministro NÉRI DA SILVEIRA e ministro CARLOS VELLOSO (presidente) — não foi objeto de consideração por parte dos demais eminentes ministros do Supremo Tribunal Federal, que entenderam suficiente, para efeito de concessão do *writ* mandamental, a falta de motivação do ato impugnado". (STF – MS: 23452 RJ, Tribunal Pleno, Relator: Celso de Mello, julgado em 16/09/1999, DJ 12-05-2000).

428 Tendo em vista esta potencial restrição à liberdade de locomoção em decorrência do indiciamento, diverge-se dos seguintes precedentes do STJ, de onde pode-se depreender que a instauração de inquérito policial, com o consequente indiciamento do paciente, (necessariamente) não representa ofensa ao direito de ir e vir a justificar a utilização da via do habeas corpus: RHC 9.014-SC, 6ª Turma, Relator Min. Fernando Gonçalves, julgado em 14/12/1999, DJ de 21/2/2000; HC 6.903-SP, 5ª Turma, Rel. Min. Edson Vidigal, julgado em 7/4/1998, DJ 4/5/1998.

Portanto, para a se autorizar a prisão ou suas medidas alternativas durante o inquérito policial, deve haver o indiciamento prévio daquele para quem esta se destina, com indicação de materialidade e autoria delitivas, uma vez que os fundamentos do indiciamento funcionarão, quando menos, como o pilar central que sustentará as razões para o cárcere, ou medida que lhe seja alternativa.

Em função da previsão legal do indiciamento ser algo ainda recente, observa-se que, apesar da legislação anterior não lhe mencionar, sua imprescindibilidade em relação à prisão provisória no curso do inquérito policial pode ser facilmente inferida pela própria redação dos dispositivos legais correspondentes, como no caso da "fundada suspeita contra o conduzido" e "imputação que lhe é feita", requerida para a prisão em flagrante (art. 304, *caput*, e § 1º do CPP); "indício suficiente de autoria", requerido para a prisão preventiva (art. 312 do CPP); assim como pelas "fundadas razões [...] de autoria", requeridas para a prisão temporária (art. 1º, III da lei nº 7.960/1989)[429].

Exceção a regra do indiciamento prévio à representação por prisão preventiva encontra-se no parágrafo único do art. 313 do CPP, que prevê sua aplicabilidade em hipótese que pode prescindir de imputação penal em relação ao representado, mais especificamente quando houver de dúvida sobre a sua identidade civil ou quando este não fornecer elementos suficientes para esclarecê-la, hipótese na qual, *a priori*, esta será imediatamente libertado após a identificação.

Como o art. 2º, § 6º do CPP, incluído pela Lei nº 12.403/2011, estatuiu que se aplica a prisão (preventiva) quando não for cabível as medidas alternativas elencadas no art. 319 do CPP, a representação destas pelo delegado de polícia também deve estar lastreada em indiciamento prévio, cujo fundamento deverá atender o previsto no art. 282, II do CPP também inserido pela Lei nº 12.403/2011, ou seja, necessidade de aplicação da lei penal, para a investigação ou, nos casos expressamente previstos, para evitar a prática de infrações penais, bem como adequação à gravidade e circunstâncias do crime investigado e condições pes-

---

429 Apesar de o art. 2º, I da Lei nº 9.296/1996 pressupor, para a medida cautelar interceptação de comunicações telefônicas e de dados, "indícios razoáveis da autoria ou participação", prescinde-se de prévio indiciamento de um ou mais interlocutores, uma vez que, para tal medida cautelar, não se requer que a autoria delituosa já se encontre individualizada, mas indícios de autoria *individualizável*, por meio da utilização de um ou mais terminais.

soais do indiciado[430]. Mesma lógica se aplica à medida de encaminhamento ao juizado ou compromisso de a ele comparecer previsto no art. 69 da Lei nº 9.099/1995, dada a sua alternatividade em relação à prisão em flagrante[431].

Como, no indiciamento, ocorre individualização da autoria do crime investigado no inquérito policial, o Código de Processo Penal determina a adoção de providências objetivando a individualização do indiciado, quais sejam, qualificação, colheita de dados da vida pregressa e identificação, previstas nos arts. 6º, V, VIII e IX do CPP, além de formalização da sua inquirição mediante interrogatório (art. 6º, V do CPP). Tais medidas – ainda que no inquérito policial não ocorra execução de condenação penal, mas apenas de medidas penais cautelares e/ou preventivas – já podem ser relacionadas ao princípio constitucional da individualização da pena, previsto no art. 5º, XLVI da CF[432].

Com relação à inquirição do indiciado, o art. 6º, V do CPP dispõe que o delegado de polícia deverá ouvir o indiciado com as mesmas garantias do interrogatório judicial, no que for aplicável. Desta forma, o interrogatório no inquérito policial deve atender ao disposto Capítulo III do Título VII do Código de Processo Penal, devidamente adaptado às peculiaridades concernentes à investigação criminal, dispostas no Título II do referido diploma legal[433].

Diante disso, a averiguação da vida pregressa do indiciado, ilustrada no art. 6, IX do CPP, deverá ser procedida tanto quando da sua qualificação para interrogatório, a ser realizada quando da sua primeira parte (art. 6º, V c/c arts. 185, *caput*, 186 e 187, § 1º do CPP), quanto por meio da elaboração de boletim individual.

A qualificação – que não é exclusivamente destinada ao indiciado, mas também ao investigado, testemunha e ofendido – consiste na anotação, previamente ao seu interrogatório, de seus dados pessoais (nome,

---

430 Sobre o princípio da proporcionalidade e o art. 282, I e II do CPP, *cf.* item 3.4.1.6.7.9.
431 A respeito, *cf.* item 3.4.1.5.2.2.3.
432 Art. 5º, XLVI, da CF:
"Art. 5º [...] XLVI - A lei regulará a individualização da pena e adotará, entre outras, as seguintes: a) privação ou restrição da liberdade; b) perda de bens; c) prestação social alternativa; d) suspensão ou interdição de direitos".
433 Para uma análise mais detida do interrogatório no inquérito policial, cf. item 3.4.1.6.3.3.

idade, estado civil, residência, profissão, domicílio)[434], com o objetivo de saber *qual* é a pessoa a quem é imputada a infração penal. A praxe tem diferenciado duas possibilidades de qualificação: A direta, quando tais informações são prestadas pelo próprio indiciado previamente ao seu interrogatório, e a indireta, obtida mediante consulta em outras fontes, em função do indiciado se encontrar em local incerto e não sabido, inviabilizando-se a sua qualificação direta e interrogatório.

Por sua vez, na primeira parte do interrogatório, o indiciado também será perguntado sobre meios de vida ou profissão, oportunidades sociais, vida pregressa, notadamente se foi preso ou processado alguma vez e, em caso afirmativo, qual o juízo do processo, se houve suspensão condicional ou condenação, qual a pena imposta, se a cumpriu e outros dados familiares e sociais (art. 187 § 1º do CPP). Neste momento, também se mostra adequado se proceder as demais medidas previstas no art. 6º, IX e X do CPP (este último inciso incluído pela Lei nº 13.257/2016, que também incluiu previsões análogas nos arts. 185, § 10º e 304, § 4º), quais sejam, averiguar sua atitude e estado de ânimo antes e depois do crime e durante ele, e quaisquer outros elementos que contribuírem para a apreciação do temperamento e caráter do indiciado, e, caso este seja preso, colher informações sobre a existência de filhos, respectivas idades e se possuem alguma deficiência, com o nome e o contato de eventual responsável pelos seus cuidados.

Quanto ao boletim individual, cumpre salientar que, de acordo com o art. 809 do CPP[435], o mesmo deve servir de base à estatística ju-

---

434 A qualificação, também é prevista no Código de Processo Penal previamente a inquirição de ofendido e testemunha nos arts. 201 e 203, tendo a previsão este último artigo, ao invés de contemplar uma alusão, elencado os dados que lhe são essenciais, quais sejam, nome, idade (data de nascimento), estado civil, residência, profissão, lugar onde exerce sua atividade (domicílio). Apesar do roteiro legal, outros dados têm sido acrescentados a qualificação como forma de complementá-la, notadamente filiação e numeração de documentos pessoais.

435 Com relação ao referido dispositivo, Mário Sergio Sobrinho (*in A identificação criminal*. São Paulo; Revista dos Tribunais, 2003, p. 108/109), assevera que o mesmo é o ponto de contato mais visível entre a legislação processual penal e a criminologia, uma vez que a análise da estatística criminal possibilita a obtenção de dados para estudo das causas do crime e da criminalidade, facilitando, inclusive, a formulação de proposta mais adequada na área da política criminal. No entanto, desconhecem-se, na prática, os resultados da compilação dos dados estatísticos, os quais, de acordo com o art. 809, § 2º do CPP, deveriam ser lançados semestralmente em um mapa, e remetido ao Seviço de Estatística Demográfica Moral e Política do Ministério da Justiça.

diciária criminal, a cargo do Instituto de Identificação e Estatística ou repartições congêneres, sendo parte integrante dos processos.

O boletim individual é dividido em três partes destacáveis. A primeira parte ficará arquivada no cartório policial; a segunda será remetida ao Instituto de Identificação e Estatística, ou repartição congênere; e a terceira acompanhará o processo, e, depois de passar em julgado a sentença definitiva e lançados os dados finais, será enviada ao referido Instituto ou repartição congênere (§ 3º). Portanto, o boletim individual será preenchido quando do interrogatório decorrente do indiciamento, sendo a primeira via arquivada no cartório do órgão de polícia judiciária, a segunda remetida Instituto de Identificação e Estatística, ou repartição congênere, quando da conclusão do inquérito policial (art. 23 do CPP[436]), e a terceira seguirá com os autos do inquérito policial para o Poder Judiciário, sendo complementada com o trânsito em julgado do processo correspondente, para então ser finalmente remetida ao Instituto de Identificação e Estatística, ou repartição congênere.

A partir do boletim individual, decorre do indiciamento um dinâmico e importante banco de dados[437] para uso policial e judicial, de valor jurídico e estatístico, cujas informações, contudo, não podem ser utilizadas como se antecedentes criminais fossem, salvo quando destas resultar condenação definitiva cuja execução não foi extinta, con-

---

436 Art. 23 do CPP: "Art. 23. Ao fazer a remessa dos autos do inquérito ao juiz competente, a autoridade policial oficiará ao Instituto de Identificação e Estatística, ou repartição congênere, mencionando o juízo a que tiverem sido distribuídos, e os dados relativos à infração penal e à pessoa do indiciado".
437 Neste particular cumpre consignar que no Decreto nº 52.114/1963 autorizou-se o Ministério da Justiça, por intermédio da Polícia Federal, celebrar convênios com os Estados destinados a promover intercâmbios de informações, de modo a permitir a centralização, em Brasília, dos prontuários criminais de todo o País, e a utilização dos mesmos em proveito dos órgãos policiais e da Justiça dos Estados. No âmbito da Polícia Federal, atualmente regulamenta-se, por meio da Instrução Normativa nº 005/2008 DG/DPF, o Sistema Nacional de Informações Criminais (SINIC), responsável pelo armazenamento e divulgação de informações criminais, no âmbito nacional, das pessoas indiciadas pela Polícia Federal e Polícias Civis. A partir de 2004, entrou em funcionamento o sistema INFOSEG, desenvolvido pela Secretaria Nacional de Segurança Pública do Ministério da Justiça para reunir informações referentes tanto a órgãos de polícia judiciária quanto de polícia administrativa, bem como do Poder Judiciário, abrangendo inquéritos policiais, processos criminais, armas de fogo, de veículos, de condutores e de mandados de prisão.

forme arts. 5º, LVII da CF, 20, parágrafo único do CPP e 202 da Lei nº 7.210/1984 (Lei de execução Penal)[438].

Neste particular, cumpre consignar que o banco de dados criminais decorrente do indiciamento não pode ser substituído pelas informações da folha de antecedentes criminais dos indiciados, pois não é apenas pela necessidade de conhecimento de condenações anteriores com a finalidade de orientar uma aplicação majorada de pena (das quais podem resultar reincidência e maus antecedentes[439]), que devem existir os registros criminais. Por exemplo, a concessão de benefícios processuais como a suspensão condicional e transação penal, previstas no arts. 89 e 76 da lei 9.099/1995, também exigem conhecimento se o acusado se encontra sendo processado em outra ação penal, ou existência de condenação à pena privativa de liberdade pela prática do mesmo crime, concessão de transação penal nos últimos 5 (cinco) anos, bem como informações sobre a sua conduta social e personalidade. Ademais, o lançamento dos nomes de condenados em definitivo pode demorar cerca de 20 (vinte) anos em alguns casos, uma vez que o trânsito em julgado de processos criminais no Brasil em regra acaba sendo demorado demais para atender a dinâmica do exercício da polícia judiciária.

Desta forma, faz-se imperiosa a manutenção de um bando de dados criminal completo, cuja finalidade básica é orientar a aplicação da lei penal e processual, bem como o exercício da polícia judiciária. Desta

---

438 Art.. 5º, LVII da CF:
"Art.. 5º[...] LVII - Ninguém será considerado culpado até o trânsito em julgado de sentença penal condenatória".
Art. 20, Parágrafo único do CPP: "Art. 20 [...] Parágrafo único. Nos atestados de antecedentes que lhe forem solicitados, a autoridade policial não poderá mencionar quaisquer anotações referentes a instauração de inquérito *contra os requerentes*".
Art. 202 da Lei nº 7.210/1984:
"Art. 202. *Cumprida ou extinta a pena*, não constarão da folha corrida, atestados ou certidões fornecidas por autoridade policial ou por auxiliares da Justiça, qualquer notícia ou referência à condenação, *salvo para instruir processo pela prática de nova infração penal ou outros casos expressos em lei*". (grifos nossos).
439 De acordo com precedentes do Superior tribunal de Justiça, a condenação anterior do agente com trânsito em julgado, que não serviu à configuração da reincidência, presta-se a fundamentar validamente o aumento da pena-base, como maus antecedentes, ensejando, do mesmo modo, a exasperação da pena, sem que se vislumbre *bis in idem*. (STJ – HC 210.420/SP, 5ª Turma, Rel. Ministra Laurita Vaz, j. em 28/02/2012, DJe 07/03/2012).

forma, a partir de uma sucessão de indiciamentos pode-se formar, por exemplo, o conjunto necessário para a formação de um novo indiciamento, em virtude da reunião de elementos circunstanciais, como estar sempre no local dos fatos, fazer-se acompanhar pelas mesmas pessoas, nos mesmos horários etc., ou até mesmo o estabelecimento de uma tendência passível de configurar indícios de crime continuado, caso os indiciamentos versem crimes da mesma espécie (art. 71 do CP).

Por fim, para a devida individualização do indiciado, requer-se ainda a juntada aos autos da sua folha de antecedentes e a sua identificação fotográfica, datiloscópica, registros biométricos, e, quando possível, de íris, face e voz, para fins criminais (art. 6º, VIII do CPP), quando não civilmente identificado, conforme art. 5º, LVIII da CF[440], atualmente regulamentado pela Lei nº 12.037/2009[441].

De acordo com o art. 7º-C, §§ 2º e 3º da pela Lei nº 12.037/2009 (inserido pela pela Lei nº 13.964/2019), os registros biométricos, de impressões digitais (datiloscópico), de íris, face e voz colhidos por ocasião da identificação criminal, integrarão o Banco Nacional Multibiométrico e de Impressões Digitais do Ministério da Justiça e Segurança Pública, o qual tem como objetivo armazenar tais dados de registros biométricos, de impressões digitais e, quando possível, de íris, face e voz, para subsidiar investigações criminais.

Com a identificação criminal, objetiva-se de saber *quem* é a pessoa na qual é imputada a infração penal. Ao identificado civilmente, em regra dever-se-á apenas confirmar a existência de dados pessoais na repartição que detenha o arquivo civil, com o objetivo de se precaver quanto ao uso de documento de identidade falsificado[442].

---

440 Art. 5º, LVIII da CF:
"Art. 5º [...] LVIII - O civilmente identificado não será submetido a identificação criminal, salvo nas hipóteses previstas em lei".
441 Neste particular, cumpre novamente transcrever trecho da obra de Mário Sergio Sobrinho (*A identificação criminal*. São Paulo; Revista dos Tribunais, 2003, p. 76), quando assevera que "O exercício da prática de atos tendentes a identificar uma pessoa é uma atividade que materializa o dúplice caráter publicístico do processo penal, porque, ao mesmo tempo em que busca a satisfação do interesse punitivo do Estado, poderá servir para a defesa de uma pessoa inocente e evitar a imposição indevida da pena, sanção cuja aplicação deve dirigir-se somente à pessoa apontada como autora do delito".
442 Neste particular, o art. 2º da Lei nº 12.037/2009 estatui que a identificação civil pode ser atestada pelos seguintes documentos: I – carteira de identidade; II

No entanto, segundo os arts. 3º e 6º da Lei 12.037/2009, a identificação criminal, que também não deverá ser mencionada em atestados de antecedentes criminais, poderá ser realizada no indiciado civilmente identificado quando no documento apresentado se observar rasura, tiver indício de falsificação, for insuficiente para identificá-lo cabalmente; ou o estado de conservação, distância temporal ou localidade da expedição do documento apresentado impossibilite a completa identificação dos seus caracteres essenciais. Da mesma forma, será cabível quando o indiciado portar documentos de identidade distintos, com informações conflitantes entre si, ou constar de seus registros policiais o uso de outros nomes ou diferentes qualificações; bem como quando a identificação criminal for essencial às investigações policiais, segundo despacho da autoridade judiciária competente, que decidirá de ofício ou mediante representação da autoridade policial, do Ministério Público ou da defesa.

A fim de possibilitar o esclarecimento dos questionamentos levantados em relação ao documento apresentado, o parágrafo único do art. 3º da lei 12.037/2009, determina que cópia deste deverá ser juntada aos autos do inquérito, ainda que considerada insuficiente para identificar o indiciado.

Cumpre ainda esclarecer que a qualificação do indiciado não dispensa ou substitui a sua identificação criminal nas hipóteses acima mencionadas, uma vez que esta última parte da coleta de seus dados imutáveis, permitindo o afastamento de eventuais dúvidas relativas à sua identidade, enquanto aquela parte da coleta de alguns dados pessoais mutáveis, como o nome da pessoa, domicílio ou profissão.

Outra consequência do indiciamento é que, a partir da análise da legislação processual penal, é inevitável reconhecê-lo como marco inicial do prazo para conclusão do inquérito policial. Para tanto, há de se observar que, atualmente, além de atualmente a diferenciação entre investigado e indiciado e até mesmo o próprio ato de indiciamento já existirem na legislação, praticamente todos os dispositivos legais que dispõem sobre a prorrogação de prazo no inquérito policial, fazem referência apenas ao *status libertatis* do indiciado na fixação dos marcos

---

– carteira de trabalho; III – carteira profissional, como as expedidas pelos conselhos de classe; IV – passaporte; V – carteira de identificação funcional; VI – qualquer outro documento público que permita a identificação do indiciado.

temporais para sua conclusão[443.]

Portanto, se não há indiciados, livres ou presos, estando o delegado de polícia a determinar as diligências cabíveis à elucidação dos fatos e identificação de autoria, não haveria amparo legal para se deflagrar um prazo para conclusão do inquérito policial, até porque se não há qualquer imputação de fato delituoso a alguém, igualmente não haveria significativa probabilidade de interferência do estado no *status libertatis* do indivíduo. Desta forma, nada mais razoável do que submeter as investigações criminais ao controle jurisdicional mediante eventual pedido de prorrogação de prazo apenas quando já houvesse imputação de um fato materialmente delitivo a alguém, se justificando a partir daí uma maior tutela das garantias individuais.

No entanto, deve ser observado que, apesar de tais premissas, a praxe forense continua a consagrar a formalização de requerimentos de dilação de prazo para conclusão de inquéritos policiais, independentemente da (in)existência de indiciados no inquérito policial, o que, *data venia*, não reflete a leitura mais adequada a ser dada à à legislação correlata, cuja exegese voltará a ser abordada, com maior vagar, mais adiante,

---

443 Cf. arts. 10, *caput*, e § 3° do CPP; art. 66 da Lei n° 5.010/1966; art. 51 da Lei n° 10.343/2006 e art. 10, § 1º da Lei n° 1.521/1951. Dentre os referidos dispositivos legais, apenas o último que estatui o prazo para a conclusão de inquérito policial sem distinguir as hipóteses do indiciado se encontrar em liberdade ou não.

Em alterações mais recentes operadas na legislação processual penal pela Lei n° 13.964/2019,

observa-se que no art. 3º-B, VIII e § 2º, utilizou-se o termo "investigado preso", in invés de *indiciado preso* ao dispor sobre a prorrogação do inquérito policial. Aqui, vale reiterar que, no referido diploma legal, as expressões *investigado* e *indiciado* foram utilizadas sem rigor terminológico, com tendência à equiparação de sentidos, como pode-se observar, por exemplo, no art. 14-A do CPP, transcrito no item 3.4.1.3.3.

Entretanto, o Supremo Tribunal Federal, por meio de medida cautelar concedida na ADI 6.299 MC/DF pelo Ministro Relator Luiz Fux em 22/01/2020, suspendeu, por tempo indeterminado, a eficácia dos arts. 3º-A a F do CPP, por meio dos quais foi introduzida o juízo de garantias pela Lei n° 13.964/2019. Na referida decisão, entendeu-se que a referida alteração legislativa demandaria uma completa reorganização da justiça criminal do país, padecendo de possível inconstitucionalidade formal, uma vez que sua iniciativa não se deu pelo Poder Judiciário, mas sim pelo Poder Executivo, bem como de possível inconstitucionalidade material, em razão da ausência de dotação orçamentária e estudo de impacto prévios para implementação da lei, e do seu impacto na eficiência da persecução penal no país.

no item 3.4.1.8.1.

O indiciamento, por fim, consolida o direito à ampla defesa de quem é indiciado, o qual, embora já possa ser exercido anteriormente, enquanto investigado, agora se dá em face de elementos elementos que, concretamente, indiquem para a sua provável autoria do crime apurado. Diante de tais elementos, além de ser outorgado-se expressamente ao indiciado o direito de ser interrogado e de se requerer diligências ao Delegado de Polícia (arts. 6º, V e 14 do CPP), incluída aí a indicação de quesitos quando de eventual perícia[444], pode também o mesmo se valer da colaboração premiada, nos casos legalmente admitidos, a fim de que, em troca de uma contribuição que resulte em um maior aprofundamento da elucidação dos fatos, venha a eventualmente ter como recompensa uma redução na pena a ser aplicada em caso de condenação[445].

No entanto, dada a relevância da do direito de defesa no inquérito policial, este será abordada em tópico específico a seguir, de maneira mais detida.

3.4.1.4 Inquérito policial e direito de defesa

Como visto, o inquérito policial consiste em um conjunto de atos administrativos e jurisdicionais prévio a eventual ação penal, possuindo natureza inquisitorial (não contraditória), já que não é constituído e por partes processuais, sujeitando aqueles que neste figuram às situações jurídicas de ofendido, testemunha, acusado e indiciado, anteriormente estudadas.

Duas importantíssimas garantias constitucionais, a do contraditório e a da ampla defesa, encontram-se insculpidas no art. 5º LV da CF, nos seguintes termos "aos litigantes, em processo judicial ou administrativo, e aos acusados em geral são assegurados o contraditório e ampla defesa, com os meios e recursos a ela inerentes".

Por sua vez, o exercício do contraditório demanda processo de estrutura acusatória que permita ao envolvido não apenas a possibilidade de realizar pedidos a autoridade que o preside, argumentando e assim demonstrando as razões de sua aceitabilidade, mas também, da mes-

---

444 Neste sentido, ROVEGNO, André. *O inquérito policial e os princípios do contraditório e da ampla defesa*. Campinas: Bookseller, 2005. p. 346.
445 Cf. item 3.4.1.6.3.3.1. Cumpre salientar que a colaboração premiada é relativamente incompatível com a situação de investigado, uma vez que a mesma pressupõe que já haja uma probabilidade de autoria em face do delator.

ma maneira, demonstrar as razões de não aceitabilidade dos pedidos da parte adversa.

O inquérito policial, em razão da sua própria natureza inquisitorial, não é compatível com o contraditório, tampouco se revela destinado a decidir litígios. Todavaia, sua inquisitorialidade, estruturada em situações jurídicas e destinada a elucidação de fatos supostamente delituosos, comporta, que o indiciado (e, em certa medida, também ao investigado que deste tome conhecimento), seja obrigatoriamente ouvido e possa realizar pedidos ao delegado de polícia que o preside, argumentando e assim demonstrando as razões de sua aceitabilidade (arts. 14 e 6º, V do CPP).

Desta forma, o contraditório apesar de, nos termos do art. 5º LV da CF, ser assegurado não apenas aos litigantes, mas também aos "acusados em geral"[446] – o que, a princípio, se estenderia aos indiciados no inquérito policial – em princípio não se mostra aplicável à estrutura inquisitorial na qual se baseia o inquérito policial, o qual é preponderantemente impulsionado por atos de ofício do delegado de polícia, e não por iniciativa das partes como ocorre em uma estrutura processual contraditória.

No entanto, embora o inquérito policial não seja marcado pela dialética processual, há de se admitir que, entre indiciado e ofendido ou Ministério Público (a depender da natureza pública ou privada da ação penal pela qual se processa o crime investigado) uma relação potencialmente litigiosa, o que impõe ao delegado de polícia lhe assegurar igualdade de tratamento a ambos, sempre que se possibilitar a sua participação no inquérito policial, medida a qual – se não decorre da máxima efetividade da garantia do contraditório, aplicável quando cabível no inquérito policial – certamente se dará em nome da paridade de armas, decorrente do princípio do devido processo legal (art. 5º, LIV da CF)[447].

---

446 Posicionando-se no sentido de que a expressão "acusados em geral" abrange não apenas aqueles formalmente acusados no processo penal, mas também o indiciado e investigado em inquérito policial, SAAD, Marta. *O direito de defesa no inquérito policial*. São Paulo: Revista dos Tribunais, 2004. p. 231-240; ROVEGNO, André. *O inquérito policial e os princípios do contraditório e da ampla defesa*. Campinas: Bookseller, 2005. p. 324.

447 Cf. nota nº 262. Como corolário da paridade de armas, deve-se assegurar ao indiciado, por exemplo, o direito de manifestação quando o juiz receber uma representação do delegado de polícia por alguma medida cautelar, desde que não haja risco de que sua ciência acarrete risco à sua ineficácia, como se depreende do art. 282 § 3º do CPP (Art. 282, § 3º do CPP: "Ressalvados os casos de urgência ou de perigo de ineficácia da medida, o juiz, ao receber o pedido de medida

Afinal, se a investigação criminal é o meio de que dispõe o Estado para confirmar a prática da infração penal e realizar a colheita preliminar de provas, a fim de elucidar um suposto fato delituoso com vistas a submetê-lo ou não ao processo penal, o inquérito policial, ainda que, a rigor, não seja em si mesmo um processo, por ser parte integrante do sistema processual penal brasileiro, está abrangido pelo devido processo legal, ao menos em sua concepção mais ampla.

As provas colhidas no inquérito, por não serem produzidas sob contraditório, devem ser reproduzidas, quando possível, na fase processual, não podendo servir exclusivamente de base para eventual sentença condenatória[448], sob pena de serem consideradas ilícitas conforme art. 5º LVI da CF e art. 157 do CPP. Dos atos produzidos no inquérito policial, as inquirições são medidas que devem ser repetidas em juízo[449], enquanto as provas consideradas cautelares, irrepetíveis e antecipadas como, por exemplo, as provas periciais, em especial aquelas versem sobre vestígios transitórios[450], e todas as provas documentais, não se mostram passíveis de ser repetidas, sendo válidas em juízo, desde que neste sejam posteriormente submetidas ao contraditório (contraditório diferido), conforme ressalva constante no art. 155 do CPP, parte final.

Portanto, a valoração jurídica dos atos do inquérito dependeria da fundamental distinção entre atos de prova e atos de investigação. Enquanto os atos de prova integram a relação processual, devem ser praticados perante o juiz da causa, buscam a formação de um juízo de certeza, e exigem estrita obediência às garantias do contraditório, ampla

---

cautelar, determinará a intimação da parte contrária, acompanhada de cópia do requerimento e das peças necessárias, permanecendo os autos em juízo"). Embora, no inquérito policial, em regra a prévia ciência do indiciado para manifestação sobre medida cautelar que lhe diga respeito acarrete perigo de sua ineficácia, tornando possível apenas a manifestação do titular da ação penal, deve o juiz estar sempre atento para a ocorrência de hipóteses onde o mesmo não ocorra, a fim de assegurar tal direito que, apesar de o dispositivo acima reproduzido fazer referência às partes processuais, revela-se também aplicável ao inquérito policial, mais precisamente entre o indiciado e o titular da ação penal.

448 Neste sentido, STF, HC 84517/SP, 1ª Turma, Rel. Min. Sepúlveda Pertence, j. em 19/10/2004, DJ 19/11/2004.

449 Em razão da ausência de contraditório e de partes processuais no inquérito policial, seus atos de instrução, notadamente inquirições, são realizados sem acompanhamento do indiciado, exceto quando a natureza do ato (v. g. interrogatório, acareação e reconhecimento) o requer.

450 STF – HC 74751/RJ – 1ª turma – Rel. Min. Sepúlveda Pertence – j. em 04/11/1997, DJ 03/04/1998.

defesa, e publicidade (esta última, em regra), os atos de investigação não estariam a serviço da sentença, mas da própria investigação criminal, tendo como finalidade desvendar a verdade material de um fato supostamente delituoso com base em um juízo de probabilidade, não lhe sendo aplicável as garantias ao contraditório, e com um regime de publicidade restrita, como já estudado no item 3.4.1.2.6.

Por conseguinte, **não obstante**, a inaplicabilidade do contraditório ao inquérito policial, verifica-se que neste incide plenamente a garantia da ampla defesa[451], em favor de indiciados e de investigados no seu curso[452], tendo o direito de ser ouvido (expressamente previsto ao indiciado pelo art. 6º, V do CPP), e podendo apresentar documentos ou relatar fatos que levem à convicção de sua inocência, bem como requerer diligências ao delegado de polícia, garantindo-se, assim, o referido princípio constitucional, cuja efetividade também demanda assegurar, pelo menos ao indiciado o direito fundamental de, por exemplo, o de fazer-se assistir por advogado, ou de não se incriminar mantendo-se em silêncio, garantidos expressamente àquele que se encontra preso pelo art. 5º LXIII da CF[453].

No que tange a assistência jurídica por advogado, cumpre salientar que esta, além de direito fundamental ao indiciado preso, também é assegurada aos indiciados em liberdade e investigados pela legislação, mais explicitamente no art. 7º, XXI da Lei nº 8.906/1994 (Estatuto da

---

451 Em sentido diverso, posiciona-se Antônio Scarance Fernandes, ao considerar que, a partir do art.5º, LV da CF, a defesa no inquérito policial não seria "ampla", portanto limitada aos interesses mais relevantes do suspeito, como o requerimento de diligências, o pedido de liberdade provisória, de relaxamento de flagrante, a impetração de *habeas corpus*, estes três últimos, em Juízo (*Processo Penal Constitucional* – 3. Ed. rev. Atual. e ampl. – São Paulo: Ed. Revista dos Tribunais, 2002, p. 64-65). Contudo, tal diferenciação, não encontra respaldo no texto constitucional, pois o mesmo assegura tais garantias não apenas aos processados, mas também aos *acusados em geral*, obstando assim a máxima eficácia dos princípios constitucionais, por restringir o alcance do princípio da ampla defesa quando do início da persecução penal.

452 Neste sentido, ROVEGNO, André. *O inquérito policial e os princípios do contraditório e da ampla defesa*. Campinas: Bookseller, 2005. p. 346; SAAD, Marta. *O direito de defesa no inquérito policial*. São Paulo: Revista dos Tribunais, 2004. p. 231-240. Com efeito, o direito a ampla defesa não deve ser restrito ao indiciado, mas todo aquele que tenha interesse defensivo no inquérito policial.

453 O art. 5º, LXIII, da CF:

"Art. 5º, LXIII - o preso será informado de seus direitos, entre os quais o de permanecer calado, *sendo-lhe assegurada a assistência da família e de advogado*".

Advocacia), inserido por meio da Lei n° 13.245/2016, o qual dispõe ser direito do advogado assistir a seus clientes durante a apuração de infrações, sob pena de nulidade absoluta da respectiva inquirição "[...] e, subsequentemente, de todos os elementos investigatórios e probatórios dele decorrentes ou derivados, direta ou indiretamente [...]"[454].

Outra materialização do art. 5º LXIII da CF se deu na redação do art. 306 do CPP efetuada pela Lei nº 11.449/2007, onde se dispôs que, em até vinte e quatro horas depois da prisão em flagrante, além do juiz competente, também deverá ser encaminhada à Defensoria Pública o auto correspondente, caso o indiciado preso não informe o nome de seu advogado. Apesar do notável avanço, tal dispositivo ainda não reflete a máxima efetividade do princípio da ampla defesa, a qual reclamaria que a obrigatoriedade de defesa técnica, há muito garantida no processo penal propriamente dito pelo art. 261 do CPP[455], fosse explicitamente estendida a todos os atos integrantes do inquérito policial.

Contudo, para a efetivação da norma do art. 306 do CPP, deveriam ser designados defensores públicos para atuar em regime de plantão em relação a cada delegacia de polícia, a fim de assegurar a defesa técnica quando do interrogatório de cada indiciado preso em flagrante, bem como daqueles indiciados e investigados que, em liberdade, comparecerem para ser interrogados ou ouvidos desacompanhados de advogado[456]. Por analogia, até mesmo indiciados que não forem localizados para ser interrogados, devem ter um defensor público intimado para oferecimento de defesa, caso não tenham anteriormente constituído advogado, para oferecimento de defesa técnica e acompanhamento da investigação[457].

---

454 Para uma análise mais detida das nulidades no inquérito policial e demais formas de exercício da polícia judiciária, cf. item 3.7.
455 Art. 261 do CPP: "Nenhum acusado, ainda que ausente ou foragido, será processado ou julgado sem defensor".
456 Em sentido semelhante, cf. BARBOSA, Ruchester Marreiros. *Delegado deve efetivar a garantia de defesa na investigação criminal*. Disponível em: <http://www.conjur.com.br/2015-ago-25/academia-policia-delegado-efetivar-garantia-defesa-investigacao-criminal> Acesso em: 25 ago. 2015.
457 O mesmo se aplica quando o indiciado que, devidamente intimado, injustificadamente não comparecer perante o delegado de polícia, o que não tornaria prescindível não sua defesa técnica, muito embora possa tornar excepcionalmente dispensável seu interrogatório, com a sua qualificação sendo formalizada indiretamente, ou seja, a partir dos elementos individualizadores já constantes nos autos.

3 – Polícia Judiciária

Por sinal, tais exigências não decorrem apenas do princípio da ampla defesa, mas da própria indispensabilidade do advogado para a "administração da justiça", insculpida no art. 133 da CF[458], expressão cuja exegese deve abarcar toda atuação ligada à aplicação do direito, a qual seguramente ocorre no inquérito policial, assim como nas demais formas de exercício da polícia judiciária[459].

No entanto, diante da ausência de meios estruturais até então oferecidos para o Estado brasileiro para que se possibilite a máxima efetividade do princípio da ampla defesa desde o início da persecução penal, resta efetivá-lo dentro da reserva do possível[460], aplicando, enquanto perdurar tal circunstância, o art. 306 do CPP, bem como interpretando o art. 7º, XXI da Lei nº 8.906/1994 a fim de que, pelo menos nos casos de prisão em flagrante, a nulidade decorrente da ausência de advogado só venha a ser aplicada caso o indiciado preso constitua um para o seu interrogatório.

Embora também de maneira restrita, outra norma para assegurar assistência por advogado no inquérito policial foi prevista no art. 14-A do CPP incluído pela Lei nº 13.964, de 2019, mais precisamente nos casos em que servidor de órgãos elencados no art. 144 da Constituição Federal figurarem como investigado (ou indiciado) em inquéritos poli-

---

458 Art. 133 da CF: "O advogado é indispensável à administração da justiça, sendo inviolável por seus atos e manifestações no exercício da profissão, nos limites da lei". A propósito, diversos outros dispositivos da Lei nº 8.906/1994 (Estatuto da Advocacia), asseguram a assistência técnica do advogado no inquérito policial, como o art. 6º, III, que assegura o direito de comunicação com os seus clientes que se encontrarem presos; art. 6º, VI, b, que garante o livre trânsito em delegacias de polícia, mesmo que fora do horário de expediente e na ausência do delegado de polícia responsável; art. 6º, XI, que lhe assegura reclamar contra inobservância de preceito legal ou regulamentar; e art. 6º XIV que lhe assegura o acesso aos autos de inquérito policial, conforme exegese expressa no Enunciado nº 14 da Súmula Vinculante do STF.

459 Neste sentido, ROVEGNO, André. *O inquérito policial e os princípios do contraditório e da ampla defesa*. Campinas: Bookseller, 2005. p. 343-344.

460 A construção da teoria da "reserva do possível" parte da ideia de que a concretização da dimensão prestacional dos direitos fundamentais se caracteriza pela gradualidade de sua efetivação; dependência financeira de recursos do Estado; tendencial liberdade de conformação do legislador quanto às políticas de realização destes direitos; insuscetibilidade de controle jurisdicional dos programas político-legislativos, salvo quando estes se manifestem em clara contradição com normas constitucionais ou quando, manifestamente, suportem dimensões desproporcionais de efetividade.

ciais e congêneres cujo objeto for a investigação de "fatos relacionados ao uso da força letal praticados no exercício profissional", de forma consumada ou tentada. Na apuração de crimes decorrentes de tais fatos, o investigado ou indiciado deverá ser citado da instauração do inquérito, podendo constituir defensor no prazo de até 48 (quarenta e oito) horas a contar do recebimento da citação. Esgotado o prazo sem nomeação de defensor pelo investigado ou indiciado, o delegado de polícia deverá intimar o órgão ao qual aquele estava vinculado à época dos fatos, para que esse, no prazo de 48 (quarenta e oito) horas, indique defensor para a sua assistência.

A ampla defesa também norteou o já estudado Enunciado nº 14 da Súmula Vinculante do STF, de fevereiro de 2009 e art. 7º, XIV da Lei nº 8.906/1994 (cf. item 3.4.1.2.6), ao assegurar ao defensor, no interesse do representado indiciado, assim como o investigado, o amplo acesso aos elementos que, já documentados no inquérito, digam respeito ao exercício do seu direito de defesa.

Com relação ao direito de requerer diligências ao delegado de polícia durante o inquérito policial, cumpre ainda salientar que o art. 14 do CPP, faculta expressamente ao indiciado requerer qualquer diligência investigatória, que, consoante o texto legal "será realizada, ou não, a juízo da autoridade". Por sua vez, o art. 7º, XXI, "a" da Lei nº 8.906/1994, inserido por meio da Lei nº 13.245/2016, dispõe que o direito do advogado de assistir investigados (ou indiciados), abarca, inclusive, a apresentação razões de defesa e quesitos, no curso da respectiva apuração, cabíveis, em princípio, tanto em inquirições quanto em exames periciais.

Todavia, uma releitura art. 14 do CPP à luz do princípio da ampla defesa, impõe que o indeferimento de diligências requeridas por indiciado, ou investigado, como já salientado, se dê de maneira fundamentada pelo delegado de polícia, restringindo-se àquelas que não guardem correlação com o esclarecimento dos fatos e a defesa do requerente, bem como as que se mostrem nitidamente desnecessárias, inúteis ou protelatórias[461]. Neste particular, deve-se ainda enfatizar que as diligências elencadas no art. 6º do CPP[462], são de realização legalmente obrigatória

---

461 Neste sentido, cf. ALMEIDA, Joaquim Canuto Mendes de. *Princípios fundamentais de processo penal*. São Paulo: Revista dos Tribunais, 1973. p. 213.

462 Não se inclui aí, por óbvio, o dever genérico de "colher todas as provas que servirem para o esclarecimento do fato e suas circunstâncias", aludido no art. 6º,

pelo delegado de polícia, fazendo com que o requerimento das mesmas pelo indiciado (ou investigado) com fulcro no art. 14 do CPP, revista-se de natureza requisitória, analogamente àquelas expedidas pelo Ministério Público com fulcro no art. 13, II do CPP, de forma que só poderão ser negadas, em princípio, caso sua realização não seja possível, ou não se adéquem ao rol elencado no artigo em questão[463].

No entanto, o direito de requerer, e, nestes casos, até de requisitar diligências ao delegado de polícia, não lhe impõe adotá-las de imediato, uma vez que a oportunidade da realização de cada ato, e, portanto, sobre sua ordem de realização, insere-se no seu âmbito de decisão, discricionariamente fundamentado. Pensar diferente, equivaleria a admitir que o inquérito policial fosse indiretamente presidido pelo indiciado ou investigado.

Ademais, cumpre salientar que os direitos que são assegurados ao advogado pelo art. 7º da Lei nº 8.906/1994 devem ser exercidos com vistas a assegurar o seu exercício profissional, cuja razão de ser é a efetivação do direito de defesa do seu assistido.

Diante de tal premissa, o direito de o advogado ingressar livremente nas salas e dependências de delegacia de polícia, mesmo fora da hora de expediente destinado ao público e independentemente da presença a do delegado de polícia responsável, previsto no art. 7º, item VI, alínea "b" da Lei nº 8.906/1994, deve se se prestar efetivamente à assistência jurídica do seu cliente, não se legitimando em qualquer situação que exorbite a referida finalidade ou em casos em que o mesmo não se mostre razoável ante as limitações de atendimento fora do horário de expediente.

Neste particular, convém salientar que a alínea "c", do item VI, do art. 7º da Lei nº 8.906/1994, ao genericamente ratificar a referida alínea "b", estatui que cabe ao defensor ingressar livremente:

> em qualquer edifício ou recinto em que funcione repartição judicial ou outro serviço público **onde o**

III do CPP, uma vez que este inciso, por não conter previsão qualquer diligência específica, permitiria se alegar qualquer diligência como obrigatória, ao argumento da "serventia do esclarecimento do fato e suas circunstâncias", o que equivaleria a praticamente subtrair a autoridade do delegado de polícia sobre o inquérito policial.

463 Sobre a natureza do requerimento e da requisição, cf. item 3.4.1.5.3 e 3.7.1.

advogado deva praticar ato ou colher prova ou informação útil ao exercício da atividade profissional, dentro do expediente ou fora dele, e ser atendido, desde que se ache presente qualquer servidor ou empregado" (grifei).

Portanto, o direito do advogado de ingressar livremente nas salas e dependências de delegacias de polícia, mesmo fora da hora de expediente destinado ao público e independentemente da presença do delegado competente, deve objetivar a praticar ato ou colher prova, ou informação útil ao exercício da atividade profissional (art. 7º, item VI, alínea "b" e "c" da Lei nº 8.906/94), bem como se mostrar razoável ante as limitações de atendimento.

3.4.1.5 Instauração do inquérito policial

Apresentados os aspectos gerais do inquérito policial, cabe, a partir de agora aprofundar para a sua análise mais específica cujo ponto de partida é sua instauração, a qual se dá a partir da valoração jurídica de uma (ou mais) notícia(s) de crime, verificando-se aí se a mesma apresenta justa causa, ou seja, indícios de possibilidade de prática delituosa (justa causa), para justificar sua investigação criminal.

Portanto, nas subseções seguintes, será analisada detidamente a instauração do inquérito policial, tanto com relação à sua iniciativa quanto com relação aos atos que a materializam.

3.4.1.5.1 A iniciativa da instauração do inquérito policial

Apesar de a instauração do inquérito policial ser ato de atribuição do delegado de polícia, no Código de Processo Penal, distingue-se o mesmo pela sua iniciativa em basicamente três modalidades, sendo a primeira de ofício (art. 5º, I e § 3º do CPP) – na qual o delegado de polícia, a partir da análise jurídica de fatos que lhe são apresentados determina ou não a sua investigação criminal (cognição imediata) – e basicamente mais duas outras, na qual a instauração se dá a partir de acolhimento de provocação formalizada por terceiros (cognição mediata), quais sejam, a mediante requerimento/ queixa/ representação, e a mediante requisição (art. 5º, II e III, e art. 39, § 3º do CPP).

3.4.1.5.1.1 Instauração de ofício

Como já afirmado acima, de acordo com o art. 5º, I do CPP, o delegado de polícia pode instaurar o inquérito de ofício, ou seja, por sua própria iniciativa e sem necessidade de qualquer provocação formal. Nestes casos, o próprio delegado toma conhecimento da infração penal, pessoalmente ou por meio de comunicações de crime que lhe são apresentadas, verbalmente ou por escrito, desacompanhadas de pedido de investigação criminal.

Neste particular, cumpre salientar que o § 3º do art. 5º do CPP prevê que qualquer pessoa do povo que tiver conhecimento da existência de infração penal em que caiba ação pública poderá, verbalmente ou por escrito, comunicá-la ao delegado de polícia (*delatio criminis*).

Dentre tais comunicações de infração penal, destacam-se aquelas realizadas por serviços de recepção de notícias por telefonema ("disque denúncia"), instituídos pelos Estados, os quais também poderão ser mantidos por entidade privada sem fins lucrativos, por meio de convênio com Estado instituidor. O informante que se identificar terá assegurado, pelo órgão que receber sua comunicação de infração penal, o sigilo dos seus dados, os quais apenas serão revelados em caso de relevante interesse público ou interesse concreto para a apuração dos fatos, mediante comunicação prévia ao informante e com sua concordância formal (arts. 2º e 3º c/c art. 4º-B da Lei nº 13.608/2018).

Apesar de, a rigor, o delegado de polícia, por meio da comunicação, tomar conhecimento do crime de maneira mediata, cuida-se, como dito, de notícia caracterizada pela informalidade, caracterizada pela ausência, em regra, de qualquer pedido de expresso de investigação criminal, e da qual caberá instauração de inquérito policial de ofício pelo delegado, caso este verifique as informações ali constantes procedem. Alternativamente, poderá ainda o delegado de polícia aproveitar tais notícias em outros inquéritos policiais que se encontrem em curso sobre os mesmos fatos, ou arquivá-las, até que sobrevenham outras informações que confirmem a sua procedência.

Com efeito, há comunicações de infrações penais onde de plano, já se pode verificar verossimilhança das suas informações, assim como indícios de possibilidade de prática delituosa, recomendando a instauração imediata de inquérito policial. Outras tantas, por sua vez, podem de imediato ser arquivadas, por exemplo, em razão de apresentarem extrema vagueza e indeterminação ou se encontrarem prescritas, ou não apresentarem tipicidade penal, podendo ainda, neste último caso, ser encaminhadas para órgãos de polícia administrativa, e/ou para o Ministério Público, caso apresentem indícios de ilícito civil.

No entanto, há comunicações que também corriqueiramente apresentam vagueza ou indeterminação em apenas alguns dados essenciais à persecução criminal, como aqueles concernentes ao tempo, lugar, modo e objeto do ilícito, gerando relevante dúvida sobre a plausibilidade do fato delituoso noticiado. Neste particular, a prudência e o bom senso recomendam a verificação da sua procedência, prescrita no art. 5º, § 3º, *in fine*, do CPP, objetivando de checar a sua verossimilhança.

A referida verificação, em princípio, deverá ser procedida da maneira menos formal possível, atentando para a simplicidade e celeridade, a fim de que não sejam reproduzidos atos instrutórios próprios do inquérito policial, travestidos de uma verificação de procedência de informações.

Assim, a diligência preliminar deve se restringir tão somente à verificação da existência de justa causa para a instauração do inquérito policial, ou seja, existência de elementos mínimos que indiquem a concreta *possibilidade* de fato delituoso[464] (tipicidade em tese, sinais da existência do fato, inexistência de causa extintiva da punibilidade, e presença das condições de específicas de procedibilidade ou objetivas de punibilidade, quando cabíveis[465]). Este seria o limite cognitivo da verificação da

---

[464] Quando do ajuizamento da ação penal, a análise da justa causa aplicada à acusação (art. 395, III do CPP) se dá em relação à existência de elementos mínimos que indiquem a concreta *probabilidade* de fato delituoso, materializada, no curso inquérito policial, quando do indiciamento.

[465] Condição específica de procedibilidade são aquelas exigidas na legislação processual penal apenas para a persecução de determinados tipos de crimes, cujo principal exemplo se dá em relação aos crimes objeto de ação penal pública condicionada, em que se exige a representação do ofendido, ou, a depender do crime, representação (erroneamente denominada "requisição") do Ministro da Justiça, como no art. 7º, § 3º, *b* do CP e art. 141, I, c/c art. 145, parágrafo único do CP.

Por outro lado, condição objetiva de punibilidade é aquela exigida pela lei penal para que o fato se torne punível concretamente, tratando-se de circunstância

procedência de informações que, confirmada, ensejaria a instauração de inquérito.

Portanto, verificada na notícia de infração penal justa causa para instauração do inquérito policial, deve esta ser imediatamente efetivada; havendo hesitação quanto a existência de justa causa para a instauração do inquérito policial, deve esta ter sua procedência preliminarmente verificada, com vistas a dirimir a dúvida sobre a existência possibilidade de infração penal.

Entre as comunicações de delitos que devem ser objeto de verificação preliminar, incluem-se ainda quelas derivadas do anonimato, que inevitavelmente resvalam no preceito constitucional estabelecido no art. 5º, IV da CF, não sendo, por si sós, idôneas para embasar a instauração formal de inquérito policial. Ainda que tais notícias aparentemente apresentem elementos suficientes para a instauração de inquérito policial, deve-se, preliminarmente, ser perquiridos outros elementos concretos a fim de se acautelar para que, nestes casos, o anonimato não seja utilizado como meio de se acobertar a autoria de um crime denunciação caluniosa, ou a sua tentativa.

Portanto, chegando ao conhecimento do delegado de polícia comunicações anônimas, este deve necessariamente verificar a procedência das informações comunicadas, legitimando-se, com a sua confirmação, o início do inquérito policial[466].

3.4.1.5.1.2 Instauração mediante requerimento ou representação do ofendido ou seu representante legal

---

que se encontra fora do tipo do injusto e da culpabilidade, mas de cuja existência depende a punibilidade do fato. Como exemplo, pode-se citar os arts. 7º, §§ 2º, *a* e *b* e 3º do CP; art. 236 do CP e art. 180 da Lei nº 11.101/2005.

466 Neste sentido, MARQUES, José Frederico. *Elementos de direito processual penal – volume 1*. Campinas: Bookseller, 1998, p. 135; MIRABETE, Julio Fabbrini. *Processo Penal*. 8ª Ed. rev. e atual. São Paulo: Atlas, 1998, p. 82; STF, Inq. 1957/PR, Tribunal Pleno, Rel. Min. Carlos Velloso, julgado em 11.5.2005, DJU de 11/11/2005; STJ, HC 190.334/SP, 5ª Turma, Rel. Min. Napoleão Nunes Maia Filho, DJe 09.06.2011. Em sentido diverso, admitindo a denúncia anônima a fim de considerá-la apta a determinar a instauração de inquérito policial, desde que contenham elementos informativos idôneos suficientes para tal medida, STJ, HC 38.093-AM, 5ª Turma, Rel. Min. Gilson Dipp, julgado em 26/10/2004, DJ de 17/12/2004.

O inquérito policial também poderá ser instaurado pelo delegado de polícia, mediante requerimento formalizado do ofendido ou de quem tiver qualidade para representá-lo (*notitia criminis*), conforme art. 5º, II, *in fine*, e § 1º do CPP.

Cuida-se aqui de notícia caracterizada pela formalidade de um pedido de investigação criminal, da qual caberá instauração de inquérito policial pelo delegado, caso a mesma apresente justa causa, e atenda, sempre que possível o previsto nas alíneas do art. 5º, § 1º do CPP, quais sejam: a) a narração do fato, com todas as circunstâncias; b) a individualização do suposto autor do crime ou seus sinais característicos e as razões de convicção ou de presunção de ser ele o autor da infração, ou os motivos de impossibilidade de o fazer; c) a nomeação das testemunhas, com indicação de sua profissão e residência.

Como pode-se observar pela redação do próprio art. 5º, § 1º do CPP, tais requisitos deverão ser atendidos, "sempre que possível", de forma que, o fato do ofendido não dispor de todos os referidos dados no seu requerimento não desautoriza, de imediato, a instauração do inquérito policial. Em tais casos, ainda que o Código de Processo Penal não disponha expressamente a respeito, revela-se adequado que o delegado de polícia proceda à verificação de procedência das informações do requerimento, assim como previsto em relação às comunicações informais de crime, a fim de verificar sua (im)procedência, antes de (in)deferir fundamentadamente o requerimento de abertura do inquérito policial.

Caso o requerimento de instauração de inquérito seja indeferido, deverá o delegado de polícia cientificar seu subscritor, a fim de que o mesmo possa oferecer o recurso administrativo previsto no art. 5º § 2º do CPP, dirigido ao "Chefe de Polícia", em uma alusão ao magistrado que, investido na autoridade policial, dirigia tanto a função de polícia administrativa quanto a judiciária durante a legislação federal que antecedia o Código de Processo Penal. Neste particular, deve-se salientar que – embora a função do Chefe de Polícia, atualmente possa ser equiparada ao Secretário de Segurança Pública nos Estados federados e ao Ministro da Justiça no âmbito da União, funções para as quais não se têm exigido formação jurídica – o arranjo institucional atual – no qual o delegado de polícia não age mais por delegação do Chefe de Polícia, constituindo-se em uma autoridade de polícia judiciária com formação jurídica e organizada em carreira – impõe que o referido recurso administrativo seja dirigido ao Delegado Geral da Polícia Civil ou Federal, a depender do caso, autoridades máximas dos órgãos nos quais é exercida a polícia judiciária, às quais incumbirá a sua apreciação[467].

De se notar ainda que o art. 5º § 2º do CPP não indica um prazo para a interposição do recurso administrativo da decisão de indeferimento do requerimento de instauração do inquérito policial, o que a princípio, submeteria tal previsão a esfera regulamentar no âmbito de cada órgão titular de função de polícia judiciária, embora melhor fosse ter se estipulado tal lapso temporal, a fim de uniformizar o manejo de tal instrumento de revisão em todo o território nacional, facilitando sua ciência por parte do ofendido.

Nos crimes de ação penal pública incondicionada, o ofendido poderá apresentar requerimento de instauração de inquérito policial enquanto não extinta a punibilidade do crime a ser apurado, estando aquele sujeito, em princípio, ao prazo prescricional deste.

Como observado no item 3.4.1.3.1, a participação do ofendido pode ser imprescindível para a persecução penal, a depender da ação penal pela qual é processa o crime noticiado, o que ganha especial reflexo no que tange à sua iniciativa quanto a instauração de inquérito policial.

Nos crimes objeto de ação penal pública condicionada, a instauração do inquérito policial depende de representação do ofendido, a qual consiste em uma manifestação de vontade que funciona como condição especial para persecução penal, conforme art. 5º, § 4º do CPP.

Por sua vez, o art. 100, § 1º do CP, assim como o art. 24, *caput*, CPP, estatuem que, além da representação, a ação penal dependerá, quando a lei o exigir, de "requisição" do Ministro da Justiça, o que ocorre, por exemplo, nos crimes contra a honra objeto do art. 145, parágrafo único do CP. No entanto, apesar de a manifestação de vontade do Ministro da Justiça ter sido denominada de requisição, esta se trata, a rigor, de representação, a qual também autoriza a persecução dos crimes objeto

---

467 Cf. itens 3.2 e 3.4.1.2.1. Cumpre ainda consignar que o Delegado Geral de Polícia Federal, embora denominado Diretor Geral de Polícia Federal pelo art. 2º C da Lei nº 9.266/1996 (introduzido pela Lei nº 13.047/2014), de acordo com o referido dispositivo legal deverá ser, necessariamente, um integrante da carreira de Delegado de Polícia Federal.

da ação penal pública a esta condicionada.

A representação tanto pode ser oral, como escrita, independentemente de firma reconhecida. Esta, no entanto, não deixa de, na sua essência, ter a natureza jurídica de requerimento, devendo conter todas as informações úteis para a apuração do crime noticiado, em especial aquelas já previstas no art. 5º § 1º do CPP, conforme art. 39 § 2º do referido diploma legal.

Desta forma, diferentemente do que se depreende por uma leitura superficial do art. 39 § 3º do CPP, o qual dispõe que, "Oferecida ou reduzida a termo a representação, a autoridade policial procederá a inquérito, ou, não sendo competente, remetê-lo-á à autoridade que o for", o delegado de polícia não deve necessariamente instaurar inquérito policial, tão somente porque, o requerimento que lhe foi dirigido veicula uma representação, ou seja, versa sobre um crime objeto de ação penal pública condicionada. Legitima-se, assim, o seu indeferimento, caso o delegado de polícia decida que o mesmo não apresenta justa causa para a deflagração da persecução penal, o que possibilita, por sua vez, o oferecimento de recurso administrativo correspondente (art. 5º § 2º do CPP), em caso de insurgência do ofendido representante.

A representação feita oralmente ou por escrito, quando sem assinatura devidamente autenticada do ofendido, de seu representante legal ou procurador, deverá ser será reduzida a termo, perante o juiz ou delegado de polícia, fazendo-se presente o membro do Ministério Público, quando a este houver sido dirigida (art. 39, § 1º do CPP). Deve esta ainda ser apresentada no prazo decadencial de (seis) meses, contados a partir da ciência acerca da autoria delitiva, nos termos do art. 38 do CPP e arts. 10, "1ª parte" e 103 do CP[468].

Contudo, apesar de o termo inicial para contagem da decadência ser a ciência da autoria delitiva, nada impede que o ofendido, desde logo, represente acerca de fatos cuja autoria desconhece, desde que, como acima salientado, esta contenha todas as informações disponíveis que possam servir a sua apuração (art. 39 § 2º do CPP). Para tanto, vale

---

[468] Vale aqui ressaltar que, embora aqui se entenda de maneira contrária, é corrente o entendimento que tal prazo não se aplica aos casos onde a representação ("requisição") incumbe ao Ministro da Justiça, a qual pode ser apresentada enquanto não extinta a punibilidade, sujeitando-se apenas ao prazo prescricional do crime cuja apuração esta a este condicionado.

salientar que eficácia objetiva do requerimento, faz com que a esta se dirija ao fato noticiado e não ao seu provável autor. Por conseguinte, na hipótese de concurso de agentes, se representado apenas um destes, nada impede que sejam identificados outros autores do fato que não foram objeto da representação, comprovando que os mesmos concorreram para o respectivo evento criminoso.

Caso a representação seja endereçada ao Juiz, o mesmo a encaminhará a autoridade policial requisitando a instauração de inquérito policial, ou ao Ministério Público caso entenda que os elementos apresentados são suficientes para denúncia. Da mesma forma, Ministério Público, ao receber a representação, poderá não requisitar a instauração de inquérito policial, caso entenda que a representação já dispõe de elementos que o habilitem a propor a respectiva ação penal (art. 5º, II, 39, §§ 4º e 5º, e 40 do CPP).

No caso de morte ou ausência do ofendido, o direito de representação poderá ser exercido pelo seu cônjuge, ascendente, descendente ou irmão (arts. 38, parágrafo único e 24 § 1º do CPP).

Interessante notar que, durante o curso do inquérito policial, a representação possui a peculiaridade de ser retratável, deixando de sê-lo após o oferecimento da denúncia, conforme arts. 25 do CPP e 102 do CP. Assim, caso seja procedida à retratação no curso do inquérito policial, impõe-se o encerramento da respectiva investigação, ante a ocorrência da extinção da punibilidade (art. 107, VI do CP). Uma vez extinta a punibilidade em razão da retratação, não se mostra mais possível a renovação da representação anteriormente retratada, ainda que no curso do respectivo prazo decadencial, já que, tal hipótese mostra-se, *a priori*, incompatível com natureza da pretensão punitiva, que não alberga hipóteses de "ressurgimento", militando em desfavor da segurança jurídica a sua admissão à margem de qualquer base legal[469].

Já com relação aos crimes objeto de ação penal privada, assim como nos casos onde a ação penal pública é condicionada a representação, a

---

469 Neste sentido, TOURINHO FILHO, *Fernando da Costa. Processo penal, volume 1.* 25ª Ed. São Paulo: RT, 2003, p. 358-359; CAPEZ, Fernando, *Curso de Processo Penal.* 6ª ed. São Paulo: Saraiva, 2001, p. 110. Em sentido contrário, ao entendimento de que, ainda que operada a retratação da representação, seria admissível a sua renovação, desde que tempestiva, MIRABETE, Julio Fabbrini. *Processo Penal.* 8ª Ed. rev. e atual. São Paulo: Atlas, 1998, p. 116.

instauração do inquérito policial depende de requerimento do ofendido, o qual funciona como condição especial para a sua instauração (art. 5º, § 5º do CPP), bem como se prevê prazo decadencial de seis meses, sendo, portanto, contado de acordo com o que prevê o art. 10, "1ª parte", do CP, sem suspensão ou interrupção, a partir do conhecimento da autoria do fato. Contudo, aqui a decadência não se dá apenas para o ofendido manifestar sua vontade de persecução penal, mas em relação ao próprio direito deste ajuizar a ação penal (oferecimento de queixa), conforme art. 38 do CPP e 103 do CP[470].

Desta forma, caso o ofendido já tenha conhecimento da suposta autoria do crime para o qual postula a colheita de indícios para o eventual oferecimento de queixa, deve o mesmo formular o seu requerimento de instauração de inquérito policial o quanto antes, uma vez que, como o prazo decadencial não sofre qualquer suspensão ou interrupção por conta da existência do inquérito policial em curso, a celeridade em requerer sua instauração poderá ser fundamental para se evitar a decadência[471]. Contudo, assim como na representação, o referido termo inicial não impede que o ofendido desde logo requeira a instauração de inquérito acerca de fatos cuja autoria desconhece em razão da eficácia objetiva do requerimento, estando obrigado, no entanto, a oferecer queixa em face de todos aqueles que forem indiciados no inquérito policial que requereu, conforme art. 48 do CPP.

Igualmente, no caso de morte ou ausência do ofendido, o direito de oferecer queixa poderá ser exercido pelo seu cônjuge, ascendente,

---

470 Excepcionalmente, o art. 236, Parágrafo Único do CP prevê como marco inicial para o curso do prazo do art. 38 do CPP no crime de induzimento a erro essencial e ocultação de impedimento o trânsito em julgado da sentença que em esfera cível anulou o casamento.

471 Neste ponto, vale consignar o entendimento de Guilherme de Souza Nucci (*in Manual de processo Penal e Execução Penal*. 2ª Ed. São Paulo. RT, 2006, p. 183-184), para quem havendo demora na conclusão do inquérito policial, sem qualquer responsabilidade do querelante, deve-se admitir que haja o oferecimento da queixa, com prova de que o inquérito está sendo realizado e, em breve. O juiz, então, ao controlar o prazo do inquérito, exigirá sua conclusão para que possa apreciar se recebe ou rejeita a queixa. Para o referido autor, privar o ofendido do direito de ação por conta da mora do próprio Estado seria tão injusto quanto fazer o juiz receber em face do querelado uma ação penal privada desprovida de fundamento.

descendente ou irmão (arts. 38, Parágrafo Único, e 31 do CPP)[472].

O direito de oferecer queixa, durante o inquérito policial, é renunciável[473], diversamente da representação, que é retratável[474]. A renúncia

---

472 O crime de induzimento a erro essencial e ocultação de impedimento (art. 236 do CP) também excepciona a regra do art. 31 do CPP, tendo a legitimidade do contraente enganado para oferecer queixa, prevista em seu parágrafo único natureza personalíssima. Portanto, a morte do referido querelante insubstituível acarretaria a extinção da punibilidade (ainda que não prevista no art. 107 do CP).

473 Oferecida a queixa, pode o ofendido também perdoar quem acusou (querelado) até o trânsito em julgado da sentença (art. 105 e 106, caput e § 2º do CP). O perdão do ofendido é ato bilateral, pelo qual o ofendido ou seu representante legal, desiste de prosseguir com o andamento do processo já em curso, desculpando o ofensor pela prática do crime, dependendo de aceitação do querelado, de procurador com poderes especiais, ou de curador nomeado pelo juiz (arts. 53 e 55 do CPP).

O perdão, assim como a renúncia ao direito de queixa, possui eficácia objetiva, de sorte que, se ocorre em relação a um dos indiciados, a todos se estenderá, não produzindo efeitos, no entanto, àquele que o recusar (art. 51 do CPP e art. 106, I e III do CP), bem como, se concedido por um dos ofendidos, não prejudica a pretensão punitiva dos outros (art. 106, II do CP). Pode ser oferecido nos autos do processo penal ou fora dele, de sorte que, neste último caso, deverá se se formalizar, quando expresso, mediante declaração assinada pelo ofendido, por seu representante legal ou procurador com poderes especiais, mesma forma pela qual será formalizada sua aceitação, pelo querelado (art. 56 c/c 50 e 59 do CPP). O perdão tácito, resultante da prática de ato incompatível com o desejo de prosseguir na ação penal, admitirá todos os meios de prova (arts. Art. 106 § 1º e 57 do CPP).

Aceito o perdão, o juiz declarará extinta a pretensão punitiva do Estado (art. 107, V do CP e art. 58 do CPP).

474 Todavia, a redação do art. 74, parágrafo único, da Lei nº 9.099/1995, diz ser "renunciável" a representação que verse sobre crimes de menor potencial ofensivo, por meio da composição danos civis preliminarmente ao processo penal, nos seguintes termos:

"Art. 74. A composição dos danos civis será reduzida a escrito e, homologada pelo Juiz mediante sentença irrecorrível, terá eficácia de título a ser executado no juízo civil competente. Parágrafo único. Tratando-se de ação penal de iniciativa privada ou de ação penal pública condicionada à representação, o acordo homologado acarreta a renúncia ao direito de queixa ou representação".

Todavia, na hipótese o que se dá é, a rigor, a retratação da representação, uma vez que não se pode renunciar a um direito (de representar) que já foi exercido validamente. Embora o art. 75, da Lei nº 9.099/1995 faça referência à oportunidade do ofendido representar, caso não obtida a composição dos direitos civis, a interpretação sistemática do referido dispositivo com o sistema processual penal, orienta à interpretação de que se trata aí, da mera ratificação da representação anteriormente oferecida ao delegado de polícia da qual, por princípio,

consiste em ato unilateral do ofendido (ou seu representante legal), abdicando do direito de promover a ação penal privada, extinguindo-se por consequência, a pretensão punitiva do Estado (art. 107, V do CP).

De acordo com o art. 104, parágrafo único do CP, importa em renúncia tácita ao direito de oferecer queixa a prática de ato incompatível com a vontade de exercê-la, para os quais se admitirá todos os meios de prova (art. 57 do CPP), não se estendendo, contudo, ao recebimento de indenização pelo dano do crime. Já a renúncia expressa se formaliza mediante declaração assinada pelo ofendido, por seu representante legal ou procurador com poderes especiais (art. 50 do CPP).

---

deve depender toda a persecução penal anteriormente ocorrida.

Neste particular, cumpre consignar relevante iniciativa da Polícia Civil do Estado de São Paulo, por meio da instalação dos Núcleos Especiais Criminais (NECRIM's) disciplinada pela Resolução SSP nº 233/2009. Neste núcleos, delegados de polícia promovem conciliações preliminares entres os envolvidos nos delitos de menor potencial ofensivo cuja ação penal dependa de queixa ou representação, formalizando o correspondente Termo de Conciliação Preliminar, o qual em seguida é encaminhado para o poder judiciário, para homologação, antecipando a conciliação para o âmbito da própria polícia judiciária. Disponível em: <http://ultimainstancia.uol.com.br/conteudo/colunas/61561/necrim+policia+-conciliadora+de+primeiro+mundo.shtml>. *Acesso em 31 jul. 2013.*

Outro caso de "retratação renunciável" na legislação se deu no art. 16 da Lei nº 11.340/2006 (Lei Maria da Penha), a seguir transcrita:

"Art. 16. Nas ações penais públicas condicionadas à representação da ofendida de que trata esta Lei, só será admitida a renúncia à representação perante o juiz, em audiência especialmente designada com tal finalidade, antes do recebimento da denúncia e ouvido o Ministério Público".

Aqui, em uma primeira interpretação, poder-se-ia se sustentar que o legislador, embora com falta de rigor terminológico, teria inovado a respeito do prazo para a retratação nos casos de violência doméstica e familiar contra a mulher, o qual, de acordo com o art. 25 do CPP, ocorreria até o oferecimento da denúncia. Assim sendo, teria dilatado, para esses casos, o tempo oportuno para a retratação até o recebimento da denúncia.

Todavia, com o oferecimento da denúncia, concretiza-se o exercício da ação penal pública, deixando esta, por princípio, de estar condicionada a representação do ofendido a partir daí. Desta forma, não há respaldo jurídico no sistema processual penal vigente para que a ofendida, *mesmo fora da relação jurídico-processual instaurada com o oferecimento da denúncia,* venha *dispor* da ação penal.

Portanto, a regra inscrita no artigo 16 da Lei 11.340/06 deve ser aplicada parcialmente, apenas no que tange à exigência de audiência judicial para que seja formalizada a retratação da representação. Desta forma, tal audiência somente deveria ser designada em caso de requerimento da ofendida, ou a fim de confirmar sua retratação espontânea e anteriormente operada perante o delegado de polícia no curso do inquérito policial.

A renúncia do direito de queixa, assim como o requerimento de instauração de inquérito policial, possui eficácia objetiva, de sorte que, se ocorre em relação a um dos indiciados, a todos se estenderá (art. 49 do CPP). Havendo mais de um ofendido, a renúncia de um não prejudica a pretensão punitiva das demais, sendo, cada qual, autônoma. Outrossim, a renúncia do representante legal do menor ofendido, não privará este do direito de queixa quando completar 18 anos, nem a renúncia do último excluirá o direito do primeiro (arts. 34 e 50, parágrafo único do CPP e Súmula 594 do STF[475]).

Caracterizada a renúncia do direito de queixa pelo ofendido no curso do inquérito policial, de maneira expressa ou tácita, impõe-se o seu encerramento em razão da extinção da punibilidade (art. 107, V do CP).

3.4.1.5.1.3 Instauração mediante requisição

Por fim, o inquérito policial também poderá ser instaurado pelo delegado de polícia, mediante requisição de juiz ou membro do Ministério Público, conforme art. 5º, II "primeira e segunda parte" do CPP.

A requisição é uma modalidade de requerimento de instauração de inquérito policial (*notitia criminis*) qualificada, na qual o Poder Judiciário ou o Estado-acusação antecipam a valoração jurídica de comunicações de crime[476], ordinariamente da alçada do delegado de polícia, encaminhando-lhe um fato onde reputam haver justa causa para a apuração.

Com efeito, o subscritor de *delatio criminis*, caso vislumbre que os elementos constantes na sua comunicação de crime são suficientes para

---

475 Súmula 594 do STF:
"Os direitos de queixa e de representação podem ser exercidos, independentemente, pelo ofendido ou por seu representante legal".
476 Portanto, não se deve confundir a requisição de instauração de inquérito policial pelo Poder Judiciário e Ministério Público com a requisição do Minsitro da Justiça, também prevista na legislação penal e processual penal, embora a ambas tenha sido dada o mesmo *nomen juris*. Como visto no item anterior, a "requisição" de Ministro da Justiça equivale a uma representação do ofendido, tratando-se de condição específica de procedibilidade para a persecução de determinados tipos de crimes, como os objetos dos art. 7º, § 3º, *b* do CP e art. 141, I, c/c art. 145, parágrafo único do CP.

a propositura de ação penal pública, deverá, ao invés de dirigi-la ao delegado de polícia (art. 5º § 3º do CPP) proceder da forma do art. 27 do CPP[477], encaminhando seus elementos de convicção ao Ministério Público, a fim de que seu membro possa desde logo oferecer denúncia, caso concorde que os elementos de convicção são suficientes para tanto, requerer ao juiz seu arquivamento, caso entenda incabível a persecução penal do caso (art. 28 do CPP, em sua redação original)[478] ou requisitar a instauração de inquérito policial, caso repute necessária a investigação criminal do noticiado. De forma análoga, quando o juiz toma conhecimento de crime objeto de ação pública, caso verifique que os elementos com os quais se deparou são potencialmente suficientes para o oferecimento de denúncia, pode encaminhá-la ao Ministério Publico, cujo membro adotará uma das referidas providências (art. 40 do CPP), ou encaminhá-la ao delegado de polícia, com requisição de inquérito policial, caso desde logo observe necessidade de investigação criminal dos fatos correlatos.

Assim como no requerimento, a requisição de instauração devendo conter, sempre que possível, todos as informações que úteis para a apuração do crime noticiado, em especial aquelas já previstas no art. 5º § 1º do CPP, quais sejam: a) a narração do fato, com todas as circunstâncias; b) a individualização do suposto autor do crime ou seus sinais característicos e as razões de convicção ou de presunção de ser ele o autor da infração, ou os motivos de impossibilidade de o fazer; c) a nomeação das testemunhas, com indicação de sua profissão e residência. Além de tais elementos, deve a requisição conter os fundamentos pelos quais o requisitante entende haver justa causa para instauração de inquérito policial, conforme se depreende dos arts. 93, IX e 129, VIII da CF[479], a qual,

---

477 Art. 27 do CPP:

"Art. 27 Qualquer pessoa do povo poderá provocar a iniciativa do Ministério Público, nos casos em que caiba a ação pública, fornecendo-lhe, por escrito, informações sobre o fato e a autoria e indicando o tempo, o lugar e os elementos de convicção".

478 *Cf.* nota nº 369.

479 Art. 93, IX da CF: "[...] IX - todos os julgamentos dos órgãos do Poder Judiciário serão públicos, e *fundamentadas todas as decisões, sob pena de nulidade,* [...]";

Art. 129, VIII da CF: São funções institucionais do Ministério Público: [...] VIII - requisitar diligências investigatórias e a instauração de inquérito policial, *indicados os fundamentos jurídicos de suas manifestações processuais* (grifos nossos).

No entanto, também neste particular, a requisição de instauração de inquérito

como já salientado no item 3.4.1.5.1.1, se concretiza pela existência de elementos mínimos que indiquem a concreta *possibilidade* de fato delituoso.

Como pode-se observar pela redação do próprio art. 5º, § 1º do CPP, os requisitos acima elencados deverão ser atendidos, "sempre que possível", de forma que, o fato do requisitante não dispor de todos os referidos dados no seu requerimento não desautoriza, de imediato, a instauração do inquérito policial. Em tais casos, ainda que Código de Processo Penal não disponha expressamente a respeito, revela-se adequado que o delegado de polícia proceda à verificação de procedência das informações da requisição, previstos para as comunicações informais de crime, a fim de verificar sua (im)procedência, antes de atender ou restituir fundamentadamente a requisição de abertura do inquérito policial.

Como na requisição de instauração de inquérito policial o requisitante antecipa uma análise jurídica ordinariamente de atribuição do delegado de polícia, o maior óbice ao seu aperfeiçoamento deriva do equivocado conceito de equivalência entre requisição e ordem, o que, em diversas oportunidades, acaba por dificultar ou até mesmo inviabilizar o seu questionamento pela referida autoridade de polícia judiciária.

Um ponto de partida para se compreender a natureza jurídica da requisição, se situa no escólio de Guilherme de Souza Nucci[480], a seguir transcrito, onde o mesmo esboça a diferenciação entre requisição, ordem e requerimento:

> **Requisição é a exigência para a realização de algo, fundamentada em lei.** Assim, **não se deve confundir requisição com ordem**, pois nem o representante do Ministério Público, nem tampouco o Juiz, são superiores hierárquicos do delegado, motivo pelo qual não lhe podem dar ordens. **Requisitar a instauração de**

---

policial deve ser equiparada a uma manifestação processual, até porque o mesmo, nos casos de ação penal pública e enquanto não for julgada a ADI 6.299/DF pelo STF (*cf.* notas nº 344 e 369), ou acompanhará a denúncia do Ministério Público, integrando o processo, ou acompanhara o seu pedido de arquivamento, sendo apreciado pelo Poder Judiciário. No que tange a abrangência do devido processo legal ao inquérito policial, cf. item 3.4.1.4.

480 NUCCI, Guilherme de Souza. *Manual de processo Penal e Execução Penal.* 2ª Ed. São Paulo. RT, 2006, p. 135.

> inquérito policial significa um requerimento lastreado em lei, fazendo com que a autoridade policial cumpra a norma e não a vontade do particular, do promotor ou do magistrado. Aliás, o mesmo se dá quando o tribunal requisita ao juiz de primeiro grau informações em caso de habeas corpus. **Não se está emitindo ordem, mas exigindo que a lei seja cumprida**, ou seja, que o magistrado informe à Corte, o que realizou, dando margem à interposição da impugnação.
> Requerimento é uma solicitação, passível de indeferimento, razão pela qual não tem a mesma força de uma requisição. [...] (grifo nosso).

Mais adiante, o referido autor assim aborda a possibilidade de restituição de requisições pela autoridade policial[481]:

> É possível que a autoridade policial refute a instauração de inquérito policial requisitado por membro do Ministério Público ou por Juiz de Direito, desde que se trate de exigência manifestamente ilegal. A requisição deve lastrear-se na lei; não tendo, pois, supedâneo legal, não deve o delegado agir, pois, se o fizesse, estaria cumprindo um desejo pessoal de outra autoridade, o que não se coaduna com a sistemática processual penal.
> Registre-se, ainda, que a Constituição, ao prever a possibilidade de requisição de inquérito, pelo promotor, preceitua que ele indicará os fundamentos jurídicos da sua manifestação (art. 129, VIII). O mesmo se diga das decisões tomadas pelo magistrado, que necessitam ser fundamentadas (art. 93, IX). Logo, quando for o caso de não cumprimento, por manifesta ilegalidade, não é o caso de ser indeferida a requisição, mas simplesmente o delegado oficia, em retorno, comunicando as razões que impossibilitam o seu cumprimento.

Neste particular, não custa rememorar que a ordem deriva de uma relação hierárquica que goza de presunção relativa de legalidade que,

---
481 NUCCI, Ibid., p. 136.

em princípio, a faz prescindir de fundamentação por parte do mandante, tanto que o art. 22 do CP, ao discorrer sobre a responsabilidade penal nos casos de obediência hierárquica, só prevê a responsabilização do subordinado no caso de ordem manifestamente ilegal.

Portanto, embora a exposição supra transcritos adequadamente desatrelem do conceito de requisição de ordem, esta, em seguida, peca pela falta de coerência no ponto em que admite a insurgência do delegado de polícia apenas em face de requisições manifestamente ilegais, o que, ao final, acaba por (re)equiparar requisição à ordem, o que, *ab initio*, tomou-se o cuidado de repudiar[482]. A requisição, enquanto requerimento lastreado em lei (e não em uma relação hierárquica), deve-se aplicar a teoria dos motivos determinantes, largamente difundida no âmbito do direito administrativo[483], vinculando o requisitante à motivação declarada em sua requisição, que há de ser verossímil e proporcional à medida requisitada, sob pena de nulidade.

Pensar diferentemente significaria vulnerar todo um espectro de direitos e garantias individuais consagrados na Constituição Federal de 1988, em especial o princípio da presunção de inocência (art. 5º, LVII da CF), já que a instauração indiscriminada de inquéritos policiais para "procurar crimes", apurando fatos que não aparentam possuir tipicidade penal, perigosamente se aproxima da presunção da prática delituosa sem supedâneo fático, sendo indispensável a demonstração da *possibilidade* de liame entre crime e fato quando do início da persecução penal, ainda que em patamares mínimos.

Por outro lado, o fato de ser lastreado em lei não necessariamente implica em nota distintiva entre requisição e requerimento, uma vez

---

482 Neste particular, cumpre reproduzir, in verbis, as seguintes considerações de Líbero Penello de Carvalho Filho (*in* Ministério Público e polícia judiciária natureza jurídica das requisições ministeriais à autoridade policial. *Revista Jurídica Consulex*, Brasília, n. 313, jan. 2010): 'Afinal de contas, não existe uma "meia ordem". Ou é ordem ou não é. Ordem é um comando direto e com poder coercitivo legítimo, ínsito em sua própria essência. Ato que não é dotado de tal poder e ao qual juristas têm que dar "conotação de ordem" é qualquer coisa, menos ordem'.

483 A teoria dos motivos determinantes está relacionada a prática de atos administrativos e preceitua que, uma vez declarado o motivo do ato, este deve ser respeitado. Vincula-se assim o agente do Estado ao motivo declarado. Para que haja obediência ao que prescreve a teoria, no entanto, o motivo há de ser legal, verdadeiro e compatível com o resultado, sob pena de ser desprovido de validade.

que este último, sobretudo quando o ofendido que a subscreve estiver assistido por advogado, deve também conter uma fundamentação jurídica que conclua pela necessidade de investigação criminal dos fatos noticiados.

Desta forma, a distinção entre requisição e requerimento reside no fato de o primeiro conter uma fundamentação tecida por um agente jurídico do Estado, mais especificamente do Poder Judiciário ou Estado-Acusação, o que faz com que milite em seu favor uma presunção relativa (*juris tantum*) de legalidade (art. 37, *caput*, da CF[484]), e não absoluta (*juris et de jure*), como poderia se depreender do primeiro dos trechos anteriormente transcritos, no qual Nucci utilizou-se do verbo "exigir"[485].

Portanto, impõe-se ao delegado de polícia apreciar tanto requerimentos quanto requisições de instauração de inquérito policial sem abdicar do seu livre convencimento motivado, restituindo justificadamente a requisição objetivando instauração de inquérito policial não apenas nos casos em que esta se mostrar manifestamente ilegal, mas também quando esta não se mostre devidamente fundamentada, ou traga em seus fundamentos ambiguidade, obscuridade, contradição ou omissão[486] que interfiram na justa causa necessária para a deflagração da *persecutio criminis*[487].

---

484 Art. 37 da CF:
  "Art. 37. A administração pública direta e indireta de qualquer dos Poderes da União, dos Estados, do Distrito Federal e dos Municípios obedecerá aos princípios de *legalidade*, impessoalidade, moralidade, publicidade e eficiência [...]" (grifo nosso)
485 Ao entendimento de que as requisições ao delegado de polícia equipara-se a um pedido, uma solicitação, devendo seu atendimento se dar em nome do interesse público, CARVALHO FILHO, Líbero Penello de. Ministério Público e polícia judiciária. Natureza jurídica das requisições ministeriais à autoridade policial. In: *Revista Jurídica Consulex*, Brasília, n. 313, jan. 2010.
486 Motivos que, na fase judicial do processo penal, dão ensejo ao recurso dos embargos, previstos nos arts. 619 e 620 do CPP.
487 No entanto, na contramão de tais argumentos, o Tribunal Superior Eleitoral há muito tem, a cada eleição, re-editado regulamentos como a Resolução nº 23.396/2013, onde se chega ao ponto de se condicionar a instauração de inquéritos policiais em matéria eleitoral à existência de requisição do Juiz ou membro do Ministério Público Eleitorais, objetivando restringir, ilegalmente, a instauração de ofício pelo delegado de polícia apenas nos casos onde extrema medida da prisão em flagrante se mostre aplicável *ab initio* (arts. 2º e 8º). Sobre a polícia judiciária em matéria eleitoral, *cf.* item 1.3.1.1.

Caso a deficiência da requisição resida na dúvida sobre a própria existência do fato delituoso em razão da vagueza ou indeterminação da notícia em que se embasou a requisição, nada obsta que o delegado de polícia verifique sumariamente a procedência das referidas informações antes de ponderar a restituição do expediente, com vistas a sanar desde logo as referidas inconformidades, nos mesmos moldes previstos em relação à *delatio criminis* (art. 5º, § 3º do CPP).

Assim, preservar-se-ia a devida fundamentação do ato requisitório em face do suposto cometimento de um dado ilícito penal, o que não se satisfaz tão somente com uma lacônica indicação da incidência penal sugerida pelo requisitante, mas com a efetiva demonstração que o fato que esta veicula apresenta indícios mínimos de possibilidade concreta de tipificação penal.

Por outro lado, ao atender a requisição de instauração de inquérito policial, não está o delegado de polícia vinculado à tipificação penal nesta sugerida, tampouco às diligências sugeridas pelo requisitante. Assim, pode a autoridade requisitada instaurar inquérito policial com base em infração penal distinta daquela eventualmente constante da respectiva requisição e adotar as diligências que entender adequadas a apuração do caso, não possuindo a conclusão final do inquérito, da mesma forma, o condão de vincular a formação da *opinio delicti* pelo órgão acusatório, tampouco a qualificação jurídica atribuída aos fatos, pelo magistrado competente[488].

Caso persista a discordância entre o requisitante e delegado requisitado e reiterada a requisição pelo primeiro, deverá o Delegado Geral de Polícia designar um colega diverso daquele que restituiu a requisição para proceder à instauração do inquérito policial, analogamente ao originalmente previsto para os casos de discordância entre juiz e membro Ministério Público quanto ao arquivamento de inquérito policial (art. 28 do CPP – em sua redação original, ainda em vigor – [489] c/c art. 2º, § 6º

---

488 Em caso de ajuizamento de ação penal, o ato pelo qual o juiz, de ofício, verifica que a tipificação atribuída aos fatos pela acusação não corresponde aos fatos narrados na petição inicial, e aponta a definição jurídica que julga correta quando da sentença, denomina-se, doutrinariamente, *emendatio libelli*, encontrando previsão legal no art. 383 do CPP.
489 Art. 28 do CPP (redação original):
"Art. 28. Se o órgão do Ministério Público, ao invés de apresentar a denúncia, requerer o arquivamento do inquérito policial ou de quaisquer peças de infor-

da Lei nº 12.830/2013[490]). Ao restituir a requisição, o delegado de polícia já antecipou sua análise técnico-jurídica sobre o fato que lhe foi incumbido apurar, sendo que impor-lhe a instauração de inquérito, uma vez reiterada a requisição, equivaleria a subordiná-lo ao juiz ou membro do Ministério Público que mantém um entendimento divergente, vinculando-o hierarquicamente a estes, apesar de fazer parte de instituição distinta, o que redundaria na equiparação da requisição a uma ordem.

Por fim, nos casos em que a requisição se mostrar manifestamente ilegal, assiste ainda ao delegado de polícia o direito de ajuizar *habeas corpus*[491] em prol do noticiado, objetivando obstar a instauração de inquérito policial, uma vez que cumpre ao mesmo não admiti-la quando a notícia de crime onde a instauração é requisitada flagrantemente não ostentar justa causa, veiculando o fato claramente atípico, ou quando nesta estiver presente causa extintiva da punibilidade[492].

---

mação, o juiz, no caso de considerar improcedentes as razões invocadas, *fará remessa do inquérito ou peças de informação ao procurador-geral, e este oferecerá a denúncia, designará outro órgão do Ministério Público para oferecê-la*, ou insistirá no pedido de arquivamento, ao qual só então estará o juiz obrigado a atender." (grifo nosso).

Embora a Lei nº 13.964/2019 tenha dado nova redação ao art. 28 do CPP para conferir ao Ministério Público a prerrogativa de, *interna corporis*, ordenar o arquivamento do inquérito policial, o Supremo Tribunal Federal suspendeu, por tempo indeterminado, a eficácia da referida alteração legislativa por meio de medida cautelar concedida na ADI 6299 MC/DF pelo Ministro Relator Luiz Fux em 22/01/2020. A respeito, *cf.* ainda a nota nº 369.

490 Apesar de o art. 2º, § 6º da Lei nº 12.830/2013 fazer referência expressa a análise técnico- jurídica do delegado de polícia apenas no ato de indiciamento, tal análise logicamente deve ser reconhecida em quaisquer atos que demandem operação do direito no âmbito do inquérito policial.

491 Neste particular, cumpre recordar que o art. 654 do CPP estatui que o *habeas corpus* – remédio constitucionalmente previsto para coibir a violência ou coação em sua liberdade de locomoção, ou a sua ameaça, por ilegalidade ou abuso de poder (art. 5º LXVIII da CF) – dispõe de irrestrita legitimidade postulatória, podendo ser impetrado por qualquer pessoa, em seu favor ou de outrem, de sorte que o delegado de polícia, embora usualmente não seja parte em processo judiciais, além de estar plenamente legitimado para utilizar tal instrumento, sempre que verificar sua hipótese de incidência.

492 Entendendo ser admissível o ajuizamento de habeas corpus ante a ausência de justa causa no inquérito policial, *cf.* STF, HC 90580/ PR, Primeira Turma, Relator: Ricardo Lewandowski, julgado em 24/04/2007, DJ 11-05-2007, DJe-013 11-05-2007; STF, RHC 99.607/DF, Segunda Turma, Relator: Min. Eros Grau, julgado em 06/10/2009, DJe-208 06-11-2009.

3.4.1.5.2 Formalização da instauração do inquérito policial

Originariamente, o Código de Processo Penal de 1941, previa entre os Processos em Espécie (Livro II), o rito sumário (Título II, Capítulo V – arts. 531 a 540), inicialmente destinado ao julgamento das contravenções penais, e posteriormente aplicado também às lesões corporais e homicídios culposos por força do art. 1º da Lei nº 4.611/1965. No rito sumário, o delegado de polícia, podia iniciar a ação penal e subsequentemente presidir grande parte da instrução probatória.

A formalização de tal marco inicial, se dava mediante auto de prisão em flagrante, para os casos de flagrante delito, ou por meio de portaria expedida pelo delegado de polícia ou juiz, como ainda pode se observar no art. 26 do CPP, onde ainda se dispõe que "A ação penal, nas contravenções, será iniciada com o auto de prisão em flagrante ou por meio de portaria expedida pela autoridade judiciária ou policial"[493].

O rito sumário, também conhecido como procedimento *ex officio*, não foi recepcionado pelo art. 129, I da Constituição Federal, que incumbiu o Ministério Público de privativamente promover a ação penal[494], sendo que os dispositivos do Código de Processo Penal rela-

---

493 A previsão início do processo do rito sumário por portaria também poderia ser observada nos arts. 531, 533 e 535, a seguir transcritos:

Art. 531 do CPP:

"Art. 531. *O processo das contravenções terá forma sumária, iniciando-se pelo auto de prisão em flagrante ou mediante portaria expedida pela autoridade policial ou pelo juiz, de ofício ou a requerimento do Ministério Público*" (grifo nosso).

Art. 533 do CPP:

Art. 533. *Na portaria que der início ao processo* (termo que se revela impreciso, uma vez que, enquanto na presidência do delegado de polícia, o rito sumário mais se aproxima de um procedimento), *a autoridade policial* ou o juiz ordenará a citação do réu para se ver processar até julgamento final, e designará dia e hora para a inquirição das testemunhas, cujo número não excederá de três" (grifo nosso).

Art. 535 do CPP:

"Art. 535. Lavrado o auto de prisão em flagrante ou, *no caso de processo iniciado em virtude de portaria expedida pela autoridade policial*, inquirida a última testemunha, serão os autos remetidos ao juiz competente, no prazo de dois dias" (grifo nosso).

494 STF, RHC 68.314/DF, Tribunal Pleno, Rel. Min. Celso de Mello, j. em 20/09/1990, DJU 15/03/1991; STJ – RHC 2.363/DF, 5ª Turma, Rel. Min. Jesus Costa Lima, j. em 25/11/1992, DJ 17/12/1992.

cionados a tal procedimento no Livro II, Título II, Capítulo V foram revogados expressamente pela Lei nº 11.719/2008, o qual o reformulou de forma a adequá-lo a nova realidade constitucional, redefinindo sua aplicação ao processo de crimes cuja pena privativa de liberdade seja inferior a 4 (quatro) anos (art. 394, § 1º, II).

Diferentemente do que se dava em relação ao rito sumário, o Código de Processo Penal, não contemplou expressamente previsão indicando os atos que tipicamente formalizassem a instauração do inquérito policial, consagrando-se, com isso, a aplicação analógica do art. 26, de sorte que a formalização da sua abertura, como ato de instauração da persecução penal, se dá mediante auto de prisão em flagrante, para os casos de flagrante delito, ou portaria do delegado de polícia para os casos onde este não se verifique.

Apesar da reformulação do rito sumário, é ainda possível verificar referências esparsas à portaria do delegado de polícia em alguns dispositivos não revogados expressamente na atual redação do referido diploma legal, mais especificamente os arts. 564, III, "a" e 569 do CPP, além do supratranscrito art. 26[495].

Por sua vez, o auto de prisão em flagrante, o qual encontra previsão no Livro I, Título IX, Capítulo II, do Código de Processo Penal (arts. 301 a 310), encontra-se implicitamente previsto como procedimento por meio do qual o delegado de polícia procede à instauração de ofício de inquérito policial nos casos de flagrante delito, conforme se pode observar em seu art. 5, I c/c art. 8º[496].

---

495 Arts. 564, III, "a" e 569 do CPP:

"Art. 564. A nulidade ocorrerá nos seguintes casos:[...]

III - por falta das fórmulas ou dos termos seguintes:

a) a denúncia ou a queixa e a representação e, nos processos de contravenções penais, *a portaria* ou o auto de prisão em flagrante" (grifo nosso).

Art. 569 do CPP:

"Art. 569. As omissões da denúncia ou da queixa, da representação, ou, nos processos das contravenções penais, *da portaria* ou do auto de prisão em flagrante, poderão ser supridas a todo o tempo, antes da sentença final" (grifo nosso).

496 A art. 5, I do CPP:

"Art. 5º Nos crimes de ação pública o inquérito policial será iniciado: I - de ofício; [...]"

Art. art. 8º do CPP:

"Art. 8º Havendo prisão em flagrante, será observado o disposto no Capítulo II

3 – Polícia Judiciária

A legislação atual ainda prevê a possibilidade de o delegado de polícia, alternativamente ao auto de prisão em flagrante, lavrar termo circunstanciado, nos casos onde se aplique o rito processual sumaríssimo (art. 394, § 1º, III do CPP e arts. 61 e 69 da Lei nº 9.099/1995).

Fixadas estas breves premissas introdutórias, passar-se á, a seguir, à análise detida de cada ato ou procedimento típicos de instauração do inquérito policial pelo delegado de polícia, quais sejam, portaria e auto de prisão em flagrante, bem como as medidas alternativa ou substitutiva que a legislação prevê expressamente como aplicáveis a este último pelo próprio delegado de polícia, respectivamente, termo circunstanciado e fiança.

3.4.1.5.2.1 Portaria

Ressalvadas as hipóteses de flagrante delito, a portaria é o ato pelo qual é instaurado o inquérito policial pelo delegado de polícia.

No revogado rito sumário, de onde originariamente se dispunha sobre tal ato, a única previsão relativa ao seu conteúdo se encontrava no art. 533, onde se estatuía que nesta deveria conter necessariamente a citação do réu para se ver processar até julgamento final, bem como designação dia e hora para a inquirição das testemunhas, cujo número não devia exceder de três. Entretanto, a primeira providência *a priori* revela-se analogicamente inaplicável ao inquérito policial, uma vez que neste, salvo nas hipóteses de flagrante delito, em regra não há indiciados já quando do seu início. Com efeito, quando o inquérito policial é instaurado por portaria busca-se justamente a individualização de, pelo menos, parte da autoria, em casos onde já há indícios suficientes da materialidade delitiva, juntamente com sua materialidade na notícia de crime submetida à instauração.

Desta forma, para além da inquirição de eventuais testemunhas do crime a ser investigado, na portaria instauradora do inquérito policial o delegado de polícia deverá determinar todos os atos de sua apuração que entenda dever ser realizados imediatamente, além de conter os dados identificadores da comunicação do crime, requerimento ou requisição que veiculou o fato supostamente delituoso, sua descrição precisa ("o que", "onde", "quando") com correspondente incidência penal, além

---

do Título IX deste Livro".

de, quando possível, individualização de quem é atribuída a sua autoria ("quem").

Dentre estes elementos essenciais, ganha especial importância a incidência penal atribuída pelo delegado de polícia ao fato a ser investigado, a qual norteará o inquérito policial, delimitando o que deve ser esclarecido para a elucidação do fato, de acordo com o tipo penal indicado. Neste particular, cumpre recordar o pensamento de Roberto Lira Filho, para quem a investigação criminal de uma incidência penal hipotética é imprescindível, ainda que susceptível a alteração e aperfeiçoamento, assim como a investigação científica não prescinde de uma "hipótese de trabalho", sem a qual é impossível estabelecer seu método[497].

A partir da incidência penal atribuída pelo delegado ao fato a ser investigado, este poderá verificar se a sua persecução penal não se encontra prescrita a partir da data em que o mesmo ateria ocorrido (art. 109 do CP), bem como identificar os órgãos competentes para realizá-la, em razão da matéria, assim como se faz possível verificar a competência a partir do local dos fatos investigados. Em perspectiva, também se pode se antever o espectro de medidas cautelares de que o delegado de polícia poderá eventualmente se valer durante a apuração do crime, uma vez que, por exemplo, providências que restringem a liberdade de locomoção, como as prisões temporária e preventiva, são reservadas, respectivamente, a crimes taxativamente elencados, ou a crimes com pena privativa de liberdade máxima superior a 4 (quatro) anos ou praticados sob determinadas circunstâncias[498].

3.4.1.5.2.2 Auto de prisão em flagrante

O auto de prisão em flagrante, como o próprio nome sugere, é o procedimento de ofício pelo qual o delegado de polícia instaura o inquérito policial quando verifica flagrante delito de conduzido(s) em uma notícia de crime (arts. 5, I e art. 8º do CPP), também podendo ser lavrado com o inquérito já em curso, desde que a referida autoridade verifique a ocorrência de estado de flagrância[499]. Fala-se aqui não de um ato, mas de verdadeiro procedimento que encontra previsão no Livro

---

497 LIRA FILHO, Roberto. A classificação das infrações penais pela autoridade policial. In: ASÚA, Luis Jimenes de et al. *Estudos em homenagem a Nelson Hungria*. Rio de Janeiro: Forense, 1962, p. 288-289.
498 A respeito, *cf.* art. 1º da lei nº 7.960/1989 e art. 313 do CPP.
499 Com relação à prisão em flagrante durante a instrução de inquérito policial previamente em curso, *cf.* item 3.4.1.6.6.1.

I, Título IX, Capítulo II, do Código de Processo Penal (arts. 301 a 310), uma vez que ditado por uma sequência de atos legalmente prevista, que passam a compor o inquérito policial, juntamente com os demais atos que venham a integrá-lo.

Por sua vez, a prisão em flagrante, objeto do auto, consiste em uma modalidade de prisão provisória e cautelar, expressamente prevista no art. 5º, LXI da CF, decretável pelo delegado de polícia independentemente de prévia manifestação judicial a partir da captura de quem se encontre flagrante delito, conforme situações taxativamente previstas no art. 302 do CPP. Trata-se de uma medida de extrema emergência, que visa a fazer cessar a prática delituosa, ou a prevenir a sua imediata reiteração[500].

Por conta disso, o art. 301 do CPP faculta a qualquer do povo, inclusive o próprio ofendido, a executar a prisão, ou seja, capturar quem se encontre em flagrante delito. O mesmo artigo explicita a obrigatoriedade de captura em relação "a autoridade policial e seus agentes", redação a qual, conforme abordado nos itens 1.2.4.1, 2.1.1 e 3.4.1.2.1, reflete uma época na qual os delegados de polícia eram em princípio autoridades tanto de polícia judiciária, quanto de polícia administrativa, o que trazia para o âmbito dos seus agentes tanto aqueles aqueles que lhe são administrativamente vinculados, incumbidos de executar atos de polícia judiciária, quanto os policiais oriundos da força pública, incumbidos da polícia administrativa. Por seu turno, a segmentação dos órgãos e autoridades incumbidos de funções policiais evidencia que a finalidade da execução da prisão em flagrante, como exposto no item 1.2.3, irá variar de acordo com a função policial exercida, de sorte que, enquanto o agente do delegado de polícia executa uma prisão quando captura e condução do flagrado à referida autoridade de polícia judiciária, o faz em defesa da ordem jurídica recém violada, o servidor incumbido da polícia administrativa geral adotará tal providência como medida extrema em sua atividade de prevenção criminal, com fundamento no dever de prevenir a continuidade da prática delituosa, além de conter a turbação à segurança pública.

De acordo com o art. 302 do CPP, considera-se em flagrante delito quem está cometendo a infração penal ou acaba de cometê-la (doutrinariamente denominada flagrante próprio, incisos I e II); é perseguido, logo após, em situação que faça presumir ser autor da infração (flagrante impróprio, inciso III, também denominado flagrante irreal ou quase fla-

---

500 Para uma análise do art. 301 do CPP a luz das funções policiais, cf. item 1.2.3.

grante); ou é encontrado, logo depois, com instrumentos, armas, objetos ou papéis que façam presumir ser ele autor da infração (flagrante ficto, inciso IV, também denominado presumido ou assimilado). Enquanto a situação prevista no art. 302, I do CPP, de visibilidade incontestável, compreende hipótese que a rigor caracterizaria o estado de flagrância, as outras três situações contempladas no referido artigo preveem situações análogas ao flagrante delito, admitindo-o por ficção jurídica.

Portanto, ao ser capturado cometendo a infração penal (art. 302, I do CPP), o seu autor, a rigor, não é *considerado* em flagrante delito, mas *de fato* se encontra em situação de flagrância, encontrando-se além da literalidade do art. 302, *caput*, do CPP.

Já quando se captura alguém que acaba de cometer a infração penal (art. 302, II do CPP), este já esgotou os atos da sua execução, sendo capturado ao seu término. Nesta hipótese, pode-se ainda constatar elementos sensíveis da materialidade do fato e sua autoria, havendo uma relação quase de absoluto imediatismo entre a execução do fato e a captura do seu autor.

Por sua vez, na hipótese do art. 302, III do CPP, o flagrado é perseguido, logo após cometer a infração penal, em situação que faça presumir ser este o autor do fato. Neste caso, o que se segue a execução da infração penal não é a captura, como na hipótese art. 302, II do CPP, mas sim o início da perseguição ao seu presumido autor.

Em face da ausência de um limite de tempo preciso da norma em questão, a jurisprudência, sempre a partir das peculiaridades de cada caso concreto, usa de certa flexibilidade, admitindo que o início da perseguição, ao invés da literalidade do "logo após", ocorra em tempo razoável após os atos de execução da infração penal, como duas horas[501]. Da mesma forma, iniciada a perseguição, admite-se que esta transcorra por como várias horas[502], desde que a mesma seja ininterrupta, podendo ser realizada tanto por pessoas que se encontravam no local da infração, como por quem não tenha presenciado a sua execução, como, por exemplo, policiais que tomaram conhecimento do fato delituoso, via rádio ou telefone, por exemplo.

---

501 Neste sentido, STF – RHC 56964/ RJ, Relator(a): 2ªTurma, Min. Djaci Falcão, julgado em 27/03/1979, DJU 27/04/1979; STJ – HC 1014/RJ, 5ª Turma, Relator(a): Min. Edson Vidigal, julgado em 16/03/1992, DJU 11/05/1992; STJ – RHC 5189/SP, 6ª Turma, Relator(a): Min. Luiz Vicente Cernicchiaro, julgado em 05/03/1996, DJU 19/06/1996.
502 Neste sentido, STF – RHC 60613/ PE, 1ª Turma, Relator(a): Min. Alfredo Buzaid, julgado em 22/02/1983, DJU 25/03/1983.

3 – Polícia Judiciária

De acordo com o art. 290 § 1º do CPP, considera-se que o executor da captura vai em perseguição quando, tendo avistado o suposto autor da infração penal, o persiga sem interrupção, ainda que depois o tenha perdido de vista; ou sabendo, por indícios ou informações fidedignas, que o mesmo tenha passado, há pouco tempo, em uma dada direção, pelo lugar em que o procure, for no seu encalço.

Por sua vez, o art. 302, IV do CPP também considera em flagrante delito quem, logo depois o cometimento da infração penal, for encontrado com instrumentos ou produto do crime em situação que faça presumir ser o seu autor. A expressão "logo depois" prevista no inciso sob análise, embora tenha o mesmo sentido do termo "logo após", constante no art. 302, III do CPP, implica em um lapso temporal maior do que esta última, dotando a primeira de um maior arbítrio na apreciação cronológica dos fatos[503].

Já nas infrações penais permanentes, ou seja, aquelas cujo momento consumativo se prolonga pelo tempo, entende-se que o flagrante delito perdura enquanto não cessar a permanência (art. 303 do CPP).

Se a captura se efetuou no local do cometimento do fato delituoso, a competência para a autuação em flagrante, ou seja, a lavratura do auto de prisão em flagrante[504], será do delegado de polícia cuja circunscrição o abrange. Contudo, tratando-se de flagrante impróprio, a infração penal poderá ter ocorrido em outro local que não o da captura, o qual poderá se inserir na circunscrição de outra delegacia de polícia. Nestes casos, permite os art. 290, *caput*, do CPP que o delegado de polícia do local da captura excepcionalmente proceda à autuação em flagrante, providenciando a remoção do preso para o local do cometimento do

---

503 Neste sentido, STJ – RHC 7.622/MG, 6ª Turma, Relator(a): Min. Fernando Gonçalves, julgado em 26/08/1998, DJU 08/09/1998; CAPEZ, Fernando, *Curso de Processo Penal*. 6ª ed. São Paulo: Saraiva, 2001, p. 222. Contudo, MARQUES, José Frederico. *Elementos de Direito Processual Penal – volume 4*. 1ª Ed. Campinas: Bookseller, 1998, p. 79, perfila entendimento diverso, no sentido de que falta a expressão "logo depois", constante no art. 302, IV do CPP – por num primeiro momento não se saber quem seria o autor da infração penal – comportaria um menor arbítrio na apreciação cronológica dos fatos do que aquele compreendido no termo "logo após", presente no art. 302, III do CPP.

504 Neste particular, convém consignar distinção recordada por Anderson Souza Daura entre o ato de prisão em flagrante delito da autuação em flagrante delito (*in Inquérito policial*: Competência e Nulidades de Atos de Polícia Judiciária. 3 ed. rev. e atual. Curitiba: Juruá, 2009, p. 129), sendo o primeiro a captura de quem foi flagrado praticando ilícito penal, e a segunda consistente na formalização da sua prisão, presidida pela autoridade de polícia judiciária.

delito, bem como do auto de prisão em flagrante, a fim que o correspondente inquérito policial prossiga sob a presidência do delegado de polícia competente, conforme art. 304 § 1º, *in fine*, do CPP[505]. Caso inexista delegado no local da captura, o conduzido poderá ser apresentado ao delegado de polícia mais próximo, o qual será também competente para prosseguir na presidência do inquérito policial correspondente, se o local do crime estiver abrangido em sua circunscrição (arts. 4º e 308 do CPP).

Apesar de o delegado de polícia exercer função judicial quando decide de maneira juridicamente fundamentada pela prisão ou não do conduzido (daí a expressão "autoridade *competente*", constante no art. 304 do CPP[506]), a garantia constitucional do art. 5º, LXI da CF, levando em conta a dinâmica do exercício da polícia judiciária no que se refere à captura em flagrante delito, impôs que apenas a prisão judicialmente decretada fosse necessariamente proveniente da autoridade competente, restando recepcionados na atual ordem constitucional, portanto, os arts. 290, *caput*, e 308 do CPP[507], na hipótese de flagrante impróprio,

---

[505] Nestes casos, se mostra de bom alvitre que o delegado de polícia, no exercício desta competência excepcional prevista no art. 290, *caput*, do CPP, além da autuação em flagrante, desde logo comunique o Juízo do local do fato, em atendimento ao art. 5º, LXIV da CF, bem como os demais órgãos arrolados no art. 306 do CPP, informando-lhes acerca do encaminhamento do preso ao local do fato e remessa do auto de prisão em flagrante ao delegado de policial competente para prosseguir na presidência do inquérito policial relativo ao caso.

[506] Cuja redação foi determinada pela Lei 11.113/1995, portanto, já sob a ordem constitucional vigente, nos seguintes termos:

"Art. 304. *Apresentado o preso à autoridade competente*, ouvirá esta o condutor e colherá, desde logo, sua assinatura, entregando a este cópia do termo e recibo de entrega do preso. Em seguida, procederá à oitiva das testemunhas que o acompanharem e ao interrogatório do acusado sobre a imputação que lhe é feita, colhendo, após cada oitiva suas respectivas assinaturas, lavrando, a autoridade, afinal, o auto.

§ 1º Resultando das respostas fundada a suspeita contra o conduzido, a autoridade mandará recolhê-lo à prisão, exceto no caso de livrar-se solto ou de prestar fiança, *e prosseguirá nos atos do inquérito* ou processo, *se para isso for competente*; se não o for, enviará os autos à autoridade que o seja" (grifo nosso).

[507] "Art. 5º [...] LXI - *ninguém será preso senão em flagrante delito ou por ordem escrita e fundamentada de autoridade judiciária competente*, salvo nos casos de transgressão militar ou crime propriamente militar, definidos em lei" (grifo nosso). No entanto, precedentes do STJ (HC 11022/RJ, 5ª Turma, Relator(a): Min. Jorge Scartezzini, julgado em 02/03/2000, DJU 24/04/2000; RHC 4767/RJ, 5ª Turma, Relator(a): Min. José Dantas, julgado em 10/09/1996, DJU 30/09/1996; RHC 5735/SP, 6ª Turma, Relator(a): Min. Vicente Leal, julgado em 03/09/1996, DJU 30/09/1996), tem sufragado o entendimento de que a autoridade de polí-

acima descrita. Todavia, ressalvada a hipótese de flagrante impróprio, a autuação em flagrante lavrada por delegado territorialmente incompetente viola o art. 304, *caput* e § 1º do CPP, ocasionando a sua nulidade relativa, devendo o indiciado arguí-la, caso demonstre o prejuízo decorrente de tal violação.

No entanto, a autuação em flagrante por delegado de polícia incompetente em razão da matéria gera, em princípio, nulidade absoluta na prisão correspondente, e remessa do auto de prisão em flagrante ao delegado de polícia competente para prosseguir no respectivo inquérito policial[508], em razão de, diferentemente da competência territorial, a repartição as funções de polícia judiciária entre as polícias civis e federal em razão da matéria hoje ter matriz constitucional, e não existir autorização legal delegando competência constitucionalmente prevista em matéria penal, com fulcro no art. 109, § 3º da CF[509,510]. Neste particular, cumpre ainda recordar que à época da edição do Código de Processo Penal, não existia ainda Polícia Federal, de sorte que o legislador à

---

cia judiciária não exerce atos de jurisdição, não tendo as incongruências entre o local do crime o delegado que presidiu a prisão em flagrante o condão de viciá--lo, e implicar em seu relaxamento ou concessão de habeas corpus.

508 Art. 567 do CPP: "A incompetência do juízo anula somente os atos decisórios, devendo o processo, quando for declarada a nulidade, ser remetido ao juiz competente". Cf. ainda item 3.7.

509 "Art. 109 [...] § 3º Serão processadas e julgadas na justiça estadual, no foro do domicílio dos segurados ou beneficiários, as causas em que forem parte instituição de previdência social e segurado, sempre que a comarca não seja sede de vara do juízo federal, *e, se verificada essa condição, a lei poderá permitir que outras causas sejam também processadas e julgadas pela justiça estadual* (grifo nosso)".

Recorde-se que aqui, deve-se interpretar a expressão "processadas" em sentido amplo, de forma a, em matéria criminal, abarcar toda a persecução penal, incluídos aí os atos de polícia judiciária. Tal dispositivo constitucional recepcionou o hoje revogado art. 27 da Lei nº 6368/1976, o qual previa, in verbis que "O processo e o julgamento do crime de tráfico com exterior caberão à justiça estadual com interveniência do Mistério Público respectivo, se o lugar em que tiver sido praticado, for município que não seja sede de vara da Justiça Federal, com recurso para o Tribunal Federal de Recursos". Atualmente, no entanto, o referido artigo encontra-se revogado pelo art. 70 Lei nº 11.343/2006, o qual, em consonância com o art. 109, V da CF, prevê que o processo e o julgamento dos crimes nesta previstos, se caracterizado ilícito transnacional, são da competência da Justiça Federal. Cf. ainda item 1.3.1.1 e 1.3.1.3.

510 Em sentido semelhante, DAURA, Anderson Souza. *Inquérito policial*: Competência e Nulidades de Atos de Polícia Judiciária. 3 ed. rev. e atual. Curitiba: Juruá, 2009, p. 137-138.

época não teve que se ocupar de tal questão[511], tanto que a manutenção da investigação criminal a cargo de uma autoridade policial em detrimento da judicial fundamentou-se no alto nível de interiorização das primeiras, às quais então já se encontravam presentes nos rincões mais distantes, como pode se observar no item IV da exposição de motivos do referido diploma legal.

Contudo, diante da ausência de meios estruturais até então oferecidos para o Estado brasileiro para que, assim como tem ocorrido com a Justiça Federal, se efetive a interiorização da Polícia Federal em todo o território nacional, resta efetivar as regras de competência em razão da matéria, no que se refere à polícia judiciária, dentro da reserva do possível[512], convalidando, enquanto perdurar tal circunstância, prisões em flagrante autuadas pela Polícia Civil em matéria da Polícia Federal, desde que comunicadas ao juízo competente, salvo quando o indiciado demonstrar concretamente prejuízo decorrente de tal violação.

Consoante o art. 304 do CPP, apresentado o conduzido e o(s) instrumento(s) ou produto(s) do crime eventualmente arrecadado(s) em seu poder ao delegado de polícia, ouvirá o condutor e colherá, desde logo, sua assinatura, entregando a este cópia do termo e recibo de entrega do detido[513]. Em seguida, procederá à oitiva das testemunhas que o acompanharem, colhendo, após cada oitiva, suas respectivas assinaturas. A falta de testemunhas da infração penal não impedirá a lavratura do auto de prisão em flagrante; mas, nesse caso, com o condutor, deverão assiná-lo pelo menos duas pessoas que hajam testemunhado a apresentação do conduzido ao delegado de polícia (art. 304 § 2º do CPP)[514].

---

511 Como visto no item 3.2, a Polícia Federal, com atuação em âmbito nacional autônoma às Polícias Civis nos Estados e Distrito Federal, teria sua criação concretizada em 1967, ou seja, mais de vinte e cinco anos após o Código de Processo Penal, publicado no final de 1941.

512 Sobre a teoria da "reserva do possível", *cf.* nota 460.

513 Aqui, deve-se ressaltar que o art. 16 da Lei nº 13.869/2019 (Lei de Abuso de Autoridade), ao tipificar penalmente a conduta de "Deixar de identificar-se ou identificar-se falsamente ao preso por ocasião de sua captura ou quando deva fazê-lo durante sua detenção ou prisão", distinguiu, claramente três momentos aplicáveis às conduções de flagrados em delito: 1) Captura, com subsequente condução à autoridade de polícia judiciária; 2) Detenção, compreendida entre a apresentação do preso à autoridade de polícia judiciária, e o seu indiciamento; 3) Prisão, decorrente do indiciamento com autuação em flagrante delito. Portanto, caso a autoridade de polícia judiciária entender não configurado o estado de flagrância, existirá hipótese de detenção sem prisão.

514 De acordo com precedentes do Superior Tribunal de Justiça, o delegado de

Caso os depoimentos evidenciem fundada suspeita de cometimento de infração penal em face do conduzido, o delegado de polícia o indiciará pelo cometimento do crime que entender que este foi flagrado, interrogando-o sobre a imputação que lhe é feita, e lavrando em função dos seus fundamentos correspondente auto de prisão em flagrante caso os indícios sejam confirmados. Com isso, determinará a apressão dos instrumentos do crime arrecadados com o conduzido, o qual será recolhido à prisão, exceto no caso de prestar fiança, e prosseguindo na presidência do correspondente inquérito policial. Caso o conduzido se recusar a assinar, não souber ou não puder fazê-lo, o auto de prisão em flagrante será assinado por duas testemunhas, que tenham ouvido sua leitura na presença deste (art. 304, § 3º do CPP).

O indiciamento do qual decorre a prisão em flagrante possui natureza cautelar, consistindo, portanto, em ato de jurisdição, devendo sua fundamentação atender, além do prescrito no art. 93, IX da CF e art. 2º § 6º da Lei nº 12.830/2013, ao exame da proporcionalidade, legalmente previsto no art. 282, I e II do CPP, inserido pela Lei nº 12.403/2011, consistente na adequação do cárcere à aplicação da lei penal, investigação ou a instrução criminal e, nos casos expressamente previstos, para evitar a prática de infrações penais; e a necessidade do mesmo face à gravidade do crime, circunstâncias do fato e condições pessoais do indiciado ou acusado"[515].

---

polícia poderá, como alternativa, considerar o depoimento condutor do preso também como testemunha numerária, para integrar o mínimo legal (RHC 10220/SP, 5ª Turma, Relator(a): Min. Gilson Dipp, julgado em 13/03/2001, DJU 23/04/2001; RHC 5935/SP, 6ª Turma, Relator(a): Min. Anselmo Santiago, julgado em 09/12/1997, DJU 02/02/1998).

515 Neste particular, cf. BRITTO, Aldo Ribeiro. Operações policiais e medidas alternativas penais. Salvador: Juspodivm, 2015, p. 124 e ss., onde se sustenta que o art. 282, I e II do CPP, ao estabelecer que as medidas cautelares previstas no Título IX do Código de Processo Penal deverão ser aplicadas observando-se sua adequação e necessidade, consagrou o exame da proporcionalidade como linha mestra para a aplicação das medidas cautelares penais no direito pátrio. No entanto, no referido dispositivo, há certa imprecisão terminológica em relação às etapas da necessidade e adequação do exame da proporcionalidade, uma vez que a etapa da adequação, como relacionada à realização de uma finalidade, deveria estar vinculada a "[...] aplicação da lei penal, para a investigação ou a instrução criminal e, nos casos expressamente previstos, para evitar a prática de infrações penais", e a necessidade, como relacionada à menor restrição possível aos direitos fundamentais envolvidos, deveria estar vinculada à "[...] gravidade do crime, circunstâncias do fato e condições pessoais do indiciado ou acusado".

Neste contexto, ganha relevo a apreciação de aspectos relativos à tipicidade material pelo delegado, quando decidir pelo indiciamento com autuação em flagrante do conduzido. Afinal, a privação da liberdade, bem como demais restrições de direitos, somente se justifica quando estritamente necessárias à proteção dos bens jurídicos que sejam essenciais à sociedade, especialmente aqueles que, penalmente tutelados, se exponham a dano, efetivo ou potencial, impregnado de significativa lesividade. O direito penal não se deve ocupar de condutas que, embora formalmente típicas, representem prejuízo insignificante, seja para o bem jurídico penalmente tutelado, seja para a integridade da ordem pública[516].

Portanto, impõe-se ao delegado de polícia, em casos dessa natureza, não promover a autuação em flagrante, deixando de instaurar o inquérito policial em razão da conduta pela qual o conduzido foi capturado revelar-se materialmente atípica em função da sua insignificância, o que, em última análise, tornaria o cárcere não apenas desproporcional, mas despropositado. Reafirma-se, assim, o caráter subsidiário do sistema de persecução penal, o qual reclama, em função dos próprios objetivos acima explicitados, a intervenção mínima do Poder Público, em especial quando do exercício da polícia judiciária, uma vez que uma das suas finalidades é preservar a seletividade e fragmentariedade da Justiça Criminal, na medida em que esta evita que imputações infundadas ou temerárias sejam indevidamente judicializadas[517].

Da mesma forma, deve proceder o delegado de polícia quando verificar indícios suficientes da presença ou não de ilicitude, ou antijuricidade. Aqui, deve-se recordar que o art. 5º, LXI da CF, autoriza a prisão em "flagrante delito", ou seja, flagrante de crime, e, para que se qualifique uma conduta como crime, não basta não só haver identidade entre a

---

Por conseguinte, constata-se que os conceitos de necessidade e adequação encontram-se inapropriadamente invertidos nos incisos I e II do art. 282 do CPP.

516 STF – HC 98.152-6/MG, 2ª Turma, Relator(a): Min. Celso de Mello, julgado em 19/05/2009, DJe 05/06/2009.

517 No mesmo sentido, KHALED JR, Salah; ROSA, Alexandre Moraes da. *Delegados relevantes e lesões insignificantes: a legitimidade do reconhecimento da falta de tipicidade material pela autoridade policial*. Disponível em: <http://justificando.com/2014/11/25/delegados-relevantes-e-lesoes-insignificantes-legitimidade--reconhecimento-da-falta-de-tipicidade-material-pela-autoridade-policial/>. Acesso em 26 nov. 2014. A respeito das finalidades da polícia judiciária, cf. ainda item 1.2.2.

conduta paradigmática e a conduta concreta (tipicidade), mas é preciso também que essa conduta seja antijurídica – ou seja, reconhecidamente contrária à ordem jurídica – além de, segundo a doutrina predominante, culpável. Num Estado democrático de direito, não há espaço para a redução da atividade de uma autoridade à mera interpretação formal de tipos penais, mormente quando em jogo o direito à liberdade do cidadão.

Contudo, caso o delegado de polícia indicie e prenda em flagrante quem, evidentemente, teria agido sob uma excludente de ilicitude, deve o juiz, portanto, relaxar a prisão ilegal, nos termos do artigo 310, I, CPP e art. 5º LXV da CF.

Neste ponto, é preciso ressaltar que, apesar da Lei nº 12.403/2011 ter trazido inegáveis avanços no que tange à sistematização das medidas coercitivas penais, a mesma lei, assim como a Lei nº 13.964/2019, pecou ao dar nova redação ao art. 310 do CPP preservando o seu atual § 1º, segundo o qual pode o juiz conceder ao indiciado liberdade provisória, mediante termo de comparecimento a todos os atos processuais, sob pena de revogação, caso verificar a presença de excludentes ilicitude no auto de prisão em flagrante. Com efeito, tal dispositivo já não era recepcionado desde a ordem constitucional de 1946, se passou a prever expressamente que o juiz competente relaxará a prisão ilegal que lhe for comunicada (art. 141, § 22º), cujo preceito foi reproduzido nas constituições seguintes[518] até o atual art. 5º, LXI da CF, mas que, no entanto, não existia na constituição outorgada de 1937, cujo ordenamento originalmente albergou o Código de Processo Penal de 1941.

Desta forma, ao ser mantido tais dispositivos na redação do § 1º art. 310 do CPP pelas Leis nº 12.403/2011 e 13.964/2019, a referida regra, que anteriormente não era recepcionada pelo art. 5º, LXI da CF passou a ser inconstitucional, à luz deste mesmo direito fundamental.

Por conseguinte, repita-se, caso o delegado de polícia aplique indevidamente a prisão em flagrante a alguém que, evidentemente, teria agido sob uma excludente de ilicitude, deve o juiz, ao invés de conceder da liberdade provisória com vinculação prevista no artigo 310, § 1º do CPP, relaxar a prisão ilegal, nos termos do artigo 310, I, CPP e art. 5º LXV da CF.

---

518 Art. 150, § 12º da Constituição de 1967, art. 153, § 12º da. Redação que lhe foi dada pela Emenda Constitucional nº 1 de 1969.

Por outro lado, é preciso recordar que o reconhecimento de indícios de uma excludente de ilicitude ao se apreciar uma situação supostamente flagrancial demanda um juízo de probabilidade, assim como ocorreria para o indiciamento pela prática criminosa. Não deve, portanto, o delegado de polícia se balizar em juízos de possibilidade para reconhecer tais circunstâncias, assim como ter uma especial prudência ao apreciar a sua probabilidade, uma vez que o reconhecimento *ab initio* da ausência de ilicitude pode implicar na supressão da própria persecução penal do caso, embora nada impeça que, sobrevindo informações que indiquem que a excludente de ilicitude verificada não tenha ocorrido, se instaure inquérito policial mediante portaria, para apurar o fato, que em um segundo momento se suponha, em tese, delituoso.

Em outras conduções, o delegado de polícia poderá verificar tipicidade formal e material da prática delituosa, mas não restará caracterizado o estado de flagrância, de sorte que o inquérito deverá ser instaurado mediante portaria, a qual será acompanhada dos depoimentos do condutor(es), testemunhas e conduzido(s).

Se durante a captura houver, ainda que por parte de terceiros, resistência de quem se encontre em flagrante delito, o(s) executor(es) da prisão poderá(ão) usar dos meios necessários para defender-se ou para vencer a resistência, do que tudo se lavrará auto subscrito também por duas testemunhas (art. 292 do CPP). Tal auto, denominado pela praxe de "auto de resistência", deve acompanhar o ato de instauração do inquérito policial subsequente – seja mediante auto de prisão em flagrante, seja mediante portaria – e visa desde logo antecipar a defesa do(s) executor(es) da prisão quanto a eventuais repercussões criminais decorrentes de suposto uso excessivo da força utilizado na captura, uma vez que o art. 284 do CPP prescreve expressamente que não será permitido o emprego de força, salvo a indispensável no caso de resistência[519] à captura ou de tentativa de fuga do conduzido.

Em casos mais graves e complexos, quando os meios utilizados para se opor a resistência resultem na morte um dos conduzidos ou de terceiros, e/ ou quando não haja testemunhas da captura não envolvidas com a sua execução, recomenda-se a instauração de um inquérito policial diverso daquele que apurará o crime objeto da condução para

---

519 No que concerne ao conceito de resistência, deve-se utilizar como parâmetro o crime do art. 329 do CPP, que tipifica a conduta de "Opor-se à execução de ato legal, mediante violência ou ameaça a funcionário competente para executá-lo ou a quem lhe esteja prestando auxílio"

apurar os delitos decorrentes do uso excessivo da força, como violência arbitrária (art. 322 do CP)[520], lesão corporal (arts 129 do CP) e homicídio (art. 121 do CP), a fim de que ambos os fatos sejam investigados detidamente e com maior celeridade.

Lavrado o auto de prisão em flagrante – o qual compreende, como visto, o(s) depoimento(s) do(s) executor(es) da captura (condutor) e de pelo menos duas testemunhas desta ou da apresentação do conduzido ao delegado de polícia, além do seu indiciamento pela prática de crime em situação de flagrância e correspondente interrogatório – a prisão do(s) conduzido(s) e a cadeia pública[521] para onde for(em) encaminhados serão comunicados imediatamente ao juiz competente (qual seja, o que exerce a jurisdição no local do cometimento da infração penal), bem como à sua família do preso ou pessoa que indicar, atendendo-se assim as garantias previstas no art. 5º, LXII da CF[522]. O próprio § 1º

---

520 Antes da Lei nº 13.869/2019, ter revogado a Lei nº 4.898/1965, debatia-se na doutrina e jurisprudência a completa absorção do tipo do artigo 322 do Código Penal ("Praticar violência, no exercício de função ou a pretexto de exercê-la"), pelo artigo 3º, alínea "i", da Lei nº 4.898/1965 (Art. 3º. Constitui abuso de autoridade qualquer atentado [...] à incolumidade física do indivíduo"), tendo tanto o Supremo Tribunal Federal quanto o Superior Tribunal de Justiça consolidado entendimento no sentido de que o primeiro dispositivo não foi completamente revogado pelo segundo (STF – RHC 95617/MG, 2ª Turma Rel. Min. Eros Grau, julgado em 25/11/2008, DJe-071, de 17/04/2009; STJ – HC 48.083/MG, 5ª Turma, Rel. Min. Laurita Vaz, julgado em 20/11/2007, DJe 07/04/2008).

Para os referidos tribunais superiores, a violência arbitrária, tipificada no art. 322 do Código Penal, é entendida como aquela ilegalidade do funcionário público que, violando o Direito da Administração Pública, age arbitrariamente, isto é, sem autorização de qualquer norma legal que lhe justifique a conduta, contra o cidadão ("a pretexto de exercê-la"). E, por sua vez, tal nuance não está compreendida no "atentado à incolumidade física do indivíduo", previsto na alínea *i*, do art. 3º, da Lei n. 4.898/65, norma referente ao abuso de autoridade ou exercício arbitrário de poder, pela qual o funcionário, ao executar sua atividade, excede-se na sua discricionariedade, que facultaria a escolha livre do método de execução, ou desvia, ou foge da sua finalidade, descrita na norma legal que autorizava o ato administrativo, ocorrendo aí uma lesão de direito que no campo penal toma forma de abuso de poder ou exercício arbitrário de poder.

521 Arts. 102 e 103 da Lei nº 7.210/1984 (Lei de Execução Penal):

"Art. 102. A cadeia pública destina-se ao recolhimento de presos provisórios.

Art. 103. Cada comarca terá, pelo menos 1 (uma) cadeia pública a fim de resguardar o interesse da Administração da Justiça Criminal e a permanência do preso em local próximo ao seu meio social e familiar".

522 "Art. 5º [...] LXII - a prisão de qualquer pessoa e o local onde se encontre serão comunicados imediatamente ao juiz competente e à família do preso ou à pessoa por ele indicada".

do art. 306 do CPP já dimensiona o lapso temporal compreendido da expressão "imediatamente", prevista na referida garantia constitucional, dispondo que, em até 24 (vinte e quatro) horas após a realização da prisão, será encaminhado ao juiz competente uma via do auto de prisão em flagrante, devendo idêntica comunicação também ser encaminhada ao Ministério Público, bem como para a Defensoria Pública, caso o indiciado não informe o nome do seu advogado[523].

No mesmo prazo, em atendimento à garantia do art. 5º, LXIV da CF[524], será entregue ao indiciado preso em flagrante, mediante recibo, a nota de culpa, assinada pelo delegado de polícia que determinou sua prisão, com o motivo da prisão, o nome do(s) condutor(es) que o capturou(aram) e os das testemunhas (art. 306 § 2º do CPP).

Por fim, cumpre assinalar que o art. 307 do CPP originalmente previa um rito diferenciado para o auto de prisão em flagrante quando o delito for praticado em presença da própria autoridade, de polícia judiciária ou judicial, ou contra esta, no exercício de suas funções. Nestas hipóteses, constarão do auto a narração do fato, procedida pela autoridade, onde se inclui a voz de prisão, bem como as declarações que fizer o preso e os depoimentos das testemunhas, sendo tudo assinado pela autoridade, preso e testemunhas, e remetido imediatamente ao juiz a quem couber tomar conhecimento do fato delituoso, se este não o for a autoridade que houver presidido o auto.

A prisão do estrangeiro deverá ser também comunicada ao consulado ou embaixada do seu país de origem. Embora a literalidade do art. 36, b do Decreto nº 61.078/1967 (Convenção de Viena), estabeleça que tal comunicação dependa de solicitação do preso, o Supremo Tribunal Federal firmou entendimento de que a comunicação em referência, considerada a sua específica destinação, constitui garantia essencial e indisponível resultante, em suma, do fato de permitir, desde que formalmente efetivada, que se assegure a qualquer estrangeiro que se encontre preso a possibilidade de receber auxílio de seu próprio país, viabilizando-se-lhe o pleno exercício de todas as prerrogativas e direitos que se compreendem na cláusula constitucional do devido processo legal (PPE nº 726/DF. Rel. Min. Celso de Mello. j. em 27/05/2015, Dje 29/05/2015).

Quando o preso for Defensor Público da União, seu cárcere será comunicado também ao Defensor Público-Geral (art. 44, II da Lei Complementar nº 80/1994), e quando for Advogado da União, Procurador da Fazenda Nacional, Procurador Federal e Procurador do Banco Central do Brasil ao Advogado-Geral da União, sob pena de nulidade (art. 38, IV da Lei nº 13.327/2016).

523 No que se refere a obrigatoriedade de defesa técnica no inquérito policial, e a "reserva do" possível, em relação à autuação em flagrante, *cf.* item 3.4.1.4
524 Art. 5º LXIV da CF: "o preso tem direito à identificação dos responsáveis por sua prisão ou por seu interrogatório policial".

Entretanto, com a redação do art. 282, § 2º do CPP dada pelas Leis nº 12.403/2011 e 13.964/2019, a qual vedou a decretação de prisões provisórias de ofício pelo juiz durante a investigação criminal[525], o art. 307 do referido diploma legal foi tacitamente derrogado, de sorte que o procedimento nele previsto continua a vigorar apenas quando o flagrante delito praticado na presença do delegado de polícia ou contra este, no exercício de suas funções. Casos de flagrante delito na presença do juiz ou contra este, no exercício de suas funções, a partir de então deverão ser objeto de condução ao delegado de polícia, acompanhados de requisição de instauração de inquérito policial (art. 5º, II do CPP).

Desta forma, a única diferença entre o rito do art. 307 para o ordinariamente previsto no art. 304 do CPP é a supressão do depoimento do condutor, fazendo as suas vezes o indiciamento proferido pelo delegado de polícia, denominado no primeiro dispositivo como "voz de prisão", em cujos fundamentos constará a narrativa do fato, bem como as razões jurídicas para assim decidir.

3.4.1.5.2.2.1 A concessão de liberdade provisória mediante fiança pelo delegado de polícia

Uma vez decretada a prisão em flagrante pelo delegado de polícia, deve o mesmo substituí-la, *incontinenti*, pela liberdade provisória com fiança, caso a infração penal pela qual se deu o indiciamento não exceda 4 (quatro) anos de pena privativa de liberdade (art. 322 do CPP). Na hipótese de infração penal com pena máxima superior a este marco, deve o delegado de polícia, quando da comunicação da prisão em flagrante, representar pela fiança, ou outra medida que entenda mais adequada e necessária, ao juiz competente.

Para a verificação se um dado crime é ou não afiançável, devem também ser computadas para fixação de sua pena máxima eventuais causas de aumento (em sua maior proporção) ou diminuição de pena (em sua menor proporção) que se mostrem incidentes. Em caso de concurso material de crimes, devem suas penas privativas de liberdade, quando somadas, não superar o prazo máximo de 4 (quatro) anos (art. 69 do CP[526]) para se possibilitar o afiançamento, assim como, em casos

---
525 Art. 282 [...] § 2º "As medidas cautelares serão decretadas pelo juiz, de ofício ou a requerimento das partes ou, quando no curso da investigação criminal, por representação da autoridade policial ou mediante requerimento do Ministério Público".
526 Art. 69, *caput*, do CP: "Art. 69 - Quando o agente, mediante mais de uma ação ou omissão, pratica dois ou mais crimes, idênticos ou não, aplicam-se cumula-

de concurso formal, deve ser computado, para este fim, a mais grave das penas cabíveis ou, se iguais, somente uma delas, mas aumentada da metade, sua maior proporção conforme art. 70 do CP[527].

Ao ser afiançado, deve o indiciado obrigar-se a comparecer aos atos do inquérito, sempre que intimado, atender as obrigações de comunicar de mudança de residência, bem como sem comunicar onde será encontrado em caso de ausência desta por mais de 8 (oito) dias, sob pena de quebramento da fiança, ou seja, perca de metade do seu valor, além de sujeição a outras medidas cautelares, mediante autorização judicial (arts. 327, 328 e 343 do CPP). O valor perdido será recolhido ao fundo penitenciário, deduzidas eventuais custas e encargos (art. 346 do CPP).

Sujeita-se ainda ao quebramento da fiança arbitrada pelo delegado a prática deliberada de ato de obstrução ao andamento do inquérito policial, ou de nova infração penal dolosa, assim como o descumprimento ou resistência à aplicação de medida cautelar judicialmente autorizada em cumulação à fiança (art. 341 do CPP).

Caso o indiciado se recuse a se submeter às obrigações acima referidas, a prisão em flagrante não poderá ser substituída pelo delegado de polícia. No entanto, ao receber a sua comunicação, deverá o juiz, em regra, conceder liberdade provisória sem fiança, ou autorizar outra medida cautelar diversa da prisão eventualmente representada pelo delegado de polícia, quando da comunicação da prisão em flagrante, uma vez que o cárcere só poderá ser mantido quando presentes os requisitos da prisão preventiva, a qual possui como principal pressuposto a ocorrência de crime com pena privativa de liberdade máxima superior a 4 (quatro) anos (arts. 282, § 2º, 313, I e 321 do CPP), enquanto os crimes afiançáveis pelo delegado de polícia são aqueles que cuja pena máxima não excede o referido marco temporal.

Desta forma, para a generalidade dos casos, recusar a possibilidade de fiança arbitrada pelo delegado de polícia pode, ao menos no aspec-

---

tivamente as penas privativas de liberdade em que haja incorrido. No caso de aplicação cumulativa de penas de reclusão e de detenção, executa-se primeiro aquela".

527 Art. 70 do CP: "Art. 70 - Quando o agente, mediante uma só ação ou omissão, pratica dois ou mais crimes, idênticos ou não, aplica-se-lhe a mais grave das penas cabíveis ou, se iguais, somente uma delas, mas aumentada, em qualquer caso, de um sexto até metade. As penas aplicam-se, entretanto, cumulativamente, se a ação ou omissão é dolosa e os crimes concorrentes resultam de desígnios autônomos, consoante o disposto no artigo anterior. Parágrafo único - Não poderá a pena exceder a que seria cabível pela regra do art. 69 deste Código".

to financeiro, inusitadamente compensar para o indiciado, já que a sua liberdade provisória sem fiança fatalmente sobrevirá, tão logo sua prisão em flagrante seja homologada judicialmente, cabendo ao mesmo o ônus de aguardá-la sob custódia, o que se revela criticável sob o ponto de vista da proporcionalidade, uma vez que crimes com pena privativa de liberdade máxima inferior a 4 (quatro) anos, além de em princípio não ensejarem a prisão preventiva[528], *a priori* também não sujeitaria o indiciado ao cárcere, caso condenado sem reincidência, por não iniciar o cumprimento da pena em regime fechado[529, 530].

---

528 Excetuam-se aí os casos nos quais, embora o crime supostamente praticado comine pena privativa de liberdade máxima inferior a 4 (quatro) anos, possa se admitir a prisão preventiva a partir dos pressupostos dos incisos II e ou III do arts. 313 do CPP, quais sejam, casos onde o indiciado tiver sido condenado por outro crime doloso, em sentença transitada em julgado, ressalvado o disposto no art. 64, I do CP; ou se o crime envolver violência doméstica e familiar contra a mulher, criança, adolescente, idoso, enfermo ou pessoa com deficiência, para garantir a execução das medidas protetivas de urgência.

529 A este respeito, assim dispõe os arts. 33 e 36 do Código Penal, com redação dada pela Lei nº 7.209/1984 (grifos nossos):

"Art. 33 - A pena de reclusão deve ser cumprida em regime fechado, semiaberto ou aberto. A de detenção, em regime semiaberto, ou aberto, salvo necessidade de transferência a regime fechado.

§ 1º - Considera-se: a) regime fechado a execução da pena em estabelecimento de segurança máxima ou média; b) regime semiaberto a execução da pena em colônia agrícola, industrial ou estabelecimento similar; c) regime aberto a execução da pena em casa de albergado ou estabelecimento adequado.

§ 2º - As penas privativas de liberdade deverão ser executadas em forma progressiva, segundo o mérito do condenado, *observados os seguintes critérios e ressalvadas as hipóteses de transferência a regime mais rigoroso*: a) o condenado a pena superior a 8 (oito) anos deverá começar a cumpri-la em regime fechado; b) o condenado não reincidente, cuja pena seja superior a 4 (quatro) anos e não exceda a 8 (oito), poderá, desde o princípio, cumpri-la em regime semiaberto; c) *o condenado não reincidente, cuja pena seja igual ou inferior a 4 (quatro) anos, poderá, desde o início, cumpri-la em regime aberto.* § 3º - A determinação do regime inicial de cumprimento da pena far-se-á com observância dos critérios previstos no art. 59 deste Código." [...]

"Art. 36 - O regime aberto baseia-se na autodisciplina e senso de responsabilidade do condenado.

§ 1º - *O condenado deverá, fora do estabelecimento e sem vigilância, trabalhar, frequentar curso ou exercer outra atividade autorizada, permanecendo recolhido durante o período noturno e nos dias de folga.* § 2º - O condenado será transferido do regime aberto, se praticar fato definido como crime doloso, se frustrar os fins da execução ou se, podendo, não pagar a multa cumulativamente aplicada".

530 Situação ainda mais grave pode ocorrer em casos onde não apenas a prisão em

A fiança consistirá em depósito de dinheiro, pedras, objetos ou metais preciosos, títulos da dívida pública livres de ônus e conforme valor será determinado pela sua cotação em bolsa de valores, ou em hipoteca inscrita em primeiro lugar, sendo que avaliação de imóvel, ou de pedras, objetos ou metais preciosos será feita imediatamente por perito nomeado pelo delegado de polícia (art. 330 do CPP). Tais valores servirão ao pagamento das custas, da indenização do dano, da prestação pecuniária e da multa, em caso de condenação, mesmo na hipótese de prescrição depois da sentença condenatória prevista no art. 110 do Código Penal (art. 336 do CPP).

Se a fiança for declarada sem efeito ou passar em julgado sentença que houver absolvido o acusado ou declarada extinta a ação penal, seu valor atualizado, será restituído sem desconto (art. 337 do CPP). Caso o indiciado venha a ser condenado, mas não se apresente para o início do cumprimento da pena definitivamente imposta, entender-se-á perdido, na totalidade, o valor da fiança, sendo o seu valor, deduzidas as custas e eventuais encargos a que o acusado estiver obrigado, ser recolhido ao fundo penitenciário. Com o início do cumprimento da pena, a fiança será restituída com as deduções dos referidos encargos (arts. 344 e 345 e 347 do CPP).

O valor da fiança será fixado pelo delegado de polícia entre 1 (um) a 100 (cem) salários mínimos (art. 325, I do CPP). Para tanto, deverá ser considerada a natureza da infração, as condições pessoais de fortuna e vida pregressa do acusado, as circunstâncias indicativas de sua periculosidade, bem como a importância provável das custas do processo, até final julgamento.

Se a situação econômica do indiciado preso recomendar, o delegado poderá ainda reduzir do valor da fiança até o máximo de 2/3 (dois terços) ou aumentá-la em até 1.000 (mil) vezes (art. 325, § 1º, II e III do

---

flagrante, mas também sua conversão em prisão preventiva, em tese, se faça possível, a partir dos pressupostos do art. 313, II e III do CPP isoladamente considerados, quais sejam, condenação anterior por crime doloso sujeita à reincidência; ou crimes que envolvam violência doméstica e familiar contra a mulher, criança, adolescente, idoso, enfermo ou pessoa com deficiência, para garantir a execução das medidas protetivas de urgência; uma vez que, justamente por tais pressupostos, isoladamente considerados, também abrangerem crimes com pena privativa de liberdade máxima inferior a 4 (quatro) anos, podem igualmente sujeitar a uma prisão provisória aqueles que, eventualmente condenados, *a priori* não estariam sujeitos ao cárcere por não iniciar o cumprimento da pena em regime fechado, só que agora por lapso temporal potencialmente maior.

CPP). No entanto, a dispensa da fiança não pode ser efetuada pelo delegado, dependendo de autorização judicial, uma vez que o art. 325, § 1º, I do CPP, ao dispor sobre tal instituto, remete do art. 350 do código, onde se faz referência apenas ao "juiz", e não ao gênero "autoridade".

Diante disto, em casos nos quais a situação econômica do indiciado preso não o permita arcar com a fiança mesmo com a redução máxima, só restaria ao delegado de polícia representar pela dispensa perante a autoridade judicial quando da comunicação da prisão em flagrante, o que postergaria a liberdade provisória do indiciado desfavorecido até sua autorização. Contudo, tal consequência não se compatibiliza com o princípio constitucional da igualdade (art. 5, *caput* da CF), na medida em que implica em uma diferenciação prejudicial em relação aos mais pobres no tocante a fiança, que é direito subjetivo do indiciado. Paradoxalmente, o paupérrimo aguardaria um pronunciamento judicial para efetivar seu direito à sua liberdade, enquanto o "menos" pobre, que tivesse condição de pagar o menor valor fixável como fiança, teria sua liberdade efetivada já na delegacia de polícia, sem que fosse consumado seu cárcere.

Portanto, quando cabível arbitramento de fiança pelo delegado de polícia e o indiciado não tinha condições econômicas de pagar nem sequer o valor mínimo com redução máxima de dois terços, previsto no art. 325 § 1º, II do CPP, deve aquele já conceder a este liberdade provisória sem pagamento de fiança, sujeitando-o, contudo, a outras medidas cautelares diversas da prisão (previstas no art. 319 do CPP) quando aplicáveis ao caso, conforme art. 325 § 1º, I c/c art. 350 do CPP.

Tal dispensa, todavia, não isenta o indiciado das obrigações de comparecer sempre que intimado, comunicar de mudança de residência, bem como onde será encontrado em caso de ausência desta por mais de 8 (oito) dias (art. 327 e 328 do CPP), as quais poderão ser substituídas por outra(s) medida(s) cautelar(es) em caso de recusa ou desatendimento injustificado (art. 350, parágrafo único do CPP).

Recusando ou retardando o delegado a concessão da fiança, o indiciado preso ou alguém por ele indicado poderá prestá-la, mediante petição dirigida ao juiz competente para homologar a prisão, cuja decisão deverá ser prolatada em 48 (quarenta e oito) horas (art. 335 do CPP), prazo que acaba se revelando incoerente com a sistemática legal, uma vez que a homologação da prisão em flagrante pelo juiz, e apreciação da fiança requerida, se dará com o recebimento da sua comunicação em até 24 (vinte e quatro horas) da sua decretação pelo delegado de polícia (arts. 306, § 1º e 310, *caput*, do CPP). Caso o indiciado preste a fiança perante o juiz em função de alegada mora do delegado em fazê-lo, deve este, verificando o cabimento da medida, arbitrar o valor da fiança, exigindo seu reforço, caso insuficiente o valor depositado em juízo, bem como justificar a alegada mora quando da comunicação da prisão em flagrante ao juiz.

Neste ponto, vale ressaltar que o art. 340 do Código de Processo Penal prevê expressamente a exigência de reforço da fiança nos casos onde se toma, por engano, fiança insuficiente; quando houver depreciação material ou perecimento dos bens hipotecados, ou caucionados; ou quando for inovada a classificação do delito para outro de maior gravidade. O parágrafo único do referido dispositivo, por sua vez, prevê que fiança ficará sem efeito e o indiciado será recolhido à prisão, quando não for reforçada.

Neste ponto, cumpre ressaltar que art. 340 não teve sua redação alterada pela Lei nº 12.403/2011, diferentemente de grande parte dos demais dispositivos relativos à fiança, o que fez com que a imposição de prisão do seu parágrafo único restasse dissociada da nova sistemática relativa aplicação das medidas cautelares penais, decorrente da reforma operada no Código de Processo Penal a partir da Lei nº 12.403/2011[531], na qual a prisão, além de não poder ser declarada de ofício pelo juiz durante o inquérito policial, só será aplicável quando não for cabível a sua substituição por outra medida cautelar (art. 282 §§ 2º e 6º). Diante disso, o art. 340, parágrafo único do CPP deverá ser interpretado sistematicamente com as suas alterações, de forma que, pelo menos, se faculte ao juiz, oportunizar, durante o inquérito policial, ao delegado de polícia ou ao membro do Ministério Público representar ou requerer a substituição da fiança por outra medida diversa da prisão, ou impor outra medida em cumulação (conforme art. 282, § 4º), quando do indiciado descumprir exigência de reforço da fiança, prevista nos incisos do referido artigo.

Já o art. 323 do Código de Processo Penal, redigido pela Lei nº 12.403/2011 e com inspiração no art. 5º XLIII e XLIV[532] da CF, dispõe que

---

531 A respeito, cf. ainda o item 3.4.1.6.7.
532 Art. 5º XLIII e XLIV da CF: "Art. 5º [...] XLIII - a lei considerará crimes inafiançáveis e insuscetíveis de graça ou anistia a prática da tortura, o tráfico ilícito de entor-

são inafiançáveis os crimes de racismo (previstos na Lei n° 7.716/1989, cujos crimes dos arts. 5°, 7° a 14 e 20, *caput*, não excedem 4 anos de pena privativa); tortura (art. 1°, *caput*, da Lei n° 9.455/1997), tráfico ilícito de entorpecentes e drogas afins (art. 33 da Lei n° 11.343/2006), terrorismo (art. 2°, § 1° da Lei n° 13.260/2016) e hediondos (previstos na Lei n° 8.072/1990, cujo art. 1°, parágrafo único, remete aos crimes do 1° a 3° da Lei n° 2.889/1956, onde as penas dos crimes do art. 1° "e" e art. 3° c/c art. 1° "b" e "e" não excedem 4 anos de pena privativa), além dos crimes cometidos por grupos armados, civis ou militares, contra a ordem constitucional e o Estado Democrático[533].

Por fim cumpre consignar que o art. 324 do Código de Processo Penal dispõe que, igualmente, não será concedida fiança aos que, no mesmo processo, tiverem quebrado fiança anteriormente concedida ou infringido, injustificadamente, qualquer das obrigações a que se referem os seus arts. 327 e 328; em caso de prisão civil ou militar; ou quando

---

pecentes e drogas afins, o terrorismo e os definidos como crimes hediondos, por eles respondendo os mandantes, os executores e os que, podendo evitá-los, se omitirem; [...] XLIV - constitui crime inafiançável e imprescritível a ação de grupos armados, civis ou militares, contra a ordem constitucional e o Estado Democrático.

533 O magistrado não poderá ser preso senão em flagrante de crime inafiançável ou ordem escrita do tribunal ou do órgão especial competente para seu julgamento. Na primeira hipótese, o delegado de polícia, após lavrar o auto de prisão em flagrante, remeterá imediatamente o inquérito policial instaurado pelo mesmo ao Presidente do Tribunal competente para seu julgamento, assim como lhe apresentará à autoridade judicial indiciada. Em caso de flagrante delito por crime afiançável, o Delegado de Polícia não aplicará a prisão em flagrante, mas colherá e preservará os indícios de autoria e materialidade e fará comunicação imediata do fato ao Presidente do referido tribunal a que esteja vinculado o magistrado, a fim de que o mesmo adote as medidas de polícia judiciária competentes (art. 33, II e parágrafo único da Lei Complementar n° 35/1979).

Semelhante prerrogativa também é conferida ao membro do Ministério Público indiciado em flagrante por crime inafiançável, cuja apresentação deverá ser feita também perante o Procurador-Geral de sua instituição, sendo os casos de flagrante delito por crime afiançável encaminhados ao Procurador-Geral, a fim de que este adote as medidas de polícia judiciária competentes (art. 40, III e art. 41, II e parágrafo único da Lei n° 8.625/1993, art. 18, II, *d*, *f*, e parágrafo único da Lei Complementar n° 75/1993).

Por sua vez, os membros do Congresso Nacional desde a expedição do diploma, não poderão ser presos, salvo em flagrante de crime inafiançável. Nesse caso, o inquérito policial decorrente do auto de prisão em flagrante será remetido dentro de 24 horas à Casa respectiva, para que, pelo voto da maioria de seus membros, resolva sobre a prisão (art. 53, § 2º da CF).

presentes os motivos que autorizam a decretação da prisão preventiva, valendo lembrar que, com relação a esta última hipótese, a prisão preventiva em princípio não seria cabível nos crimes afiançáveis pelo delegado de polícia, exceto se, conforme já exposto acima.

3.4.1.5.2.2.2 A homologação judicial da prisão em flagrante

Por meio de alterações operadas no art. 310 do CPP pela Lei nº 13.964/2019, a legislação passou a expressamente prever que a homologação da prisão em flagrante pelo juiz não mais será realizada apenas com o recebimento de uma via do auto de prisão em flagrante do delegado de polícia, mas mediante audiência de custódia, com a presença do indiciado preso, seu advogado constituído ou membro da Defensoria Pública e o membro do Ministério Público.

Tal alteração legislativa, veio a chancelar um movimento anterior de reinterpretação do ordenamento jurídico pátrio, no sentido de que não bastaria apenas a apresentação do conduzido ou retido ao delegado de polícia, com sua comunicação da sua prisão ao juiz competente (art. 5º LXII da CF[534]), devendo ser feita também a apresentação do preso a este último.

Com efeito, desde o ano de 2015 já havia difundida nos tribunais brasileiros a homologação das prisões em flagrante mediante formalização de audiências de custódia, na qual ocorre a apresentação do indiciado preso em flagrante delito ao juiz, a fim de permitir-lhe o contato pessoal, fazendo-se também presente o defensor do indiciado, assim o membro do Ministério Público com atribuição para atuar em eventual processo penal.

Como fundamento legal para tais audiências, inicialmente invocou-se o item 3 do art. 9º do Decreto nº 592/1992[535] (Pacto Internacional de Direi-

---

534 Art. 5º LXII da CF: "Art. 5º [...] LXII - a prisão de qualquer pessoa e o local onde se encontre serão comunicados imediatamente ao juiz competente e à família do preso ou à pessoa por ele indicada".

535 Art. 9º, item 3, do Decreto nº 592/1992: "Qualquer pessoa *presa ou encarcerada* em virtude de infração penal deverá ser *conduzida*, sem demora, à presença do juiz *ou outra autoridade habilitada por lei a exercer funções judiciais* e terá o direito de ser julgada em prazo razoável *ou de ser posta em liberdade*"(grifo nosso). Observa-se que no referido dispositivo, o emprego da expressão "presa *ou* encarcerada" denota que as referidas palavras não foram empregadas como sinônimos, devendo a expressão "presa" ser interpretada de forma ampla, de forma a abranger outras formas de privação da liberdade diversas do cárcere,

tos Civis e Políticos), bem como o item 5 do art. 7º do Decreto nº 678/1992 (Convenção Americana dos Direitos Humanos)[536], que assim dispõe:

como a captura (retenção) e condução.

[536] A Constituição do Brasil possui um sistema aberto de direitos fundamentais, como se extrai do art. 5.º, § 2.º, da CF/1988, o qual dispõe, in verbis, que "os direitos e garantias expressos nesta Constituição não excluem outros decorrentes do regime e dos princípios por ela adotados, ou dos tratados internacionais em que a República Federativa do Brasil seja parte". A Constituição do Brasil, ao não se restringir ao catálogo de direitos fundamentais constante prioritariamente no seu art. 5º, remete à sua própria integralidade (regime e princípios por elas adotados) e aos tratados internacionais.

Quanto aos tratados internacionais, embora o Texto Constitucional tenha se referido apenas a "tratados", não vigora interpretação restritiva da qual decorreria a exclusão de outras denominações dadas aos acordos formais concluídos entre sujeitos de Direito Internacional Público, como as convenções e dos pactos, reconhecendo-se na expressão "tratado" um gênero que abriga diversas espécies. Portanto, os direitos fundamentais previstos tanto em tratados quanto em pactos e convenções internacionais podem enunciar direitos fundamentais, nos termos do art. 5.º, § 2.º, da CF/1988.

No que tange aos direitos fundamentais previstos em "tratados", há uma discussão interessante, relativamente ao *status* jurídico do ingresso destes direitos no ordenamento jurídico, notadamente em razão do § 3.º do art. 5.º da CF, incluído pela emenda nº 45/2004, o qual dispõe, *in verbis*, que "Os tratados e convenções internacionais sobre direitos humanos que forem aprovados, em cada Casa do Congresso Nacional, em dois turnos, por três quintos dos votos dos respectivos membros, serão equivalentes às emendas constitucionais". Diante disso, discute-se se os direitos fundamentais previstos em tratados internacionais aprovados anteriormente à inclusão do referido dispositivo possuem natureza de norma constitucional, inclusive se beneficiando de proteção como cláusula pétrea e servem de referência para o controle de constitucionalidade, estão no mesmo nível das leis infraconstitucionais, ou ainda ostentariam um status "supralegal", situando-se entre a Constituição e as leis.

Autores como Dirley da Cunha Júnior (*in Curso de Direito Constitucional*. 12. ed. rev., ampl. e atual., Salvador: Juspodivm, 2018, p. 572) comungam do entendimento de que os direitos fundamentais previstos em tratados internacionais anteriores à EC nº 45/2004, como a Convenção Americana dos Direitos Humanos, ingressam no ordenamento jurídico se aglutinando à Constituição material e com *status* equivalente, por força do art. 5º, § 2º, da CF.

Este, porém não é o entendimento do STF que, embora não unânime, nega a natureza constitucional destas normas, afirmando estarem tais tratados abaixo da Constituição (RE 349.703/ RS, Tribunal Pleno, Relator(a): Min. Carlos Britto, Relator(a) p/ Acórdão: Min. Gilmar Mendes, j. em 03/12/2008, DJe-104 05/06/2009), sendo, portanto, infraconstitucionais e supralegais.

Não obstante, não há dúvida de que os tratados e convenções sobre direitos humanos que ingressaram no ordenamento jurídico brasileiro possuem, pelo menos, posição hierárquica superior a das leis infraconstitucionais, independentemente do posicionamento adotado.

Artigo 7º - Direito à liberdade pessoal
[...]
5. Toda pessoa **presa, detida ou retida** deve ser **conduzida**, sem demora, à presença de um juiz **ou outra autoridade autorizada por lei a exercer funções judiciais** e tem o direito de ser julgada em prazo razoável **ou de ser posta em liberdade**, sem prejuízo de que prossiga o processo. **Sua liberdade pode ser condicionada a garantias que assegurem o seu comparecimento em juízo** (grifo nosso).

A justificativa da audiência de custódia, a partir de tal dispositivo, lastreia-se no entendimento de que este deve ser interpretado de forma que o indiciado em flagrante delito, uma vez tendo sua liberdade restringida, deve necessariamente ser levado (também) à presença de uma autoridade judicial, à qual assegurará seu julgamento em prazo razoável, ou assegurará sua liberdade provisória, a qual pode ser condicionada a garantias que assegurem seu comparecimento em juízo[537].

Ademais, por meio do contato pessoal do indiciado preso com o juiz, facilitaria-se o imediato conhecimento de utilização excessiva da força quando da sua captura em flagrante delito, assim como subsequente adoção das providências cabíveis.

Tendo em vista tais razões, o Conselho Nacional de Justiça, por meio da Resolução nº 213, de 15 de dezembro de 2015, orientou todos os tribunais brasileiros a implementar a audiência de custódia, a fim de que toda pessoa presa em flagrante delito, independentemente da motivação do seu indiciamento, seja obrigatoriamente apresentada, em até 24 horas da comunicação do flagrante, à autoridade judicial competente, e ouvida sobre as circunstâncias em que se realizou sua prisão (art. 1º).

Portanto, o fundamento invocado para a exigência da audiência de custódia estaria acima das leis ordinárias, devendo a aplicação do CPP, o qual já guarda conformidade com o art. 5º, LXII da CF (o qual dispõe, *in verbis*, que "a prisão de qualquer pessoa e o local onde se encontre serão comunicados imediatamente ao juiz competente[...]"), e sua interpretação, ser também conforme os tratados, não podendo ser com estes incompatível.

537 Neste sentido, STF – ADI 5.240/SP, Tribunal Pleno, Relator(a): Min. Luiz Fux, j. em 20/08/2015, DJe-018 divulg. 29-01-2016 public. 01-02-2016; STF – ADPF 347 MC/DF, Tribunal Pleno, Relator(a): Min. Marco Aurélio de Mello, j. em 09/09/2015, DJe-031 public. 19/02/2016.

Anteriormente, no entanto, interpretava-se o item 5 do art. 7º do Decreto nº 678/1992 em sua literalidade, de forma a admitir que aquele capturado em flagrante em delito não deve ser necessariamente apresentado a um juiz, uma vez que nosso sistema processual penal dispõe de outra autoridade que exerce função judicial, quando decide com base jurídica pelo indiciamento e prisão em flagrante ou soltura do conduzido, que é a autoridade de polícia judiciária, ordinariamente exercida pelo Delegado de Polícia.

O delegado de polícia, de antemão, analisa a legalidade da captura/ retenção[538], e, a partir de um indiciamento, procede à aplicação da prisão em flagrante, em seguida libertando o indiciado mediante fiança em crimes onde a pena privativa máxima não seja superior a 4 (quatro) anos (art. 322 do CPP), ou, de pronto, caso se convença de que a retenção foi arbitrária, soltando o conduzido e deixando de proceder a sua lavratura. Formalizará, então, apenas o registro dos fatos ou instaurará inquérito policial mediante portaria, caso não entenda configurado o flagrante delito, embora possível a prática delituosa, ou, diversamente, em função de possíveis abusos e excessos cometidos quando da captura do conduzido à sua presença[539].

---

538 Sobre a diferenciação entre a captura (retenção) e detenção de pessoa, cf. nota nº 513.
539 Neste sentido, DAURA. Anderson Souza. *Inquérito policial*: Competência e Nulidades de Atos de Polícia Judiciária, 3 ed. rev. e atual. Curitiba: Juruá, 2009. p. 130-131. Cf. nota nº 311. Cumpre ainda consignar a reflexão proposta por Lênio Luiz Streck (in *Desde 1992, a falta de Audiência de Custódia pode anular condenações?* 2015. Disponível em: <http://www.conjur.com.br/2015-jul-23/senso-incomum-falta-audiencia-custodia-anular-condenacoes-antigas>. Acesso em: 31 mar. 2016), na qual este, diante da natureza supralegal atribuída à Convenção Americana dos Direitos Humanos, propõe três alternativas em relação à audiência de custódia: As duas primeiras alternativas seriam estar-se na ilegalidade desde 1992, quando o Decreto nº 678 introduziu a referida norma internacional no ordenamento jurídico brasileiro, e/ ou deveria-se ter anteriormente adaptado a alteração do Código de Processo Penal à Convenção. A terceira alternativa baseia-se na não validade desse dispositivo da Convenção, uma vez que enquanto a Constituição dispõe que a prisão deve ser *comunicada* imediatamente ao juiz (art. 5º LXII), a Convenção, que não teria status de norma constitucional, ao exigir a *apresentação* do preso ao juiz iria além da própria Constituição, para alterá-la e fazer com que a mesma passe a ser lida em conformidade a uma norma supralegal, contrariando, assim, certa doutrina de rigidez constitucional que vem desde o caso *Marbury v. Madison*, julgado pela Suprema Corte Norte Americana, para transformar uma Constituição rígida em flexível. Conclui o autor que não assumimos quaisquer destas alternativas para, posteriormente e sem

Frise-se, contudo, que o delegado de polícia, embora investido de excepcionais funções judiciais para analisar conduções em flagrante delito, não possui em nosso sistema processual plena prerrogativa para restabelecer a liberdade de quem conclua se encontrar em flagrante delito, uma vez que esta, como dito, se restringe apenas à concessão a fiança nos crimes cuja pena seja de até 04 anos (art. 322 do CPP). Nestes casos, a não ser que o indiciado não venha a prestar a fiança arbitrada pelo delegado, a audiência de custódia é desnecessária, uma vez que, **embora o Delegado de Polícia não integre o Poder Judiciário,** o sistema processual brasileiro lhe confere funções judiciais para analisar a custódia daquele retido em flagrante delito, bem como para libertá-lo, submetendo-o a obrigações que assegurem seu posterior comparecimento em juízo, como as do art. 327 do CPP, decorrentes do afiançamento.

Nos demais casos, ou seja, nos crimes cuja pena privativa de liberdade máxima seja igual ou superior a 04 anos, e até mesmo nos de pena até 04 (quatro) anos, desde que o indiciado não preste a fiança arbitrada pelo delegado, este, mesmo entendendo desnecessária a custódia por entender ausentes os requisitos da prisão preventiva, encaminhará aquele ao cárcere e aguardará a decisão do juiz.

Melhor seria, portanto, que o próprio delegado de polícia pudesse efetivar plenamente o direito à liberdade daquele que prendeu em flagrante. Não faz sentido que, a depender do crime em que seja autuado em flagrante e da sua possibilidade arcar com a fiança ou disposição para arcar com as obrigações desta decorrentes, deva o indiciado aguardar por um pronunciamento judicial, para uma liberdade provisória que o próprio crime pelo qual foi indiciado já indica ser devida. A prisão em flagrante, nestas hipóteses, embora ainda prevista na legislação, chega a inusitadamente vulnerar a adequação e a necessidade enquanto critérios balizadores para a aplicação de qualquer medida cautelar penal, previstas no art. 282 do CPP pela Lei nº 12.403/2011.

A própria Lei nº 12.403/2011, ao reformular os sistemas de medidas restritivas no Código de Processo Penal, buscou ampliar as possibilidades de se efetivar o direito à liberdade na própria Delegacia de Polícia, alterando seu art. 322 para permitir ao delegado arbitrar fiança nos crimes com pena máxima até 4 (quatro) anos, e não apenas nos crimes

---

qualquer adaptação legislativa, vir o próprio Poder Judiciário "regulamentar a matéria".

puníveis com detenção, como se previa anteriormente. No entanto, tal alteração, se revelou tímida, não apenas em função de existirem crimes puníveis com detenção com pena máxima acima de 4 (quatro) anos[540] que deixaram de ser afiançáveis pelo delegado, mas, sobretudo, em razão de uma série de novas medidas diversas da prisão, algumas até mais brandas que a própria fiança[541], foram previstas dependendo exclusivamente de autorização judicial, além da própria liberdade provisória sem fiança.

Ademais, a própria manutenção do cárcere pelo juiz nas prisões em flagrante, após as alterações efetuadas pelas Leis nº 12.403/2011 e 13.964/2019, depende de representação do delegado de polícia pela autorização da prisão preventiva, quando da comunicação e envio do auto de prisão em flagrante, ou de requerimento do Ministério Público quando da audiência de custódia, uma vez que a prisão preventiva não pode mais ser decretada de ofício pelo juiz durante a investigação criminal (arts. 282, § 2º, 310, II e 311, *caput*, do CPP)[542], de sorte que efetivação plena do direito a liberdade de indiciados em flagrante pelo delegado de polícia, em nada vulnera o superveniente controle jurisdicional dos seus atos, militando, ao revés, em prol da consolidação de um processo penal onde a regra é a liberdade, cuja efetivação deve ser antecipada em relação ao cárcere.

Neste particular, cumpre ainda registrar que, com a possibilidade de gravação do interrogatório de demais inquirições no inquérito policial (art. 185, §§ 3º e 4º, e art. 405, § 1º do CPP), já se propicia uma maior transparência de tais atos a um custo de recursos materiais e humanos muito mais baixo, facilitando-se a verificação de indícios de eventual utilização excessiva da força quando da captura do indiciado preso em flagrante, assim como subsequente adoção das providências cabíveis[543].

---

540 Como exemplo, pode-se citar os crimes do arts. 123 e 134, § 2º do CP; art. 3º da Lei nº 1.521/1951; art. 7º da Lei nº 8.137/1990 e arts 89 e 96 da Lei nº 8.666/1993.
541 Cf. art. 319, I a III do CPP.
542 Neste sentido, STF, HC 188.888/ MG, 2ª Turma, Relator Min. Celso de Mello, j. em 06/10/2020.
543 Neste particular, convém consignar o pensamento de Lênio Luiz Streck (*in Desde 1992, a falta de Audiência de Custódia pode anular condenações?* 2015. Disponível em: <http://www.conjur.com.br/2015-jul-23/senso-incomum-falta-audiencia-custodia-anular-condenacoes-antigas>. Acesso em: 31 mar. 2016), para quem, *in verbis*, "Parece que, passados 27 anos, as entidades de defesa dos

Desta forma, propõe-se, *de lege ferenda*, que ao delegado de polícia sejam concedidos os meios processuais para libertar todos aqueles que prender em flagrante, por meio da extensão plena de todas as funções judiciais previstas para este fim, pelo menos nos crimes com pena privativa de liberdade máxima de 4 anos. Com isso, não apenas se garantirá a máxima efetividade ao item 5 do art. 7º do Decreto nº 678/1992 da Convenção Americana dos Direitos Humanos, como também se coroará o princípio da eficiência na administração pública (art. 37, *caput*, da CF), ao preservar a judicatura para os casos em que a mesma de fato se faça necessária, preservando seus recursos humanos e materiais.

Por mais nobres que sejam os fundamentos invocados para a sua implantação, a audiência de custódia, portanto, parece não passar de um discutível paliativo, que não enfrenta a necessidade do processo penal brasileiro superar a desproporcional e esdrúxula prisão em flagrante "para soltar", ou seja, sem qualquer perspectiva de sobrevir após a sua homologação judicial. A melhor solução para garantir a máxima efetividade do direito à liberdade é evitar o cárcere, conferindo a quem prende a prerrogativa de libertar na mesma medida, e não tornando solene a libertação de uma prisão que poderia (ou não deveria) ter sequer ocorrido.

Fixadas tais premissas, passar-se á, a seguir à análise da homologação judicial da prisão em flagrante mediante audiência de custódia, legalmente prevista no art. 310 do CPP, por meio da redação que lhe foi dada pela Lei nº 13.964/2019.

De acordo com o *caput* do referido artigo, a audiência deverá ser realizada em até 24 (vinte e quatro) horas após a aplicação da prisão em flagrante pelo delegado de polícia, mesmo prazo que este dispõe para encaminhar ao juiz uma via do auto de prisão em flagrante, previsto no art. 306, § 1º do mesmo diploma legal. Tal redação, em princípio, enfatizaria que o encaminhamento de via do auto de prisão em flagrante ao juízo deveria se dar em momento posterior ao da comunicação da prisão, a qual, de acordo com a literalidade do *caput* do art. 306 do CPP, deveria se dar *imediatamente* após a sua realização.

---

direitos e o judiciário (parte dele) não acreditam na autoridade policial. Ou seja: o sujeito é preso e depois deve ser apresentado ao juiz. Parece que o Judiciário — especialmente ele — desconfia que ele possa ser torturado (vamos, pois, dar o nome certo para as coisas)".

Contudo, ao se analisar o procedimento para a lavratura do auto de prisão em flagrante, delineado no art. 304 do CPP e analisado no item 3.4.1.5.2.2, constata-se que, de acordo com seu § 1º, a fundamentação, pelo delegado de polícia, do indiciamento em flagrante delito só se dá a partir do resultado das inquirições previstas em seu *caput*, de sorte que a comunicação da prisão em flagrante acaba se dando a partir da finalização do auto que ocorre em seguida ao indiciamento. Com isso, a comunicação da prisão da prisão em flagrante, assim como a representação por eventuais medidas sujeitas a autorização judicial, se dá juntamente com o encaminhamento de uma via do mesmo para o juiz, de forma que a ambos acaba por se aplicar mesmo o prazo de 24 (horas).

No entanto, um prazo comum de 24 (vinte e quatro) horas para a comunicação da prisão e flagrante, encaminhamento de uma via auto ao juiz, Ministério Público e, quando for o caso, Defensoria Pública, e audiência de custódia, pode simplesmente prejudicar a realização desta última, especialmente nos casos nos quais a comunicação e encaminhamento não se dê nas primeiras horas do prazo em questão. Ante a tal circunstância, revela-se de pouca relevância prática o dispositivo inserido no § 3º do art. do art. 310 do CPP, no qual se previu que autoridade de polícia judiciária ou judicial que deu causa, *sem motivação idônea*, à não realização da audiência de custódia no referido prazo de 24 (vinte e quatro) horas responderá administrativa, civil e penalmente pela omissão.

Paradoxalmente atento a esta considerável probabilidade de desatendimento do referido prazo, o legislador reformista previu, no § 4º do art. 310, um novo prazo de 24 (vinte e quatro) horas para realização da audiência de custódia, contadas a partir do esgotamento das anteriormente referidas, ainda salientando que sua não ocorrência nesta extensão, desde que sem motivação idônea, ensejará a ilegalidade da prisão, a ser relaxada pela autoridade judicial competente, sem prejuízo da possibilidade de imediata decretação de prisão preventiva.

Desta forma, o prazo para realização de audiência de custódia é de 48 (quarenta e oito horas) contadas a partir da aplicação da prisão em flagrante pelo delegado de polícia.

Na audiência de custódia, perante o indiciado preso, seu advogado constituído ou membro da Defensoria Pública e o membro do Ministério Público, deverá o juiz, fundamentadamente, relaxar a prisão em flagrante, caso entenda que a mesma se revela ilegal (art. 5º LXV da CF[544]), ou, caso contrário, homologá-la, manifestando concordância com a prisão aplicada pelo delegado de polícia, ainda que por fundamentos jurídicos diferentes daqueles invocados para o indiciamento.

Com a homologação, deverá o juiz apreciar eventuais medidas cautelares representadas na comunicação da prisão em flagrante pelo delegado de polícia ou requerida pelos presentes em audiência, podendo conceder liberdade provisória, acompanhada ou não de medida(s) cautelar(es) diversa(s) da prisão[545] (art. 319 do CPP[546]), ou converter a prisão em flagrante em preventiva, quando presentes os pressupostos e requisitos constantes do art. 312 do CPP, e se revelarem inadequadas ou insuficientes as medidas cautelares de natureza diversa (art. 310, II e III do CPP)[547]. Se o mesmo verificar que o indiciado preso praticou o fato amparado por alguma excludente de ilicitude (art. 23, I a III do CP), poderá, fundamentadamente, conceder ao acusado liberdade provisória, obrigando-lhe comparecer a todos os atos processuais, sob pena de revogação (art. 310, § 1º do CPP).

Por outro lado, o art. 310, § 2º do CPP, inserido pela Lei nº 13.964/2019, estatui que quando o indiciado seja reincidente, integrar organização criminosa armada ou milícia, ou portar arma de fogo de uso restrito, deverá o juiz denegar a liberdade provisória, com ou sem medidas cautelares. Para sistematização do dispositivo em questão com os demais em vigor no Código de Processo Penal, deve a denegação da

---

544 Art. 5º [...] LXV - a prisão ilegal será imediatamente relaxada pela autoridade judiciária.
545 Apesar de o art. 310, III do CPP ainda fazer menção a liberdade provisória "com ou sem fiança", tal categorização reflete resquício da sistemática das medidas cautelares penais anterior à Lei nº 12.403/2011, embora o referido diploma legal tenha também determinado a alteração da redação do referido artigo. Com a previsão de uma série de medidas cautelares pelo art. 319 do CPP, dentre as quais se inclui a fiança (inciso VIII), a distinção entre liberdade provisória "com ou sem fiança" perde o sentido, para dar lugar a esta com ou sem medida cautelar diversa da prisão.
546 Para uma análise das medidas penais diversas da prisão, cf. item 3.4.1.6.7.3.
547 Repise-se que como a redação do art. 311 do CPP determinada pela Lei nº 13.964/2019, não mais possibilita a decretação da prisão preventiva de ofício pelo juiz no curso do inquérito policial, faz-se imprescindível que o delegado de polícia represente por tal medida quando da comunicação da prisão em flagrante, a fim de possibilitar ao juiz decidir pela manutenção do cárcere por meio da sua conversão em prisão preventiva, independentemente de requerimento neste sentido realizado pelo Ministério Público quando da audiência de custódia.

liberdade provisória deve perpassar, necessariamente pela conversão da prisão em flagrante em preventiva, nos termos do art. 310, II do CPP, a qual tem seus próprios pressupostos e requisitos, a ser analisados mais adiante, no item 3.4.1.6.7.1. Portanto, embora as referidas circunstâncias abstratamente consideradas ostentem gravidade, a sua caracterização sem que, no caso concreto, estejam acompanhadas dos pressupostos e requisitos necessários para a prisão preventiva, não se mostra hábil para autorizar a manutenção do cárcere.

Por fim, deve-se pontuar que caso o juiz, quando da homologação da prisão em flagrante, venha a inovar a classificação do delito para reconhecer a incidência de crime inafiançável, ou reconheça que a fiança não é cabível ao caso, deverá cassar a fiança anteriormente arbitrada pelo delegado de polícia, restituindo seu valor ao indiciado, sem qualquer desconto (arts. 337 a 339 do CPP).

3.4.1.5.2.2.3 Termo circunstanciado

Objetivando uma persecução penal menos formal, e mais econômica e célere, a Lei n° 9.099/1995, em seu Capítulo III, instituiu os Juizados Especiais Criminais para processo e julgamento de infrações penais de menor potencial ofensivo, regulamentando modelo de persecução penal previsto no art. 98, I da CF[548], no qual, alternativamente ao auto de prisão em flagrante e sua substituição por fiança[549], propôs-se outro procedimento denominado termo circunstanciado. Neste, impõe-se ao indiciado por crime de menor potencial ofensivo apenas o imediato

---

548 Art. 98, I da CF: "Art. 98. A União, no Distrito Federal e nos Territórios, e os Estados criarão:

I - *juizados especiais*, providos por juízes togados, ou togados e leigos, *competentes para a conciliação, o julgamento e a execução de* causas cíveis de menor complexidade e *infrações penais de menor potencial ofensivo*, mediante os procedimentos oral e sumaríssimo, permitidos, nas hipóteses previstas em lei, a transação e o julgamento de recursos por turmas de juízes de primeiro grau [...]" (grifo nosso).

549 De acordo com Fábio Machado de Almeida Delmanto (*in Medidas substitutivas e alternativas à prisão cautelar*. Rio de Janeiro: Renovar, 2008. p. 122-123., medidas alternativas são aquelas que se destinam a afastar uma medida cautelar mais grave, notadamente a prisão provisória, antes mesmo da sua decretação, a fim de evitar sua aplicação desnecessária. Por sua vez, medidas substitutivas são aquelas destinadas a substituir uma medida cautelar mais gravosa já decretada, por outra menos severa, como é o caso, no Brasil, da liberdade provisória com ou sem fiança.

encaminhamento para audiência preliminar no Juizado Especial Criminal, ou propõe-se a este o compromisso neste futuramente comparecer, caso a realização imediata da audiência não seja possível[550].

O conceito de infração de menor potencial ofensivo, por sua vez, foi gradualmente ampliado pela legislação posterior à Lei n° 9.099/1995[551], encontrando-se atualmente delineado nos seus arts. 61 e 90-A, cujas redações foram determinadas pelas Leis n° 11.313/2006 e 9.839/1999, assim como pelo art. 2° da Lei n° 10.259/2001, de forma a compreender as contravenções penais e os crimes a que a lei comine pena privativa de liberdade máxima não superior a 2 (dois) anos, cumulada ou não com multa, ressalvados os crimes de natureza militar[552].

---

550   Art. 69 da Lei n° 9.099/1995: "Art. 69. A autoridade policial que tomar conhecimento da ocorrência lavrará termo circunstanciado e o encaminhará imediatamente ao Juizado, com o autor do fato e a vítima, providenciando-se as requisições dos exames periciais necessários. Parágrafo único. Ao autor do fato que, após a lavratura do termo, for imediatamente encaminhado ao juizado ou assumir o compromisso de a ele comparecer, *não se imporá* prisão em flagrante, nem se exigirá fiança" (grifo nosso).

551   O conceito de infração de menor potencial ofensivo inicialmente foi cunhado pelo art. 61 da Lei nº 9099/1995, abrangendo todas as contravenções penais e os crimes que a lei cominasse pena máxima de um ano, desde que não estivesse previsto nenhum procedimento especial. Com a entrada em vigor da Lei nº 10.259/2001, que instituiu a figura dos juizados especiais federais, deu-se nova interpretação ao art. 61 da Lei nº 9.099/1995, ampliando-se, a partir do art. 2º da Lei nº 10.259/2001, o conceito de infração de menor potencial ofensivo para abranger, tanto da Justiça Comum Estadual quanto da Justiça Federal, além das contravenções penais, qualquer que seja o procedimento previsto, os crimes que a lei comine pena máxima abstrata igual ou inferior a dois anos de reclusão ou detenção, assim como, os crimes a que a lei comine exclusivamente pena de multa. Tal entendimento foi consolidado por meio da Lei nº 11.313/2006, que deu uma nova redação ao art. 61 da Lei nº 9.099/95, considerando crimes de menor potencial ofensivo "[...] as contravenções penais e os crimes a que a lei comine pena máxima não superior a dois anos, cumulada ou não com multa".

552   A Lei nº 10.741/2003 (Estatuto do Idoso) previu, em seu art. 94, a aplicação do procedimento previsto na Lei nº 9.099/1995 aos crimes contra os idosos (idade igual ou superior a 60 anos, de acordo com seu art. 1º) cujas penas privativas de liberdade não ultrapassem quatro anos. O dispositivo foi objeto de interpretação conforme a Constituição Federal pelo Supremo Tribunal Federal, no sentido de que, embora se aplique o rito sumaríssimo disciplinado na Lei nº 9.099/1995 a tais crimes que, especialmente pela celeridade, beneficia o idoso ofendido, exclui-se qualquer possibilidade de aplicação de medidas despenalizadoras e interpretação favorável ao autor do crime (ADI 3.096/DF, Tribunal Pleno, Rel. Min. Carmen Lúcia, j. em 16/06/2010, Dje 02/09/2010). Para tanto, partiu-se da premissa de que o dispositivo legal deve ser interpretado em favor do seu específico destinatário – o próprio idoso – e não de quem lhe viole os direitos.

Assim como ocorre em relação à aplicação da fiança pelo delegado de polícia, para a verificação se um dado crime é ou não de menor potencial ofensivo devem também ser computadas, para fixação de sua pena máxima, eventuais causas de aumento (em sua maior proporção) ou diminuição de pena (em sua menor proporção) que se mostrem incidentes[553]. Em caso de concurso material de crimes, devem suas penas privativas de liberdade, quando somadas, não superar o prazo máximo de 2 (dois) anos (art. 69 do CP) para se possibilitar a lavratura do termo circunstanciado e a aplicação dos demais dispositivos da Lei nº 9.099/1995, assim como, em casos de concurso formal, deve ser computado, para este fim, eventual causa de aumento (em sua maior proporção de metade, se os delitos tiverem mesma pena) deste decorrente (art. 70 do CP)[554].

Caso não seja possível o encaminhamento imediato do indiciado em flagrante por infração penal de menor potencial ofensivo para audiência preliminar, e não assumindo este o compromisso de comparecimento ao Juizado Especial Criminal, não se autoriza a lavratura de termo circunstanciado alternativamente ao auto de prisão em flagrante, afigurando-se aí mais um caso de aplicação da prisão em flagrante fadada a liberdade provisória quando de sua homologação judicial[555], uma

Com isso, os infratores não poderão ter acesso a benefícios despenalizadores de direito material, como conciliação, transação penal, composição civil de danos ou conversão da pena. Somente se aplicam as normas estritamente processuais para que o processo termine mais rapidamente, em benefício do idoso.

Embora o termo circunstanciado não seja, a rigor, um benefício de direito material, este também não deve se revelar aplicável a flagrante delito por crimes cujas penas privativas de liberdade não ultrapassem quatro anos em que o ofendido for idoso, uma vez que interpretação diversa equivaleria a negar vigência aos arts. 310, II e 313, III do CPP, inseridos pela Lei nº 12.403/2011, que permitem a conversão de prisão em flagrante em preventiva por crime que envolver violência doméstica e familiar contra o idoso, ainda que a pena privativa de liberdade do crime não ultrapasse quatro anos.

553 Neste sentido, GOMES, Luiz Flávio. *Juizados criminais federais, seus reflexos nos juizados estaduais e outros estudos*. São Paulo: Revista dos Tribunais, 2002, p. 29.
554 STJ – CC: 101274/PR, Terceira Seção, Relator: Min. Napoleão Nunes Maia Filho, j. em 16/02/2009, DJe 20/03/2009.
555 Como o art. 283, § 1º do CPP prevê que quaisquer das medidas cautelares previstas em seu Título IX não se aplicam à infração a que não for isolada, cumulativa ou alternativamente cominada pena privativa de liberdade, obsta-se a prisão do indiciado pela infração do art. 28 da Lei nº 11.343/2006 e contravenções penais a que sejam cominadas apenas a pena de multa, ainda que este não

vez que, *a priori*, nem sequer se mostra viável ao delegado de polícia a sua substituição pela fiança, em função de exigir-se para o seu arbitramento compromisso de comparecimento semelhante ao previsto para o termo circunstanciado (art. 327 do CPP). No entanto, caso a recusa ao compromisso se dê em caso de indiciamento por contravenção penal sujeita apenas à pena de multa ou à infração de posse de drogas para consumo próprio (art. 28 da Lei nº 11.343/2006)[556], não se autoriza a

---

assuma o compromisso de comparecimento ao Juizado Especial Criminal e não seja possível seu encaminhamento imediato. Nestes casos, deverá apenas se constar tal circunstância no termo circunstanciado encaminhado ao Juizado.

Idêntica providência deverá ser adotada no caso do crime de menor potencial ofensivo de lesão corporal culposa na condução de veículo automotor, previsto no art. 303, *caput* da Lei nº 9.503/1997 (Código de Trânsito Brasileiro), cujo autor preste pronto e integral socorro à vítima, uma vez que, de acordo com o art. 301, do referido diploma legal, tal circunstância impediria a aplicação da prisão em flagrante.

O impedimento da prisão em flagrante ao autor de acidente automobilístico que preste pronto e integral socorro à vítima, também se revela aplicável a outros crimes previstos na Lei nº 9.503/1997 que não são de menor potencial ofensivo, mais especificamente os dos arts 302, 303, §§ 1º e 2º, 308, §§ 1º e 2º. Em caso de indiciamento em flagrante pelos referidos crimes, o delegado de polícia não deverá proceder ao auto de prisão em flagrante, mas sim instaurar o inquérito policial mediante portaria, acompanhada das inquirições previstas no art. 304 do CPP, e demais atos realizados.

Sobre outras imunidades aplicáveis não apenas à prisão em flagrante, mas também às demais modalidades de prisão provisória, cf. nota nº 671.
556 Apesar de o art. 48, § 1º da Lei nº 11.343/2006, submeter a persecução do seu art. 28 às normas da Lei nº 9.099/1995, seu § 2º estatui que, tratando-se da referida conduta, deve o conduzido "[...] ser imediatamente encaminhado ao juízo competente ou, na falta deste, assumir o compromisso de a ele comparecer, lavrando-se termo circunstanciado e providenciando-se as requisições dos exames e perícias necessários". Por sua vez, o § 3º do referido artigo, dispõe, *in verbis*, que "*Se ausente a autoridade judicial*, as providências previstas no § 2º deste artigo serão tomadas de imediato pela autoridade policial, no local em que se encontrar".

Ao julgar ação direta de inconstitucionalidade versando sobre o § 3º do art. 48 da Lei nº 11.343/2006, o Supremo Tribunal Federal firmou entendimento de que seria da atribuição da autoridade judicial a lavratura de termo circunstanciado e requisição dos exames e perícias necessários quando se tratar do art. 28 da Lei nº 11.343/2006, incumbindo ao delegado de polícia adotar tais providências apenas se ausente o juiz (ADI 3.807/DF, Tribunal Pleno, Relator(a): Cármen Lúcia, julgado em 29/06/2020, DJe-201 de 13/08/2020).

Para tanto, entendeu-se haver inocorrência de atribuição de função de polícia judiciária ao Poder judiciário, do que se discorda fundamentalmente, tendo em vista a própria natureza do termo circunstanciado enquanto medida alternativa prisão em flagrante, uma vez que o art. 283, § 1º CPP proíbe a aplicação de qualquer medida cautelar penal em face de infração a que não for isolada, cumulativa ou alternativamente cominada pena privativa de liberdade[557][558], admitindo-se nestas hipóteses, a formalização de termo

>   do auto de prisão em flagrante, ora adotada.
>
>   Entretanto, da leitura dos dispositivos legais acima transcritos, observa-se nitidamente que, de fato, estes determinam o encaminhamento imediato do flagrado ao juízo competente, mas não para a finalidade de se lavrar termo circunstanciado. Este será lavrado apenas na ausência ("falta") do Juízo competente para o encaminhamento, incumbindo sua lavratura ao delegado de polícia. Tal encaminhamento, pelo que se depreende da sistemática legal, se dá para fins da realização de audiência preliminar, objeto dos arts. 70 e ss. da Lei nº 9.099/1995, jamais para a lavratura de termo circunstanciado, o qual patentemente consiste em um procedimento de polícia judiciária, com finalidade minimamente investigativa, em especial quando se faz acompanhar de determinação ou requisição de exames e perícias. Desta forma, uma interpretação literal e sistemática dos §§ 2º e 3º do art. 48 da Lei nº 11.343/2006 indicaria que o legislador pretendeu suprimir o termo circunstanciado da persecução do art. 28 da Lei nº 11.343/2006, quando possível a condução do flagrado diretamente ao juízo competente, possivelmente em busca de uma (ainda) maior celeridade.
>
>   Contudo – seja pelo entendimento perfilado pelo Supremo Tribunal Federal, seja pela interpretação acima proposta – possibilitar-se-ia a inusitada situação do juiz – caso entenda que o conduzido que lhe foi diretamente apresentado não teria praticado a conduta de posse de drogas para uso próprio (art. 28 da Lei nº 11.343/2006), mas sim tráfico de drogas (art. 33 da Lei nº 11.343/2006) – ter de encaminhá-lo ao delegado de polícia para eventual elaboração de auto de prisão em flagrante, uma vez que não cabe ao juiz determinar medidas cautelares penais e prisão preventiva de ofício, conforme arts. 282, § 2º e 311 do CPP, ambos na redação da Lei nº 13.964/2019.
>
>   Portanto, mais adequado seria que o Pretório Excelso tivesse trilhado o caminho oposto ao julgar a referida ação direta de inconstitucionalidade, declarando inconstitucional § 3º do art. 48 da Lei nº 11.343/2006, conforme postulado, a fim preservar a condução do flagrado na posse de drogas ao delegado de polícia, a fim de que o mesmo primeiramente avalie a incidência penal cabível à espécie, preservando a atuação do Poder Judiciário para momento posterior.
>
> 557 Paralelamente ao art. 283, § 1º CPP, o art. 48, § 3º, *in fine*, da Lei nº 11.343/2006, já vedava a prisão do flagrado pela infração ao seu art. 28 pelo delegado de polícia, por descumprimento do compromisso de comparecer em juízo quando da lavratura de termo circunstanciado.
> 558 Neste particular, cumpre consignar que a Lei nº 12.403/2011 revogou do artigo 321, I e II do CPP que tratava dos casos em que o indiciado se livrava solto (infrações apenadas apenas com multa ou cujo máximo da pena privativa de liberdade não ultrapassasse 3 (três) meses). Diante disso, o artigo 309 do referido diploma legal, embora não formalmente revogado, perde totalmente sua aplicabilidade, uma vez que, ao dispor, *in verbis*, que "se o réu (*rectius*: indiciado) se livrar solto, deverá ser posto em liberdade, depois de lavrado o auto de prisão

circunstanciado ainda que o indiciado não se comprometa a comparecer na futura audiência preliminar.

Por outro lado, de acordo com o art. 70 da Lei nº 9.099/1995, caso seja efetuado o encaminhamento do indiciado ao juizado, e não sendo possível a realização imediata da audiência preliminar, não se exige a prestação de qualquer compromisso de comparecimento para a sua libertação, devendo o mesmo apenas ser cientificado de sua realização em data próxima. Coerente seria exigir-se o compromisso de comparecimento também nesta hipótese, sob pena de aplicação de medidas cautelares diversas da prisão, diferentemente da prisão desproporcional que a legislação insiste em impor ao delegado de polícia, em caso de recusa ao compromisso de comparecimento prestado perante este.

Apesar de o art. 69 da Lei nº 9.099/1995 não detalhar o procedimento do termo circunstanciado, este, dada a sua alternatividade ao auto de prisão em flagrante, deve guardar estrutura que lhe seja inicialmente análoga, composta, portanto, pelo depoimento(s) do(s) executor(es) da captura (condutor) e de pelo menos duas testemunhas desta ou da apresentação do conduzido ao delegado de polícia, além do seu indiciamento pela flagrante infração penal de menor potencial ofensivo sujeita a pena privativa de liberdade, e correspondente interrogatório (art. 304 do CPP e art. 2º § 6º da Lei nº 12.830/2013)[559]. Portanto, a partir

---

em flagrante" dispõe sobre hipóteses de autuação de prisão em flagrante cuja premissa, se livrar solto, não mais existe.

No entanto, com tal revogação, retirou-se a possibilidade de concessão de liberdade provisória sem fiança pelo delegado em (parte dos) casos onde o cárcere revela-se manifestamente desproporcional, tanto que fadado à concessão de liberdade quando da homologação judicial da prisão em flagrante.

Desta forma, apesar de a Lei nº 12.403/2011, ao redigir art. 283, § 1º CPP, ter avançado em não admitir a autuação em flagrante, ainda que não resulte em cárcere, em infrações penais sem previsão, em abstrato, de pena privativa de liberdade, esta, ao dar nova redação ao art. 321 do referido diploma legal, infelizmente propiciará situações em que o indiciado por infração penal com apenação que não supere a 3 meses poderá, em tese, ser encarcerado até que sua prisão em flagrante seja homologada judicialmente, desde que não assuma compromisso de comparecimento a audiência preliminar no Juizado Especial Criminal.

559 Não se pode, portanto, prescindir-se do indiciamento nas infrações de menor potencial ofensivo, uma vez que o mesmo é pressuposto para a lavratura do termo circunstanciado, não consistindo, em si mesmo, em medida restritiva de direitos fundamentais, e não tendo, por conseguinte, qualquer incompatibilidade com a Lei nº 9.099/1995. Em sentido contrário, no entanto, RASSI; João Da-

da incidência penal fundamentada no indiciamento, é que o delegado de polícia aplicará a prisão em flagrante, formalizando-se o auto, ou, alternativamente, efetuará o encaminhamento imediato à audiência preliminar ou concederá a liberdade provisória mediante compromisso de comparecimento à esta, formalizando aplicação de tais medidas com a lavratura do termo circunstanciado.

Contudo, o termo circunstanciado, embora seja um procedimento de polícia judiciária alternativo ao auto de prisão em flagrante, diferentemente deste, **não integra o inquérito policial**[560]. O art. 69 e 70 da Lei nº 9.099/1995 – ao possibilitar o encaminhamento imediato do indiciado por infração penal de menor gravidade para a audiência preliminar, ou pelo menos a marcação desta para data próxima, imprimiu uma maior celeridade baseada no encaminhamento imediato do termo circunstanciado ao Juizado Especial Criminal, incompatível com os prazos de duração do inquérito policial[561], tanto que acompanham o termo circunstanciado apenas as determinações ou requisições das perícias que eventualmente se fizerem necessárias. As perícias, uma vez finalizadas, deverão ter seus respectivos laudos imediatamente encaminhados ao Juizado Especial Criminal, separadamente do termo circunstanciado, a fim de integrar as evidências necessárias para realização da audiência preliminar.

---

niel; ORTIZ; Mariana Tranchesi O Indiciamento nas infrações de menor potencial ofensivo. *Boletim do Instituto Brasileiro de Ciências Criminais (IBCCRIM)*, São Paulo, n. 228, nov. 2011.

560 Consigne-se, contudo, que o Superior Tribunal de Justiça já tenha julgado no sentido de que, em razão do termo circunstanciado não integrar do inquérito policial, "o indiciamento do autor do fato não resulta em medida mais coerente" (STJ, HC 25.557/SP, 5ª Turma, Rel. Min. José Arnaldo da Fonseca, j. em 28/10/2003, DJ 24/11/2003).

Todavia, tal linha de intelecção não resiste ao fato de que o indiciamento em flagrante delito é pressuposto tanto ao auto de prisão em flagrante, integrante do inquérito policial, quanto ao termo circunstanciado que, embora não integre o inquérito policial, é um procedimento alternativo ao auto de prisão em flagrante. Posteriormente ao referido julgado, o indiciamento por crime de menor potencial ofensivo ganhou respaldo legal na Lei nº 12.830/2013, uma vez que tal lei, além de dar previsão legal ao indiciamento em seu art. 2º, § 6º, sem restringi-lo ao inquérito policial, no § 1º do mesmo artigo prevê que "Ao delegado de polícia, na qualidade de autoridade policial, cabe a condução da investigação criminal por meio de inquérito policial *ou outro procedimento previsto em lei*, que tem como objetivo a apuração das circunstâncias, da materialidade e da autoria das infrações penais".

561 Para uma análise dos prazos de duração do inquérito policial, cf. item 3.4.1.8.1.

Portanto, uma vez sendo necessária a realização de exames periciais, inviabiliza-se, *a priori*, a realização da audiência preliminar, a não ser que desde logo, por meio de contato direto com os vestígios da infração penal durante a audiência, possa-se concluir pela sua ocorrência, independentemente da sua documentação por meio do laudo pericial cuja confecção já fora demandada.

Apesar de não integrar o inquérito policial, a natureza do termo circunstanciado recomenda que seu estudo do se dê de maneira conjugada com o auto de prisão em flagrante, daí sua inclusão neste tópico, inserido no âmbito dos atos de instauração do inquérito policial.

3.4.1.5.2.2.4 Quadro sinótico

Diante do já estudado acerca do auto de prisão em flagrante e suas medidas alternativa e substitutivas, em especial as aplicáveis pelo delegado de polícia, pode-se esboçar o seguinte quadro.

ESTADO DE FLAGRÂNCIA		
Pena privativa de liberdade máxima da infração penal	Medidas inicialmente aplicáveis pelo delegado de polícia	Procedimento de polícia judiciária
Até 2 (dois) anos	Encaminhamento imediato ao Juizado Especial Criminal para audiência preliminar ou compromisso de a esta comparecer	Termo circunstanciado
Entre 2 (dois) e 4 (quatro) anos	Prisão em flagrante, com subsequente substituição por liberdade mediante fiança	Auto de prisão em flagrante
Acima de 4 (quatro) anos	Prisão em flagrante	Auto de prisão em flagrante

3.4.1.6 Atos e procedimentos de instrução do inquérito policial

Superado o estudo acerca da instauração do inquérito policial, cabe, doravante, debruçar-se sobre a sua instrução, onde serão essencialmente documentados os indícios e provas de onde se buscará extrair a elucidação do fato delituoso noticiado, muito embora substancial parte de tais elementos já possam ser colhidos no bojo de uma instauração mediante auto de prisão em flagrante.

Para tanto, a seguir serão estudados um a um os atos e procedimentos legalmente previstos que se mostram passíveis de compor o inquérito policial, em que pese a legislação prever um rol não exaustivo. Poderá o delegado de polícia, portanto, praticar outros atos ou procedimentos de investigação e prova criminal que não contemplem expressa previsão legal, desde que os mesmos não se revelem lesivos aos direitos humanos e fundamentais, e correspondentes garantias constitucionalmente asseguradas.

Neste particular, vale relembrar que, como já observado no item 1.2.4 e 3.4.1.1, o inquérito policial é caracterizado fundamentalmente pela liberdade de rito, reconhecendo-se ampla discricionariedade ao delegado de polícia que o preside na escolha do momento, ordem e conteúdo dos atos e/ ou procedimentos que o compõem.

No entanto, o art. 6º do CPP determina que alguns atos e procedimentos passíveis de compor o inquérito policial possuem adoção obrigatória, caso aplicáveis, como pode-se observar pela sua própria redação, onde se estatui que a autoridade que o preside deverá, ao tomar conhecimento da infração a ser investigada, determinar, sempre que possível, que se proceda a exame de corpo de delito e quaisquer outras perícias, bem como, providenciar para que não se alterem o estado e conservação das coisas, até sua realização (incisos I e VII); apreender os objetos que tiverem relação com o fato (II); ouvir o ofendido e o indiciado (IV e V); proceder a reconhecimento de pessoas, coisas e acareações (VI); ordenar a identificação criminal do indiciado (VIII), esta última desde que o mesmo não esteja civilmente identificado, nos termos do art. 5º, LVIII da CF e Lei nº 12.037/2009[562].

A obrigatoriedade destes atos e procedimentos, repita-se, não implica que os mesmos devam ser imediatamente adotados tão logo se mostrem cabíveis. A oportunidade de sua realização insere-se no âmbito da discricionariedade do delegado de polícia, tendo em vista a maior eficiência e celeridade da investigação. Caso os fatos apurados pelo inquérito venham a ser suficientemente elucidados independente da realização das referidas diligências, pode ainda o delegado de polícia concluir o inquérito independentemente da sua realização, excepcionando-se *a priori* a sua obrigatoriedade. Contudo, não deve o delegado de polícia concluir o inquérito em face da não elucidação do caso por insuficiência de elementos de convicção, sem a realização de todos os atos e procedimentos legalmente obrigatórios porventura cabíveis.

---

562 Cf. item 3.4.1.3.4.1

O art. 6º, III do CPP ainda alude ao dever genérico de "colher todas as provas que servirem para o esclarecimento do fato e suas circunstâncias", para o qual atualmente a legislação, por meio do art. 2º, § 2º da lei nº 12.830/2013, prevê expressamente o instrumento da requisição de exames periciais, informações, documentos e dados que interessem à apuração junto a seus detentores[563].

Não obstante, o Código de Processo Penal e legislação extravagante prevê uma série de outros atos de prova e investigação cuja adoção pelo delegado de polícia também é discricionária, como a reprodução simulada dos fatos (art. 7º do CPP), e medidas cautelares penais, dependentes ou não de autorização judicial. Aqui, não apenas a oportunidade, mas também o cabimento da própria medida, ainda que dependa de autorização judicial, inserem-se no âmbito de deliberação do delegado de polícia, à luz dos elementos de convicção que dispõe, tendo em vista a eficiência da investigação e o respeito aos direitos e garantias fundamentais.

Vale ainda pontuar que, em cidades em que houver mais de uma circunscrição de polícia judiciária, o delegado de polícia com exercício em uma delas poderá, nos inquéritos que esteja presidindo, ordenar diligências em circunscrição de outra, independentemente de cartas precatórias ou requisições, e bem assim providenciará, até que compareça o delegado de polícia com atribuição para o caso, sobre qualquer fato que ocorra em sua presença, noutra circunscrição (art. 22 do CPP).

Portanto, a seguir analisar-se-á cada um dos atos e procedimentos por meio dos quais se materializa a instrução do inquérito policial, sejam aqueles cuja importância se encontra legalmente presumida, sejam aqueles que demandam um amplo juízo discricionário do delegado de polícia para a sua aplicação no caso concreto, ainda que, em tese, sejam cabíveis.

3.4.1.6.1 Requisição de informações e documentos

Conforme pontuado no item anterior, o art. 6º, III do CPP incumbe ao delegado de polícia o dever genérico de "colher todas as provas que servirem para o esclarecimento do fato e suas circunstâncias", para

---

563 CPP: "Art. 6º Logo que tiver conhecimento da prática da infração penal, a autoridade policial deverá: [...] III - colher todas as provas que servirem para o esclarecimento do fato e suas circunstâncias"; Lei nº 12.830/2013: "Art. 2º [...] § 2º Durante a investigação criminal, cabe ao delegado de polícia a requisição de perícia, informações, documentos e dados que interessem à apuração dos fatos".

o qual originalmente não se previu expressamente um ato que sirva de meio para tal obtenção, que diferisse da apreensão no local da infração penal (art. 6º, II do CPP).

Para os demais casos, plausível era se interpretar o referido dispositivo legal de forma que este, implicitamente, conferisse ao delegado a prerrogativa de requisitar elemento de convicção de quem os possuísse, dotando-lhe de efetividade, o que vai de encontro a pontuais previsões de possibilidade de requisição de perícias e de documentos para exame pericial de reconhecimento de escritos (arts. 178 e 174, III do CPP[564]).

Nos últimos anos, tal lacuna na legislação foi colmatada, inicialmente por meio do art. 2º, § 2º da lei nº 12.830/2013, prevê expressamente que cabe ao delegado de polícia requisitar – além de exames periciais, anteriormente previstos no art. 178 do CPP – informações, documentos e dados que interessem à apuração junto a seus detentores.

Tal prerrogativa é reafirmada nos arts. 13-A e 13-B do CPP, incluídos pela Lei nº 13.344/2016. De acordo com o art. 13-A, nos crimes previstos nos arts. 148, 149 e 149-A, no § 3º do art. 158 e no art. 159 do Código Penal, e no art. 239 da Lei no 8.069/1990 (Estatuto da Criança e do Adolescente), o delegado de polícia, além do membro do Ministério Público (art. 47 do CPP), poderá requisitar, de quaisquer órgãos do poder público ou de empresas da iniciativa privada, dados e informações cadastrais da vítima ou de investigados. A requisição, que será atendida no prazo de 24 (vinte e quatro) horas, conterá: I - o nome da autoridade requisitante e do inquérito policial, bem como identificação do órgão de polícia judiciária responsável pela investigação.

Por sua vez, o art. 13-B dispõe que, caso necessário persecução de crimes relacionados ao tráfico de pessoas, o delegado de polícia, além do membro do Ministério Público (art. 47 do CPP), poderá requisitar, me-

---

564 Arts. 174, III e 178 do CPP:

"Art. 174. No exame para o reconhecimento de escritos, por comparação de letra, observar-se-á o seguinte: [...]

III - a autoridade (judicial ou de polícia judiciária), quando necessário, requisitará, para o exame, os documentos que existirem em arquivos ou estabelecimentos públicos, ou nestes realizará a diligência, se daí não puderem ser retirados; [...]

Art. 178. No caso do art. 159 (exame de corpo de delito e *outras perícias*), o exame será requisitado pela autoridade (judicial ou de polícia judiciária) ao diretor da repartição, juntando-se ao processo o laudo assinado pelos peritos".

diante autorização judicial, às empresas prestadoras de serviço de telecomunicações e/ou telemática que disponibilizem imediatamente os meios técnicos adequados – como sinais, informações e outros – que permitam a localização da vítima ou dos investigados de delito em curso. Em caso de notícia de crime, o inquérito policial deverá ser instaurado no prazo máximo de 72 (setenta e duas) horas, contado do registro da respectiva ocorrência policial. Caso não ocorra manifestação judicial no prazo de 12 (doze) horas, o delegado de polícia requisitará às empresas prestadoras de serviço de telecomunicações e/ou telemática que disponibilizem imediatamente os referidos meios, com imediata comunicação ao juiz.

3.4.1.6.2 Perícia

A perícia consiste no exame de algo ou alguém realizada por técnicos ou especialistas em determinado assunto, cujas afirmações ou conclusões aproveitam à persecução penal. De acordo com o art. 6º, VII, do CPP, deve o delegado de polícia determinar, sempre que possível, que se proceda a exame de corpo de delito e quaisquer outras perícias. Quando não dispor, para tanto, de peritos criminais que lhe sejam administrativamente vinculados, deve o mesmo requisitar tal diligência de outros órgãos, públicos ou privados, que estejam aptos a realizar tais exames (art. 178 do CPP e art. 2º, § 2º da Lei nº 12.830/2013)[565].

Como já sinalizado no item 3.4.1.1, corpo de delito é o conjunto dos vestígios materiais resultantes da prática criminosa, consistindo seu exame, portanto, na verificação da materialidade delitiva, formada por todo elemento perceptível aos sentidos decorrente da ação (conduta) delituosa investigada. A expressão corpo de delito (*corpus delicti*), muito embora primitivamente estivesse condicionada apenas e tão somente ao cadáver da vítima do crime de homicídio, passou ao longo do tempo a indicar todo elemento sensível que tenha relação com o fato delituoso.

O corpo de delito pode ser compreendido em duas categorias, conforme a transitoriedade dos vestígios de materialidade, podendo este ser *transeunte*, quando estes foram efêmeros ou passageiros (por exemplo,

---

[565] Em estados brasileiros onde foram criados órgãos especializados apenas em perícias criminais de forma separada das Polícias Civis (como, por exemplo, Bahia, Paraná, Rio Grande do Sul e Santa Catarina) deverá o delegado de polícia, necessariamente, requisitar perícias criminais, em função de não disporem de peritos criminais que lhe sejam administrativamente subordinados. Sobre a diferenciação entre requisição e ordem, cf. ainda o item 3.4.1.5.1.3.

equimose, impressões datiloscópicas); ou *não transeunte* ou *permanente* – quando os vestígios têm durabilidade extensa ou perene (por exemplo, perfuração a bala). Quanto à forma de verificação da materialidade, pode o exame do corpo de delito ser subdividido em *direto*, quando esta se dá diretamente no vestígio; ou *indireto*, quando, em casos de corpo de delito transeunte, esta ocorre por outros meios, em função do desaparecimento dos vestígios (por exemplo, através de imagens, depoimentos).

Desse modo, o corpo de delito pode ser identificado como a materialidade do delito, em caso de existência de vestígios materiais, ou sua materialização, caso estes vestígios sejam transitórios ou, ainda, incorpóreos (por exemplo, injúria verbal). Ressalta-se, contudo, que embora todo crime tem um corpo de delito, isto é, prova de sua existência, já que se exige sempre materialidade (ou materialização) demonstrada para se atribuir pena a alguém, nem todas demandem um corpo de delito constituído por vestígios materiais[566].

Neste cenário, o exame de corpo de delito, constitui-se em modalidade de perícia destinada especificamente às infrações penais que deixem vestígios materiais, não abrangendo, em princípio, vestígios incorpóreos, tanto que o art. 158-A, § 3º do CPP, inserido pela Lei nº 13.964/2019, dá uma definição material ao vestígio, descrevendo-o como "todo objeto ou material bruto, visível ou latente, constatado ou recolhido, que se relaciona à infração penal".

De acordo com o art. 158 do CPP, quando a infração penal apurada, deixar vestígios (portanto, materiais), será indispensável o exame de corpo de delito, direto ou indireto[567], o qual pode, inclusive, ser rea-

---

566 NUCCI, Guilherme de Souza. *Manual de processo e execução penal*. São Paulo: Revista dos Tribunais, 2006, p. 371.
567 Apesar de o art. 158, *in fine*, do CPP, estatuir que o exame de corpo de delito não é suprível pela confissão, esta ou qualquer outra prova, trabalhadas em um contexto de pluralidade provas licitamente admitidas e de igual hierarquia, podem servir para formação da convicção do delegado de polícia ou juiz durante a persecução penal, desde que este motive adequadamente as razões de seu convencimento. Muito embora o exame pericial seja muito importante sendo, em princípio, a forma mais técnica para demonstrar o fato (sobretudo quando sua constatação demanda conhecimento especializado), este é dispensável se outros meios de prova já elucidam de forma adequada a existência do crime e quem seja o seu autor. Com isso, restará assegurado que eventual falha na coleta de vestígios não importe no fracasso na justiça criminal, na medida em que não se permite a elevação a patamar absoluto de determinado meio de prova em detrimento de outros, igualmente idôneos a demonstrar a veracidade dos fatos afirmados.

lizado a qualquer dia e hora (art. 161 do CPP). O parágrafo único do referido art. 158 estabelece ainda que será dada prioridade à realização do exame de corpo de delito quando se tratar de crime que envolva violência doméstica e familiar contra mulher, ou violência contra criança, adolescente, idoso ou pessoa com deficiência.

Portanto, basta a infração penal deixar vestígios materiais para o delegado de polícia dever assegurar o exame de corpo de delito enquanto direito tanto do ofendido, quanto do investigado e indiciado, por força do art. 158 e 6º, VII e c/c art. 14 do CPP, o que, como visto no item 3.4.1.4, equipararia um requerimento destes envolvidos, neste sentido, a uma requisição[568]. Contudo, a prova pericial, embora importante ao ponto de ser legalmente obrigatória, não é imprescindível, tanto que o art. 167 do CPP estatui que não sendo possível o exame de corpo de delito, por haverem desaparecido os vestígios, a prova testemunhal poderá suprir-lhe a falta, a fim de verificá-lo indiretamente, independentemente de exame pericial, o que acabou por ser estendido a qualquer meio lícito de prova, até mesmo dispensando-se o exame de corpo de delito ainda que os vestígios não tenham desaparecido, caso materialidade do fato estiver comprovada por outros meios lícitos[569].

---

568 Sobre a diferenciação entre requisição e requerimento, *cf.* ainda o item 3.4.1.5.1.3.

569 Os tribunais superiores têm entendido que se a materialidade do fato estiver comprovada por outros meios lícitos, dispensa-se o exame de corpo de delito indireto (STF – HC: 92196/ RJ, 2ª Turma, Relator: Min. Joaquim Barbosa, j. em 24/06/2008, DJe-177 divulg. 18/09/2008 public. 19/09/2008; STJ – HC 24.480/MT, Rel. Min. Gilson Dipp, 5ª Turma, j. em 25/03/2003, DJ 28/04/2003), e até mesmo o exame direto quando de delitos não transeuntes, como já decidiu o Superior Tribunal de Justiça no RHC 10.996/PB, 5ª Turma, Rel. Min. José Arnaldo da Fonseca, j. em 28/06/2011, DJU 10/09/2001.

Nesta senda, verifica-se que já não se exige o exame de corpo delito em diversas modalidades delituosas, como crimes tributários ou financeiros. É que, em relação aos crimes tributários, entende-se, com espeque no Enunciado nº 24 da Súmula Vinculante do STF, que a constituição definitiva do crédito tributário — como atividade de órgão de polícia administrativa especial fiscal — é condição necessária a existência do crime de sonegação fiscal do art. 1º, I da lei no 8.137/1990. Portanto, o procedimento administrativo, elaborado não por perito criminal a serviço da polícia judiciária, mas por congênere a serviço da polícia administrativa especial fiscal, constitui corpo de delito do referido crime tributário.

De igual forma, a comprovação da conduta de operação de câmbio não autorizada com o fim de evadir divisas para o exterior (art. 22 da Lei nº 7.492/1986), documentada pelo Banco Central do Brasil, por meio de processo administrativo, também equivaleria ao exame de corpo de delito do referido crime contra o

Por sua vez, com relação as demais perícias requeridas com fulcro no art. 14 do CPP, deverá o delegado de polícia indeferir aquelas que fundamentadamente entender que não forem necessárias ao esclarecimento da verdade (art. 184 do CPP).

A propósito, nada impede que, quando do requerimento/requisição de perícias ao delegado de polícia, o indiciado, investigado, ofendido ou Ministério Público formulem quesitos e/ou indiquem assistente técnico, muito embora o art. 159 §§ 3º a 6º expressamente só prevejam esta possibilidade durante o processo judicial. O assistente técnico atuará a partir de sua admissão pelo delegado de polícia e poderão apresentar pareceres após a conclusão dos exames e elaboração do laudo pelo(s) perito(s), em prazo e em prazo por este fixado, ou oferecer quesitos complementares objetivando esclarecimentos adicionais, cujas respostas poderão ser apresentadas em laudo complementar. Para tanto, o material probatório que serviu de base à perícia será disponibilizado no ambiente do órgão que a realizou, que manterá sua guarda, e na presença do perito, para exame pelos assistentes, salvo se for impossível a sua conservação.

No entanto, em função da inquisitoriedade do inquérito policial, em caso de inobservância de formalidades, ou de omissões, obscuridades ou contradições na perícia, *a priori* o próprio delegado de polícia mandará suprir a formalidade, complementar ou esclarecer o laudo, ou

---

sistema financeiro nacional, assim como se tem admitido como substitutivo do exame de corpo de delito a análise e documentação por servidores da Agência de Vigilância Sanitária – ANVISA nos crimes de falsificação de medicamentos (art. 273 do CP), ou Instituto Brasileiro de Meio Ambiente – IBAMA, quando da persecução de crime ambiental (Lei nº 8.605/1998).

Cuidam-se, portanto, de meios alternativos de prova técnica especializada que, nesses casos, autorizam a dispensa do exame de corpo de delito, independentemente do desaparecimento dos vestígios, requerido pelo art. 167 do CPP, uma vez que, nos exemplos citados, em princípio não há razão para se submeter um documento examinado por procedimento ou parecer de órgão de polícia administrativa especial fiscal, sanitária, ambiental, ou da ordem financeira a peritos criminais a serviço da polícia judiciária, sendo que ambos os exames são realizados por funcionários públicos cujos atos são igualmente dotados de presunção de legitimidade.

Em outras palavras, deve-se dispensar o exame naquelas situações em que o fato possa ser demonstrado por outro meio de prova, devendo nessa hipótese o exame pericial ser considerado redundante, o que habilita o indeferimento de requerimentos/requisições neste sentido, embora formalmente fulcradas no art. 7º, VII do CPP.

ordenar fundamentadamente que se proceda a novo exame, por outros peritos, se julgar conveniente (Art. 181 do CPP).

O delegado de polícia, ao presidir o inquérito policial, não ficará, contudo, adstrito ao laudo, podendo aceitá-lo ou rejeitá-lo, no todo ou em parte, baseado em outros elementos colhidos no curso do inquérito policial (art. 182 do CPP).

As perícias criminais serão realizadas, *a priori*, por perito do Estado – denominado, pelo Código de Processo Penal, de "perito oficial" – portador de diploma de curso superior. Tratando-se, entretanto, de perícia complexa que abranja mais de uma área de conhecimento especializado, poder-se-á designar a atuação de mais de um perito oficial (art. 159, *caput*, e § 7º do CPP).

Na falta de perito oficial, o exame será realizado por 2 (duas) pessoas idôneas com habilitação técnica relacionada com a natureza do exame, portadoras de diploma de curso superior preferencialmente em sua área específica. Neste caso, o escrivão lavrará o auto do respectivo exame, que será assinado pelos peritos não oficiais e, se presente ao exame, também pelo delegado de polícia, onde aqueles prestarão o compromisso de bem e fielmente desempenhar o encargo. (art. 159, §§ 1º e 2º e 179, *caput*, do CPP).

Caso o laudo ou auto do exame seja subscrito por mais de um perito, e, em havendo divergência, serão neste consignadas as declarações e respostas de cada um e de outro, ou os laudos serão redigidos separadamente, com a nomeação de um terceiro perito pelo delegado de polícia. Caso este último venha a divergir de ambos, poderá o delegado de polícia ainda mandar proceder a novo exame por outros peritos (art. 180 do CPP).

O(s) perito(s) elaborará(ão) o laudo pericial no prazo máximo de 10 dias, podendo este prazo ser prorrogado pelo delegado de polícia, em casos excepcionais, a requerimento do(s) perito(s) (art. 160 do CPP). No referido laudo, descrever-se-á minuciosamente o que examinarem, e responderão aos quesitos formulados pelo delegado de polícia, e, quando ocorrer, pelo indiciado, investigado, ofendido ou Ministério Público. Sempre que conveniente, os laudos serão ilustrados com provas fotográficas, desenhos ou esquemas (art. 170, *in fine*, do CPP).

No laudo, estarão sujeitos a exame os instrumentos empregados para a prática da infração, a fim de se lhes verificar a natureza e a eficiência, bem como proceder-se-á, quando necessário, à avaliação de coisas destruídas, deterioradas ou que constituam produto do crime. No entanto, caso impossível a avaliação direta, avaliação se dará por meio dos elementos existentes nos autos e dos que resultarem de diligências (arts. 172 e175 do CPP).

Nas perícias de laboratório, os peritos guardarão material suficiente para a eventualidade de nova perícia (art. 170 do CPP), bem como para permitir a atuação do assistente técnico, como visto acima.

Neste ponto, vale ressaltar que a Lei nº 13.964/2019 inseriu no Código de Processo Penal os arts. 158-A a 158-F, contendo minudente regulamentação sobre a cadeia de custódia de material periciado, conceituada como o conjunto dos procedimentos utilizados para manter e documentar a história cronológica do vestígio coletado em locais ou em vítimas de crimes, bem como para rastrear sua posse e manuseio a partir de seu reconhecimento até o descarte. (art. 158-A, *caput*).

O início da cadeia de custódia dá-se com o isolamento do local de crime ou a detecção a existência de vestígio, bem como sua preservação, após reconhecimento. O vestígio será descrito detalhadamente e coletado, acondicionado, e transportado respeitando suas características e natureza, com anotação da data, hora e nome de quem realizou a coleta e o acondicionamento, com vistas a ser recebido, armazenado e examinado pelo setor ou órgão de perícia criminal, o qual posteriormente executará seu descarte mediante autorização do delegado de polícia ou juiz, ressalvada eventual guarda para realização de contraperícia (art. 158-A, §§ 1º e 2º e 158-B). É proibida a entrada em locais isolados bem como a remoção de quaisquer vestígios de locais de crime antes da liberação por parte do perito criminal designado, estando sua realização sujeita à tipificação como crime de fraude processual, previsto no art. 347 do CP[570] (art. 158-C, § 2º).

---

570 Art. 347 do CP:
"Art. 347 - Inovar artificiosamente, na pendência de processo civil ou administrativo, o estado de lugar, de coisa ou de pessoa, com o fim de induzir a erro o juiz ou o perito.
Pena - detenção, de três meses a dois anos, e multa.
Parágrafo único - Se a inovação se destina a produzir efeito em processo penal, ainda que não iniciado, as penas aplicam-se em dobro".

Ao ser custodiado o vestígio pelo setor ou órgão de perícia criminal, a entrada e a saída de vestígio deverão ser protocoladas, consignando-se informações sobre a ocorrência no inquérito que a eles se relacionam, bem como registrados todos os atos de sua tramitação, consignando-se a identificação do seu responsável, a destinação, a data e horário da ação. Todas as pessoas que tiverem acesso ao vestígio armazenado também deverão ser identificadas, registrando-se ainda a data e a hora do acesso (art. 158-E, §§ 2º a 4º). Caso não haja espaço ou condições de armazenar determinado material, deverá ao delegado de polícia ou juiz determinar as condições de depósito do referido material em local diverso, mediante requerimento do diretor do setor ou órgão de perícia criminal. (art. 158-F, parágrafo único)

Por fim, cumpre consignar que o Código de Processo Penal contempla ainda alguns dispositivos acerca do procedimento de modalidades específicas de perícia, como autópsia (arts. 162 a 166), lesões corporais (art. 168), local de crime (art. 169), incêndio (art. 173), grafotécnico (art. 174) e exame de crimes cometidos com destruição ou rompimento de obstáculo a subtração da coisa (art. 171).

3.4.1.6.3 Inquirições

Inquirir, em seu sentido etimológico, significa averiguação minuciosa, indagação[571]. Juridicamente, tais ações são efetivadas pela autoridade em face do inquirido em busca de esclarecimentos, em regra por este prestados oralmente, a partir do seu conhecimento a respeito de um determinado fato e suas circunstâncias. Durante o inquérito policial, portanto, tais esclarecimentos orbitarão um fato supostamente delituoso, com a inquirição partindo de diferentes perspectivas, a depender da situação jurídica do inquirido.

De acordo com o art. 6º, IV e V do CPP deve o delegado de polícia, sempre que possível, ouvir o ofendido e o indiciado. Em contrapartida, não se verifica dispositivo análogo em relação à inquirição de testemunhas, para quem, em contrapartida, previu-se o § 2º do art. 10 do mesmo código, o qual dispõe que, ao concluir o inquérito policial, deverá o delegado de polícia "[...] indicar testemunhas que não tiverem sido inquiridas, mencionando o lugar onde possam ser encontradas".

---
571 HOUAISS, Antônio; VILLAR, Mauro de Salles. Dicionário Houaiss da língua portuguesa. Rio de Janeiro: Objetiva, 2001, p. 1623.

3 – Polícia Judiciária

A não obrigatoriedade de oitiva de testemunha não é desarrazoada. Não raras vezes, haverá um grande ou indeterminado número de testemunhas do fato delituoso, e inquirir todas elas, uma vez estando o fato suficientemente elucidado, acabaria por comprometer a celeridade da persecução penal, postergando a conclusão do inquérito policial. Diante disto, houve por bem o legislador inserir tanto a oportunidade, quanto o cabimento da colheita de depoimento no âmbito da discricionariedade do delegado de polícia, o qual, caso decida não inquirir fundamentadamente determinada testemunha, deverá indicar seus dados qualificativos, bem como o lugar onde possam ser localizadas, caso necessário.

Com relação ao investigado, embora o Código de Processo Penal originalmente nada tenha disposto acerca da obrigatoriedade de sua oitiva, esta pode ser depreendida a partir da aproximação que tal situação jurídica pode apresentar em relação a eventual indiciamento.

Fixadas tais premissas, cumpre pontuar que a formalização da inquirição de cada envolvido no inquérito policial irá variar a depender de cada uma das referidas situações jurídicas[572], o que será analisado detidamente a partir dos subitens a seguir, juntamente com a acareação, forma específica de inquirição que, conforme art. 6º, VI, in fine, do CPP, delegado de polícia também deverá adotar, uma vez verificados seus pressupostos.

Por fim, serão também analisadas neste item as medidas de proteção aplicáveis os ofendidos, testemunhas e indiciados colaboradores que noticiarem estar sendo submetidos a coação ou grave ameaça em razão da colaboração prestada no inquérito policial, uma vez que sua notícia, embora possa se dar a qualquer momento, em regra ocorre durante suas inquirições.

---

572 No caso de inquirição de índio não integrado à comunhão nacional, será requisitada a presença de um representante da Fundação Nacional do Índio (FUNAI), preferencialmente um membro da advocacia da União com atualização especializada no referido órgão, para fins de assistência, sob pena de nulidade, salvo se o índio revelar consciência e conhecimento sobre o ato de inquirição, e da extensão dos seus efeitos, e desde que esta não lhe venha a ser seja prejudicial (art. 8º da lei nº 6.001/1973). Portanto, em princípio poderá a inquirição do índio não integrado dispensar a assistência (do procurador) da FUNAI apenas quando este for ofendido ou testemunha, e não investigado ou indiciado, uma vez que apenas as primeiras duas situações jurídicas não estão sujeitas a lhe acarretar prejuízo potencial.

3.4.1.6.3.1 Testemunha

Como consignado acima, no § 2º do art. 10 do Código de Processo Penal, que dispôs que, ao concluir o inquérito policial, deverá o delegado de polícia "[...] indicar testemunhas que não tiverem sido inquiridas, mencionando o lugar onde possam ser encontradas". Portanto, para as testemunhas cuja inquirição entender indispensável para o esclarecimento dos fatos apurados, deverá o delegado de polícia aplicar, no que couber ao inquérito policial, o disposto no Capítulo VI do Título VII do referido código (arts. 202 a 225), que regulamenta a redução a termo do depoimento, ato pelo qual se dá a inquirição de testemunha.

Provavelmente a característica mais marcante do depoimento é a sua submissão ao compromisso descrito no art. 203 do CPP, onde se estatui que, previamente à colheita do depoimento, a testemunha fará, sob palavra de honra, a promessa de dizer a verdade do que souber e lhe for perguntado, cujo descumprimento poderá acarretar a incidência do crime de falso testemunho (art. 342 do CP[573]). Em sua inquirição, deverá declarar, além dos seus dados qualificativos, se é parente, e em que grau, do indiciado ou ofendido[574], ou quais suas relações com qualquer destes, e relatar o que souber, explicando sempre as razões de sua ciência ou as circunstâncias pelas quais possa avaliar-se de sua credibilidade. Se ocorrer dúvida sobre a identidade da testemunha, o delegado de polícia procederá à verificação pelos meios ao seu alcance, podendo, entretanto, tomar-lhe o depoimento desde logo (art. 205).

Não se deferirá, entretanto, o compromisso dizer a verdade aos doentes e deficientes mentais e aos menores de 14 (quatorze) anos, tam-

---

573 Art. 342 do CP:

"Art. 342. Fazer afirmação falsa, ou negar ou calar a verdade como testemunha, perito, contador, tradutor ou intérprete em processo judicial, ou administrativo, inquérito policial, ou em juízo arbitral: Pena - reclusão, de 2 (dois) a 4 (quatro) anos, e multa.

§ 1º As penas aumentam-se de um sexto a um terço, se o crime é praticado mediante suborno ou se cometido com o fim de obter prova destinada a produzir efeito em processo penal, ou em processo civil em que for parte entidade da administração pública direta ou indireta.

§ 2º O fato deixa de ser punível se, antes da sentença no processo em que ocorreu o ilícito, o agente se retrata ou declara a verdade.

574 Frise-se que o art. 203 do CPP refere-se, neste particular, a "alguma das partes", tendo em vista apenas o processo penal propriamente dito, onde estas já estão claramente delimitadas.

pouco ao ascendente ou descendente, o afim em linha reta, o cônjuge, ainda que divorciado, o irmão e o pai, a mãe, ou o filho adotivo do indiciado (art. 208 c/c art. 206).

Por sua vez, são proibidas de depor as pessoas que, em razão de função, ministério, ofício ou profissão, devam guardar segredo (*v.g.* advogados, médicos), salvo se, desobrigadas pelo interessado, quiserem dar o seu testemunho (art. 207). O delegado de polícia, quando julgar necessário, poderá ouvir outras testemunhas, além das indicadas pelo noticiante, inclusive aquelas a que as testemunhas já ouvidas se referirem (art. 209).

A colheita dos depoimentos dar-se-á uma de cada vez, de modo que cada testemunha não saiba nem ouça os depoimentos das outras, devendo o delegado de polícia, quando esclarecê-las sobre o compromisso de dizer a verdade no início da audiência, adverti-las das penas cominadas ao falso testemunho. Antes do início da audiência e durante a sua realização, serão reservados espaços separados para a garantia da incomunicabilidade das testemunhas (art. 210).

Na redução do depoimento a termo escrito, deverá o delegado de polícia cingir-se, tanto quanto possível, às expressões usadas pela testemunha, reproduzindo fielmente as suas frases, não permitindo, contudo, que esta manifeste suas apreciações pessoais, salvo quando inseparáveis da narrativa do fato. Ao final, o termo será assinado por ela, pelo delegado de polícia e pelo defensor que eventualmente a acompanhe, permitindo-se àquela que não souber assinar, ou não puder fazê-lo, pedir a alguém que o faça por ela, depois de lido o termo na presença de ambos (arts. 213, 215 e 216). Vale consignar que, independentemente da redução a termo, sempre que possível, o registro do depoimento se dará por gravação magnética, estenotipia, digital ou técnica similar (art. 405, § 1º do CPP).

A testemunha comunicará ao delegado de polícia, dentro de um ano, qualquer mudança de residência, sujeitando-se, pela omissão, à persecução penal pelo crime de desobediência (art. 224 c/c art. 219)[575].

Quando a testemunha não conhecer a língua nacional, será nomeado intérprete para traduzir as perguntas e respostas. Tratando-se de

---
575 A multa do art. 453 do CPP, também aludida pelo art. 219, além de se referir a redação original do referido dispositivo, hoje revogada, aplicava-se apenas ao desatendimento do compromisso prestado judicialmente.

mudo, surdo ou surdo-mudo, proceder-se-á da mesma forma prevista para o interrogatório (art. 192 do CPP) a ser vista mais adiante. Por seu turno, as pessoas impossibilitadas, por enfermidade ou por velhice, de comparecer para depor, serão inquiridas onde estiverem, devendo o delegado de polícia desde logo colher o depoimento daquelas que houverem de ausentar-se, ou, por enfermidade ou por velhice, inspirar receio de que antes do final da instrução do inquérito policial, já não exista (arts. 220, 223 e 225)[576].

A testemunha que morar em cidade fora da circunscrição do delegado de polícia poderá ser inquirida por aquele do lugar de sua residência, expedindo-se, para esse fim, carta precatória, mediante videoconferência ou outro recurso tecnológico de transmissão de sons e imagens em tempo real, permitida a presença do defensor (art. 222 *caput*, e § 2º, sendo este último incluído pela Lei nº 11.900/2009)[577].

Já o Presidente e o Vice-Presidente da República, os senadores e deputados federais, os ministros de Estado, os governadores de Estados e Territórios, os secretários de Estado, os prefeitos do Distrito Federal e dos Municípios, os deputados às Assembleias Legislativas Estaduais, os membros do Poder Judiciário, os ministros e juízes dos Tribunais de Contas da União, dos Estados, do Distrito Federal, bem como os do Tribunal Marítimo serão inquiridos em local, dia e hora previamente ajustados entre eles e o delegado de polícia. O Presidente e o Vice-Presidente da República, os presidentes do Senado Federal, da Câmara dos Deputados e do Supremo Tribunal Federal poderão ainda optar pela prestação de depoimento por escrito, caso em que as perguntas lhes serão transmitidas por ofício (art. 221, *caput* e § 1º).

Observe-se aqui que, para os ocupantes destes últimos cargos, a relevância das suas funções, por si só, foi reputada suficiente para que se excepcione a oralidade do depoimento prevista no art. 204, a qual permite a testemunha, no máximo, consultar brevemente a apontamentos, vedando-se apresentar seu depoimento por escrito. Tal vedação busca, em última análise, assegurar a espontaneidade do depoimento, permi-

---

576 Neste particular deve ainda ser consignado que o art. 156, I do CPP, conforme redação dada pela Lei nº 11.690/2008, também faculta ao juiz, de ofício ordenar, mesmo antes de iniciada a ação penal, a produção antecipada de provas consideradas urgentes e relevantes, observando proporcionalidade da medida.

577 De acordo com o art. 222 § 1º do CPP, a expedição da precatória não suspenderá a instrução criminal.

tindo-se a aferição da sua veracidade, não se revelando fundado que a ocupação de cargos de direção nos poderes do país se revele suficiente para excepcioná-la, sobretudo em se considerando que a história recente do Brasil, não raras vezes, tem revelado o envolvimento dos seus ocupantes em fatos delituosos.

Para os demais funcionários públicos, impõe-se apenas que a expedição do mandado seja imediatamente comunicada ao chefe da repartição em que servirem, com indicação do dia e da hora marcados, devendo os militares ser requisitados à autoridade superior (art. 221, §§ 2º e 3º).

Cumpre ainda salientar que tais diferenciações aplicáveis aos funcionários públicos, previstas no art. 221 do CPP, aplicam-se apenas aos casos em que seus depoimentos se relacionem com fatos presenciados no exercício ou em razão do cargo, emprego ou função pública, ou equiparada[578]. Para os demais casos, aplica-se ao funcionário público depoente o previsto para as testemunhas em geral.

Por sua vez, quando se tratar de criança ou adolescente testemunha de violência, sua inquirição será formalizada mediante termo de depoimento especial, regulamentado pela Lei nº 13.431/2017 (art. 12). Neste, profissionais especializados jurídica e psicossocialmente esclarecerão a criança ou o adolescente sobre a colheita do depoimento especial, informando-lhe os seus direitos e a formalização da sua inquirição, sendo vedada a leitura de peças do inquérito policial, cabendo-lhes intervir quando necessário, a fim de permitir a elucidação dos fatos, adaptar as perguntas à linguagem de melhor compreensão da criança ou do adolescente, assegurado a este livre narrativa sobre a situação de violência.

O depoimento especial será gravado em áudio e vídeo, devendo o delegado de polícia, ao tomá-lo durante o inquérito policial, assegurar a preservação da intimidade e da privacidade da testemunha, inclusive

---

578 Neste particular, cumpre rememorar o conceito de funcionário público para fins penais, esboçado no art. 327, *caput*, e § 1º do CP, que assim dispõem:

"Art. 327 - Considera-se funcionário público, para os efeitos penais, quem, embora transitoriamente ou sem remuneração, exerce cargo, emprego ou função pública.

§ 1º - Equipara-se a funcionário público quem exerce cargo, emprego ou função em entidade paraestatal, e quem trabalha para empresa prestadora de serviço contratada ou conveniada para a execução de atividade típica da Administração Pública".

propiciando condições de preservação e de segurança à gravação, especialmente nas hipóteses em que houver risco à vida ou à integridade física da vítima ou testemunha menor. Não será admitida a tomada de novo depoimento especial, salvo quando justificada a sua imprescindibilidade pelo delegado de polícia, no curso do inquérito policial, e houver a concordância da testemunha, ou de seu representante legal.

No entanto, ao menor testemunha de violência é garantido o direito de prestar depoimento e diretamente ao juiz, se assim o preferir (art. 12, § 1º da Lei nº 13.431/2017), sendo que o depoimento especial necessariamente seguirá o rito cautelar de antecipação de prova judicial quando a criança ou o adolescente tiver menos de 7 (sete) anos, ou em caso de violência sexual (art. 11, § 1º da Lei nº 13.431/2017). Neste particular refere-se a lei ao rito previsto no art. 381, §§ 2º a 5º, 382 e 383, do Código de Processo Civil[579], cabendo ao delegado de polícia representar

---

579 Arts. 381, §§ 2º a 5º, 382 e 383 do CPC:

"Art. 381. [...] § 2º A produção antecipada da prova é da competência do juízo do foro onde esta deva ser produzida ou do foro de domicílio do réu.

§ 3º A produção antecipada da prova não previne a competência do juízo para a ação que venha a ser proposta.

§ 4º O juízo estadual tem competência para produção antecipada de prova requerida em face da União, de entidade autárquica ou de empresa pública federal se, na localidade, não houver vara federal.

§ 5º Aplica-se o disposto nesta Seção àquele que pretender justificar a existência de algum fato ou relação jurídica para simples documento e sem caráter contencioso, que exporá, em petição circunstanciada, a sua intenção.

[...]

Art. 382. Na petição, o requerente apresentará as razões que justificam a necessidade de antecipação da prova e mencionará com precisão os fatos sobre os quais a prova há de recair. § 1º O juiz determinará, de ofício ou a requerimento da parte, a citação de interessados na produção da prova ou no fato a ser provado, salvo se inexistente caráter contencioso.

§ 2º O juiz não se pronunciará sobre a ocorrência ou a inocorrência do fato, nem sobre as respectivas consequências jurídicas.

§ 3º Os interessados poderão requerer a produção de qualquer prova no mesmo procedimento, desde que relacionada ao mesmo fato, salvo se a sua produção conjunta acarretar excessiva demora.

§ 4º Neste procedimento, não se admitirá defesa ou recurso, salvo contra decisão que indeferir totalmente a produção da prova pleiteada pelo requerente originário.

Art. 383. Os autos permanecerão em cartório durante 1 (um) mês para extração de cópias e certidões pelos interessados.

Parágrafo único. Findo o prazo, os autos serão entregues ao promovente da medida".

ao Ministério Público pela sua proposição, nestas hipóteses (art. 21, VI da Lei nº 13.431/2017).

3.4.1.6.3.2 Ofendido

De acordo com o art. 6º, IV do CPP, deve o delegado de polícia ouvir o ofendido ao apurar uma infração penal. Para tanto, deverá aplicar, no que couber ao inquérito policial, o disposto no Capítulo V do Título VII do Código de Processo Penal (art. 201), que regulamenta a redução a termo das declarações do ofendido, ato pelo qual se dá a sua inquirição, valendo consignar que, sempre que possível, seu registro se dará por gravação magnética, estenotipia, digital ou técnica similar, conforme art. 405, § 1º do CPP.

Isto posto, cumpre salientar que o art. 201 do CPP, em sua redação dada pela Lei nº 11.690/2008, estatui que, sempre que possível, o ofendido será qualificado e perguntado sobre as circunstâncias da infração que o vitimou, quem seja ou presuma ser o seu autor, as provas que possa indicar, tomando-se por termo as suas declarações. Se, intimado para prestar declarações, deixar de comparecer sem motivo justo, o ofendido poderá ser conduzido coercitivamente (§ 1º).

Note-se, portanto, que a fundamental diferença entre a colheita das declarações do ofendido e do depoimento da testemunha é que, naquele, não há compromisso de dizer a verdade. Contudo, aquele que dolosamente noticiar informações falsas de infração penal sujeita-se à incidência dos crimes de denunciação caluniosa (art. 339 do CP[580]) quando houver imputação de autoria, ou de falsa comunicação de crime ou contravenção (art. 340 do CP[581]) quando esta não ocorrer.

---

580 Art. 339 do CP: "Art. 339. Dar causa à instauração de investigação policial, de processo judicial, instauração de investigação administrativa, inquérito civil ou ação de improbidade administrativa contra alguém, imputando-lhe crime de que o sabe inocente:

Pena - reclusão, de dois a oito anos, e multa.

§ 1º - A pena é aumentada de sexta parte, se o agente se serve de anonimato ou de nome suposto.

§ 2º - A pena é diminuída de metade, se a imputação é de prática de contravenção".

581 Art. 340 do CP:

"Art. 340 - Provocar a ação de autoridade, comunicando-lhe a ocorrência de crime ou de contravenção que sabe não se ter verificado:

Pena - detenção, de um a seis meses, ou multa".

Embora o § 2º do art. 201 do CPP – no qual se dispõe que o ofendido será comunicado dos atos processuais relativos ao ingresso e à saída do acusado da prisão, à designação de data para audiência e à sentença e respectivos acórdãos que a mantenham ou modifiquem – nada mencione sobre a comunicação dos atos do inquérito policial ao ofendido, pode-se afirmar que o mesmo, em inquérito policial que apure crime objeto de ação penal pública em que houver indiciamento, deverá ser comunicado quanto ao oferecimento do seu relatório conclusivo, tendo direito de acesso à cópia deste e das peças neste mencionadas, como decorrência seu direito de ajuizar ação penal privada subsidiária da pública (art. 5º LIX da CF e arts. 29 e 46 do CPP), em caso de inércia do Ministério Público, ou possa, desde logo, requerer ao juiz a admissão como assistente da acusação, em caso de tempestivo ajuizamento da ação penal pública pelo Ministério Público[582]. Tais comunicações ao ofendido deverão ser feitas no endereço por ele indicado, admitindo-se, por sua opção, o uso de meio eletrônico (art. 201, § 3º).

Por sua vez, o previsto no § 4º do art. 201, o qual dispõe que antes do início da audiência e durante a sua realização, será reservado espaço separado para o ofendido, não se aplica ao inquérito policial que tenha por objeto crimes de ação penal pública, tendo em vista o seu regime de publicidade restrita, no qual o acesso ao ofendido se dará apenas em relação a atos que indispensáveis à reparação em esfera extrapenal, uma vez que a titularidade da ação penal incumbirá ao Ministério Público. No entanto, conforme já salientado no item 3.4.1.2.6, nos casos onde o crime apurado seja objeto de ação penal privada, ao ofendido deverá ser dado tratamento análogo ao indiciado e investigado, assegurado-lhe o amplo acesso às diligências já documentadas (e não em curso) no inquérito policial (art. 14 do CPP), a fim de lhe possibilitar-lhe requerer diligências ao delegado de polícia, bem como utilizar seus atos atos no ajuizamento de demandas objetivando a reparação em esfera extrapenal, como, por exemplo, a ação civil *ex delicto*.

Outro dispositivo cuja aplicabilidade no inquérito policial requer uma análise mais detida, é § 5º do art. 201, no qual dispõe que, se o juiz entender necessário, poderá encaminhar o ofendido para atendimento multidisciplinar, notadamente nas áreas psicossocial, de assistência jurídica e de saúde, a expensa do ofensor ou do Estado. Partindo-se do fato

---

582 Cf. notas 394 e 395.

que tal parágrafo, assim como toda a redação do art. 201, foi incluído pela Lei nº 11.690/2008, pode-se traçar um paralelo com medida análoga previamente prevista no art. 23, I da Lei nº 11.340/2006 ("Lei Maria da Penha", a qual versa sobre disposições especiais sobre a persecução penal em face da violência doméstica e familiar contra a mulher), cuja aplicação não se efetiva diretamente pelo delegado de polícia, o qual deve remeter pedido da própria ofendida ao juiz, para a sua concessão (art. 12, III)[583]. A partir daí, pode-se concluir que a aplicação da medida no art. 201, § 5º do CPP ao inquérito policial, depende de autorização judicial, sendo prudente que o delegado de polícia instrua sua representação por tal medida com pedido do ofendido neste sentido, por analogia ao art. 12, III da Lei nº 11.340/2006.

Outra peculiaridade da aplicação do art. 201, § 5º ao inquérito policial diz respeito ao custeio atendimento multidisciplinar ao ofendido, que, em princípio, deverá necessariamente ser provido pelo Estado ou por filantropia, uma vez que o pagamento de atendimento multidisciplinar do ofendido pelo ofensor requer a sua condenação[584]. Nada obsta, no entanto, que, em caso de condenação, o Esatdo venha a cobrar o ofensor o ressarcimento das despesas anteriormente arcadas pelo Estado em razão da referida medida.

Ademais, deve o delegado de polícia, durante o inquérito policial, em coroação a sua restrita publicidade, tomar as providências necessárias à preservação da intimidade, vida privada, honra e imagem do ofendido, conforme já exposto no item 3.4.1.2.6, inclusive para evitar sua exposição aos meios de comunicação (art. 201, § 6º do CPP).

Quando o ofendido for criança ou adolescente vítima de violência, cabe acrescentar que, de acordo com o art. 8º da Lei nº 13.431/2017, sua inquirição será formalizada mediante "depoimento especial", assim como no caso da criança e adolescente testemunha da violência, aplicando-se os demais dispositivos da referida lei analisados no item

---

583 Registre-se ainda que o art. 21, IV da Lei nº 13.431/2017, estatui que cabe ao delegado de polícia "requisitar" (leia-se representar) ao juiz pelo atendimento da criança ou adolescente vítima de violência e de sua família em órgãos socioassistenciais a que tem direito.

584 Inclusive, o próprio art. 23, I da Lei nº 11.340/2006, onde se prevê medida análoga de urgência, cuja aplicação dirige-se essencialmente ao início da persecução penal, faz menção apenas ao encaminhamento da ofendida e seus dependentes a "programa oficial ou comunitário de proteção ou de atendimento".

anterior. Aqui, vale salientar que, apesar da Lei nº 13.431/2017 ter pretendido equiparar as inquirições do ofendido e testemunha menor de crimes violentos, a testemunha que não seja menor de 14 (quatorze) anos, diferentemente do ofendido nesta faixa etária, não está dispensada do compromisso de dizer a verdade (art. 208 do CPP), muito embora seu descumprimento não acarrete a incidência do crime de falso testemunho, em razão da inimputabilidade penal dos menores de 18 (dezoito) anos (arts. 228 da CF e 27 do CP)[585].

3.4.1.6.3.3 Indiciado

De acordo com o art. 6º, V do CPP, deve a autoridade policial ouvir o indiciado, com as mesmas garantias do interrogatório judicial que se mostrem cabíveis ao inquérito policial, devendo o respectivo termo ser assinado por duas testemunhas que tenham ouvido a sua leitura, quando não for possível o seu registro por gravação magnética, estenotipia, digital ou técnica similar, conforme art. 405, § 1º do CPP. Desta forma, o interrogatório é o ato pelo qual se formaliza a inquirição do indiciado no inquérito policial, devendo atender ao disposto Capítulo III do Título VII do Código de Processo Penal, devidamente adaptado às suas peculiaridades, dispostas no Título II do referido diploma legal.

Apesar de o código em questão ter originalmente consagrado o interrogatório como meio de prova, hodiernamente tem se considerado o mesmo também um meio de defesa, sendo a sua colheita no inquérito policial normalmente a primeira oportunidade concedida para o indiciado exercer seu direito de defesa durante a persecutio criminis, expondo livremente a sua versão dos fatos à luz da infração penal que lhe foi fundamentadamente imputada.

No entanto, o interrogatório do indiciado durante o inquérito policial, diferentemente do interrogatório judicial, possui, em princípio, publicidade restrita ao investigado e ao seu advogado, por força do art. 20 do CPP, aplicado à luz do arts. 5º, X e 37, *caput* da CF[586].

Fixadas estas premissas, a seguir serão adequadas ao inquérito policial as principais disposições dos arts. 185 a 196 do CPP a este aplicáveis, cujo texto foi especialmente adaptado às importantes modificações

---

585 A respeito, cf. itens 3.4.1.3.2 e 3.6.
586 Com relação à publicidade restrita do inquérito policial, cf. item 3.4.1.2.6.

ocorridas em nossa legislação processual penal com as Leis 10.792/2003 e 11.900/2009 que introduziram significativas mudanças na disciplina do interrogatório, compatibilizando o sistema do código de Processo Penal de 1941 com os princípios e garantias consagrados pela Constituição de 1988, e com as inovações tecnológicas da atualidade.

Sob este prisma, a partir do art. 185 do CPP observa-se que o indiciado que comparecer perante o delegado de polícia, no curso do inquérito policial, será qualificado e interrogado na presença de seu defensor. Caso o indiciado se encontre preso, será requisitada a sua apresentação perante o delegado de polícia nas hipóteses em que o interrogatório não se realizar no estabelecimento prisional no qual estiver custodiado ou por videoconferência (art. 185 § 7º do CPP). Caso haja mais de um indiciado, serão interrogados separadamente (art. 191 do CPP).

Já o art. 186 do CPP, dispõe que, depois de devidamente qualificado e cientificado do inteiro teor da imputação, o interrogado será informado, antes de iniciar o interrogatório, do seu direito de permanecer calado e de não responder perguntas que lhe forem formuladas. O parágrafo único do referido artigo – ao estatuir que silêncio não importará em confissão, tampouco poderá ser interpretado em prejuízo da defesa – consiste em um desdobramento da garantia constitucional ao silêncio prevista no art. 5º, LXIII CF[587], revogando o art. 198 do mesmo diploma legal, no qual instituía-se que o silêncio poderá constituir elemento de convencimento, o que não foi recepcionado pela constituição vigente[588].

A ausência da referida advertência poderá causar nulidade das in-

---

587 Art. 5º LXIII da CF: "O *preso* será informado de seus direitos, entre os quais o de permanecer calado, sendo-lhe assegurada a assistência da família e de advogado". Muito embora a norma constitucional em questão só confira expressamente o direito de silenciar aos presos, a necessidade de lhe conferir máxima efetividade consagrou na legislação infraconstitucional, por meio da redação dada ao art. 186 do CPP pela Lei nº 10.792/2003, sua ampliação para todos aqueles que se encontrem sujeitos à persecução penal, independentemente do seu *status libertatis*, o que já havia sido pelo menos em parte feito pelo art. 8º, 2, *g*, do Decreto nº 678/1992 (Pacto de San Jose da Costa Rica), que estende tal direito a *toda pessoa acusada*, o qual, de acordo com entendimento do STF (RE 349.703/ RS, Tribunal Pleno, Relator(a): Min. Carlos Britto, Relator(a) p/ Acórdão: Min. Gilmar Mendes, j. em 03/12/2008, DJe-104 05/06/2009), teriam natureza infraconstitucional e supralegal. A respeito, cf. ainda Nota nº 536.

588 Art. 198 do CPP: "Art. 198. O silêncio do acusado não importará confissão, mas poderá constituir elemento para a formação do convencimento do juiz".

formações incriminatórias eventualmente colhidas no interrogatório do indiciado, bem como elementos de prova que destas sejam decorrentes, caso se constate que o desconhecimento do direito ao silêncio causou prejuízo ao direito de defesa, sacrificando o seu exercício[589]. Todavia, quando o indiciado interrogado se encontrar preso, tal nulidade é de natureza absoluta, uma vez que viola frontalmente a referida garantia constitucional insculpida no art. 5º, LXIII, da CF, o qual dispõe, *in verbis*, que "o *preso* será informado de seus direitos, entre os quais o de permanecer calado [...]", a partir da presunção absoluta de que a vulnerabilidade que quem tem sua liberdade restringida impõe que tal direito lhe seja especialmente informado.

Por sua vez, o art. 187 *caput* do CPP dispõe que o interrogatório será constituído de duas partes: sobre a pessoa do acusado e sobre os fatos". No entanto, é de se ressaltar que o direito ao silêncio abrange apenas à segunda parte do interrogatório, qual seja, aquela que versa sobre o mérito da imputação, impondo-se ao indiciado a prestação de informações referentes à sua pessoa, sob pena de cometimento da infração penal do art. 68 do Dec.-Lei 3.688/1941 (Lei das Contravenções Penais)[590].

---

589 Neste sentido, GRINOVER, Ada Pellegrini; FERNANDES, Antônio Scarance; GOMES FILHO, Antônio Magalhães. *As Nulidades no Processo Penal*. 8ª Ed. São Paulo: Revista dos Tribunais, 2004, p. 98-100; STJ – HC 49.358/GO, 5ª Turma, Relator(a): Min. Gilson Dipp, j. em 06/06/2006, DJ 01/08/2006; e STF – HC 78.708/SP, 1ª turma, Relator(a): Min. Sepúlveda Pertence, j. em 09/03/1999, DJ 16/04/1999, de onde se transcreve o seguinte trecho: "em matéria de direito ao silêncio e à informação oportuna dele, a apuração do gravame há de fazer-se a partir do comportamento do réu e da orientação de sua defesa no processo: o direito à informação oportuna da faculdade de permanecer calado visa a assegurar ao acusado a livre opção entre o silêncio – que faz recair sobre a acusação todo o ônus da prova do crime e de sua responsabilidade – e a intervenção ativa, quando oferece versão dos fatos e se propõe a prová-la: a opção pela intervenção ativa implica abdicação do direito a manter-se calado e das consequências da falta de informação oportuna a respeito". Cf. ainda item 3.7.

590 Art. 68 do Dec.-Lei 3.688/1941:
"Art. 68. Recusar à autoridade, quando por esta, justificadamente solicitados ou exigidos, dados ou indicações concernentes à própria identidade, estado, profissão, domicílio e residência.
Pena – multa, de duzentos mil réis a dois contos de réis.
Parágrafo único. Incorre na pena de prisão simples, de um a seis meses, e multa, de duzentos mil réis a dois contos de réis, se o fato não constitui infração penal mais grave, quem, nas mesmas circunstâncias, faz declarações inverídicas a respeito de sua identidade pessoal, estado, profissão, domicílio e residência".

Na primeira parte do interrogatório, o indiciado será perguntado sobre a residência, meios de vida ou profissão, oportunidades sociais, lugar onde exerce a sua atividade, vida pregressa, notadamente se foi preso ou processado alguma vez e, em caso afirmativo, qual o juízo do processo, se houve suspensão condicional ou condenação, qual a pena imposta, se a cumpriu e outros dados familiares e sociais (art. 187, § 1º do CPP). Neste momento, também se mostra adequado se proceder as demais medidas previstas no art. 6º, IX e X do CPP (este último incluído pela Lei nº 13.257/2016, que também incluiu previsões análogas nos arts. 185, § 10º e 304, § 4º), quais sejam, averiguar sua atitude e estado de ânimo antes e depois do crime e durante ele, e quaisquer outros elementos que contribuírem para a apreciação do temperamento e caráter do indiciado, e, caso este seja preso, colher informações sobre a existência de filhos, respectivas idades e se possuem alguma deficiência, com o nome e o contato de eventual responsável pelos seus cuidados[591].

Na segunda parte, deve o delegado de polícia buscar esclarecer, numa sequência lógica, o fato e suas circunstâncias, devendo o indiciado, inclusive, ser perguntado sobre (art. 187 § 2º do CPP):

I - se é verdadeira a imputação que lhe é feita em seu indiciamento. Caso o indiciado confesse a autoria, será perguntado sobre os motivos e circunstâncias do fato e se outras pessoas concorreram para a infração, e quais sejam (art. 190 do CPP). Nesta hipótese, ao valorar a confissão, deverá o delegado de polícia confrontá-la com as demais provas colhidas no inquérito, verificando se entre estas existe compatibilidade ou concordância (art. 197 do CPP);

II - não sendo verdadeira a imputação, o indiciado será inquirido se tem algum motivo particular a que atribuí-la, se conhece a pessoa ou

---

Caso o qualificado informe dados qualificativos de terceiro, cometerá o crime de falsa identidade (art. 307 do CP), conforme entendimento sedimentado no Superior Tribunal de Justiça por meio da Súmula nº 522, a qual dispõe, *in verbis*, que "A conduta de atribuir-se falsa identidade perante autoridade policial é típica, ainda que em situação de alegada autodefesa" (3ª Seção. Aprovada em 25/03/2015, DJe 06/04/2015).

591 Tais informações, visam subsidiar o juiz na aplicação dos incisos IV a VI ao art. 318 do CPP, também incluídas pela Lei nº 13.257/2016, que passou a prever que este também poderá substituir a prisão preventiva pela domiciliar quando o preso for gestante; mulher com filho de até 12 (doze) anos de idade incompletos; ou homem, caso seja o único responsável pelos cuidados do filho de até 12 (doze) anos de idade incompletos.

pessoas a quem deva ser imputada a prática do crime, e quais sejam, e se com elas esteve antes da prática da infração ou depois dela. Caso negue a imputação, no todo ou em parte, poderá prestar esclarecimentos e indicar provas (art. 189 do CPP);

III - onde estava ao tempo em que foi cometida a infração e se teve notícia desta;

IV - as provas já apuradas;

V - se conhece as vítimas e testemunhas já inquiridas ou por inquirir, e desde quando, e se tem o que alegar contra elas, devendo-se previamente avaliar se a revelação ao indiciado da identidade de vítimas e testemunhas do fato investigado não representa risco a sua integridade física e moral, em especial daquelas que ainda estão por ser inquiridas;

VI - se conhece o instrumento com que foi praticada a infração, ou qualquer objeto que com esta se relacione e tenha sido apreendido;

VII - todos os demais fatos e pormenores que conduzam à elucidação dos antecedentes e circunstâncias da infração;

VIII - se tem algo mais a alegar em sua defesa.

De acordo com o art. 188 do CPP, após proceder ao interrogatório, o delegado de polícia indagará do indiciado se restou algum fato para ser esclarecido, formulando as perguntas correspondentes se o entender pertinente e relevante. Enquanto não encerradas as investigações, poderá o delegado de polícia proceder a novo interrogatório de ofício ou a pedido fundamentado do indiciado, consoante arts. 196 e 14 do CPP.

Já os art. 192, 193 e 195 do CPP, de uma maneira geral, cuidam de peculiaridades da lavratura do interrogatório escrito relacionadas a indiciados portadores de necessidades ou circunstâncias especiais, aplicável por analogia a todas as outras formas de inquirição. No interrogatório do surdo as perguntas serão apresentadas por escrito e respondidas oralmente, ao mudo as perguntas serão feitas oralmente e respondidas por escrito, enquanto ao surdo-mudo as perguntas serão formuladas e respondidas por escrito e do mesmo modo dará as respostas. Caso o interrogando mudo, surdo, surdo-mudo não saiba ler ou escrever, intervirá no ato, como intérprete e sob compromisso, pessoa habilitada a entendê-lo. Por sua vez, quando o interrogando não falar a língua nacional, o interrogatório será feito por meio de intérprete. Caso este não souber escrever, não puder ou não quiser assinar, tal fato será consignado no termo.

Com relação ao menor, cumpre esclarecer que se encontra praticamente revogado o art. 15 do CPP, que previa a nomeação de curador, no caso de seu indiciamento, em função da redução da maioridade de 21 (vinte e um) para 18 (dezoito) anos, contemplada art. 4º, I do Código Civil de 2002. Como os menores de 18 anos também são penalmente inimputáveis (arts. 228 da CF e 27 do CP), não se tornou mais possível a existência de indiciados menores, uma vez que a maioridade passou a coincidir com a imputabilidade penal, excetuando-se os indígenas, cuja maioridade não se dá antes dos 21 anos de idade (art. 9º da Lei nº 6.001/1973), e para quem ainda se faz necessária a nomeação de curador especial, muito embora a Lei 10.792/2003, tenha revogado por completo o art. 194 do CPP, que previa exigência de nomeação de curador ao menor no interrogatório judicial[592].

Por sua vez, o interrogatório do indiciado preso, será realizado, alternativamente, em sala própria, no estabelecimento prisional em que estiver recolhido, desde que estejam garantidas a segurança do delegado de polícia, bem como escrivão de demais auxiliares, além da presença do defensor, e, eventualmente, do membro do Ministério Público (art. 185 § 1º do CPP). Como já aludido anteriormente, a publicidade restrita do inquérito policial faz com que o referido rol seja, em princípio, taxativo.

Excepcionalmente, poderá o delegado de polícia, por decisão fundamentada, de ofício ou a requerimento do indiciado, realizar o interrogatório deste, caso se encontre preso, por sistema de videoconferência ou outro recurso tecnológico de transmissão de sons e imagens em tempo real, desde que a medida seja necessária para: Prevenir risco fundado em suspeita de que o preso possa fugir durante o deslocamento, e/ou integre organização criminosa; viabilizar sua participação no refe-

---

592 Neste particular, cumpre salientar que o art. 4º, parágrafo único do Código Civil, remete a disciplina da capacidade civil dos índios à lei especial, vigendo, neste particular, o art. 9º da Lei nº 6.001/1973, que os considera absolutamente incapazes até, pelo menos, completar 21 anos. Nestes casos, recomenda-se que o curador do indiciado indígena seja servidor ligado a Fundação Nacional do Índio (FUNAI), conforme sustentado por MIRABETE, Julio Fabbrini. *Processo Penal.* 8ª Ed. rev. e atual. São Paulo: Atlas, 1998, p. 284. Em sentido diverso, sustentando, sem ressalvas, a desnecessidade de nomeação de curador àqueles com idade entre 18 (dezoito) e 21 (vinte e um) anos STJ, HC 89.684/MG, 5ª Turma, Rel. Min. Félix Fischer, j. em 26/02/2008, DJe 28/04/08; STJ, HC 102268/SP, 5ª Turma, Rel. Min. Napoleão Nunes Maia Filho, j. em 07/10/2008, DJe 03/11/2008.

rido ato, quando haja relevante dificuldade para seu comparecimento perante o delegado de polícia, por enfermidade ou outra circunstância pessoal[593]; ou responder à gravíssima questão de ordem pública[594], conforme art.185 § 2º, I, II, III e V, do CPP, cuja redação foi determinada pela Lei 11.900/2009[595].

Da decisão que determinar a realização de interrogatório por videoconferência, o indiciado será intimado com, pelo menos, 10 (dez) dias de antecedência. A sala reservada no estabelecimento prisional para a realização de atos por sistema de videoconferência será fiscalizada pelas corregedorias competentes, e pelo juiz de cada caso, como

---

[593] Além disso, cumpre ressaltar que, relevantes dificuldades não necessariamente derivadas de circunstâncias pessoais do indiciado preso podem inviabilizar seu comparecimento perante o delegado de polícia, uma vez que seu transporte pode impor um alto custo ao Estado de ordem financeira e logística, já como nos casos em que este é custodiado em local distante do da condenação, conforme art. 86, *caput*, e § 1º da Lei nº 7.210/1984 (Lei de Execução Penal), no qual se autoriza que as penas privativas de liberdade aplicadas pelo Poder Judiciário de uma unidade federativa possam ser executadas em outra unidade, em estabelecimento local, ou da União, situado em local distante da condenação, quando a medida se justifique no interesse da segurança pública ou do próprio condenado.

[594] Embora extremamente genérica, pode-se vislumbrar uma aplicação desta hipótese quando, por exemplo, houver fundado risco de que a população queira invadir a delegacia e agredir o indiciado por crime de grave repercussão social, aproveitando-se da oportunidade onde o mesmo desloca-se da cadeia pública para ser interrogado na delegacia de polícia. Para uma aproximação ao conceito de ordem pública, cf. item 1.2.1.1.

[595] Ao longo da década de 2000, diversos diplomas legais dispuseram sobre a utilização de sistemas de informática, mediante videoconferência e outros mecanismos audiovisuais, na prática de atos processuais – assim como do próprio processo, haja vista a Lei nº 11.419/2006, que dispõe sobre a informatização do processo judicial; a Lei nº 11.690/2008, que, ao dar nova redação ao artigo 217 do CPP, possibilitou a inquirição de testemunhas e da vítima por videoconferência, quando verificar o juiz que a presença do réu, na audiência, poderá àquelas causar temor ou sério constrangimento; e, em seguida, a Lei 11.719/2008, que pela primeira vez previu expressamente no plano legal a possibilidade de gravação das audiências no inquérito policial.

Consolidando esta tendência, veio a lume a Lei 11.900/2009, que alterou o Código de Processo Penal para permitir a realização de interrogatório e demais atos processos por meio da videoconferência e outros mecanismos eletrônicos audiovisuais, respondendo assim aos reclames de parte da doutrina e de alguns Tribunais quanto à realização de interrogatórios *on-line*, sob o fundamento de haver, sobretudo, ofensa à ampla defesa e ao devido processo legal, ante a falta de disposições legais que regulassem claramente a sua realização pelos referidos meios tecnológicos.

também pelo Ministério Público e pela Ordem dos Advogados do Brasil (art. 185 §§ 3º e 6º do CPP).

Por fim, cumpre salientar que a partir do art. 185 § 5º do CPP, depreende-se que, independentemente de como será formalizado o interrogatório, o delegado de polícia garantirá ao indiciado o direito de entrevista prévia e reservada com o seu defensor, caso constituído. Caso o interrogatório seja realizado por videoconferência, deve-se particularmente assegurar o acesso a canais telefônicos reservados para comunicação entre o defensor que esteja no presídio e o eventualmente presente na sala de audiência da Delegacia ou congênere, e entre este e o preso. Dessarte, acautela-se o princípio da ampla defesa, uma vez que o sistema de audiência por videoconferência permite o contato privativo entre o indiciado e seu advogado.

Desta forma, observa-se que a teleaudiência, assim como as audiências presenciais nas quais há a gravação das imagens do interrogatório, opera em favor e não contrariamente ao indiciado, pois permite que, no momento de valoração de indícios e provas, o mesmo esteja registrado com a mais ampla fidelidade, consubstanciando-se, por isso mesmo, em um importante instrumento para a elucidação dos fatos investigados pelo delegado de polícia no inquérito policial, auxiliando também ao juiz, quando de eventual processo penal, a apreciar amplamente elementos de convicção derivados de atos dos quais não participou.

3.4.1.6.3.3.1 Colaboração premiada

A colaboração premiada consiste no fornecimento de elementos de convicção e/ou informações úteis ao esclarecimento do fato delituoso pelo investigado, indiciado ou acusado que confessar autoria durante o inquérito policial ou processo penal propriamente dito, em troca da possibilidade de perdão judicial, redução da pena ou sua substituição por penas restritivas de direitos, a partir de acordo firmado com delegado de polícia ou membro do Ministério Público.

Portanto, durante o inquérito policial, a colaboração premiada é uma ferramenta a disposição do indiciado ou investigado, devendo este último necessariamente ser submetido ao indiciamento com a formalização do acordo de colaboração premiada, uma vez que, para realização do acordo, sua confissão necessariamente deverá guardar verossimilhança com os demais elementos colhidos durante a investigação, alçando-lhe à situação de provável autor da infração penal apurada.

Com efeito, na colaboração premiada durante o inquérito policial, um indiciado passa a atuar também como testemunha, podendo seu depoimento trazer tanto informações que os incriminem os demais coautores e partícipes do crime investigado (delação), quanto outras que auxiliem na apuração dos fatos em toda sua extensão. É também denominada "delação premiada", muito embora seu conteúdo, a rigor, não pressuponha necessariamente uma delação, incriminando outras pessoas.

Trata-se a colaboração premiada, portanto, de um meio de obtenção de prova, de sorte que o acordo de colaboração não se confunde com o depoimento prestado pelo indiciado colaborador, o qual, efetivamente, se constituiria o meio de prova propriamente dito, instruindo o inquérito policial com elementos de convicção[596]. Por outra perspectiva, pode ainda a colaboração pode ser compreendida no exercício do direito à ampla defesa, uma vez que, em que pese não exista direito líquido e certo ao acordo de colaboração, esta não deixa de ser mais veículo de defesa de que o indiciado ou investigado pode se valer durante o inquérito policial[597]. A colaboração premiada trata-se ainda de um negócio jurídico processual, uma vez que, com a homologação judicial do acordo, confere-se ao colaborador o direito a medidas de proteção pessoal a ser vistas mais adiante, preservação de informações pessoais, e de participação de audiências sem contato visual com os demais envolvidos[598].

A primeira e terceira características, acima referidas, foram expressamente reconhecidas por meio da inserção do art. 3º-A na Lei nº 12.850/2013 pela Lei nº 13.964/2019, no qual se define a colaboração premiada meio de prova e negócio jurídico processual, que pressupõe utilidade e interesse públicos.

A primeira lei a prever a colaboração premiada no Brasil foi a Lei nº 8.072/1990 (Lei de Crimes Hediondos) a qual, em seu art. 8º, parágrafo

---

596 Neste sentido, STF, HC 127483/PR, Tribunal Pleno, Rel. Min. Dias Toffoli, julgado em 27/08/2015, DJe-021 de 04/02/2016; ANSELMO, Márcio Adriano. *Colaboração premiada*: o novo paradigma do processo penal brasileiro. Rio de Janeiro: Mallet, 2016, p. 41.
597 ANSELMO, Márcio Adriano. *Colaboração premiada*: o novo paradigma do processo penal brasileiro. Rio de Janeiro: Mallet, 2016, p. 41-42.
598 STF, HC 127483/PR, Tribunal Pleno, Rel. Min. Dias Toffoli, julgado em 27/08/2015, DJe-021 de 04/02/2016.

único, previu a redução de um a dois terços da pena do participante ou associado de quadrilha voltada à prática de crimes hediondos, tortura, tráfico de drogas e terrorismo, que denunciasse à autoridade o grupo, permitindo seu desmantelamento. Já com relação ao crime de extorsão mediante sequestro, a referida lei incluiu modalidade específica de colaboração premiada em seu tipo penal (art. 159, § 4º, Código Penal), da qual dependia que fosse facilitada a libertação do ofendido, para seu aperfeiçoamento, nos casos em que fosse praticado por quadrilha, e, a partir da redação dada pela Lei nº 9.269/1996, por qualquer modalidade de concurso de pessoas.

Posteriormente, passou-se a prever a colaboração premiada também na persecução de crimes contra o sistema financeiro nacional, ordem tributária, econômica e relações de consumo, cometidos em quadrilha ou coautoria, onde o coautor ou partícipe que através de confissão espontânea revelar à autoridade de polícia judiciária ou judicial toda a trama delituosa terá a sua pena reduzida de um a dois terços (art. 25 § 2º da Lei nº 7.492/1986, e art. 16, parágrafo único, da Lei nº 8.137/1990, ambos incluídos pela Lei nº 9.080/1995).

Com a Lei nº 9.613/1998, que dispôs sobre o crime lavagem de dinheiro, passou-se a prever novas possibilidades de benefícios ao indiciado ou acusado por este delito que se disponha a colaborar, como a condenação a regime menos gravoso (aberto ou semiaberto), substituição da pena privativa de liberdade por restritiva de direitos e até mesmo perdão judicial, caso seus esclarecimentos conduzam à identificação dos autores, coautores e partícipes, ou à localização dos bens, direitos ou valores objeto do crime (art. 1º, § 5º).

No mesmo sentido, caminhou a Lei nº 9.807/1999, que trata da proteção de testemunhas, ofendidos, indiciados, acusados ou condenados que tenham voluntariamente prestado efetiva colaboração durante o inquérito policial ou processo criminal. Ao indiciado ou acusado que colaborar voluntariamente na identificação dos demais coautores ou partícipes do crime, na localização do ofendido com vida e na recuperação total ou parcial do produto do crime, previu-se uma redução na pena de um a dois terços, em caso de condenação (art. 14), podendo ainda o juiz, de ofício ou a requerimento das partes, conceder o perdão judicial e a consequente extinção da punibilidade ao acusado primário, cuja colaboração resulte também na localização do ofendido com a sua integridade física preservada, para o qual levar-se-á ainda em conta a personalidade do colaborador e a natureza, circunstâncias, gravidade e repercussão social do fato criminoso (art. 13).

Mais adiante, foi editada a Lei nº 11.343/2006, reafirmando a previsão de colaboração premiada na persecução penal dos crimes de tráfico de drogas[599], prevendo-se, uma redução de um a dois terços da pena, em caso de condenação, ao indiciado ou acusado que colaborar voluntariamente durante o inquérito policial e/ou processo criminal na identificação dos demais coautores ou partícipes do crime, bem como na recuperação total ou parcial do produto do crime (art. 41).

Por sua vez, ao instituir o que denominou "acordo de leniência", a legislação de defesa da concorrência foi além ao prever um procedimento para o que nada mais é do que a colaboração premiada de pessoa física ou jurídica com aplicabilidade em infrações administrativas contra a ordem econômica, na qual a autoridade de polícia administrativa especial propõe a extinção da ação punitiva da administração pública ou a redução de 1 (um) a 2/3 (dois terços) da penalidade aplicável, conforme art. 86 da Lei nº 12.529/2011[600,601]). Muito embora se dê na esfera

---

599 A Lei nº 10.409/2002, que anteriormente regulava a matéria, também previa a possibilidade de colaboração premiada em seu art. 32, §§ 2º e 3º. Contudo, ali restringia-se o acordo ao Ministério Público e ao indiciado ou acusado, possibilitando-se sobrestamento do processo, não aplicação de pena quando da sentença, ou sua redução de um sexto a dois terços.

600 A Lei nº 8.884/1994, que anteriormente regulava a matéria, inaugurou a previsão da possibilidade de acordo de leniência a partir das suas alterações introduzidas pela Lei nº 10.149/2000.

601 No âmbito do referido procedimento, previu-se, além de que a colaboração identifique os demais envolvidos e forneça informações e documentos que comprovem a infração noticiada ou sob investigação (art. 86, I e II), não estejam disponíveis com antecedência provas suficientes para assegurar a condenação, o colaborador confesse sua participação no ilícito administrativo, bem como que, por ocasião da propositura do acordo, o colaborador cesse completamente seu envolvimento na infração administrativa noticiada ou sob investigação, e coopere plena e permanentemente com as investigações (art. 86, § 1º, II, III e IV). Na hipótese de redução da penalidade de multa, a pena sobre a qual incidirá o fator redutor não será superior à menor das penas aplicadas aos demais coautores da infração (art. 86, § 5º).

A proposta de acordo de leniência proposta será, *a priori*, sigilosa, e sua rejeição, da qual não se fará qualquer divulgação, não importará em confissão quanto à matéria de fato, nem reconhecimento de ilicitude da conduta analisada. Caso celebrado, os efeitos do acordo serão extensíveis às empresas do mesmo grupo, de fato ou de direito, e aos seus dirigentes, administradores e empregados en-

administrativa, a celebração de acordo de leniência impõe reflexos no âmbito penal, mais especificamente em relação aos crimes contra a ordem econômica tipificados na Lei nº 8.137/1990, e nos demais crimes diretamente relacionados à prática de cartel[602], porquanto determina a suspensão do curso do prazo prescricional e impede o oferecimento da ação penal com relação ao beneficiário, caso se vislumbre a possibilidade de cometimento de alguma das aludidas infrações penais, paralelamente às de natureza administrativa, extinguindo-se automaticamente a punibilidade de tais crimes, uma vez cumprido o acordo (art. 87)[603].

Apenas com a Lei nº 12.850/2013, que prevê medidas de perseção às organizações criminosas[604], previu-se um procedimento com normas gerais para a aplicação da colaboração premiada em esfera penal. Até então, as leis onde se previa a colaboração premiada pecavam por não regulamentar seu procedimento, o que sujeitava o colaborador a situações de insegurança jurídica. Tal procedimento, posteriormente veio a ser complementado por normas inseridas na Lei nº 12.850/2013 pela Lei nº 13.964/2019, em boa parte derivadas da jurisprudência construída pela sua crescente utilização.

Os prêmios variam de perdão judicial, redução da pena em até 2/3 (dois terços) e substituição por penas restritivas de direitos. Para tanto, exige-se que a colaboração seja voluntária e efetiva (art. 4º). Esta é, aliás, uma das características marcantes da colaboração premiada: o benefício depende da efetividade da colaboração, isto é, de resultado, o qual pode consistir na identificação de coautores e partícipes da organização criminosa e infrações penais por eles praticados; a revelação da sua estrutura e funcionamento; a prevenção de novos crimes decorrente da sua

---

volvidos na infração desde que o firmem em conjunto (art. 86, §§ 6º, 9º e 10º).

Caso haja descumprimento do acordo de leniência, o beneficiário ficará impedido de celebrar novo acordo pelo prazo de 3 (três) anos, contado da data de seu julgamento (art. 86, § 12º).

602 Tais como os tipificados na Lei no 8.666/1993 (crimes licitatórios), e no art. 288 do CP (associação criminosa) e Lei no 12.850/2013 (organização criminosa).
603 A respeito, cf. ainda item 2.2.2.6.1.
604 A Lei nº 9.034/1995, que anteriormente regulava a matéria, também previa a possibilidade de colaboração premiada, prevendo-se que nos crimes praticados em organização criminosa, a pena será reduzida de um a dois terços, quando a colaboração espontânea levar ao esclarecimento de infrações penais e sua autoria. (art. 6º). Sobre o conceito de organização criminosa e aplicabilidade da Lei nº 12.850/2013, bem como demais instrumentos especificamente previstos por esta, cf. item 3.4.1.6.8.

atividade[605], a recuperação dos lucros obtidos com a prática criminosa ou a localização de eventual ofendido com sua integridade física preservada (art. 4º, I a V).

O recebimento da proposta para formalização de acordo de colaboração, firmada pessoalmente pelo interessado ou advogado, ou defensor público com poderes especiais para tanto, demarca o início das negociações e constitui também marco de confidencialidade, cujo sigilo só poderá ser levantado por decisão judicial (art. 3º-B, *caput* e art. 3º-C, *caput*). Portanto, a restrição da publicidade sobre o acordo de colaboração premiada celebrado durante o inquérito policial é de alçada judicial, escapando ao âmbito de apreciação do delegado de polícia, anteriormente analisado no item 3.4.1.2.6.

A proposta de acordo de colaboração premiada durante o inquérito policial poderá ser sumariamente indeferida pelo delegado de polícia, com a devida justificativa, cientificando-se o interessado. Caso não haja indeferimento sumário, deverá ser firmado termo de confidencialidade para prosseguimento das tratativas, o que vinculará os envolvidos na negociação e impedirá o indeferimento posterior sem justa causa. Os termos de recebimento de proposta de colaboração e de confidencialidade serão elaborados pelo delegado de polícia e assinados por ele, pelo indiciado ou investigado colaborador e pelo advogado ou defensor público com poderes específicos (art. 3º-B, §§ 1º e 2º e 5º).

Apesar de incumbir ao interessado instruir a proposta de colaboração com os fatos adequadamente descritos e todas as suas circunstâncias, indicando as provas e os elementos de corroboração, o acordo de colaboração premiada poderá ser precedido de instrução paralela à do inquérito policial, quando houver necessidade de identificação ou complementação do seu objeto da colaboração, dos fatos narrados, sua definição jurídica, relevância, utilidade e interesse público. Nesta hipótese, com o recebimento de proposta de colaboração para análise e formalização do termo de confidencialidade, poderá o delegado de polícia acordar a suspensão do inquérito policial, tendo em vista a necessidade

---

605 Neste particular, cumpre observar que, apesar de se considerar efetiva a colaboração que contribuir para a prevenção de crimes, a finalidade do instituto é, essencialmente, a elucidação de delitos praticados e em prática pela organização criminosa investigada, reafirmando-se, portanto, o já abordado no item 1.2.3, sobre os limites e interação entre as funções de polícia administrativa geral e judiciária.

de medidas processuais penais para a instrução do acordo, sendo que as medidas cautelares, contudo, não poderão ser decretadas ou autorizadas com fundamento *apenas* no informado pelo colaborador (art. 3º-B, §§ 3º § 4º e art. 3º-C, § 4ºe art. 4º, § 16º).

No acordo de colaboração premiada, o indiciado ou investigado colaborador deve narrar todos os fatos ilícitos para os quais concorreu e que tenham relação direta com os fatos investigados, bem como pressupõe que o colaborador cesse o envolvimento em conduta ilícita relacionada ao objeto da colaboração, sob pena de rescisão. Em contrapartida, na hipótese de não ser celebrado o acordo por iniciativa do delegado de polícia, esse não poderá se valer nenhuma das informações ou provas apresentadas pelo colaborador, para instrução do inquérito policial no qual esta foi proposta ou qualquer outra finalidade (art. 3º-C, §§ 3º e 6º e art. 4º, § 18º). O registro das tratativas e dos atos de colaboração, sem prejuízo de sua redução a termo escrito, deverá ser feito pelos meios ou recursos de gravação magnética, estenotipia, digital ou técnica similar, inclusive audiovisual, a fim de se obter maior fidelidade das informações, garantindo-se a disponibilização de cópia ao colaborador (art. 4º, § 13º).

O juiz, portanto, não deve participar das negociações para formalização do acordo de colaboração. Apenas o colaborador, seu advogado ou defensor público com poderes específicos, o delegado de polícia, durante o inquérito policial, e o representante do Ministério Público, durante o processo penal, participam. Embora o art. 4º, § 6º preveja que a proposição pelo Ministério Público possa se dar, a qualquer tempo, a mesma acaba por ofender o princípio da separação dos Poderes (art. 60, § 4º, III da CF), uma vez que implica em indevida intromissão na presidência do inquérito policial, fazendo com que o membro do Ministério Público acabe por substituir o delegado de polícia[606].

Com o afastamento do juiz, busca-se, portanto, reservar as tratativas do acordo às partes processuais, preservando a sua imparcialidade, sendo-lhe reservada apenas a homologação do acordo, observando-se a sua regularidade, legalidade e voluntariedade, podendo para este fim, sigilosamente, ouvir o colaborador, na presença de seu defensor, bem como recusar homologação à proposta que não atender aos requisitos

---

606 Cf. item 3.4.1.6.7, onde se aborda semelhante questão se dá em relação às medidas cautelares penais dependentes de autorização judicial.

legais, ou adequá-la ao caso concreto (art. 4º, §§ 7º e 8º). Durante o inquérito policial, no entanto – como ainda não existem partes, senão em potencial – cabe primordialmente ao delegado de polícia a proposição do acordo de colaboração no seu âmbito, uma vez que seu curso se dá mediante a atuação de ofício de quem o preside (inquisitoriedade), recaindo sobre o delegado de polícia, também em razão da própria natureza do inquérito policial[607].

Todavia, em razão do inquérito policial com indiciado(s) já ostentar uma relação potencialmente processual, justifica-se a colheita da manifestação do membro do Ministério Público nos acordos de delação premiada propostos pelo delegado de polícia, também previsto no art. 4º, § 6º, porquanto tal proposição permitirá ao juiz, quando da

---

607 A respeito, cf. item 3.4.1.1.

Neste particular, vale ainda ressaltar que o Supremo Tribunal Federal, julgou improcedente ação direta de inconstitucionalidade, na qual a Procuradoria-Geral da República (PGR) questionava dispositivos da Lei 12.850/2013, em especial no que tange à realização de acordos de colaboração premiada por delegado de polícia durante o inquérito policial (ADI 5508/DF, Rel. Min. Marco Aurélio, Tribunal Pleno, julgado em 20/06/2018, DJe-241 05/11/2019).

No referido julgamento, prevaleceu o entendimento de que a formulação de proposta de colaboração premiada por delegado de polícia como meio de obtenção de prova não interfere na atribuição constitucional do Ministério Público de ser titular da ação penal pública e de decidir sobre o oferecimento de denúncia, destacando-se que, mesmo que o delegado de polícia proponha ao colaborador a redução da pena ou o perdão judicial, a concretização desses benefícios ocorre apenas judicialmente, pois se trata de pronunciamentos privativos do Poder Judiciário.

A respeito, vala ainda consignar o pensamento de Márcio Adriano Anselmo, para quem não há a mínima razoabilidade em se admitir que o delegado de polícia representar judicialmente por todas as medidas cautelares, que podem inclusive ser autorizadas com manifestação em contrário do Ministério Público, e não se admita que o mesmo não possa formar acordo de colaboração. Ademais, ressaltou a imparcialidade na condução do inquérito policial, o qual é da incumbência de uma instituição sem qualquer vínculo com o processo posterior, acrescentando que o Ministério público, como parte da relação processual, não poderia conduzir uma investigação com a devida isenção se já tem em mente uma futura batalha a ser travada no processo, bem como advertiu para a inutilidade do malfado argumento da "parte imparcial" para sustentar uma ilusória imparcialidade do Ministério Público, uma vez que, como ressaltado pelos tribunais superiores, este, embora seja entidade vocacionada para a defesa da ordem jurídica, não atua de forma imparcial no âmbito penal, dada a parcialidade que lhe é inerente (in *Colaboração premiada*: o novo paradigma do processo penal brasileiro. Rio de Janeiro: Mallet, 2016, p. 85-87).

homologação, aferir a concordância do titular da ação penal pública, a quem incumbirá, privativamente, a iniciativa de eventual processo penal, pugnando pela condenação do acusado, outrora indiciado. Ademais, a celebração da colaboração premiada pelo delegado de polícia pode repercutir diretamente no exercício deste mister, porquanto o prazo para oferecimento de denúncia ou o processo, relativos ao indiciado colaborador, poderá ser suspenso por até 6 (seis) meses, prorrogáveis por igual período, até que sejam cumpridas as medidas de colaboração, suspendendo-se o respectivo prazo prescricional (art. 4º § 3º), podendo o Ministério Público até mesmo deixar de oferecer denúncia, caso a proposta de acordo de colaboração se refira a infração penal que já não esteja sendo investigada criminalmente, e o colaborador não seja o líder da organização criminosa e, o primeiro a prestar efetiva colaboração (art. 4º §§ 4º e 4º-A)[608].

Negociado o acordo, deve o mesmo ser formalizado contendo o relato do indiciado colaborador e eventuais resultados pretendidos, as condições da proposta do delegado de polícia, ofertadas durante o inquérito policial, a declaração de aceitação do colaborador e de seu defensor, as assinaturas de todos os participantes e a especificação de medidas de proteção ao colaborador e sua família, caso necessário (art. 6º).

Considerando a relevância da colaboração prestada, o delegado de polícia, nos autos do inquérito policial, com a manifestação do Ministério Público, poderá ainda representar ao juiz pela concessão de perdão judicial ao indiciado colaborador, ainda que esse benefício não tenha sido previsto na proposta inicial, (art. 4º, § 2º). Caso o perdão judicial venha a ser negado pelo juiz quando do julgamento da ação penal, a parte interessada, no caso o acusado colaborador, deverá manejar os recursos que entender cabíveis[609].

O termo do acordo é então encaminhado ao juiz, para análise quanto a sua homologação, com cópia da investigação e das informações do indiciado colaborador, além da manifestação do membro do Ministério

---
608 Tal possibilidade, aproxima a colaboração premiada de outros instrumentos de relativização da obrigatoriedade da ação penal pública, como a transação penal e a suspensão condicional do processo (arts. 76 e 89 da Lei nº 9.099/1995).
609 Neste sentido, ANSELMO, Márcio Adriano. *Colaboração premiada*: o novo paradigma do processo penal brasileiro. Rio de Janeiro: Mallet, 2016, p. 93.

Público com atribuição para oficiar no processo eventualmente decorrente do inquérito policial. Para tanto, inicialmente deverá o juiz ouvir sigilosamente o colaborador, acompanhado de seu defensor, oportunidade em que analisará a regularidade e legalidade do acordo de colaboração, em especial no que diz respeito à voluntariedade da manifestação de vontade do colaborador, especialmente nos casos em que o colaborador está ou esteve sob efeito de medidas cautelares, adequação dos benefícios pactuados às suas previsões legais, bem como dos seus resultados aos parâmetros do art. 4º, I a V, acima mencionados (art. 4º, §§ 2º, 6º e 7º).

O juiz poderá recusar a homologação do acordo que não atender aos requisitos legais, devolvendo-a para as adequações que reputar necessárias (art. 4º, § 8º).

Uma vez a homologado o acordo, o colaborador poderá, acompanhado pelo seu defensor, ser ouvido pelo delegado de polícia. (art. 4º, § 9º). Interessante notar que parte fundamental do acordo consiste na renúncia do indiciado colaborador ao seu direito ao silêncio, e a assunção de compromisso a dizer a verdade, o que faz com que sua inquirição no âmbito da colaboração premiada se dê mediante colheita de depoimento (art. 4º, § 14). Desta forma, caso o indiciamento de um dado investigado decorra da homologação do seu acordo de colaboração, excepciona-se a obrigatoriedade do mesmo ser inquirido mediante interrogatório, prevista no art. 6º, V do CPP, uma vez que, em face do acordo de delação premiada, o mesmo será inquirido mediante colheita de depoimento.

Como pode-se observar, a partir da celebração do acordo de colaboração, há uma cumulação de situações jurídicas durante o inquérito policial, uma vez que o indiciado colaborador passa a funcionar, também, como testemunha em relação aos fatos que relatar nesta qualidade, tanto que o art. 6º da Lei nº 12.850/2013 reitera expressamente que se aplicam ao colaborador medidas protetivas aplicáveis também a testemunhas e ofendidos, previstas na já mencionada Lei nº 9.807/1999, a ser estudada mais adiante.

Além disso, a Lei nº 12.850/2013 exige a presença de advogado em todos os atos de negociação, confirmação e execução da colaboração (art. 4º, 15º), sendo a eficiência do acordo julgada pelo juiz, na sentença (art. 4º, §§ 11º e 15º), onde eventual condenação não pode se dar apenas com base nas "declarações" (leia-se depoimento) do colaborador, devendo se lastrear também em outros elementos de prova (art. 4º, § 16º, III). Se a colaboração ocorrer posteriormente à sentença, a pena poderá ser reduzida até a metade ou será admitida a progressão de regime, ainda que ausentes os requisitos objetivos (art. 4º, § 5º).

Caso se verifique omissão dolosa sobre os fatos objeto da colaboração, o acordo homologado poderá ser rescindido (art. 4º, § 17), cabendo ao delegado de polícia comunicar tal fato ao juiz, caso apurado no curso do inquérito policial.

Por fim, cumpre salientar que são direitos do indiciado ou investigado que celebrar acordo de colaboração premiada durante o inquérito policial ter nome, qualificação, imagem e demais informações pessoais preservados, e não ter sua identidade revelada aos de comunicação, nem ser fotografado ou filmado, sem sua prévia autorização por escrito; ser preso provisoriamente em cadeia pública[610] diversa dos demais indiciados, bem como ser conduzido separadamente destes, participando das audiências sem contato visual com os mesmos; além de usufruir das medidas de proteção hoje previstas na Lei nº 8.907/1999 (art. 5º), a ser abordada mais adiante, no item 3.4.1.6.3.6.

3.4.1.6.3.4 Investigado

Como já visto no item 3.4.1.3.3, o Código de Processo Penal, em sua redação original, não distinguiu devidamente o investigado do indiciado, apenas mencionando este último em suas diversas passagens[611], em que pese a praxe e a doutrina ter distinguido as duas figuras. Tal cenário perdurou até a inclusão do art. 405 § 1º pela Lei nº 11.719/2008, que, ao dispor sobre possibilidade de gravação de audiências, paralelamente também inovou ao prever, expressamente, a figura do investigado no plano legal, ao estatuir que "Sempre que possível, o registro dos depoimentos do **investigado, indiciado**, ofendido e testemunhas será feito pelos meios ou recursos de gravação magnética, estenotipia, digital ou técnica similar, inclusive audiovisual, destinada a obter maior fidelidade das informações" (grifo nosso). No caso de registro por meio audiovisual, será encaminhado ao interessado cópia do registro original, sem necessidade de transcrição (art. 405 § 2º).

---
610 Cf. Nota nº 521.
611 Cf. arts. 5º, § 1º, "b", 6º, V, VIII e IX; 10, caput, e § 3º; 14; 15; 23; 125 e 134 do CPP.

No entanto, apesar de se prever a documentação por gravação da inquirição do investigado, continuou a não se prever no referido código um ato desta natureza especificamente destinado a formalizá-la. Diante disso, o deslinde de tais especificidades deve partir do confronto da natureza da situação jurídica do investigado com as formas de inquirição previstas legalmente em relação ao indiciado, ofendido e testemunha para, por analogia, aplicar-lhe aquela que se revela mais adequada.

Para tanto, deve-se partir da conceituação do investigado demonstrada alhures, como aquele cuja autoria do delito apurado cogita-se por meio de um juízo de possibilidade. Assiste-lhe, portanto, o exercício do seu direito constitucional de ampla defesa (art. 5º, LV da CF) concretizado no seu acesso ou ao seu defensor, às diligências já documentadas no inquérito policial, bem como o direito ao silêncio previamente à sua inquirição[612], de forma equiparada ao indiciado, cuja autoria do delito apurado cogita-se por meio de um juízo de probabilidade.

No entanto, tem-se no art. 187 do CPP um roteiro de perguntas para o interrogatório calcado em uma prévia imputação de infração penal, e justamente em razão do juízo de probabilidade fundamentado no indiciamento concretizar esta imputação em face do inquirido, aplicar o interrogatório em face de quem tal hipótese cogita-se apenas abstratamente, revelar-se-ia prematuro, inadequando o interrogatório como meio para a inquirição de investigado.

---

612 O art. 5º, LXIII, da CF, o qual dispõe, *in verbis*, que "o preso será informado de seus direitos, entre os quais o de permanecer calado, sendo-lhe assegurada a assistência da família e de advogado", bem como o art. 8º, 2, g, do Decreto nº 678/1992 (Pacto de San Jose da Costa Rica), que estende tal direito a toda pessoa acusada (aqui entendida como toda aquela que se encontra sujeita à persecução penal), refletiram-se na legislação processual penal de forma a alterar o art. 186 do CPP pela Lei nº 10.792/2003 nos seguintes termos: "Depois de devidamente qualificado e cientificado do inteiro teor da acusação, o acusado será informado pelo juiz, antes de iniciar o interrogatório, do seu direito de permanecer calado e de não responder perguntas que lhe forem formuladas. - Parágrafo único. O silêncio, que não importará em confissão, não poderá ser interpretado em prejuízo da defesa". Como o direito ao silêncio, corolário do princípio da ampla defesa, aplica-se plenamente ao inquérito policial, deve o delegado de polícia, ainda que não haja indiciamento, informar ao investigado, após a sua qualificação, o inteiro teor das suspeitas consideradas em seu desfavor, bem como que o mesmo tem o direito de permanecer calado e de não responder as perguntas que lhe forem formuladas. A respeito, cf. ainda nota nº 587.

3 – Polícia Judiciária   365

Da mesma forma, não se compatibiliza o depoimento como meio de inquirição do investigado, porquanto a este deve ser conferido o direito ao silêncio, enquanto ao depoente é deferido o compromisso de dizer a verdade, ressalvado apenas em situações específicas que dependem da sua circunstância pessoal. Inviabiliza-se, por conseguinte, o exercício simultâneo do dever de dizer a verdade e o direito de calar.

Portanto, adequa-se à inquirição dos investigados, por analogia, as disposições que lhe couberem relativas à colheita das declarações do ofendido, com a peculiaridade de depois de qualificado e cientificado do motivo da sua intimação, o mesmo deverá ser informado pelo delegado de polícia, antes de iniciar sua inquirição, do seu direito de permanecer calado e de não responder as perguntas que lhe forem formuladas (art. 186 do CPP). Durante sua inquirição, deverá o investigado ser perguntado sobre as circunstâncias da infração, quem seja ou presuma ser o seu autor, e as provas que possa indicar (art. 201 do CPP).

Caso posteriormente venha a ser indiciado, deverá o outrora investigado, *a priori*, ser reinquirido mediante interrogatório, aplicando-se o roteiro previsto no art. 187 do CPP, já analisado no item 3.4.1.6.3.3, que lhe permitirá exercer o seu direito de defesa, em face de uma concreta imputação penal. da qual decorre a inovação de sua situação jurídica.

3.4.1.6.3.5 Acareação

De acordo com o art. 6º, VI, in fine, do CPP, deve o delegado de polícia realizar as acareações que se revelarem necessárias ao inquérito policial. Para tanto, aplicará, no que couber, o disposto no Capítulo VIII do Título VII do Código de Processo Penal (arts. 229 e 230), que regulamenta o seu procedimento.

De acordo com o art. 229 do CPP, destina-se a acareação ao confronto de duas pessoas ou mais previamente inquiridas, a partir do pressuposto da divergência, em suas inquirições, sobre fatos ou circunstâncias relevantes. Observe-se, portanto, que não é qualquer divergência que deve admitir acareação, uma vez que esta deve incidir sobre fatos ou circunstâncias relevantes para a elucidação do caso investigado. Por sua vez, para a aferição da relevância da divergência, as inquirições deverão ser previamente confrontadas com outros elementos de convicção coletados ao longo da apuração, os quais poderão indicar como se avaliar o teor de cada uma.

Superadas tais pressupostos e partindo-se das situações jurídicas atinentes ao inquérito policial, pode-se vislumbrar acareações entre indiciados, entre indiciado e investigado, entre indiciado e testemunha, entre investigados, entre investigado e testemunha, entre testemunhas, entre indiciado, investigado ou testemunha e ofendido, e entre ofendidos[613].

Desta forma, serão os acareados reperguntados, para que expliquem os pontos de divergência, reduzindo-se a termo suas reinquirições, as quais comporão o auto de acareação, cujo registro, sempre que possível, será (também) obtido mediante gravação audiovisual ou similar, de acordo com a inteligência do art. 405, § 1º do CPP, mencionado nos itens anteriores.

Admitir-se-á ainda a realização por videoconferência da acareação que dependa da participação de pessoa que esteja presa, aplicando-se, no que couber, o regramento previsto para o interrogatório de preso (art. 185, § 8º do CPP), o qual também é analogamente aplicável em casos onde todos os acareados não se possam fazer presentes no mesmo local. A acareação também será adotada por videoconferência sempre que o delegado de polícia verificar que a presença do indiciado ou investigado poderá causar humilhação, temor, ou sério constrangimento à testemunha, ou ao ofendido, de modo que a prejudique e, somente na impossibilidade de videoconferência, determinará a retirada do indiciado ou investigado, prosseguindo na inquirição do ofendido ou testemunha, com a presença do defensor daquele (art. 217 do CPP[614]).

---

613 Observe-se que o art. 229, *caput*, do CPP, referenciando-se no processo penal propriamente dito, menciona que a acareação será admitida "entre acusados, entre acusado e testemunha, entre testemunhas, entre acusado ou testemunha e a pessoa ofendida, e entre as pessoas ofendidas". Apesar da redação do referido dispositivo legal indicar que a acareação deverá ser realizada entre dois inquiridos, é plenamente possível que a mesma seja procedida com um número maior de pessoas, apesar de se requerer um maior cuidado para viabilizar sua realização.

614 Art. 217 do CPP:
"Art. 217. Se o juiz verificar que a presença do réu poderá causar humilhação, temor, ou sério constrangimento à testemunha ou ao ofendido, de modo que prejudique a verdade do depoimento, fará a inquirição por videoconferência e, somente na impossibilidade dessa forma, determinará a retirada do réu, prosseguindo na inquirição, com a presença do seu defensor".

Se ausente algum dos acareados, e em não sendo possível a videoconferência, ao que se encontrar presente, se darão a conhecer os pontos da divergência, consignando-se no auto o que explicar ou observar. Se subsistir a discordância, expedir-se-á carta precatória ao delegado de polícia do lugar onde resida o acareado ausente, transcrevendo-se e/ou encaminhando-se a gravação das inquirições desta e as do acareado presente, nos pontos em que divergirem, bem como do referido auto, a fim de que se complete o procedimento, ouvindo-se o acareado ausente, pela mesma forma estabelecida para o acareado presente. Esta forma de acareação requer, além dos pressupostos acima elencados, que a sua adoção não importe demora prejudicial ao inquérito policial, a juízo do delegado de polícia (art. 230 do CPP).

3.4.1.6.3.6 Proteção de ofendidos, testemunhas e indiciados colaboradores

Aos ofendidos, testemunhas e indiciados colaboradores que, durante suas inquirições ou a qualquer momento no curso do inquérito policial, ou processo criminal, noticiarem estar sendo submetidos a coação ou grave ameaça em razão da colaboração prestada, são aplicáveis medidas de proteção, na forma de programas especiais no âmbito da União, Estados e Dsitrito Federal, regulamentado pela Lei n° 9.807/1999.

Cada programa de proteção a vítimas, testemunhas e indiciados colaboradores será dirigido por um conselho deliberativo em cuja composição haverá representantes do Ministério Público, do Poder Judiciário e de órgãos públicos e privados relacionados com a segurança pública e a defesa dos direitos humanos, sendo um destes incumbido da execução das atividades necessárias ao seu funcionamento. Os órgãos policiais, mais especificamente aqueles que exercem funções de polícia administrativa geral, prestarão a colaboração e o apoio necessário à execução de cada programa (art. 4°), uma vez que aqui requer-se formação e capacitação compatíveis com atividade de cunho criminalmente preventivo em relação à integridade física do protegido.

Caso a coação ou grave ameaça seja noticiada pelo ofendido, testemunha ou indiciado colaborador durante a inquirição ou a qualquer momento durante o inquérito policial, deverá ser a mesma encaminhada pelo delegado de polícia ao órgão executor do programa de proteção. Em caso de urgência e levando em consideração a procedência, gravidade e a iminência da coação ou ameaça, o ofendido, testemunha ou indiciado colaborador poderá ser colocado provisoriamente sob a custódia de órgão com função de polícia administrativa geral pelo órgão executor, no aguardo de decisão do conselho deliberativo, com comunicação imediata a seus membros e ao Ministério Público (art. 5º, §§ 1º e 3º c/c art. 15).

O conselho deliberativo decidirá sobre o ingresso do protegido no programa ou a sua exclusão e as providências necessárias ao cumprimento do programa, cujas medidas, aplicáveis isolada ou cumulativamente em benefício da pessoa protegida, segundo a gravidade e as circunstâncias de cada caso, compreendem a segurança na residência, incluindo o controle de telecomunicações; escolta e segurança nos deslocamentos da residência, inclusive para fins de trabalho ou para a prestação de depoimentos; transferência de residência ou acomodação provisória em local compatível com a proteção; preservação da identidade, imagem e dados pessoais; ajuda financeira mensal para prover as despesas necessárias à subsistência individual ou familiar, no caso de a pessoa protegida estar impossibilitada de desenvolver trabalho regular ou não dispor de qualquer fonte de renda; suspensão temporária das atividades funcionais, sem prejuízo dos respectivos vencimentos ou vantagens, quando servidor público ou militar; apoio e assistência social, médica e psicológica; sigilo em relação aos atos praticados em virtude da proteção concedida; e apoio do órgão executor do programa para o cumprimento de obrigações civis e administrativas que exijam o comparecimento pessoal (arts. 6º e 7º da Lei nº 9.807/1999). Será assegurada ainda proteção contra ações ou omissões praticadas em retaliação à prestação das informações no trabalho, tais como demissão arbitrária, alteração injustificada de funções ou atribuições, imposição de sanções, de prejuízos remuneratórios ou materiais de qualquer espécie, retirada de benefícios, diretos ou indiretos, ou negativa de fornecimento de referências profissionais positivas (art. 4º-C, *caput*, da Lei nº 13.608/2018[615]).

---

615 Apesar de tal medida de proteção ter sido inserida pela Lei nº 13.964/2019 na Lei nº 13.608/2018, que versa sobre serviços de recepção de notícias por telefonema ("disque denúncia"), esta, por óbvio, não se aplica apenas àquele que prestar informações

Em casos excepcionais e considerando as características e gravidade da coação ou ameaça, poderá o conselho deliberativo ainda encaminhar requerimento da pessoa protegida ao juiz competente para registros públicos objetivando a alteração de nome completo. Cessada a coação ou ameaça que deu causa à alteração, ficará facultado ao protegido solicitar ao juiz competente o retorno à situação anterior, com a alteração para o nome original, em petição que será encaminhada pelo conselho deliberativo e terá manifestação prévia do Ministério Público (art. 9º da Lei nº 9.807/1999). Quando entender necessário, poderá o conselho deliberativo também solicitar ao Ministério Público que requeira ao juiz a concessão de medidas cautelares direta ou indiretamente relacionadas com a eficácia da proteção (art. 8º da Lei nº 9.807/1999).

A proteção oferecida pelo programa terá a duração máxima de dois anos, podendo ser prorrogada diante de circunstâncias excepcionais, em que perdurem os motivos que autorizam a admissão. No entanto, a exclusão da pessoa protegida de programa de proteção a vítimas e a testemunhas poderá ocorrer a qualquer tempo por solicitação do próprio interessado, ou por decisão do conselho deliberativo, em consequência de cessação dos motivos que ensejaram a proteção ou conduta do protegido que seja incompatível com estes (arts. 10 e 11 da Lei nº 9.807/1999).

Desta forma, a partir da análise dos dispositivos da Lei nº 9.807/1999, observa-se que – em que pese o delegado de polícia possa encaminhar ofendidos, testemunhas e indiciados colaboradores que necessitem de proteção no curso do inquérito policial – as medidas de segurança pessoal, caso deferidas pelo conselho deliberativo do programa correspondente, deverão ter a sua execução incumbida a órgãos que exercem funções de polícia administrativa geral, uma vez que, em razão do seu cunho preventivo, escapam ao exercício da polícia judiciária.

3.4.1.6.3.7 Quadro sinótico

Estudados os diferentes atos de inquirição no inquérito policial, assim como suas peculiaridades de acordo com cada situação jurídica, pode-se esboçar o seguinte quadro.

---

por este meio, mas a toda testemunha ou ofendido que sofra ameaça de retaliação no âmbito profissional, apesar de o art. 4º-C, que veicula tal medida protetiva, ter textualmente disposto apenas que esta se aplica "Além das medidas de proteção previstas na Lei nº 9.807, de 13 de julho de 1999".

Ato de inquirição	Situação jurídica	Aplicabilidade de medidas protetivas
Termo ou gravação de qualificação e interrogatório	Indiciado	Não
Termo ou gravação de qualificação e depoimento	Indiciado colaborador	Sim
	Testemunha	Sim
Termo ou gravação de qualificação e declarações	Ofendido	Sim
	Investigado	Não
Auto ou gravação de acareação	Entre indiciados, entre indiciado e investigado, entre indiciado e testemunha, entre investigados, entre investigado e testemunha, entre testemunhas, entre indiciado investigado ou testemunha e ofendido, e entre ofendidos	

3.4.1.6.4 Reconhecimento de pessoas e coisas

De acordo com o art. 6º, VI, do CPP, deve o delegado de polícia proceder ao reconhecimento de pessoas e coisas que se revelarem necessários ao deslinde do apurado em inquérito policial. Para tanto, aplicará, no que lhe couber, o disposto no Capítulo VII do Título VII do Código de Processo Penal (arts. 226 e 228), que regulamenta a sua formalização.

Quando houver necessidade de fazer-se o reconhecimento de pessoa, a pessoa que tiver de fazer o reconhecimento (em regra ofendido ou testemunha) será convidada a descrever a pessoa que deva ser reconhecida. A pessoa, cujo reconhecimento se pretender (em regra investigado ou indiciado), será colocada, se possível, ao lado de outras que com ela tiverem qualquer semelhança, convidando-se quem tiver de fazer o reconhecimento a apontá-la (art. 226, I e II).

Se houver razão para recear que a pessoa chamada para o reconhecimento, por efeito de intimidação ou outra influência, não diga a verdade em face da pessoa que deve ser reconhecida, o delegado de polícia providenciará para que esta não veja aquela (art. 226, III).

No reconhecimento de objeto, dar-se-á de acordo com o procedimento previsto para o reconhecimento de pessoa, no que for aplicável (art. 227).

O ato de reconhecimento lavrar-se-á mediante auto pormenorizado, subscrito pelo delegado de polícia, pela pessoa chamada para proceder ao reconhecimento e por duas testemunhas presenciais (art. 226, IV), podendo seu registro também se dar mediante gravação audiovisual ou similar, conforme inteligência do art. 405, § 1º do CPP, já analisado alhures. Admitir-se-á ainda a realização por videoconferência do reconhecimento que dependa da participação de pessoa que esteja presa, aplicando-se, no que couber, o regramento previsto para o interrogatório de preso (art. 185, § 8º do CPP).

Por fim, prevê o código que, caso várias forem as pessoas chamadas a efetuar o reconhecimento de pessoa ou de objeto, cada uma fará a prova em separado, evitando-se qualquer comunicação entre elas com vistas evitar que umas venham a influenciar as outras (art. 228).

3.4.1.6.5 Reprodução simulada dos fatos

Consoante o art. 7º do CPP, para verificar a possibilidade de haver a infração sido praticada de determinado modo, poderá o delegado de polícia proceder à reprodução simulada dos fatos, desde que esta não contrarie a moralidade ou a ordem pública.

Diferentemente das inquirições, ou exame de corpo de delito e demais perícias (art. 6º, IV, V e VII do CPP) – onde a lei, *a priori*, impõe sua adoção, quando cabíveis – cuida-se aqui, de um ato que lhes é complementar, cujo cabimento será discricionariamente verificado pelo delegado de polícia, o qual costuma ocorrer em apurações cuja elucidação do caso requer que sejam dirimidas dúvidas sobre posicionamento, distância, e demais aspectos relativos ao *modus faciendi* do delito apurado, podendo mostrar-se bastante útil quando ocorrer concurso de autores ou de crimes, a fim de aclarar aspectos relativos à participação de cada um dos indivíduos no fato delituoso.

Trata-se, portanto, de um ato **baseado nas informações de oitivas de envolvidos dos fatos, e documentada por um laudo pericial cujo exame é calcado em fotografias, croquis, filmagens ou vídeos feitos na ocasião da diligência,** objetivando verificar a forma pela qual a infração penal sob apuração foi praticada, de modo a evitar indiciamentos indevidos decorrentes de eventuais confissões onde se buscava acobertar o verdadeiro infrator. A reprodução deverá ser realizada no mesmo ambiente onde ocorreu o fato apurado, reunindo, se possível, as testemunhas do fato original bem como daqueles investigados ou já indiciados em razão da sua autoria. O indiciado e o investigado, no entanto, podem legitimamente recusar-se a participar, invocando a garantia constitucional ao silêncio prevista no art. 5º, LXIII CF[616], sem que se caracterize desobediência a determinação do delegado de polícia[617].

Determinada a reprodução simulada do fato investigado, deve o delegado de polícia adotar algumas cautelas a fim de assegurar sua eficiência, como afastar curiosos e a imprensa do local, preservando sua publicidade restrita, bem como zelar pela presença dos defensores de investigados ou indiciados. Deverá ainda providenciar condições de redobrada vigilância em caso de participação de pessoas presas para evitar fuga ou tentativa de fuga.

Diante da omissão do art. 7º do CPP em fornecer um maior da reprodução simulada dos fatos, pode ainda o delegado de polícia (assim como o juiz, caso se recorra a tal providência já no curso do processo penal) aplicar subsidiariamente os dispositivos dos arts. 481 ao 484 do CPC, que cuida da inspeção judicial, uma vez que art. 3º do CPP[618] expressamente permite tal analogia. Com efeito, há semelhanças importantes entre a inspeção judicial e reconstituição dos fatos, embora a primeira consista na observação estática dos vestígios de uma realidade sensível, e a última a observação de uma realidade que tenta reproduzir fatos pretéritos através da sua "teatralização".

Consoante disposto no Código de Processo Civil no capítulo que trata da inspeção judicial, a autoridade que a preside poderá ser assistido por um ou mais peritos (art. 482), e os envolvidos têm direito a assistir ao ato, prestando esclarecimentos e fazendo observações de interesse para a causa (art. 483, parágrafo único). Concluída a diligência o juiz, mandar-se-á lavrar auto circunstanciado, mencionando nele tudo quanto for útil ao seu esclarecimento, podendo instruir o auto com fotografias, gráficos ou desenho (art. 484).

---

616 Cf. nota nº 587.
617 Neste sentido, STF – HC 69.026/DF, Relator(a): Min. Celso de Mello, Primeira Turma, j. em 10/12/1991, DJ 04/09/1992.
618 "Art. 3º A lei processual penal admitirá interpretação extensiva e aplicação analógica, bem como o suplemento dos princípios gerais de direito".

O art. 7º, *in fine*, do CPP veda ainda a reprodução simulada, quando ofensiva à moralidade ou ordem pública. Sobre o conceito de ordem pública, remete-se ao leitor ao item 1.2.1.1, onde pode-se observar que esta não se baseia apenas na lei ou nos princípios democráticos, mas em uma dimensão moral diretamente referida às vigências sociais, e, por isso, própria de cada coletividade. Desta forma, a moralidade está ínsita à ordem pública, atentando contra esta, por exemplo, a reprodução simulada de crimes contra os costumes, bem como casos em que os atos simulados possam trazer risco a integridade física dos seus participantes ou de terceiros.

3.4.1.6.6 Medidas cautelares penais decretáveis pelo delegado de polícia

Medidas cautelares penais, em apertada síntese, consistem naquelas destinadas a instrumentalizar o processo penal ou a investigação criminal mediante restrição proporcional de direitos fundamentais (notadamente liberdade, propriedade e privacidade), garantindo que a eficácia dos primeiros não se perca, em razão do longo transcurso do tempo, muitas vezes necessário para que o processo seja decidido ou, quando aplicadas durante a investigação criminal, sua própria necessidade seja esclarecida.

A instrumentalidade dirigida a antecipar total ou parcialmente o resultado do processo, faz com que se aponte, como requisito central das medidas cautelares, o *periculum in mora*, consistente no risco da demora da decisão do processo ou da elucidação da investigação prévia a este. Ao lado da urgência, exige-se ainda o requisito o do *fumus boni juris* (fumaça do bom direito), consistente em um panorama indiciário, ou seja, um juízo de probabilidade, suficientemente indicativo de que a prática delituosa investigada, ou a sua posterior acusação efetivamente ocorreu. Daí porque, durante o inquérito policial, todas as medidas cautelares pessoais, com exceção da condução coercitiva (a ser analisada a seguir), requerem prévio indiciamento[619].

Afima-se ainda o caráter de provisoriedade da medida cautelar, porquanto desaparecido o *periculum in mora*, não há mais razão para a manutenção da medida, devendo a mesma ser revogada.

---

619 Cf. item 3.4.1.3.4.1.

Desta forma, durante o inquérito policial, diversas medidas cautelares penais passíveis de incidir seu curso se direcionam a possibilitar a perspectiva de eficácia na busca da verdade do fato supostamente delituoso investigado.

Como já mencionado nos itens 3.1.3, 3.2 e 3.4.1.1, no Brasil, o exercício da polícia judiciária, em determinadas hipóteses, pode restringir cautelarmente direitos fundamentais independentemente de autorização judicial, quais sejam, quando da decretação da constrição cautelar da liberdade mediante prisão em flagrante, ainda que sujeita à posterior homologação judicial no que tange à sua legalidade (art. 5º, LXI e LXV da CF condução coercitiva de ofendido, testemunha e perito não oficial, assim entendida como medida adotada em face do prévio desatendimento injustificado de intimação para comparecimento (arts. 201, § 1º; e 278 do CPP); bem como apreensão de bens móveis, ressalvados aqueles que não se encontram sujeitos à busca domiciliar em caso de flagrante delito ou pessoal (art. 6º, II c/c art. 132 do CPP)[620].

A apreensão de bens móveis, além de restringir direitos fundamentais em menor intensidade, caso jurisdicionalizada implicaria no abarrotamento do Poder Judiciário com um sem número de apreciações dessa natureza, assim como em uma maior lentidão na análise de providências de maior relevo, que demandam apreciação no curso da investigação criminal. Por sua vez, com relação à prisão em flagrante, a dispensa de sua jurisdicionalização decorre de aspectos de índole prática, uma vez que, além de tal medida se basear em sinais eloquentes da sua existência (a par de eventuais controvérsias que orbitam o flagrante delito impróprio ou ficto), a dependência de prévia autorização judicial requereria um enorme aparato judicial, tornando mais viável a sua homologação *a posteriori*[621].

---

620 Em sentido semelhante, cf. ROVEGNO, André. *O inquérito policial e os princípios do contraditório e da ampla defesa*. Campinas: Bookseller, 2005. p. 203. O referido autor, contudo, não menciona a condução coercitiva enquanto medida cautelar passível de decretação pela autoridade de polícia judiciária, e inclui nesta categoria a determinação para a realização de perícia (art. 6º, VII do CPP). Entretanto, considera a condução coercitiva medida cautelar, MALAN, Diogo. Condução coercitiva do acusado (ou investigado) no processo penal. *Boletim do Instituto Brasileiro de Ciências Criminais (IBCCRIM)*, São Paulo, n. 266, jan. 2015. Ressalte-se, ainda, que a prisão em flagrante, e por crime militar, independentemente do estado de flagrância, prescinde de autorização judicial prévia (art. 5º LXI CF).

621 Em sentido semelhante, Ibid., p. 216-217.

Portanto, na aplicação das medidas cautelares de sua alçada apresentadas a seguir, não poderá o delegado de polícia deixar de observar o critério da proporcionalidade previsto no art. 282, I e II do CPP, consistente, mais especificamente, na sua adequação a investigação criminal, e necessidade em função da gravidade do crime, circunstâncias do fato e condições pessoais do indiciado[622].

Por sua vez, as demais medidas passíveis de restringir direitos fundamentais de indiciados e investigados em inquérito policial dependerão de circunstanciada autorização judicial. Afinal, como já consignado no item 3.4.1.1, o inquérito policial não compreende apenas atos e procedimentos administrativos, mas também atos e procedimentos incidentalmente jurisdicionais, dada a necessidade de apreciação cautelosa de certas ações que, em nome da persecução penal, restrinjam direitos fundamentais, coexistindo, junto ao inafastável controle jurisdicional *a posteriori*, o controle jurisdicional *a priori* de medidas que, em princípio, detenham natureza mais gravosa[623].

3.4.1.6.6.1 Prisão em flagrante

No item 3.4.1.5.2.2 já se analisou detidamente a medida cautelar da prisão em flagrante, decretável exclusivamente pelo delegado de polícia, embora contextualizada na abordagem do auto de prisão em flagrante enquanto modalidade de ato de instauração do inquérito policial.

No entanto, nada impede que a prisão em flagrante seja determinada durante um inquérito policial já instaurado, quando, no curso de sua apuração, se verificar estado de flagrância do delito investigado, funcionando aí o respectivo auto como procedimento de instrução do inquérito.

Todavia, quando no curso do inquérito policial, se verificar estado de flagrância de crime diverso ou que não seja, pelo menos conexo

---

622 Cf. nota nº 515. Tal questão, voltará a ser abordada, com maior profundidade, no item 3.4.1.6.7.9.
623 ROVEGNO, André. *O inquérito policial e os princípios do contraditório e da ampla defesa*. Campinas: Bookseller, 2005. p. 195-218. Também salientando a coexistência de atos administrativos e jurisdicionais no inquérito policial, GIACOMOLLI, Nereu José. *A fase preliminar do processo penal*: crises, misérias e novas metodologias investigatórias. Rio de Janeiro: Lumen Juris, 2011. p. 52-53.

àquele investigado, deve o auto de prisão em flagrante correspondente funcionar como procedimento de instauração de inquérito policial diverso, o qual versará especificamente sobre este fato delituoso.

Por exemplo, no curso de busca domiciliar em inquérito policial por crime de estelionato (art. 171 do CP), caso se encontre no domicílio do investigado ou indiciado armas de fogo de calibre restrito sem registro, sem que tal fato guarde qualquer conexão com o crime de estelionato, deverá o referido investigado ou indiciado ser agora indiciado em flagrante e preso pelo crime de posse ilegal de arma de fogo de uso restrito (art. 16 da Lei nº 10.826/2003), cujo auto de prisão em flagrante funcionará como ato instaurador de outro inquérito policial. Caso durante a mesma busca se verificasse que o investigado ou indiciado, encontrava-se praticando atos de execução do estelionato apurado, deverá este ser indiciado pelo referido crime, se não já o for, sendo o auto de sua prisão em flagrante integrado ao inquérito policial previamente existente.

3.4.1.6.6.1.1 Fiança

Igualmente, no item 3.4.1.5.2.2.1, já se teve a oportunidade de se analisar detidamente a medida cautelar da fiança, quando da sua decretação pelo delegado de polícia em substituição a prisão em flagrante, enquanto modalidade de ato de instauração do inquérito policial em infrações penais cuja pena máxima abstratamente prevista não exceder 4 (quatro) anos (art. 322, *caput*, do CPP. A aplicação substitutiva da fiança em relação à prisão, a propósito, encontra-se prevista no próprio art. 332, o qual dispõe que em caso de prisão em flagrante, será competente para concedê-la o delegado de polícia que presidir a sua autuação, e, em caso de prisão por mandado, o juiz que o houver expedido, ou a autoridade judiciária ou policial a quem tiver sido requisitada a prisão.

Apesar de o referido artigo prever que, em caso de prisão por mandado, seria competente para afiançá-la, além do juiz que o houver expedido, "a autoridade judiciária ou policial a quem tiver sido requisitada a prisão", tal expressão hoje encontra-se sistemicamente desprovida de sentido normativo no que atribui ao delegado de polícia (autoridade policial) esta possibilidade, uma vez que, de acordo com o art. 313, I do CPP, das prisões expedíveis por mandado judicial, a prisão preventiva só é admissível apenas em crimes com pena superior a 4 (quatro) anos, assim também sendo em relação a todos os crimes sujeitos a prisão temporária (art. 1º, III da Lei nº 7.960/1989), só sendo possível ao delegado de polícia, por sua vez, afiançar infrações penais cuja pena máxima prevista seja de até 4 (quatro) anos (art. 322, *caput*, do CPP).

A partir da Lei nº 12.403/2011, a fiança foi elencada no art. 319 VIII do CPP entre as medidas diversas na prisão previstas no referido artigo, sendo destinada assegurar o comparecimento a atos da persecução penal, evitar a obstrução do seu andamento, ou em caso de resistência injustificada à ordem judicial. No entanto, para as demais medidas previstas no referido artigo, inexplicavelmente não se previu a mesma possibilidade de aplicação substitutiva à prisão em flagrante pelo delegado de polícia que sempre houve em relação à fiança, conforme já exposto contextualizadamente no item 3.4.1.5.2.2.2.

3.4.1.6.6.2 Entrada em casa para fins de busca domiciliar em caso de flagrante delito

A busca domiciliar é uma medida cautelar aplicável no curso da persecução penal que pressupõe, como sua própria denominação já sugere, a entrada em um domicílio independentemente de consentimento do seu morador, o que só se revela juridicamente admissível em hipóteses excepcionais.

A inviolabilidade do domicílio é constitucionalmente regulada pelo art. 5º, XI da CF, o qual, ao tutelar a intimidade e vida privada do cidadão, dispôs, *in verbis*, que "a casa é asilo inviolável do indivíduo, ninguém nela podendo penetrar sem consentimento do morador, salvo em caso de **flagrante delito** ou desastre, ou para prestar socorro, ou, durante o dia, por determinação judicial[624].

Por sua vez, a expressão "casa", teve sua regulamentação do art. 150, §§ 4º e 5º do CP e art. 246 do CPP recepcionada constitucionalmente,

---

624 Além da Constituição, tratados e convenções internacionais ampliam a garantia à inviolabilidade de domicílio para conferir proteção mais genérica, em face de ingerências ou intervenções arbitrárias, como, por exemplo o artigo 11, item 2 da Convenção Americana de Direitos Humanos (Decreto nº 678/1992) e artigo 17, item 1 do Pacto Internacional de Direitos Civis e Políticos (Decreto nº 592/1992), assim transcritos: *"11.2. Ninguém pode ser objeto de ingerências arbitrárias ou abusivas em sua vida privada, na de sua família, em seu domicílio [...]"*; *"17.1. Ninguém será objeto de intervenções arbitrárias ou ilegais na sua vida privada, na sua família, no seu domicílio [...]".*

de forma a compreender qualquer compartimento habitado; aposento ocupado de habitação coletiva; ou compartimento não aberto ao público, onde alguém exerce profissão ou atividade, excluindo-se, no entanto, hospedaria, estalagem ou qualquer outra habitação coletiva, enquanto aberta, ou taverna, casa de jogo e outras do mesmo gênero.

Noutro vértice, incluem-se no referido dispositivo constitucional quatro hipóteses excepcionais para o ingresso na casa como asilo inviolável, interessando ao presente estudo – além daquela que se dá mediante determinação judicial, a ser mais adiante tratada no item 3.4.1.6.7.4 – também a decorrente de flagrante delito, uma vez que ambas são pertinentes ao exercício da polícia judiciária mediante inquérito policial.

Todavia, ante a taxatividade das hipóteses de ingresso previstas no art. 5º, XI da CF, o art. 241 do CPP – o qual previa que, quando o próprio delegado de polícia ou juiz não a realizar pessoalmente, a busca domiciliar deverá ser precedida da expedição de mandado – não foi recepcionado pelo referido dispositivo constitucional[625], no que se refere a possibilidade de busca domiciliar por determinação do delegado de polícia, independentemente de autorização judicial de acesso à casa, caso não haja flagrante delito. Nesta hipótese, quando verificar razões para realização de busca domiciliar no curso do inquérito policial, deverá o delegado de polícia representar pela autorização de acesso ao domicílio junto ao juízo competente, com a qual poderá expedir mandado mandado de busca domiciliar ou, de posse da referida autorização, supervisionar a sua execução pessoalmente, o que, se por um lado submeteu a referida medida a um controle jurisdicional *a priori*, por outro, acabou por diminuir a celeridade da investigação criminal, possibilitando-se, por exemplo, a destruição de bens a ser buscados enquanto se aguarda pela deliberação judicial sobre acesso ao domicílio.

No entanto, caso no curso do inquérito policial se constate indícios suficientes de que a infração penal apurada encontra-se em estado de

---

625 Neste particular, cumpre salientar que o art. 150, § 3º, I do CP, ao estatuir que não constitui violação de domicílio a entrada em casa alheia ou em suas dependências, durante o dia, refere-se apenas que a mesma deverá se dar "com observância das formalidades legais" – sendo mais amplo do que o art. 5º, XI da CF, o qual prevê que a mesma se dá apenas mediante determinação judicial – além de prever que a mesma se daria "para efetuar prisão (genericamente) ou outra diligência", o que não se deu na referida garantia constitucional, que a autorizou a entrada apenas no caso de flagrante delito.

flagrância no interior do domicílio[626], deve o delegado de polícia determinar a busca domiciliar independentemente da referida autorização, a fim de, prender o seu autor, nos termos do art. 240, § 1º, *a*, do CPP, sem embargo da configuração das outras alíneas do referido parágrafo, quais sejam, apreender materialidade delitiva ou objetos necessários à defesa de indiciado, inclusive cartas, abertas ou não, quando haja indícios de que o conhecimento do seu conteúdo possa ser útil à elucidação do fato; ou localizar vítimas de crimes.

Tais indícios de flagrante delito, no entanto, devem ser suficientemente concretos para autorizar o acesso ao domicílio, ainda que, uma vez dentro do mesmo, se conclua que, embora estado de flagrância não exista, sua invasão estaria justificada pelo estrito cumprimento do dever legal putativo (art. 23, III c/c art. 20, § 1º do CP), em razão dos fundamentos da busca fazerem crer na sua ocorrência, e que, portanto, seria necessário o ingresso na casa[627]. Portanto, os elementos de convicção devem permitir ao delegado de polícia, antecipadamente, fundamentar a provável ocorrência de flagrante delito no interior da casa, não autorizando a busca domiciliar sem autorização judicial o conhecimento de situação flagrancial que se obtém apenas após a execução medida, sob pena de ilicitude da prova desta decorrente[628].

Diferentemente do acesso ao domicílio decorrente de autorização judicial, o art. 5º, XI da CF não limita seu horário quando este se dá em função de flagrante delito, podendo o mesmo ocorrer tanto durante o

---

626 Sobre o que se considera flagrante delito, *cf.* item 3.4.1.5.2.2.
627 Não atendem este fim, comunicações de flagrante delito anônimas, como as decorrentes "disque denúncia", *delatio criminis* apócrifa, ou de informante que não poderá se identificar posteriormente, ou seja, elementos que, isoladamente, não possuem força probatória para serem utilizadas em juízo, e não poderão ser consideradas justa causa para se autorizar o ingresso no domicílio.
628 Em sentido semelhante, cf. STF – RE 603616/RO, Tribunal Pleno, Rel. Min. Gilmar Mendes j. 5/11/2015, DJe-093 10/05/2016, de cujo relatório transcreve-se o seguinte trecho: *"Por outro lado, não seria a constatação de situação de flagrância, posterior ao ingresso, que justificaria a medida. Ante o que consignado, seria necessário fortalecer o controle "a posteriori", exigindo dos policiais a demonstração de que a medida fora adotada mediante justa causa, ou seja, que haveria elementos para caracterizar a suspeita de que uma situação a autorizar o ingresso forçado em domicílio estaria presente. O modelo probatório, portanto, deveria ser o mesmo da busca e apreensão domiciliar — apresentação de "fundadas razões", na forma do art. 240, § 1º, do CPP —, tratando-se de exigência modesta, compatível com a fase de obtenção de provas."*

dia quanto à noite[629], como previsto no art. 150, § 3º, II do CP[630], assim como a realização de busca domiciliar com o consentimento do morador (art. 245, *caput*, do CPP)[631], devendo os agentes executores, em qualquer hipótese, mostrar e ler o mandado ao morador, ou a quem o represente, antes de penetrarem na casa. Se o próprio delegado de polícia der a busca, declarará previamente sua qualidade e o objeto da diligência.

Todavia, não deve exigir mandado expedido na ocorrência flagrante impróprio, inciso III, também denominado flagrante irreal ou quase flagrante, decorrente de perseguição, logo após o crime, em situação que faça presumir que o fugitivo seja seu autor (art. 301, III do CPP). Em tais hipóteses, quando o autor em fuga se homiziar em domicílio, autoriza-se a entrada imediata daqueles que o perseguem, os quais apresentarão em seguida o capturado ao delegado de polícia, uma vez que se interromper a perseguição para se aguardar o mandado poderia frustrar a captura em flagrante delito.

Nas demais hipóteses de flagrante delito analisadas no item 3.4.1.5.2.2.1, deve ser expedido mandado de busca pelo delegado de polícia, no qual se deverá indicar, o mais precisamente possível, a casa em que será realizada a diligência e o nome do respectivo proprietário ou morador, bem com mencionar o seu motivo e os fins, além de constar eventual ordem de prisão do seu habitante, caso exista. Em casa habitada, a busca será feita de modo que não moleste os moradores mais do que o indispensável para o seu êxito (art. 243 e 248 do CPP).

Previamente a execução da busca domiciliar, o morador, ou a quem o represente, será intimado a abrir a porta, sendo a mesma arrombada e forçada a entrada, em caso de desobediência, bem como permitido o emprego de força contra coisas existentes no interior da casa, para o descobrimento do que se procura, em caso de recalcitrância do mora-

---

629 Neste sentido, cf. STF – RE 603616/RO, Tribunal Pleno, Rel. Min. Gilmar Mendes j. 5/11/2015, DJe-093 10/05/2016.
630 No entanto, o referido dispositivo também autoriza a entrada no domicílio a qualquer hora quando um crime estivesse na iminência de ocorrer, o que, à luz do art. 5º, XI da CF, deveria requerer prévia autorização judicial com execução restrita ao dia.
631 Adminitindo como válido o ingresso em domicílio com consentimento do morador, embora para fins busca no exercício de polícia administrativa especial STF – HC 79512/RJ, Tribunal Pleno Relator(a): Min. Sepúlveda Pertence, j. em 16/12/1999, DJ 16/05/2003.

dor, ou, quando de sua ausência. Neste último caso, deverá ainda ser intimado a assistir à diligência qualquer vizinho, se houver e estiver presente (art. 245, §§ 1º a 3º do CPP).

Em sendo determinada a pessoa e coisa que se vai procurar, o morador será intimado a mostrá-la. Caso localizado o objeto de busca, este será imediatamente arrecadado e posta sob custódia dos seus executores, não se permitindo a apreensão de documento em poder do defensor do morador indiciado ou investigado, salvo quando constituir elemento do corpo de delito. Finda a diligência, será lavrado auto circunstanciado de busca e apreensão, assinando-o com duas testemunhas presenciais, além de vizinho intimado a assistir a diligência, em caso de ausência do morador (art. 245, §§ 5º a 7º e 243, § 2º do CPP).

3.4.1.6.6.3 Apreensão de bens móveis

De acordo com o art. 6º, II, do CPP, deve o delegado de polícia apreender os objetos que tiverem relação com o fato. Com isso, pode o mesmo restringir cautelarmente o direito à propriedade de objetos que interessem diretamente à apuração do fato delituoso, independentemente de prévia autorização judicial. Trata-se aqui, portanto, medida cautelar real da qual se requer apenas indícios suficientes de que o bem apreendido esteja sendo empregado na prática delituosa, fazendo-se neste caso prescindível a prévia ou concomitante identificação do autor do referido emprego e seu correspondente indiciamento, para sua aplicação.

Apesar da Lei nº 8.862/1994 ter inserido no referido inciso a expressão "após liberados pelos peritos criminais", a relação com o fato pode se dar independentemente da necessidade do objeto apreendido ser periciado, devendo ser tal expressão interpretada conjuntamente com o dever imposto no inciso I do referido artigo, cuja redação também se encontra alterada pela referida lei, no qual se prescreve que o delegado de polícia deve, notadamente em casos de notícias de crime recém praticados que demandem perícia de local, dirigir-se ao mesmo, por meio dos seus agentes ou pessoalmente, providenciando para que não se alterem o estado e conservação das coisas, até a chegada dos peritos criminais[632]. Cuida-se aí, portanto, de medida de urgência na qual, muitas vezes antes mesmo de se formalizar a instauração do próprio

---

632 Semelhante teor pode ser também observado no art. 169 do CPP.

inquérito policial, se busca "apreender" um estado de coisas de um dado local, restringindo seu acesso para fins periciais, a partir do qual poderão se dar outras apreensões de bens imóveis, individualizadamente.

Ressalvam-se das apreensões objeto do art. 6º, II, do CPP os bens imóveis adquiridos com o proveito do crime – ou seja, os rendimentos da infração penal provocou – bem como os bens móveis não acessíveis mediante busca domiciliar, os quais sujeitam-se a prévia autorização judicial de sequestro (arts. 127 e 132 do CPP).

Nos casos de bens móveis sujeitos a busca domiciliar, deve-se ressaltar que, embora o acesso ao domicílio em casos onde não há flagrante delito sujeita-se a autorização judicial, a apreensão dos bens móveis que nela se encontrem, é determinada pelo delegado de polícia independentemente daquela, devendo este apreciar sua relação de cada objeto com o fato investigado ao determinar sua apreensão, nos termos do art. 6º, II, "1ª parte", do CPP.

A busca pessoal, por sua vez, independe de autorização judicial, podendo ser realizada até mesmo por agentes do delegado de polícia ou da polícia administrativa geral, desde que no caso de captura em flagrante delito ou quando houver fundada suspeita de que a pessoa esteja na posse de arma proibida, para ambos, ou de objetos, ou papéis que constituam corpo de delito, ou quando a medida for determinada no curso de busca domiciliar, para os primeiros[633], a partir dos fundamentos já expandidos no item 1.2.3. A busca em mulher será feita por outra mulher, salvo quando importar retardamento ou prejuízo da diligência (arts. 244 e 249 do CPP). Objetos arrecadados durante as buscas pessoais, serão apresentados ao delegado de polícia competente, o qual apreciará sua relação com os fatos delituosos noticiados ou investigados.

De acordo com o art. 250 do CPP[634], o delegado de polícia, por meio dos seus agentes ou pessoalmente, poderá ainda penetrar no território de circunscrição alheia, ainda que de outro Estado, quando, para o fim de apreensão, forem no seguimento de materialidade delitiva, devendo apresentar-se ou comunicar a busca ao delegado de polícia do

---

633 A busca em veículo, salvo quando o mesmo é utilizado como residência (ex. trailer) ou estiver no interior desta, é equiparada à busca pessoal, uma vez que o veículo é tido como extensão do seu possuidor.

634 O referido artigo faz menção a busca de coisa ou "de pessoa", cuja perseguição já foi abordada, em termos semelhantes, pelo art. 290 do CPP. A respeito, cf. item 3.4.1.5.2.2.

local, antes da diligência (ou após, conforme a sua urgência), cabendo as autoridades locais – não apenas as de polícia judiciária, mas também as administrativa geral ou judiciais – exigir comprovação da legitimidade dos policiais que, durante a busca, adentrarem pelos seus distritos, de modo que não se frustre a diligência. Entender-se-á que se persegue materialidade delitiva, quando, tendo conhecimento direto de sua remoção ou transporte, a seguirem sem interrupção, embora depois a percam de vista; ou, ainda que não a tenham avistado – mas sabendo, por informações fidedignas ou circunstâncias indiciárias, que está sendo removida ou transportada em determinada direção – forem ao seu encalço.

Por sua vez, a restituição das apreensões encontra-se disciplinada no art. 120 do CPP, onde se prevê que esta, quando cabível, poderá ser ordenada pelo delegado de polícia no inquérito policial, mediante termo nos autos e ouvido o Ministério Público, desde que não exista dúvida quanto ao direito do reclamante.

Se duvidoso esse direito, o pedido de restituição autuar-se-á em apartado, desencadeando um procedimento incidente será decidido pelo juiz, mediante concessão ao requerente do prazo de 5 (cinco) dias para a prova, também ouvindo-se o Ministério Público (daí porque o art. 120 do CPP encontra-se inserido do Capítulo V do Título VI, intitulado Das Questões e Processos Incidentes). A autuação am apartado e a decisão judicial mediante oitiva do Ministério Público também se aplicarão, se as coisas forem apreendidas em poder de terceiro de boa-fé, o qual será intimado para alegar e provar o seu direito, em prazo igual e sucessivo ao do reclamante, tendo um e outro dois dias para arrazoar.

Quando não for cabível a restituição, os bens apreendidos acompanharão os autos do inquérito, quando do seu encerramento e remessa ao juiz (arts. 10, § 1º e 11 do CPP)[635]. No entanto, nem sempre este encami-

---

635 No entanto, o art. 50, §§ 3º a 5º e art. 50-A da Lei nº 11.343/2006, excepciona o art. 11 do CPP, ao prever que as apreensões de drogas serão incineradas pelo delegado de polícia, no prazo máximo de 30 (trinta) dias contado da data da apreensão, guardando-se amostra necessária à realização do laudo pericial definitivo. Em caso de apreensões de drogas formalizadas quando de prisão em flagrante, o juiz, ao receber cópia do auto correspondente, terá o prazo de 10 (dez) dias, para homologar a prisão e determinar a destruição das drogas apreendidas, guardando-se amostra necessária à realização do laudo definitivo. A destruição das drogas será realizada pelo delegado de polícia competente no prazo de 15 (quinze) dias, na presença do Ministério Público e da autoridade

nhamento se mostra viável, quando forem apreendidos bens cuja manutenção e conservação pelo delegado de polícia ou juiz seja seja inviável, podendo se mostrar recomendável, ao menos num primeiro momento, que os mesmos permaneçam depositados e/ou sob a administração do detentor ou terceiro, o qual se sujeitará as regras pertinentes constantes no Código de Processo Civil (art. 139 do CPP).

O delegado de polícia deverá ainda representar ao juiz, com fulcro no art. 282, § 2º do CPP, a fim de que se determine a alienação antecipada para preservação do valor os bens que apreender, sempre que os mesmos estiverem sujeitos a qualquer grau de deterioração ou depreciação, ou quando houver dificuldade para sua manutenção (art. 144-A do CPP)[636].

O produto da alienação, a qual far-se-á por leilão preferencialmente realizado por meio eletrônico, ficará depositado em conta vinculada ao juízo até a decisão final de eventual processo, procedendo-se à sua conversão em renda para a União, Estado ou Distrito Federal, no caso de condenação, ou, no caso de absolvição arquivamento do inquérito policial, à sua devolução ao acusado ou indiciado. No caso da alienação de veículos, embarcações ou aeronaves, o juiz ordenará à autoridade de trânsito ou ao equivalente órgão de registro e controle a expedição de certificado de registro e licenciamento em favor do arrematante, ficando este livre do pagamento de multas, encargos e tributos anteriores, sem prejuízo de execução fiscal em relação ao antigo proprietário (art.144-A,

---

de polícia administrativa especial sanitária.

No que se refere a apreensões de cédulas falsas, o art. 1º, V, da Resolução nº 428/2005, do Conselho da Justiça Federal orienta que as mesmas, uma vez periciadas, deverão ser encaminhadas ao Departamento de Meios Circulantes do Banco Central, após reserva de amostra para posterior juntada aos autos, e encaminhamento ao Juízo competente quando do encerramento da investigação, nos termos do art. 11 do CPP.

636 Muito embora não esteja contemplada no Título IX, Capítulo, V do Código de Processo Penal (art. 319 e 320), a alienação antecipada para preservação do valor de bens que estiverem sujeitos a qualquer grau de deterioração, prevista no art. 144-A, possui natureza de medida coercitiva penal de natureza preventiva uma vez que, para preservar o valor da apreensão (ou sequestro, cf. item 3.4.1.6.7.5), acaba alienando definitivamente o investigado ou indiciado da propriedade de bens de cuja posse já se encontrava privada, sendo, portanto, representável pelo delegado de polícia no curso do inquérito policial, com fulcro no art. 282, § 2º do CPP. Medida análoga, porém de utilização expressamente reservada durante o curso da ação penal (exceto quando a apreensão recair em dinheiro ou cheques), encontra-se prevista nos §§ 2º a 4º da Lei nº 11.343/2006.

§§ 1º, 3º e 5º do CPP).

Ainda com relação a veículos, embarcações ou aeronaves, demonstrado o interesse público na utilização de apreensões desta natureza, o juiz poderá autorizar o órgão de polícia judiciária a utilizá-los (art. 133-A do CPP). Tal demonstração, durante inquérito policial, *a priori* incumbe ao delegado de polícia que o preside, ouvido o Ministério Público, assim como o proprietário ou detentor, conforme art. 282 § 3º do CPP. Como o órgão de polícia judiciária responsável pela utilização tem prioridade na sua utilização (art. 133-A, § 1º do CPP), o delegado de polícia, caso não represente pela utilização do bem, deverá ser previamente ouvido, antes de se autorizar a sua utilização por outros órgãos públicos. Autorizada a utilização, o juiz ordenará a expedição de certificado provisório de registro e licenciamento do veículo, embarcação ou aeronave em favor do ao qual tenha deferido o uso, ficando estes livres do pagamento de multas, encargos e tributos anteriores, que deverão ser cobrados de seu responsável até o trânsito em julgado de eventual decisão que decretar o seu perdimento, quando o juiz poderá determinar a transferência definitiva da propriedade ao órgão que o utiliza (art. 133-A, §§ 3º e 4º do CPP)[637].

Por fim, caso a apreensão recaia em quaisquer importâncias em dinheiro (inclusive cheques), a quantia correspondente deverá ser depositada em conta judicial na Caixa Econômica Federal, em casos de competência da Justiça Federal, ou, nos demais casos, ao Banco do Brasil, Banco Nacional do Desenvolvimento Social ou a Banco de que o estado federado possua mais da metade do capital social integralizado (arts. 1º, inciso I, 2º, do Decreto-lei nº 1.737/1979; art. 16 do Decreto-lei nº 759/1969; e art. 1º, parágrafo único do Decreto-lei 3.077/1941[638]).

---

637 Com relação a inquéritos policiais que versem sobre crimes de tráfico de drogas, normas análogas encontram-se prevista no arts. 61 e 62 da Lei nº 11.343/2006. Anteriormente a inserção do art. 133-A do CPP pela Lei nº 13.964/2019, entendia-se que as normas da Lei nº 11.343/2006 eram aplicáveis, aos inquéritos policiais que versem sobre outras infrações penais que não fossem relacionadas ao tráfico de drogas, por força do art. 3º do CPP (STJ – REsp 1420960/MG, 6ª Turma, Rel. Ministro Sebastião Reis Júnior, j. em 24/02/2015, DJe 02/03/2015).

638 Muito embora os referidos diplomas legais não façam diferenciação entre a apreensão de moeda nacional ou estrangeira, art. 1º, IV, da Resolução nº 428/2005 do Conselho da Justiça Federal, estatui que, nos casos de competência da Justiça Federal, o numerário em moeda estrangeira será encaminhado ao Banco Central do Brasil, onde houver a representação da referida instituição.

3.4.1.6.6.4 Condução coercitiva

A condução coercitiva é medida cautelar conferida ao delegado de polícia durante o inquérito policial, assim como ao juiz durante o processo penal, para fazer comparecer aquele que injustificadamente desatendeu a sua intimação para ser ouvido, e cuja presença é essencial para a elucidação do fato delituoso, sendo a única medida cautelar pessoal que, durante o inquérito policial, não depende de indiciamento, sendo atualmente aplicável, em tese, apenas a ofendidos e mesmo peritos não oficiais.

A partir de tal conceito, e analisando a condução coercitiva à luz da ordem constitucional vigente, observa-se que a mesma foi, a priori, recepcionada pelo artigo 5º LXI da Constituição Federal[639], já que nem toda privação de liberdade é prisão. Enquanto esta irá importar necessariamente em encarceramento, a condução coercitiva, por si só, jamais deverá implicar no cárcere do indivíduo.

A finalidade precípua da prisão é retirar o paciente do convívio social, para que este não continue transgredindo a ordem jurídica. E, justamente por ter uma finalidade de segregação, que a prisão, ressalvados os casos de flagrante delito e crime ou transgressão militar, somente poderá ser decretada pelo juiz competente (art. 5º, LXI CF), visto que sua aplicação é norma a ser utilizada em casos excepcionais, por isso revestida de uma série de condições de admissibilidade, pressupostos e requisitos a serem vistos mais adiante, que em nada se adequam a finalidade da condução coercitiva, que é apenas de fazer com que os sujeitos desta medida compareçam, a fim de colaborar com a polícia judiciária e a Justiça.

Todavia, ao se proceder à análise das disposições legais relativas à condução coercitiva, verifica-se que, se de um lado sua regulamentação no processo judicial mostra-se minimamente exaustiva, por outro acaba por desorientar o intérprete quando da sua aplicação no âmbito do inquérito policial, fato que tem acarretado consideráveis controvérsias acerca da sua admissibilidade no seu curso, agravada por conta da carência de estudos que abordem a questão de forma analítica.

---

639 "Art. 5º [...]LXI - ninguém será preso senão em flagrante delito ou por ordem escrita e fundamentada de autoridade judiciária competente, salvo nos casos de transgressão militar ou crime propriamente militar, definidos em lei".

3 – Polícia Judiciária

Diante de tal contexto, o Supremo Tribunal Federal, ao enfrentar o tema no Habeas Corpus nº 107644/SP, chegou a posicionar-se pela legitimidade de agentes do delegado de polícia para, por determinação deste último, conduzir de pessoas para prestar esclarecimentos, resguardadas as suas garantias constitucionais e legais[640].

Apesar de paradigmática, o referido julgado não analisou o tema de maneira aprofundada, posicionando-se favoravelmente à determinação da condução coercitiva pelo delegado de polícia de maneira genérica, sem dissecar sistematicamente as disposições legais acerca do referido instituto, quando aplicadas ao inquérito policial, o que, posteriormente, veio a ser realizado pela referida corte, ainda que parcialmente, no julgamento das Arguições de Descumprimento de preceito Fundamental nº 395/DF e 444/DF, nas quais se decidiu pela não aplicabilidade da condução coercitiva a investigados e indiciados no inquérito policial, assim como aos acusados em processo judicial, em razão do direito ao silêncio lhes conferir o direito de se ausentar das suas inquirições[641].

Diante deste contexto, propõe-se uma abordagem mais precisa no que tange à condução coercitiva no inquérito policial, fazendo-se necessário, para tanto, analisar os fundamentos legais e jurisprudenciais que embasariam sua determinação, em relação a cada situação jurídica dos que neste figuram.

Em relação ao indiciado, o Código de Processo Penal não contemplou dispositivo expressamente autorizando a sua condução coercitiva. Todavia, previsão potencialmente análoga existia em relação ao acusado no processo judicial encontra-se no art. 260, a seguir transcrito:

> Art. 260. Se o acusado não atender à intimação para o interrogatório, reconhecimento ou qualquer outro ato que, sem ele, não possa ser realizado, a autoridade poderá mandar conduzi-lo à sua presença.

Com efeito, apesar de o art. 260 do CPP, ao prever a condução coercitiva do acusado, se valer da expressão "autoridade" e não "juiz" ou "autoridade judicial", não havia como se estender a sua aplicação à auto-

---

640 HC 107644/SP, Primeira Turma, Relator(a): Min. Ricardo Lewandowski, julgado em 06/09/2011, Processo Eletrônico DJe-200 de 18/10/2011
641 ADPF 339/DF, Tribunal Pleno, Relator(a): Luiz Fux, julgado em 18/05/2016, DJe-159 de 01/08/2016; ADPF 444/DF, Tribunal Pleno, Relator(a): Gilmar Mendes, julgado em 14/06/2018, DJe-107 de 22/05/2019.

ridade de polícia judiciária, não apenas pelo fato deste não se encontrar geograficamente no Capítulo III, Título VII, Livro I do Código de Processo Penal (cujas disposições em relação ao acusado aplicam-se, no que couber, ao indiciado conforme art. 6º, V do CPP), mas, sobretudo, em razão da própria condição de acusado compreender a pessoa indicada como autor de crime a partir do exercício da ação penal, em princípio pressupondo o encerramento do inquérito policial.

Todavia – apesar de o art. 260 do CPP dever ser interpretado no sentido de que o termo "autoridade", de fato, refere-se apenas à autoridade judicial – privar a autoridade de polícia judiciária de determinar a condução coercitiva do indiciado equivaleria a negar àquela a possibilidade de cumprir seus deveres que impliquem na presença pessoal deste, previstos no art. 6º, V e VIII do CPP, nos casos de desatendimento injustificado de intimação pessoal, com sério comprometimento à elucidação dos fatos investigados, ao tempo em que se observa que o art. 201 § 1º e 278 do CPP, conferem à autoridade de polícia judiciária a prerrogativa de conduzir coercitivamente o ofendido e até mesmo o perito, que nada mais são do que um meio para conferido a esta para se efetivar o cumprimento dos deveres legalmente elencados no inciso IV e VII do mesmo art. 6º do CPP.

E este parece ter sido o entendimento inicialmente adotado pelo STF no já mencionado no HC 107.644/ SP, cuja ementa transcreve-se o seguinte trecho:

> "I – A própria Constituição Federal assegura, em seu art. 144, § 4º, às polícias civis, dirigidas por delegados de polícia de carreira, as funções de polícia judiciária e a apuração de infrações penais. II – O art. 6º do Código de Processo Penal, por sua vez, estabelece as providências que devem ser tomadas pela autoridade policial quando tiver conhecimento da ocorrência de um delito, todas dispostas nos incisos II a VI. III – Legitimidade dos agentes policiais, sob o comando da autoridade policial competente (art. 4º do CPP), **para tomar todas as providências necessárias à elucidação de um delito, incluindo-se aí a condução de pessoas para prestar esclarecimentos, resguardadas as garantias legais e constitucionais dos conduzidos.** IV – Desnecessidade de invocação da chamada teoria ou doutrina dos poderes im-

plícitos⁶⁴², construída pela Suprema Corte norte-americana e incorporada ao nosso ordenamento jurídico, uma vez que há previsão expressa, na Constituição e no Código de Processo Penal, que dá poderes à polícia civil para investigar a prática de eventuais infrações penais, bem como para exercer as funções de polícia judiciária." (grifos nossos).

No referido julgado, portanto, reconhecia-se a legitimidade do delegado de polícia para determinar todas as providências necessárias ao exercício dos seus deveres, expressamente elencados no art. 6º do CPP como medidas básicas de elucidação de uma infração, incluindo-se aí a condução de pessoas para prestar esclarecimentos, quando necessária a sua presença pessoal e estas desatenderem prévia intimação para comparecimento injustificadamente, resguardadas as garantias legais e constitucionais dos conduzidos. Afinal, ao conferir ao delegado de polícia os deveres previstos nos incisos V, VIII do art. 6º do CPP – quais sejam, "ouvir **o indiciado**, com observância, no que for aplicável, do disposto no Capítulo III do Título Vll, deste Livro, devendo o respectivo termo ser assinado por duas testemunhas que lhe tenham ouvido a leitura"; e "ordenar

---

642 A fim de ilustrar a abordagem da teoria dos poderes implícitos pelo Supremo Tribunal Federal, trancreve-se, a seguir, trecho do julgamento do MS 26.547-DF, Tribunal Pleno, Relator Min. Celso de Mello, j. em 06/06/2007, DJ 20/06/2007, (grifos nossos): "Impende considerar, no ponto, em ordem a legitimar esse entendimento, *a formulação que se fez em torno dos poderes implícitos, cuja doutrina — construída pela Suprema Corte dos Estados Unidos da América no célebre caso McCULLOCH v. MARYLAND (1819) — enfatiza que a outorga de competência expressa a determinado órgão estatal importa em deferimento implícito, a esse mesmo órgão, dos meios necessários à integral realização dos fins que lhe foram atribuídos.* Na realidade, o exercício do poder de cautela, pelo Tribunal de Contas, destina-se a garantir a própria utilidade da deliberação final a ser por ele tomada, em ordem a impedir que o eventual retardamento na apreciação do mérito da questão suscitada culmine por afetar, comprometer e frustrar o resultado definitivo do exame da controvérsia. Torna-se essencial reconhecer — especialmente em função do próprio modelo brasileiro de fiscalização financeira e orçamentária, e considerada, ainda, a doutrina dos poderes implícitos (MARCELO CAETANO, "Direito Constitucional", vol. II/12-13, item n. 9, 1978, Forense; CASTRO NUNES, "Teoria e Prática do Poder Judiciário", p. 641/650, 1943, Forense; RUI BARBOSA, "Comentários à Constituição Federal Brasileira", vol. I/203-225, coligidos e ordenados por Homero Pires, 1932, Saraiva, v.g.) — que a tutela cautelar apresenta-se como instrumento processual necessário e compatível com o sistema de controle externo, em cuja concretização o Tribunal de Contas desempenha, como protagonista autônomo, um dos mais relevantes papéis constitucionais deferidos aos órgãos e às instituições estatais."

a identificação **do indiciado** pelo processo datiloscópico, se possível[643], e fazer juntar aos autos sua folha de antecedentes" (grifo nosso) – o legislador também o dotou com a prerrogativa de conduzir coercitivamente o indiciado que, sem motivo justo, não comparecer perante esta.

Neste ponto, deve-se se recordar que a garantia contra a autoincriminação, prevista no art. 5º, LXIII da CF, mitiga sobremaneira a eficácia da condução coercitiva do indiciado para interrogá-lo com vistas a esclarecer os fatos apurados ou averiguar sua vida pregressa (art. 6º V e VIII c/c art. 187 do CPP), uma vez que este não está obrigado a responder às perguntas cujas respostas entenda possam vir a incriminá-lo[644], aplicando-se o mesmo raciocínio caso condução se dê para que o indiciado proceda ao reconhecimento de pessoas e coisas ou participe de acareação (art. 6º, VI do CPP). Em contrapartida, apesar de o indiciado conduzido nada ser obrigado a responder quanto aos fatos investigados ou quanto a sua vida pregressa (art. 187 § 2º do CPP), impõe-se a este, porém, a prestação de informações referentes à sua pessoa, prévias à realização do interrogatório em si (art. 186 do CPP, conforme redação dada pela Lei nº 10.792/2003), sob pena de cometimento da infração penal do art. 68 do Dec.-Lei nº 3.688/1941 (Lei das Contravenções Penais), ou art. 307 do CP[645].

Desta forma, o conduzido só estaria obrigado a cooperar quando a intimação objetivar o seu reconhecimento pessoal (art. 6º, VI do CPP), ou caso se necessite identificá-lo e qualificá-lo, no caso de dúvida quanto a sua identidade. Caso a condução coercitiva objetive tão somente o interrogatório do indiciado, deve esta se fundar na necessidade de que o mesmo presencie perguntas que, além de oportunizar sua defesa, objetivem também colher informações adicionais, imprescindíveis ao com-

---

643 Saliente-se que, caso se verifique que a identificação do indiciado conduzido coercitivamente irá demandar tempo que implique em necessidade de encarceramento, deve o delegado de polícia representar pela sua prisão temporária perante o Juízo competente (art. 1º II e III da Lei nº 7.960/1989), ou pela prisão preventiva, com fulcro no art. 313, parágrafo único do CPP, incluído pela Lei nº 12.403/2011.

644 Neste sentido, cf. STF, HC 79.244/DF, Tribunal Pleno, Rel. Min. Sepúlveda Pertence, j. em 23/02/2000, DJ de 24.3.2000; AgRg no RHC 23.430/RJ, Rel. Min. Jane Silva (desembargadora convocada do TJ/MG), 6ª Turma, j. em 16/10/2008, DJe 03/11/2008.

645 Neste sentido, cf. STF, RE 640.139 RG/DF, Tribunal Pleno, Rel. Min. Dias Tóffoli, j. em 22/09/2011, DJe 14.10.2011. Cf. ainda nota nº 434.

pleto esclarecimento dos fatos investigados. Ainda que tais perguntas possam também não ser respondidas pelo indiciado invocando o seu direito de não se autoincriminar, cumpre salientar que o direito ao silêncio, a rigor, deve ser exercido concretamente, em face das perguntas que lhe são formuladas na inquirição, e não em face do comparecimento perante a autoridade.

Todavia, este não foi o entendimento mais recententemente adotado pelo Supremo Tribunal Federal ao julgar as acima mencionadas ADPF's nº 395/DF e 444/DF, nas quais se decidiu pela não aplicabilidade de condução coercitiva a investigados e indiciados no inquérito policial, assim como aos acusados em processo judicial, maximizando a garantia do direito ao silêncio durante a inquirição, previsto no art. 5º, LXIII da CF, para lhes conferir o verdadeiro direito de se ausentar das suas inquirições, independentemente do conhecimento do que lhes vier a ser perguntado[646]. Frise-se que, embora ambos os julgados façam referência à condução coercitiva de "investigados ou de réus para interrogatório" apesar de o interrogatório, a rigor, ser aplicável apenas ao indiciado durante o inquérito policial, tal julgado deve ser interpretado de forma que a vedação à condução coercitiva valha tanto a indiciados quanto a investigados, uma vez que, conforme exposto no item 3.4.1.4, a ambos assiste o direito ao silêncio.

Cumpre ainda salientar que, de acordo com o art. 10, § 3º da lei nº 9.882/1999, a decisão de mérito em arguição de descumprimento de preceito fundamental, assim como ocorre nas ações diretas de inconstitucionalidade, terá eficácia contra todos e efeito vinculante em relação todos os órgãos do Poder Público, não sendo permitido a adoção de postura diversa por parte de suas autoridades.

Seguindo esta linha, o legislador, ao editar a Lei nº 13.869/2019 sobre abuso de autoridade, foi além ao ponto de criminalizar, em seu art. 10, a decretação de condução coercitiva de "investigado" de forma "manifestamente descabida" – devendo aqui a expressão investigado ser adotada em sentido amplo, de forma a albergar tanto indiciados quanto

---

646 No mesmo sentido, alinha-se Eugênio Pacelli de Oliveira, para quem "reconhecendo-se o interrogatório e a oitiva (também) como meio de defesa, com fundamento no art. 5º, LXIII, não há mais falar-se em condução coercitiva tanto ao acusado quanto ao indiciado" (*in Curso de Processo Penal*, 3ª Ed. Belo Horizonte: Del Rey, 2004, p. 379).

investigados – bem como o prosseguimento de interrogatório de indiciado que tenha se manifestado por exercer o direito ao silêncio, em seu art. 15, parágrafo único.

Desta forma, a aplicação da condução coercitiva a investigados, indiciados e até acusados, pelo delegado de polícia e/ou juiz, revela-se manifestamente descabida à luz dos efeitos vinculantes das decisões nas ADPF's nº 395/DF e 444/DF, sujeitando-os até mesmo à persecução penal por abuso de autoridade.

Embora durante julgamento das ADPF's nº 395/DF e 444/DF terem sido ressalvada a condução coercitiva de *investigado e indiciado para atos diversos do interrogatório – como o reconhecimento* de pessoas e coisas, *por exemplo* – a garantia do direito ao silêncio também lhes é assegurada em tais atos, de sorte que não se vislumbra razão para não lhes estender os efeitos vinculantes do referido julgado.

Ademais, deve-se salientar que a condução coercitiva ora analisada, outrora determinada pelo delegado de polícia durante o inquérito policial enquanto medida cautelar em face do desatendimento injustificado de uma intimação para comparecimento, não deve ser confundida com a condução coercitiva enquanto medida alternativa à prisão temporária a qual, também anteriormente ao julgamento das ADPF's nº 395/DF e 444/DF pelo Supremo Tribunal Federal, demandava autorização judicial, a qual será abordada mais adiante, mais precisamente no item 3.4.1.6.7.9.

A condução coercitiva de ofendido, por sua vez, encontra-se atualmente prevista prevista no art. 201 § 1º do CPP nos seguintes termos:

> Art. 201. Sempre que possível, o ofendido será qualificado e perguntado sobre as circunstâncias da infração, quem seja ou presuma ser o seu autor, as provas que possa indicar, tomando-se por termo as suas declarações.
>
> § 1º Se, intimado para esse fim, deixar de comparecer sem motivo justo, o ofendido poderá ser conduzido à presença da autoridade.

Observe-se, art. 201, § 1º do CPP, foi renumerado pela recente Lei nº 11.690/2008, que manteve a sua redação primitiva – anteriormente constante no art. 201, parágrafo único – cerca de 20 (vinte) anos depois do advento da Constituição de 1988, na qual consta a referência ao termo *autoridade* de maneira genérica, de forma a contemplar tanto autoridade judicial quanto a de polícia judiciária, o que compreende, portanto a possibilidade de condução coercitiva pelo delegado de polícia no curso do inquérito. Caso contrário, alterada seria a redação do dispositivo em tela de forma que somente o juiz possa aplicar a condução coercitiva de ofendido.

Por sua vez, do confronto dos arts. 201 § 1º do CPP com as atribuições do delegado de polícia, arroladas no art. 6º do referido diploma, observa-se correspondência daquele com o inciso IV do art. 6º, no qual se dispõe ser dever do delegado de polícia ouvir o ofendido.

Contudo, a condução coercitiva do ofendido restringe-se às hipóteses de inquéritos policiais que apurem fatos passíveis de configurar crimes objeto de ação penal pública incondicionada ou condicionada, desde que nesta última hipótese tenha sido procedida tempestiva representação, uma vez que, nos inquéritos que versem sobre crimes objeto de ação penal privada, ainda que tenha se exercido o direito de queixa, a admissão de condução coercitiva caracterizaria constrangimento ilegal, já que o art. 57 do CPP admite, de maneira ampla, o reconhecimento da renúncia e perdão tácitos durante a respectiva persecução criminal, militando em favor da caracterização da primeira o desatendimento imotivado de intimação para comparecimento perante o deleado de polícia por parte do ofendido.

Diferentemente do que ocorre em relação ao ofendido, a interpretação sistemática de dispositivos do Código de Processo Penal não indicaria, em princípio, ser possível que o delegado de polícia determine a condução coercitiva da testemunha que, injustificadamente, desatenda a sua intimação.

Tal conclusão é extraída a partir do confronto entre os arts. art. 201 § 1º e 218 do CPP. Enquanto o primeiro dispositivo faculta a determinação da condução coercitiva do ofendido à "autoridade" de maneira genérica, o segundo é enfático ao delimitar que a condução coercitiva da testemunha será determinada pelo juiz (autoridade judicial)[647], me-

---

647 De acordo com o art. 219 do CPP, o juiz poderá aplicar ainda à testemunha faltosa a multa de um a dez salários mínimos prevista no § 2º do art. 436 do CPP (art. 458 do CPP. O art. 219 ainda faz referência ao 453 do CPP na redação anterior as alterações efetuadas em sua redação pela Lei nº 11.689/2008), e condená-la ao pagamento das custas da diligência, sem prejuízo do processo penal por crime de desobediência.

diante requisição ao delegado de polícia, ou por meio de determinação ao oficial de justiça, que poderá ser auxiliado por membros da "força pública", ou seja, por órgão titular de função de polícia administrativa geral, conforme já demonctrado no item 1.2.4.1.

Por outro lado, diferentemente do confronto dos arts. 201 § 1º e 218 do CPP com as atribuições do delegado de polícia, arroladas no art. 6º do referido diploma legal, onde observa-se correspondência do primeiro com o seu inciso IV ("ouvir **o ofendido**"), o mesmo não ocorre com relação a testemunha, não contemplada com previsão correspondente nos incisos do art. 6º do CPP, mas com dispositivo correlato no § 2º do art. 10 do mesmo código, que dispõe que, ao concluir o inquérito policial, deverá a autoridade de polícia judiciária "[...] indicar **testemunhas que não tiverem sido inquiridas, mencionando o lugar onde possam ser encontradas**".

Seguindo esta linha, a Lei nº 13.869/2019, ao dispor sobre abuso de autoridade, teria ido mais além ao criminalizar, em seu art. 10, a decretação de condução coercitiva de testemunha "sem prévia intimação de comparecimento *ao juízo*", de sorte que tal medida só seria aplicável durante o processo judicial.

Com isso, pareceria inevitável concluir-se que, diferentemente do que ocorre no processo judicial (art. 206 do CPP[648]), não haveria obrigação da testemunha depor no inquérito policial, podendo a mesma se ausentar injustificadamente, independentemente da importância do seu depoimento para a investigação. Restaria ao delegado de polícia, portanto, indicar tal testemunha como não inquirida quando da conclusão do inquérito policial, mencionando o lugar onde possam ser encontradas pelo juiz em caso de eventual processo criminal, momento no qual poderá ser conduzida coercitivamente, em caso de nova ausência injustificada, após judicialmente intimada para depor.

Contudo, a aceitação de tal entendimento implicaria na conlcusão precoce de inquéritos policiais sem elucidação dos fatos quando esta,

---

648 Art. 206 do CPP:
"Art. 206. A testemunha não poderá eximir-se da obrigação de depor. Poderão, entretanto, recusar-se a fazê-lo o ascendente ou descendente, o afim em linha reta, o cônjuge, ainda que desquitado, o irmão e o pai, a mãe, ou o filho adotivo do acusado, salvo quando não for possível, por outro modo, obter-se ou integrar-se a prova do fato e de suas circunstâncias".

por exemplo, depender do depoimento de uma única testemunha que se ausentar para ser inquirida, o que orienta aplicação do art. 10, § 2º do CPP para uma interpretação teleológica, no sentido diverso de facultar ao delegado de polícia, ao concluir o inquérito policial, indicar testemunhas que não tiverem sido inquiridas somente nos casos em que reputar que os fatos já estão suficientemente esclarecidos, seja pela inquirição de outras testemunhas, seja por outros meios lícitos.

Negar ao delegado de polícia determinar a condução coercitiva de testemunha que injustificadamente se ausente para depor após intimada, e cujo esclarecimento fundamente ser imprescindível, também revela-se incoerente à luz de outros dispositivos do Código de Processo Penal, pois além de privá-lo de "colher todas as provas que servirem para o esclarecimento do fato e suas circunstâncias", dever genérico previsto no inciso III do próprio art. 6 do CPP, igualmente nega aplicabilidade do art. 206 do CPP ao inquérito policial, no que textualmente prevê, como regra, que "a testemunha não poderá eximir-se da obrigação de depor", do que ressalva-se, em princípio, apenas as testemunhas que, por parentesco em relação ao acusado, legalmente estejam desobrigadas de acordo com o referido dispositivo.

Por sua vez, o acima citado art. 10 da Lei nº 13.869/2019, além de criminalizar a decretação de condução coercitiva de testemunha "sem prévia intimação de comparecimento *ao juízo*", aplicável durante o processo judicial, também o fez em relação na hipótese em que esta se revele "manifestamente descabida", plenamente aplicável no curso do inquérito policial, inclusive nas hipóteses em que esta se der sem prévia intimação de comparecimento à delegacia de polícia.

Ademais, cumpre ressaltar que durante o julgamento das supramencionadas ADPF's nº 395/DF e 444/DF, ressalvou-se expressamente do seu objeto a condução coercitiva de testemunhas ou de peritos (a ser vista a seguir), até porque em relação a ambos não milita o direito ao silêncio.

Portanto, apesar de não constar expressamente entre os deveres previstos art. 6º do CPP, extrai-se o dever do delegado de polícia de ouvir todas as testemunhas imprescindíveis ao esclarecimento do fato apurado (ou realizar outro ato que dependa de sua presença) a partir da intepretação conjugada dos acima mencionados arts. 6º, III e 206 do CPP, da qual decorre a prerrogativa de conduzir coercitivamente a testemunha que, sem motivo justo, não comparecer perante sua presença. Apesar de o art. 218 do CPP referir-se apenas a condução coercitiva de testemunha determinada por autoridade judicial, privar a autoridade de polícia judiciária de tal medida equivaleria a negar a esta a possibilidade de cumprir o referido dever, nos casos de desatendimento injustificado de intimação pessoal, potencialmente comprometendo a elucidação dos fatos investigados, ao tempo em que se observa que no art. 201 § 1º e 278 do CPP, se confere à autoridade de polícia judiciária a prerrogativa de conduzir coercitivamente o ofendido e até mesmo o perito, que nada mais são do que um meio conferido a esta para se efetivar o cumprimento dos deveres legalmente elencados no inciso IV e VII do mesmo art. 6º do CPP[649].

Por fim, no Código de Processo Penal, encontra-se ainda previsão de possibilidade de condução coercitiva de perito em seu art. 278 do CPP o qual segue abaixo transcrito, juntamente com o art. 277:

> Art. 277. O perito nomeado pela autoridade será obrigado a aceitar o encargo, sob pena de multa de cem a quinhentos mil-réis, salvo escusa atendível.
>
> Parágrafo único. Incorrerá na mesma multa o perito que, sem justa causa, provada imediatamente:
>
> a) deixar de acudir à intimação ou ao chamado da autoridade;
>
> b) não comparecer no dia e local designados para o exame;
>
> c) não der o laudo, ou concorrer para que a perícia não seja feita, nos prazos estabelecidos.
>
> Art. 278. No caso de não-comparecimento do perito, sem justa causa, a autoridade poderá determinar a sua condução.

Da leitura de ambos os dispositivos, inicialmente pode-se observar que a condução coercitiva só se faz possível em relação aos peritos não

---

649 Com isso, modifica-se o entendimento anteriormente trilhado em BRITTO, Aldo Ribeiro. *Particularidades da condução coercitiva no inquérito policial*. Âmbito Jurídico, São Paulo, v. 106, p. 1-1, 2012, onde sustentava-se que a sistemática processual vigente não conferiu à autoridade policial a prerrogativa de conduzir coercitivamente as testemunhas injustificadamente faltosas, uma vez que, quanto a estas, se previu apenas a possibilidade de indicação no relatório conclusivo do inquérito policial (art. 10 § 2º do CPP), o que, em cotejo com os termos do art. 218 do CPP, restringiria à autoridade judicial a prerrogativa de determinar a sua condução coercitiva.

oficiais, nomeado pela autoridade na falta de perito oficial, e mediante o compromisso de bem e fielmente desempenhar o encargo (art. 159, §§ 1º e 2º do CPP). Por sua vez, o não comparecimento injustificado de perito oficial, uma vez intimado, sujeita-o ao sancionamento por infração administrativa disciplinar no âmbito do controle interno do órgão a que pertence, conforme será visto mais adiante, no item 5.1.

Noutro vértice, verifica-se que, assim como ocorre no art. 201, § 1º do CPP, tanto no art. 277 quanto no art. 278 do CPP consta a referência ao termo *autoridade* de maneira genérica, de forma a inequivocamente contemplar tanto autoridade judicial quanto a de polícia judiciária, o que compreende, portanto a possibilidade de condução coercitiva do perito não oficial pelo delegado de polícia no curso do inquérito policial.

Do confronto dos arts. 278 do CPP com as atribuições do delegado de polícia, arroladas no art. 6º do referido diploma, observa-se ainda correspondência daquele com o inciso VII do art. 6º, no qual se dispõe ser dever do delegado de polícia determinar perícia quando dispor no seu órgão de peritos oficiais, ou, caso esta seja gerida em órgão diverso, requisitá-la ao diretor da repartição de perícia criminal, confome art. 178 do CPP.

Derradeiramente, vale ressaltar que o delegado de polícia – ao fundamentar a condução coercitiva do ofendido, testemunha ou perito não oficial – devem demonstrar o cabimento da medida à luz do princípio da proporcionalidade com redobrada prudência, de forma aplicá-la apenas excepcionalmente, em casos nos quais não haja outra forma de se apurar o fato que não dependa da colaboração personalíssima do ofendido, uma vez que, conforme pontuado no julgamento das supramencionadas ADPF's nº 395/DF e 444/DF, a restrição temporária da liberdade pela condução coercitiva em vias públicas não é tratamento que normalmente possa ser aplicado a pessoas inocentes.

3.4.1.6.7 Medidas penais sujeitas a autorização judicial

Excetuadas a prisão em flagrante, apreensão de bens móveis, e condução coercitiva de ofendido e perito não oficial, as demais medidas cautelares penais passíveis de restringir direitos fundamentais de indiciados e investigados em inquérito policial – em especial aqueles referentes à sua liberdade, privacidade e propriedade – dependerão de circunstanciada autorização judicial.

Com relação ao direito fundamental à liberdade de indiciados, consubstanciado no art. 5º, *caput* e LXI a LXVIII da CF, demandam autorização judicial, por exemplo, a prisão temporária, domiciliar ou preventiva (arts. 312 e 317 do CPP, conforme redação da Lei nº 12.403/2011); bem como medidas previstas no art. 319, incisos II a V e VII e art. 320 do CPP (proibição de saída da Comarca, país, ou de acesso ou frequência a determinados lugares; proibição de manter contato com pessoa determinada; recolhimento domiciliar no período noturno e nos dias de folga; e internação provisória do indicado inimputável ou semi-imputável), assim como a suspensão de carteira de habilitação ou a proibição de sua obtenção (art. 294 da Lei nº 9.503/1997). Cumpre ainda salientar que até mesmo o direito ao livre exercício ao trabalho, consagrado no art. 5º, XIII da CF (e que também pode ser considerado como reflexo do direito fundamental à liberdade), é restringível no curso da investigação criminal mediante autorização judicial, por meio da medida prevista no art. 319, VI do CPP que admite suspensão do exercício de função pública ou de atividade de natureza econômica ou financeira quando houver justo receio de sua utilização para a prática de infrações penais.

Com relação ao direito fundamental à privacidade de indiciados, consubstanciado no art. 5º, X, XI e XII da CF, demandam autorização judicial, por exemplo, a busca domiciliar, interceptações telefônica e de dados, escuta ambiental, afastamento dos sigilos bancário e fiscal, além da monitoração eletrônica, prevista no art. 319, IX do CPP, e infiltração de agentes do Delegado de Polícia, hoje prevista no arts. 10 a 14 da Lei nº 12.850/2013.

Com relação ao direito fundamental à propriedade de indiciados e/ou investigados, consubstanciado no art. 5º, *caput*, XXII, XXIII e XII da CF, demandam autorização judicial, por exemplo, o sequestro e aresto dos bens em que haja suficientes indícios de ser produto ou objeto do(s) crime(s) investigado(s) (art. 125 e ss. do CPP), bem como a prestação de fiança (art. 319, XIII do CPP).

De se notar, portanto, que, com exceção da condução coercitiva vista no item anterior, todas as demais medidas pessoais não prescindem de indiciamento, ao passo que medidas reais, cujos indícios de origem delituosa devem incidir primordialmente a propriedade sobre bens, não requerem indiciamento, podendo ser aplicada quando estes se encontrarem em poder de investigados, e até mesmo terceiros que não o possuam de boa fé, os quais também podem ser investigados, especificamente por receptação ou favorecimento real (art. 180, § 3º ou 349 do CP)[650].

Releva ainda notar que, do extenso rol de medidas que dependem de autorização judicial para aplicação, nem todas possuem natureza cautelar. Como já sinalizado no item 1.2.3, em algumas delas a finalidade investigativa da atuação da polícia judiciária acaba por ser sobrepujada por sua finalidade nitidamente preventiva, como a prisão preventiva que se destina à "garantia da ordem pública" e econômica (art. 312 do CPP), como a proibição de acesso ou frequência do indiciado ou acusado a determinados lugares, para evitar o risco de novas infrações (art. 319, II do CPP); suspensão do exercício de função pública ou de atividade de natureza econômica ou financeira quando houver justo receio de sua utilização para a prática de infrações penais (art. 319, VI do CPP); internação provisória do acusado nas hipóteses de crimes praticados com violência ou grave ameaça, quando os peritos concluírem ser inimputável ou semi-imputável e houver risco de reiteração (art. 319, VII do CPP); assim como a suspensão de carteira de habilitação ou a proibição de sua obtenção (art. 294 da Lei nº 9.503/1997).

No entanto, por não serem cautelares, ou seja, não se destinarem a salvaguardar a elucidação dos fatos delituosos (assim como o resultado do processo criminal), é que tais medidas medidas preventivas só devem ser admitidas no processo penal mediante expressa previsão legal, (art. 282, I do CPP)[651], não se permitindo a aplicação de medidas

---

650 Art. 180, § 3º ou 349 do CP:
"Art. 180 [...]
§ 3º - Adquirir ou receber coisa que, por sua natureza ou pela desproporção entre o valor e o preço, ou pela condição de quem a oferece, deve presumir-se obtida por meio criminoso: Pena – detenção, de um mês a um ano, ou multa, ou ambas as penas.
[...]
Art. 349 - Prestar a criminoso, fora dos casos de coautoria ou de receptação, auxílio destinado a tornar seguro o proveito do crime: Pena – detenção, de um a seis meses, e multa".
651 O art. 282, I do CPP prevê expressamente que as medidas neste previstas destinam-se à "[...] aplicação da lei penal, para a investigação ou a instrução criminal e, nos casos expressamente previstos, para evitar a prática de infrações penais".

atípicas dessa natureza, o que voltará a ser abordado mais adiante, mais precisamente no item 3.4.1.6.7.9.

Diferentemente das medidas cautelares decretáveis pelo delegado de polícia, as medidas dependentes de autorização judicial, em regra demandam imediaticidade em sua aplicação, e tendem a restringir direitos fundamentais em maior intensidadede, de sorte que o delegado de polícia, ao presidir o inquérito policial, não deverá prescindir da autorização judicial antes de aplicá-las, a fim de que coexista, junto ao inafastável controle jurisdicional *a posteriori*, o seu controle jurisdicional *a priori*.

Portanto, ao representar pela autorização para aplicação medidas jurisdiconalizadas, não poderá o delegado de polícia deixar de observar o critério da proporcionalidade previsto no art. 282, I e II do CPP, consistente, mais especificamente, na sua adequação a investigação criminal – ou, nos casos expressamente previstos, para evitar a prática de infrações penais – e necessidade em função da gravidade do crime, circunstâncias do fato e condições pessoais do indiciado[652].

Neste particular, deve-se salientar que, com as alterações efetuadas no Código de Processo Penal pela Lei nº 12.403/2011, não é mais facultado ao juiz decretar medidas penais de ofício no inquérito policial, de sorte que, em contrapartida, também se faz imprescindível a representação do delegado de polícia postulando a sua autorização, conforme § 2º do art. 282[653].

Há de se ressaltar, no entanto, que embora o referido artigo também indica que medidas jurisdicionalizadas poderão ainda ser reque-

---
652 Cf. nota nº 515.
653 Art. 282 § 2º do CPP: "As medidas cautelares serão decretadas pelo juiz, de ofício ou a requerimento das partes ou, *quando no curso da investigação criminal, por representação da autoridade policial* ou mediante requerimento do Ministério Público" (grifo nosso).

Com a revogação da iniciativa probatória do juiz em sede cautelar, provavelmente em nome de uma persecução penal acusatória, pautada pela sua atuação processual mediante provocação de partes que, a rigor, inexistem no inquérito policial – também revogou-se o art. 156, I do CPP, cuja redação foi ditada pela Lei 11.690/2008, o qual autorizava o juiz a ordenar a produção antecipada de provas que considere urgentes e relevantes no inquérito policial, muito embora a Exposição de Motivos do CPP, em seu Item VII, Das Provas, outrora dispusesse, *in verbis*, que "o juiz deixará de ser um espectador inerte da produção de provas. Sua intervenção na atividade processual é permitida, não só para dirigir a marcha da ação penal e julgar, mas também para ordenar, de ofício, as provas que lhe parecerem úteis ao esclarecimento da verdade".

ridas no curso da investigação criminal pelo Ministério Público[654], tal previsão deve(ria) ser interpretada de forma que tais requerimentos só podem ser admitidos após o *parquet* receber do juiz o inquérito inquérito policial encerrado pelo delegado de polícia mediante oferecimento de relatório (art. 10, *caput*, e § 1º do CPP[655]), sob pena de implicar em indevida interveniência do Ministrério Público na sua presidência, consequentemente comprometendo a autonomia e isenção necessárias ao exercício da polícia judiciária, uma vez que aquele, enquanto presidente do inquérito policial, é, *a priori*, o legitimado a postular autorização judicial para as medidas cautelares reputadas adequadas e necessárias à investigação criminal. Por conseguinte, o requerimento de medidas cautelares pelo Ministério Público ao arrepio da discricionariedade do delegado de polícia durante o curso do inquérito policial, além de revelar-se inadequado[656], não se coaduna, ademais, com os princípios constitucionais da separação dos poderes (arts. 2º e 60 § 4º, III da CF), assim como a paridade de armas, consectário da garantia constitucional do devido processo legal,[657]

---

654 No entanto, dispositivos desta natureza, podem também ser verificados na legislação processual penal extravagante, como o art. 2º, *caput*, da *Lei nº 9.760/1989* e art. 3º, II da *Lei nº 9.296/1996*. Sobre a (in)admissibilidade de investigação criminal presidida pelo Ministério Público no ordenamento jurídico Brasileiro, cf. ainda itens 3.1 e 3.7.1.2.

655 Art. 10, *caput*, e § 1º do CPP:
"Art. 10. O inquérito deverá terminar no prazo de 10 dias, se o indiciado tiver sido preso em flagrante, ou estiver preso preventivamente, contado o prazo, nesta hipótese, a partir do dia em que se executar a ordem de prisão, ou no prazo de 30 dias, quando estiver solto, mediante fiança ou sem ela.
§ 1º A autoridade fará minucioso relatório do que tiver sido apurado e enviará autos ao juiz competente".

656 Desta forma, ao receber requerimento de medida cautelar pelo Ministério Público antes do durante o inquérito policial, cabe ao juiz condicionar a sua apreciação à conclusão do apuratório, com o oferecimento de relatório pelo delegado de polícia, ou até mesmo rejeitar aquele por ilegitimidade, aplicando, por analogia o art. 395, II do CPP (falta de pressuposto processual ou condição para o exercício da ação penal).

657 Cf. nota nº 262. Caso o Ministério Público, contudo, verifique indícios de que o delegado de polícia dolosamente deixou de representar por medidas cautelares movido por interesse ou sentimento pessoal alheios ao estabelecimento da estratégia investigativa, poderá denunciá-lo por crime de prevaricação (art. 319 do CP), sem embargo de noticiar o fato a Corregedoria de seu órgão, para que esta, no exercício do controle interno, adoção das medidas administrativas disciplinares cabíveis

Desta forma, o requerimento de medidas cautelares ou preventivas penais pelo Ministério Público durante a investigação criminal só deve ser admitido a partir do momento em que este receber do juiz o inquérito policial encerrado (relatado) pelo delegado de polícia (art. 10, § 1º do CPP), e quando não for possível se aguardar o oferecimento da denúncia para sua inclusão, ressalvada a prisão preventiva, uma vez que o art. 311, *caput* do CPP dispõe textualmente que esta poderá ser requerida pelo Ministério Público "em qualquer fase da investigação policial"[658], hipótese na qual, ressalvados os casos de urgência, recomenda-se a colheita da manifestação do delegado de polícia, embora não haja previsão legal.

Em contrapartida, quando o inquérito policial versar sobre crime objeto de ação penal pública, o Ministério Público, por ser seu titular, torna-se terceiro potencialmente interessado na concessão da medida cautelar representada pelo delegado de polícia, de sorte que, apesar de o art. 282, § 3º do CPP não prever expressamente[659], deve o juiz colher sua manifestação antes de apreciá-la[660], assim como a do indiciado ou investigado, desde que sua ciência não implique fundamentado perigo de ineficácia da medida, o que acaba se tornando regra durante o inquérito policial[661], ou caso de urgência, também fundamentada, quando a

---

658 Embora o art. 311, *caput* do CPP, mencione ainda a possibilidade de requerimento de prisão preventiva pelo assistente da acusação, esta se revela aplicável a qualquer fase do inquérito policial, uma vez que o art. 268 do referido diploma legal estabelece que sua intervenção poderá ocorrer "em todos os termos da ação (penal) pública". Da mesma forma, não se mostra possível o requerimento de prisão preventiva pelo querelante, também mencionado no art. 311, *caput* do CPP, uma vez que não se verificam crimes dolosos objeto de ação penal privada com pena privativa de liberdade máxima superior a 4 (quatro) anos, condição de admissibilidade objeto do art. 313, I do CPP.

659 Art. 282, § 3º do CPP: "Ressalvados os casos de urgência ou de perigo de ineficácia da medida, o juiz, ao receber o pedido de medida cautelar, determinará a intimação da parte contrária, acompanhada de cópia do requerimento e das peças necessárias, permanecendo os autos em juízo".

660 A colheita da manifestação do Ministério Público prévia a apreciação judicial de representações do delegado de polícia por medidas cautelares penais, já encontra previsão na regulamentação específica de medidas jurisdicionalizadas, como o art. 2º, § 1º, da Lei 7.960/1989, que, ao dispor sobre a prisão temporária, estatui que "Na hipótese de representação da autoridade policial, o Juiz, antes de decidir, ouvirá o Ministério Público".

661 Neste particular, cumpre transcrever o seguinte trecho de julgado unânime do Supremo Tribunal Federal: "O inquérito não possui contraditório, mas as medidas invasivas deferidas judicialmente devem se submeter a esse princípio, e a

manifestação do Ministérito Público também seria dispensável⁶⁶².

As medidas poderão ser aplicadas isolada ou cumulativamente⁶⁶³, devendo o delegado de polícia representar ao juiz sua revogação ou substituição quando verificar a falta de motivo para que subsista, bem como voltar a representar pela sua decretação, se sobrevierem razões que a justifiquem, ou pela aplicação de outra medida em cumulação, em caso de descumprimento de obrigações impostas (art. 282, §§ 1º, 2º 4º, e 5º do CPP). Saliente-se ainda que, no caso de aplicação cumulativa de medidas de restrição, cada uma deverá ter sua própria justificativa, demonstrando-se concretamente a sua indispensabilidade para a elucidação dos fatos investigados⁶⁶⁴.

sua subtração acarreta nulidade. Obviamente não é possível falar-se em contraditório absoluto quando se trata de medidas invasivas e redutoras da privacidade. Ao investigado (*ou indiciado*) não é dado conhecer previamente – nem sequer de forma concomitante – os fundamentos da medida que lhe restringe a privacidade. Intimar o investigado da decisão de quebra de sigilo telefônico tornaria inócua a decisão. Contudo, isso não significa a ineficácia do princípio do contraditório. Com efeito, cessada a medida, e reunidas as provas colhidas por esse meio, o investigado deve ter acesso ao que foi produzido, nos termos da Súmula Vinculante nº 14. [...] Trata-se de um contraditório diferido, que permite ao cidadão exercer um controle sobre as invasões de privacidade operadas pelo Estado" (STF – Inq: 2.266/AP, Relator: Min. Gilmar Mendes, Tribunal Pleno, j. em 26/05/2011, DJe-052 de 13-03-2012).

662 Em caso do inquérito versar sobre crime de ação penal privada, portanto, o ofendido, uma vez titular da ação penal e potencialmente interessado na medida, deverá igualmente ser ouvido antes da apreciação judicial, até para que o mesmo, caso se oponha a mesma, possa renunciar ao seu direito de queixa. No entanto, nestes casos, deverá se ter um especial cuidado em avaliar se a ciência do ofendido, no caso concreto, não implicaria perigo de ineficácia da medida representada, o que não recomendaria a sua ciência prévia.

663 A aplicação cumulativa de medidas cautelares penais, prevista no § 1º do art. 282 do CPP pela Lei nº 12.403/2011, além de consolidar tendência legislativa anteriormente adotada pela Lei nº 11.340/2006 ("Lei Maria da Penha"), consagrou expressa previsão legal para a metodologia que, exercida de maneira estrategicamente conjugada no curso do inquérito policial, caracteriza uma operação de polícia judiciária (a respeito *cf.* item 4.2.3). A cumulação de medidas cautelares também podendo ser aplicada no caso de descumprimento de outras medidas alternativas, ou quando da concessão de liberdade provisória, caso ausentes ou não mais subsistirem os requisitos autorizadores da prisão preventiva (arts. 282, § 4º e art. 310 c/c 321, ambos do CPP).

664 No mesmo sentido, GOMES FILHO, Antônio Magalhães. Medidas cautelares e princípios constitucionais. In: FERNANDES, Og (Coord.). *Medidas cautelares no processo penal*: comentários à Lei 12.403, de 04.05.2011, São Paulo: Revista dos Tribunais, 2012, p. 44.

Neste particular, releva ainda transcrever o art. 315, §§ 1º e 2º do CPP, inserido

Uma questão praticamente não enfrentada no que se refere às medidas cautelares penais jurisdicionalizadas no inquérito policial versa sobre a possibilidade do delegado de polícia recorrer de uma decisão judicial desautorizando-o a aplicar a(s) medida(s) que representou. Se, por um lado, o item 2, alínea *h* do art. 8º e art. 25 do Decreto nº 678/1992 (Convenção Americana dos Direitos Humanos) garante o duplo grau de jurisdição no ordenamento jurídico brasileiro[665], ao prever o direito de recorrer para um juiz ou tribunal superior (embora originalmente previsto sob a perspectiva da proteção de direitos fundamentais de quem se encontra sujeito a persecução penal)[666], por outro não há previsão

---

pela Lei nº 13.964/2019, nos seguintes termos:

"Art. 315. [...]

§ 1º Na motivação da decretação da prisão preventiva ou de qualquer outra cautelar, o juiz deverá indicar concretamente a existência de fatos novos ou contemporâneos que justifiquem a aplicação da medida adotada.

§ 2º Não se considera fundamentada qualquer decisão judicial, seja ela interlocutória, sentença ou acórdão, que:

I - limitar-se à indicação, à reprodução ou à paráfrase de ato normativo, sem explicar sua relação com a causa ou a questão decidida;

II - empregar conceitos jurídicos indeterminados, sem explicar o motivo concreto de sua incidência no caso;

III - invocar motivos que se prestariam a justificar qualquer outra decisão;

IV - não enfrentar todos os argumentos deduzidos no processo capazes de, em tese, infirmar a conclusão adotada pelo julgador;

V - limitar-se a invocar precedente ou enunciado de súmula, sem identificar seus fundamentos determinantes nem demonstrar que o caso sob julgamento se ajusta àqueles fundamentos;

VI - deixar de seguir enunciado de súmula, jurisprudência ou precedente invocado pela parte, sem demonstrar a existência de distinção no caso em julgamento ou a superação do entendimento".

665 Sobre o *status* jurídico do ingresso dos direitos previstos em tratados e convenções internacionais no ordenamento jurídico brasileiro, cf. nota nº 536.

666 Art. 8º, item 2, alínea *h*, e art. 25 do Decreto nº 678/1992:

"Art. 8º Garantias Judiciais [...]

2.Toda pessoa acusada de um delito tem direito a que se presuma sua inocência, enquanto não for legalmente comprovada sua culpa. Durante o processo, toda pessoa tem direito, em plena igualdade, às seguintes garantias mínimas: [...]

h) direito de recorrer da sentença a juiz ou tribunal superior. [...]

Artigo 25. Proteção judicial

1. Toda pessoa tem direito a um recurso simples e rápido ou a qualquer outro recurso efetivo, perante os juízes ou tribunais competentes, que a proteja contra atos que violem seus direitos fundamentais reconhecidos pela constituição,

específica na legislação brasileira de um recurso que o delegado de polícia possa manejar em caso de indeferimento de sua representação por medida(s) cautelare(s) durante o inquérito policial.

Neste ponto, cumpre recordar que a própria Constituição Federal, no art. 5º, XXXIV, *a*, garante a todos o direito de petição aos Poderes Públicos em defesa de direitos ou contra ilegalidade, ou abuso de poder[667]. Deve o delegado de polícia, portanto, se valer do direito constitucional de petição em defesa do direito que entende existir em relação à autorização judicial pela(s) medida(s) cautelar(es) que representou, tanto para requerer ao próprio juiz recorrido o suprimento de eventuais obscuridades ou contradições em sua decisão, quanto para pleitear que o tribunal a que o mesmo esteja submetido reforme sua decisão, a fim de autorizar a medida cautelar representada.

Nestes casos, aplicam-se por analogia os prazos previstos no Código de Processo Penal para os recursos que seriam cabíveis às espécies em sede processual, quais sejam, 2 (dois) dias (embargos de declaração, arts. 382 e 619) e 5 (cinco) dias (apelação, art. 593, II do CPP), desde que os mesmos não extrapolem os prazos para encerramento do inquérito policial, os quais serão detalhados mais adiante, no item 3.4.1.8.1.

O Código de Processo Civil, ao prever a possibilidade do ajuizamento de pedido de tutela provisória de urgência, cautelar ou antecipada, em caráter antecedente ao processo principal (art. 294, parágrafo único), faculta ao interessado recorrer das suas decisões, mediante

---

pela lei ou pela presente Convenção, mesmo quando tal violação seja cometida por pessoas que estejam atuando no exercício de suas funções oficiais.

2. Os Estados Partes comprometem-se:

a. a assegurar que a autoridade competente prevista pelo sistema legal do Estado decida sobre os direitos de toda pessoa que interpuser tal recurso;

b. a desenvolver as possibilidades de recurso judicial; e

c. a assegurar o cumprimento, pelas autoridades competentes, de toda decisão em que se tenha considerado procedente o recurso".

667 Quando da ilegalidade ou abuso de poder decorrer direito líquido e certo, a Lei nº 12.016/2009, ao regulamentar o art. 5º, LXIX, da CF, previu o cabimento de mandado de segurança, assim previsto em seu art. 1º, *caput*: "Conceder-se-á *mandado de segurança para proteger direito líquido e certo, não amparado por habeas corpus ou habeas data, sempre que, ilegalmente ou com abuso de poder, qualquer pessoa física ou jurídica sofrer violação ou houver justo receio de sofrê-la por parte de autoridade, seja de que categoria for e sejam quais forem as funções que exerça" (grifo nosso).*

agravo de instrumento art. 1015, I do CPC. Muito embora o delegado de polícia não seja parte interessada em eventual processo penal decorrente do inquérito policial, o fato das medidas cautelares que representa em caráter antecedente ao processo penal até então não serem contempladas com específica previsão de recurso não implica, contudo, que o mesmo não tenha direito à revisão das decisões que eventualmente indefiram suas representações. Melhor seria, no entanto, que a ausência de previsão específica de recurso que o delegado possa manejar em face do eventual indeferimento de sua representação fosse suprida na legislação processual penal pátria, contemplando-se prazos e demais adequações às peculiaridades do inquérito policial.

Assim, fixados os principais aspectos relativos às medidas cautelares penais jurisdicionalizadas no inquérito policial, cumpre agora se analisar cada uma das supra listadas espécies expressamente admitidas pelo ordenamento jurídico pátrio, além das medidas cautelares atípicas, cuja possibilidade é amparada diretamente no art. 282, I e II do CPP.

3.4.1.6.7.1 Prisão preventiva

A prisão, em princípio, consiste na privação da liberdade individual de alguém mediante clausura[668], sendo a mais severa medida processual penal que pode ser imposta a uma pessoa a qual, ressalvados os casos de flagrante delito e crime ou transgressão militar, somente poderá ser decretada pelo juiz competente, (art. 5º, LXI CF[669]). Sua finalidade precípua, como já salientado no item 3.4.1.5.2.2, é retirar a pessoa do convívio social, para que esta não continue transgredindo a ordem jurídica, assegurando-se, contudo, comunicação imediata do cárcere ao juiz competente e à família do preso ou à pessoa por ele indicada, bem como assistência familiar e de advogado (art. 5º LXII e LXIII da CF)[670].

---

668 TOURINHO FILHO, Fernando da Costa. Processo penal, volume 3. 25ª Ed. São Paulo: RT, 2003, p. 279.

669 Art. 5º, LXI da CF:

"Art. 5º [...] LXI - ninguém será preso senão em flagrante delito ou por ordem escrita e fundamentada de autoridade judiciária competente, salvo nos casos de transgressão militar ou crime propriamente militar, definidos em lei".

Como pode-se observar, no que tange aos crimes propriamente militares, cumpre consignar que a prisão decretada pela autoridade de polícia judiciária militar independentemente de flagrante delito e autorização judicial, é expressamente admitida pelo art. 5º LXI, in fine, da CF. A respeito, cf. item 3.4.2.2.

670 Por conta de tais garantias constitucionais – bem como do art. 136 § 3º, IV da

A *prisão provisória* é a prisão de natureza processual, e, em regra, cautelar, decretada durante a persecução penal previamente a eventual condenação, não se confundindo com a "prisão-pena", destinada à execução penal. Como o presente objeto de estudo cinge-se ao estudo do instituto da prisão no âmbito do inquérito policial, aqui enfatiza-se a abordagem da prisão provisória durante seu curso, a qual deve se adequar à investigação criminal neste veiculada – ou, nos casos expressamente previstos, evitar a prática de infrações penais – e ser necessária em função da gravidade do crime, circunstâncias do fato e condições pessoais do indiciado[671].

CF, que veda a incomunicabilidade do preso até mesmo na vigência do estado de defesa: – a autorização judicial da incomunicabilidade do indiciado preso por até 3 (três) mediante representação do delegado de polícia, ressalvando-se apenas assistência de advogado, prevista no art. 21 do CPP, *a priori* não foi recepcionada pela constituição vigente.

No entanto, o art. 52 da Lei nº 7.210/1984 – na redação que lhe foi dada pela Lei nº 10.792/2003, e, mais recentemente, pela Lei nº 13.964/2019 – prevê que o direito de comunicação do preso pode ser excepcionalmente restringido no regime disciplinar diferenciado, destinado ao preso provisório ou condenado que praticar crime doloso que ocasione subversão da ordem ou disciplina no estabelecimento penal onde se encontre sob custódia; apresentar alto risco para a ordem e a segurança do estabelecimento penal ou da sociedade; ou recair fundadas suspeitas de envolvimento ou participação, a qualquer título, em organizações criminosas, associação criminosa ou milícia privada, independentemente da prática de falta grave.

No que se refere a comunicabilidade do preso, o referido regime – o qual terá duração máxima de 2 (dois) anos, prorrogável sucessivamente, por períodos de 1 (um) ano, sem prejuízo de repetição da sanção por nova falta grave de mesma espécie – prevê recolhimento em cela individual; visitas quinzenais, de 2 (duas) pessoas por vez, a serem realizadas em local equipado para impedir o contato físico e a passagem de objetos, por pessoa da família ou, no caso de terceiro, autorizado judicialmente, com duração de 2 (duas) horas; entrevistas sempre monitoradas, exceto aquelas com seu defensor, em local preparado para impedir o contato físico e a passagem de objetos, salvo expressa autorização judicial em contrário; assim como fiscalização do conteúdo da correspondência.

Desta forma, em sendo consideradas constitucionais as restrições impostas pelo regime disciplinar diferenciado, revela-se adequada uma interpretação conforme a constituição do art. 21, do CPP, de forma a permitir ao delegado de polícia representar, no curso do inquérito policial, pela inclusão de indiciado preso em regime disciplinar diferenciado, nos termos propostos pelo art. 52 da Lei nº 7.210/1984 – na redação atualmente dada pela Lei nº 13.964/2019.

671 Ao Presidente da República, em princípio, não se encontra aplicável a prisão provisória uma vez que, consoante o 86, § 3º da CF, este, nas infrações comuns, não estará sujeito a prisão enquanto não sobrevier sentença condenatória.

Assim, durante o inquérito policial, a prisão não pode jamais ser encarada como um fim em si mesma, muito menos confundida com a finalidade precípua da polícia judiciária, a qual não consiste em "prender", mas sim apurar infrações penais, de sorte deverá ter caráter instrumental à investigação de crimes e contravenções.

No entanto, a par das características comuns a prisão provisória, esta – em suas três modalidades – em flagrante, preventiva e temporária – deve ser também examinada mediante fundamentos e princípios próprios, para uma análise que englobe toda a sua extensão.

Desta forma, além da prisão em flagrante, já analisada nos itens 3.4.1.5.2.2 e 3.4.1.6.6.1, neste tópico debruçar-se-á sobre a prisão preventiva, e a seguir sobre a prisão temporária, cuja natureza instrumental se compatibiliza com a função da polícia judiciária, qual seja, a apuração de infrações penais e sua respectiva autoria (art. 4º do CPP).

Atualmente, o sistema processual penal brasileiro consagra a prisão provisória como medida excepcionalíssima, sob pena de a mesma não se conformar ao ordenamento jurídico, ainda mais quando a persecução penal ainda se encontra na etapa preambular da investigação criminal[672].

Neste cenário, deve-se ressaltar que o § 6º do art. 282 do CPP, ao estatuir, *in verbis*, que "A prisão preventiva será determinada quando

---

Por sua vez, de acordo com os arts. 29, 31, 37 e 38 do Decreto nº 56.435/1965 (Convenção de Viena sobre Relações Diplomáticas), o agente diplomático tem imunidade de jurisdição penal no Brasil, e, assim como os membros da família que com este residam, não estão sujeitos a nenhuma forma de prisão, desde que não tenham nacionalidade brasileira. Caso o agente diplomático seja brasileiro ou no Brasil tenha residência permanente, sua imunidade dirá respeito aos atos oficiais praticados no desempenho de suas funções, o que também se estende ao pessoal administrativo e técnico da missão diplomática, e os membros de suas famílias que com eles residam e membros do pessoal de serviço da missão diplomática, desde que não tenham nacionalidade brasileira, nem residência permanente no Brasil. Já os arts. 43 e 71 do Decreto nº 61.078/1967, preveem que os funcionários e empregados consulares estão imunes à jurisdição penal por fatos relacionados ao exercício de suas funções, ou, quando forem brasileiros ou tiverem residência permanente no Brasil, pelos atos oficiais realizados no exercício de suas funções. Sobre ao *status* jurídico dos tratados e convenções internacionais em relação à Constituição Federal, cf. ainda nota nº 536.

672 Sobre a evolução legislativa e jurisprudencial das medidas cautelares alternativas no brasil no âmbito do vigente código de processo penal, cf. BRITTO, Aldo Ribeiro. Operações policiais e medidas alternativas penais. Salvador: Juspodivm, 2015, p. 108-124.

não for cabível a sua substituição por outra medida cautelar"[673], define-a como medida extrema do sistema de medidas penais, atuando de forma subsidiária em relação às demais medidas cautelares, podendo, inclusive, ser determinada, em último caso, quando do descumprimento destas últimas, desde que, é claro, estejam presentes os requisitos específicos para tal custódia provisória (art. 282, § 4º e art. 312, § 1º, do CPP).

Portanto, a prisão preventiva constitui-se em uma medida extrema de restrição de liberdade individual de natureza provisória prevista nos arts. 311 a 313 do CPP, passível de ser decretada fundamentadamente durante toda a persecução penal, desde que nenhuma outra medida privativa de liberdade menos gravosa se adeque a espécie, requerendo ainda a configuração de específicas condições de admissibilidade, pressupostos e circunstâncias autorizadoras.

As condições de admissibilidade da prisão preventiva se encontram previstas no art. 313 do CPP, sendo esta ordinariamente admitida nos crimes dolosos punidos com pena privativa de liberdade máxima superior a 4 (quatro) anos (art. 313, I do CPP), bem como, excepcionalmente, nos casos em casos de reincidência em crime doloso; violência doméstica e familiar contra a mulher, criança, adolescente, idoso, enfermo ou pessoa com deficiência; ou dúvida sobre a identidade civil do indiciado (art. 313, II, III e § 1º do CPP).

Já os pressupostos da prisão preventiva elencados no art. 312, in fine, do CPP, sendo estes a prova da existência do crime e indício suficiente de autoria, *o que, durante o inquérito policial, implica no prévio indiciamento para se cogitar da decretação da medida cautelar sob exame. Portanto, a prisão preventiva no curso do inquérito policial só é possível em face de indiciados, inadmitindo-se assim a referida custódia cautelar em face de investigados*[674].

---

673 Semelhante dispositivo pode ser encontrado no art. 502 da lei processual penal espanhola (*Ley de Enjuiciamiento Criminal*), onde se estatui, *in verbis*, que "La prisión provisional sólo se adoptará cuando objetivamente sea necessária, de conformidade com lo estabelecido em los artículos seguientes, *y cuando no existan otras medidas menos gravosas para el derecho a la libertad a través de las cuales puedan alcanzarse los mismos fines que con la prisión provisional*".

674 Contudo, na investigação de crimes de falsidade em documentos de identidade, ainda que não haja indiciamento, faz se possível, excepcionalmente, a admissão da prisão preventiva para fins de sanar dúvida sobre a identificação civil de investigado (art. 313,§ 1º do CPP), desde que o próprio indiciamento pelo crime de falsidade também dependa do esclarecimento de tal dúvida.

Caracterizada a existência de uma das condições de admissibilidade e de ambos os pressupostos da prisão preventiva, exige-se ainda a caracterização de pelo menos uma das suas circunstâncias autorizadoras, previstas no art. 312, "1ª parte" do CPP, para que esta finalmente seja decretada, sendo esta a necessidade de garantia da ordem pública ou ordem econômica, conveniência da instrução criminal, ou para assegurar a aplicação da lei penal. Adicionalmente, o § 6º do art. 282 do CPP exige ainda a constatação da impossibilidade da sua substituição por outra(s) medida(s) cautelar(es) alternativa(s) à prisão, previstas nos arts. 318, 319 e 320 do CPP.

Apesar da amplitude do conceito de ordem pública analisado no item 1.2.1.1, a jurisprudência tradicionalmente compreende a prisão preventiva a fim de garanti-la como aquela que objetiva evitar que o indiciado volte a delinquir[675], podendo ainda ser decretada em face da sua periculosidade, demonstrada pela gravidade, pela violência ou pelas circunstâncias em que o crime foi perpetrado[676]. Análogo raciocínio aplica-se à garantia da ordem econômica, no que tange aos crimes contra a ordem econômica, financeira ou tributária, em especial quando se versar sobre crimes que tutelam especificamente estes bens jurídicos, previstos nas Leis nº 8.137/1990 e 7.492/1986.

Desta forma, como já salientado, a prisão preventiva em face da garantia da ordem pública e econômica, por destinar-se precipuamente a evitar a prática de infrações penais (art. 312 do CPP), possui finalidade nitidamente preventiva, não possuindo natureza cautelar, por essencialmente não se destinar a salvaguardar a elucidação dos fatos delituosos.

Todavia, as outras duas circunstâncias autorizadoras da prisão preventiva – quais sejam a "conveniência", ou melhor dizendo, necessidade da instrução criminal e a segurança da aplicação da lei penal – possuem natureza cautelar.

A instrução da investigação criminal merece salvaguarda mediante prisão preventiva do indiciado quando se constatar que este pratica atos buscando dificultar a colheita de indícios e/ou provas, como apagar vestígios do crime e ameaçar ou aliciar testemunhas[677].

---

675 Neste sentido, STJ – RHC 5896/PR, 6ª Turma, Relator(a): Min. Fernando Gonçalves, j. em 25/08/1997, DJU 15/09/1997.
676 Neste sentido, STJ – RHC 2463/PR, 6ª Turma, Relator(a): Min. Adhemar Maciel, j. em 08/02/1993, DJU 08/03/1993.
677 Neste sentido, STF – RHC 126967 AgR, 2ª Turma, Relator(a): Min. Teori Zavasc-

3 – Polícia Judiciária

Por sua vez, assegurar a aplicação da lei penal traduz a ideia de garantir a execução da pena, autorizando-se a prisão preventiva do indiciado a partir da tal circunstância nos casos em que este demonstre o firme propósito de furtar-se ao cumprimento de eventual sentença condenatória. De acordo com precedentes do Supremo Tribunal Federal, a fuga do indiciado do distrito da culpa[678], ou a alienação deliberada dos seus bens visando se evadir do cumprimento de pena[679], justifica a aplicação da prisão preventiva para assegurar a aplicação da lei penal.

No intuito de imprimir um rigor ainda maior nas decisões de autorização de prisão preventiva, a Lei nº 13.964/2019 inseriu no Código de Proceso Penal uma série de parâmetros que devem nortear a sua fundamentação, dentre os quais se destaca a indicação *concreta* de fatos novos ou contemporâneos que justifiquem a sua aplicação arts. 312, § 2º e 315, § 1º).

Nos novos dispositivos inseridos, desceu-se a minúcia de exemplificar casos nos quais não se considera a decisão judicial fundamentada em razão desta, em suma, não relacionar *concretamente* os motivos ensejadores da prisão preventiva às normas que lhe são aplicáveis, como na indicação, reprodução ou à paráfrase de ato normativo, sem explicar sua relação com a causa ou a questão decidida; emprego de conceitos jurídicos indeterminados, sem explicar o motivo *concreto* de sua incidência no caso; invocar motivos que se prestariam a justificar qualquer outra decisão; limitar-se a invocar precedente ou enunciado de súmula, sem identificar seus fundamentos determinantes nem demonstrar que o caso sob julgamento se ajusta àqueles fundamentos; não enfrentar todos os argumentos deduzidos pelo indiciado capazes de, em tese, infirmar a conclusão pela autorização; ou deixar de seguir enunciado de súmula, jurisprudência ou precedente invocado pelo indiciado, sem demonstrar a existência de distinção no caso examinado ou a superação do entendimento (art. 315, § 2º).

Objetivando evitar prisões preventivas por tempo indeterminado, a Lei nº 13.964/2019 ainda acrescentou no Código de Proceso Penal

---
ki, Segunda Turma, julgado em 28/04/2015, DJe-087 divulg. 11/05/2015 public. 12-05-2015
678   Neste sentido, STF – HC 95159/ SP, 1ª Turma, Relator(a): Min. Ricardo Lewandowski, j. em 12/05/2009, DJe-108 divulg. 10/06/2009 public. 12/06/2009.
679   Neste sentido, STF – HC 81576, 1ª Turma, Relator(a): Min. Ilmar Galvão, j. em 16/04/2002, DJ 24-05-2002.

que, uma vez autorizada a prisão preventiva, deverá a autoridade judicial responsável revisar fundamentadamente a necessidade de sua manutenção a cada 90 (noventa) dias, de ofício, sob pena de tornar a prisão ilegal. A qualquer tempo, o juiz poderá, de ofício ou a pedido, revogar a prisão preventiva se, no correr do inquérito policial, verificar a falta de motivo para que ela subsista, bem como novamente decretá-la, mediante representação do delegado de polícia, se sobrevierem razões que a justifiquem (art. 316 c/c art. 311).

3.4.1.6.7.1.1 Prisão domiciliar

De acordo com o art. 317 do CPP, o juiz poderá aplicar a prisão domiciliar substitutivamente à prisão preventiva quando o indiciado ou acusado for maior de 80 (oitenta) anos; extremamente debilitado por motivo de doença grave; imprescindível aos cuidados especiais de pessoa menor de 6 (seis) anos de idade ou com deficiência; mulher gestante ou com filho de até 12 (doze) anos de idade incompletos, ou homem, caso seja o único responsável pelos seus cuidados. Tal modalidade de custódia consiste no recolhimento do indiciado ou acusado em sua residência, só podendo dela ausentar-se com autorização judicial, exigindo-se prova idônea das referidas circunstâncias para a sua autorização, o que ocorrerá sem embargo da aplicação concomitante das medidas diversas da prisão previstas no art. 319 do CPP (arts. 316, 317, parágrafo único e 318-B do CPP).

Contudo, não se autoriza a substituição da prisão preventiva pela domiciliar à mulher gestante ou que for mãe, ou responsável por crianças, ou pessoas com deficiência, quando esta tenha cometido o crime contra seu filho ou dependente ou tenha cometido crime com violência ou grave ameaça a pessoa (art. 318-A do CPP).

Apesar de o Código de Processo Penal mencionar apenas a aplicação substitutiva da prisão domiciliar em relação à prisão preventiva, em concomitância ou não com outras medidas diversas da prisão, nada impede que a prisão domiciliar, durante o inquérito policial, também se dê de forma tanto alternativa quanto substitutiva não apenas em relação à prisão preventiva, mas também em relação à prisão em flagrante ou temporária[680], a ser abordada a seguir, apesar da omissão dos arts. 317

---

680 Ressalte-se que a prisão domiciliar destina-se à proteção da vida humana, o mais importante de todos os bens jurídicos em uma sociedade civilizada. No caso da mulher gestante (art. 318, IV do CPP), em função da criança em fase gestacional, também revela-se especificamente aplicável o princípio da consti-

tucional da intranscendência, segundo o qual a punição não deve ultrapassar a pessoa do condenado (art. 5º, XLV da CF), violado caso pessoa prestes a dar à luz seja submetida a situação de desconforto, e até mesmo de precariedade, que atingirá também a criança ainda no ventre materno.

A prisão em flagrante, prisão temporária, e a prisão preventiva são espécies do gênero prisão, não sendo minimamente razoável a aplicação da regra do art. 318, IV do CPP tão somente à prisão preventiva. Cuida-se aqui de (mais) um caso em que a interpretação literal da mencionada norma conduzirá a conclusão diferente da *mens legis*, é o caso em que o texto legal diz menos do que exprime o sistema normativo.

No que pertine à prisão domiciliar da mulher gestante, já decidiu o STF sobre o tema em *habeas corpus* coletivo, ementado nos seguintes termos:

HABEAS CORPUS COLETIVO. ADMISSIBILIDADE. DOUTRINA BRASILEIRA DO HABEAS CORPUS. MÁXIMA EFETIVIDADE DO WRIT. MÃES E GESTANTES PRESAS. RELAÇÕES SOCIAIS MASSIFICADAS E BUROCRATIZADAS. GRUPOS SOCIAIS VULNERÁVEIS. ACESSO À JUSTIÇA. FACILITAÇÃO. EMPREGO DE REMÉDIOS PROCESSUAIS ADEQUADOS. APLICAÇÃO ANALÓGICA DA LEI 13.300/2016. MULHERES GRÁVIDAS OU COM CRIANÇAS SOB SUA GUARDA. PRISÕES PREVENTIVAS CUMPRIDAS EM CONDIÇÕES DEGRADANTES. INADMISSIBILIDADE. PRIVAÇÃO DE CUIDADOS MÉDICOS PRÉNATAL E PÓS-PARTO. FALTA DE BERÇARIOS E CRECHES. ESTADO DE COISAS INCONSTITUCIONAL. CULTURA DO ENCARCERAMENTO. DETENÇÕES CAUTELARES DECRETADAS DE FORMA ABUSIVA E IRRAZOÁVEL. INCAPACIDADE DO ESTADO DE ASSEGURAR DIREITOS FUNDAMENTAIS ÀS ENCARCERADAS. OBJETIVOS DE DESENVOLVIMENTO DO MILÊNIO E DE DESENVOLVIMENTO SUSTENTÁVEL DA ORGANIZAÇÃO DAS NAÇÕES UNIDAS. REGRAS DE BANGKOK. ESTATUTO DA PRIMEIRA INFÂNCIA. APLICAÇÃO À ESPÉCIE. ORDEM CONCEDIDA. EXTENSÃO DE OFÍCIO. (......................) XI – Cuidados com a mulher presa que se direcionam não só a ela, mas igualmente aos seus filhos, os quais sofrem injustamente as consequências da prisão, em flagrante contrariedade ao art. 227 da Constituição, cujo teor determina que se dê prioridade absoluta à concretização dos direitos destes. XII – Quadro descrito nos autos que exige o estrito cumprimento do Estatuto da Primeira Infância, em especial da nova redação por ele conferida ao art. 318, IV e V, do Código de Processo Penal. XIII – Acolhimento do *writ* que se impõe de modo a superar tanto a arbitrariedade judicial quanto a sistemática exclusão de direitos de grupos hipossuficientes, típica de sistemas jurídicos que não dispõem de soluções coletivas para problemas estruturais. XIV – Ordem concedida para determinar a substituição da prisão preventiva pela domiciliar – sem prejuízo da aplicação concomitante das medidas alternativas previstas no art. 319 do CPP – de todas as mulheres presas, gestantes, puérperas ou mães de crianças e deficientes, nos termos do art. 2º do ECA e da Convenção sobre Direitos das Pessoas com Deficiências (Decreto Legislativo 186/2008 e Lei 13.146/2015), relacionadas neste processo pelo DEPEN e outras autoridades estaduais, enquanto perdurar tal condição, excetuados os casos de crimes praticados por elas mediante violência ou grave ameaça, contra seus descendentes. XV – *Extensão da ordem de ofício a todas as demais mulheres presas, gestantes, puérperas ou mães de crianças e de pessoas com deficiência, bem assim às adolescentes sujeitas a medidas socioeducativas em*

a 318-B do CPP a respeito. Em qualquer hipótese, deverá o delegado de polícia lastrear-se em elementos das circunstâncias autorizadoras do art. 318 do CPP em favor do indiciado que disponha na investigação criminal que preside, seja para representar judicialmente pela aplicação alternativa ou substitutiva da prisão domiciliar em relação à prisão preventiva ou temporária, seja para ele próprio aplicar a prisão domiciliar substitutivamente à prisão em flagrante.

3.4.1.6.7.2 Prisão temporária

A prisão temporária é uma modalidade de prisão provisória cautelar, disciplinada na Lei nº 7.960/1989, cabível apenas no curso do inquérito policial quando houver fundadas razões de autoria ou participação do indiciado em crimes hediondos ou assemelhados, assim como aqueles arrolados no seu art. 1º, III, desde que imprescindível para as suas investigações (art. 1º, I), o que engloba a hipótese do indicado não tiver residência fixa ou não fornecer elementos necessários ao esclarecimento de sua identidade[681], expressamente prevista em seu art. 1º, II[682].

Desta forma, constitui-se como pressuposto de admissibilidade da prisão temporária o inquérito policial versar sobre um ou mais delitos

---

idêntica situação no território nacional, observadas as restrições acima.
HC 143.641/SP, Segunda Turma, Rel. Min. Ricardo Lewandowski, j. em 20/02/2018, DJe-215 09/10/2018. (grifo nosso)

Veja-se que, no último item da ementa acima transcrita, determina-se a extensão da ordem de ofício as "demais mulheres presas" gestantes. Portanto, a ordem judicial em tela, embora versa-se sobre a substituição da prisão preventiva a domiciliar a mulheres gestantes, pretendeu dar amplitude máxima a seu comando, de forma a aplicar a prisão domiciliar para mulheres grávidas em substituição a qualquer modalidade de prisão.

681 A dúvida sobre a identidade civil do indiciado também é uma das condições que autorizam a admissibilidade da prisão preventiva, sendo inserida no Código de Processo Penal pela Lei no 12.403/2011, encontrando-se atualmente prevista no art. 313 § 1º do CPP). A respeito, cf. ainda nota de rodapé nº 674.

682 Neste sentido, OLIVEIRA, Eugênio Pacelli de. *Curso de Processo Penal*, 3ª Ed. Belo Horizonte: Del Rey, 2004, p. 531-532.

Contudo, na doutrina há entendimento de que para autorizar a prisão temporária se faz necessária a presença do requisito previsto no art. 1º, III da Lei 7.960/1989, combinado com os incisos I ou II do referido dispositivo, como pode se observar em FERNANDES, Antônio Scarance. *Processo penal constitucional*. 3 ed. rev. atual. e ampl. São Paulo: RT, 2003, p. 308; GRINOVER, Ada Pellegrini; FERNANDES, Antônio Scarance; GOMES FILHO, Antônio Magalhães. *As Nulidades no Processo Penal*. 8ª Ed. São Paulo: Revista dos Tribunais, 2004, p. 364; CAPEZ, Fernando, *Curso de Processo Penal*. 6ª ed. São Paulo: Saraiva, 2001, p. 235.

previstos nas alíneas do art. 1º, III, da Lei nº 7.960/1989, quais sejam: a) homicídio doloso (art. 121, *caput*, e seu § 2º do CP); b) sequestro ou cárcere privado (art. 148, *caput*, e seus §§ 1º e 2º do CP); c) roubo (art. 157, *caput*, e seus §§ 1º, 2º e 3º do CP); d) extorsão (art. 158, *caput*, e seus §§ 1º e 2º do CP); e) extorsão mediante sequestro (art. 159, *caput*, e seus §§ 1º, 2º e 3º do CP); f) estupro (art. 213, *caput*, e sua combinação com o art. 223, *caput*, e parágrafo único do CP); g) atentado violento ao pudor (art. 214, *caput*, e sua combinação com o art. 223, *caput*, e parágrafo único); h) rapto violento (art. 219, e sua combinação com o art. 223 *caput*, e parágrafo único do CP); i) epidemia com resultado de morte (art. 267, § 1º do CP); j) envenenamento de água potável ou substância alimentícia ou medicinal qualificado pela morte (art. 270, *caput*, combinado com art. 285 do CP); l) quadrilha ou bando (art. 288 do CP); m) genocídio (arts. 1º, 2º e 3º da Lei nº 2.889, de 1º de outubro de 1956); n) tráfico de drogas (art. 33 da Lei nº 11.343/2006[683]); o) crimes contra o sistema financeiro (Lei nº 7.492/1986); p) crimes previstos na Lei de Terrorismo (Lei nº 13.260/2016).

Já os crimes considerados hediondos encontram-se elencados no art. 1º, da Lei 8.072/1990, o qual relaciona os seguintes delitos do código penal, consumados ou tentados: I - homicídio (art. 121 do CP), quando praticado em atividade típica de grupo de extermínio, ainda que cometido por um só agente, e homicídio qualificado (art. 121, § 2º, incisos I, II, III, IV, V, VI, VII e VIII do CP); I-A - lesão corporal dolosa de natureza gravíssima (art. 129, § 2º) e lesão corporal seguida de morte (art. 129, § 3º), quando praticadas contra militar das Forças Armadas, autoridade ou agente de órgão de segurança pública, integrantes do sistema prisional e da Força Nacional de Segurança Pública, no exercício da função ou em decorrência dela, ou contra seu cônjuge, companheiro ou parente consanguíneo até terceiro grau, em razão dessa condição; II – roubo circunstanciado pela restrição de liberdade da vítima ou pelo emprego de arma de fogo, ou qualificado pelo resultado lesão corporal grave ou morte (art. 157, § 2º, V, § 2º-A, I, § 2º-B, § 3º do CP); III - extorsão qualificada pela restrição da liberdade da vítima, ocorrência de lesão corporal ou morte (art. 158, § 3º); IV - extorsão mediante sequestro e na forma qualificada (art. 159, *caput*, e §§ 1º, 2º e 3º); V - estupro (art. 213,

---

[683] À época da publicação da Lei nº 7.960/1989, o crime de tráfico de drogas tipificado no art. 12 da Lei nº 6.368/1976.

caput e §§ 1º e 2º); VI - estupro de vulnerável (art. 217-A, *caput* e §§ 1º, 2º, 3º e 4º); VII - epidemia com resultado morte (art. 267, § 1º); VII-B - falsificação, corrupção, adulteração ou alteração de produto destinado a fins terapêuticos ou medicinais (art. 273, *caput* e § 1º, § 1º-A e § 1º-B); VIII - favorecimento da prostituição ou de outra forma de exploração sexual de criança ou adolescente ou de vulnerável (art. 218-B, *caput*, e §§ 1º e 2º); IX - furto qualificado pelo emprego de explosivo ou de artefato análogo que cause perigo comum (art. 155, § 4º-A). Considera-se também hediondo, na forma tentada ou consumada, o crime de genocídio previsto nos arts. 1º, 2º e 3º da Lei nº 2.889/1956, posse ou porte ilegal de arma de fogo de uso proibido, previsto no art. 16 da Lei nº 10.826, de 22 de dezembro de 2003; comércio ilegal de armas de fogo, previsto no art. 17 da Lei nº 10.826, de 22 de dezembro de 2003; tráfico internacional de arma de fogo, acessório ou munição, previsto no art. 18 da Lei nº 10.826, de 22 de dezembro de 2003; assim como o crime de organização criminosa, quando direcionado à prática de crime hediondo ou equiparado (art. 1º, parágrafo único da Lei nº 8.072/1990). Já os crimes de tortura (art. 1º da Lei nº 9.455/1997), tráfico ilícito de entorpecentes e drogas afins e terrorismo art. 2º, § 1º da Lei nº 13.260/2016), por serem constitucionalmente equiparados a hediondos, acabam por ser submetidos o mesmo regime jurídico que é peculiar a todos os delitos acima listados (art. 5º XLIII da CF art. 2º da Lei nº 8.072/1990).

De se observar, portanto, que o rol de crimes do art, 1º, III da Lei nº 7.960/1989 coincide parcialmente com os crimes elencados nos arts. 1º e 2º da Lei nº 8.072/1990, mais especificamente aqueles previstos nas alíneas, *a* (desde que praticado praticado em atividade típica de grupo de extermínio, ou na sua forma qualificada), *d* (desde que qualificada pela restrição da liberdade da vítima, ocorrência de lesão corporal ou morte), *e, f, i, m, n* e *p*.

Por sua vez, o indiciamento por quaisquer dos referidos crimes constitui-se na condição de admissibilidade da prisão temporária; enquanto o *periculum libertatis*, ilustrado pela imprescindibilidade para a investigação em inquérito policial, mencionada art. 1º, I da Lei nº 7.960/1989, afigura-se como sua circunstância autorizadora.

Diferentemente da prisão preventiva, a qual não possui prazo máximo prefixado, a prisão temporária, de acordo o art. 2º, *caput* e §§ 4-A

3 – Polícia Judiciária 417

7º e 8º da Lei 7.960/1989, será autorizada pelo juiz pelo prazo de 5 (cinco) dias, incluído o da prisão, prorrogável por igual período em caso de extrema e comprovada necessidade, salvo quando o inquérito policial versar sobre crime hediondo, tortura, tráfico ilícito de entorpecentes e drogas afins ou terrorismo, cujo prazo é de (até) 30 (trinta) dias, prorrogável apenas uma vez e por igual prazo (art. 2º § 1º da Lei nº 8.072/1990). Decorrido o quinquídio, o preso deverá ser posto imediatamente em liberdade, independentemente de nova ordem da autoridade judicial, salvo se já tiver sido comunicada a prorrogação da prisão temporária ou da decretação da prisão preventiva (art. 2º § 7º da Lei nº 7.960/1989, na redação dada pela Lei nº 13.869/2019).

Por fim, de acordo com os §§ 2º e 3º do art. 2º, da Lei 7.960/1989, o despacho fundamentado que autorizar ou não a prisão temporária deverá ser prolatado dentro do prazo de 24 (vinte e quatro) horas, contadas a partir do recebimento da representação do delegado de polícia, sendo facultado ao juiz, de ofício, ou a requerimento do Ministério Público ou do advogado do indiciado preso, determinar que este lhe seja apresentado, submetê-lo a exame de corpo de delito, e solicitar informações e esclarecimentos ao delegado de polícia.

3.4.1.6.7.3 Medidas penais diversas da prisão

A partir da Lei nº 12.403/2011, operaram-se fundamentais modificações quanto ao sistema de medidas restritivas do Código de Processo Penal, ampliando-o para contemplar, além da prisão domiciliar, nada menos que 9 (nove) medidas de diferentes graus de restrição da liberdade de locomoção privacidade e propriedade, e com aplicação autônoma, alternativa, ou substitutiva à prisão, quais sejam: 1) Comparecimento periódico e condicionado em juízo para informar e justificar atividades; 2) proibição de acesso ou frequência do indiciado ou acusado a determinados lugares, para evitar o risco de novas infrações; 3) proibição do indiciado ou acusado de manter contato com pessoa determinada, para mantê-lo distante desta; 4) proibição de ausentar-se da Comarca quando a permanência seja conveniente ou necessária para a investigação ou instrução; 5) recolhimento domiciliar no período noturno e nos dias de folga, quando o indiciado ou acusado tenha residência e trabalho fixos; 6) suspensão do exercício de função pública ou de atividade de natureza econômica ou financeira, quando houver justo receio de sua utilização para a prática de infrações penais; 7) internação provisória do acusado nas hipóteses de crimes praticados com violência ou grave ameaça, quando os peritos concluírem ser inimputável ou semi-imputável e houver risco de reiteração; 8) monitoração eletrônica; 9) proibição de ausentar-se do país (art. 319, I a VII e IX, e art. 320, ambos do CPP).

Muito embora sua aplicação seja apenas substitutiva à prisão, ao referido rol foi ainda adicionada a fiança, cujo objetivo seria assegurar o comparecimento a atos da persecução penal, evitar a obstrução do seu andamento ou em caso de resistência injustificada à ordem judicial (art. 319 VIII do CPP). Tal medida, como visto no item 3.4.1.6.6.1.1, será arbitrada pelo delegado de polícia nas infrações penais cuja pena privativa de liberdade máxima seja de até 4 (quatro) anos, e pelo juiz nos crimes nos demais casos (art. 322 do CPP), ressalvados os crimes de tortura[684], o tráfico de drogas[685], terrorismo[686] e aqueles definidos como crimes hediondos[687], bem como o crime de racismo[688] e "a ação de grupos armados, civis ou militares, contra a ordem constitucional e o Estado Democrático"[689], os quais são inafiançáveis, de acordo com o art. 5º, XLII, XLIII, XLIV da CF.

No entanto, admitido a aplicação da fiança pelo delegado de polícia nos crimes de baixo e médio potencial ofensivo, não faz sentido que o mesmo não seja permitido também em relação as demais medidas diversas da prisão, sobretudo quando da aplicação da prisão em flagrante delito. Nesta hipótese, caso o indiciado não venha a prestar a fiança arbitrada pelo delegado, o mesmo deverá aguardar um pronunciamento judicial para conceder uma liberdade que, em regra[690], já é certa, uma

---

684 Art. 1º da Lei nº 9.455/1997.
685 Art. 44 da Lei nº 11.343/2006.
686 Art. 2º, § 1º da Lei nº 13.260/2016.
687 Art. 1º da Lei nº 8.072/1990.
688 Arts. 3º a 14 da Lei nº 7.716/1989.
689 Título XII do CP (Dos crimes contra o Estado Democrático de Direito), inserido pela Lei nº 14.197/2021.
690 Como visto no item 3.4.1.6.7.1, a prisão preventiva também é admitida, excepcionalmente, nos casos em casos de reincidência em crime doloso; violência doméstica e familiar contra a mulher, criança, adolescente, idoso, enfermo ou pessoa com deficiência; ou dúvida sobre a identidade civil do indiciado, ainda que a pena privativa de liberdade do crime não ultrapasse quatro anos (art. 313, II, III e § 1º do CPP).

vez que seu cárcere só seria mantido na hipótese de prisão preventiva, admissível apenas nos crimes cuja pena privativa de liberdade máxima seja superior a 4 (quatro) anos (art. 313, I do CPP).

Desta forma, como já salientado no item 3.4.1.5.2.2.2, melhor seria que o próprio delegado de polícia pudesse efetivar plenamente o direito à liberdade daquele que prendeu em flagrante. Não faz sentido que, a depender do crime em que seja autuado em flagrante e da sua possibilidade arcar com a fiança ou disposição para arcar com as obrigações desta decorrentes, deva o indiciado aguardar por um pronunciamento judicial para uma liberdade provisória que o próprio crime pelo qual foi indiciado já indica ser devida. A prisão em flagrante, nestas hipóteses, embora ainda prevista na legislação, chega a, ironicamente, vulnerar a adequação e a necessidade enquanto critérios balizadores para a aplicação de qualquer medida cautelar penal, previstas no art. 282 do CPP pela Lei nº 12.403/2011.

Ademais, a própria Lei nº 12.403/2011, ao reformular os sistemas de medidas cautelares no Código de Processo Penal, buscou ampliar as possibilidades de se efetivar o direito à liberdade na própria Delegacia de Polícia, alterando seu art. 322 para permitir ao delegado arbitrar fiança nos crimes com pena máxima até 4 (quatro) anos, e não apenas nos crimes puníveis com detenção, como se previa anteriormente. No entanto, tal alteração, se revelou tímida, não apenas em função de existirem crimes puníveis com detenção com pena máxima acima de 4 (quatro) anos[691] que deixaram de ser afiançáveis pelo delegado, mas, sobretudo, em razão de uma série de novas medidas diversas da prisão, algumas até mais brandas que a própria fiança, serem previstas dependendo exclusivamente de autorização judicial, como a própria liberdade provisória sem fiança, além do comparecimento periódico e condicionado em juízo para informar e justificar atividades; proibição de acesso ou frequência do indiciado ou acusado a determinados lugares ou de manter contato com pessoa determinada (art. 319, I a III do CPP).

A própria manutenção do cárcere pelo juiz nas prisões em flagrante, após as alterações efetuadas pela referida lei, depende de representação do delegado de polícia pela autorização da prisão preventiva,

---

691 Como exemplo, pode-se citar os crimes do arts. 123 e 134, § 2º do CP; art. 3º da Lei nº 1.521/1951; art. 7º da Lei nº 8.137/1990 e arts 89 e 96 da Lei nº 8.666/1993.

uma vez que a mesma não pode mais ser decretada de ofício pelo juiz durante a investigação criminal (art. 282, § 2º, 310, II e 311, *caput*, do CPP), de sorte que efetivação plena do direito a liberdade de indiciados em flagrante pelo delegado de polícia, em nada vulnera o superveniente controle jurisdicional dos seus atos, militando, ao revés, em prol da consolidação de um processo penal onde a regra é a liberdade, cuja efetivação deve ser antecipada em relação ao cárcere.

Desta forma, propõe-se, *de lege ferenda*, que ao delegado de polícia sejam concedidos os meios processuais para libertar todos aqueles que prender em flagrante, por meio da extensão plena de todas as medidas diversas da prisão aplicáveis em sua substituição.

Por outro lado, apesar de o art. 319, *caput*, do CPP denominar as medidas ali listadas como cautelares, a rigor, nem todas possuem esta natureza. Das medidas acima listadas, as de número 2, 6 e 7, assim como a prisão preventiva que se destina à "garantia da ordem pública" e econômica (art. 312 do CPP), não possuem natureza cautelar, sendo a finalidade investigativa da atuação da polícia judiciária, quando da sua aplicação, sobrepujada por sua finalidade nitidamente preventiva (a respeito, cf. o item 1.2.3). A própria denominação "diversas da prisão", também utilizada no referido dispositivo, não deve ser interpretada de forma taxativa, uma vez que a legislação extravagante também preveem, medidas pessoais diversas da prisão, como a suspensão de carteira de habilitação ou a proibição de sua obtenção (art. 294 da Lei nº 9.503/1997), aplicável aos crimes de trânsito, ou a suspensão da posse ou restrição do porte de armas, aplicáveis a persecução penal em face da violência doméstica e familiar contra a mulher (art. 22, I da Lei nº 11.340/2006 – "Lei Maria da Penha")[692].

3.4.1.6.7.4 Entrada diurna em casa para fins de busca domiciliar

Como visto no item 3.4.1.6.6.2, o art. 5º, XI da CF, ao tutelar a intimidade e vida privada do cidadão, dispôs, *in verbis*, que "a casa é asilo inviolável do indivíduo, ninguém nela podendo penetrar sem consentimento do morador, salvo em caso de flagrante delito ou desastre, ou para prestar socorro, ou, durante o dia, **por determinação judicial**[693].

---

692 Os incisos II, III e IV do art. 22 da Lei nº 11.340/2006, veiculam medidas análogas às previstas no art. 319, II e III do CPP, incluídos pela Lei nº 12.403/2011.

693 De acordo com os arts. 22, "1"; 30 e 38 do Decreto nº 56.435/1965, o local da missão diplomática e residência dos seus membros são invioláveis, salvo

3 – Polícia Judiciária

Incluem-se aí, portanto, quatro hipóteses excepcionais para o ingresso na casa como asilo inviolável, interessando ao presente estudo – além daquela decorrente de flagrante delito, já abordada no referido item 3.4.1.6.6.2 – a que se dá ao dia mediante determinação judicial, também pertinente ao exercício da polícia judiciária.

Por sua vez, a expressão "casa", teve sua regulamentação do art. 150, §§ 4º e 5º do CP e art. 246 do CPP recepcionada constitucionalmente, de forma a compreender qualquer compartimento habitado; aposento ocupado de habitação coletiva; ou compartimento não aberto ao público, onde alguém exerce profissão ou atividade, excluindo-se, no entanto, hospedaria, estalagem ou qualquer outra habitação coletiva, enquanto aberta, ou taverna, casa de jogo e outras do mesmo gênero.

Todavia, ante a taxatividade das hipóteses de ingresso previstas no art. 5º, XI da CF, o art. 241 do CPP – o qual previa que, quando o próprio delegado de polícia ou juiz não a realizar pessoalmente, a busca domiciliar deverá ser precedida da expedição de mandado – não foi recepcionado pelo referido dispositivo constitucional, a possibilidade de busca domiciliar por determinação do delegado de polícia, independentemente de autorização judicial de acesso à casa, caso não haja flagrante delito. Nesta hipótese, quando verificar razões para realização de busca domiciliar no curso do inquérito policial, deverá o delegado de polícia representar pela autorização de acesso ao domicílio junto ao juízo competente, com a qual poderá expedir mandado mandado de busca domiciliar[694] ou, de posse da referida autorização, supervisionar a sua execução pessoalmente, o que, se por um lado submeteu a referida medida a um controle jurisdicional *a priori*, por outro, acabou por diminuir a

---

quando o agente diplomático for nacional do estado acreditado ou nele tenha residência permanente, quanto a fatos alheios ao exercício de suas funções. Já os arts. 31, "2"; 33, 35, "3"; 61 e 71 do Decreto nº 61.078/1967, preveem que os locais dos consulados são invioláveis, na parte em que foram utilizados exclusivamente para as necessidades de seu trabalho, sendo os arquivos e documentos consulares sempre invioláveis, onde quer que estejam, salvo quando seu chefe for um funcionário honorário, e os mesmos não estejam separados de outros papéis e documentos, especialmente da sua correspondência particular, de qualquer pessoa que com ele trabalhe, ou dos objetos, livros e documentos relacionados com sua profissão ou negócios. Sobre ao *status* jurídico dos tratados e convenções internacionais em relação à Constituição Federal, cf. ainda nota nº 536.

694 Contudo, na prática o que tem se verificado é a expedição de mandado pelo próprio juiz, acompanhado da respectiva decisão de autorização judicial.

celeridade da investigação criminal, possibilitando-se, por exemplo, a destruição de bens a ser buscados enquanto se aguarda pela deliberação judicial sobre acesso ao domicílio.

Para se legitimar a busca domiciliar durante o inquérito policial, a mesma deve ter fundamento em uma ou mais circunstâncias arroladas no art. 240 do CPP, quais sejam: prender indiciados que **não** se encontrem em flagrante delito; apreender materialidade delitiva ou objetos necessários à defesa de indiciado ou investigado, inclusive cartas, abertas ou não, quando haja indícios de que o conhecimento do seu conteúdo possa ser útil à elucidação do fato; localizar vítimas de crimes. Neste particular, cumpre recordar que a busca domiciliar, por consistir em uma medida cautelar real, não necessariamente requer prévio indiciamento do domiciliado para autorizá-la, podendo se dar independentemente da prévia apuração da autoria delitiva.

Diferentemente do acesso ao domicílio em razão de flagrante delito ou com o consentimento do morador (art. 245 do CPP), o art. 5º, XI da CF limita seu horário quando este se dá mediante autorização judicial, devendo o mesmo ocorrer apenas durante o dia, com os agentes executores, em qualquer hipótese, devendo mostrar e ler autorização de acesso e mandado de busca ao morador, ou a quem o represente, antes de penetrarem na casa. Se o próprio delegado de polícia que representou pelo acesso ao domicílio executar a busca, este, após a leitura da autorização judicial de acesso, declarará sua qualidade e o objeto da diligência, dispensando-se o mandado de busca[695].

Para grande parte da doutrina, a expressão "durante o dia", referida no art. 5º, XI da CF para o acesso ao domicílio mediante autorização judicial, compreende o período da aurora ao crepúsculo[696]. Tal critério físico-astronômico, além de mais literal em relação à disposição constitucional, respeita ainda às peculiaridades do Brasil, que possui grande extensão territorial e horário de verão, o que implica na variação do horário do anoitecer. Uma vez dentro da casa, a busca domiciliar que

---

695 Contudo, na prática o que tem se verificado é a apresentação de mandado expedição pelo próprio juiz, que acompanhou a respectiva decisão de atorização judicial.
696 Cf., dentre outros, MORAES, Alexandre de. *Direito Constitucional*. 11ª ed. São Paulo: Atlas, 2002, p. 82; NUCCI, Guilherme de Souza. *Manual de processo penal e execução penal*. 2ª Ed. - São Paulo: RT, 2006, p. 493.

fundamentou a sua entrada poderá perdurar inclusive após o anoitecer, até porque se os agentes do delegado de polícia fossem obrigados a interrompê-la com a noite, a medida poderia estar fadada a ineficiência, pois o morador, eventualmente interessado em destruir ou ocultar o que se busca, poderia, com a saída dos executores, ganhar tempo e suprimir tal elemento de convicção ou providenciar-lhe um esconderijo, dentro da casa[697].

Com relação aos demais aspectos legais da execução da busca domiciliar, remete-se o leitor ao item 3.4.1.6.6.2, onde os mesmo já foram analisados.

3.4.1.6.7.5 Sequestro de bens

Por meio do sequestro, busca-se reter bens imóveis ou móveis não susceptíveis de apreensão do investigado ou indiciado no inquérito policial (ou acusado, quando do processo judicial), ainda que já tenham sido transferidos a terceiro.

Trata-se de medida real, assim como a busca domiciliar, a qual não necessariamente requer prévio indiciamento do detentor para autorizá-la, podendo se dar independentemente da prévia apuração da autoria delitiva, desde que haja indícios veementes de que os bens móveis a ser sequestrados são provenientes da prática delituosa apurada foram adquiridos com os proventos da infração (art. 126 do CPP). Com relação a bens imóveis, estão sujeitos ao sequestro aqueles adquiridos pelo indiciado com os com os proventos da infração, ainda que já transferidos a

---

697 Neste sentido, TOURINHO FILHO, Fernando da Costa. Processo penal, volume 3. 25ª Ed. São Paulo: RT, 2003, p. 368.

No entanto, Julio Fabbrini Mirabete (in Processo Penal. 8ª Ed. rev. e atual. São Paulo: Atlas, 1998, p. 321), entende que a duração da busca domiciliar deve se dar de acordo com a aplicação analógica ao processo penal do art. 172 do CPC, o qual estabelecia que os atos processuais poderão ser praticados das 6h às 18h. Tal posicionamento, contudo, era baseado na antiga redação do art. 172 do CPC de 1973, que foi posteriormente alterado pela Lei nº 8.952/1994 para permitir a realização de atos processuais das 6h às 20h, regra mantida pelo art. 212 do CPC de 2015. Contudo, apesar das edições posteriores da obra não analisaram se essa alteração teria ou não efeitos em relação à duração da busca domiciliar, tanto o art. 172, § 1º do CPC, em ambas as redações, quanto o art. 212, § 1º do CPC de 2015, preveem que poderão ser concluídos após os referidos horários os atos iniciados antes, quando o adiamento prejudicar a diligência ou causar grave dano, que se verifica, ao menos em potencial, quando da execução de busca domiciliar.

terceiro (art. 125 do CPP). Desta forma, embora seja também possível o sequestro de bem imóvel de quem não é indiciado, requer-se, pelo menos, que proprietário anterior (ainda que apenas de fato) o seja, e que o mesmo tenha sido por este adquirido com proventos da infração.

Apesar de tal medida ter sido incluída no Título VI do Código de Processo Penal, relativo às questões e processos incidentes, não se trata aqui apenas de um incidente, merecedor de decisão judicial em separado ante a pendência da investigação e/ ou processo criminal, mas de medida essencialmente coercitiva e preventiva em relação à própria persecução penal, uma vez que aqui se busca recolher os proveitos do crime não somente para se assegurar indenização do ofendido, mas sobretudo para impedir que seja auferido lucro com a prática delituosa, desconstruindo assim a engenharia financeira que sustenta a sua reiteração, evitando assim a prática de novas infrações penais (art. 282, I, *in fine*, do CPP).

Isto posto, deve-se salientar que, com as alterações efetuadas no Código de Processo Penal pela Lei nº 12.403/2011, deve-se aplicar ao sequestro o previsto no § 2º do art. 282, redigido pela referida lei e já analisado no item 3.4.1.6.7, não sendo facultado ao juiz decretá-lo de ofício durante o inquérito policial, derrogando-se o art. 127 do CPP, neste particular, uma vez que o referido dispositivo prevê textualmente que o juiz poderia decretar tal medida de ofício "ainda antes de oferecida a denúncia ou queixa".

Ao se interpretar o art. 127 do CPP à luz do posterior § 2º do art. 282 do CPP, também se observará que, semelhantemente ao já exposto em relação ao Ministério Público no item 3.4.1.6.7, só deverá ser reconhecida legitimidade para o ofendido requerer tal medida no curso da ação penal privada[698]. Para tanto, cumpre observar que, além do § 2º do art. 282 não conferir ao ofendido legitimidade para requerer medidas coercitivas durante a investigação criminal, o próprio Código de Processo Penal já lhe confere privativamente a legitimidade para, a qualquer tempo, requerer privativamente a hipoteca legal dos imóveis ou arresto dos bens móveis do indiciado, acusado ou condenado (arts. 134 e 137

---

[698] Art. 127 do CPP: O juiz, *de ofício, a requerimento do Ministério Público ou do ofendido*, ou mediante representação da autoridade policial, poderá ordenar o sequestro, em qualquer fase do processo *ou ainda antes de oferecida a denúncia ou queixa*.

do CPP) incidindo sobre seu patrimônio de origem lícita, medidas as quais serão vistas mais adiante no item 3.4.1.7.5, e que, diferentemente do sequestro, visam precipuamente assegurar indenização do ofendido em caso de condenação.

Representado o sequestro de bem imóvel proveito do crime pelo delegado de polícia durante o inquérito policial, o mesmo, assim como as demais medidas coercitivas jurisdicionadas, será autuado em apartado, mas com a peculiaridade de admitir embargos, que podem ser oferecidos pelo indiciado, sob o fundamento de não terem os bens sido adquiridos com os proventos da infração; ou por terceiro, a quem houverem os bens sido transferidos a título oneroso, sob o fundamento de tê-los adquirido de boa-fé, não podendo ser pronunciada decisão nesses embargos antes de passar em julgado a sentença condenatória, salvo quanto o terceiro embargante for absolutamente estranho ao fato apurado[699]. Autorizado o sequestro, o juiz ordenará a sua inscrição no Registro de Imóveis (arts. 128 a 130 do CPP).

No entanto, o sequestro será levantado se a ação penal não for intentada no prazo de sessenta dias, contado da data em que aquele for concluído. Ou seja, considerando-se que o Ministério Público em regra quinze dias a para oferecer a denúncia ou requerer arquivamento, quando o indiciado se encontrar em liberdade (art. 46, *caput*, do CPP), o delegado de polícia dispõe de, no máximo, quarenta e cinco dias, para conclusão do inquérito policial, considerando-se que prazo para encerramento de trinta dias já foi prorrogado (art. 10, *caput* e § 3º do CPP). Levantar-se-á também o sequestro caso o terceiro, a quem tiverem sido transferidos os bens, prestar caução que assegure a perda em favor da União do valor que constitua proveito auferido pelo agente, se conde-

---

699 Neste sentido, MIRABETE, Julio Fabbrini. *Processo Penal*. 8ª Ed. rev. e atual. São Paulo: Atlas, 1998, p 238; e NUCCI, Guilherme de Souza. *Manual de processo penal e execução penal*. 2ª Ed. – São Paulo: RT, 2006, p. 341-342, o primeiro ao entendimento de que ao terceiro absolutamente estranho aos fatos (p. ex. que adquiriu o bem do terceiro que o comprou de boa fé ou teve seu bem sequestrado por equívoco) pode se valer que qualquer defesa já que a lei não traz qualquer previsão neste sentido; e o segundo ao entendimento de que o art. 129 do CPP, ao prever a possibilidade de embargos de terceiro, versa sobre este terceiro absolutamente estranho ao fato, e que apenas o art. 130 do referido diploma legal – cujo inciso II prevê a possibilidade de embargos pelo terceiro a quem houverem os bens sido transferidos a título oneroso, sob o fundamento de tê-los adquirido de boa-fé – estipula que sua decisão não deverá ocorrer antes de passar em julgado a sentença condenatória.

nado (art. 91, II, *b* do CP), ou se este último for absolvido, ou julgada extinta sua punibilidade (art. 131 do CPP).

Proceder-se-á ao sequestro dos bens móveis se, verificadas indícios veementes da proveniência ilícita, não for cabível a sua busca domiciliar (art. 132 do CPP). Portanto, ressalvam-se das apreensões objeto do art. 6º, II, do CPP, determinadas pelo delegado de polícia independentemente de autorização judicial, os bens imóveis adquiridos com o proveito do crime – ou seja, os rendimentos da infração penal provocou – bem como os bens móveis não acessíveis mediante busca domiciliar, os quais sujeitam-se a prévia autorização judicial de sequestro.

Transitada em julgado a sentença condenatória, o juiz, de ofício ou a requerimento do interessado, determinará a avaliação e a venda dos bens em leilão público, sendo recolhido ao Tesouro Nacional o dinheiro apurado que não couber ao lesado ou a terceiro de boa-fé (art. 133 do CPP). Quando os bens sequestrados no curso do inquérito policial estiverem sujeitos a qualquer grau de deterioração ou depreciação, ou quando houver dificuldade para sua manutenção, deverá o delegado de polícia representar ao juiz, a fim de que se determine a alienação antecipada para preservação do valor dos bens que apreender (art. 144-A do CPP)[700].

Neste caso, o leilão far-se-á preferencialmente por meio eletrônico. Não alcançado o valor estipulado, será realizado novo leilão, em até 10 (dez) dias contados da realização do primeiro, podendo os bens ser alienados por valor não inferior a 80% (oitenta por cento) do estipulado na avaliação judicial. O produto da alienação ficará depositado em conta vinculada ao juízo até a decisão final de eventual processo, procedendo-se à sua conversão em renda para a União, Estado ou Distrito Federal, no caso de condenação, ou, no caso de absolvição arquivamento do inquérito policial, à sua devolução ao acusado ou indiciado. (art.144-A, §§ 1º a 3º do CPP).

No caso da alienação de veículos, embarcações ou aeronaves, o juiz ordenará à autoridade de trânsito ou ao equivalente órgão de registro e controle a expedição de certificado de registro e licenciamento em favor do arrematante, ficando este livre do pagamento de multas, encargos e tributos anteriores, sem prejuízo de execução fiscal em relação ao antigo proprietário (art.144-A, § 5º do CPP).

---

700 Cf. nota nº 636.

3 – Polícia Judiciária

Ainda com relação a veículos, embarcações ou aeronaves sequestradas, demonstrado o interesse público na utilização de apreensões desta natureza, o juiz poderá autorizar o órgão de polícia judiciária a utilizá-los nos termos já expostos no item 3.4.1.6.6.3 (art. 133-A do CPP).

Em caso de indiciamento por crime contra a administração pública ou contra a fé pública que resulte em prejuízo para o Estado, prevê o Decreto-Lei nº 3.240/1941 a possibilidade de se requerer a extensão do sequestro a todos os bens do indiciado, independentemente da sua proveniência ilícita (equiparando-o ao arresto, a ser visto mais adiante, no item 3.4.1.7.5), a bens doados após a prática do crime, e até mesmo a bens em poder de terceiros, desde que estes os tenham adquirido dolosamente, ou com culpa grave, aos quais é facultada a oposição de embargos (arts. 1º, 3º e 4º)[701].

Neste caso, o sequestro (leia-se arresto) será levantado se a ação penal não for intentada no prazo de noventa dias (art. 2º, § 1º c/c 6º, "1"). Ou seja, considerando-se que o Ministério Público em regra tem quinze dias a para oferecer a denúncia ou requerer arquivamento, quando o indiciado se encontrar em liberdade, o delegado de polícia dispõe de, no máximo, setenta e cinco dias para concluir o inquérito policial, considerando-se que o prazo inicial para encerramento de trinta dias já foi prorrogado.

Quando o sequestro (leia-se arresto) recair em bens móveis, o Decreto-Lei nº 3.240/1941 prevê expressamente que o juiz nomeará depositário, o qual assinará termo de compromisso de bem e fielmente desempenhar o cargo e de assumir todas as responsabilidades a este inerentes. Incumbe ao depositário, além dos demais atos relativos ao cargo: informar ao juiz da existência de bens ainda não compreendidos no sequestro (leia-se, arresto); fornecer, à custa dos bens sequestrados (leia-se, arrestados), pensão módica, arbitrada pelo juiz, para a manu-

---

701 O art. 1º Decreto-Lei nº 3.240/1941, em sua redação, faz referência a crimes definidos no Livro II, Títulos V, VI e VII da Consolidação das Leis Penais, vigentes a época, os quais dispõem sobre crimes contra a boa ordem e administração pública, crimes contra a fé pública, e crimes contra a fazenda pública (contrabando, incluído no Código Penal vigente entre os crimes contra a administração pública). Por sua vez, além da referência à "pessoa indiciada" no art. 1º, o art. 3º do referido diploma legal requer, para aplicação do sequestro neste previsto, a "indícios veementes da responsabilidade", tornando inequívoca a necessidade de indiciamento no curso do inquérito policial, em que pese tratar-se de uma medida coercitiva real.

tenção do indiciado e das pessoas que vivem a suas expensas; bem como prestar mensalmente contas da administração (art. 4º, § 1º e art. 5º).

O trânsito em julgado da sentença condenatória importa na perda imediata, em favor do Estado, dos bens que forem produto, ou adquiridos com o produto do crime, ressalvado o direito de terceiro de boa fé. Se do crime resulta, para o Estado, prejuízo que não seja coberto por tais bens, promover-se-á, no juízo competente, a execução da sentença condenatória, a qual recairá sobre tantos bens quantos bastem para ressarci-lo (arts. 8º e 9º). Com isso, embora o Decreto-Lei nº 3.240/1941, admita o sequestro de bens que não tenha proveniência ilícita, o perdimento destes em favor do Estado só ocorrerá após a execução da sentença condenatória, em esfera cível, sendo o referido diploma legal omisso quanto a cessação dos efeitos do sequestro sobre bens que não tenham proveniência criminosa após a condenação definitiva em esfera penal.

3.4.1.6.7.6 Afastamento de sigilo de dados

O afastamento cautelar de sigilo de dados consiste em restrição excepcional do direito fundamental à intimidade e à privacidade do indivíduo, protegidos pelo inciso X do art. 5º da CF[702], exigindo-se, quando necessária, autorização judicial. Com a medida jurisdicionalizada, objetiva-se o acesso ao banco de dados de órgãos públicos, concessionários de serviços públicos e instituições privadas que arquivam e/ ou contabilizam informações de indiciados que venham a se revelar imprescindíveis para o aprofundamento da investigação criminal.

Destarte, não é o indiciado no inquérito policial quem detém o material objeto da representação do delegado de polícia ao Poder Judiciário, mas instituições como o Banco Central, Receita Federal, e outros especificamente nominados e vinculados ao pedido, ficando o objeto da representação restrita à esfera administrativa para que o próprio Estado ou seus concessionários forneçam, mediante autorização judicial, os dados sigilosos à referida autoridade de polícia judiciária.

Como sinalizado, tal peculiaridade não dispensa prévio indiciamento daquele cujos dados pretende-se acessar, uma vez que se cuida

---

702 Art.5º [...] X – são invioláveis a *intimidade*, a *vida privada*, a honra e a imagem das pessoas, assegurado o direito a indenização pelo dano material ou moral decorrente de sua violação.

aqui de medida cautelar pessoal, demanda por meio do qual se demonstrará indícios suficientes de materialidade e autoria delitivas, cuja probabilidade habilita a relativização ao direito fundamental protegido pelo sigilo. No entanto, caso a representação pelo aceso aos dados não se dê em função de uma dada pessoa, mas do dispositivo no qual dados se encontram arquivados (p. ex. conta bancária ou terminal telefônico, nos quais provavelmente quem os titula não seria quem de fato os utiliza), a medida cautelar em questão reveste-se de caráter predominantemente real, prescindindo-se do prévio indiciamento do seu titular.

Apesar de tais características essenciais, a legislação de regência afastamento de sigilo de dados é fragmentária, com dispositivos apresentando-se em diferentes diplomas legais de acordo com a natureza dos dados, notadamente se os mesmos forem bancários, fiscais, ou telefônicos.

Entende-se por sigilo bancário como o dever profissional dos integrantes das instituições financeiras de manter segredo das informações que recebem dos seus clientes acerca dos seus bens, negócios e atividades. Com isso, objetiva-se proteger a sua intimidade, apenas podendo ser quebrada a partir de determinação judiciária. Ressalvam-se do sigilo, todavia, as operações financeiras efetuadas pelas administrações direta e indireta da União, dos Estados, do Distrito Federal e dos Municípios (art. 5º, § 3º da LC nº 105/2001), uma vez que as mesmas cuidam, *a priori*, de recursos públicos, não se inserindo na proteção à intimidade e à privacidade do indivíduo, objeto do art. 5º, X da CF.

O afastamento do sigilo bancário é atualmente disciplinado na Lei Complementar nº 105/2001, cujo § 4º do art. 1º, o qual dispõe que a quebra de sigilo poderá ser decretada, quando necessária para apuração de ocorrência de qualquer ilícito, em qualquer fase do inquérito policial, assim como do processo judicial eventualmente decorrente deste. Apesar de o referido dispositivo não dispor expressamente que tal quebra (em especial quando do inquérito policial) necessariamente deverá ser decretada *judicialmente*, a jurisprudência tem fixado a autorização judicial como indispensável para a regularidade da medida[703].

Neste ponto, cabe a seguinte reflexão – se o ordenamento jurídico brasileiro, para assegurar a justa tributação mediante efetivação do

---

703 STF, HC 97781/ PR, 1ª Turma, Relator(a): Min. Marco Aurélio, Relator(a) p/ Acórdão: Min. Luiz Fux, j. em 26/11/2013, DJe-051 17/03/2014.

princípio da capacidade contributiva, atribuiu à autoridade de polícia tributária a prerrogativa de, no exercício da atividade de fiscalização de infrações administrativas, ter acesso aos rendimentos e as atividades econômicas do contribuinte (art. 145, § 1º da CF), independentemente de autorização judicial, relativizando o direito fundamental à intimidade e à privacidade do indivíduo, protegidos pelo inciso X do art. 5º da CF (cf. item 2.2.2.1) – lógico seria atribuir a mesma prerrogativa a autoridade de polícia judiciária, ao investigar criminalmente, uma vez que as infrações penais, por sua natureza, importam na tutela de bens jurídicos juridicamente mais relevantes à sociedade do que as infrações administrativas. Desta forma, negar ao delegado de polícia, enquanto autoridade de polícia judiciária o acesso fundamentado a dados de operações financeiras no curso do inquérito policial, independentemente de autorização judicial, revela-se assistemático, levando-se em consideração a ponderação de princípios realizada, neste particular, em relação à polícia administrativa tributária.

O sigilo fiscal, por sua vez, pode ser definido como o dever profissional de sigilo da autoridade de polícia administrativa tributária ou de seus agentes, acerca de informação obtida em razão do ofício sobre a situação econômica ou financeira do contribuinte e sobre a natureza e o estado dos seus negócios ou atividades, como pode-se observar no referido art. 145, § 1º da CF, assim como no art. 198, *caput*, do Código Tributário Nacional, *cuja redação foi dada pela* Lei Complementar nº 104/2001.

O § 1º do art. 198 do CTN, *por sua vez, ao dispor sobre as exceções ao sigilo fiscal, em seu inciso* I, refere-se apenas a "requisição de autoridade judiciária no interesse da justiça", sem mencionar a autoridade de polícia judiciária, o que tornaria imprescindível a autorização judicial para acesso a dados fiscais durante a persecução penal, inclusive no curso do inquérito policial, apesar do mesmo, embora presidido por autoridade externa ao Poder Judiciário, ser judiciário no seu fim. No entanto, o inciso II do parágrafo em questão excepciona do sigilo fiscal as solicitações com o objetivo de instruir processo administrativo que verse por prática de infração *administrativa*, desde que comprovada a sua regular instauração, no órgão ou na entidade respectiva. Neste caso, o intercâmbio do dado fiscalmente protegido, no âmbito da administração pública, será realizado mediante processo regularmente instaurado, e a entrega será feita a autoridade solicitante, mediante recibo (§ 2º).

Aqui, de forma análoga ao que a pouco se ponderou em relação ao sigilo bancário, cabe refletir que, se o ordenamento jurídico brasileiro, na persecução de infração de índole administrativa, permitiu o acesso a dados protegidos por sigilo fiscal, independentemente de autorização judicial, relativizando o do direito fundamental à intimidade e à privacidade do indivíduo, protegidos pelo inciso X do art. 5º da CF (cf. item 2.2.2.1), lógico seria atribuir a mesma prerrogativa a autoridade de polícia judiciária, ao investigar criminalmente, uma vez que as infrações penais, por sua natureza, importam na tutela de bens jurídicos juridicamente mais relevantes à sociedade do que as infrações administrativas. Portanto – levando-se em consideração a ponderação de princípios realizada, neste particular, em relação à polícia administrativa especial – permanece a incoerência de se negar ao delegado de polícia, enquanto autoridade de polícia judiciária, o acesso fundamentado a dados protegidos por sigilo fiscal no curso do inquérito policial independentemente de autorização judicial.

É de se notar que os dispositivos legais relativos ao afastamento fiscal e bancário não elencam requisitos como parâmetro para a sua autorização, o que não dispensa a demonstração da adequação e necessidade da referida medida cautelar, bem como do indiciamento de quem se pretende obter os dados. De acordo com a jurisprudência do Supremo Tribunal Federal, a autorização do afastamento dos sigilos fiscal e bancário deverá ainda indicar, além da necessidade da medida mediante fundamentos idôneos, sua limitação temporal, mediante predeterminação formal do período dos dados a ser acessados[704].

O delegado de polícia também deverá representar por autorização judicial, caso durante a instrução do inquérito policial necessite acessar aos dados do Banco Nacional Multibiométrico e de Impressões Digitais do Ministério da Justiça e Segurança Pública (art. 7º-C, § 11º da pela Lei nº 12.037/2009).

De acordo com o art. 7º-C, §§ 2º e 3º da pela Lei nº 12.037/2009 (inserido pela pela Lei nº 13.964/2019), os registros biométricos, de impressões digitais (datiloscópico), de íris, face e voz colhidos por ocasião da identificação criminal, integrarão o Banco Nacional Multibiométrico e de Impressões Digitais do Ministério da Justiça e Segurança Pública, o

---

704 STF, AC 3872 AgR/DF, Tribunal Pleno, Relator(a): Min. Teori Zavascki, j. em 22/10/2015, DJe-228 13/11/2015.

qual tem como objetivo armazenar tais dados de registros biométricos, de impressões digitais e, quando possível, de íris, face e voz, para subsidiar investigações criminais.

Desta forma, embora delegado de polícia promova a alimentação do referido banco de dados, ao determinar a identificação criminal de indiciado (cf. item 3.4.1.3.4.1), deverá representar judicialmente para ter acesso a dados multibiométricos em inquéritos policiais diversos daquele em que foi determinada a identificação criminal.

Por outro lado, diferentemente do que ocorre em relação aos dados fiscais e multibiométricos, não há legislação infraconstitucional a exigir categoricamente autorização judicial para acesso a dados telefônicos, quais sejam, aqueles referentes aos titulares das linhas, ligações pretéritas efetivadas e recebidas por tal ou qual linha telefônica, horas, locais e duração das chamadas, bem como, em caso de telefonia móvel, dados relativos aos *SIM cards* ("chips") que abrigam as linhas telefônicas, ao(s) número(s) de identificação do(s) aparelho(s) que a(s) utiliza(m) (denominado *IMEI - International Mobile Equipment Identity*) – ou seja, Identificação Internacional de Equipamento Móvel) – e localização das estações de cobertura (Estações Radio Base) de onde originou(aram) o(s) sinal(is) por meio do qual(is) as linhas se conectaram, setorização e intensidade de radiofrequência, e/ou linhas que utilizaram as referidas estações num determinado lapso temporal.

Com relação a tais informações, os arts. 15 da Lei nº 12.850/2013, e 17-B da Lei nº 9.613/1998, incluído pela Lei nº 12.683/2012, permitem que, em inquéritos policiais onde se investigue os crimes de organização criminosa e/ou lavagem de dinheiro, o delegado de polícia tenha acesso, independentemente de autorização judicial, aos dados cadastrais do investigado que informam exclusivamente qualificação pessoal, filiação e endereço, mantidos não apenas pelas concessionárias de telefonia, mas também pela Justiça Eleitoral, pelas instituições financeiras, pelos provedores de *internet* e pelas administradoras de cartão de crédito. O art. 17 da Lei nº 12.850/2013, estipula ainda que, em inquéritos policiais que versem sobre investigações criminosas, as concessionárias de telefonia manterão, pelo prazo de 5 (cinco) anos, à disposição do delegado de polícia, registros de identificação dos números dos terminais de origem e de destino das ligações telefônicas internacionais, interurbanas e locais.

Na mesma linha, a Lei nº 13.344/2016 incluiu os arts. 13-A e 13-B no Código de Processo Penal a fim de que, em inquéritos policiais onde se investigue os crimes relacionados ao tráfico interno e internacional de pessoas (arts. 148, 149 e 149-A, no § 3º do art. 158 e no art. 159 do CP, e art. 239 da Lei no 8.069/1990), o delegado de polícia poderá requisitar, de quaisquer órgãos do poder público ou de empresas da iniciativa privada, dados e informações cadastrais da vítima ou de suspeitos, independentemente de autorização judicial, a qual deverá ser atendida no prazo de 24 (vinte e quatro) horas.

No entanto, quando tais requisições forem direcionadas a empresas prestadoras de serviço de telecomunicações e/ou telemática que disponibilizem informações relativas à localização das estações de cobertura (Estações Radio Base), requer-se de autorização judicial, muito embora se dispense até mesmo a prévia instauração do inquérito policial (e por, consequência o indiciamento), devendo esta ocorrer no prazo máximo de 72 (setenta e duas) horas, contado do registro da respectiva ocorrência de crime. A manifestação judicial, todavia, é dispensada pelo legislador caso não ocorra no prazo de 12 (doze) horas, permitindo-se ao delegado de polícia requisitar diretamente tais dados às empresas requisitadas, com imediata comunicação ao juiz, por período não superior a 30 (trinta) dias, renovável por uma única vez, por igual período. Por períodos superiores, volta a ser necessária, contudo, a apresentação de autorização judicial.

Tal regulamentação, como pode-se observar, acarreta extrema insegurança jurídica, pois o legislador, no intuito de conferir maior presteza na apuração de crimes relacionados ao tráfico interno e internacional de pessoas, permite restrição a direito fundamental sem que sequer haja inquérito policial, ainda que a título provisório, muito menos indiciamento daqueles cujos dados se pretende acessar, bem como oscila entre a necessidade de autorização judicial com base num critério meramente temporal. Melhor seria ter seguido a mesma tendência dos arts. 15 da Lei nº 12.850/2013, e 17-B da Lei nº 9.613/1998, incluído pela Lei nº 12.683/2012, nos quais se dispensa a autorização judicial, mas não a instauração de inquérito policial.

Diante de uma legislação esparsa e hesitante, ao se interpretar *a contrario sensu*, os arts. 15 da Lei nº 12.850/2013, 17-B da Lei nº 9.613/1998 e arts. 13 a e 13-B do CPP, depreender-se-ia em regra necessária autorização judicial, para acesso a dados telefônicos, ressalvando-se apenas aqueles relativos a dados qualificativos de titulares de linhas telefônicas em inquéritos policiais que versem sobre os crimes de organização criminosa e lavagem de dinheiro. Todavia, tal linha de intelecção não *tem sido endossada por precedentes do Supremo Tribunal Federal e Superior Tribunal de Justiça, proferidos após as Leis n° 12.683/2012 e 12.850/2013*[705]*, nos quais se adotou o entendimento de que sobre os dados telefônicos inexiste previsão constitucional ou legal de sigilo, já que não fazem parte da intimidade da pessoa, não havendo ilegalidade por conta de sua obtenção pelo delegado de polícia, independentemente de autorização judicial.*

A prevalecer tal entendimento, bastaria ao delegado de polícia requisitar os dados telefônicos à concessionária de telefonia que entender fundamentadamente necessários a elucidação do crime investigado, com fulcro no art. 6°, III do CPP e/ou art. 2°, § 2° da Lei n° 12.830/2013[706], independentemente do indiciamento daquele cujos dados pretende-se acessar, uma vez a obtenção de tais informações não implicaria em substancial restrição ao direito fundamental a intimidade (art. 5° X da CF).

Dados telefônicos podem também ser obtidos pelo delegado de polícia quando este, em qualquer inquérito policial, determina a apreensão de aparelhos de telefonia móvel. Nestes casos, pode a referida autoridade também determinar o acesso aos registros das ligações pretéritas gravadas nos dispositivos, independendo de autorização judicial – ainda que se entendesse que esta fosse, em regra, necessária, nos termos acima descritos – uma vez que, em decorrência do poder-dever do delegado de polícia apreender todos os objetos relacionados à prática delituosa investigada (art. 6°, II do CPP), decorre o seu poder-dever de colher dos mesmos todas as informações para o seu esclarecimento (art. 6°, III do CPP)[707], ressalvando-se, contudo, o teor das comunicações de dados

---

705 *STF -HC n° 124322/RS AgR, 1ª Turma, Relator: Min. Luiz Roberto Barroso. J. em 09/12/2016 DJe 19/12/2014; STJ – AgRg no HC n° 181546/SP. Rel. Mini/ Marco Aurélio Bellizze. J. em 11/02/2014, DJe 18/02/2014.*
706 Cf. nota n° 563.
707 Em sentido semelhante, STF, HC 91867/ PA, Relator(a): Min. Gilmar Mendes, 2ª Turma, j. em 24/04/2012, DJe-185 20/09/2012; e STF, ARE 1042075 RG, Tribunal Pleno, Relator(a): Min. Dias Toffoli, julgado em 23/11/2017, DJe-285 12/12/2017. Neste último, julgado, foi reconhecida a existência de repercussão geral, devendo seu entendimento ser aplicada posteriormente pelas instâncias inferiores, em casos idênticos (art. 102, § 3º da CF e art. 542-B, *§ 4º do CPC c/c*

pretéritas constantes referidos aparelhos[708], objeto de proteção jurídica distinta, fulcrada no art. 5º, XII da CF, a ser analisada no item a seguir.

Frise-se ainda que, como visto no item 3.4.1.6.6.3, a apreensão é uma medida cautelar real da qual se requer apenas indícios suficientes de que o telefone móvel esteja sendo empregado na prática delituosa, fazendo-se prescindível o prévio ou concomitante indiciamento do seu utilizador para sua aplicação, assim como para o acesso aos referidos dados, permitindo-se a sua obtenção, ainda que a autoria delitiva não tenha sido identificada.

Por fim, deve-se consignar que, a depender do volume de dados obtidos, poderá se fazer necessário seu exame pericial, notadamente o de natureza contábil no caso de dados bancários e/ ou fiscais, a fim de propiciar maior eficiência na elucidação do que se objetiva esclarecer com a seu acesso.

3.4.1.6.7.7 Afastamento de sigilo de correspondência e/ ou de comunicação telegráfica, de dados e/ou telefônica

O direito fundamental à intimidade, no que tange determinadas espécies de comunicações, goza de especial proteção insculpida no inciso XII do artigo 5º da Constituição, a seguir transcrito:

> XII – é inviolável o sigilo da correspondência e das comunicações telegráficas, de dados e das comunicações telefônicas, salvo, no último caso, por ordem judicial, nas hipóteses e na forma que a Lei estabelecer para fins de investigação criminal ou instrução processual penal.

Portanto, o objeto da proteção constitucional é a informação transmitida de uma(s) pessoa(s) a outra(s) por carta, telégrafo, dados, ou telefone, a qual é inviolável. Em uma interpretação literal do dispositivo, excetuando-se a telefônica, as demais formas de comunicação seriam protegidas de forma absoluta, de forma que jamais poderiam ser violadas para fins de divulgação. Todavia, a necessidade de ponderação entre os diversos bens protegidos constitucionalmente não sustenta tal interpretação[709], em especial aquela entre o direito à privacidade e à in-

---

art. 3º do CPP).
708 Neste sentido, STJ – RHC 67.379/RN, Rel. Min. Ribeiro Dantas, 5ª Turma, j. em 20/10/2016, DJe 09/11/2016.
709 Neste sentido, FERNANDES, Antônio Scarance. *Processo penal constitucional*. 3

timidade do investigado, indiciado ou réu o direito da coletividade à efetividade da persecução penal.

Com relação ao sigilo de correspondência, o próprio Código de Processo Penal, já autorizava a busca domiciliar para a apreensão de "cartas, abertas ou não, [...] quando haja suspeita de que o conhecimento do seu conteúdo possa ser útil à elucidação do fato" (art. 240, § 1º, "f"), aplicável por analogia, a telegramas e dispositivos de informática que abriguem comunicações de dados por escrito, como *e-mails* e aplicativos de troca de mensagens. Por outro lado, nada impede que sua apreensão seja determinada pelo delegado de polícia em face de busca pessoal ou outro meio lícito pelo qual que os referidos objetos venham a ser obtidos, uma vez que incumbe ao mesmo apreender todos aqueles que tiverem relação com o fato delituoso apurado mediante inquérito policial (art. 6º, II do CPP). No entanto, em face do art. 5º, XII da CF, deve o delegado de polícia, antes de acessar as referidas cartas e afins, requerer autorização judicial específica para analisar seu conteúdo, demonstrando que a sua provável utilidade para a elucidação do fato que investiga justifica se excepcionar a inviolabilidade das referidas comunicações.

Com relação à comunicação telefônica e de dados, inicialmente deve-se ressaltar que estas *não se confundem com os registros telefônicos ou os dados enquanto registro, que recebem, inclusive, proteção jurídica distinta, fulcrada no artigo 5º, X, da CF, e analisada no item anterior. A proteção constitucional objeto do art. 5º, XII da CF é da comunicação da informação e não da informação em si mesma*[710].

O conteúdo das comunicações em curso, por seu turno, pode ser captado de diversas formas, sendo as mais utilizadas a interceptação e a gravação clandestina. A interceptação consiste na captação da comunicação por um terceiro, sem o conhecimento dos interlocutores, ou com o conhecimento de um deles (escuta). Já a gravação clandestina consiste na captação da comunicação por um dos interlocutores, sem o conhecimento do(s) outro(s)[711].

---

ed. rev. atual. e ampl. São Paulo: RT, 2003, p. 93-94.
710 Ibidem, p. 94; *STF – HC nº 91.867/PA. 2ª Turma. Relator: Ministro Gilmar Mendes. j. em 24/04/2012, DJe 20/09/2012.*
711 *Sobre os meios eletrônicos de captação de prova, cf.* GRINOVER, Ada Pellegrini; FERNANDES, Antônio Scarance; GOMES FILHO, Antônio Magalhães. *As Nulidades no Processo Penal.* 8ª Ed. São Paulo: Revista dos Tribunais, 2004, p. 207-209.

Infraconstitucionalmente, a interceptação de comunicações telefônicas e de dados (também denominada, "fluxo de comunicações em sistemas de informática e telemática") para fins de investigação criminal – portanto, destinada precipuamente ao inquérito policial – é regulamentada pela Lei nº 9.296/1996, a qual também permite que a referida medida seja requerida durante a instrução processual penal (art. 1º).

Para se autorizar judicialmente tal medida durante o inquérito policial, deve o fato investigado constituir infração penal punida com pena de reclusão, sob a circunstância de não haver outros meios disponíveis para viabilizar a prova do fato e seu completo esclarecimento[712], demonstrando-se, a partir daí, a adequação e necessidade da medida, com indicação dos meios a serem empregados (art. 2º e 4º, *caput*).

Apesar de o art. 2º, I pressupor, para a interceptação, "indícios razoáveis da autoria ou participação", prescinde-se de prévio indiciamento de um ou mais interlocutores, uma vez que, para tal medida cautelar, não se requer que a autoria delituosa já se encontre individualizada, mas indícios de autoria *individualizável*, por meio da utilização de um ou mais terminais. Isto se deve em razão da interceptação de comunicação *telefônicas e/ou de dados ser, analogamente à apreensão de correspondência, uma medida cautelar real incidindo primordialmente sobre o meio de comunicação empregado, devendo ser demonstrado indícios de autoria delituosa na sua utilização, ainda que aquele(s) que o utilize(m) criminosamente não tenham sido identificado(s) para fins de indiciamento.*

Deve o delegado de polícia – além da indicação e qualificação de indiciados e investigados, quando possível – deverá descrever com clareza os fatos apurados, podendo o juiz ainda admitir, excepcionalmente, que a representação seja formulada verbalmente, desde que estejam presentes os pressupostos que autorizem a interceptação, caso em que será reduzida a termo, e apreciada, em qualquer caso, no prazo máximo de vinte e quatro horas (art. 2º, parágrafo único, e 4º).

A autorização judicial, além de fundamentada, indicará a forma de execução da medida, que não poderá exceder o prazo de quinze dias, renovável por igual tempo, uma vez comprovada a sua indispensabilidade (art. 5º). Neste particular, o Supremo Tribunal Federal tem entendido ser possível mais de uma prorrogação do prazo de autorização para a

---
712 Sobre a existência de exigência semelhante para a autorização da ação controlada e eventual conflito de normas, cf. nota nº 767.

interceptação telefônica, mediante sucessivas quinzenas, especialmente quando o fato é complexo a exigir investigação diferenciada e contínua[713].

Uma vez autorizada a interceptação de comunicações, o delegado de polícia conduzirá os procedimentos para sua execução, inclusive mediante requisição de serviços e técnicos especializados às concessionárias de serviço público. Dará, ainda ciência da execução ao Ministério Público, que poderá acompanhar a sua realização, o que, por óbvio, não se estende ao(s) indiciado(s) sobre quem recai a medida, posto que esta fatalmente redundaria na sua ineficácia (arts. 6°, *caput* e 7° da *Lei nº 9.296/1996*, e art. 282, § 3° do CPP).

Caso seja possível o registro (gravação) da comunicação interceptada, o delegado de polícia determinará a sua transcrição, bem como encaminhará, ao final da interceptação, o seu resultado ao juiz, acompanhado de auto circunstanciado, que deverá conter o resumo das atividades realizadas. Recebidos esses elementos, o juiz determinará o apensamento da interceptação de comunicações aos autos do inquérito policial, cientificando o Ministério Público, assim como o(s) indiciado(s) interceptado(s), uma vez que não há mais perigo de ineficácia da medida cautelar (art. 6° §§ 1°, 2° e 3° da *Lei nº 9.296/1996*, e art. 282, § 3° do CPP).

Portanto, a interceptação de comunicação telefônica e/ou de dados correrá em autos apartados ao do inquérito policial, devendo seu apensamento ocorrer apenas imediatamente antes do relatório conclusivo do delegado de polícia, a fim de se restringir mais eficientemente a sua publicidade (art. 8°).

Como a interceptação de comunicações telefônicas e/ou de dados permite prorrogações de prazo, nesta, diferentemente das outras medidas jurisdicionadas, possibilita-se um aprofundamento investigativo formalmente paralelo ao inquérito policial que a autorizou, com o surgimento de indícios de autoria delitiva de novo(s) interlocutor(es) à medida em que a interceptação do(s) indiciado(s) objeto da medida é efetivada.

---

713 STF – HC 83.515/RS, Tribunal Pleno, Rel. Min. Nelson Jobim, j. 16/09/2004, DJ 04/03/2005. Em sentido contrário, inadmitindo mais do que uma única prorrogação por quinze dias, STJ – HC 76.686/PR, Rel. Ministro Nilson Naves, Sexta Turma, julgado em 09/09/2008, DJe 10/11/2008, devendo se salientar, contudo, que foi reconhecida pelo STF repercussão geral ao recurso extraordinário interposto em face de tal julgado (RE 625.263 RG/ PR, Tribunal Pleno, Relator(a): Min. Gilmar Mendes, j. em 13/06/2013, DJe-176 09-09-2013).

Neste caso, como o apensamento da interceptação ocorrerá apenas quando da conclusão do inquérito policial, neste momento deverá(ão) ser formalizado(s) o(s) indiciamento(s) do(s) interlocutor(es), cuja interceptação fora autorizada nas prorrogações da medida, com base, pelo menos, nos mesmos fundamentos que autorizaram a interceptação das suas comunicações, bem como formalizados os demais atos que lhe são inerentes, notadamente interrogatório com averiguação da sua vida pregressa (art. 6, V e IX do CPP)[714]. Por conseguinte, caso surjam indiciados *durante* a interceptação telefônica, o seu apensamento ao inquérito policial *a priori* não poderá ocorrer *imediatamente* antes do relatório final do delegado de polícia, nos termos do art. 8º, parágrafo único da *Lei nº 9.296/1996*, diante da necessidade da realização dos referidos atos que lhe são obrigatórios.

A gravação que não interessar à prova será inutilizada por decisão judicial, durante o inquérito, a instrução processual ou após esta, em virtude de requerimento do Ministério Público ou da parte interessada (art. 9º), o que inclui, no caso do inquérito policial, não apenas aquelas relativas aos indiciados cujas comunicações forem interceptadas, mas também investigados e até terceiros interlocutores que eventualmente tomem conhecimento da incidência acidental da medida em uma comunicação que participou. O incidente de inutilização será assistido pelo Ministério Público, sendo facultada a presença do indiciado (ou acusado) ou de seu representante legal.

Apesar de o art. 9º da Lei nº 9.296/1996 não prever, caso o incidente de inutilização ocorra antes da conclusão do inquérito policial, deve o juiz, antes de apreciar o pedido, colher manifestação do delegado de polícia, a fim de se prevenir a inutilização de provas que porventura pode vir a ser úteis para a investigação.

3.4.1.6.7.8 Captação ambiental

Assim como o afastamento de sigilo de dados, a captação ambiental é uma medida cautelar deduzida em juízo que resulta em restrição excepcional do direito fundamental à intimidade e à privacidade do indivíduo, protegidos pelo inciso X do art. 5º da CF. Com a medida,

---
714 Cf. itens 3.4.1.3.4.1 e 3.4.1.6.3.3.

objetiva-se autorização judicial, para a captação de sinais eletromagnéticos, ópticos ou acústicos *e um dado ambiente mediante utilização de equipamento apropriado, sem o conhecimento daqueles que neste atuam, ou com o conhecimento de um destes*, uma vez que o conhecimento do que se passa no ambiente interceptado revela-se imprescindível para o aprofundamento da investigação criminal.

Inicialmente, a captação ambiental encontrava previsão legal apenas no art. 3º, II da Lei nº 12.850/2013 (e art. 2º, IV da Lei nº 9.034/1995, que a antecedeu), que dispõe sobre medidas destinadas à investigação de organizações criminosas. Contudo, sua natureza permitia a aplicação em inquéritos policiais que versem sobre crimes praticados individualmente, ou por outros tipos de associação delituosa como concurso eventual de pessoas ou quadrilha ou bando.

O âmbito de aplicação da captação ambiental só viria a ser expressamente ampliado em lei por meio da inserção do art. 8º-A na Lei nº 9.296/1996 pela Lei nº 13.964/2019. Neste dispositivo, previu-se que, durante investigação ou instrução criminal, poderá ser autorizada pelo juiz, por representação da autoridade de polícia judiciária ou requerimento do Ministério Público, a captação ambiental de sinais eletromagnéticos, ópticos ou acústicos, quando a prova não puder ser feita por outros meios disponíveis e igualmente eficazes; e houver elementos probatórios razoáveis de autoria e participação em crimes cujas penas máximas sejam superiores a 4 (quatro) anos ou em infrações penais que lhe sejam conexas.

Portanto, indispensável se mostra o prévio indiciamento por crime de pena máxima superior a 4 (quatro) anos de pelo menos um daqueles presumidamente inseridos no ambiente cujos sinais eletromagnéticos, ópticos ou acústicos pretende-se captar, uma vez que se cuida aqui de medida cautelar pessoal, demanda por meio da qual previamente deve-se demonstrar indícios suficientes de materialidade e autoria delitivas, cuja probabilidade habilita a relativização ao direito fundamental a intimidade e a vida privada.

A representação do delegado de polícia deverá ainda descrever circunstanciadamente o local e a forma de instalação do dispositivo de captação ambiental, a qual não poderá exceder o prazo de 15 (quinze) dias, renovável judicialmente por iguais períodos, se comprovada a indispensabilidade do meio de prova e quando presente atividade criminal permanente, habitual ou continuada (art. 8º-A, §§ 1º e 3º).

Uma vez autorizado judicialmente, poderá o delegado de polícia determinar aos seus agentes a instalação de aparelhos de gravação de som e imagem em ambientes fechados (residências, locais de trabalho, estabelecimentos prisionais etc.), com a finalidade de gravar não apenas os diálogos travados entre o(s) indiciado(s) com demais investigados e terceiros (sinais acústicos), mas também filmar as condutas por estes desenvolvidas (sinais ópticos). Ainda poder-se-á registrar sinais emitidos pelos aparelhos de comunicação, como rádios transmissores (sinais eletromagnéticos), que tecnicamente não se enquadrarem no conceito de comunicação telefônica, telegráfica ou de dados.

Portanto, a autorização judicial para a captação ambiental é imprescindível apenas nos casos em que esta se realizar em ambiente privado ou fechado, uma vez que, justamente nesses locais, é que se estabelecem a privacidade e intimidade alheias a serem preservadas. Em contrapartida, será dispensável a autorização judicial quando a interceptação ambiental ocorrer em local aberto ou público (ruas, praças, jardins públicos etc.). Como a medida visa, justamente, proteger o direito fundamental à intimidade, previsto no art. 5º, X, da CF, não há que se falar em violação à intimidade em local aberto ao público, pois a própria natureza do lugar o retira da esfera de proteção do referido direito fundamental, não havendo como se vislumbrar intimidade em uma conduta de uma pessoa praticada numa em praça pública ou avenida movimentada.

No entanto, cumpre salientar que – embora locais privados ou fechados, quando habitados, por serem equiparados a casa, só possam ser penetrados mediante autorização judicial durante o dia, conforme art. 5º, XI da CF – o Supremo Tribunal Federal já entendeu lícita a entrada noturna de agentes do delegado de polícia em local de trabalho vazio durante o referido período, para fins de instalação de equipamento de captação ambiental, uma vez que esta "não se sujeita, por motivos óbvios, aos mesmos limites da busca domiciliar, sob pena de frustração da medida, e que, não havendo disposição legal que imponha disciplina diversa, basta a sua legalidade e circunstanciada autorização judicial"[715].

Neste particular, cumpre transcrever o seguinte trecho da referida decisão:

---

715 STF – Inq 2424/RJ, Tribunal Pleno, Relator(a): Min. Cezar Peluso, j. em 19 e 20/11/2008, Informativo nº 529.

Enfatizou-se que os interesses e valores jurídicos, que não têm caráter absoluto, representados pela inviolabilidade do domicílio e pelo poder-dever de punir do Estado, devem ser ponderados e conciliados à luz da proporcionalidade quando em conflito prático segundo os princípios da concordância. Não obstante a equiparação legal da oficina de trabalho com o domicílio, julgou-se ser preciso recompor a *ratio* constitucional e indagar, para efeito de colisão e aplicação do princípio da concordância prática, qual o direito, interesse ou valor jurídico tutelado por essa previsão. Tendo em vista ser tal previsão tendente à tutela da intimidade, da privatividade e da dignidade da pessoa humana, considerou-se ser, no mínimo, duvidosa, a equiparação entre escritório vazio com domicílio *stricto sensu*, que pressupõe a presença de pessoas que o habitem. De toda forma, concluiu-se que as medidas determinadas foram de todo lícitas por encontrarem suporte normativo explícito e guardarem precisa justificação lógico-jurídico constitucional, já que a restrição consequente não aniquilou o núcleo do direito fundamental e está, segundo os enunciados em que desdobra o princípio da proporcionalidade, amparada na necessidade da promoção de fins legítimos de ordem pública.

Desta forma, como durante o período noturno o local de trabalho encontrava-se vazio[716], e considerando ser imprescindível para o êxito da captação ambiental que a instalação dos seus equipamentos ocorresse sem qualquer publicidade, entendeu-se que o poder-dever do Estado de perseguir penalmente prevaleceria sobre o direito fundamental à intimidade e privacidade, sem que fosse aniquilado o seu mínimo essencial.

Contudo, objetivando impedir a aplicação do referido entendimento jurisprudencial, foi inserido pela Lei nº 13.964/2019 o § 2º no art. 8º-A na Lei nº 9.296/1996, estatuindo que a instalação do dispositivo de captação ambiental poderá ser realizada, quando necessária, por meio de ação policial[717] disfarçada ou no período noturno, exceto na casa, nos

---

716 São legalmente equiparados a domicílio, para fins de inviolabilidade, qualquer compartimento habitado, locais não abertos ao público, e onde se exerce profissão (CP, art. 150, § 4º, I e III).

717 Cf. nota nº 941.

termos do inciso XI do *caput* do art. 5º da Constituição Federal[718]. Portanto, de acordo com o referido dispositivo legal, é possível a instalação de dispositivo de captação ambiental no interior de ambiente privado ou fechado nos termos do inciso XI do *caput* do art. 5º da CF, ou seja, apenas durante o dia, de maneira velada, de modo a não levantar qualquer suspeita por parte dos seus habitantes.

Apesar de não se destinar exclusivamente a captação de comunicações, a captação ambiental, tem sido utilizada precipuamente para tal fim, sendo válida, quando utilizada com este intento, valer-se da diferenciação entre interceptação ambiental, escuta ambiental e gravação clandestina ambiental. Na interceptação ambiental, analogamente ao estudado no item 3.4.1.6.7.7, terceira pessoa capta sons ou imagens produzidas por duas ou mais pessoas, sem que elas saibam da atuação dessa terceira pessoa, ou com o conhecimento de uma delas (escuta). Na gravação clandestina ambiental, por sua vez, a captação de sons ou imagens é feita por um interlocutor, sem que o(s) outro(s) tenha(m) conhecimento[719].

Em princípio, considerava-se que a gravação clandestina não de-

---

718 Contudo, tal dispositivo, quando da publicação da Lei nº 13.964/2019 acabou sendo vetado pelo Presidente da República, nos seguintes termos:

"A propositura legislativa gera insegurança jurídica, haja vista que, ao mesmo tempo em que admite a instalação de dispositivo de captação ambiental, esvazia o dispositivo ao retirar do seu alcance a 'casa', nos termos do inciso XI do art. 5º da Lei Maior. Segundo a doutrina e a jurisprudência do Supremo Tribunal Federal, o conceito de 'casa' deve ser entendido como qualquer compartimento habitado, até mesmo um aposento que não seja aberto ao público, utilizado para moradia, profissão ou atividades, nos termos do art. 150, § 4º, do Código Penal (v.g. HC 82.788, Relator Min. Celso de Mello, 2ª Turma, j. 12/04/2005)".

Tal veto, contudo, foi rejeitado pelo Congresso Nacional, sento tal artigo, inicialmente vetado, publicado no dia 30/04/2021.

719 A ausência de conhecimento do interlocutor gravado não parece ser suficiente para adjetivar a gravação ambiental como clandestina, uma vez que o interlocutor que estiver gravando a conversa pode ser um agente infiltrado (cf. item. 3.4.1.6.8.2), com autorização judicial para tanto.

Todavia, o Supremo Tribunal Federal já entendeu ilícita a gravação ambiental (ainda que não seja clandestina, em face do conhecimento do interlocutor gravado) produzida informalmente por policiais, uma vez que tal medida afronta a garantia do direito ao silêncio ou de não se autoincriminar, consagrada no inciso LXIII do art. 5º da CF, em razão da inquirição do indiciado dever ser realizada mediante interrogatório, no qual o mesmo é expressamente advertido de que poderá exercer o seu direito ao silêncio (STF – HC 75.338-RJ, Tribunal Pleno Rel. Min. Nelson Jobim, j. em 11/03/1998, DJ de 25.09.1998).

veria ser admitida no processo penal, por ser prova ilícita, uma vez que além de não haver, no Brasil, lei expressa admitindo-as, esta seria moralmente condenável, em razão de um dos interlocutores não ter ciência da gravação. Com isso, haveria má-fé de quem grava ocultamente, já que visa iludir o(s) outro(s) interlocutor(es) que não sabe(m) da gravação, podendo ainda aquele que conduz a conversa ou a gravação induzir o(s) outro(s) a fornecer(em) a resposta desejada[720].

No entanto, a jurisprudência do Supremo Tribunal Federal se consolidou no sentido de que a gravação clandestina é considerada lícita[721], quando não esteja presente causa legal de sigilo ou de reserva de conversação, uma vez que gravação clandestina ambiental, não se confunde com interceptação ambiental, para a qual se requer autorização judicial. Até mesmo gravação clandestina de comunicação cujo assunto se referir de sigilo profissional ou funcional protegido penalmente pode excepcionalmente ser admitida, **afastando-se a proteção do art. 5º, inc. X, da CF** caso haja justa causa – como pode-se observar interpretando-se os arts. 153 e 154 do CP, os quais preveem a ausência de justa causa como elemento para a caracterização do tipo penal de crimes de divulgação de segredo[722]. Portanto, havendo outro bem jurídico mais relevante do que a proteção à intimidade no caso concreto, como o direito a vida ou à ampla defesa, há de se considerar lícita a gravação clandestina.

Desta forma, reputa-se lícita, em princípio, a gravação ambiental clandestina, passível de utilização tanto para se defender quanto para se imputar infração penal, ainda que desprovida de prévia autorização judicial, se não há reserva da conversação (ou seja, obrigação de guardar

---

720 Em sentido semelhante, STF, AP 307/DF, Tribunal Pleno, Rel. Min. Ilmar Galvão, j. 13/12/1994, DJ 13/10/1995; STJ, HC 57.961/SP, 5ª Turma, Rel. Min. Felix Fischer, j. 21/06/2007, DJ 12/11/2007.

721 STF, Inq. 657/DF, Tribunal Pleno, Rel. Min. Carlos Velloso, j. 30/09/1993, DJ 19/11/1993; STF, HC 69.204/ SP, 2ª Turma, Rel. Min. Carlos Velloso, j. 26/05/1992, DJ 04/09/1992; STF, RE 402.717/PR, 2ª Turma, Rel. Min. Cezar Peluso, j. 02/12/2008, DJe 30 12/02/2009; STF, RE 583.937 QO-RG, Tribunal Pleno, Rel. Cezar Peluso, j. 19/11/2009, DJ 18/12/2009. Neste último julgado, houve reconhecimento de repercussão geral da matéria, tendo o Plenário do STF deliberado pela fixação da seguinte tese (Tema n. 237): "É lícita a prova consistente em gravação ambiental realizada por um dos interlocutores sem conhecimento do outro".

722 Neste sentido, GRINOVER, Ada Pellegrini; FERNANDES, Antônio Scarance; GOMES FILHO, Antônio Magalhães. *As Nulidades no Processo Penal*. 8ª Ed. São Paulo: Revista dos Tribunais, 2004, p. 238-240.

segredo) ou não restar caracterizado violação de sigilo profissional ou funcional, em situações sirva, por exemplo, como meio de defesa[723] ou de amparo a notícia de crime[724].

E de acordo com esta linha de intelecção deve ser interpretado o § 4º do art. 8º-A da Lei 9.296/1996, inserido pela Lei nº 13.964/2019, que versa sobre a utilização de gravação clandestina em favor da defesa na persecução penal, ao assim dispor:

> Art. 8º-A
>
> [...]
>
> § 4º A captação ambiental feita por um dos interlocutores sem o prévio conhecimento da autoridade policial ou do Ministério Público poderá ser utilizada, em matéria de defesa, quando demonstrada a integridade da gravação.

A redação do referido artigo, apesar de dispor apenas sobre o uso de gravação clandestina como subsídio à defesa, acaba por também fornecer parâmetros a sua utilização para a imputação de crime pelo Estado, uma vez que considerar que tal artigo restringiria a utilização de gravação clandestina para fins defensivos iria à paridade de armas, consectário lógico do princípio do devido processo legal (art. 5º, LIV da CF)[725].

---

723 STF, RE 402.717/PR, 2ª Turma, Rel. Min. Cezar Peluso, j. 02/12/2008, DJe 30 12/02/2009.

724 STJ, RHC 14041/ PA, 5ª Turma, Rel. Min. José Arnaldo da Fonseca, j. em 20/11/2003, DJ de 20.11.2003.

725 Contudo, tal dispositivo, quando da publicação da Lei nº 13.964/2019 acabou sendo vetado pelo Presidente da República, nos seguintes termos:

"A propositura legislativa, ao limitar o uso da prova obtida mediante a captação ambiental apenas pela defesa, contraria o interesse público uma vez que uma prova não deve ser considerada lícita ou ilícita unicamente em razão da parte que beneficiará, sob pena de ofensa ao princípio da lealdade, da boa-fé objetiva e da cooperação entre os sujeitos processuais, além de se representar um retrocesso legislativo no combate ao crime. Ademais, o dispositivo vai de encontro à jurisprudência do Supremo Tribunal Federal, que admite utilização como prova de infração criminal a captação ambiental feita por um dos interlocutores, sem o prévio conhecimento da autoridade policial ou do Ministério Público, quando demonstrada a integridade da gravação (v.g.Inq-QO 2.116, Rel. Min. Marco Aurélio, Rel. p/ Acórdão: Min. Ayres Britto, publicado em 29/02/2012, Tribunal Pleno)".

Tal veto, contudo, foi rejeitado pelo Congresso Nacional, sento tal artigo, inicialmente vetado, publicado no dia 30/04/2021.

Aqui, releva notar que se permite a utilização de gravação clandestina, da qual não haja o prévio conhecimento do delegado de polícia ou membro do Ministério Público. Com tal disposição busca-se invalidar gravações que sejam fruto de orientação passada pelos referidos agentes estatais, para quem é exigida autorização judicial para se realizar uma captação ambiental mediante interceptação.

Portanto, se o ofendido, testemunha, investigado ou indiciado grava clandestinamente por iniciativa própria, para defender seus direitos ou interesses, a gravação é, em princípio, admissível na persecução penal. Não será ela, porém, aceitável em juízo, se resultar de orientação estatal, situação na qual o quem grava agiria como *longa manus* do Estado, burlando a necessária autorização judicial para a interceptação.

Por fim, cumpre pontuar que no art. 8º-A inserido na Lei 9.296/1996 pela Lei nº 13.964/2019 dispôs-se ainda que se aplica subsidiariamente à captação ambiental as regras da legislação específica para a interceptação telefônica e telemática, previstas precipuamente naquele diploma legal (§ 5º).

3.4.1.6.7.9 Medidas cautelares atípicas

Uma vez apresentadas todas as medidas cautelares penais legalmente previstas, deve-se salientar que estas não configuram um rol taxativo, fazendo-se possível a aplicação de outras medidas dessa natureza não previstas em lei, a partir do exame da proporcionalidade.

Com efeito, antes mesmo da Lei nº 12.403/2011 ter ampliado o sistema de medidas cautelares penais no Código de Processo Penal para contemplar, além da prisão domiciliar, nada menos que 9 (nove) medidas de diferentes graus de restrição da liberdade de locomoção, e com aplicação autônoma, alternativa, ou substitutiva à prisão, diversas destas medidas – como o comparecimento periódico e condicionado em juízo para informar e justificar atividades; proibição de acesso ou frequência do indiciado ou acusado a determinados lugares, para evitar o risco de novas infrações; suspensão do exercício de função pública ou de atividade de natureza econômica ou financeira quando houver justo receio de sua utilização para a prática de infrações penais; e proibição de ausentar-se do país (art. 319, I, II, VI e art. 320 do CPP) – já vinham tendo sua aplicação admitida pela jurisprudência com base no poder geral de cautela originalmente previsto para o processo civil aplicado analogicamente ao processo penal (art. 798, do CPC c/c art. 3º, do CPP)[726].

726 Em 1995, o Superior Tribunal de Justiça, apesar de não mencionar admitir o sobredito "poder geral de cautela" em matéria processual penal, admitiu a viabilidade da apreensão de passaportes e do próprio condicionamento de viagens ao exterior a prévio consentimento judicial, em função da ausência de justa causa para decretação da prisão preventiva (HC n° 2.868/SP, 6ª Turma, Rel. Min. Adhemar Maciel, j. em 13.02.1995, DJU 24.03.1997).

Por sua vez, ainda na década de 1990, embora não tenha sido a matéria analisada com profundidade, o referido Tribunal, por meio da sua 6ª Turma, admitiu o poder de cautela do juiz no campo processual penal. O caso cuidava de mandado de segurança em face de ato judicial, que deferiu requerimento de busca domiciliar de materialidade de crime contra a propriedade industrial, com fulcro no procedimento especial delineado nos arts. 524 e seguintes, do Código de Processo Penal (RMS n° 4.179/PR, 6ª Turma, Rel. Min. William Patterson, j. em 03.12.96, DJU de 03.03.1997).

Já em 2001, o STJ, num caso de grande repercussão, relativo à suposta "venda de alvarás de soltura" por determinado magistrado, deixou assentado que, ainda que inaplicável o seu afastamento com fulcro no art. 29 da Loman (LC n° 35/1979), tal providência amoldar-se-ia ao poder de cautela do juiz, sendo incoerente se poder adotar, no caso, medidas restritivas de liberdade e não se poder adotar a menos, o afastamento do acusado de suas funções (Inq. n° 259-AM, Corte Especial, Rel. Min. Sálvio de Figueiredo, j. em 21.03.2001. Ementa publicada no Informativo n° 89 do Superior Tribunal de Justiça).

A partir de então, reiterou-se no referido pretório o reconhecimento do poder geral de cautela em esfera processual penal para efeito de aplicação de comparecimento periódico em juízo e acautelamento do passaporte (RHC n°20124/RJ, 5ª Turma, Rel. Min. Felix Fischer, j.13.11.2007, DJ 10.12.2007), bem como de medida restritiva de direitos consistente em deixar de residir e/ou transitar no local dos fatos (HC n°114734/ES, 6ª Turma, Rel. Min. Paulo Galotti, j. 17.03.2009, DJe 30.03.2009). Todavia, a consolidação de tal entendimento não chegou a ocorrer de forma pacífica, uma vez que no mesmo Tribunal há precedentes em sentido contrário ao reconhecimento do referido poder geral de cautela, em função de tais medidas não terem expressa previsão legal, violando assim o princípio da legalidade (HC 4252/SP, 6ª Turma, Rel. Min. Adhemar Maciel, Rel. p/ Acórdão Min. Luiz Vicente Cernicchiaro, j. em 05/03/1996, DJ 24/02/1997; STJ, HC n° 103394/RN, 6ª Turma, Relator: Min. Og Fernandes, j. 21/10/2008, DJe 17/11/2008; STJ, HC n°135.183/RJ, 6ª Turma, Rel. Min. Maria Thereza de Assis Moura – j.15.10.2009, DJe 09.11.2009; STJ, HC n°128599/PR, 6ª Turma – Rel. Min. Maria Thereza de Assis Moura, j.07.12.2010, DJe 17.12.2010).

As duas turmas do Supremo Tribunal Federal, todavia, posicionaram-se pelo reconhecimento do poder geral de cautela em esfera processual penal, ao admitir a imposição de condições processuais alternativas à prisão processual (HC 94147/ RJ, 2ª Turma, Rel. Min. Ellen Gracie, j. em 27/05/2008, DJe 13.06.2008;

Não obstante, a referida jurisprudência, dispositivos mais abrangentes, também inseridos no Código de Processo Penal pela Lei nº 12.403/2011, consagraram o exame da proporcionalidade como linha mestra para a aplicação das medidas cautelares penais no direito pátrio.

O art. 282, ao inaugurar o Título IX do Código de Processo Penal (agora denominado "Da prisão, das medidas cautelares e da liberdade provisória"), dispõe expressamente que as medidas cautelares neste previstas deverão ser aplicadas observando-se a: 1) necessidade de aplicação da lei penal, para a investigação ou a instrução criminal e, nos casos expressamente previstos, para evitar a prática de infrações penais; 2) adequação da medida à gravidade do crime, circunstâncias do fato e condições pessoais do indiciado ou acusado.

Por sua vez, o § 6º do referido artigo, ao estatuir, *in verbis*, que "A prisão preventiva será determinada quando não for cabível a sua substituição por outra medida cautelar"[727], define a prisão preventiva como medida extrema do sistema de medidas cautelares penais, atuando de forma subsidiária em relação às demais medidas cautelares restritivas da liberdade, notadamente as previstas no art. 319, do CPP, acima listadas, podendo, inclusive, ser determinada, em último caso, quando do descumprimento destas últimas, desde que, é claro, estejam presentes os requisitos específicos para tal custódia provisória (§ 4º).

A partir de tais dispositivos, pode-se concluir que, apesar da quantidade de medidas cautelares alternativas penais previstas legalmente, adota-se o critério da proporcionalidade como meio racionalmente controlável para a sua aplicação.

STF, HC 101830/ SP, 1ª Turma, Rel. Min. Luiz Fux, j. em 12/04/2011, DJe 082 divulg. 03.05.2011 public. 04.05.2011).

727 Semelhante dispositivo pode ser encontrado no art. 502 da lei processual penal espanhola (*Ley de Enjuiciamiento Criminal*), onde se estatui, *in verbis*, que "La prisión provisional sólo se adoptará cuando objetivamente sea necesária, de conformidade com lo estabelecido em los artículos seguintes, *y cuando no existan otras medidas menos gravosas para el derecho a la libertad a través de las cuales puedan alcanzarse los mismos fines que con la prisión provisional*".

O princípio[728], máxima[729], postulado[730] ou critério[731] da proporcionalidade consiste em um exame inicialmente cunhado no direito administrativo, justamente como ideia de limitação do poder de polícia, para coibir medidas gravosas aos direitos do cidadão. Posteriormente, o cânone migrou para o direito processual penal, e, em especial, para o direito constitucional, sendo desenvolvido pela jurisprudência do Tribunal Constitucional alemão a partir da década de 1960, objetivando investigar uma dada norma ou ato concreto que institui uma intervenção, com vistas a verificar se o princípio que justifica a sua instituição será promovido e em que medida os outros princípios serão restringidos.

Por sua vez, no direito processual penal, a proporcionalidade se constitui em importante ferramenta de proteção aos direitos fundamentais, por meio da qual se permite evitar o excesso das ingerências estatais na esfera de liberdade daqueles que se encontram sujeitos à *persecutio criminis*.

Segundo Humberto Ávila, o exame de proporcionalidade aplica-se quando houver uma medida concreta destinada a realizar uma finalidade. Nesse caso devem ser analisadas as possibilidades de a medida levar à realização da finalidade (exame da adequação), de vir a ser a menos restritiva aos direitos envolvidos dentre aquelas que poderiam ter sido utilizadas para atingir a finalidade (exame da necessidade) e de a finalidade pública ser tão valorosa que justifique tamanha restrição (exame da proporcionalidade em sentido estrito)[732].

---

728 SARLET, Ingo Wolfgang. *A eficácia dos direitos fundamentais*: uma teoria geral dos direitos fundamentais na perspectiva constitucional. 10 ed. rev. atual. e ampl. Porto Alegre: Livraria do Advogado, 2011, p. 395 e seg.; BARROS, Suzana de Toledo. *O princípio da proporcionalidade e o controle de constitucionalidade das leis restritivas de direitos fundamentais*. 2 ed. Brasília: Brasília Jurídica, 2000.
729 ALEXY, Robert. *Teoria dos direitos fundamentais*. 2 ed. São Paulo: Malheiros, 2011. Nesta obra, o autor concebe uma teoria dos direitos fundamentais com base na bipartição entre regras e princípios, a máxima da proporcionalidade apresenta a natureza de regra (p. 117, nota de rodapé n° 83).
730 ÁVILA, Humberto. *Teoria dos princípios: da definição a aplicação dos princípios jurídicos*. 12 ed. São Paulo: Malheiros, 2011.
731 DIMOULIS, Dimitri; MARTINS, Leonardo. *Teoria geral dos direitos fundamentais*. 4 ed. rev. atual. e ampl. São Paulo: Atlas, 2012.
732 ÁVILA, Humberto. *Teoria dos princípios: da definição a aplicação dos Princípios Jurídicos*. 12 ed. São Paulo: Malheiros, 2011. p.174-175.

Portanto, o exame da proporcionalidade é representado por três exames parciais[733], quais sejam: a adequação, de natureza classificatória; a necessidade, de natureza eliminatória; e a proporcionalidade em sentido estrito, de natureza axiológica. Tais etapas são realizadas de forma sucessiva e são caracterizadas por um afunilamento progressivo[734], incidindo sobre outras normas, não para atribuir-lhes sentido, mas para estruturar racionalmente sua aplicação.

De acordo com Dimitri Dimoulis e Leonardo Martins, a proporcionalidade deve ser entendida como um limite material ao poder limitador, constitucionalmente atribuído aos órgãos estatais de restringir a área de proteção de um direito fundamental, cuja fundamentação constitucional, no Brasil, se justifica com base em dois argumentos normativos. O primeiro decorre do art. 5º § 1º da CF que, ao dispor, *in verbis*, que "As normas definidoras dos direitos e garantias fundamentais têm aplicação imediata", vincularia o legislador, de sorte que este esteja obrigado a respeitar, ao mesmo tempo, todos os direitos fundamentais, o que incluiria o poder-dever de limitar os direitos fundamentais na estrita medida do necessário para otimizar seu exercício, sendo que, nesse contexto, a proporcionalidade decorreria da própria essência do sistema de direitos fundamentais, garantindo seu respeito por meio de sua limitação racionalmente controlada. O segundo fundamento decorre do art. 5º § 2º da CF que, ao dispor, literalmente, que, "Os direitos e garantias expressos nesta Constituição não excluem outros decorrentes do regime e dos princípios por ela adotados [...]", permitiria reconhecer garantias de direitos fundamentais que não estejam expressamente previstos na constituição brasileira[735].

Suzana Toledo de Barros acrescenta ainda que o exame da proporcionalidade complementa o princípio da reserva legal (art. 5º, II da CF), entendido este como submissão de uma determinada matéria exclusivamente à lei formal, de sorte que, ao complementá-lo, a ele se incorpora, convertendo-se no princípio da reserva legal proporcional ou, ainda, no devido processo legal substancial[736]. Neste contexto, a lei tem um

---

733 ALEXY, Robert. *Teoria dos direitos fundamentais*. 2 ed. São Paulo: Malheiros, 2011. p. 116-117.
734 DIMOULIS, Dimitri; MARTINS, Leonardo. *Teoria geral dos direitos fundamentais*. 4 ed. ver. atual. e ampl. São Paulo: Atlas, 2012. p. 173.
735 Ibid., p.179-181.
736 BARROS, Suzana de Toledo. *O princípio da proporcionalidade e o controle de*

claro significado material (não meramente formal) e, quando cuidar de restringir direitos fundamentais, para harmonizar os interesses concorrentes, deve ter sua *ratio essendi* testada, ou seja, deve entrar no âmbito do seu controle o problema de se saber se esta de fato se amolda à consecução de tal objetivo[737].

Por sua vez, Dimoulis e Martins, ainda entendem que, no exame da proporcionalidade nas intervenções de direitos fundamentais oriundas de órgãos dos Poderes Executivo e Judiciário, após a verificação do fundamento legal da medida interventora e sua constitucionalidade (incluindo o exame da proporcionalidade), deve-se procurar definir se tais medidas, embora baseadas em normas constitucionais, violariam o direito fundamental por não se revelarem proporcionais diante do caso concreto[738].

E, neste ponto, reside talvez a grande valia do exame da proporcionalidade para a sistemática das medidas cautelares penais, consolidada no Código de Processo Penal pela Lei nº 12.403/2011.

Com efeito, o art. 282 do CPP, ao prescrever que as medidas cautelares previstas no Título IX deverão ser aplicadas observando-se a adequação da medida à gravidade do crime, circunstâncias do fato, as condições pessoais do indiciado ou acusado, e a necessidade para aplicação da lei penal, para a investigação ou a instrução criminal e, nos casos expressamente previstos, para evitar a prática de infrações penais, nada mais do que consagrou o exame da proporcionalidade como linha mestra para a aplicação das medidas cautelares penais no direito pátrio, cuja medida extrema seria a prisão preventiva, conforme §§ 4º e 6º do mesmo artigo[739].

---

constitucionalidade das leis restritivas de direitos fundamentais. 2 ed. Brasília: Brasília Jurídica, 2000. p. 94.
737 Ibid., p. 98.
738 DIMOULIS, Dimitri; MARTINS, Leonardo. *Teoria geral dos direitos fundamentais*. 4 ed. ver. atual. e ampl. São Paulo: Atlas, 2012. p.185.
739 Este também parece ser o posicionamento de Antônio Magalhães Gomes Filho, para quem, nos incisos do art. 282 do CPP, "[...] o legislador parece ter pretendido consagrar, no plano da legislação ordinária, o já mencionado princípio da proporcionalidade, de estatura constitucional, em matéria de medidas cautelares processuais penais, fazendo-se referência expressa à necessidade e à adequação, aspectos que a doutrina classifica como subprincípios da denominada proporcionalidade em sentido amplo" [Medidas cautelares e princípios constitucionais. In: FERNANDES, Og (Coord.). *Medidas cautelares no processo penal*: comentários à Lei 12.403, de 04.05.2011. São Paulo: Revista dos Tribu-

No entanto, há de se reconhecer que na formulação do art. 282, I e II do CPP há certa imprecisão terminológica em relação às etapas da necessidade e adequação do exame da proporcionalidade, uma vez que a etapa da adequação, como relacionada à realização de uma finalidade, deveria estar vinculada à "[...] aplicação da lei penal, para a investigação ou a instrução criminal e, nos casos expressamente previstos, para evitar a prática de infrações penais", e a necessidade, como relacionada à menor restrição possível aos direitos fundamentais envolvidos, deveria estar vinculada à "[...] gravidade do crime, circunstâncias do fato e condições pessoais do indiciado ou acusado". Por conseguinte, constata-se que os conceitos de necessidade e adequação encontram-se inapropriadamente invertidos no referido dispositivo[740].

Desta forma, durante o inquérito policial, caberá ao delegado de polícia, ao representar por uma medida cautelar, e ao juiz, ao autorizá-la, verificar, primeiro, se a mesma é adequada à elucidação do fato delituoso. Tal verificação deverá ser feita em termos qualitativos, a fim de confirmar se a medida, por sua própria natureza, se revela idônea a viabilizar investigação criminal (ou, excepcionalmente, para prevenir a prática de infrações penais) diante da natureza do crime investigado[741];

---

nais, 2012, p. 40].

740 Neste particular cumpre citar o magistério de Fábio Machado de Almeida Delmanto, ao afirmar que há países como Itália e Portugal, onde o princípio da proporcionalidade encontra-se expressamente previsto, tanto nas Constituições quanto nos Códigos de Processo Penal. Já em outros, aparece de forma implícita, limitando, por exemplo, a aplicação da prisão preventiva somente para delitos com pena máxima a partir de determinado quantitativo (DELMANTO, Fábio Machado de Almeida. *Medidas substitutivas e alternativas à prisão cautelar*. Rio de Janeiro: Renovar, 2008. p. 58-59). Desta forma, a partir da Lei n° 12.403/2011, o Código de Processo Penal brasileiro passou de uma pobre referência implícita à previsão expressa da proporcionalidade, ainda que mediante terminologia imprecisa.

741 A adequação qualitativa em relação à natureza do crime investigado já se encontra esboçada no próprio art. 283, § 1º do CPP, que prevê, *in verbis*, que "As medidas cautelares previstas neste Título não se aplicam à infração a que não for isolada, cumulativa ou alternativamente cominada pena privativa de liberdade", assim como no art. 313, I do referido código, ao inadmitir a decretação da prisão preventiva nos crimes dolosos punidos com pena privativa de liberdade máxima até 4 (quatro) anos, que também é o limite temporal para aplicação de penas substitutivas a condenações por penas privativas de liberdade (art. 44, I do CP). Dessa forma, ao se avaliar a adequação de uma determinada medida, também deverá se atentar para a natureza da pena cominada do crime apurado

quantitativos, com vistas a aferir a idoneidade da duração e intensidade de medida em relação à causa da sua decretação; e subjetivos, individualizando seu âmbito e evitando sua extensão indevida a terceiros.

Um aspecto da adequação de especial relevo no exercício da função de polícia judiciária diz respeito à determinação do seu âmbito subjetivo de aplicação, uma vez que no curso do inquérito policial, o indiciamento é pressuposto para as medidas cautelares pessoais passíveis de aplicação, assim como as medidas preventivas jurisdicionadas, anteriormente abordadas nos itens 1.2.3 e 3.4.1.6.7. Com relação às medidas cautelares patrimoniais, entretanto, cumpre rememorar que nem sempre se pressupõe o indiciamento para a sua aplicação, uma vez que os indícios de que determinados bens estão sendo utilizados para prática delituosa podem advir independentemente do esclarecimento da sua autoria, o que não significa, de forma alguma, que tais indícios não devam ser fundamentadamente indicados quando da postulação ou decretação de medidas desta natureza.

Efetivada a etapa da adequação, em seguida, deverá ser avaliado se a medida cautelar é necessária para investigação criminal, ou seja, se vem a ser a menos restritiva aos direitos do indiciado ou investigado, dentre reputadas suficientemente adequadas para o caso.

Por sua vez, superadas estas duas etapas com a escolha de uma das medidas legalmente disponíveis, dispensável seria passar ao derradeiro exame da proporcionalidade em sentido estrito, uma vez que tal pon-

---

(reclusão, detenção, multa), assim como seu limite máximo abstratamente previsto, levando em conta as hipóteses legais de substituição da pena privativa de liberdade (art. 44 do CP), suspensão de execução da pena (art. 77 do CP) e aplicação do rito dos juizados especiais criminais (Capítulo III da Lei n° 9.099/1995), uma vez que se revela qualitativamente inadequada uma medida que, em qualquer momento da persecução penal, venha restringir direitos mais intensamente do que o máximo abstratamente previsto para a hipótese de condenação.

Consigne-se, contudo, o entendimento sufragado por Fábio Machado de Almeida Delmanto, para quem tal verificação se realiza no sub-exame da proporcionalidade em sentido estrito, devendo se ainda basear não pela pena em abstrato, mas por aquela previsivelmente aplicável em caso de condenação (DELMANTO, Fábio Machado de Almeida. *Medidas substitutivas e alternativas à prisão cautelar*. Rio de Janeiro: Renovar, 2008. p. 70-71). Todavia, sobretudo no início da persecução penal, se prever a pena que sobreviria ao final revela-se algo impraticável, o que inviabiliza se adotar tal linha de intelecção.

deração já foi feita pelo legislador, ao antecipar previsão de uma dada medida cautelar.

Neste particular, convém trazer à baila o pensamento de Robert Alexy, para quem a etapa do exame da proporcionalidade em sentido estrito decorre do fato de os princípios serem mandamentos de otimização em face das possibilidades jurídicas, enquanto as etapas consistentes nos exames da adequação e da necessidade decorrem da natureza dos princípios como mandamentos de otimização em face das possibilidades fáticas[742].

Nesta senda, o jurista alemão define princípios como mandamentos de otimização, que são caracterizados por poderem ser satisfeitos em graus variados e pelo fato de que a medida devida de sua satisfação não depende somente das possibilidades fáticas, mas também das possibilidades jurídicas. Por sua vez, o âmbito das possibilidades jurídicas é determinado pelos princípios e regras colidentes[743]. Como resultado de todo sopesamento de princípios colidentes que seja correto do ponto de vista dos direitos fundamentais pode ser formulada uma norma de direito fundamental atribuída, que tem estrutura de uma regra e à qual o caso pode ser subsumido[744]. Assim, regras contêm determinações no âmbito daquilo que é fática e juridicamente possível[745].

Humberto Ávila, por sua vez, não diverge desta linha de raciocínio, ao afirmar que, relativamente aos princípios, as regras exercem uma função definitória (de concretização), na medida em que delimitam o comportamento que deverá ser adotado para concretizar as finalidades estabelecidas pelos primeiros[746]. Por conta disso, por meio das regras, o Poder Legislativo busca oferecer uma solução provisória para um conflito de interesses já conhecido ou antecipável, os princípios oferecem razões complementares para solucionar um conflito puramente verificável[747].

Ademais, quando da inexistência ou inaplicabilidade de regras legisladas, uma rede de regras concretas atribuídas às diferentes disposi-

---
742 ALEXY, op. cit., p. 118.
743 Ibid., p. 90.
744 Ibid., p.102.
745 Ibid., p. 91.
746 ÁVILA, Humberto. *Teoria dos princípios: da definição a aplicação dos Princípios Jurídicos*. 12 ed. São Paulo: Malheiros, 2011. p.103.
747 Ibid., p. 90.

ções de direitos fundamentais também é concretizada com o passar do tempo, por meio de sopesamentos realizados por meio das decisões do Poder Judiciário e propostas de equiponderação aceitas pela Ciência do Direito[748].

Portanto, uma vez verificado que uma dada medida cautelar legalmente prevista é faticamente admissível, ou seja, revela-se adequada e é necessária para acautelar a persecução penal, dispensado estaria o derradeiro exame da proporcionalidade em sentido estrito, uma vez que a possibilidade da aludida medida cautelar como, *a priori*, juridicamente admissível, já foi antecipada pelo legislador[749].

Da mesma forma, o fato de diversas medidas cautelares terem sido positivadas no Código de Processo Penal não impede que outras medidas não pertencentes ao referido rol possam ser adotadas, com base no postulado da proporcionalidade. Diante da impossibilidade prática de a lei prever todas as hipóteses de risco, não faria sentido que o delegado, identificando concretamente que a solução prevista pelo legislador não se revela proporcional, se visse impossibilitado de propor ao juiz outras soluções de garantia, não tendo o rol de medidas cautelares da Lei nº 12.403/2011 o condão de modificar o panorama jurisprudencial pela admissão de medidas cautelares não expressamente previstas na legislação.

Entendimento semelhante é sufragado por Nicolas Gonzales-Cuellar Serrano, em extensa obra sobre o tema. Para o jurista espanhol, há a possibilidade de se aplicar medidas alternativas às legalmente previstas, sempre que sejam observadas três condições: adequação e menor lesividade da medida alternativa; cobertura legal suficiente para a limitação dos direitos que a medida restrinja; e existência de infraestrutura necessária para a sua aplicação[750].

---

748 Em sentido semelhante, cf. ALEXY, Robert. *Teoria dos direitos fundamentais*. 2 ed. São Paulo: Malheiros, 2011. p. 175.
749 A propósito, cf. DIMOULIS, Dimitri; MARTINS, Leonardo. *Teoria geral dos direitos fundamentais*. 4 ed. ver. atual. e ampl. São Paulo: Atlas, 2012. p. 217, onde se rejeita a proporcionalidade em sentido estrito como elemento do exame da proporcionalidade pelo Poder Judiciário, uma vez que aquela daria azo à usurpação judicial da competência da decisão política por parte do poder legislativo.
750 SERRANO, Nicolas Gonzales-Cuellar. *Proporcionalidad y derechos fundamentales en el proceso penal*. Madrid: Colex, 1990. p. 200-201.

Ao discorrer sobre a segunda condição, no entanto, o referido autor é categórico ao afirmar que, tanto a proporcionalidade em sua etapa da necessidade, quanto a legalidade, por serem princípios constitucionais, devem ser harmonizados, de forma a admitir a adoção de medidas alternativas atípicas. Como a medida que há de ser substituída em razão do sub-exame da necessidade se encontra, por definição, regulada pela lei, pois de outro modo o exame da sua proporcionalidade careceria de sentido por ausência do pressuposto constituído pelo princípio da legalidade, a restrição do direito por sua medida alternativa dispõe de cobertura legal, uma vez que a lei autoriza a limitação em um volume maior do que o finalmente ocasionado pela medida menos gravosa. "*Por tanto, la relativización del principio de legalidad que de esta manera se produce es tan sólo parcial, de carácter cuantitativo y en interés del ciudadano, quien ve limitados sus derechos en un grado menor que el previsto por la ley en carácter general*". Trata-se assim, da aplicação do conhecido aforismo "*'quien puede lo más, puede lo menos', siendo además la elección de 'lo menos' exigencia constitucional*"[751].

Assim, para melhor se compreender como as etapas da adequação e da necessidade do exame da proporcionalidade, tortuosamente previstas no art. 282 do CPP, funcionam para a identificação de medidas cautelares alternativas às previstas no Código de Processo Penal pela Lei nº 12.403/2011, imagine-se um grande círculo representando os graus de intensidade da restrição de direitos fundamentais daqueles sujeitos à persecução penal, dentro do qual outros círculos concêntricos menores estão inseridos, em representação a cada medida cautelar prevista na legislação, até chegar ao círculo central menor, cujo anel representa o núcleo inviolável, representado pelo limite extremo da prisão preventiva (art. 282 §§ 4º e 6º do CPP). A finalidade pública da persecução penal poderia justificar uma restrição situada da coroa mais externa até aquela mais interna, na qual é proibido adentrar. Identificada, uma medida cautelar adequada opera entre os limites da coroa mais interna e o da coroa mais externa, nada impedindo que uma medida prevista em lei (situada em uma coroa) seja preterida por outra não prevista legalmente (situada entre as coroas intermediárias ou até fora da coroa mais externa), mas

---

751 SERRANO, Nicolas Gonzales-Cuellar. *Proporcionalidad y derechos fundamentales en el proceso penal*. Madrid: Colex, 1990. p. 201-202.

que, também adequada, a supere na etapa da necessidade, restringindo menos os direitos fundamentais de investigados, indiciados e acusados.

Nesta hipótese, da mesma forma, estaria dispensada a derradeira etapa da proporcionalidade em sentido estrito, uma vez que, como a medida alternativa forçosamente será menos restritiva do que uma medida legalmente prevista, sua possibilidade jurídica já foi identificada pelo legislador. Frise-se, por oportuno, que tal linha de intelecção não se limita apenas à proposição de medidas cautelares penais alternativas à prisão, mas também àquelas alternativas a quaisquer outras medidas cautelares mais brandas, cuja aplicação eventualmente se revele desproporcional, ou, mais precisamente, desnecessária diante do caso concreto[752].

Do mesmo modo, o poder geral de cautela jurisprudencialmente invocado com base no art. 798 do CPC c/c o art. 3º do CPP, neste contexto, subsistiria apenas para explicitar a possibilidade de se adotar outras medidas além das previstas na legislação[753], já que a verificação da desproporcionalidade de uma determinada medida cautelar por meio do sub-exame da necessidade já é suficiente para afastar sua aplicação ao caso concreto em prol de uma medida menos restritiva (e também adequada).

Como exemplo, cite-se a condução coercitiva independentemente de prévia intimação de indiciado que, anteriormente ao julgamento das ADPF's nº 395/DF e 444/DF pelo Supremo Tribunal Federal, podia ser decretada pelo juiz criminal competente, como alternativa menos restritiva do que a prisão preventiva ou temporária, sempre que for indispensável reter por algumas horas o indiciado para interrogá-lo em um determinado momento da investigação, a fim de obter elementos probatórios fundamentais para a elucidação da autoria e/ou da materialidade do fato tido como ilícito.

---

752 No que se refere a possível desproporcionalidade da monitoração eletrônica ainda que aplicada enquanto medida alternativa ou substitutiva à prisão, cf. SIMANTOB, Fábio Tofic. O monitoramento eletrônico das penas e medidas alternativas: efetividade ou fascismo penal? *Boletim do Instituto Brasileiro de Ciências Criminais (IBCCRIM)*, São Paulo, n. 145, dez. 2004.

753 Ao utilizar a expressão "entre outras", ao se referir ao rol de medidas do art. 22, III da Lei nº 11.340/2006, o legislador na "Lei Maria da Penha", antes da Lei nº 12.403/2011, já fornecia um rol exemplificativo das condutas que poderão ser proibidas, permitindo que outras medidas alternativas possam ser determinadas, a depender do caso.

Observe-se que, neste caso, ainda que a prisão também venha a ser adequada para a obtenção de tais elementos, a condução coercitiva dos suspeitos será mais branda do que o cárcere, restringindo de modo mais suave a liberdade pessoal. Com efeito, se o legislador, no caso de prisão temporária, prevê um prazo de pelo menos 5 dias, prorrogáveis por mais 5 dias nos crimes não hediondos (art. 2º, *caput* e § 4º-A da Lei nº 7.960/1989 c/c art. 2º § 4º da Lei nº 8.072/1990), a condução coercitiva encerrava-se em um dia ou menos que isto, em algumas horas, mediante a retenção do indiciado e sua apresentação ao delegado para interrogatório, durante apenas o tempo necessário à instrução preliminar de urgência[754], não devendo persistir por prazo igual ou superior a 24 horas, caso em que se transveste em prisão temporária.

Todavia, como visto no item 3.4.1.6.6.4, nas ADPF's nº 395/DF e 444/DF, o Supremo Tribunal Federal decidiu pela não aplicabilidade de condução coercitiva a indiciados no inquérito policial, assim como aos acusados em processo judicial, não levando em conta sua relação de proporcionalidade em relação à prisão temporária, mas tendo em vista a maximização da garantia do direito ao silêncio durante a inquirição daqueles sujeitos à persecução penal, previsto no art. 5º, LXIII da CF, para lhe conferir o verdadeiro direito de se ausentar das suas inquirições, independentemente do conhecimento do que lhes vier a ser perguntado.

Desta forma, seja pela via da prisão, seja pela via da condução coercitiva, não se faz mais possível a restrição da liberdade de indiciado apenas com a finalidade de interrogá-lo no momento mais oportuno para a apuração uma vez que, de acordo com o art. 10, § 3º da lei nº 9.882/1999, a decisão de mérito em arguição de descumprimento de preceito fundamental, assim como ocorre nas ações diretas de inconstitucionalidade, terá eficácia contra todos e efeito vinculante em relação todos os órgãos do Poder Público, não sendo permitido a adoção de postura diversa por parte de suas autoridades.

---

754 Outra hipótese bastante útil de aplicação da condução coercitiva como alternativa à prisão temporária ou preventiva ocorre quando uma destas se fundamenta na dúvida sobre a identidade civil do indiciado, ou quando este não fornecer elementos suficientes para esclarecê-la (art. 1, II da Lei nº 7.960/1989 e art. 313, parágrafo único do CPP), uma vez que deve ser este ser colocado imediatamente em liberdade após a identificação, salvo se outra hipótese recomendar a manutenção da sua prisão.

Por sua vez, não se revela possível a concepção de medidas cautelares atípicas de maneira autônoma, ou seja, sem qualquer relação de alternatividade (ou de substitutividade) em relação a uma medida cautelar prevista em lei e adequada ao caso concreto, uma vez que tal equivaleria a uma imposição de restrição de direito à margem do ordenamento jurídico, por não guardar em relação a este qualquer referência racionalmente controlável, imposta pela proporcionalidade[755].

Neste particular, Gustavo Henrique Badaró pontua que tais medidas autônomas e atípicas, de fato não "beneficiam" o indiciado ou acusado, que não estaria sujeito a uma medida mais gravosa prevista em lei (como a prisão), mas antes restringem seu direito de liberdade mais do que o permitido em lei, uma vez que, não sendo cabível a prisão ou outra medida cautelar legalmente prevista, deve o indiciado ficar em liberdade, não havendo possibilidade de medidas alternativas onde se impõe não restringir direitos[756].

Da mesma forma, não se mostra possível a proposição ou determinação de medidas atípicas puramente preventivas, ou seja, não caracterizadas pela cautelaridade, ainda que fulcradas na proporcionalidade, uma vez que o art. 282, I do CPP prevê que medidas destinadas a evitar a prática de infrações penais só deverão ser aplicadas nos casos expressamente previstos em lei, indicando assim que tais medidas preventivas jurisdicionadas teriam caráter excepcional, por conta de sua natureza não cautelar, não se permitindo a aplicação de medidas atípicas dessa natureza[757].

---

755 Cf. nota n° 220.
756 BADARÓ, Gustavo Henrique. Medidas cautelares alternativas. In: FERNANDES, Og (Coord.). *Medidas cautelares no processo penal*: comentários à Lei 12.403, de 04.05.2011. São Paulo: Revista dos Tribunais, 2012. p. 228. Cf. ainda STF, HC 94147/ RJ, 2ª Turma, Rel. Min. Ellen Gracie, j. em 27/05/2008, DJe 13.06.2008 (julgado já mencionado na nota n° 726), onde, anteriormente a Lei n° 12.403/2011, se entendeu cabível a imposição medidas "alternativas" então atípicas quando da *revogação* da prisão preventiva, ou seja, sem parâmetro legal, com base no poder geral de cautela.
757 Portanto, na hipótese de uma medida atípica preventiva (não cautelar) aplicável durante a *persecutio criminis* revelar-se menos lesiva do que outra de idêntica natureza prevista em lei, e sendo ambas adequadas para prevenir a reiteração da prática delituosa, impõe-se o afastamento da medida legalmente prevista em prol da liberdade do indiciado (ou acusado, caso o processo penal já

Ademais, não custa rememorar que o exame da proporcionalidade como pressuposto à aplicação de medidas cautelares penais converge ao princípio da intervenção mínima penal, definido por Geder Luiz Rocha Gomes como decorrente do fundamento constitucional da dignidade da pessoa humana e da inviolabilidade do direito à vida, igualdade e segurança (art. 1º, III e 5º, *caput*, da CF), e do qual decorre a exigência de o legislador e o operador do direito, ao optar por uma pena, escolher a sanção menos gravosa e de menor intensidade, no que se refere à intervenção nos direitos fundamentais[758].

Assim, com a Lei nº 12.403/2011 e a consagração do exame da proporcionalidade como parâmetro para a aplicação das medidas cautelares penais no direito pátrio, praticamente perdeu o sentido se invocar a analogia do poder geral de cautela, originalmente previsto no processo civil, para se possibilitar a autorização de medidas cautelares alternativas, uma vez que o exame da proporcionalidade se revela melhor ajustado às peculiaridades do processo penal.

A partir deste novo parâmetro, faz-se possível vislumbrar um sistema de medidas cautelares penais pautado por um critério racionalmente controlável e suficientemente flexível para se aperfeiçoar à medida que novas realidades sociais impuserem novas medidas de cautela, de forma que a persecução penal se dê de forma menos gravosa possível, fator que ganha ainda maior relevo no que diz respeito ao inquérito policial, uma vez que é no momento inicial da persecução criminal, no qual estas incidem, que, a um só tempo, o Estado toma o primeiro contato com os fatos delituosos, e se encontra mais sujeito ao cometimento de violações a direitos fundamentais.

---

esteja em curso), e não a aplicação da medida atípica, que desta feita funcionará apenas como parâmetro para aferição da desproporcionalidade, e não como alternativa de prevenção criminal.
758 GOMES, Geder Luiz Rocha. *A substituição da pena de prisão*: alternativas penais: legitimidade e adequação. Salvador: Juspodivm, 2008. p. 164-165.

3.4.1.6.8 Procedimentos especificamente aplicáveis à investigação de organizações criminosas

A medida em que a sociedade foi se tornando mais complexa e dinâmica, a prática criminosa foi paralelamente se sofisticando, com a associação de pessoas para este fim assumido feições organizadas, fazendo com que a prática de crimes graves seja tratada como um empreendimento.

O conceito legal de organizações criminosas atualmente é definido pelo art. 1º, § 1º da Lei nº 12.850/2013, compreendendo "a associação de 4 (quatro) ou mais pessoas estruturalmente ordenada e caracterizada pela divisão de tarefas, ainda que informalmente, com objetivo de obter, direta ou indiretamente, vantagem de qualquer natureza, mediante a prática de infrações penais cujas penas máximas sejam superiores a 4 (quatro) anos, ou que sejam de caráter transnacional" [759].

---

[759] O conceito de organização criminosa, na legislação brasileira, tem interessante evolução. Isso porque a hoje expressamente revogada Lei nº 9.034/1995, primeiro diploma legal a tratar do tema, não definiu o que se entende por crime organizado, ainda mais a partir das alterações sofridas por esta Lei nº 10.217/2001, quando se previu a aplicabilidade da Lei nº 9.034/1995a "organizações criminosas de qualquer tipo", sem, no entanto, conceitua-las.

Diante dessa lacuna, pretendeu-se supri-la valendo-se da Convenção de Palermo, que versa da criminalidade organizada transnacional, aprovada no Brasil pelo Decreto Legislativo nº 231/2003 e promulgada por meio do Decreto nº 5.015/2004, inclusive para fins de configuração de crime antecedente em casos de lavagem de dinheiro. Em seu artigo 2º, a referida Convenção preconizava que uma organização criminosa poderia ser entendida como o "grupo estruturado de três ou mais pessoas, existente há algum tempo e atuando concertadamente com o propósito de cometer uma ou mais infrações graves ou enunciadas na presente Convenção, com a intenção de obter, direta ou indiretamente, um benefício econômico ou outro benefício material". A aplicação de tal conceito, foi inclusive, objeto da Recomendação nº 3/2006 do Conselho Nacional de Justiça, que em seu item 2, alínea "a", propôs a adoção do referido conceito de Crime Organizado estabelecido na Convenção das Nações Unidas sobre Crime Organizado Transnacional, de 15 de novembro de 2000 (Convenção de Palermo).

No entanto, diferentemente do que fizera o Superior Tribunal de Justiça em precedentes como o HC 138058/RJ, 6ª Turma Relator Min. Haroldo Rodrigues (Desembargador convocado do TJ/CE), j. em 22/03/2011, DJe 23/05/2011 e HC 150.729/SP, Rel. Ministra Laurita Vaz, 5ª Turma, julgado em 13/12/2011, DJe 02/02/2012, o Supremo Tribunal Federal não endossou tal aplicação, pelo menos para fins penais, como pode-se observar no HC 96007/ SP, 1ª Turma, Rel. Min. Marco Aurélio, j. em 12/06/2012, DJe-027 de 08/02/2013; e RHC 121835 AgR, Rel. Min. Celso de Mello, Segunda Turma, julgado em 13/10/2015, DJe-235 de 23-11-2015. Nos referidos julgados, que tinham por objeto o crime então previsto no art. 1º, VII da Lei nº 9.613/1998, prevaleceu o entendimento que, de acordo com o art. 5º XXXIX da CF, só se pode criar crime e pena por meio de uma lei formal, ou seja, aprovada pelo parlamento, consoante o procedimento legislativo constitucional). Com isso, o Decreto nº 5.015/2004 não atenderia tal requisito, uma vez que quando o Congresso aprova uma convenção ou tratado internacional ratado ele o ratifica, de forma distinta do procedimento legislativo de aprovação de uma lei. Por outro lado, ainda que o tratado tivesse validade para o efeito de criar no Brasil o crime organizado, a Convenção de Palermo não contempla nenhum tipo de pena (e, sem pena, não existe crime), e como o tratado foi feito para o crime organizado transnacional, logo, só poderia ser aplicado para crimes internos por meio de analogia, contra o réu, também proibida pelo art. 5º XXXIX da CF.

Todavia, para fins processuais penais, onde se admite a analogia (art. 3º do CPP), revelava-se válida a utilização do conceito de organização criminosa da Convenção das Nações Unidas sobre Crime Organizado Transnacional para fins de aplicação das medidas de investigação então previstas na Lei nº 9.034/1995.

Apenas com a Lei nº 12.694/2012, uma lei ordinária passou a conceituar a organização criminosa. Esta, em artigo 2º, estatuiu que organização criminosa é "a associação de três ou mais pessoas, estruturalmente ordenada e caracterizada pela divisão de tarefas, ainda que informalmente, com objetivo de obter, direta ou indiretamente, vantagem de qualquer natureza, mediante a prática de crimes cuja pena máxima seja igual ou superior a quatro anos ou que sejam de caráter transnacional". Nota-se, portanto, que a referida norma adotou, em linhas gerais, o conceito presente na Convenção de Palermo, retirando a expressão "existente há algum tempo", e definindo crimes graves a partir da pena máxima abstratamente cominada. Com isso, resolvia-se tardiamente a lacuna legal para os casos sem conotação transnacional (naquela altura, i inciso VII do art. 1º da Lei nº 9.613/1998 havia sido recentemente revogado), sem deixar de estar alinhado aos termos da Convenção de Palermo, sem que, contudo, fosse previsto um tipo penal relativo à organização criminosa.

Entretanto, cerca de apenas um ano depois, inesperadamente adveio a Lei nº 12.850/2013, a qual não só trouxe toda uma nova normatização às organizações criminosas e institutos correlatos, revogando expressamente a Lei nº 9.034/1995, como também trouxe um conceito diferente daquele existente na Lei nº 12.694/2012, e, logicamente, da Convenção de Palermo, ao prever, em art. 1º, § 1º, que organização criminosa é a "associação de *quatro ou mais pessoas* estruturalmente ordenada e caracterizada pela divisão de tarefas, ainda que informalmente, com objetivo de obter, direta ou indiretamente, vantagem de qualquer natureza, mediante a prática de infrações penais cujas penas máximas sejam superiores a quatro anos, ou que sejam de caráter transnacional". Além disso, o artigo 2º tipificou penalmente o crime organizado ao criminalizar as condutas de promover, constituir, financiar ou integrar, pessoalmente ou por interposta pessoa, organização criminosa, cominando-lhe pena de reclusão de 3 (três) a 8 (oito) anos, e multa, sem prejuízo das penas correspondentes às demais infrações penais praticadas.

Diante deste conflito de normas, a Lei nº 12.850/2013 embora tenha revogado artigo 2º da Lei nº 12.694/2012, não revogou o Decreto nº 5.015/2004, o

A partir do referido conceito, pode-se observar que uma associação "estruturalmente ordenada" vai além de uma mera reunião de pessoas para o cometimento de ilícitos (concurso de pessoas), ou da sua associação com tal finalidade mediante divisão de tarefas por um rudimentar programa delinquencial, mas, sim, uma associação organizada, planejada, coordenada que, com frequência, conta com planejamento "empresarial", o qual compreende controle do custo das atividades necessárias, recrutamento controlado de pessoal, modalidade do pagamento, controle do fluxo de caixa, de pessoal e de "mercadorias" ou "serviços", planejamento de itinerários, divisão de tarefas, divisão de territórios, contatos com autoridades etc. É irrelevante se a estrutura da organização é ordenada ou mesmo se a divisão de trabalho é formal ou informal (ser documentado ou não), uma vez que o requisito da formalidade da organização foi dispensado expressamente pela lei.

Ainda são relevantes para a compreensão da estrutura ordenada das organizações criminosas a característica destas não possuírem caráter político-ideológico. Seu propósito, em regra, é o lucro e, para isso objetiva-se a neutralizar a repressão do Estado, comumente mediante ameaça ou corrupção, ou até mesmo infiltrando membros na sua governança, para que se atue impunemente.

Diante da natureza de tais atividades, a associação relativa a uma organização criminosa deve ser estável e permanente, com intenção de continuidade no tempo. Mesmo que alguns integrantes da associação sejam trocados, o relevante é a permanência do grupo, cuja fungibilidade dos seus membros é da essência do crime organizado (até porque frequentemente muitos deles são presos ou morrem), nem sequer sendo necessário que eles se conheçam.

---

qual, de acordo com o entendimento do STF que reconhece as normas de tratados e convenções internacionais aprovadas anteriormente a EC n° 45/2004, pelo menos, natureza infraconstitucional, porém supralegal, conforme abordado na nota n° 536 (RE 349.703/ RS, Tribunal Pleno, Relator(a): Min. Carlos Britto, Relator(a) p/ Acórdão: Min. Gilmar Mendes, j. em 03/12/2008, DJe-104 05/06/2009). Coexistem, desta forma, dois conceitos de organização criminosa para fins processuais penais, um de natureza transnacional e outro para aplicação no direito interno, sendo, no primeiro caso, integrado por três ou mais pessoas, e, no segundo, por quatro ou mais pessoas.

Melhor seria, no entanto, alterar a Lei nº 12.850/2013 para retomar a uniformidade do conceito de organização criminosa com aquele previsto na Convenção de Palermo.

No entanto, para se caracterizar a organização criminosa, a associação tem que ter por objeto *a prática de* crimes[760] cujas penas máximas abstratamente cominadas sejam superiores a quatro anos. Quando há incidência de uma causa de aumento de pena, esta será computada para este efeito, se, com o aumento a pena máxima, passar de quatro anos.

Para a investigação de organizações criminosas, o art. 3º da Lei nº 12.850/2013 prevê procedimentos especiais, quais sejam, ação controlada (III) e infiltração de agentes do delegado de polícia (VII)[761], além de diversas outras medidas cuja aplicação não lhe é peculiar, como a colaboração preliada (I), captação ambiental (II), afastamento de sigilo de dados (IV e VI) e interceptação de comunicações telefônicas e de dados (V) – já analisados de maneira mais detida nos itens 3.4.1.6.3.3.1, 3.4.1.6.7.8, 3.4.1.6.7.6 e 3.4.1.6.7.7 – bem como a cooperação entre instituições e órgãos federais, distritais, estaduais e municipais na busca de provas e informações de interesse da investigação criminal (VIII), a ser abordada no item 4.2.4, a qual também podem ocorrer durante a apuração de outros crimes que não necessariamente aqueles perpetrados por organizações criminosas.

Com efeito, apesar da ação controlada e infiltração de agentes do delegado de polícia também encontrarem previsão legal de aplicação em inquéritos policiais nos quais se investigue crimes de tráfico de drogas (art. 53 da Lei nº 11.343/2006), tais procedimentos não se compatibilizam com a apuração de crimes praticados individualmente, ou por reunião de pessoas para o cometimento de ilícitos (concurso de pessoas ou associação criminosa) que não seja estruturalmente ordenada, razão pela qual tais procedimentos acabam sendo vocacionados exclusivamente para a apuração de crimes praticados por organizações criminosas[762].

---

760 Embora o art. 1º, § 1º a Lei nº 12.850/2013 faça referência a "infrações penais", o que abrangeria também as contravenções, não existem contravenções penais com pena máxima superior a 4 (quatro) anos.

761 Apesar de o art. 3º, *caput*, da Lei nº 12.850/2013, estatuir que os meios de prova ali elencados são aplicáveis "em qualquer fase da persecução penal", tanto a ação controlada como a infiltração de agentes do delegado de polícia são inerentes à investigação criminal, não se vislumbrando sua aplicabilidade da fase processual da persecução penal.

762 Art. 53 da Lei nº 11.343/2006:
"Art. 53. Em qualquer fase da persecução criminal relativa aos crimes previstos nesta Lei, são permitidos, além dos previstos em lei, mediante autorização judi-

3 – Polícia Judiciária

Tanto a ação controlada quanto a infiltração de agentes consistem no acompanhamento de organizações criminosas em que legalmente se permite que o Estado tolere atos preparatórios e até mesmo de consumação de delitos, retardando a aplicação de medidas coercitivas em prol de propiciar a elucidação mais ampla dos fatos investigados. A fim de se moderar tal tolerância, a discricionariedade do delegado de polícia enquanto autoridade de polícia judiciária, no que tange a adoção de tais procedimentos durante o inquérito policial, é mitigada, quando da infiltração, pela necessidade de prévia autorização judicial, ou, quando da ação controlada, pela prévia comunicação ao juiz, que poderá definir limites na sua aplicação.

Fixadas tais premissas, passar-se-á, doravante, ao estudo das peculiaridades de cada uma das referidas técnicas de investigação.

3.4.1.6.8.1 Ação controlada

Consiste a ação controlada em retardar a intervenção da polícia judiciária[763] em ação praticada por organização criminosa ou a ela vinculada, desde que mantida sob observação e acompanhamento para que a medida cautelar ou preventiva cabível se concretize no momento mais eficaz à formação de provas e obtenção de informações (art. 8º da Lei nº 12.850/2013). A lei permite, portanto, a não-atuação do órgão de polícia judiciária, com a finalidade de apurar a organização criminosa de ma-

---

cial e ouvido o Ministério Público, os seguintes procedimentos investigatórios:

I - a infiltração por agentes de polícia, em tarefas de investigação, constituída pelos órgãos especializados pertinentes;

II - a não-atuação policial sobre os portadores de drogas, seus precursores químicos ou outros produtos utilizados em sua produção, que se encontrem no território brasileiro, com a finalidade de identificar e responsabilizar maior número de integrantes de operações de tráfico e distribuição, sem prejuízo da ação penal cabível.

Parágrafo único. Na hipótese do inciso II deste artigo, a autorização será concedida desde que sejam conhecidos o itinerário provável e a identificação dos agentes do delito ou de colaboradores".

763 Embora o art. 8º, *caput*, da Lei nº 12.850/2013 se refira ao retardamento da "intervenção policial ou administrativa", o seu § 3º estatui que, até o encerramento da ação controlada, o acesso aos seus autos será restrito ao juiz, delegado de polícia e Ministério Público. Portanto, tal ação necessariamente deverá ser realizada no exercício da polícia judiciária, envolvendo o retardamento da intervenção no exercício de polícia administrativa apenas no caso de operações policiais plurifuncionais (cf. item 4.2.4).

neira mais abrangente, identificar e indiciar um maior número de seus integrantes.

No curso do inquérito policial, o retardamento da intervenção será previamente comunicado pelo delegado de polícia ao juiz competente que, se for o caso, estabelecerá os seus limites e comunicará ao Ministério Público (art. 8º, § 1º)[764].

A comunicação será sigilosamente distribuída de forma a não conter informações que possam indicar a execução da ação controlada e, até o seu encerramento, o acesso aos autos decorrentes da referida comunicação será restrito ao juiz, delegado de polícia e ao Ministério Público, como forma de garantir a eficácia das investigações (§§ 2º e 3º).

O momento da intervenção, portanto, será fundamentadamente definido delegado de polícia, cuja discricionariedade, poderá ser limitada pelo juiz competente, ao receber sua comunicação de que uma ação controlada está em curso. As formas de intervenção, por sua vez consistem fundamentalmente nas medidas já estudadas nos itens 3.4.1.6.6.1 a 3.4.1.6.6.3, 3.4.1.6.7.1 a 3.4.1.6.7.6 e 3.4.1.6.7.9.

Ao seu término, o delegado de polícia elaborará auto circunstanciado acerca da ação controlada (§ 4º). Embora a Lei nº 12.850/2013 seja silente a respeito, neste momento revela-se também adequado o apensamento dos autos da ação controlada aos do inquérito policial correspondente, a fim de que a defesa dos indiciados e investigados tenham acesso aos elementos colhidos naqueles, nos termos do art. 7º, XIV e § 11º da Lei nº 8.906/1994 (Estatuto da Advocacia)[765].

Se a ação controlada envolver transposição de fronteiras, o retardamento da intervenção no exercício de polícia judiciária somente poderá ocorrer com a cooperação das autoridades dos países que figurem como provável itinerário ou destino do investigado, de modo a reduzir os riscos de fuga e extravio do produto, objeto, instrumento ou proveito do crime (art. 9º).

---

764 Com isso, o art. 53, II da Lei nº 11.343/2006, o qual submetia a ação controlada a prévia autorização judicial, foi derrogado, neste particular, pelo art. 8º, § 1º, da Lei nº 12.850/2013, o qual prevê apenas a prévia comunicação ao juiz competente pelo delegado de polícia, até porque o prévio crivo jurisdicional, na prática, acaba muitas vezes inviabilizado, especialmente quando o retardamento demandar decisão em tempo real.

765 Para uma análise dos referidos dispositivos, cf. item 3.4.1.2.6.

3.4.1.6.8.2 Infiltração de agentes do delegado de polícia

Assim como a ação controlada, a infiltração de agentes do delegado de polícia perpassa pela observação e acompanhamento em ação praticada por organização criminosa ou a ela vinculada, a qual é realizada, como próprio nome da referida técnica sugere, por um agente do delegado de polícia, o qual é "infiltrado", ou seja, inserido de maneira dissimulada, no seu âmbito de atuação, mediante prévia autorização judicial.

Além da representação do delegado de polícia, o art. 10 da Lei nº 12.850/2013, prevê ainda a possibilidade da autorização de tal medida mediante requerimento do Ministério Público, após manifestação técnica do delegado de polícia.

Todavia, tanto a ação controlada como a infiltração de agentes do delegado de polícia são inerentes à investigação criminal, não se vislumbrando sua aplicabilidade da fase processual da persecução penal, apesar de o art. 3º, *caput*, da Lei nº 12.850/2013, estatuir que os meios de prova ali elencados são aplicáveis "em qualquer fase da persecução penal". Desta forma, caso o delegado de polícia entenda ser aplicável a infiltração de um ou mais de seus agentes em organização criminosa investigada no inquérito policial que preside, deverá fazê-lo representando diretamente ao juiz competente, e não encaminhando manifestação técnica para que o Ministério Público o faça.

Aqui, assim como já consignado no item 3.4.1.6.7, vale ainda ressaltar que, requerimentos judiciais do Ministério Público durante o inquérito policial em substituição ao delegado de polícia não se coadunam com os princípios constitucionais da separação dos poderes (arts. 2º e 60, § 4º, III da CF), assim como a paridade de armas, consectário da garantia constitucional devido processo legal,[766] pois implica em indevida interveniência do Ministrério Público na presidência da investigação criminal, a cargo da autoridade de polícia judiciária, consequentemente comprometendo a autonomia e isenção necessárias ao seu exercício. Durante o inquérito policial, o delegado de polícia é o único legitimado representar pelas medidas reputadas adequadas e necessárias à investigação criminal, ainda que, previamente a autorização, seja ouvido o Ministério Público, conforme previsto no art. 10, § 1º, da

---

766 Cf. nota nº 262.

Lei nº 12.850/2013, assim como seriam o(s) indiciado(s) ou investigado(s), caso sua ciência não implicasse perigo de ineficácia da medida, o que necessariamente não ocorrerá no caso da infiltração de agentes do delegado de polícia.

Para se autorizar a infiltração, além do crime ser praticado por organização criminosa ou a esta equiparada, a prova não poderá ser produzida por outros meios disponíveis (art. 10, § 2º)[767]. Com isso, objetiva-se resguardar o agente dos riscos intrínsecos à infiltração, só devendo o juiz autorizar a infiltração caso a mesma seja o único meio apto para elucidar os fatos investigados, muito embora uma maior eficiência da referida técnica, perpasse por sua inserção em operações policiais caracterizadas pela sua conjugação com medidas restritivas de direitos já analisadas anteriormente, como a apreensão de documentos de qualquer natureza e a captação ambiental[768].

A representação do delegado de polícia para a infiltração dos seus agentes conterá ainda a demonstração da necessidade da medida, o alcance das tarefas dos agentes infiltrados e, quando possível, os nomes ou apelidos das pessoas investigadas e o local da infiltração, e será sigilosamente distribuída diretamente ao juiz competente, de forma a não conter informações que possam indicar seu conteúdo ou identificar o agente que será infiltrado. Uma vez distribuída a representação ao juiz, este a apreciará no prazo de 24 (vinte e quatro) horas, após manifestação do Ministério Público, devendo-se adotar as medidas necessárias para o

---

767 Neste ponto, cumpre salientar que o art. 2º, II da Lei nº 9.296/1996, ao dispor sobre a interceptação telefônica, também estabelece que esta só será autorizada quando não for possível a obtenção de provas por outros meios. Diante de tal conflito de normas, em um inquérito policial onde a elucidação do caso investigado seja passível apenas mediante interceptação telefônica ou infiltração de agentes do delegado de polícia, a sua autorização será legalmente possível? Em caso positivo, qual delas deverá ser adotado em primeiro lugar? Em princípio, a infiltração de agentes deve ser subsidiária à interceptação telefônica, uma vez que o art. 10, § 2º da Lei nº 12.850/2013 é posterior ao art. 2º, II da Lei nº 9.296/1996, derrogando-o, neste particular. Ademais, o risco que a infiltração acarreta à vida ou integridade física do agente infiltrado, diante da restrição ao direito a privacidade do indiciado ou investigado concretizada pela interceptação telefônica, faz com que a primeira seja materialmente mais gravosa, tendo em vista os direitos fundamentais envolvidos.

768 Sobre o conceito de operação policial judiciária, e utilização da referida terminologia na Lei nº 12.850/2013, cf. item 4.2.3, e nota nº 965.

êxito das investigações e a segurança do agente infiltrado (arts. 11 e 12, *caput* e § 1º).

Em homenagem à publicidade restrita do inquérito policial e do dever do juiz motivar suas decisões, o art. 10 da Lei nº 12.850/2013 reitera que a autorização da infiltração de agentes do delegado de polícia deve ser circunstanciada, motivada e sigilosa, bem como estabelecerá limites da diligência, a qual durará por até 6 (seis) meses sujeita a prorrogação em caso de necessidade, mediante representação do delegado de polícia instruída com relatório específico da atividade de infiltração, do qual, em seguida ao juiz, será cientificado o Ministério Público (§§ 3º a 4º). Uma vez autorizada a infiltração no curso do inquérito policial, a confecção do relatório da diligência pelo(s) agente(s) infiltrado(s) poderá ser determinada a qualquer tempo pelo delegado de polícia, ou (fundamentadamente) requisitada pelo Ministério Público a este último (§ 5º).

Diante dos riscos inerentes a execução da infiltração, assegura-se ao agente para esta designado os direitos de recusar ou fazer cessar a sua atuação infiltrada; ter sua identidade alterada, aplicando-se, no que couber, o disposto na Lei no 9.807/1999, que trata da proteção de testemunhas, ofendidos, indiciados, acusados ou condenados que tenham voluntariamente prestado efetiva colaboração durante o inquérito policial ou processo criminal, bem como usufruir das medidas de proteção a testemunhas; ter seu nome, sua qualificação, sua imagem, sua voz e demais informações pessoais preservadas durante a investigação e o processo criminal, salvo se houver decisão judicial em contrário; bem como não ter sua identidade revelada, nem ser fotografado ou filmado pelos meios de comunicação, sem sua prévia autorização por escrito (art. 14).

Na tentativa de se dar alguma segurança jurídica ao agente infiltrado em situações em que o mesmo possa ser levado a cometer crimes, o art. 13, parágrafo único a Lei nº 12.850/2013 estatui não ser punível a prática de crime por este durante da infiltração, quando inexigível conduta diversa.

No entanto, – muito embora o legislador brasileiro já tivesse adotado o não poder agir de outro modo como causa legal de exclusão da culpabilidade no art. 22 do Código Penal, ao dispor que sendo o fato cometido em estrita obediência à ordem, não manifestamente ilegal, de superior hierárquico, ou sob coação irresistível, somente será punível o autor da ordem ou da coação – e ainda que a inexigibilidade de conduta diversa, para os demais casos, se encontre relativamente consolidada como causa exculpante (até então supralegal), a dificuldade de se definir o que seria inexigível, a depender do caso concreto, acaba por tornar inevitável o risco de exposição do agente infiltrado à persecução penal. Além de eventuais casos de difícil julgamento (*hard cases*), o agente infiltrado que não guardar, em sua atuação, a devida proporcionalidade com a finalidade da investigação, responderá pelos excessos praticados (art. 13, *caput*).

Havendo indícios seguros de que o agente infiltrado sofre risco iminente, a infiltração será sustada determinação do delegado de polícia, dando-se imediata ciência ao Ministério Público e ao juiz, ou até mesmo, por requisição do Ministério Público ao delegado de polícia (art. 12, § 3º), da qual também deverá ser cientificado o juiz.

A Lei nº 12.850/2013, em seu art. 12, § 2º, prevê ainda que os autos contendo as informações da infiltração acompanharão a denúncia do Ministério Público, quando, assegurando-se a preservação da identidade do agente, serão disponibilizados à defesa. Contudo, por tentar impedir que eventuais indiciados e investigados tomem conhecimento e se manifestem sobre os elementos colhidos na infiltração durante inquérito policial no qual a esta foi autorizada, o referido dispositivo revela-se inevitavelmente inconstitucional, uma vez que viola o princípio da ampla defesa, o qual se irradia para os acusados "em geral", na dicção do art. 5º, LV da CF. Diante disso, deve os autos da infiltração de agentes do delegado de polícia, antes do seu encerramento, ser apensados aos do inquérito policial correspondente, a fim de que a defesa de indiciados e investigados tenha acesso aos elementos nesta colhidos, nos termos do art. 7º, XIV e § 11º da Lei nº 8.906/1994 (Estatuto da Advocacia), assegurando-se a preservação da identidade do agente infiltrado.

3.4.1.6.9 A "infiltração" na *internet* de agentes do delegado de polícia

A infiltração de agentes do delegado de polícia em organizações criminosas não deve ser confundida com a medida jurisdicionalizada contemplada na Lei nº 13.441/2017, **a qual** alterou a Lei nº 8.069/1990 (Estatuto da Criança e do Adolescente), para prever a "infiltração" de agentes do delegado de polícia "na *internet*" com o fim de investigar crimes contra a dignidade sexual de criança e de adolescente (Seção V-A).

Como pode-se observar no art. 190-A, *caput*, da Lei nº 8.069/1990, inserido pela Lei nº 13.441/2017, tal "infiltração", em essência, nada mais é do que a ocultação da identidade do agente(s) do delegado de polícia, mediante autorização judicial, a fim de que este(s), no âmbito da *internet*, possa colher indícios de autoria e materialidade dos crimes dos arts. 240, 241, 241-A, 241-B, 241-C e 241-D da Lei nº 8.069/1990, relacionados à pedofilia praticada por meio da *internet*, bem como os arts. 154-A, 217-A, 218, 218-A e 218-B do Código Penal, os quais tipificam, respectivamente, os crimes de invasão de dispositivo informático, estupro de vulnerável, corrupção de menores, satisfação de lascívia mediante presença de criança ou adolescente e favorecimento da prostituição ou outra forma de exploração sexual de criança, adolescente ou vulnerável.

Primeiramente, deve-se ressaltar que tais crimes não necessariamente são praticados por organizações criminosas, não só pelo *modus operandi* da maioria dos referidos delitos, mas, também por conta da pena privativa de liberdade abstratamente cominada aos crimes dos arts. 241-B, 241-C e 241-D da Lei nº 8.069/1990, e arts. 154-A e 218-A e Código Penal, que não superam os 4 (quatro) anos, requeridos pelo art. 1º, § 1º, *in fine*, da Lei nº 12.850/2013 para configuração de organização criminosa[769]

Por outro lado, aqui o agente do delegado de polícia não entra em contato direto com o investigado, senão em âmbito *virtual*, o que implica em um risco incomparavelmente menor do que o que corre em uma infiltração convencional em uma organização criminosa, na qual o convívio é real.

No entanto, além da denominação "infiltração na *internet*", a Lei nº 13.441/2017 aplica à criação de identidade fictícia para o agente do delegado executar diligências na *internet* **um regime jurídico similar à então existente infiltração em organização criminosa o que, além de confundir duas medidas de naturezas distintas, impõe à primeira requisitos manifestamente desproporcionais para a sua autorização judicial.**

---

769 Por esta razão, este procedimento foi previsto em item diverso daquele que versa sobre aqueles especificamente aplicáveis à investigação de organizações criminosas (item 3.4.1.6.8).

Com tal equívoco legislativo, a ocultação da identidade do agente não será judicialmente autorizada se a prova puder ser obtida por outros meios, devendo a representação de delegado de polícia conter a demonstração de sua necessidade, o alcance das tarefas do(s) seu(s) agente(s), os nomes ou apelidos das pessoas investigadas e, quando possível, os dados de conexão à *internet* ou cadastrais do seu usuário investigado que permitam sua identificação (art. 190-A, II e § 3º da Lei nº 8.069/1990).

Uma vez autorizada a ocultação da identidade do agente do delegado de polícia, os órgãos de registro e cadastro público poderão incluir nos bancos de dados próprios, mediante procedimento sigiloso e determinação da autoridade judicial, as informações necessárias à efetividade da identidade fictícia criada, não podendo sua utilização exceder o prazo de 90 (noventa) dias, sem prejuízo de eventuais renovações, desde que o total não exceda a 720 (setecentos e vinte) dias e seja demonstrada sua efetiva necessidade (arts. 190-A III e 190-D da Lei nº 8.069/1990).

As informações da diligência serão encaminhadas diretamente ao juiz responsável pela autorização da ocultação de identidade, podendo este, ou o Ministério Público, requisitar ao delegado de polícia o encaminhamento de relatórios parciais antes do término do seu prazo. Enquanto perdurar a diligência velada, o acesso aos seus autos será reservado ao delegado de polícia presidente do inquérito em que as mesmas foram representadas, ao juiz, ao Ministério Público, com o objetivo de garantir seu êxito (arts. 190-A, § 1º e 190-B da Lei nº 8.069/1990).

Concluída a diligência, todos os atos eletrônicos nesta praticados deverão ser registrados, gravados, armazenados e encaminhados ao juiz e ao Ministério Público, juntamente com seu relatório específico, sendo estes reunidos em autos apartados e apensados aos do inquérito policial correspondente, assegurando-se a preservação da identidade do agente que a executou e a intimidade das crianças e dos adolescentes ofendidos, respondendo aquele pelos excessos praticados quando deixar de observar a estrita finalidade da diligência (arts. 190-C, parágrafo único e 190-E da Lei nº 8.069/1990).

Mais recentemente, a Lei nº 13.964/2019 incluiu previsão da "infiltração" na *internet* na própria Lei nº 12.850/2013, relativa a crimes praticados por organização criminosa (arts. 10-A a 10-C e art. 11, parágrafo único[770]), reiterando, em linhas gerais, o regime inserido na da Lei nº 8.069/1990 pela Lei nº 13.441/2017. **Desta forma, destacar-se-á as diferenças pontuais constantes neste último diploma legal.**

No art. 10-A, § 2º da Lei nº 12.850/2013 se fez constar expressamente que o juiz competente, antes de decidir representação do delegado de polícia, ouvirá o Ministério Público, uma vez que ouvir também o(s) investigado(s) implicaria em ineficácia do procedimento.

Por sua vez, o prazo inicialmente previsto na Lei nº 12.850/2013 para a atuação do agente oculto é de até 6 (seis) meses, sem prejuízo de eventuais renovações, mediante ordem judicial fundamentada, igualmente não podendo exceder 720 (setecentos e vinte) dias (art. 10-A, § 4º).

Uma vez encerrados tais prazos, o relatório circunstanciado da diligência, juntamente com todos os atos eletrônicos nesta praticados, deverão ser registrados, gravados, armazenados e apresentados ao juiz competente, que imediatamente cientificará o Ministério Público, conforme **art. 10-A, § 5º da Lei nº 12.850/2013. Tal dispositivo, contudo, aparentemente contradiz o disposto no art. 10-D,** *caput,* **da Lei nº 12.850/2013 pela mesma Lei nº 13.964/2019**, o qual repete a redação do art. 190-E, *caput,* da Lei nº 8.069/1990, no sentido de que concluída "a investigação", todos os atos eletrônicos praticados deverão ser registrados, gravados, armazenados e encaminhados ao juiz e ao Ministério Público (simultaneamente), juntamente com o referido relatório circunstanciado.

A conjugação dos referidos dispositivos parece indicar que o **art. 10-D,** *caput,* **da** Lei nº 12.850/2013, dispõe que o encaminhamento simultâneo ao Ministério Público de tais atos se daria uma vez concluída a "infiltração", e que, o juiz, de acordo com seu **art. 10-A, § 5º**, apenas cientificaria o Ministério Público do seu recebimento no caso de prorrogação do seu prazo.

Não parece ser adequada a interpretação no sentido de que tal encaminhamento simultâneo ao Ministério Público se daria apenas quando da conclusão do inquérito policial, uma vez que este, em seguida, já viria a receber os autos do inquérito policial concluído com o

---

770 Tais dispositivos, inclusive topograficamente foram incluídos de maneira inadequada na Lei nº 12.850/2013, entremeando aqueles relativos a infiltração convencional de agentes do delegado de polícia.

procedimento de "infiltração na *internet*" neste apensado, conforme se depreende do **art. 10-D, parágrafo único, da** Lei nº 12.850/2013.

Reitere-se, por fim, que o apensamento do procedimento de "infiltração na *internet*" após o encerramento do inquérito policial equivaleria a impedir que eventuais indiciados e investigados tomem conhecimento e se manifestem sobre os elementos nesta colhidos durante a investigação criminal na qual a esta foi autorizada, violando o princípio da ampla defesa, o qual se irradia para os acusados "em geral", na dicção do art. 5º, LV da CF. Portanto, deve o referido apensamento ocorrer antes do encerramento do inquérito policial, a fim de que a defesa de indiciados e investigados tenha acesso aos elementos nesta colhidos, nos termos do art. 7º, XIV e § 11º da Lei nº 8.906/1994 (Estatuto da Advocacia), assegurando-se a preservação da identidade do agente infiltrado.

3.4.1.6.10 Cooperação internacional

Na Constituição Federal, a cooperação com os outros países é destacada como princípio, conforme pode-se observar em seu art. 4º, IX, o qual preceitua, in verbis, que "A República Federativa do Brasil rege-se nas suas relações internacionais pelos seguintes princípios: [...] IX – cooperação entre os povos para o progresso da humanidade; [...]".

O fenômeno da globalização, deflagrado a partir da segunda metade do século XX, impôs que medidas para a efetivação do princípio da cooperação entre os povos fossem aprimoradas, uma vez que aproximou as nações e seus cidadãos, o que veio a ser exponencialmente intensificado com o advento da *internet*.

Na esteira desta nova realidade, propiciou-se uma maior prática dos crimes transnacionais, compreendidos como aqueles cuja preparação, execução ou resultado são repartidos em fases diversas, ocorrendo parte delas em um país e parte em outro ou em mais países. De acordo com a Convenção das Nações Unidas contra o Crime Organizado Transnacional (Convenção de Palermo), em vigor no Brasil por meio do Decreto nº 5.015/2004, o crime transnacional se configura em qualquer das seguintes hipóteses: a) quando cometido em mais de um Estado; b) quando cometido em um Estado, mas sua preparação foi substancialmente feita em outro; c) quando cometido em um Estado, mas a organização criminal do grupo é estabelecida em outro Estado; e d) quando cometido em um Estado, mas tem efeitos substanciais em outro (art. 3º, 2).

Nesse contexto, surgiu a necessidade de uma maior e eficaz cooperação internacional entre todos os países, voltada para a persecução à criminalidade transnacional, cujos instrumentos aplicáveis a instrução do inquérito policial serão a seguir abordados, uma vez que, durante seu curso, pode surgir a necessidade da realização de atos e aplicação de medidas coercitivas no exterior em face de brasileiros ou estrangeiros que lá se encontram, mas que cometeram crimes cujo julgamento compete à justiça brasileira.

3.4.1.6.10.1 Cooperação entre órgãos policiais

A cooperação internacional entre órgãos policiais se dá quando estes, em nome de seus Estados e fundamentado na reciprocidade, interagem com o objetivo de solicitar diligências no território de outros países, colher e trocar informações, bem como localizar e deter foragidos.

Ressalvados os casos de prisão para fins de extradição[771], a cooperação entre órgãos policiais é empregada, em princípio, quando a diligência solicitada, segundo a legislação do país de destino e a legislação brasileira, puder ser executada pelo órgão policial, independentemente de autorização judicial para a mitigação ou afastamento de garantias individuais. Entretanto, determinadas situações devem ser avaliadas conforme o caso concreto, tendo em vista que a diversidade de sistemas jurídicos existentes no mundo dificulta o estabelecimento de um critério único.

Inicialmente, tal cooperação em regra é realizada por intermédio de organismos policiais intergovernamentais, assim como por adidâncias policiais junto a missões diplomáticas do Brasil no exterior e escri-

---

771 De acordo com o art. 81, *caput*, da Lei nº 13.445/2017, "A extradição é a medida de cooperação internacional entre o Estado brasileiro e outro Estado pela qual se concede ou solicita a entrega de pessoa sobre quem recaia condenação criminal definitiva ou para fins de instrução de processo penal em curso".

A exegese mais adequada, no entanto, recomenda que, a expressão "para fins de instrução de processo penal em curso", aqui, seja interpretada de maneira ampla, de forma a abarcar a persecução penal como um todo, a qual já ocorre desde o inquérito policial, sua fase preliminar, sob pena de restringir sua eficiência enquanto princípio (art. 37, *caput*, da CF), quando necessária a execução de prisão preventiva no exterior no seu curso.

tórios de ligação. Dentre os primeiros, o mais representativo é a Organização Internacional de Polícia Criminal – Interpol[772].

Criada em 1923, em Viena (Austria), a Interpol é uma organização intergovernamental pela Organização das Nações Unidas – ONU e detém personalidade jurídica internacional independente da dos Estados que a compõem, podendo inclusive celebrar tratados de cooperação internacional. Sua finalidade é promover a cooperação policial internacional, inclusive nos casos em que não existam relações diplomáticas. Conta atualmente com 190 países-membros, sendo a segunda maior organização internacional intergovernamental existente, logo após a ONU, que conta com 192 países-membros.

A Interpol dispõe de sete escritórios regionais situados nos seguintes países: Argentina (Buenos Aires), Costa do Marfim (Abidjan), Camarões (Yaoundé), El Salvador (San Salvador), Quênia (Nairobi), Tailândia (Bangkok) e Zimbábue (Harare), além de um escritório de ligação situado em Nova Iorque (Estados Unidos da América) e da Secretaria-Geral, sediada em Lyon (França). Em cada um dos países-membros existe um escritório central nacional, responsável por toda comunicação com a Secretaria-Geral, os escritórios regionais e os demais países-membros que solicitem ajuda para proceder a investigações de âmbito internacional e à localização e detenção de fugitivos. No Brasil, a Polícia Federal é a responsável pelo funcionamento do escritório central nacional, sediado em Brasília/DF.

Por meio de um extenso banco de dados, possibilita-se o intercâmbio e a difusão de informações criminais entre seus países membros o qual, no que pertine à polícia judiciária, destacam-se os dados sobre veículos furtados ou roubados; documentos de viagem furtados, roubados ou perdidos; impressões digitais, DNA e reconhecimento facial; e localização de testemunhas, investigados e indiciados procurados.

Em caso de localização no exterior de indicado cuja prisão preventiva for judicialmente autorizada, será necessário representar ao juiz

---

772 Outras organizações do gênero são o *European Police Office* (Serviço Europeu de Polícia) – Europol, fundado em Haia, Holanda, em 1999, onde está sediado, com abrangência entre os países integrantes da União Europeia, e a Comunidade de Polícias das Américas – Ameripol, fundada em 2007 em Bogotá, Colômbia, local de sua sede, a qual é integrada por 21 (vinte e um) países de todo o continente americano.

competente a fim de que também se autorize a inclusão do nome do indiciado na "difusão vermelha" da Interpol.

Os países membros da Interpol conferem diferentes efeitos jurídicos à difusão vermelha, havendo aqueles que não atribuem qualquer efeito à difusão vermelha, cabendo ao país interessado, a partir desta informação, requerer a prisão para fins de extradição ao Poder Judiciário do país onde o indiciado se encontra (Grã Betanha, França, Japão, Estados Unidos, Paraguai, Brasil[773]). Outros, não consideram-na uma ordem de prisão, mas circunstância autorizadora para que se capture e apresente o indiciado a um juiz do país onde se encontre, a quem compete decidir se este será colocado em liberdade ou aguardará preso a formalização de um pedido de extradição (Panamá, Uruguai). Há ainda aqueles que a consideram uma ordem de captura internacional, a partir da qual o indiciado poderá ser preso, autorizando-se o pedido de extradição a partir da sua prisão (Argentina, Espanha, Itália, Peru, Portugal, Alemanha, Países Baixos). Por meio dos órgãos policiais que representam a Interpol nos respectivos países é que será executada a prisão decorrente da inclusão na referida "difusão vermelha".

Em seguida à prisão preventiva de indiciado no exterior, o juiz brasileiro que a autorizou deverá encaminhar ao Ministério da Justiça a documentação necessária para que seja feito o pedido de extradição do indiciado para ser julgado no Brasil, o qual será encaminhado ao Estado requerido por meio do Ministério das Relações Exteriores, instaurando-se assim uma das formas de cooperação *judicial* entre os países com reflexos no inquérito policial, objeto de análise no item a seguir.

Outra hipótese na qual a cooperação entre órgãos policiais por intermédio da Interpol ou congênere também é, *a priori*, a mais indicada, por ser menos formal e em alguns casos mais célere, ocorre caso se objetive a obtenção de informações de pessoa que se encontre no exterior deste mediante entrevista, sem maiores formalidades. No entanto, caso se objetive que tais informações sejam obtidas mediante uma inquirição formal como o interrogatório de indiciado, por exemplo, revela-se recomendável se estabelecer a cooperação entre órgãos policiais mediante auxílio direto.

O auxílio direto em matéria penal, é um instrumento de direito internacional público e de direito processual penal, previsto em tratado internacional devidamente incorporado ao ordenamento jurídico bra-

---

[773] Cf. art. 84, §§ 1º e 2º da Lei nº 13.445/2017.

sileiro[774], por meio do qual se estabelece o intercâmbio de documentos, provas, atos e procedimentos de instrução da persecução penal entre países, por intermédio de um órgão central[775], incumbido do encaminhamento da pretensão do país ao exterior, no interesse de uma investigação criminal ou de um processo penal no Brasil (ativo), ou, do exterior ao Brasil, no interesse de uma investigação criminal ou de um processo penal lá existente (passivo). As medidas que constituem o seu objeto, portanto, abrangem a realização de atos de instrução do inquérito policial em outro país, desde que diversos da extradição.

Em virtude de peculiaridades relativas a cada espécie de crime transnacional, ou em razão do processo de integração a outros países, vários tratados internacionais multilaterais também foram assinados pelo Brasil com a previsão do auxílio direto, dentre eles a "Convenção de Viena", ou Convenção contra o Tráfico Ilícito de Entorpecentes e Substâncias Psicotrópicas (Decreto nº 154/1991); Protocolo de Assistência Jurídica Mútua em Assuntos Penais no Mercosul (Decreto nº 3.468/2000); "Convenção de Palermo", ou Convenção das Nações Unidas contra o Crime Organizado Transnacional (Decreto nº 5.015/2004); "Convenção de Mérida", ou Convenção das Nações Unidas contra a Corrupção (Decreto nº 5.687/2006); e Convenção Interamericana sobre Assistência Mútua em Matéria Penal (Decreto nº 6.340/2008); e Convenção dos Países da Língua Portuguesa em Matéria Penal – CPLP (Decreto nº 8.833/2016).

Paralelamente, foram incorporados ao nosso ordenamento jurídico tratados bilaterais que versam sobre o auxílio direto em matéria penal com a Itália (Decreto nº 862/1993), Portugal (Decreto nº 1.320/1994), Paraguai (Decreto nº 139/1995), França (Decreto nº 3.324/1999), Estados Unidos da América (Decreto nº 3.810/2001), Colômbia (Decreto nº 3.895/2001), Peru (Decreto nº 3.988/2001), Coreia do Sul (Decreto nº 5.721/2006), Ucrânia (Decreto nº 5.984/2006), China (Decreto nº 6.282/2007), Cuba (Decreto nº 6.462/2008), Espanha (Decretos nº 6.681/2008 e nº 8.048/2013), Canadá (Decreto nº 6.747/2009), Suri-

---

774 Sobre o *status* jurídico do ingresso dos direitos fundamentais previstos em tratados internacionais no ordenamento jurídico brasileiro, cf. nota nº 536.
775 No Brasil, tal função é exercida pelo Departamento de Recuperação de Ativos e Cooperação Jurídica Internacional do Ministério da Justiça.

name (Decreto nº 6.832/2009), Suíça (Decreto nº 6.974/2009), Nigéria (Decreto nº 7.582/2011), México (Decreto nº 7.595/2011); Panamá (Decreto nº 7.596/2011), Honduras (Decreto nº 8.046/2013) e o Reino Unido (Decreto nº 8.047/2013).

Desta maneira, durante a instrução do inquérito policial, caso o Delegado de Polícia verifique a necessidade de obtenção formal de informações e provas no exterior, poderá demandar o Estado onde estas se encontram por meio do auxílio direto com base em um dos referidos decretos, nas mesmas hipóteses em que detém atribuições legais para agir de ofício ou representar em juízo no Brasil, sendo que sua demanda será enviada pelo órgão central brasileiro ao seu congênere no país requerido, e terá seu mérito apreciado pelas autoridades competentes no exterior. Assim, será submetida diretamente ao Estado requerido a pretensão de ser realizada a prática de determinado ato no exterior, com a finalidade de instruir um inquérito policial no Brasil.

3.4.1.6.10.2 Cooperação judicial

Na medida em que, durante o curso do inquérito policial, uma série de providências se encontram sujeitas à autorização judicial, relevante se torna o estudo das possibilidades de cooperação judicial entre o Brasil e os diversos países da comunidade internacional durante seu curso. Tal cooperação pode se operar por meio da extradição ativa, quando Brasil requer a entrega de um indiciado a outro país; carta rogatória; bem como pelo auxílio direto abordado logo acima, desde que o que se pretenda realizar no exterior dependa de autorização judicial.

A extradição é o mais antigo instituto de cooperação jurídica internacional e pode ser considerado o de natureza mais gravosa, por envolver diretamente a liberdade do indivíduo, uma vez que, por este, se concede ou solicita a outro país a entrega de pessoa sobre quem recaia condenação criminal definitiva, ou para fins de instrução de persecução penal em curso. No plano legal, a extradição encontra-se essencialmente prevista nos arts. 81 a 99 da Lei nº 13.445/2017, interessando ao estudo do inquérito policial a análise do art. 88 do referido diploma legal, que versa sobre a extradição ativa, mais especificamente em sua modalidade *instrutória*⁷⁷⁶, realizada antes do trânsito em julgado da sentença penal condenatória⁷⁷⁷.

Como visto no item anterior, uma vez efetuada a prisão preventiva de indicado no exterior no interesse de inquérito policial, o juiz brasileiro que a autorizou deverá encaminhar pedido de extradição ao Ministério da Justiça, órgão do Poder Executivo responsável pela orientação, informação e avaliação dos elementos *formais* (e não de mérito) de admissibilidade do pedido, para encaminhamento ao Estado requerido⁷⁷⁸. Dentre a documentação necessária para o pedido de extradição do indiciado para o Brasil, deverá constar cópia autêntica ou via original da decisão que autorizou sua prisão preventiva, indicações precisas sobre o local, a data, a natureza e as circunstâncias do fato criminoso e a identidade do extraditando, bem como cópia dos textos legais sobre o crime, a competência, a pena e a prescrição (art. 88, § 3º da Lei nº 13.445/2017). Uma vez recebido pelo Ministério da Justiça, o pedido será encaminhado ao Estado requerido por meio do Ministério das Relações Exteriores, observadas as cláusulas de tratado que eventualmente o Brasil tiver firmado com o Estado requerido⁷⁷⁹, ou, na falta deste, com

---

776 À extradição que ocorre após o trânsito em julgado da sentença penal condenatória, dá se o nome de extradição *executória*, em razão de ser destinada à execução da pena.

777 A legislação brasileira legislador prevê expressamente a possibilidade a extradição passiva instrutória ser solicitada ao Brasil pelo país interessado não apenas no curso do processo penal propriamente dito, mas já durante a investigação criminal, no art. 83, II, primeira parte da Lei nº 13.445/2017.

778 Lei nº 13.445/2017, art. 88: "Todo pedido que possa originar processo de extradição em face de Estado estrangeiro deverá ser encaminhado ao órgão competente do Poder Executivo diretamente pelo órgão do Poder Judiciário responsável pela decisão ou pelo processo penal que a fundamenta. § 1º Compete a órgão do Poder Executivo o papel de orientação, de informação e de avaliação dos elementos formais de admissibilidade dos processos preparatórios para encaminhamento ao Estado requerido".

779 Até 2014, o Brasil possuía em vigor – além do Acordo celebrado entre os Estados Parte do Mercosul (Decreto nº 4.975/2004), do Acordo entre os Estados Partes do Mercosul, Bolívia e Chile (Decreto nº 6.975/2009) e o Acordo entre os Estados Membros da Comunidade de Países de Língua Portuguesa (Decreto nº 7.935/2013) – tratados de extradição celebrados com 28 (vinte e oito) países, quais sejam, Argentina (Decreto nº 62.979/1968), Austrália (Decreto nº 2.010/1996), (Decreto nº 41.909/1957), Bolívia (Decreto nº 9.920/1942), Chile (Decreto nº 1.888/1937), China (Decreto nº 8.431/2015), Colômbia (Decreto nº 6.330/1940), Coreia do Sul (Decreto nº 4.152/2002), Equador (Decreto nº 2.950/1938), Espanha (Decreto nº 99.340/1990), Estados Unidos (Decreto nº 55.750/1965), França (Decreto nº 5.258/2004, Grã Betanha (Decreto nº 2.347/

base na promessa de reciprocidade de tratamento para casos análogos.

A carta rogatória ativa, por sua vez, é um tradicional meio pelo qual o juiz brasileiro, por sua jurisdição, solicita que seja executada no exterior atos judiciais no inquérito policial diversos daquele que autoriza a prisão preventiva, não cabendo às autoridades estrangeiras apreciar o mérito do que está sendo solicitado. O documento pelo qual se formaliza a carta rogatória é aproveitado em todas as instâncias responsáveis por sua execução, de sorte que o documento assinado pelo juiz rogante é aquele que chegará ao rogado.

No curso do inquérito policial, destacam-se as cartas precatórias ativas executórias, por meio das quais se veiculam autorizações judiciais de representações do delegado de polícia, que têm por objeto de medidas de execução ou de força, em especial sobre a pessoa e patrimônio do indiciado, a fim de produzir provas ou que este se desfaça do proveito obtido com o crime[780].

No entanto, as cartas rogatórias têm progressivamente caído em desuso em face da crescente utilização do auxílio direto visto no item anterior, também aplicável na cooperação judicial, uma vez que este, na prática, tem se revelado muito mais ágil.

Muito embora a expedição de auxílio direto não se traduza como medida típica por parte do juiz que supervisiona o inquérito policial, mas sim do delegado de polícia que o preside, caso o juiz, uma vez deferindo representação do delegado de polícia, verifique que a medida deverá ser executada no exterior, poderá também expedir a solicitação

---

1997), Itália (Decreto nº 863/1993), Lituânia (Decreto nº 4.528/ 1939); (Decreto nº 2.535/1938), Panamá (Decreto nº 8.045/ 2013), Paraguai (Decreto nº 16.925/1925), Peru Decreto nº 5.853/ 2006), Portugal Decreto nº 1.325/1994), República Dominicana (Decreto nº 6.738/2009), Romênia (Decreto nº 6.512/2008), Rússia (Decreto nº 6.056/2007), Suíça (Decreto nº 23.997/1934), Suriname Decreto nº 7.902/2013, Ucrânia (Decreto nº 5.938/2006), Uruguai Decreto nº 13.414/1919, Venezuela (Decreto nº 5.362/1940).

Há ainda acordos no âmbito da Organização das Nações Unidas que dispõem sobre a extradição, como "Convenção de Viena", ou Convenção contra o Tráfico Ilícito de Entorpecentes e Substâncias Psicotrópicas (Decreto nº 154/1991); "Convenção de Palermo", ou Convenção das Nações Unidas contra o Crime Organizado Transnacional (Decreto nº 5.015/2004); e a "Convenção de Mérida", ou Convenção das Nações Unidas contra a Corrupção (Decreto nº 5.687/2006).

780 A respeito, cf. FORNAZARI JÚNIOR, Milton. Carta rogatória e auxílio direto. In: PEREIRA, Eliomar da Silva; FORNAZARI JÚNIOR, Milton (Coord.). *Direito internacional de polícia judiciária*. Belo Horizonte: Fórum, 2020, p. 122-125.

ao país correspondente, como alternativa à carta rogatória[781]. Todavia, no auxílio direto, diferentemente da carta rogatória, o juiz brasileiro submeterá sua decisão à apreciação de mérito pelo Poder Judiciário de outro país, na qualidade de requerimento, diferentemente do que ocorre com a carta rogatória, na qual, o país rogado se limita a reconhecer a validade e eficácia de uma decisão judicial do país rogante, desde que atendidos os requisitos formais, sem apreciação do seu mérito.

Ou seja, na carta rogatória, dá-se eficácia a uma decisão judicial brasileira no exterior. No auxílio direto, submete-se ao Poder Judiciário no país requerido a análise do mérito da solicitação formulada a partir de uma decisão judicial brasileira, aplicando-se a lei deste último, em regra, para que a medida seja deferida ou não.

A solicitação de auxílio direto será enviada ao órgão central brasileiro, o qual, por sua vez, o encaminhará ao seu congênere no país requerido. Uma vez no órgão central estrangeiro, a demanda brasileira será direcionada ao órgão interno com atribuição para propor a medida jurisdicionada cabível, perante o próprio Poder Judiciário do Estado requerido, cabendo ao juiz do Estado requerido apreciar o mérito do pedido. Assim, a análise será feita não só quanto à observância ou não dos requisitos formais do pedido, mas também se há realmente indícios suficientes que justifiquem a medida pleiteada à luz do ordenamento jurídico do país requerido.

3.4.1.7 Incidentes

Uma vez apresentados os atos e procedimentos de instrução do inquérito policial previstos na legislação, estudar-se-á, doravante, as ques-

---

781 Em sentido diverso, no entanto, posiciona-se Milton Fornazari Júnior, para quem, muito embora a expedição de auxílio direto não se traduza como medida típica por parte do juiz que supervisiona o inquérito policial, mas sim do delegado de polícia que o preside, nada impediria que este, no exercício da supervisão e do controle do inquérito policial (bem como na qualidade de julgador de eventual ação penal deste decorrente), também expeça a solicitação ao País requerido (FORNAZARI JÚNIOR, Milton. Carta rogatória e auxílio direto. In: PEREIRA, Eliomar da Silva; FORNAZARI JÚNIOR, Milton (Coord.). *Direito internacional de polícia judiciária*. Belo Horizonte: Fórum, 2020, p. 131).

O referido autor ainda relata que, em que pese o Ministério Público não presidir o inquérito policial, em algumas investigações tem se verificado a sua participação atípica, mediante expedição própria de auxílios diretos ao exterior (FORNAZARI JÚNIOR, loc. cit.).

tões incidentes no inquérito policial, que podem ocorrer ao longo da investigação neste veiculada, e que demandam resolução antes que esta seja concluída, por meio dos atos e procedimentos, ora a cargo do delegado de polícia, ora do juiz a quem compete seu controle jurisdicional.

Para uma breve compreensão introdutória sobre o tema, deve-se tomar, como ponto de partida, o conceito de incidentes processuais, o qual se encontra melhor sedimentado na doutrina jurídica.

Incidentes processuais são as questões e procedimentos secundários que incidem durante o processo, e que requerem solução antes do julgamento da causa. Este subdividem-se em questões prejudiciais, que são pontos fundamentais, vinculados ao direito material, que devem ser decididos antes do mérito da causa, e procedimentos incidentes, que são aqueles interpostos pelas partes – ou identificados pelo juiz, de ofício – ao longo do processo, que demandam solução pelo juiz, antes que o mérito da ação penal seja conhecido e julgado. Os procedimentos incidentes no processo penal são as exceções (suspeição, incompetência, litispendência, ilegitimidade de parte e coisa julgada, suspeição e impedimento), conflitos de jurisdição, restituição de coisas apreendidas, medidas assecuratórias e incidentes de falsidade e insanidade mental[782].

Considerando que a estrutura inquisitória do inquérito policial faz com que, em regra, o seu curso seja impulsionado por atos de ofício do delegado de polícia, recai primeiramente sobre este a incumbência da tomada de conhecimento das questões incidentes à investigação. Todavia, embora não haja previsão expressa quanto ao oferecimento de defesa indireta em relação ao inquérito por meio de investigados e indiciados – como ocorre em relação aos acusados em relação processo, por meio das exceções – a incidência do princípio do princípio da ampla defesa no inquérito policial autoriza que investigados e indiciados, na medida em que tomem conhecimento da apuração, possam provocar diretamente ao delegado de polícia sobre a sua suspeição (ou impedimento) ou ausência de atribuição deste, assim como quanto a existência de inquérito ou processo penal (em curso ou com trânsito em julgado) com o mesmo objeto de um inquérito policial em curso, a fim de que o inquérito seja encerrado ou encaminhado a autro delegado com atribuição ou isenção para presidi-lo, independentemente de expressa previsão legal.

---

782 Neste sentido, NUCCI, Guilherme de Souza. *Manual de Processo Penal e Execução Penal*. 2ª Ed. São Paulo. RT, 2006, p. 297.

Tal direito deve ser também reconhecido ao Ministério Público, na investigação de crimes de ação penal pública, bem como o ofendido, nos crimes de ação penal privada, uma vez estes encontram-se potencialmente sujeitos a figurar como parte acusadora no processo penal que eventualmente o suceda.

Na legislação, encontram-se dispositivos relacionados a suspeição (ou impedimento) do delegado de polícia que tem atribuição para presidi-lo, declínio ou conflito de atribuição, restituição de coisas apreendidas cuja propriedade é duvidosa, arresto de bens e hipoteca legal, e insanidade mental.

Apesar de o sequestro de bens ter sido incluído no Título VI do Código de Processo Penal, relativo às questões e processos incidentes (Capítulo VI, arts. 125 a 133-A), a sua abordagem, pelo menos no que tange ao inquérito policial, não se revela mais adequada dentre as questões incidentes, uma vez que se trata de medida essencialmente coercitiva e preventiva em relação à própria persecução penal (portanto, abordada no item 3.4.1.6.7.5), na qual se busca recolher os proveitos do crime não somente para se assegurar indenização do ofendido, mas sobretudo para impedir que seja auferido lucro com a prática delituosa, desconstruindo assim a engenharia financeira que sustenta a sua reiteração, evitando assim a prática de novas infrações penais (art. 282, I, *in fine*, do CPP).

Da mesma forma, apesar de ter sido incluído no Título VI do Código de Processo Penal (Capítulo VII, arts. 145 a 148), não se revela adequada a abordagem do incidente de falsidade no âmbito do inquérito policial, uma vez que a falsidade, por ser tipificada criminalmente (Título IX do CP), confunde-se com o objeto do inquérito, por consistir em uma hipótese criminal passível de apuração.

3.4.1.7.1 Insanidade mental

De acordo com o art. 26 do CP, é penalmente inimputável, e, portanto, isento de pena, aquele que, por doença mental ou desenvolvimento mental incompleto, ou retardado, era, ao tempo da conduta criminosa, inteiramente incapaz de entender o caráter ilícito do seu ato, ou de determinar-se de acordo com esse entendimento. Caso a referida capacidade não seja integral, o autor da conduta delituosa, embora penalmente imputável, faz jus a uma redução da pena aplicada, na proporção de um a dois terços.

Quando houver dúvida sobre a sanidade mental do investigado ou indiciado no curso do inquérito policial, o juiz autorizará que este seja submetido a exame médico-legal, mediante representação do delegado de polícia (art. 149, § 1º do CPP). O incidente da insanidade mental processar-se-á em auto apartado, que só depois da apresentação do laudo, será apensado ao inquérito policial (art. 153 do CPP).

Ao autorizar o exame, o juiz nomeará curador ao investigado ou indiciado, o qual, se estiver preso, será internado em hospital de custódia e tratamento psiquiátrico, onde houver, ou, se estiver solto, e o requererem os peritos, em estabelecimento adequado que o juiz designar. O exame não durará mais de quarenta e cinco dias, salvo se os peritos demonstrarem a necessidade de maior prazo. (art. 149, § 2º e art. 150, *caput*, e § 1º do CPP c/c art. 96, I do CP).

Se o laudo pericial concluir que o investigado era, ao tempo da infração, inimputável, o inquérito igualmente prosseguirá, com a presença do curador (art. 151 do CPP), sendo este em regra o próprio advogado eventualmente constituído, ou será encerrado, caso não haja outros investigados. O mesmo ocorrerá em relação ao indiciado que se conclua ser inimputável ao tempo da infração, com a peculiaridade de que seu indiciamento, determinado previamente a realização do exame, deverá ser revogado, com fundamentado na conclusão da perícia.

Analogamente, o inquérito também prosseguirá, com a presença do curador, caso os peritos concluam que o investigado ou indiciado era, ao tempo da infração, semi-imputável, nos termos do art. 26, parágrafo único, do CP, embora o Código de Processo Penal seja omisso quanto a esta hipótese.

Como, conforme art. 149, § 2º do CPP, o incidente de insanidade mental acarreta apenas a suspensão o processo, ou seja, se já iniciada a ação penal, e não do inquérito policial, devendo este prosseguir com a realização das diligências que não forem prejudicadas pela pendência do incidente.

Portanto, caso no exame se verifique que a doença mental do investigado ou indiciado sobreveio à infração penal, não se aplica a suspensão prevista no art. 152, *caput*, do CPP, com a apuração prosseguindo com a presença do curador (art. 151 do CPP), se possível a sua continuidade, podendo o delegado de polícia, em caso de periculosidade, representar ao juiz pela internação do acusado em hospital de custódia e tratamento psiquiátrico ou em outro estabelecimento adequado (art. 152, § 1º do CPP c/c art. 41 do CP).

3.4.1.7.2 Restituição de coisas apreendidas cujo direito é duvidoso

Como visto no item 3.4.1.6.6.3, a restituição das apreensões de bens móveis no inquérito policial encontra-se disciplinada no art. 120 do CPP, onde se prevê que esta, quando cabível, poderá ser ordenada pelo delegado de polícia no inquérito policial, mediante termo nos autos e ouvido o Ministério Público, desde que não exista dúvida quanto ao direito do reclamante à restituição.

Quando não for cabível a restituição, os bens apreendidos acompanharão os autos do inquérito, quando do seu encerramento e remessa ao juiz (arts. 10, § 1º e 11 do CPP)[783].

No entanto, se duvidoso o direito à restituição, o pedido autuar-se-á em apartado desencadeando um procedimento incidente, o qual será decidido pelo juiz, mediante concessão ao requerente do prazo de 5 (cinco) dias para a prova, também ouvindo-se o Ministério Público. A autuação am apartado e a decisão judicial mediante oitiva do Ministério Público também se aplicarão, se as coisas forem apreendidas em poder de terceiro de boa-fé, o qual também será intimado para alegar e provar o seu direito, em prazo igual e sucessivo ao do reclamante, tendo um e outro dois dias para arrazoar.

3.4.1.7.3 Suspeição

A suspeição consiste em um vínculo de quem exerce autoridade com quem que se encontra a esta submetido, ou com o assunto debatido no feito, seja por si ou por parente que responda por fato análogo, o que acaba por comprometer a isenção daquela para o exercício de suas funções.

Diferentemente do que dispõe no art. 95, I e 254, *caput*, do CPP em relação aos juízes, onde se permite a oposição de suspeição por quaisquer das partes no processo, o art. 107 do CPP, diferentemente, estatui que "Não se poderá opor suspeição às autoridades policiais nos atos do

---
783 Cf. nota nº 635.

inquérito, mas deverão elas declararem-se suspeitas, quando ocorrer motivo legal".

Doutrinadores que analisaram o art. 107 do CPP, como Eduardo Espínola Filho e Délio Magalhães, reputavam prudente se impedir a oposição de suspeição ao delegado de polícia, ao argumento de que tal permissão propiciaria que o curso das apurações fosse perturbado e tumultuado pelas constantes oposições de indiciados e demais interessados no seu desfecho, os quais se considerariam perseguidos e vítimas de inimizades capitais[784].

Como visto nos itens 3.4.1.1 e 3.4.1.3, no inquérito policial não há partes, e sim envolvidos em situações jurídicas que guardam uma certa dinamicidade, podendo ser modificadas no decorrer da apuração, assim como sua quantidade apresenta-se mais volátil do que no processo penal, o que possibilitaria um número potencialmente maior de oposições de suspeição. No entanto, tais características não justificam privar o envolvido no inquérito policial o direito de opor suspeição ao delegado de polícia diante da atual constituição, em especial quando este estiver potencialmente sujeito a figurar como parte no processo penal que eventualmente o suceda, como indiciados e investigados – a quem assiste o direito constitucional a ampla defesa, com os meios e recursos a ela inerentes (art. 5º, LV da CF) – bem como ao Ministério Público, enquanto acusação na apuração de crimes de ação penal pública, e ofendido, enquanto acusação na apuração de crimes de ação penal privada.

Uma vez formalizada a oposição, dois caminhos revelam-se possíveis. Caso o delegado a acolha, o inquérito policial será redistribuído a outro delegado de polícia no âmbito do mesmo órgão. No entanto, caso o delegado não se considere suspeito, com fulcro no direito de petição em defesa de direitos ou contra abuso de poder (art. 5º, XXXIV, *a*, da CF), deve-se ainda reconhecer a possibilidade de recorrer administrativamente ao delegado geral de polícia[785], analogamente ao previsto no

---

784 Neste sentido, ESPÍNOLA FILHO, Eduardo. *Código de Processo Penal Brasileiro anotado*. Atualizadores: José Geraldo da Silva e Wilson Lavorenti. Campinas: Bookseller, 2000, vol. II, p. 239, e MAGALHÃES, Délio. *A polícia judiciária e o novo código de processo penal*. Curitiba, São Paulo e Rio de Janeiro: Guaíra, 1945, p. 259.
785 Neste sentido, NUCCI, Guilherme de Souza. *Manual de processo penal e execução penal*. 2ª Ed. - São Paulo: RT, 2006, p. 315; STJ – HC 309.299/MS, 6ª Turma, Rel. Ministro Sebastião Reis Júnior, j. em 06/08/2015, DJe 26/08/2015.

art. 5º, § 2º do CPP. Este, caso reconheça a suspeição, avocará ou redistribuirá o inquérito policial, mediante despacho fundamentado nos termos do art. 2º, § 4º da Lei nº 12.830/2013, que contempla tal possibilidade em caso de interesse público, aí existente para resguardar a isenção no exercício da polícia judiciária.

Tal caminho não impede, por óbvio, que seja eventualmente acionado o controle jurisdicional do inquérito policial pelo interessado em caso de manifesta ilegalidade, por meio de *habeas corpus*, por parte de indiciados ou investigados, ou mandado de segurança, por parte do Ministério Público ou ofendido, a depender do crime apurado.

Os motivos legais para a suspeição do delegado de polícia são primordialmente aqueles que o art. 254 do CPP prevê para os juízes, adequado às peculiaridades do inquérito policial, quais sejam, ser amigo íntimo ou inimigo capital de quaisquer dos envolvidos no inquérito; estar ele, seu cônjuge, ascendente ou descendente, respondendo a processo (ou inquérito policial) por fato análogo, sobre cujo caráter criminoso haja controvérsia; estar ele – seu cônjuge, ou parente, consanguíneo, ou afim, até o terceiro grau, inclusive – a sustentar demanda ou responder a processo que tenha de ser julgado (ou inquérito policial que seja presidido) por qualquer dos envolvidos; ter aconselhado ou ser credor ou devedor, tutor ou curador, de qualquer dos envolvidos; ser for sócio, acionista ou administrador de sociedade interessada no inquérito policial[786].

Embora o Código de Processo Penal não preveja a aplicação de causas de impedimento ao delegado de polícia, não se vislumbra qualquer óbice para que tal ocorra, a partir daquelas previstas no art. 252, I, II e IV do CPP, que comportam aplicação analógica, quais sejam: tiver funcionado no inquérito policial cônjuge ou parente do delegado de polícia que o preside, consanguíneo ou afim, em linha reta ou colateral até o terceiro grau, inclusive, como defensor ou advogado, órgão do Ministério Público, juiz, auxiliar da justiça ou perito, ou o próprio delegado

---

[786] Como o art. 107 do CPP alude a invocação de "motivo legal" para a suspeição do delegado de polícia, não se vislumbra óbice para que o mesmo se considere suspeito com base em dispositivos legais de outros diplomas que não necessariamente o Código de Processo Penal, a partir da aplicação analógica prevista em seu art. 3º, o que permitira a suspeição fosse declarada até mesmo por motivo de foro íntimo, sem necessidade de declarar suas razões, nos termos do art. 145, § 1º do CPC.

de polícia houver desempenhado qualquer dessas funções no inquérito policial que preside, ou servido como testemunha; ou ele próprio ou seu cônjuge, ou parente, consanguíneo ou afim em linha reta, ou colateral até o terceiro grau, inclusive, for envolvido ou diretamente interessado no feito.

Com efeito, um delegado de polícia suspeito (ou impedido) pode presidir o inquérito policial de forma que nada seja descoberto em face de determinado investigado, ou pode direcionar a colheita de provas apenas em face de um dado investigado ou indiciado que seja seu desafeto, abandonando outros investigados apenas para prejudicá-lo. Todavia, a suspeição (ou impedimento) do delegado de polícia não necessariamente vai comprometer a validade dos atos por estes praticados, devendo ser anulados apenas aqueles que comprovadamente tiverem influído na apuração da verdade substancial dos fatos, com efetiva demonstração de prejuízo a sua elucidação (art. 563 e 566 do CPP)[787].

3.4.1.7.4 Declínio e conflito de atribuição

Tradicionalmente, utiliza-se o vocábulo competência para determinar a medida de jurisdição que toda autoridade judicial possui no exercício do seu cargo, enquanto atribuição corresponderia a medida das funções das demais autoridades da administração pública no exercício dos seus misteres.

Partindo-se de tal terminologia, o delegado de polícia, enquanto autoridade de polícia judiciária titular de funções predominantemente extrajudiciais – e, nos casos previamente analisados no item 3.4.1.6.6, judiciais – estará sujeito, no primeiro caso, a normas de atribuição, e, no

---

787 Em sentido contrário, STF, RHC 131.450/DF, 2ª Turma, Relator(a): Min. Cármen Lúcia, julgado em 03/05/2016, DJe-100 17/05/2016. No referido julgado, reitera-se antiga jurisprudência da referida corte no sentido de que a suspeição de autoridade policial não é motivo de nulidade do processo, uma vez que o inquérito é "peça meramente informativa", cujos eventuais vícios nele existentes não contaminariam a ação penal. No entanto, o juiz, em regra baseado em sua livre convicção na avaliação das provas, leva muito mais em conta, por exemplo, uma versão de depoimento prestado pela testemunha no inquérito policial do que o alegado pela mesma no processo e, conforme será melhor demonstrado no item 3.7, pode sim eventuais vícios que se verifique naquele interferir no julgamento do caso, e consequentemente requerer a anulação de atos do inquérito policial, bem como todos aqueles que na persecução penal forem deste consequentes.

segundo, a normas de competência[788]. Todavia, como a autoridade de polícia judiciária, é, em si, extrajudicial, tem sido corrente a utilização genérica do termo atribuição, quando se trata da medida de suas funções.

Como a divisão de atribuições entre as autoridades de polícia judiciária já foi analisada ao longo do item 1.3.1, cabe aqui se analisar como se dá o declínio e o conflito de atribuições entre elas, tomando-se como referência o inquérito policial.

No declínio de atribuição, o delegado de polícia reconhece, de ofício ou mediante provocação, não ter atribuição para presidir um determinado inquérito policial, remetendo àquele entenda tê-la. Como no inquérito policial não há partes, não disciplinou o código de processo penal qualquer procedimento específico para a alegação no seu âmbito, o que não impede que o investigado, indiciado e ofendido – a quem assiste o direito constitucional a ampla defesa, com os meios e recursos a ela inerentes (art. 5º, LV da CF) – bem como ao Ministério Público, enquanto acusação na apuração de crimes de ação penal pública, e ofendido, enquanto acusação na apuração de crimes de ação penal privada.

Por sua vez, no conflito de atribuição, dois ou mais delegados entendem, para o mesmo caso investigado, ter atribuição ou não para presidir o respectivo inquérito policial. Também considera-se existir conflito de atribuição quando delegado e juiz discordarem quanto a sua atribuição e correspondente competência relacionada a um dado inquérito policial.

Como todo inquérito policial possui um juiz competente para estabelecer seu controle de legalidade, deverá o delegado de polícia remeter fundamentalmente o inquérito policial ao juízo ao qual o inquérito se encontra vinculado, a fim de que este se manifeste quanto a sua competência para apreciá-lo.

Com efeito, ao delegado de polícia incumbe, de acordo com o art. 13, I do CPP, "fornecer às autoridades judiciárias as informações necessárias à instrução e julgamento dos processos", as quais abrangem não somente elementos de natureza probatória, mas todos aqueles que possam colaborar para o andamento adequado dos feitos penais, dentre

---

788 Em sintonia com tal terminologia, encontra-se o início do art. 304, *caput*, do CPP, onde textualmente se estatui que aquele capturado em flagrante delito deverá ser apresentado "a autoridade (de polícia judiciária) *competente*".

os quais, por óbvio, se incluem aqueles que possam afetar a definição da competência jurisdicional, ainda mais se esta for em razão da matéria, uma vez que a incompetência material acarreta a nulidade dos atos judiciais praticados no âmbito do inquérito policial[789].

Por outro lado, o art. 10, §§ 1º e 3º, c/c art. 251 do Código de Processo Penal, atribui ao Poder Judiciário a missão de exercer o controle da regularidade do andamento dos inquéritos policiais[790], o que justifica a sua manifestação em situações dessa natureza, até porque ao Poder Judiciário cabe receber todos os inquéritos policiais, já que deles poderá redundar ação penal cujo julgamento lhe cabe, sendo de interesse das autoridades de polícia judiciária aferir se a sua atuação está em conformidade com suas atribuições, pois dela redundará, necessariamente, a judicialização do caso.

Diante disto, apesar de o art. 109 do Código de Processo Penal estipular que "Se em qualquer fase do *processo* o juiz reconhecer motivo que o torne incompetente, declará-lo-á nos autos, haja ou não alegação da parte, [...]", deve a aplicação desta norma deve ser estendida ao inquérito policial, ante o papel de controle de legalidade desempenhado pelo Poder Judiciário, sob pena de alijá-lo da análise da questão posta pela autoridade de polícia judiciária, o que afrontaria o art. 5º, XXXV e LIII da CF[791].

Portanto, deve o delegado de polícia, com fulcro no art. 13, I do CPP informar diretamente ao Juízo tudo quanto disser respeito a providências úteis ou necessárias ao andamento procedimental que conduzi-

---

[789] Art. 564. A nulidade ocorrerá nos seguintes casos: I - por *incompetência*, suspeição ou suborno do juiz. A respeito das nulidades no inquérito policial, cf. item 3.7.
[790] Art. 10. [...] § 1º A autoridade fará minucioso relatório do que tiver sido apurado *e enviará autos ao juiz competente*. [...] § 3º Quando o fato for de difícil elucidação, e o indiciado estiver solto, a *autoridade poderá requerer ao juiz a devolução dos autos*, para ulteriores diligências, que serão realizadas *no prazo marcado pelo juiz*. Art. 251. Ao juiz incumbirá prover à regularidade do processo [...].
[791] Art. 5º, XXXV e LIII da CF:
"Art. 5º [...]
XXXV - a lei não excluirá da apreciação do Poder Judiciário lesão ou ameaça a direito;
[...]
LIII - ninguém será processado nem sentenciado senão pela autoridade competente".

rá a um julgamento, notadamente aquelas que possam afetar a definição de sua competência jurisdicional, e correspondente atribuição do delegado de polícia.

Caso o juiz concorde com as informações prestadas pelo delegado de polícia no sentido de que um dado inquérito policial não se encontra abrangido pela sua jurisdição, o inquérito terá sua competência declinada[792], o que, em regra, também implicará no declínio da correspondente atribuição do delegado de polícia. Contudo, se não concordar com o delegado de polícia, está firmado o conflito de atribuição entre as autoridades judicial e de polícia judiciária, devendo o inquérito ser remetido ao Tribunal de Justiça competente ou, a depender do caso, ao Superior Tribunal de Justiça, para dirimir a contenda, nos termos do art. 105, I, g, "1ª parte", da CF[793].

Quando forem investigados crimes objeto de ação penal pública, ou, pelo menos, em casos de requisição de instauração de inquérito policial oriunda do Ministério Público, é de bom alvitre que – previamente

---

792 Caso o juiz que receber o inquérito policial cuja atribuição e correspondente competência for declinada também venha a se dar por incompetente para apreciá-lo, estará instaurado um conflito negativo de competência, a ser resolvido na forma dos arts. 113 a 117 do CPP

793 Art. 105. Compete ao Superior Tribunal de Justiça:
I - processar e julgar, originariamente:
[...]
g) os conflitos de atribuições entre autoridades administrativas e judiciárias da União, ou entre autoridades judiciárias de um Estado e administrativas de outro ou do Distrito Federal, ou entre as deste e da União.

Para exemplificar, imagine-se o seguinte caso. Um Juiz Federal, ao tomar conhecimento de suposto desvio de recursos em um Município, acreditando tratarem-se de verbas federais, requisita à Polícia Federal a instauração de inquérito policial para apurar criminalmente os fatos. Contudo, ao debruçar-se sobre o caso, o Delegado de Polícia Federal a quem foi distribuída a requisição verifica que os valores envolvidos são oriundos do Fundo de Participação dos Municípios (FPM), que é pertencente ao tesouro municipal, afastando a atribuição da Polícia Federal, e, escorado nesse entendimento, declina de atribuição para presidir o feito em favor da Polícia Civil.

No caso, deve ele submeter sua decisão ao crivo do juízo competente, no caso, o requisitante, para conhecimento e manifestação. Caso o magistrado se alinhe ao seu posicionamento, a requisição seguirá à Polícia Civil, na forma proposta pelo Delegado de Polícia Federal. Contudo, se não concordar, está firmado o conflito de atribuição entre as duas autoridades, devendo o inquérito ser remetido ao STJ, para dirimir a contenda, na forma do artigo supra transcrito.

a sua decisão quanto ao declínio de sua competência e correlata atribuição do delegado de polícia – o juiz colha a manifestação do membro do Ministério Público requisitante quando previamente provocado pelo delegado de polícia, notadamente em casos em que o declínio terá reflexos nas atribuições do membro do Ministério Público para ajuizar eventual subsequente ação penal.

Quando os delegados de polícia que declinam das atribuições ou suscitam o conflito estão sob a mesma jurisdição, restringindo-se ao âmbito do mesmo órgão de polícia judiciária, seus fundamentos deverão ser submetidos a corregedoria do órgão, para que seja decidida a questão, no âmbito do seu controle interno[794].

3.4.1.7.4.1 Investigados com foro privilegiado

A Constituição Federal estatui que os ocupantes de diversos cargos devem ser processados e julgados criminalmente perante Tribunais, excepcionando a regra geral segundo a qual o processo deve se iniciar perante Juízes singulares (primeira instância).

Tais exceções são comumente denominadas prerrogativa de foro, foro privilegiado por prerrogativa de função, foro especial ou foro privativo. Com o referido instituto objetiva-se, em tese, preservar o cargo ocupado pelo processado das implicações que processos criminais possam ter no seu o exercício, por meio do julgamento perante órgãos colegiados (Tribunais), em princípio compostos de magistrados mais experientes. Entretanto, contemporaneamente o foro especial tem sido cada vez mais criticado ao argumento de que, em síntese, tal "privilégio" contribuiria mais para retardar os processos criminais e impedir a efetiva punição de crimes cometidos por agentes públicos.

A Constituição Federal concede o foro por prerrogativa de função aos chefes do Poder Executivo, membros do Poder Legislativo federal e estadual, do Poder Judiciário, do Ministério Público, e Tribunais de Contas, bem como a Ministros de Estado, Comandantes das Forças Armadas, chefes de missão diplomática de caráter permanente e prefeitos (arts. 29, X, 102, I, "b" e "c", 105, I, "a", e 108, I, "a").

---

794 No âmbito da Polícia Federal, a atribuição da corregedoria para dirimir eventuais conflitos de atribuição entre seus delegados encontra-se prevista no art. 28, § 3º, da Instrução Normativa nº 108/2016 DG/PF.

Além desta extensa relação, o art. 125, § 1º da CF admite a possibilidade de criação de prerrogativa de foro perante os Tribunais de Justiça pelas Constituições Estaduais, a qual, contudo, deverá observar o princípio da simetria ou paralelismo com a Constituição Federal, ou seja, cargos estaduais cujos ocupantes podem ter foro privativo, em princípio, são aqueles que, se comparados com as mesmas autoridades em nível federal, teriam direito de foro por prerrogativa de função na CF[795]. De tais prerrogativas de foro ressalva-se, no entanto, a do julgamento de crimes dolosos contra a vida, uma vez que competência do Tribunal do Júri, de cariz constitucional federal (art. 5º, XXXVIII, "d"), prevalece sobre o foro por prerrogativa de função estabelecido exclusivamente pela Constituição estadual (Súmula Vinculante nº 45 do STF).

Todavia, quanto à atribuição para conduzir a investigação daqueles que tem prerrogativa de foro – que precede o processo e o julgamento – a Constituição Federal nada dispôs.

Na legislação infraconstitucional, há previsão na Lei Orgânica da Magistratura Nacional (LOMAN) de que a investigação de crimes praticados por magistrados seja feita pelo Tribunal competente para processá-lo (art. 33, II parágrafo único da Lei Complementar nº 35/1979)[796].

---

795 Em sentido contrário, STF – ADI 2587/GO, Tribunal Pleno, Rel. Min. Maurício Corrêa, Relator p/ Acórdão Min. Carlos Britto, julgado em 01/12/2004, DJ 06-11-2006. Nesse julgado, admitiram-se constitucionais os dispositivos de Constituição estadual que instituam o foro por prerrogativa de função a procuradores do Estado, da Assembleia Legislativa e Defensores Públicos, muito embora os cargos análogos na órbita federal não gozem da mesma prerrogativa.

796 Anteriormente a Lei nº 11.101/2005, a qual revogou o Decreto-lei nº 7.661/1945, havia, também, a possibilidade de condução, por magistrado, de inquérito para apuração de crime falimentar (arts. 103 e seguintes do Decreto-lei nº 7.661/1945). O inquérito era presidido pelo mesmo juiz que conduzia o processo falimentar propriamente dito.

Procurava-se justificar tal excepcionalidade primeiramente porque a caracterização de parte dos crimes falimentares estava a depender da decisão judicial que decretava a falência (uma parte da doutrina entendia que a decisão judicial era condição objetiva de punibilidade, outra parte entendia que se tratava de elementar do tipo). Segundo, porque os dados necessários à formação da convicção do Ministério Público acerca do crime poderiam ser obtidos a partir das peças ou informações contidas nos autos do próprio processo falimentar.

Na sistemática da apuração judicial de crimes falimentares do Decreto-lei nº 7.661/1945, a competência do magistrado do processo falimentar restringia-se à investigação do crime e ao recebimento da denúncia. Após, os autos deveriam ser remetidos ao juízo criminal. De tal maneira, o magistrado que investigava não julgava, aproximando a referida investigação daquelas conduzidas pelos

Na prática, a presidência de tais investigações incumbe ao desembargador relator do caso[797], ficando a decisão do órgão colegiado adstrita apenas às questões mais relevantes da investigação, como o caso de medidas coercitivas penais e decisões de arquivamento[798].

Já as leis orgânicas do Ministério Público dispõem que a investigação de infrações penais atribuídas aos seus membros seja presidida pelo Procurador Geral da referida instituição, ou outro membro designado pelo mesmo (art. 40, III e art. 41, II e parágrafo único da Lei nº 8.625/1993, art. 18, II, *d*, *f*, e parágrafo único da Lei Complementar nº 75/1993).

Portanto, quando uma autoridade judicial ou membro do Ministério Público passam a ser investigados criminalmente, um colega seu excepcionalmente passa a atuar como autoridade de polícia judiciária, presidindo o respectivo inquérito policial. O único ato de polícia judiciária cuja presidência, de acordo com os referidos dispositivos legais, remanesce sob a autoridade do delegado de polícia é o auto de prisão em flagrante, desde que por crime inafiançável.

Nesta hipótese, o delegado de polícia, após lavrar o auto de prisão em flagrante remeterá imediatamente o inquérito policial por este instaurado ao Presidente do Tribunal competente para seu julgamento, assim como apresentará o indiciado à autoridade judicial indiciada. Em caso de flagrante delito por crime afiançável, o Delegado de Polícia não aplicará a prisão em flagrante, mas colherá e preservará os indícios de autoria e materialidade, bem como fará comunicação imediata do fato ao Presidente do referido tribunal a que esteja vinculado o magistrado, a

---

"Juízes de instrução" em certos países da Europa, como já visto no item 3.1.1.

Com a Lei nº 11.101/2005, que passou a regular a matéria, foi revogado o Decreto-lei nº 7.661/1945. A partir de antão, conforme a regra geral, cabe ao delegado de polícia a investigação do crime falimentar, devendo o Ministério Público oferecer a denúncia diretamente ao juízo criminal, deixando os crimes falimentares de ser objeto de investigação presidida pelo juízo da falência.

797 Acrescente-se, ainda, que não há disposição legal ou regimental que exclua o ministro relator do julgamento do processo cuja investigação criminal presidiu.

798 Neste ponto, vale consignar o entendimento de Danielle Souza Andrade e Silva Cavalcanti (in *A investigação preliminar nos delitos de competência originária de tribunais*. Rio de Janeiro: Lumen Juris, 2011, p. 126), para quem se os atos de impulsionamento do inquérito e inquirições for procedida por todos os membros do colegiado, restaria comprometida a eficiência da investigação, a qual já perde muito sua dinâmica pelo só fato de ser conduzida por profissionais vocacionados para julgar, e não para investigar.

fim de que o mesmo adote as medidas de polícia judiciária competentes. No caso de membro do Ministério Público indiciado em flagrante delito por crime inafiançável, a apresentação deverá ser feita também perante o Procurador-Geral de sua instituição, sendo os casos de flagrante delito por crime afiançável encaminhados ao Procurador-Geral, a fim de que este adote as medidas de polícia judiciária competentes.

Busca-se justificar a atribuição de autoridade de polícia judiciária a juízes e membros do Ministério Público, quando seus pares forem investigados, com o argumento de que com isso objetiva-se concretizar o princípio da independência do Poder Judiciário e do Ministério Público, de forma a evitar que outro poder, por meio do exercício da polícia judiciária, utilize investigações criminais para pressionar seus integrantes, razão pela qual só poderiam ser investigados por um sua própria instituição.

No entanto, tais fundamentos não se sustentam ante a constatação de que se submete o exercício da polícia judiciária ao controle externo tanto do Poder Judiciário, quanto do Ministério Público – como se observará mais detalhadamente adiante, no item 5.2 – cabendo ao primeiro, inclusive, autorizar a grande maioria dos atos coercitivos durante a investigação criminal presidida pelo delegado de polícia, como visto ao longo dos itens 3.4.1.6.6 e 3.4.1.6.7, além de receber o inquérito quando do esgotamento do seu prazo de encerramento, e apreciar requerimento do delegado de polícia pela prorrogação do prazo das investigações[799]. Diante de tais controles, inviabiliza-se a utilização ilegítima do inquérito policial como instrumento para infirmar a independência do Poder Judiciário, ou ao Ministério Público, pelo simples fato deste ser presidido por uma autoridade externa a tais instituições. Tal fator, pelo contrário, melhor preservaria a isenção da investigação criminal criminal de tais servidores públicos, do que por meio da sua presidência *interna corporis*[800].

---

799 Vale ainda ressaltar que autoridade de polícia judiciária exercida por magistrado de tribunal em relação de crimes cometidos por juízes sujeitos a sua jurisdição, *a priori*, não resguarda nem sequer a garantia mínima de que no julgamento não haja participação da autoridade que realizou a investigação, constante no item IV da exposição de motivos do Código de Processo Penal.

800 O Superior Tribunal de Justiça já teve a oportunidade de destacar as deficiências a que se sujeita uma autoridade de polícia judiciária *interna corporis no âmbito* do Ministério Público, ao rejeitar o pedido de arquivamento num caso envolvendo um dos seus membros, conforme julgamento ementado nos se-

3 – Polícia Judiciária

Por outro lado, como visto ao longo do item 1.3.1, ao se atribuir funções de polícia judiciária nos arts. 58, § 3º e 144, §§ 1º e 4º da CF, ressalvou-se e o delegado da Polícia Civil ou Federal apenas a apuração de crimes militares (art. 144, § 4º, *in fine*), bem como a atuação concorrente entre este e comissões parlamentares de inquérito. Diante disso, não poderia a Lei Complementar nº 35/1979 e a Lei nº 8.625/1993, assim como a Lei Complementar nº 75/1993, à luz de tais dispositivos constitucionais, impedir ou afastar a legitimação das referidas autoridades de polícia judiciária para a apuração das infrações penais, independentemente da função exercida pelo investigado.

Portanto, a míngua de princípios ou garantias expressos, ou decorrentes na Constituição Federal que justifiquem a transferência da autoridade de polícia judiciária a magistrados e membros do Ministério Público em investigações que estes figurem como investigados, forçoso reconhecer-se não recepcionado por esta e inconstitucional, respectivamente, o art. 33, parágrafo único, da Lei Complementar nº 35/1979, e arts. 41, parágrafo único da Lei nº 8.625/1993 e 18, parágrafo único da Lei Complementar nº 75/1993, por violarem os §§ 1º e 4º do art. 144 da CF, os quais atribuem autoridade de polícia judiciária as Polícias Civis e Federal, a ser exercida pelos delegados de polícia[801]. Frise-se, entrementes, que fato de um delegado de polícia presidir inquérito em tais casos, em nada interferiria na competência judicial para supervisioná-lo, de-

---

guintes termos:
INQUÉRITO. CRIME ATRIBUÍDO A PROCURADORES DA REPÚBLICA. "Quando, no curso de investigação, houver indício da prática de infração penal por membro do Ministério Público da União, a autoridade policial, civil ou militar, remeterá imediatamente os autos ao Procurador-Geral da República, que designará membro do Ministério Público para prosseguimento da apuração do fato" (LC nº 75/93, art. 18, parágrafo único). Descumpre essa norma legal o membro do Ministério Público da União que, designado para apurar a prática de infração penal imputada a Procuradores da República pelo Procurador-Geral da União, requer o arquivamento do inquérito sem que os tenha ouvido acerca do fato nem esboçado qualquer tentativa de investigá-los. Pedido de arquivamento indeferido.
NC 358/DF, Corte Especial, Rel. Ministro Ari Pargendler, julgado em 20/04/2005, DJ 07/08/2006.
801 Em sentido diverso cf., OLIVEIRA, Eugênio Pacelli de. *Curso de Processo Penal*, 3ª Ed. Belo Horizonte: Del Rey, 2004, p. 61, onde se sustenta que os dispositivos constitucionais que atribuem funções de polícia judiciária ao delegado de polícia asseguraria-lhes apenas legitimação concorrente, e não exclusiva, para investigar a autoria delituosa de magistrados e membros do Ministério Público.

vendo o mesmo ser remetido no prazo legal ao Tribunal com competência para julgar o investigado ou indiciado policial onde figure magistrado, ou membro do Ministério Público, para o qual também deverão ser dirigidas eventuais representações por medidas penais dependentes de autorização judicial, já estudadas no item 3.4.1.6.7.

Ademais, como visto no item 3.1, tanto os Tribunais como o Ministério Público não possuem como função ordinária o exercício da polícia judiciária, não contando, por consequência, com estrutura e pessoal especializado para a realização de investigações criminais[802]. Com efeito, para se efetivar as medidas determinadas pela autoridade de polícia judiciária, exigem-se agentes preparados para sair as ruas e entrevistar pessoas, colher informações nos mais diversos bancos de dados, realizar vigilância e filmagens, atos estes cujo dinamismo requer, por vezes, a sua realização de forma imediata, logo após a constatação de sua necessidade, para o qual tais instituições não estão preparadas.

Por tal razão, os inquéritos policiais onde há investigados magistrados e/ou membros do Ministério Público em regra tem se iniciado nos moldes tradicionais, ou seja, sob a presidência do delegado de polícia, e sob supervisão de juiz de primeira instância, tendo como investigados tão somente pessoas que não ocupavam cargos detentores de foro privilegiado. Apenas com o avançar da investigação, e o surgimento da possibilidade de coautoria ou participação de magistrados e/ou membros do Ministério Público no(s) crime(s) apurado(s), aptos a justificar a sua investigação, o delegado, no primeiro caso, informa ao juiz sua ausência de atribuição e incompetência deste último (art. 13, III do CPP), o qual, acolhendo, procederá a remessa ao Tribunal competente; ou, no segundo caso, declinará de sua atribuição em favor do Procurador Geral, remetendo-lhe diretamente os autos e informando o juízo competente para o caso.

Excetuados os casos de inquéritos policiais em que figurem como investigados as autoridades judiciais e membros do Ministério Público, não há nenhuma norma na legislação infraconstitucional, assim como

---

802 Diante disso, ao desembargador relator ou Procurador Geral, enquanto presidente de tais inquéritos policiais, resta apenas requisitar efetivação das diligências que entende pertinentes ao delegado de polícia com fulcro no art. 13, II do CPP (a ser analisado no item 3.6.2), a fim de que este último promova a sua realização utilizando-se dos recursos que seu órgão dispõe.

na própria Constituição Federal, que disponha acerca da atribuição para presidir a investigação criminal em relação aos demais cargos que possuem prerrogativa de foro, do que logicamente decorre a conclusão que a autoridade de polícia judiciária no inquérito policial com tal peculiaridade deva seguir a regra geral, ou seja, ser exercida pelo delegado de polícia (ou, excepcionalmente, por comissão parlamentar de inquérito)[803]. Aqui, a fixação de competência originária para julgamento dos processos peais e controle jurisdicional do inquérito policial seria sustentada pelo argumento de que o órgão colegiado possuiria maior isenção e experiência do que as instâncias ordinárias, conferindo ao detentor de foro especial mais autonomia no desempenho de sua função.

Em tais casos, portanto, deve-se observar que deve o delegado de polícia remeter o inquérito no prazo legal ao Tribunal com competência para julgar o investigado ou indiciado com foro privilegiado, para quem também deverão ser dirigidas eventuais representações por medidas penais sujeitos a autorização judicial[804].

Tal entendimento, inclusive, era originalmente sufragado pelo Supremo Tribunal Federal, em casos de inquéritos policiais de sua jurisdição onde se apuravam notícias de crimes atribuídos a ocupantes de cargos detentores de foro privilegiado[805], sendo que o referido pretório, em casos em que parlamentares eram investigados, paralelamente reconhecia que a instauração de inquérito policial não dependia de prévia autorização, seja do mesmo, seja da sua casa legislativa, uma vez que a imunidade formal prevista no art. 53, § 3º da CF, prevê a possibilidade de sustação da persecução penal pelo parlamento apenas após proposta

---

803 Neste sentido, CAVALCANTI, Danielle Souza Andrade e Silva. *A investigação preliminar nos delitos de competência originária de tribunais*. Rio de Janeiro: Lumen Juris, 2011, p. 136.
804 Neste ponto, convém consignar que a sustação, pelo Poder Legislativo de eventual processo criminal instaurado em face de Senador ou Deputado por crime ocorrido após diplomação (art. 53, § 3º da CF), e indispensabilidade de autorização do Poder Legislativo para processamento do Presidente da República, Vice Presidente e Ministros de Estado (art. 51, I e 86, *caput*, da CF), não interferem no exercício da polícia judiciária, uma vez que estes tem lugar apenas depois de oferecida a acusação penal, no segundo caso, ou depois de recebida tal acusação, no primeiro caso.
805 Neste sentido, HC 82507/SE, 1ª Turma, Rel. Min. Sepúlveda Pertence, *j. em 10/12/2002*, DJ 19.12.2002; Rcl 2349/TO, 2ª Turma, Rel. Min. Carlos Velloso, Rel. p/acórdão Min. Cezar Peluso, j. 10.03.2004, DJ 05.08.2005; HC 80592/PR, 1ª Turma, Rel. Min. Sydney Sanches, julgado em 03/04/2001, DJ 22.06.2001.

e recebida a denúncia em face de Senador ou Deputado Federal, por crime ocorrido após a diplomação[806].

À luz de tal linha de intelecção, a Min. Ellen Gracie, em decisão monocrática, rejeitou pedido do Procurador-Geral da República de instauração de inquérito a ser conduzido diretamente pelo Supremo Tribunal Federal, cujo teor, por ser bastante elucidativo, transcreve-se abaixo:

> O Ministério Público Federal promoveu diligências junto à Receita Federal, à Controladoria-Geral da União e autoridades americanas (f. 4), e obteve documentação (f. 07/21) que noticia ter um Deputado Federal remetido ao exterior, através de Contas CCC-5, no período de 1999/2002, a vultosa importância de cento e noventa e sete milhões, novecentos e um mil, duzentos e cinquenta e um reais e oitenta centavos. O expressivo numerário, segundo o Ministério Público Federal, precisa ser investigado no tocante à sua origem e regularidade. Principalmente é preciso saber se a vultosa importância foi declarada à Receita Federal nas declarações de imposto de renda. A documentação obtida pelo Ministério Público Federal deu origem a procedimento administrativo que foi autuado na Procuradoria-Geral da República. E com base nesse procedimento, o Procurador-Geral da República requereu, na petição de f. 02/03, o seguinte: "Ante o exposto, requer o Ministério Público a autuação deste procedimento como inquérito penal originário, com o indiciamento do Deputado Federal RONALDO CEZAR COELHO, pelo cometimento, em tese, de crime de sonegação fiscal. 6. Solicita, ainda, que seja realizada a quebra do sigilo fiscal do ora indiciado, referente aos anos-base de 1999 a 2002." (f. 3). 2. Entre as funções institucionais que a Constituição Federal outorgou ao Ministério Público, está a de requisitar a instauração de inquérito policial (CF, art. 129, VIII). Essa requisição independe de prévia autorização ou permissão jurisdicional. **Basta o Ministério Público Federal requisitar, diretamente, aos órgãos policiais competentes. Mas não a**

---

[806] Neste sentido, HC 80592/PR, 1ª Turma, Rel. Min. Sydney Sanches, julgado em 03/04/2001, DJ 22.06.2001.

esta Corte Suprema. Por ela podem tramitar, entre outras demandas, ação penal contra os membros da Câmara dos Deputados e Senado. Mas não inquéritos policiais. Esses tramitam perante os órgãos da Polícia Federal. Eventuais diligências, requeridas no contexto de uma investigação contra membros do Congresso Nacional, podem e devem, sim, ser requeridas perante esta Corte, que é o Juiz natural dos parlamentares federais, como é o caso da quebra do sigilo fiscal. Mas o inquérito tramita perante aqueles órgãos policiais e não perante o Supremo Tribunal Federal. Não parece razoável admitir que um Ministro do Supremo Tribunal Federal conduza, perante a Corte, um inquérito policial que poderá se transformar em ação penal, de sua relatoria. Não há confundir investigação, de natureza penal, quando envolvido um parlamentar, com aquela que envolve um membro do Poder Judiciário. No caso deste último, havendo indícios da prática de crime, os autos serão remetidos ao Tribunal ou Órgão Especial competente, a fim de que se prossiga a investigação. É o que determina o art. 33, § único da LOMAN. Mas quando se trata de parlamentar federal, a investigação prossegue perante a autoridade policial federal. Apenas a ação penal é que tramita no Supremo Tribunal Federal. Disso resulta que não pode ser atendido o pedido de instauração de inquérito policial originário perante esta Corte. E, por via de consequência, a solicitação de indiciamento do parlamentar, ato privativo da autoridade policial. Resta a quebra do sigilo fiscal. Mas essa quebra deverá ser requerida no âmbito do inquérito policial que o Ministério Público Federal pretende seja instaurado. Nesse inquérito, disciplinado no CPP, poderá o parlamentar justificar a regularidade da remessa do numerário, ou até mesmo impugnar a idoneidade da documentação apresentada. De qualquer sorte, não há, ainda, qualquer comprovação de que o parlamentar tenha se recusado a apresentar suas declarações do imposto de renda. 3. Diante do exposto, determino sejam os autos devolvidos à Procuradoria-Geral da República para as providências que entender cabíveis. Pet 3248/DF, Rel. Min. Ellen Gracie, j. 28.10.2004, DJ 23.11.2004[807].

Em sentido diverso, porém, viria a se consolidar a jurisprudência da corte suprema.

Para tanto, diferenciou-se o inquérito policial disciplinado no Código de Processo Penal e o inquérito originário de competência do STF regido pelo art. 102, I, b, da CF e pelo seu regimento interno. A partir de tal diferenciação, entendeu-se que não haveria razão constitucional plausível para que as atividades diretamente relacionadas à supervisão judicial, mais especificamente a abertura de procedimento investigatório, sejam "retiradas" do controle do STF, uma vez que a Constituição estabelece que os agentes políticos respondem, por crime comum, perante o STF (art. 102, I, b) CF). Portanto, no exercício de competência penal originária do STF (art. 102, I, "b" da CF c/c Lei nº 8.038/1990, art. 2º e Regimento Interno do STF, arts. 230 a 232), a atividade de supervisão judicial de inquérito policial deve ser constitucionalmente desempenhada também durante a sua abertura e até mesmo quando do indiciamento de investigados, não se autorizando ao delegado de polícia a instauração de ofício inquérito policial para apurar a conduta de ocupantes de cargos detentores de foro privilegiado perante o STF, tampouco determinar o seu indiciamento, sem autorização da referida corte[808].

---

807 Inclusive, à época o Superior Tribunal de Justiça acompanhou o Supremo Tribunal Federal, nos seguintes termos:

PROCESSUAL PENAL – NOTÍCIA CRIME – INSTAURAÇÃO DE INQUÉRITO POLICIAL – INADMISSIBILIDADE – CPP, ART. 5º, II – PRECEDENTE DO STF (AGPET 2805-DF).

- *Consoante recente entendimento esposado pelo STF, não é admissível o oferecimento de notícia-crime à autoridade judicial visando à instauração de inquérito policial.*

- *O art. 5º, II, do CPP confere ao Ministério Público o poder de requisitar diretamente ao delegado de polícia a instauração de inquérito policial com o fim de apurar supostos delitos de ação penal pública, ainda que se trate de crime atribuído à autoridade pública com foro privilegiado por prerrogativa de função.*

- Não existe diploma legal que condicione a expedição do ofício requisitório pelo Ministério Público à prévia autorização do Tribunal competente para julgar a autoridade a ser investigada.

- É vedado, no direito brasileiro, o anonimato (art. 5º, IV, da CF/88). Agravo regimental improvido" AgRg na NC 317/PE, Corte Especial, Rel. Min. Francisco Peçanha Martins, julgado em 16/06/2004, DJ 23/05/2005.

808 Neste sentido, Pet 3825 QO, Tribunal Pleno, Relator(a): Min. Sepúlveda Perten-

No entanto, para balizar sua mudança de entendimento, o Supremo Tribunal Federal efetuou uma diferenciação sem qualquer respaldo constitucional ou legal, uma vez que art. 102, I, "b" da CF lista apenas os cargos abrangidos por sua competência penal originária, enquanto a Lei nº 8.038/1990, que regula os processos de competência originária do STF, nada dispôs sobre regras relativas ao inquérito policial. Por sua vez, o regimento interno da referida corte se destina a regular internamente o seu funcionamento, sendo que o art. 1º, IV e *parágrafo único do CPP, diploma no qual se encontram as normas gerais relativas ao inquérito policial, prevê expressamente a sua aplicação a processos da competência dos tribunais, quando as leis especiais que os regulam não dispuserem de modo diverso*[809].

Com isso, é inevitável a conclusão de que a corte suprema invadiu competência do Poder Legislaltivo, ao exigir para os inquéritos policiais sob seu controle jurisdicional autorizações que não são requeridas pela legislação de regência do inquérito policial, predominantemente constantes no Código de Processo Penal.

---

ce, Relator(a) p/ Acórdão: Min. Gilmar Mendes, julgado em 10/10/2007, DJe-060 04/04/2008; Inq 2411 QO, Tribunal Pleno, Relator(a): Min. Gilmar Mendes, julgado em 10/10/2007, DJe-074 25/04/2008. Em sentido contrário, pela desnecessidade de autorização do Tribunal para a instauração do inquérito investigando detentor de foro privilegiado, STJ, RHC 77.518/RJ, 5ª Turma, Relator(a): Min. Ribeiro Dantas, julgado em 09/03/2017, DJe 17/03/2017; CAVALCANTI, Danielle Souza Andrade e Silva. *A investigação preliminar nos delitos de competência originária de tribunais*. Rio de Janeiro: Lumen Juris, 2011, p. 197.

809 No ano de 2011, foram editadas emendas ao Regimento Interno do Supremo Tribunal Federal, inserindo algumas regras sobre o inquérito policial nos seguintes termos:

"Art. 230-C. Instaurado o inquérito, a autoridade policial deverá em sessenta dias reunir os elementos necessários à conclusão das investigações, efetuando as inquirições e realizando as demais diligências necessárias à elucidação dos fatos, apresentando, ao final, peça informativa. § 1º O Relator poderá deferir a prorrogação do prazo sob requerimento fundamentado da autoridade policial ou do Procurador-Geral da República, que deverão indicar as diligências que faltam ser concluídas. [...]

Art. 231. Apresentada a peça informativa pela autoridade policial, o Relator encaminhará os autos ao Procurador-Geral da República, que terá quinze dias para oferecer a denúncia ou requerer o arquivamento".

Da leitura de tais artigos, constata-se que a única regra do Regimento Interno do STF que colide frontalmente com as normas do CPP é o prazo para conclusão das investigações, uma vez que neste são exigidos 30 dias; enquanto, naquele, 60 dias.

Como já salientado, a grande maioria dos atos coercitivos durante a investigação criminal presidida pelo delegado de polícia submete-se ao prévio controle externo jurisdicional do Poder Judiciário, cabendo a este, inclusive, receber o inquérito quando do esgotamento do seu prazo de encerramento, e apreciar requerimento do delegado de polícia pela prorrogação do prazo das investigações. Tais controles materializam a supervisão judicial sobre os inquéritos policiais ao longo do prazo inicialmente estipulado por lei, não tendo a sua instauração de ofício pelo delegado de polícia o condão de suprimi-la *a posteriori*, até porque ao investigado que venha a tomar conhecimento do inquérito, ao Ministério Público e até mesmo a qualquer pessoa, assistem o direito de, por meio de *habeas corpus* (em caso de risco de ofensa à liberdade de locomoção) ou mandado de segurança, provocar o Poder Judiciário para fazer eventual ilegalidade durante o referido período. Ou seja, ainda que não haja o controle jurisdicional *a priori* quando da instauração do inquérito policial, este fatalmente estará sujeito a ocorrer *a posteriori*.

Ademais, como o tratamento dado ao indiciamento pelo art. 2º § 6º da Lei nº 12.830/2013, enquanto ato privativo do delegado de polícia (ou seja, da autoridade de polícia judiciária) alinha-se a legislação aos termos da decisão da Ministra Ellen Gracie supra transcrita, torna-se ainda mais incoerente se defender a necessidade de autorização judicial pata indiciar. Com efeito, o indiciamento é intrínseco ao exercício da polícia judiciária, não podendo a autoridade judicial influir no seu mérito, sob pena de impor à autoridade policial judiciária que se posicione no mesmo sentido de eventual (des)autorização do magistrado[810], imposição a qual a própria suprema corte já tem sinalizado rejeitar, com fundamento na Lei nº 12.830/2013[811].

---

810 Neste sentido, ANSELMO, Márcio Adriano; CARDOSO, Duílio Mocelin. *Prerrogativa de foro não impede indiciamento pela polícia judiciária*. Disponível em: <http://www.conjur.com.br/2016-abr-05/prerrogativa-foro-nao-impede-indiciamento-policia-judiciaria>. Acesso em 5 abr. 2016.

811 HABEAS CORPUS. PROCESSUAL PENAL. CRIME CONTRA ORDEM TRIBUTÁRIA. REQUISIÇÃO DE INDICIAMENTO PELO MAGISTRADO APÓS O RECEBIMENTO DENÚNCIA. MEDIDA INCOMPATÍVEL COM O SISTEMA ACUSATÓRIO IMPOSTO PELA CONSTITUIÇÃO DE 1988. INTELIGÊNCIA DA LEI 12.830/2013. CONSTRANGIMENTO ILEGAL CARACTERIZADO. SUPERAÇÃO DO ÓBICE CONSTANTE NA SÚMULA 691. ORDEM CONCEDIDA. 1. Sendo o ato de indiciamento de atribuição exclusiva da autoridade policial, não existe fundamento jurídico que autorize o magistrado, após receber a denúncia, requisitar ao Delegado de Polícia o indiciamento de determinada pessoa. A rigor, requisição dessa natureza é incom-

Ante o exposto, conclui-se que, de acordo com a legislação aplicável, a competência por prerrogativa de função, salvo quando uma autoridade judicial for investigada, não deve(ria) deslocar para o tribunal a autoridade de polícia judiciária. A remessa do inquérito policial em curso ao tribunal competente para a eventual ação penal e sua imediata distribuição a um relator não o torna seu presidente, mas apenas lhe comete as funções ordinariamente conferidas ao juiz de primeiro grau, durante o seu curso.

3.4.1.7.5 Hipoteca legal e arresto de bens

O Código de Proceso Penal confere precipuamente ao ofendido[812] a legitimidade para, a qualquer tempo durante a persecução penal, requerer a hipoteca legal dos imóveis do indiciado (assim como do acusado ou condenado)[813], medida cautelar incidental a qual visa precipuamente assegurar sua indenização em caso de condenação, incidindo sobre o patrimônio de origem lícita do indiciado.

Para se requerer a especialização de hipoteca legal no decorrer do inquérito policial, faz-se imprescindível o indiciamento do proprietário dos imóveis nos quais deseja-se instituir o gravame, traduzido pelo art. 134 do CPP, como certeza da infração (ou seja, prova de sua materialidade) e indícios suficientes da autoria[814]. Portanto, previamente ao re-

---

    patível com o sistema acusatório, que impõe a separação orgânica das funções concernentes à persecução penal, de modo a impedir que o juiz adote qualquer postura inerente à função investigatória. Doutrina. Lei 12.830/2013. 2. Ordem concedida. HC 115015, Segunda Turma, Relator(a): Min. Teori Zavascki, julgado em 27/08/2013, DJe-179 12-09-2013.

812 Embora o art. 134 do CPP seja omisso a respeito, deve-se admitir o ajuizamento de tal medida pelo representante legal do ofendido ou seus herdeiros, caso este não esteja mais vivo, uma vez que os mesmos estão legitimados a executar a sentença condenatória penal no juízo cível, para fins de reparação do dano (art. 63 do CPP). Em sentido semelhante, cf. NUCCI, Guilherme de Souza. *Manual de processo penal e execução penal*. 2ª Ed. - São Paulo: RT, 2006, p. 344.

813 Observe-se, contudo, que o art. 134 do CPP não se vale da redação mais adequada, uma vez que, ao tempo que dispõe que a hipoteca legal "poderá ser requerida pelo ofendido em qualquer fase *do processo*" (e não da persecução penal, a fim de abranger o inquérito policial), prevê que esta se dá "sobre os imóveis *do indiciado*" (não mencionando o acusado ou condenado, a fim de abranger todo o processo penal).

814 Art. 134 do CPP:
    "Art. 134. A hipoteca legal sobre os imóveis do indiciado poderá ser requerida pelo ofendido em qualquer fase do processo, *desde que haja certeza da infra-*

querimento de especialização de hipoteca legal deve o ofendido requerer ao delegado de polícia, com fulcro no art. 14 do CPP, que informe se o proprietário dos bens que deseja gravar foi indiciado no inquérito policial, bem como o acesso aos autos, em caso positivo.

Em seguida, deverá o ofendido instruir seu pedido, pelo menos com o despacho com cópia do ato fundamentado de indiciamento e estimativa do valor da responsabilidade civil do indiciado, bem como descrição o imóvel ou imóveis que terão de ficar especialmente hipotecados. A petição será instruída com outras provas ou indicação das provas em que se fundar a estimação da responsabilidade, assim como a relação dos demais imóveis que o responsável possuir, se outros tiver, e com os documentos comprobatórios do domínio. Com isso, juiz mandará logo proceder ao arbitramento do valor da responsabilidade e à avaliação do imóvel ou imóveis, e autorizará a inscrição da hipoteca apenas do imóvel ou imóveis necessários à garantia da responsabilidade, cujo valor da será liquidado definitivamente após a condenação, o que não obsta que seja requerido novo arbitramento se qualquer das partes não se conformar com o arbitramento anterior à sentença condenatória (art. 135, *caput*, e §§ 1º, 4º e 5º do CPP). As garantias do ressarcimento do dano alcançarão também as despesas processuais e as penas pecuniárias, tendo a reparação do dano ao ofendido preferência sobre estas últimas (art. 140 do CPP).

O arresto do(s) imóvel(is) que se pretende hipotecar poderá ainda ser decretado de início, revogando-se, porém, se no prazo de 15 (quinze) dias não for promovido o processo de inscrição da hipoteca legal. No entanto, se o indiciado (ou réu) oferecer caução suficiente, em dinheiro ou em títulos de dívida pública, pelo valor de sua cotação em Bolsa, autoriza-se ao juiz deixar de mandar inscrever o gravame. (art. 135, § 6º e 136 do CPP).

Se o indiciado, no entanto, não possuir bens imóveis ou os possuir de valor insuficiente, poderão ser arrestados bens móveis suscetíveis de penhora, nos termos em que é facultada a hipoteca legal dos imóveis. Quando os bens sequestrados no curso do inquérito policial estiverem sujeitos a qualquer grau de deterioração ou depreciação, ou quando houver dificuldade para sua manutenção, deverá o delegado de polícia representar ao juiz, a fim de que se determine a alienação antecipada

---

ção e indícios suficientes da autoria".

para preservação do seu valor, nos termos já analisados item 3.4.1.6.6.3 (art. 144-A do CPP)[815]

O depósito e a administração dos bens arrestados ficarão sujeitos ao regime do processo civil[816], sendo que das suas rendas poderão ser reservados recursos arbitrados pelo juiz, para a manutenção do indiciado e de sua família (art. 137 e 139 do CPP)

Com o trânsito em julgado a sentença condenatória, poderão promover-lhe a execução, no juízo cível, para o efeito da reparação do dano, o ofendido, seu representante legal ou seus herdeiros, sendo os autos de hipoteca ou arresto remetidos ao juiz do cível, a fim de integrar a referida ação reparatória[817]. Caso por sentença irrecorrível haja absolvição ou extinção a punibilidade, o arresto será levantado ou cancelada a hipoteca (arts. 141 e 143 do CPP).

Embora a hipoteca legal e o arresto sejam medidas cujo ajuizamento destina-se especialmente ao ofendido, previa o art. 142 do CPP a atribuição do Ministério Público para efetuá-lo, caso aquele seja pobre e assim o requeresse, ou se houvesse interesse da Fazenda Pública. Contudo, tal dispositivo não foi recepcionado pela atual Constituição Federal, uma vez que esta previu órgãos especificamente destinados para representar judicialmente os necessitados e a Fazenda Pública nas Seções II e IV do seu Capítulo V.

Desta forma, incumbirá à Defensoria Pública o ajuizamento de hipoteca legal e arresto de bens caso o ofendido seja pobre e assim o requeira (art. 134, *caput*, da CF), assim como incumbirá aos órgãos da Advocacia Pública representar o Estado caso haja interesse da Fazenda Pública como, por exemplo, no caso de crime no qual o Estado seja ofendido, do qual decorra divida ativa tributária ou não (arts. 131 e 132 da CF).

---

815 Com a inclusão do art. 144-A do CPP pela Lei nº 12.694/2012, revogou-se tacitamente o art. 137, § 1º do CPP, uma vez que seu objeto restou integralmente regulamentado pelo referido dispositivo. O art. 137, § 1º do CPP dispunha que se os bens móveis arrestados forem coisas fungíveis e facilmente deterioráveis, as mesmas seriam avaliadas e levadas a leilão público, depositando-se o dinheiro apurado, ou entregues ao terceiro que as detinha, se este for pessoa idônea e assinar termo de responsabilidade.

816 Cf. arts. 159 a 161, 553, 840, 861 a 863, 866, 868 e 869 do CPC.

817 De acordo com o art. 144 do CPP os interessados poderão requerer no juízo cível, em face do responsável civil, a hipoteca legal e/ou arresto dos seus bens, nos mesmos termos dos arts. 134, 136 e 137 do referido diploma legal.

3.4.1.8 Conclusão do inquérito policial e seus possíveis desdobramentos imediatos

Analisados os atos e procedimentos passíveis de compor a instrução do inquérito policial, cumpre doravante adentrar na análise de sua conclusão, onde serão estudados o tempo e a forma na qual os elementos colhidos são analisados juridicamente e apresentados em juízo.

Nesta senda, serão inicialmente apresentados os prazos para conclusão do inquérito policial, para em seguida se adentrar ao estudo do seu relatório conclusivo. Por fim, serão analisados os caminhos que o inquérito policial pode seguir após a sua conclusão, consistentes na indicação de diligências complementares, ajuizamento de ação penal, arquivamento, assim como sua eventual reabertura após este último.

3.4.1.8.1 Prazos de conclusão

Genericamente, os prazos para conclusão do inquérito policial são regulados pelo disposto no art. 10 do CPP, o qual dispõe que, no caso de indiciado preso, esta deverá ocorrer em dez dias, e, quando o indiciado estiver solto, trinta dias, em ambos os casos não sendo computado o dia do começo, e computando-se o dia do seu final, conforme art. 798 § 1º do CPP [818].

---

[818] Neste sentido, MIRABETE, Julio Fabbrini. *Processo Penal*. 8ª Ed. rev. e atual. São Paulo: Atlas, 1998, p. 96 e CAPEZ, Fernando. *Curso de Processo Penal*. 6ª ed. São Paulo: Saraiva, 2001. p. 88.

No entanto, há entendimento majoritário no sentido de que, quando o indiciado estiver preso, o prazo do inquérito policial seria de direito material em razão da restrição à liberdade do indiciado, devendo a sua contagem ser procedida da forma prevista no art. 10 do CP, incluindo-se o dia do começo vencendo ao final do dia anterior ao do seu término, diferentemente de quando o indiciado estiver solto, caso em que a contagem do prazo se dá na forma da lei processual, não sendo computado o dia do começo, e computando-se o dia do seu final, conforme previsto no art. 798 § 1º do CPP. Neste sentido, alinham-se NUCCI, Guilherme de Souza. *Manual de processo penal e execução penal*. 2ª Ed. - São Paulo: RT, 2006, p. 146-147; TOURINHO FILHO, Fernando da Costa. *Processo Penal, volume 1*. 25ª ed. São Paulo: RT, 2003, p. 268-269, dentre outros.

Todavia, quando o réu está preso, o curso dos prazos processuais incidem apenas de forma oblíqua sobre sua liberdade, assim como o prazo do inquérito policial em relação ao indiciado, não havendo razão para que este último seja contado de forma distinta. Ademais, o prazo do inquérito policial não cria, extingue, aumenta ou diminui a pretensão punitiva, em nada afetando o direito de punir do Estado, não tendo natureza materialmente penal, trazendo consequências apenas para o processo, uma vez que, a partir do recebimento do inquérito

Tais prazos podem ser prorrogados, de acordo com o § 3º do art. 10 do CPP que estatui, *verbis*, que "Quando o fato for de difícil elucidação e o indiciado estiver solto, a autoridade poderá requerer ao Juiz a devolução dos autos, para a realização de diligências, que serão realizadas no prazo marcado pelo Juiz".

Desta forma, da leitura do dispositivo legal em vigor acima descrito, aplicável aos inquéritos policiais em geral, podem se extrair as seguintes observações: 1) A possibilidade de prorrogação se restringiria as hipóteses de indiciado solto[819], o que, ressalvadas as exceções descritas adiante, impediria que a dilação de prazo fosse procedida nos inquéritos em que o indiciado se encontra preso[820]; 2) O fato deve ser de difícil elu-

---

policial concluído com indiciado preso, deflagra-se o prazo de 5 (cinco) dias para o Ministério Público oferecer denúncia, e não de 15 (quinze) dias, que ocorreria caso estivesse solto (art. 46, *caput*, do CPP).

819 De acordo com o Supremo Tribunal Federal, prazo de que trata o art. 10, *caput*, do Código de Processo Penal, é impróprio, não prevendo a lei qualquer consequência processual, máxime a preclusão, se a conclusão do inquérito ocorrer após trinta dias de sua instauração, estando solto o indiciado. O tempo despendido para a conclusão do inquérito assume relevância para o fim de caracterizar constrangimento ilegal, apenas se o indiciado estiver preso no curso da investigação ou se o prazo prescricional tiver sido alcançado nesse interregno e, ainda assim, continuar a investigação (STF – HC 107382/ SP, 1ª Turma, Relator(a): Min. Cármen Lúcia, j. em 26/04/2011, DJe-092 17-05-2011; STF – RHC 117966 MG, 2ª Turma, Relator(a): Min. Cármen Lúcia, j. em 04/02/2014, DJe-031 14-02-2014).

820 Em sentido contrário, admitindo moderada dilação, de acordo com a complexidade do caso, STJ – HC 279.866/RS, 5ª Turma Rel. Ministro Moura Ribeiro, julgado em 26/11/2013, DJe 29/11/2013.

Nesta linha, adveio o art. 3º-B, do Código de Processo Penal, acrescido pela Lei do Pacote Anticrime (Lei nº 13.964/2019), a seguir transcrito:

"*Art. 3º-B. [...]*

§ 2º Se o investigado estiver preso, o juiz das garantias poderá, mediante representação da autoridade policial e ouvido o Ministério Público, prorrogar, uma única vez, a duração do inquérito por até 15 (quinze) dias, após o que, se ainda assim a investigação não for concluída, a prisão será imediatamente relaxada."

Entretanto, o Supremo Tribunal Federal, por meio de medida cautelar concedida na ADI 6299 MC/DF pelo Ministro Relator Luiz Fux em 22/01/2020, suspendeu, por tempo indeterminado, a eficácia dos arts. 3º-A a F do CPP, por meio dos quais foi introduzida o juízo de garantias pela Lei nº 13.964/2019. Na referida decisão, entendeu-se que a referida alteração legislativa, na qual se inseriu o referido *art. 3º-B. [...] § 2º*, demandaria uma completa reorganização da justiça criminal do país, padecendo de possível inconstitucionalidade formal, uma vez que sua iniciativa não se deu pelo Poder Judiciário, mas sim pelo Poder Executivo, bem como de possível inconstitucionalidade material, em razão da ausência de dotação orçamentária e estudo de impacto prévios para implementação da

cidação, o que, contudo, tem sido interpretado de maneira contextualizada e ampliativa, de sorte que dificuldades de ordens diversas que não propriamente a do fato em si sejam ponderadas em favor da continuidade das investigações; 3) Quando do requerimento de dilação de prazo, deverão ser indicadas as diligências pendentes, e, se possível, outras que se pretende realizar durante o novo período; 4) O novo prazo concedido deverá ser devidamente limitado pelo juiz que o concede e, na quantificação do referido período, deve o juiz atentar não apenas para os marcos periódicos previstos na legislação vigente[821], mas sobretudo valorar o tempo necessário para que as diligências e o inquérito em si sejam de fato concluídos, mediante análise contextualizada que englobe desde o tempo médio para a realização das diligências até limitações estruturais vivenciadas pelo órgão solicitante, evitando-se assim sucessivos pedidos de dilação de prazo[822] ou mesmo abrupta interrupção das investigações, antes de sua conclusão.

Caso o inquérito seja iniciado sem indiciado(s) preso(s) em flagrante, e preso(s) em flagrante e/ou preventivamente surja(m) no decorrer da apuração, será aplicado a este o prazo de dez dias para a sua conclusão, a partir da ocorrência da prisão, salvo quando o prazo remanescente para a conclusão do inquérito for inferior ao referido período. Como a prisão temporária tem prazo legalmente pré-fixado no art. 2º, § 4º-A da Lei nº 7.960/1989[823] (cf. item 3.4.1.6.7.2), esta, ao ser judi-

---

lei, e do seu impacto na eficiência da persecução penal no país.

821 Ao entendimento de que tal prorrogação não deve ser superior aos 30 (trinta) dias previstos no art. 10 do CPP, MIRABETE, Julio Fabbrini. *Processo Penal*. 8ª Ed. rev. e atual. São Paulo: Atlas, 1998, p. 95. Dentre os diferentes prazos atualmente previstos para o inquérito policial pela legislação, o mais elástico são os 90 (noventa) dias (prorrogáveis por igual período) aludidos no art. 51, Parágrafo Único da Lei 11.343/2006, para inquéritos policiais onde se apure os crimes previstos na referida lei em que os indiciados estejam soltos.

822 Ao entendimento de que a delonga de inquérito policial por aproximadamente 14 anos se mostra excessiva e ofensiva ao princípio da razoável duração do processo, STJ – RHC 61.451/MG, 6ª Turma, Rel. Ministro Sebastião Reis Júnior, j. em 14/02/2017, DJe 15/03/2017.

823 Art. 2º, § 4º-A da Lei nº 7.960/1989:

"Art. 2° A prisão temporária será decretada pelo Juiz, em face da representação da autoridade policial ou de requerimento do Ministério Público, e terá o prazo de 5 (cinco) dias, prorrogável por igual período em caso de extrema e comprovada necessidade.

[...]

§ 4º-A O mandado de prisão conterá *necessariamente* o período de duração da

cialmente autorizada, implica em automática prorrogação do prazo do inquérito policial até o seu término, caso seu prazo remanescente seja inferior ao prazo da prisão temporária, uma vez que seu fundamento é a imprescindibilidade para as investigações do inquérito policial (art. 1º, I da Lei nº 7.960/1989).

Por outro lado, ressalvados os inquéritos policiais iniciados mediante auto de prisão em flagrante, ou quando no seu prazo inicial são autorizadas judicialmente medidas constritivas ou ocorrem incidentes judicializados, é ao final do prazo para conclusão do inquérito policial, independentemente de haver requerimento de devolução dos atos com prazo para realização de diligências faltantes, quando ocorre a primeira oportunidade da autoridade judicial exercer o controle de legalidade durante a persecução penal.

Nesta ocasião, deverá esta também verificar a ocorrência de circunstâncias que cumpre reconhecer de ofício, como a extinção da punibilidade e nulidades absolutas[824], indeferindo o requerimento de devolução dos autos, o que também ocorrerá caso verifique ilegalidade ou ausência de justa causa manifestas – como a impossibilidade de ocorrência de infração penal, em tese – hábeis a ensejar a expedição de *habeas corpus* de ofício (art. 5º, LXVIII da CF, c/c arts. 395, III e 654, § 2º do CPP[825]).

---

    prisão temporária estabelecido no *caput* deste artigo, bem como o dia em que o preso deverá ser libertado".

824 Art. 61 do CPP: "Em qualquer fase do processo, o juiz, se reconhecer extinta a punibilidade, deverá declará-lo de ofício". Da mesma forma, o art. 109 do CPP, estipula que "Se em qualquer fase do processo o juiz reconhecer motivo que o torne incompetente (incompetência absoluta), declará-lo-á nos autos, haja ou não alegação da parte, [...]". Embora tais dispositivos refiram-se textualmente a "qualquer fase *do processo*", a sua aplicação deve ser estendida à fase do inquérito policial, ante o papel de controle da regularidade dos atos da Polícia Judiciária no inquérito policial desempenhado pelo Poder Judiciário. Sobre nulidades absolutas, cf. ainda item 3.7.

825 Art. 5º, LXVIII da CF:

"Art. 5º [...] LXVIII - conceder-se-á *habeas corpus* sempre que alguém sofrer ou se achar ameaçado de sofrer violência ou coação em sua liberdade de locomoção, por ilegalidade ou abuso de poder";

Arts. 395, III e 654, § 2º do CPP:

"Art. 395. A denúncia ou queixa será rejeitada quando [...] III – faltar justa causa para o exercício da ação penal.

[...]

Fixadas as premissas supra, deve ser observado que, apesar de o art. 10 do CPP sempre atrelar as hipóteses de prorrogação de prazo ao *status libertatis* do indiciado, a praxe forense consagrou a formalização de requerimentos de dilação de prazo com fulcro no § 3º do referido dispositivo legal, ainda que não haja indiciados no inquérito policial, o que, *data venia*, não reflete a leitura mais adequada a ser dada à referida norma, cuja exegese deve se dar a partir de uma análise que combinaria elementos sistemáticos e histórico-evolutivos de interpretação jurídica.

Consoante o magistério de Paulo Nader, o elemento sistemático da interpretação, "consiste na pesquisa do sentido e alcance das expressões normativas, considerando-as em relação outras expressões contidas na ordem jurídica, mediante comparações"[826]. Mais adiante, o referido autor, ao discorrer sobre o elemento histórico-evolutivo da interpretação, aduz que "Ao intérprete cumpre fazer uma interpretação atualizadora. Não significa alterar o espírito da lei, mas trazer o pensamento da época para o presente"[827].

Como visto no item 3.4.1.3.3, o Código de Processo Penal, em sua redação original, não distinguiu devidamente o investigado do indiciado, apenas mencionando este último em suas diversas passagens[828] até a inclusão do art. 405, § 1º pela Lei nº 11.719/2008, bem como originalmente não contemplou qualquer previsão legal para o ato de indiciamento, que essencialmente distinguiria as duas figuras, o que só veio ocorrer por meio da Lei nº 12.830/2013. Assim, a técnica legislativa originalmente utilizada no Código de Processo Penal vigente não diferenciou adequadamente a figura do indiciado e do investigado, fazendo tão somente referência ao primeiro nos dispositivos pertinentes. Tal fato certamente foi decisivo para perpetuar a prática atualmente vigorante de se atribuir o prazo de trinta dias nos inquéritos em que os investigados se encontrem em liberdade, haja indiciados ou não.

Entretanto, a partir dos referidos diplomas legais, e partindo dos conceitos de *investigado*, **indiciado**, *ofendido e testemunha* já analisadas

---

Art. 654. O *habeas corpus* poderá ser impetrado por qualquer pessoa, em seu favor ou de outrem, bem como pelo Ministério Público. [...] § 2º Os juízes e os tribunais têm competência para expedir de ofício ordem de *habeas corpus*, [...]"

826 NADER, Paulo. *Introdução ao Estudo do Direito*. 16ª ed. Rio de Janeiro: Forense, 1998. p. 323.
827 Idem, p. 329.
828 Cf. nota nº 611.

no item 3.4.1.3, pode-se chegar à definição do primeiro através de um critério de exclusão em relação aos demais atores da investigação criminal, sendo este o indivíduo objeto de apuração que não se enquadraria à condição de testemunha ou vítima dos fatos sob exame, tampouco podendo ser considerado indiciado por não haver constatação de indício suficiente da sua autoria delitiva. Desta forma, conceitua-se o investigado como o suspeito cuja autoria delitiva cogita-se apenas por meio de um juízo de *possibilidade*, e não de *probabilidade*, como ocorre em relação ao indiciado[829].

Neste cenário, não seria razoável supor que, enquanto não houver indiciados nos inquéritos instaurados por portaria, igualmente não seria possível se admitir a possibilidade de aplicação de tais limites temporais?

Ora, se não há indiciados, livres ou presos, estando o delegado de polícia a desenvolver as diligências cabíveis à elucidação dos fatos e identificação de autoria, não haveria amparo legal para se proceder pedidos de dilação de prazo, até porque se não há qualquer imputação de fato delituoso a alguém, igualmente não haveria significativa probabilidade de interferência do Estado no *status libertatis* do indivíduo.

Portanto, nada mais razoável do que submeter as investigações criminais ao controle jurisdicional apenas quando já houvesse imputação de um fato materialmente delitivo a alguém, se justificando a partir do indiciamento uma redobrada tutela das garantias individuais.

Neste cenário, caberia essencialmente às respectivas corregedorias dos órgãos exercentes da polícia judiciária exercer em caráter difuso o controle dos prazos dos inquéritos policiais em que não houvesse indiciados, incumbindo-lhes examinar as situações individualmente, bem como determinar as medidas correcionais cabíveis, na eventualidade de desídias na condução do inquérito policial, com delongas injustificáveis à elucidação do fato criminoso. Desta forma, o Estado continuaria a dispor de mecanismos para evitar situações que atualmente ocorrem quando inquéritos são objeto de sucessivas dilações de prazo, que às vezes se arrastam por anos, sem que sejam devidamente diligenciados e

---

829 Neste sentido, PITOMBO, Sérgio M. de Moraes. *Inquérito policial*: Novas tendências. Belém: Cejup, 1986, p. 35-45; TASSE, Adel El. *Investigação Preparatória*. 3ª Ed. Curitiba: Juruá, 2010. p. 53/54.

concluídos, só que sem o gasto público adicional dos sucessivos encaminhamentos entre um órgão e outro.

As corregedorias dos órgãos incumbidos de exercer a polícia judiciária, por sua vez, serão objeto do legítimo exercício da atividade controle externo finalístico por parte do Ministério Público, que pode ocorrer a qualquer tempo, desde que devidamente fundamentada com fulcro no art. 9º da LC 75/1993[830] no âmbito da União, e disposições correlatas no âmbito dos Estados, para os quais a referida lei complementar se aplica subsidiariamente, conforme art. 80 da Lei nº 8.625/1993.

Tal exegese, além de preservar o arcabouço legal aplicável ao tema, logra diminuir trâmites desnecessários entre órgãos de polícia judiciária e Poder Judiciário nos casos em que ainda não houver indiciados, consequentemente preservando continuidade das respectivas investigações, e por tabela coroando o princípio da eficiência da administração pública (art. 37, *caput*, da CF).

Ao longo da vigência do Códido de Processo Penal, prazos especiais foram sendo agregados pela legislação extravagante àquele ordinariamente previsto no art. 10 do CPP.

A Lei nº 1.521/1951, ao versar sobre os crimes contra a economia popular previsto em seu art. 10, § 1º, estatuiu o prazo de 10 dias para a conclusão do respectivo apuratório sem distinguir as hipóteses do indiciado se encontrar em liberdade ou não[831], tampouco especificar possibilidade de prorrogação, o que não obsta a aplicação subsidiária do art. 10, § 3º do CPP. Outro prazo especial ao do art. 10 do CPP encontra-se na Lei nº 10.343/2006, que prevê em seu art. 51 prazo de 30 dias quando o indiciado estiver preso e de 90 dias quando este estiver solto, podendo

---

830 Art. 9º O Ministério Público da União exercerá o controle externo da atividade policial por meio de medidas judiciais e extrajudiciais podendo:[...] II - ter acesso a quaisquer documentos relativos à atividade-fim policial.

831 A partir da Lei nº 9.099/1995, apenas os crimes do art. 3º da Lei nº 1.521/1951 revelam-se passíveis de ter inquérito policial iniciado mediante auto de prisão em flagrante, o que acaba por esvaziar a ausência de distinção de prazos de acordo com o *status libertatis* do indiciado, uma vez que praticamente todas as suas condutas foram revogadas por previsões na legislação posterior (em especial nas Leis nº 7.492/1986, 8.078 e 8.137/1990), e os crimes ainda em vigor no previstos os demais artigos são de menor potencial ofensivo, com a persecução penal decorrente de flagrante delito instaurada mediante termo circunstanciado, o qual deve ser encaminhado imediatamente ao juízo competente.

estes ser duplicados mediante pedido fundamentado da autoridade policial, ouvido o Ministério Público.

Por sua vez, tratando-se de inquéritos policiais de competência da Justiça Federal, aplica-se o art. 66 da Lei 5.010/1966, o qual prevê prazo de 15 (quinze) dias para a conclusão do inquérito policial quando o indiciado estiver preso, admitindo-se prorrogação por igual período, mediante requerimento fundamentado do delegado de Polícia Federal presidente do inquérito, bem como apresentação do preso ao Juiz Federal competente, cabendo a este último ponderar a indispensabilidade da referida apresentação, dada a logística necessária para a que esta seja executada (escolta, transporte etc.), e a possibilidade de contato com o preso por videoconferência, aplicando-se por analogia os arts. 185, § 2º do CPP[832]. Observe-se que, neste caso, diferentemente dos outros dois acima mencionados, diferencia-se o prazo do inquérito policial não em função do crime apurado, mas em razão da competência jurisdicional relativa ao mesmo, não prevalecendo em relação a prazos para crimes específicos, mas apenas em relação à regra geral objeto do art. 10 do CPP.

Tal distinção de prazo em função da competência jurisdicional revela-se, contudo, criticável sob o ponto de vista da isonomia, uma vez que crimes de mesma espécie podem ser objeto de competência da justiça comum ou federal, a depender do caso, o que faria com que casos análogos onde figurem indiciados presos tenham um prazo maior ou menor apenas em função do juízo competente para julgá-lo, e não em

---

832 Art. 185, § 2º do CPP:

"Art. 185. [...]

§ 2º Excepcionalmente, o juiz, por decisão fundamentada, de ofício ou a requerimento das partes, poderá realizar o interrogatório do réu preso por sistema de videoconferência ou outro recurso tecnológico de transmissão de sons e imagens em tempo real, desde que a medida seja necessária para atender a uma das seguintes finalidades:

I - prevenir risco à segurança pública, quando exista fundada suspeita de que o preso integre organização criminosa ou de que, por outra razão, possa fugir durante o deslocamento;

II - viabilizar a participação do réu no referido ato processual, quando haja relevante dificuldade para seu comparecimento em juízo, por enfermidade ou outra circunstância pessoal;

[...]

IV - responder à gravíssima questão de ordem pública".

função de uma especificidade atribuída pelo legislador ao tipo penal que se investiga.

3.4.1.8.2 Relatório

O relatório é o meio pelo qual o delegado de polícia formaliza a conclusão do inquérito policial, descrevendo minunciosamente foi apurado na investigação, previamente a sua remessa ao juiz competente (art. 10, § 1º do CPP). Neste, além das diligências adotadas na instrução do feito, serão descritas as circunstâncias do fato apurado, notadamente o local e as condições em que se desenvolveu a conduta investigada, e fundamentadas as razões que a levaram à sua tipificação penal ou não, apontando-se, em caso positivo, a materialidade delitiva, com indicação da quantidade e natureza de eventuais apreensões, bem como sua autoria, apontando-se a(s) conduta(s), qualificação(ões) e antecedentes de eventual(is) indiciado(s) [833].

Para tanto, o delegado de polícia deverá inicialmente descrever os fatos apurados de maneira detalhada, indicando a capitulação legal que lhe entende se mais adequada, a qual poderá ser diferente da possibilidade de crime (hipótese criminal) inicialmente definida quando da instauração do feito, uma vez que no transcorrer da investigação podem surgir elementos que fundamentem a sua inovação, ou até mesmo o afastamento de tipicidade penal[834].

A capitulação legal, que não vinculará o juiz do feito tampouco o Ministério Público, se mostra essencial para se ilustrar a hipótese criminal adotada pelo delegado de polícia, bem como para que, durante o

---

833 Embora o art. 10, § 1º do CPP disponha apenas que o delegado de polícia "fará minucioso relatório do que tiver sido apurado e enviará autos ao juiz competente", os demais elementos essenciais do relatório encontram-se legalmente previstos no art. 52, I da lei 11.343/2006, que, ao versar sobre a investigação de crimes relacionados ao tráfico de drogas, estatui de maneira expressa que, o delegado de polícia, ao remeter os autos do inquérito policial ao juízo, "relatará sumariamente as circunstâncias do fato, justificando as razões que a levaram à classificação do delito, indicando a quantidade e natureza da substância ou do produto apreendido, o local e as condições em que se desenvolveu a ação criminosa, as circunstâncias da prisão, a conduta, a qualificação e os antecedentes do agente".

834 Com efeito, a hipótese criminal é mutável, cabendo ao delegado de Polícia descartá-la, alterá-la ou mesmo manifestar-se pelo término da investigação por ausência de justa causa, sempre que os elementos de convicção obtidos durante a investigação a infirmarem, total ou parcialmente.

inquérito policial, se possa aferir uma série de fatores que interferirão diretamente na condução da investigação ou até mesmo no seu encerramento, tais como a atribuição para a apuração do fato e competência para supervisioná-lo, prazos de duração do inquérito, medidas coercitivas passíveis de aplicação, e ocorrência ou proximidade da extinção da pretensão punitiva pela prescrição.

Em seguida, discorrer-se-á sobre os atos e procedimentos que integram para a instrução do inquérito encadeando-os logicamente, indicando-se testemunhas que fundamentadamente não tenham sido inquiridas (art. 10 § 2º CPP).

Uma vez definido o fato possivelmente delituoso apurado e relatadas as medidas adotadas para este fim, passará finalmente o delegado de polícia para conclusão a existência de materialidade e autoria delitivas em no caso apurado, incluindo-se aí a eventual existência de causas excludentes de ilicitude ou de culpabilidade. Em caso de conclusão pela probabilidade de crime e correspondente existência de materialidade e autoria delitivas, serão reiteradas as razões da análise técnico-jurídica do(s) indiciamento(s), que a fundamentou, nos termos do art. 2º, § 6º da lei no 12.830/2013[835], com indicação da(s) conduta(s), qualificação(ões) e antecedentes do(s) indiciado(s), bem como da quantidade e natureza de eventuais apreensões.

Por consequência, ao discorrer sobre materialidade e autoria delitivas, também deve o delegado de polícia abordar fatores que eventualmente prejudiquem ou comprometam a sua análise. Com efeito, ao presidente do inquérito policial é também incumbida uma primeira análise dos aspectos de legalidade que o envolvem, cabendo-lhe encerrar investigações que tenham um quadro de atipicidade, ausência de justa causa, extinção de punibilidade, ou quaisquer outras circunstâncias que deslegitimem a existência da investigação criminal.

Frise-se, contudo, que tais conclusões não vinculam o juiz, tampouco o membro do Ministério Público e ofendido que atuarão no caso, cujos entendimentos também não os vinculam entre si. Estes, enquanto

---

835 Art. 2º, § 6º da lei no 12.830/2013:

"Art. 2º [...]

§ 6º O indiciamento, privativo do delegado de polícia, *dar-se-á por ato fundamentado, mediante análise técnico-jurídica do fato, que deverá indicar a autoria, materialidade e suas circunstâncias*" (grifo nosso).

julgador e partes acusadoras nos crimes objeto de ação penal pública e privada, poderão posicionar-se diferentemente da análise técnico-jurídica adotada pelo delegado de polícia ao concluir o inquérito policial.

Ao final do relatório, deverá o delegado de polícia encaminhar os autos do inquérito policial ao juiz competente, juntamente com os bens eventualmente apreendidos que o acompanhem (art. 11 do CPP). Tal remessa deverá ser feita ainda que não haja indiciamento, uma vez que é vedado ao delegado de polícia mandar arquivar os autos do inquérito que preside (art. 17 do CPP).

Ao receber os autos do inquérito policial, o juiz primeiramente exercerá o controle da sua legalidade, devendo prontamente arquivá-lo, caso neste verifique a existência de manifesta ilegalidade que acarrete nulidade absoluta ou abuso de poder, ou em caso de extinção da punibilidade[836], independentemente do delegado de polícia ter se valido da mesma razão para encerrá-lo, bem como declarar sua incompetência para atuar no caso. Em tais casos, é admitida sua atuação de ofício, independentemente de provocação, assim como lhe é autorizada a concessão de *habeas corpus* de ofício (arts. 61, 109 e 654, § 2º do CPP)[837, 838].

Uma vez superado o controle jurisdicional *a priori*, deverá o inquérito policial, nos crimes objeto de ação penal privada, aguardar a iniciativa do ofendido ou de seu representante legal, ou lhe será lhe entregue, se o requerer, mediante traslado (art. 19 do CPP), ou, nos crimes objeto de ação penal pública, encaminhados ao Ministério Público, o qual, de

---

836 Código Penal: "Art. 107 - Extingue-se a punibilidade: I - pela morte do agente; II - pela anistia, graça ou indulto; III - pela retroatividade de lei que não mais considera o fato como criminoso; IV - pela prescrição, decadência ou perempção; V - pela renúncia do direito de queixa ou pelo perdão aceito, nos crimes de ação privada; VI - pela retratação do agente, nos casos em que a lei a admite; [...] IX - pelo perdão judicial, nos casos previstos em lei".

837 Apesar de o art. 61 do CPP dispor textualmente que o reconhecimento de ofício da extinção da punibilidade pelo juiz poderá se dar "em qualquer fase *do processo*", tal preceito deve ser interpretado de forma extensiva a fim de incidir sobre toda a persecução penal, o que implica em abranger também a investigação criminal.

Da mesma forma, embora o art. 109 do Código de Processo Penal estipule que "Se em qualquer fase do *processo* o juiz reconhecer motivo que o torne incompetente, declará-lo-á nos autos, haja ou não alegação da parte, [...]", deve a aplicação desta norma deve ser estendida ao inquérito policial, ante o papel de controle de legalidade desempenhado pelo Poder Judiciário.

838 A respeito, cf. item 5.2.4.2.

acordo com o art. 46 do CPP, em princípio deverá se manifestar no prazo de 5 dias, se o indiciado estiver preso, ou de 15 dias, se este estiver solto (ou não houver indiciados)[839].

Transcorridos os referidos prazos sem manifestação ministerial, cópia dos autos do inquérito policial deverá ser encaminhada pelo juízo ao ofendido, ou ao seu representante legal, a fim de que seja oportunizado ao mesmo o ajuizamento de ação penal privada subsidiária da pública, ante o esgotamento do prazo legal para o Ministério Público fazê-lo (art. 5º, LIX da CF e art. 29 do CPP[840])[841], assim como a Corregedoria

---

839 A legislação extravagante prevê alguns prazos específicos para o oferecimento da denúncia, como 10 (dez) dias em caso de crime eleitoral e de tráfico de drogas (art. 357 do CE e art. 54, III da Lei nº 11.343/2006), e 2 (dois) dias em caso de crime contra a economia popular (art. 10, § 2º da Lei nº 1.521/1951). No art. 187, § 1º da Lei nº 11.101/2005, prevê-se ainda que, no caso de crime falimentar em que o imputado esteja solto ou afiançado, pode o membro do Ministério Público aguardar o relatório do administrador judicial ao juiz sobre as causas e circunstâncias que conduziram à situação de falência, bem como sobre a responsabilidade civil e penal dos envolvidos, de cuja apresentação correrá o prazo de 15 (quinze) dias.

840 Art. 5º LIX da CF: "será admitida ação privada nos crimes de ação pública, se esta não for intentada no prazo legal"; Art. 29. Do CPP: "Será admitida ação privada nos crimes de ação pública, se esta não for intentada no prazo legal, cabendo ao Ministério Público aditar a queixa, repudiá-la e oferecer denúncia substitutiva, intervir em todos os termos do processo, fornecer elementos de prova, interpor recurso e, a todo tempo, no caso de negligência do querelante, retomar a ação como parte principal".

841 A Lei nº 13.964/2019 deu nova redação ao art. 28 do CPP, bem como acrescentou o art. 28-A do referido diploma legal, para conferir ao Ministério Público a prerrogativa de, *interna corporis*, ordenar o arquivamento do inquérito policial.

No art. 28, *caput*, previu-se que, ordenado o arquivamento do inquérito policial, o Ministério Público comunicará ao ofendido, ao investigado (e/ou indiciado) e ao delegado de polícia, e encaminhará os autos para a instância de revisão ministerial para fins de homologação, na forma da lei.

Com isso, dificulta-se o controle do prazo do art. 46 do CPP, uma vez que o Ministério Público, certamente, não comunicará ao ofendido sua inação ao final do seu transcurso, restando a este último diligenciar no Ministério Público o trâmite do inquérito policial ao qual, *a priori*, não lhe é conferida publicidade (a respeito, cf. item 3.4.1.2.6), o que, ao final, acaba por inviabilizar o exercício da garantia prevista no art. 5º LIX da CF.

Entretanto, o Supremo Tribunal Federal, por meio de medida cautelar concedida na ADI 6.299 MC/DF pelo Ministro Relator Luiz Fux em 22/01/2020, suspendeu, por tempo indeterminado, a eficácia do art. 28, *caput*, do CPP, introduzido pela Lei nº 13.964/2019. Na referida decisão, entendeu-se que a referida alteração legislativa padeceria de possível inconstitucionalidade material, em razão da ausência de dotação orçamentária, com violação da autonomia dos Ministérios

do Ministério Público, para eventual responsabilização administrativa do seu membro e criminal por crime de prevaricação (art. 319 do CP), além da cessação de medida penal anteriormente autorizada, caso seu prazo, por conta do atraso na acusação, também se mostre excessivo[842].

3.4.1.8.3 Providências passíveis de adoção pelo Ministério Público diante de inquérito policial que apurou crime objeto de ação penal pública

Ao receber o inquérito policial que apurou crime objeto de ação penal pública, pode o membro do Ministério Público, adotar diversas providências, que irão variar a depender do crime apurado e do concluído no relatório do inquérito policial.

Contudo, vale ressaltar que o Ministério Público, assim como o juiz, não se vincula às conclusões (inclusive indiciamentos) trilhadas pelo delegado de polícia em seu relatório, sendo lhe facultado, por exemplo, fundamentadamente acusar quem não foi indiciado, por meio de oferecimento de denúncia, ou requerer o arquivamento do inquérito no qual houve indiciados. Da mesma forma, o juiz não está vinculado ao encaminhamento dado pelo Ministério Público ao inquérito policial concluído, dispondo o ordenamento jurídico em vigor de mecanismos para o exercício deste dissenso, variáveis caso a caso.

Desta forma, a seguir serão abordadas as seguintes providências passíveis de adoção pelo Ministério Público diante de inquérito policial (ou termo circunstanciado) que apurou crime objeto de ação penal pública: Requerimento de devolução para diligências imprescindíveis; Pedido de arquivamento; Proposição de transação penal ou acordo de não persecução penal; e ajuizamento de ação penal.

Por fim, vale repisar que, a partir do recebimento do inquérito policial que concluiu apuração de crime objeto de ação penal pública, poderá ainda o Ministério Público postular em juízo as medidas penais sujeitas a autorização judicial (item 3.4.1.6.7) que repute aplicáveis ao caso concreto.

Públicos, assim como de estudo de impacto prévio para implementação da lei, e do seu impacto na eficiência da persecução penal no país.

842 Neste sentido, TÁVORA, Nestor; ANTONINI, Rosmar. *Curso de Direito Processual Penal*. 7ª Ed. Salvador: Juspodivm, 2012, p. 199-200.

3.4.1.8.3.1 Requerimento de devolução para diligências imprescindíveis

O art. 46 do CPP dispõe que deve ao Ministério Público, em regra, iniciar o processo penal mediante oferecimento de denúncia (art. 46 do CPP), no prazo de 5 dias, se o indiciado estiver preso, ou de 15 dias, se este estiver solto (ou não houver indiciados)[843]. Contudo, ao analisar o inquérito policial que apurou crime objeto de ação penal pública, pode o membro do Ministério Público não ter a sua opinio delicti formada a partir das conclusões tecidas pelo delegado de polícia, ou mesmo discordar destas, dependendo de alguma diligência para firmar sua convicção.

Nestes casos, em inquéritos nos quais não haja(m) indiciado(s) presos(s), o art. 46 in fine do CPP dispõe que, nos casos de devolução do inquérito policial ao delegado de polícia previsto no art. 16 do CPP, o prazo quinzenal para um posicionamento definitivo será (novamente) contado da data em que o órgão do Ministério Público receber novamente os autos[844].

Portanto, no mesmo prazo quinzenal que dispõe para o oferecimento de denúncia a partir de inquérito policial sem indiciados presos, pode o Ministério Público, posicionar-se pela devolução do inquérito policial ao delegado de polícia, nos termos do art. 16 do CPP, reiniciando-se a contagem do referido prazo a partir do recebimento dos autos do inquérito policial.

Por sua vez, o art. 16 do CPP textualmente dispõe que "O Ministério Público não poderá requerer a devolução do inquérito à autoridade policial, senão para novas diligências, imprescindíveis ao oferecimento da denúncia".

O objetivo da referida norma – além de promover a independência funcional do Ministério Público, prevista no art. 127, § 1º da CF – é

---

843 Cf. nota nº 839.
844 Art. 46 do CPP:

"Art. 46. O prazo para oferecimento da denúncia, estando o réu preso, será de 5 dias, contado da data em que o órgão do Ministério Público receber os autos do inquérito policial, e de 15 dias, se o réu estiver solto ou afiançado. *No último caso*, se houver devolução do inquérito à autoridade policial (art. 16), contar-se-á o prazo da data em que o órgão do Ministério Público receber novamente os autos".

dar celeridade a persecução penal, evitando-se o adiamento desnecessário do processo penal, encontrando-se também recepcionada na ordem constitucional contemporânea pelo art. 5º, LXXVIII da CF, o qual prevê, *in verbis*, que, "a todos, no âmbito judicial e administrativo, são assegurados a razoável duração do processo **e os meios que garantam a celeridade de sua tramitação**" (grifo nosso).

Por conseguinte, da leitura do art. 16 do CPP, observa-se que, para requerer ao juiz a devolução do inquérito policial ao delegado de polícia, devem as diligências indicadas para o Ministério Público serem *imprescindíveis* para a formação da sua convicção. Para tanto, deve esta – além de ter como objetivo o esclarecimento de obscuridade ou suprir omissão de ponto ou questão relevante ao oferecimento da denúncia sobre o qual devia ter se pronunciado o delegado de polícia no relatório – deve(m) a(s) diligência(s) ter o delegado de polícia como destinatário final da sua execução.

Com isso, não se legitimam requerimentos de devolução do inquérito policial para a realização de diligências manifestamente prescindíveis ao oferecimento da denúncia, mas necessárias à acusação durante a posterior instrução processual, às quais devem ser requisitadas em apartado e diretamente ao delegado de polícia, com fulcro no art. 129, VIII da CF e art. 13, II do CPP[845], e posteriormente apresentadas no decorrer do processo, bem como aquelas manifestamente prescindíveis a investigação criminal, como as que porventura não se destinem a apuração do delito, mas precipuamente a instrução indireta de correlato inquérito civil público no âmbito de Ministério Público, ou que não tenham o delegado de polícia como seu destinatário final.

Neste último caso, aplica-se o art. 47 do CPP o qual assim textualmente dispõe:

---

845 Art. 129 da CF: "São funções institucionais do Ministério Público: [...] VIII - *requisitar diligências investigatórias* e a instauração de inquérito policial, *indicados os fundamentos jurídicos* de suas manifestações processuais";

Art. 13, II do CPP: "Incumbirá ainda à autoridade policial:[...] II - *realizar as diligências requisitadas* pelo juiz ou *pelo Ministério Público*".

Sobre o entendimento de que o Ministério Público deve se valer do art. 13, II do CPP para obter diligências não imprescindíveis ao oferecimento da denúncia que repute necessárias ao completo esclarecimento do fato, e, ao recebe-las, juntá-las ao processo, cf. MAGALHÃES, Délio. *A polícia judiciária e o novo código de processo penal*. Curitiba, São Paulo e Rio de Janeiro: Guaíra, 1945, p. 131.

Art. 47. Se o Ministério Público julgar necessários maiores esclarecimentos e documentos complementares ou novos elementos de convicção, deverá requisitá-los, diretamente, de quaisquer autoridades ou funcionários que devam ou possam fornecê-los.

Por outro lado, o art. 282, § 2º, *in fine*, do CPP admite o requerimento de medidas cautelares ou preventivas penais pelo Ministério Público antes do processo penal, o que, conforme exposto no item 3.4.1.6.7, deve se dar a partir do momento em que este receber do juiz o inquérito policial encerrado (relatado) pelo delegado de polícia (art. 10, § 1º do CPP), e quando não for possível se aguardar o oferecimento da denúncia para sua inclusão, ressalvando-se apenas a prisão preventiva, uma vez que o art. 311, *caput* do CPP dispõe textualmente que esta poderá ser requerida pelo Ministério Público "em qualquer fase da investigação policial" hipótese na qual, ressalvados os casos de urgência, recomenda-se a colheita da manifestação do delegado de polícia, embora não haja previsão legal.

Desse modo, deve o Ministerio Público requisitar diretamente as informações que necessita a autoridade ou ao órgão as detenha, assim como requerer ao juiz as medidas penais que não possam aguardar o oferecimento da denúncia, vedando-se, por conseguinte, que se utilize da intermediação do delegado de polícia ou de outra autoridade ou instituição para a obtenção dos elementos de convicção que julgar necessários e que possa obter por seus próprios meios[846], sob pena de causar

---

846 Em sentido análogo, encontram-se os seguintes precedentes do Superior Tribunal de Justiça:

AGRAVO REGIMENTAL. RECURSO ORDINÁRIO EM MANDADO DE SEGURANÇA. CONSTITUCIONAL E PROCESSUAL PENAL. CERTIDÃO DE ANTECEDENTES CRIMINAIS. REQUISIÇÃO DE DILIGÊNCIA PELO PARQUET. INDEFERIMENTO PELO JUIZ. POSSIBILIDADE DE OBTENÇÃO DOS DADOS POR MEIOS PRÓPRIOS. ART. 129, VIII, CF/88. ART. 26, IV, LEI Nº 8.625/93. ART. 13, II, E 47 DO CPP. INCAPACIDADE DE REALIZAR A DILIGÊNCIA NÃO DEMONSTRADA. DESNECESSIDADE DE INTERMEDIAÇÃO DO PODER JUDICIÁRIO. INEXISTÊNCIA DE DIREITO LÍQUIDO E CERTO.

1. De acordo com a jurisprudência sedimentada nesta Corte, a intervenção do Poder Judiciário no sentido de determinar a realização de diligências requeridas pelas partes pressupõe a demonstração da sua real necessidade.

2. Hipótese em que não há indicação nos autos da existência de nenhum obstáculo para que o próprio Ministério Público requisite diretamente as providências almejadas.

ônus desnecessário ao intermediador, com violação do princípio constitucional da eficiência na administração pública (art. 37, *caput*, da CF).

Por conseguinte, revela-se prescindível o requerimento de devolução dos autos ao delegado de polícia a fim de que o mesmo requisite informações que podem ser requisitadas pelo próprio membro do

---

3. Agravo regimental desprovido.

(AgRg no RMS n. 37.607/RN, Quinta Turma, Rel. Ministro Moura Ribeiro, j. em 19/08/2014, DJe 26/8/2014)

AGRAVO REGIMENTAL NO RECURSO ESPECIAL. PROCESSUAL PENAL. CORREIÇÃO PARCIAL. REQUERIMENTO DE DILIGÊNCIA DO MINISTÉRIO PÚBLICO AO JUÍZO LOCAL. CAPACIDADE DE REALIZAÇÃO PELO PRÓPRIO PARQUET. ATRIBUIÇÃO CONSTITUCIONAL. DESNECESSIDADE DE INTERVENÇÃO DO PODER JUDICIÁRIO NA HIPÓTESE VERTENTE.

1. A Constituição Federal preceituou acerca do poder requisitório do Ministério Público para que pudesse exercer, da melhor forma possível, as suas atribuições de *dominus litis* e a defesa da ordem jurídica, do regime democrático e dos interesses sociais e individuais indisponíveis.

2. Ressalte-se que o referido poder conferido ao Parquet não impede o requerimento de diligências ao Poder Judiciário, desde que demonstre a incapacidade de sua realização por meios próprios. Precedentes.

3. Na hipótese vertente, contudo, o Ministério Público requereu ao Juízo que fosse requisitado da autoridade policial o laudo de exame toxicológico das substâncias apreendidas e o relatório do Sistema Disque Denúncia, sem demonstrar existir empecilho ou dificuldade para tanto.

4. Agravo regimental desprovido.

(AgRg no REsp 938.257/RS, Quinta Turma, Rel. Ministra Laurita Vaz, j. em 03/02/2011, DJe 21/02/2011)

PROCESSUAL PENAL. RECURSO ORDINÁRIO EM MANDADO DE SEGURANÇA. MINISTÉRIO PÚBLICO. REQUISIÇÃO DE DILIGÊNCIAS POR OCASIÃO DO OFERECIMENTO DA DENÚNCIA. INDEFERIMENTO PELO JUIZ. INEXISTÊNCIA DE DEMONSTRAÇÃO DA NECESSIDADE DE INTERMEDIAÇÃO DO PODER JUDICIÁRIO. DIFICULDADE EM REALIZAR AS DILIGÊNCIAS POR MEIO PRÓPRIO SEQUER ALEGADA. INEXISTÊNCIA DE DIREITO LÍQUIDO E CERTO.

I - Consoante entendimento deste e. Superior Tribunal de Justiça, o Poder Judiciário não está obrigado a deferir requisições pleiteadas pelo Ministério Público, senão quando demonstrada a real necessidade de sua intermediação (Precedentes).

II - *In casu*, não houve nem sequer alegação de dificuldade ou obstáculo para a realização das diligências pleiteadas pelo Ministério Público por meios próprios, o que exime a autoridade judiciária da obrigação de deferir a requisição, não havendo que se falar em direito líquido e certo do recorrente.

Recurso desprovido.

(RMS 28.358/SP, Quinta Turma, Rel. Ministro Felix Fischer, j. em 10/03/2009, DJe 13/04/2009)

Ministério Público, ou com indicação de diligências sem vínculo com a apuração de infração penal, exemplos os quais legitimariam seu indeferimento pelo juiz.

No entanto, o Código de Processo Penal não prevê expressamente como o juiz deverá proceder nos casos de indeferimento do requerimento de devolução dos autos do Ministério Público. No caso da diligência não ter o delegado de polícia como destinatário final da sua execução, vislumbra-se logicamente a possibilidade do juiz restituir os autos ao *parquet*, para o devido encaminhamento. Contudo, no caso da diligência, apesar de corretamente endereçada, revelar-se manifestamente prescindível no seu mérito, não pode o juiz simplesmente restituir os autos ao Ministério Público, tendo em vista a sua titularidade da ação penal pública, consagrada no art. 129, I da CF, a partir da qual eventual divergência sobre o oferecimento ou não de denúncia, deve, em princípio, ser resolvida no âmbito do próprio Ministério Público.

Nesta última hipótese, restaria à autoridade judicial aplicar por analogia, o art. 28 do CPP – em sua redação original, ainda em vigor[847] – o qual prevê que, caso este considere improcedentes as razões invocadas pelo Ministério Público ao requerer o arquivamento do inquérito policial, fará sua remessa procurador-geral, e este oferecerá a denúncia, designará outro órgão do Ministério Público para oferecê-la, ou insistirá no pedido, ao qual só então estará o juiz obrigado a atender.

Portanto, caso o juiz considere improcedentes as razões invocadas pelo Ministério Público ao requerer a devolução do inquérito policial ao delegado de polícia para realização de diligência, fará sua remessa procurador-geral, e este oferecerá a denúncia (ou requererá seu arquivamento), designará outro órgão do Ministério Público para tanto, ou insistirá no pedido, ao qual só então estará o juiz obrigado a atender.

Como já indicado no início deste item, outro aspecto limitador do requerimento de devolução do inquérito policial pelo Ministério Público é que, de acordo com o art. 46 do CPP, o mesmo só se aplica aos casos em que o indiciado estiver solto. Caso haja indiciado(s) preso(s) ao final do inquérito policial, o Ministério Público deverá necessariamente oferecer denúncia no prazo indicado no referido dispositivo, a qual deverá

---

847 Cf. nota no 489.

estar acompanhada do inquérito policial (art. 12 do CPP[848])[849], requisitando em apartado e diretamente ao delegado de polícia as diligências que fundamentadamente entender imprescindíveis para a completa elucidação do caso, com fulcro no art. 129, VIII da CF e art. 13, II do CPP.

Caso o Ministério Público desatenda ao art. 46, do CPP, requerendo a devolução dos autos em que houver indiciado preso para realização de diligências imprescindíveis, vislumbra-se igualmente a possibilidade do juiz restituir-lhe os autos para que proceda conforme o art. 129, VIII da CF e art. 13, II do CPP, uma vez tratar-se, em princípio, de error in procedendo, e não de efetiva divergência sobre o oferecimento ou não de denúncia.

3.4.1.8.3.2 Pedido de arquivamento

Pode também o Ministério Público, ao analisar as conclusões do inquérito policial, entender que neste se comprovou não haver crime, ou que não se mostra possível ou viável se demonstrar sua materialidade e autoria. Nesta hipótese, deverá requerer o arquivamento dos autos ao Juízo (art. 28 "1ª parte", do CPP), no prazo que dispõe para o oferecimento da denúncia, qual seja, 5 dias, se o indiciado estiver preso, ou 15 dias, se este estiver solto ou não houver indiciados (art. 46 do CPP).

O juiz, em princípio, não está vinculado, por sua vez, ao pedido de arquivamento do Ministério Público, aplicando-se o art. 28 do CPP – em sua redação original, ainda em vigor[850] – devendo o mesmo, caso

---

848 Art. 12 do CPP:
"Art. 12. O inquérito policial acompanhará a denúncia ou queixa, sempre que servir de base a uma ou outra".

849 Sobre o art. 3º-C, § 3º do CPP, introduzido pela Lei nº 13.964/2019, o qual teria revogado o art. 12 do CPP, e a suspensão de sua eficácia pelo Supremo Tribunal Federal, cf. nota nº 346.

850 A Lei nº 13.964/2019 deu nova redação ao art. 28 do CPP para conferir ao Ministério Público a prerrogativa de, *interna corporis*, promover o arquivamento do inquérito policial, nos seguintes termos:
"Art. 28. Ordenado o arquivamento do inquérito policial ou de quaisquer elementos informativos da mesma natureza, o órgão do Ministério Público comunicará à vítima, ao investigado e à autoridade policial e encaminhará os autos para a instância de revisão ministerial para fins de homologação, na forma da lei.
§ 1º Se a vítima, ou seu representante legal, não concordar com o arquivamento do inquérito policial, poderá, no prazo de 30 (trinta) dias do recebimento da comunicação, submeter a matéria à revisão da instância competente do órgão ministerial, conforme dispuser a respectiva lei orgânica.

considere improcedentes as razões invocadas, fazer a remessa do inquérito ou peças de informação ao procurador-geral, ou Câmara de Cordenação e Revisão[851], que oferecerá a denúncia ou designará outro órgão

> § 2º Nas ações penais relativas a crimes praticados em detrimento da União, Estados e Municípios, a revisão do arquivamento do inquérito policial poderá ser provocada pela chefia do órgão a quem couber a sua representação judicial".
>
> Com a referida alteração legislativa, pretendeu-se, em princípio, consolidar tendência de reservar o controle jurisdicional para a efetivação do status negativo dos direitos fundamentais, atuando nos excessos do Estado durante a persecução penal. O controle das omissões do Estado durante a persecução penal, no que tange ao ajuizamento de ação penal pública, seria exercido no âmbito do próprio órgão de acusação, o que não afasta eventual posterior controle jurisdicional, exercido nos termos do art. 5º, XXXV da CF ("a lei não excluirá da apreciação do Poder Judiciário lesão ou ameaça a direito"), mediante provocação do interessado.
>
> Para tanto, observa-se que, o referido dispositivo legal impôs ao Ministério Público a obrigação de comunicar ao ofendido (vítima) o arquivamento do inquérito policial, ao encaminhar os autos para a instância administrativa de revisão ministerial para fins de homologação. No prazo de 30 (trinta) dias do recebimento da referida comunicação, poderá o fendido ou seu representante legal, recorrer administrativamente do arquivamento do inquérito policial, caso não concordar com os seus fundamentos.
>
> Caso a instância de revisão ministerial mantenha o arquivamento, indeferindo o recurso administrativo do ofendido, poderá este ainda submeter a matéria ao Poder Judiciário, com fulcro no acima citado art. 5º, XXXV da CF, enquanto não extinta a pretensão punitiva. Caso o arquivamento tenha sido promovido por falta de lastro probatório para oferecimento de denúncia, não se vislumbra, contudo, a possibilidade de adoção de medida diversa da prevista na redação original do art. 28 do CPP, tendo em vista a independência funcional do Ministério Público (art. 127, § 1º da CF).
>
> Entretanto, o Supremo Tribunal Federal, por meio de medida cautelar concedida na ADI 6.299 MC/DF pelo Ministro Relator Luiz Fux em 22/01/2020, suspendeu, por tempo indeterminado, a eficácia da nova redação do art. 28, *caput*, do CPP, introduzido pela Lei nº 13.964/2019. Na referida decisão, entendeu-se que a referida alteração legislativa padeceria de possível inconstitucionalidade material, em razão da ausência de dotação orçamentária, com violação da autonomia dos Ministérios Públicos, assim como de estudo de impacto prévio para implementação da lei, e do seu impacto na eficiência da persecução penal no país.

851 De acordo com o artigo 62, IV, da LC nº 75/1993 (Lei Orgânica do Ministério Público da União), compete às Câmaras de Coordenação e Revisão se manifestar "sobre o arquivamento de inquérito policial, inquérito parlamentar ou peças de informação, exceto nos casos de competência originária do Procurador-Geral".

Desta forma, caso o juiz discorde do pedido de arquivamento do membro do Ministário Público da União, incumbe as referidas câmaras manifestarem-se para confirmá-lo ou pela designação outro membro para oferecer a denúncia, salvo quando tal atribuição incumbir originariamente ao Procurador-Geral, como, por

do Ministério Público para oferecê-la, ou insistirá no pedido de arquivamento, ao qual só então estará o juiz obrigado a atender[852].

Por sua vez, a natureza jurídica da decisão que decreta o arquivamento do inquérito policial, em acolhimento ao pedido do Ministério Público, irá variar a depender do motivo que a ensejou.

Ao se analisar os motivos pelos quais são arquivados os inquéritos policiais, observa-se que das respectivas decisões judiciais efetivamente podem ter autoridade de coisa julgada material[853], impedindo a retomada das investigações, como nos casos de causa extintiva de punibilidade[854], nulidades absolutas, evidente atipicidade penal do fato[855] ou sua inexistência, o que equipararia a decisão de arquivamento a uma sentença[856].

---

exemplo, em alguns casos de foro por prerrogativa de função. Neste sentido, NUCCI, Guilherme de Souza. *Manual de processo penal e execução penal*. 2ª Ed. - São Paulo: RT, 2006, p. 160.

852 Neste particular, há no Supremo Tribunal Federal precedente no qual se entendeu não ser possível ao Juiz determinar de ofício novas diligências de investigação no inquérito cujo arquivamento é requerido pelo Procurador Geral do Ministério Público (HC 82507/SE, 1ª Turma, Rel. Min. Sepúlveda Pertence, j. em 10/12/2002, DJ 19.12.2002).

853 A preclusão das vias recursais e impugnativas contra a sentença torna a existência do ato judicial formalmente imutável pelo mesmo órgão ou por outro, fazendo coisa julgada formal. Uma vez ocorrida a coisa julgada formal, diante da imutabilidade da sentença, os efeitos produzidos por esta sobre o caso também se tornam imutáveis, ao que se chama de coisa julgada material. Portanto, a coisa julgada formal é pressuposto da coisa julgada material, sendo que esta ocorre apenas nas sentenças definitivas.

854 Neste sentido, STF – HC 94.982/SP – 1ª Turma, Rel. Min. Carmen Lúcia, j. em 31/03/2009, DJe 08/05/2009, STF – HC 80.772/PR – 1ª Turma, Rel. Min. Sepúlveda Pertence, j. em 03/04/2001, DJU 29/06/2001; STJ – RHC 8.987/SP – 6ª Turma, Rel. Min. Vicente Leal, j. em 14/03/2000, DJU 10/04/2000.

855 Neste sentido, STF, Inq 3.114/ PR, Tribunal Pleno, Rel. Min. Dias Toffoli, j. em 26/05/2011, DJe-163 25/08/2011; STF, Inq 2.934/AC, Tribunal Pleno, Rel. Min. Dias Toffoli, j. em 25/11/2010, DJe, 22/02/2011; STF, HC 84.156/MT, 2ª Turma, Rel. Min. Celso de Mello, j. em 26/10/2004, DJ de 11/02/2005; STF, HC 80.560/GO, 1ª Turma, Rel. Min. Sepúlveda Pertence, j. em *20/02/2001*, DJU 30/03/2001; STJ, RHC 9.118/RS – 6ª Turma, Rel. Min. Vicente Leal, j. em 14/03/2000, DJU 03/04/2000.

856 Neste ponto, cf. SANTORO, Antonio Eduardo Ramires. Arquivamento do Inquérito Policial: uma análise sobre a imutabilidade dos seus efeitos. *Revista Brasileira de Direito Processual Penal*, Porto Alegre, vol. 4, n. 3, set./dez., 2018, p. 1095-1118, para quem a partir da análise das sentenças penais de rejeição da denúncia ou queixa (art. 395 do CPP), da homologação da transação penal (art. 76 da Lei nº 9.099/1995) e da homologação da composição dos danos civis (art.

Aqui, cumpre rememorar que, nos casos de causa extintiva de punibilidade ou de nulidades absolutas, dispensa-se o pedido de arquivamento dos autos oriundo do Ministério Público, devendo o juiz, ao receber os autos do inquérito policial do delegado de polícia, desde logo exercer o controle de sua legalidade, prontamente arquivando-o. É que, conforme já pontuado no item 3.4.1.8.2, em tais casos, é admitida sua atuação de ofício, independentemente de provocação, assim como lhe é autorizada a concessão de *habeas corpus* de ofício (arts. 61, 109 e 654, § 2º do CPP). Portanto, em tais hipóteses, o pedido de arquivamento do Ministério Público possui função supletiva à atuação judicial[857], cabendo-lhe provocar o juízo em caso de omissão, pleiteando-lhe que seja declarada a extinção de punibilidade, ou a anulação de quaisquer ilegalidades insanáveis, já que não é obrigado a iniciar o processo penal com base em investigação criminal arbitrária ou ilegal ou de crime que não sejam mais passível de punição.

Nestas hipóteses, constata-se que o pedido de arquivamento de um inquérito policial que verse sobre crime de ação penal pública pelo Ministério Público é supletivo ao controle externo jurisdicional efetivado pelo Poder Judiciário em face da polícia judiciária, cabendo primeiramente ao próprio juiz, de ofício, evidenciá-las, partindo ou não dos fundamentos do relatório do delegado de polícia na qualidade de presidente do inquérito policial, além do próprio indiciado ou investigado, enquanto titular dos direitos violados, e não apenas ao *parquet*.

---

74 da Lei nº 9.099/1995), constata-se que a existência de um processo não é condição para a existência de uma sentença penal, considerada esta como o ato judicial que enfrenta ou impede que se enfrente o caso penal.

857 Alinhado com esta linha de intelecção, encontra-se o art. 231, § 4º do Regimento Interno do Supremo Tribunal Federal, que, ao dispor sobre o arquivamento de inquéritos policiais que tramitam petante a referida corte, assim dispôs:

"Art. 231. [...]

§ 4º *O Relator tem competência para determinar o arquivamento*, quando o requerer o Procurador-Geral da República ou *quando verificar*:

a) a existência manifesta de causa excludente da ilicitude do fato;

b) a existência manifesta de causa excludente da culpabilidade do agente, salvo inimputabilidade;

c) que o fato narrado evidentemente não constitui crime;

d) extinta a punibilidade do agente; ou

e) ausência de indícios mínimos de autoria ou materialidade, nos casos em que forem descumpridos os prazos para a instrução do inquérito ou para oferecimento de denúncia (grifo nosso)".

Tal pedido de arquivamento pelo Ministério Púbico é, portanto, primordialmente voltado para os casos em que os fundamentos do arquivamento forem relacionados à qualidade das provas colhidas na investigação, no qual se revela indispensável a análise ministerial quanto a (in)consistência do quadro probatório para o ajuizamento de ação penal pública mediante oferecimento da denúncia[858].

Em tais casos, a decisão do juiz que acolhe o pedido de arquivamento do Ministério Público não apresenta característica equiparável a uma sentença, por não ter autoridade de coisa julgada material[859], sendo, portanto, um ato de natureza administrativa lato sensu, que, determina o encerramento das investigações. Em face dos fundamentos de tais decisões de arquivamento, não haveria, em princípio, efeito de coisa julgada, tampouco preclusão, podendo a persecução criminal ser retomada enquanto não extinta a punibilidade, como pode-se observar pera redação do art. 18 do CPP, o qual estatui, in verbis, que "Depois de ordenado o arquivamento do inquérito pela autoridade judiciária, **por falta de base para a denúncia**, a autoridade policial poderá proceder a novas pesquisas, se de outras provas tiver notícia".

Tal artigo, por sua vez, teve sua interpretação consolidada à luz do Enunciado no 524 da Súmula do STF[860], o qual dispõe que, arquivado o inquérito policial pelo juiz, a requerimento do Ministério Público, não pode a ação penal ser iniciada, "sem novas provas"[861].

---

858 Art. 41 do CPP:
  "Art. 41. A denúncia ou queixa conterá a exposição do fato criminoso, com todas as suas circunstâncias, a qualificação do acusado ou esclarecimentos pelos quais se possa identificá-lo, a classificação do crime e, quando necessário, o rol das testemunhas".
859 Convém pontuar que, nessas hipóteses, a decisão de arquivamento do inquérito policial nem sequer faz coisa julgada formal, uma vez que em que pese não haver para esta previsão uma via impugnativa ou recursal específica na lei processual penal, é possível, até a extinção da pretensão punitiva pela prescrição, a sua modificação pela reabertura das investigações com base no art. 18 do CPP. Em sentido contrário, ao entendimento de que todos os atos de arquivamento do inquérito policial fazem coisa julgada formal, uma vez precluídas as vias recursais, tornando sua existência, enquanto ato, imutável, SANTORO, Antonio Eduardo Ramires. Arquivamento do Inquérito Policial: uma análise sobre a imutabilidade dos seus efeitos. *Revista Brasileira de Direito Processual Penal*, Porto Alegre, vol. 4, n. 3, set./dez., 2018, p. 1112.
860 Enunciado no 524 da Súmula do STF: "Arquivado o inquérito policial, por despacho do juiz, a requerimento do promotor de justiça, não pode *a ação penal ser iniciada*, sem novas provas".
861 Neste sentido, confira-se o seguinte julgado do Superior Tribunal de Justiça:

Contudo, ao se confrontar o texto legal com o referido enunciado, observa-se que, enquanto o comando legal exige apenas a notícia de novas provas para a retomada das investigações, a jurisprudência requereu a efetiva existência de nova prova para o início da ação penal.

Afrânio Jardim, bem distingue o escopo de aplicação do dispositivo legal e o enunciado jurisprudencial, apesar de, na prática, o desarquivamento do inquérito policial ter sido examinado e resolvido por meio da automática aplicação Enunciado n° 524 da Súmula do STF, como se este fosse uma interpretação extensiva do art. 18 do CPP. Para o referido autor, as regras possuem ambos de incidência diversos, sendo que, enquanto o art. 18 regula o desarquivamento do inquérito policial, autorizando-o quando houver notícia de novas provas, o Enunciado n° 524 condicionou o ajuizamento da ação penal a efetiva existência de nova prova, quando esta estiver lastreada em inquérito policial arquivado[862].

Portanto, se o motivo do arquivamento for a falta de condição de procedibilidade (ex. ausência de representação), excludente de ilicitu-

---

HABEAS CORPUS. HOMICÍDIO CULPOSO NA DIREÇÃO DE VEÍCULO AUTOMOTOR. PEDIDO DE ARQUIVAMENTO ACOLHIDO PELO JUIZ DO PROCESSO. ALEGAÇÃO DE SURGIMENTO DE NOVAS PROVAS. DESARQUIVAMENTO E INSTAURAÇÃO DE AÇÃO PENAL. DEPOIMENTO DE TESTEMUNHAS ANTERIORMENTE OUVIDAS. AUSÊNCIA DE PROVAS SUBSTANCIALMENTE NOVAS. CONSTRANGIMENTO ILEGAL CARACTERIZADO.

1. "Arquivado o inquérito policial, por despacho do juiz, a requerimento do Promotor de Justiça, não pode a ação penal seriniciada, sem novas provas" (Súmula 524/STF). 2. No caso, o representante do Ministério Público se valeu de depoimento prestado por duas testemunhas durante o trâmite de processo cível. Essas pessoas já tinham sido ouvidas durante o curso do inquérito policial. 4. *As provas capazes de autorizar o desarquivamento do inquérito e consequente início da ação penal hão de ser substancialmente inovadoras, não bastando sejam formalmente novas.* 5. Na hipótese, não há falar em prova nova, pois, entre o primeiro e segundo depoimentos prestados pelas mesmas testemunhas, houve uma natural divergência, explicável não somente pelo decurso do tempo (aproximadamente três anos), mas também pela condução das perguntas, ora feita pelos advogados da parte autora no processo cível; ora feita pelo advogado da empresa proprietária do coletivo; ora pelo douto Promotor de Justiça. 6. Entre as versões exaradas nos dois depoimentos não houve substancial mudança, a viabilizar o desarquivamento do inquérito e instauração da persecução penal. 7. Ordem concedida, com o intuito de determinar seja trancada a ação penal movida contra o ora paciente (Processo nº 97/04 – 2ª Vara Criminal da Comarca de Campo Limpo Paulista). STJ – HC 122328 / SP, 6ª Turma, Rel. Min. Og Fernandes, j. em 19/11/2009, DJe 14/12/2009.

862 JARDIM, Afrânio Silva. *Direito Processual Penal*. 11ª ed. rev. e atual. Rio de Janeiro: Forense, 2002, p. 173.

de[863], ou ausência de justa causa, assim como em casos arquivados em razão de autoria não identificada, ocorrendo notícia de prova substancialmente inovadora que justifique a retomada das investigações ou que atenda a condição não satisfeita enquanto não extinta a punibilidade, caberá o desarquivamento.

A decisão de desarquivamento possui a mesma natureza administrativa da sua antecessora decisão de arquivamento, determinando o reinício das investigações paralisadas ao reconhecer o surgimento de nova prova, enquanto não extinta a punibilidade. A fim de se resguardar a segurança jurídica e os direitos fundamentais dos ex-investigados, e levando-se em conta a sistemática legal, embora ao Código de Processo Penal não preveja expressamente, o mesmo Juízo que determinou o arquivamento deve intervir também no desarquivamento das investigações mediante provocação do delegado de polícia, ou do membro do Ministério Público que tomar conhecimento da nova prova[864].

Portanto, ao ter notícia da existência de nova prova referente a um inquérito já arquivado, deve o delegado de polícia, ao tempo em que verifica a procedência das informações mediante novas pesquisas (art. 5 § 3º c/c art. 18 do CPP), tomar conhecimento do motivo pelo qual o mesmo anteriormente foi arquivado (que podem não ser os mesmos alegados no relatório que o concluiu), a fim de analisar a possibilidade de reabertura da investigação. Concluindo pela viabilidade jurídica da

---

863 Neste sentido STF, HC 95211/ES, 1ª Turma, Rel. Min. Carmem Lúcia, j. em 10/03/2009, DJe-160 22/08/2011. No referido julgado, após analisar farta jurisprudência do Supremo Tribunal Federal em casos em que a corte examinou apenas a tipicidade, um dos elementos que faz configurar a coisa julgada material quando do arquivamento do inquérito policial, entendeu-se que, na hipótese, a intenção do acusado é afastar não a tipicidade, mas a ilicitude, "que se comprova por novas provas ensejando, pelo menos teoricamente, a possibilidade de prosseguimento".

864 Em sentido diverso, posiciona-se Afrânio Jardim para quem, em razão do Juiz não estar exercendo o controle da obrigatoriedade da ação penal, velando pelo princípio acusatório, a sistemática do desarquivamento deveria se processar dentro do Ministério Público, dependendo a autoridade policial de respectiva manifestação ministerial para a retomada das investigações (*Direito Processual Penal*. 11ª ed. rev. e atual. Rio de Janeiro: Forense, 2002, p. 175-176).

Com a produção dos efeitos da nova redação do art. 28 do CPP inserida pela Lei nº 13.964/2019, ora suspensa por decisão na ADI 6299 MC/DF pelo Ministro Relator Luiz Fux em 22/01/2020 (cf. nota nº 850), o desarquivamento do inquérito policial, uma vez efetuado pelo Ministério Público, dependeria de sua autorização, concretizando o entendimento perfilado pelo referido autor.

retomada da apuração, deve em seguida requerer o desarquivamento do inquérito policial ao juízo que o arquivou[865], a quem recomenda-se previamente colher a manifestação do órgão do Minstério Público que requereu o arquivamento.

Reaberto o inquérito policial, deverá o delegado de polícia, quando do seu novo encerramento, confeccionar novo relatório conclusivo, compreendendo o período referente investigação realizada após o desarquivamento.

3.4.1.8.3.3 Proposição de transação penal

Na hipótese de inquéritos policiais que versem sobre crimes de menor potencial ofensivo, e atendendo o(s) indiciado(s) aos requisitos legais, deverá o membro do Ministério Publico propor transação penal[866], consistente na aplicação imediata de pena restritiva de direitos ou multa, sem que seja, a rigor, iniciado o processo penal mediante oferecimento de denúncia.

Aqui, vale ressaltar que o termo circunstanciado, o qual foi tratado no item 3.4.1.5.2.2.3, aplica-se a situações de flagrante delito de infrações penais de menor potencial ofensivo, sendo aplicável a formalização de inquérito policial instaurado mediante portaria aos demais casos dessa natureza em que não houver estado de flagrância.

Vale ainda rememorar que conceito de infração de menor potencial ofensivo encontra-se atualmente delineado nos seus arts. 61 e 90-A, cujas redações foram determinadas pelas Leis nº 11.313/2006 e 9.839/1999, assim como pelo art. 2º da Lei nº 10.259/2001, de forma

---

865 Em sentido semelhante, MIRABETE, Julio Fabbrini. *Processo Penal*. 8ª Ed. rev. e atual. São Paulo: Atlas, 1998, p. 98. Aqui, entende-se, com base no art. 18 do CPP, que em razão do arquivamento ser determinando com base no princípio estatuído pelo brocardo latino *rebis sic stantibus*, ("assim estando as coisas"), pode o delegado de polícia, de ofício e independentemente do juiz ou *parquet*, proceder a pesquisas sobre a nova prova.

866 Art. 98, I da CF:
"Art. 98. A União, no Distrito Federal e nos Territórios, e os Estados criarão:
I - *juizados especiais*, providos por juízes togados, ou togados e leigos, *competentes para a conciliação, o julgamento e a execução de* causas cíveis de menor complexidade e *infrações penais de menor potencial ofensivo*, mediante os procedimentos oral e sumaríssimo, *permitidos, nas hipóteses previstas em lei, a transação* e o julgamento de recursos por turmas de juízes de primeiro grau [...]" (grifo nosso).

a compreender as contravenções penais e os crimes a que a lei comine pena privativa de liberdade máxima não superior a 2 (dois) anos, cumulada ou não com multa, ressalvados os crimes de natureza militar. Para tanto, devem também ser computadas, para fixação de pena máxima, eventuais causas de aumento (em sua maior proporção) ou diminuição de pena (em sua menor proporção) que se mostrem incidentes. Em caso de concurso material de crimes, devem suas penas privativas de liberdade, quando somadas, não superar o prazo máximo de 2 (dois) anos (art. 69 do CP) para a aplicação dos demais dispositivos da Lei nº 9.099/1995, assim como, em casos de concurso formal, deve ser computado, para este fim, eventual causa de aumento (em sua maior proporção de metade, se os delitos tiverem mesma pena) deste decorrente (art. 70 do CP).

Ao receber um inquérito policial que verse sobre crimes de menor potencial ofensivo, deverá o juiz, caso seja competente para tanto, aplicar o rito da Lei nº 9.099/1995, designando data próxima para realização de audiência preliminar, da qual serão intimados indiciado(s), ofendido e o membro do Ministério Público (arts 70, 71 e 72, *caput*).

Na audiência preliminar, tratando-se de crime de ação penal pública incondicionada, ou se condicionada, havendo representação do ofendido, e não sendo caso de arquivamento, deverá o membro do Ministério Público propor transação penal, consistente na especificada aplicação imediata de pena restritiva de direitos ou multa, previstas nos arts. 43 a 49 do CP. Aqui, vale ressaltar que, embora o art. 76 *caput* da Lei nº 9.099/1995 utilize a expressão "poderá", atendidos os requisitos legais, é *dever* do Ministério Público propor transação penal, a qual é em contrapartida, um direito subjetivo do indiciado.

Contudo, não terá o indiciado o referido direito, se ficar comprovado que foi condenado pela prática de crime à pena privativa de liberdade, por sentença definitiva; ou beneficiado anteriormente, no prazo de cinco anos, pela aplicação de pena restritiva ou multa (art. 76, § 2º, I e II). Da mesma forma, não será admitida proposta de transação penal quando a adoção da medida não for suficiente para a repressão da infração penal, a partir dos antecedentes, conduta social e a personalidade do indiciado, bem como os motivos e as circunstâncias da infração penal (art. 76, § 2º, III). Nesta hipótese, contudo, deve o membro do Ministério Público fundamentar por quê tais fatores tornariam insuficiente a proposição de aplicação imediata de pena restritiva de direitos ou multa.

Aceita a proposta de transação penal pelo indiciado e seu defensor, esta será submetida à apreciação do Juiz, o qual, caso a homologue após verificar sua regularidade, aplicará a pena restritiva de direitos ou multa. O cumprimento de tal pena *não importará em reincidência, sendo registrado* apenas para impedir novamente o mesmo benefício no prazo de cinco anos, também não constando de certidão de antecedentes criminais. (art. 76 §§ 3º, 4º e 6º).

Em caso de descumprimento das penas fixadas na transação penal, abre-se a possibilidade do Ministério Público iniciar o processo penal mediante oferecimento de denúncia[867], dando seguimento ao rito sumaríssimo da Lei nº 9.099/1995.

3.4.1.8.3.4 Proposição de acordo de não persecução penal

Caso o inquérito policial em que o indiciado tenha confessado crime sem violência ou grave ameaça e com pena mínima inferior a 4 (quatro) anos, e atendendo o(s) indiciado(s) aos requisitos legais, deverá o membro do Ministério Publico propor acordo de não persecução penal, consistente no ajuste cumulativo ou alternativo das seguintes condições: 1) Reparação do dano ou restituição da coisa ao ofendido, exceto na impossibilidade de fazê-lo; 2) Renúncia voluntária a bens e direitos indicados como instrumentos, produto ou proveito do crime; 3) Prestação de serviço à comunidade ou a entidades públicas por período correspondente à pena mínima cominada ao delito diminuída de um a dois terços; 4) Pagamanto de prestação pecuniária a entidade pública ou de interesse social. Tal rol não exclui a possibilidade de que outras condições sejam estipuladas pelo Ministério Público, desde que por prazo determinado, proporcional e compatível com o crime imputado (art. 28-A I a V do CPP, incluídos pela Lei nº 13.964/2019).

O acordo deverá ser proposto, em princípio, no prazo que dispõe o Ministério Público para oferecimento da denúncia (art. 46 do CPP), quais sejam, 5 dias, se o indiciado estiver preso, ou de 15 dias, se este estiver solto (ou não houver indiciados).

Para aferir se pena mínima do crime imputado é inferior a 4 (quatro) anos, devem também ser computadas eventuais causas de aumento

---
867 Neste sentido, STF, RE 602072/RS QO-RG, Tribunal Pleno, Rel. Min. Cezar Peluso, j. em 19/11/2009, Dje 26/02/2010; STJ, HC 188.959/DF, Quinta Turma, Rel. Min. Jorge Mussi, j. em 20/20/2011, DJe 09/11/2011.

(em sua maior proporção) ou diminuição de pena (em sua menor proporção) que se mostrem incidentes (art. 28-A, § 1º do CPP). Em caso de concurso material de crimes, devem suas penas privativas de liberdade, quando somadas, não superar o referido limite, assim como, em casos de concurso formal, deve ser computado, para este fim, eventual causa de aumento (em sua maior proporção de metade, se os delitos tiverem mesma pena) deste decorrente (art. 70 do CP).

Cuida-se, portanto, de acordo entre o indiciado e o Estado-acusação, por meio do qual aquele confessa o delito em troca do cumprimento de condições mais benéficas do que a pena cominada no crime, resolvendo mais rapidamente o caso. O objetivo inicial seria racionalizar a persecução criminal quando se tratar da apuração de crimes de médio potencial ofensivo praticados sem violência ou grave ameaça.

Contudo, tal objetivo foi severamente desvirtuado durante a célere tramitação no Congresso Nacional do Projeto de Lei nº 1.864/2019 (alcunhado de "Pacote Anticrime"), que deu origem a Lei nº 13.964/2019, a qual, inseriu o art. 28-A no CPP, dentre outros dispositivos.

Naquele, o art. 28-A originalmente previa no seu *caput* a aplicabilidade do acordo de não persecução penal a crimes sem violência ou grave ameaça "com pena *máxima não superior* a quatro anos", o que apresentava total coerência com o referido objetivo, uma vez que estes são os mesmos crimes em que se admite aplicação de penas restritivas de direito em substituição a condenações por penas privativas de liberdade (art. 44, I do CP). Desta forma, considerando-se que as demais condições para tal substituição previstas no art. 44, II e III do CP[868] são

---

868 Art. 44 do CP:

"Art. 44. As penas restritivas de direitos são autônomas e substituem as privativas de liberdade, quando:

I – aplicada pena privativa de liberdade não superior a quatro anos e o crime não for cometido com violência ou grave ameaça à pessoa ou, qualquer que seja a pena aplicada, se o crime for culposo;

II – o réu *não for reincidente em crime doloso*;

III – a culpabilidade, os *antecedentes*, a *conduta social* e a *personalidade do condenado*, bem como os *motivos* e as *circunstâncias* indicarem que essa substituição seja suficiente".

[...]

Art. 28-A, § 2º, II do CPP:

"Art. 28-A [...]

parecidas às previstas no art. 28-A, § 2º, II do CP, podia-se afirmar que, no referido projeto de lei, o acordo de não persecução penal, de fato, tinta por objeto crimes de médio potencial ofensivo, cuja eventual condenação provavelmente redundaria na aplicação de penas restritivas de direito em substituição a pena privativa de liberdade.

Contudo, no art. 28-A no CPP inserido pela Lei nº 13.964/2019, a qual, previu-se a aplicação do acordo de não persecução penal a crimes sem violência ou grave ameaça "com pena *mínima inferior* a 4 (quatro) anos". Com isso, o acordo de não persecução penal teve a sua abrangência assistematicamente alargada para abarcar crimes que – embora de alto potencial ofensivo, com penas máximas superiores a quatro anos, que sujeitariam o condenado a cumprimento de pena privativa de liberdade – possuam pena mínima inferior a quatro anos – como corrupção (arts. 317 e 333 do CP), concussão (art. 316 do CP), lavagem de dinheiro (art. 1º da Lei nº 9.913/1998 – os quais, por possuírem penas máximas acima de oito anos, sujeitariam o condenado a eventualmente iniciar o cumprimento de pena em regime fechado (art. 33, § 2º, "a" do CP) – bem como o tráfico de drogas privilegiado (art. 33, § 4º da Lei nº 11.343/2006).

Diante disso, a apuração do dano causado e do proveito que o indiciado obteve com o crime em toda a sua extensão, consolida uma importância praticamente tão importante quanto apuração da própria autoria delitiva na maioria dos tipos penais, uma vez que, uma apuração do parcial do dano e proveito, implicaria em um eventual acordo de persecução penal vantajoso para o indiciado, que auferiria lucro com a prática delitiva, restituindo apenas uma parte do que deveria.

Por outro lado, uma apuração incompleta do dano e proveito do crime tornaria a perspectiva de um acordo de não persecução penal ainda mais vantajosa para o indiciado confesso por crimes como os acima mencionados, se comparável à colaboração premiada (tratada no item 3.4.1.6.3.3.1). Afinal, porque o indiciado confesso, além de se expor perante demais coautores e partícipes, deveria se submeter a ânsia prolongada de um processo judicial, ao risco de, quando do seu julga-

---

§ 2º O disposto no *caput* deste artigo *não se aplica* nas seguintes hipóteses:

II - se o investigado for *reincidente ou se houver elementos probatórios que indiquem conduta criminal habitual, reiterada ou profissional,* exceto se insignificantes as infrações penais pretéritas (grifo nosso)".

mento, não ter sua colaboração considerada efetiva e não obter o perdão judicial, redução da pena ou sua substituição por penas restritivas de direitos objeto do acordo de colaboração premiada se, apenas com o atendimento das condições de um acordo de não persecução penal, a rigor nem sequer responderia ao processo penal[869]?

Aqui, vale ainda ressaltar que, embora o art. 28-A *caput* do CPP se valha da expressão "poderá", atendidos os requisitos legais, é *dever* do Ministério Público propor o acordo de não persecução penal, o qual é, em princípio, um direito subjetivo do indiciado. No caso de recusa, por parte do Ministério Público, em propor o acordo de não persecução penal, o indiciado poderá requerer a remessa dos autos à sua Câmara de Revisão, para a efetivação do seu direito (art. 28-A § 14º do CPP)[870].

Todavia, não terá o indiciado o referido direito, se seu indiciamento for por crimes praticados no âmbito de violência doméstica ou familiar, ou praticados contra a mulher por razões da condição de sexo feminino, ou se o indiciado for reincidente ou houver elementos probatórios que indiquem conduta criminal habitual, reiterada ou profissional, exceto se insignificantes as infrações penais pretéritas (art. 28-A, § 2º, II e IV).

Da mesma forma, não será admitido acordo de não persecução penal se se for cabível transação penal, o se indiciado tiver sido beneficiado em transação penal acordo de não persecução penal ou suspensão condicional do processo nos 5 (cinco) anos anteriores ao cometimento da infração (art. 28, § 2º, I e III). Como os requisitos para a transação penal, vistos no item anterior, são mais amplos do que o do acordo de não persecução penal, é possível que em casos de crimes de menor potencial ofensivo, os antecedentes, conduta social e a personalidade do indiciado, bem como os motivos e as circunstâncias da infração penal, indiquem que a transação penal não seja suficiente para a repressão da

---

869 Por isso, acredita-se que a alteração da expressão "pena *máxima não superior a quatro anos*" para "pena *mínima inferior* a 4 (quatro) anos" no *caput* do art. 28-A do CPP, ocorrida durante a tramitação do Projeto de Lei nº 1.864/2019, teve, por objetivo, "esvaziar" aplicação da colaboração premiada, por meio da qual políticos de todas as esferas estavam sendo frequentemente envolvidos em inquéritos policiais que investigavam crimes contra a administração pública.

870 Neste sentido, STF, HC *194.677/SP, 2ª Turma, Rel. Min. Gilmar Mendes, j. em 11/05/2021. Aqui,* concedeu-se parcialmente, *habeas corpus* para enviar para a Câmara de Revisão do Ministério Público Federal ato de membro que negou acordo de não persecução penal a uma venezuelana condenada por tráfico internacional de drogas privilegiado.

infração penal, mas, para tanto, seja adequado e necessário acordo de não persecução penal, em razão das suas condições serem mais abrangentes.

Uma vez avençado, acordo de não persecução penal será formalizado por escrito, e será firmado pelo membro do Ministério Público, pelo indiciado e por seu defensor. Para a homologação do acordo, será realizada audiência na qual o juiz deverá verificar a sua legalidade e voluntariedade, por meio da oitiva do indiciado na presença do seu defensor (art. 28-A §§ 3º e 4º). Constatado o atendimento aos requisitos legais para o acordo, o juiz a quem competir a sua homologação deverá – além de examinar a verossimilhança da confissão, verificando se a mesma é corroborada por outros elementos de convicção constantes no inquérito policial que subsidiou o acordo – verificar cuidadosamente se a mesma é voluntária.

Tal cautela objetiva prevenir que o acordo seja imposto para abreviar processos de pessoas que entendam ser inocentes. Isso porque, diante da possibilidade de ter de escolher entre responder a uma ação penal e fazer um acordo, o indiciado (ou não indiciado, a critério da *opinio delicti* do Ministério Público) pode acabar, mesmo acreditando não ter culpa, escolhendo a alternativa do acordo para se ver livre de uma ação penal pública.

Apesar de ser perfeitamente possível que o indiciado venha confessar o crime perante o Ministério Público após a conclusão do inquérito policial, grande parte das confissões que autorizam o acordo de não persecução penal ocorrerão durante o inquérito policial, perante o delegado de polícia. Nesta hipótese, atendido os requisitos legais para o acordo, deverá ao delegado de polícia suspender a investigação, abrindo vista dos autos ao Ministério Público, a fim de seja imediatamente possibilitado o ajuste de acordo de não persecução penal. Caso restem outras condutas a ser investigadas, a apuração prosseguirá, sem prejuízo ao acesso dos autos pelo Ministério Público.

Entretanto, considerando que os requisitos do acordo podem ser atendidos durante o curso do inquérito policial – tanto que o *nomen juris* do instituto é acordo *de não persecução penal*, e não acordo *de não ajuizamento de ação penal pública* (privativamente atribuída ao *parquet*, nos termos do art. 129, I da CF) – não se vislumbram razões para que o Ministério Público proponha com exclusividade a sua celebração, sendo o delegado de polícia privado de tal atribuição, quando os requisitos do acordo estiverem preenchidos durante o curso do inquérito policial.

Para tanto, deve-se primeiramente salientar que se aplica aqui a mesma lógica que lastreia a legitimidade concorrente entre membro do Ministério Público e delegado de polícia para o acordo colaboração premiada. Conforme já julgado pelo Supremo Tribunal Federal[871], a legitimidade para a realização do pacto não se vincula à titularidade da ação penal pública pelo Ministério Público, e em nada prejudica a possibilidade do delegado de polícia realizar o acordo durante o inquérito policial. Ressalte-se ainda que, quando o acordo de colaboração premiada é firmado pelo delegado de polícia, nem sequer a anuência do *parquet* é necessária, sendo que o controle judicial persiste íntegro, seja o acordo feito com o delegado de polícia ou com o membro do Ministério Público (art. 4º, §§ 6º e 7º da Lei nº 12.850/2013)[872].

Ademais, a impossibilidade do delegado de polícia propor acordo de não persecução penal perpetua a desproporcional e esdrúxula prisão em flagrante "para soltar", ou seja, sem qualquer perspectiva de sobrevir após a sua homologação judicial, já tratada no item 3.4.1.5.2.2.2. Contudo, aqui a referida anomalia ocorre de maneira agravada, pois – sem que o delegado de polícia possa propor o acordo de não persecução penal quando do flagrante delito, encaminhando o acordo ao juízo sem que, inclusive, seja realizada prisão – a proposição de acordo pelo Ministério Público só será possibilitada após a prisão em flagrante pelo delegado, quando da homologação judicial do cárcere. Com isso, o indiciado tem sua liberdade privada, por meio de uma medida cautelar, e, posteriormente, o processo criminal poderia nem sequer vir a existir, o que revela-se ainda mais desproporcional do que as situações tratadas no item 3.4.1.5.2.2.2, nas quais se pressupunha pelo menos, um posterior processo judicial, muito embora já se antevisse a não aplicação de pena privativa de liberdade, ao menos para a manutenção da prisão em flagrante.

Portanto, aqui sufraga-se o entendimento de Ruchester Marreros Barbosa e Raphael Zanon da Silva, para quem – não estando presen-

---

871 STF, ADI 5508/DF, Rel. Min. Marco Aurélio, Tribunal Pleno, julgado em 20/06/2018, DJe-241 05/11/2019.
872 Neste sentido, COSTA, Adriano Souza; HOFFMANN, Henrique; HABIB, Gabriel. *Acordo de não persecução penal também precisa ser feito pelo delegado*. Disponível em: <http://www.conjur.com.br/2019-dez-17/academia-policia-acordo--nao-persecucao-penal-tambem-feito-delegado>. *Acesso em 17 dez. 2019.*

tes os pressupostos, requisitos e/ou circunstâncias autorizadoras para a decretação da prisão preventiva do conduzido em flagrante delito pelo Poder Judiciário, e já se constatando aqueles ensejadores do oferecimento de acordo de não persecução penal pelo Ministério Público – pode o delegado de polícia deixar de lavrar o auto de prisão em flagrante e instaurar inquérito policial mediante portaria apesar do indiciamento do investigado em flagrante delito[873], desde que, contudo, já seja possível se mensurar do dano causado e o proveito que o indiciado obteve com o crime, imediatamente submetendo o caso ao *parquet*, para que o mesmo, em seguida, proponha o acordo de não persecução penal perante o Poder Judiciário.

Se o juiz considerar inadequadas, insuficientes ou abusivas as condições dispostas no acordo de não persecução penal, devolverá os autos ao Ministério Público para que seja reformulada a sua proposta, com concordância do indiciado e seu defensor. Caso não seja feita a referida reformulação, ou a proposta não atenda aos requisitos anteriormente expostos, o juiz poderá recusar a sua homologação do acordo, devolvendo os autos ao Ministério Público para a análise da necessidade de complementação do inquérito policial, ou o ajuizamento de ação penal pública por meio de oferecimento de denúncia (art. 28-A §§ 5º, 7º e 8º do CPP).

Homologado judicialmente o acordo de não persecução penal, o juiz devolverá os autos ao Ministério Público para que requeira a sua execução perante o juízo de execução penal. Entretanto, o Ministério Público deverá comunicar ao juízo que homologou o acordo o descumprimento de quaisquer das condições neste estipuladas, para fins de sua rescisão e posterior oferecimento de denúncia, sendo o ofendido intimado tanto da homologação quanto do eventual descumprimento (art. 28-A §§ 6º, 9º e 10º).

A homologação e o cumprimento do acordo de não persecução penal não constarão de certidão de antecedentes criminais, exceto para a finalidade de verificar se o indiciado beneficiado por outro acordo nos

---

873 BARBOSA, Ruchester Marreiros; SILVA, Raphael Zanon da. *Delegado de polícia deve viabilizar acordo de não persecução penal.* Disponível em: <http://www.conjur.com.br/2020-mar-17/academia-policia-delegado-policia-viabilizar-acordo-nao-persecucao-penal> Acesso em: Compartilhar 17 mar. 2020.

5 (cinco) anos anteriores ao cometimento da infração, e, uma vez cumprido integralmente o acordo de não persecução penal, o juízo competente decretará a extinção da punibilidade do indiciado que o celebrou (§§ 12º e 13º).

3.4.1.8.3.5 Ajuizamento de ação penal pública

Quando não for possível a transação penal ou o acordo de não persecução penal, não sendo o caso de arquivamento ou devolução para diligência(s) imprescindível(is), deverá o membro do Mninistério Pública ajuizar ação penal pública em face do indiciado (ou não indiciado, a critério da sua *opinio delicti*), no prazo de 5 dias, se o indiciado estiver preso, ou de 15 dias, se este estiver solto (ou não houver indiciados), conforme o art. 46 do CPP.

Na legislação penal extravagante, verifica-se ainda prazos específicos para o ajuizamento de ação penal pública de acordo com o crime imputado, quais sejam, 10 (dez) dias em caso de crime eleitoral e de tráfico de drogas (art. 357 do CE e art. 54, III da Lei nº 11.343/2006), e 2 (dois) dias em caso de crime contra a economia popular (art. 10, § 2º da Lei nº 1.521/1951).

Por sua vez, denomina-se denúncia a petição inicial que inaugura o processo penal, formalizando a acusação por crime de ação penal pública. A partir do início da ação penal, o indiciado é alçado a situação jurídica de acusado, compatibilizando-se seu direito a ampla defesa com o exercício do contraditório, diante da estrutura dialética da relação jurídica processual. Deve a denúncia, portanto, estar acompanhada do inquérito policial concluído, quando lastreada em seus elementos de convicção (art. 12 do CPP)[874].

Os principais requisitos formais da denúncia encontram-se previstos no art. 41 do CPP. Nesta, deve constar a Exposição do fato criminoso, com todas as suas circunstâncias, o que compreende a especificação da quota de participação de cada acusado no fato criminoso, e classificação da infração penal, a qual deve abranger inclusive qualificadoras e causas de aumento eventualmente incidentes. Quando necessário (ou seja, facultativamente), na denúncia deverá ainda se fazer constar o rol das testemunhas da acusação.

---

874 Cf. nota nº 849.

Por sua vez, o juiz pode o juiz rejeitar a denúncia caso julgue que nesta há manifesta inépcia – consistente no desatendimento dos requisitos do art. 41 do CPP, em especial deficiência na exposição do fato criminoso – ou falta de pressuposto processual, condição para o exercício da ação penal ou justa causa (art. 395 do CPP). Não se verificando tais hipóteses, o juiz, em princípio, receberá a denúncia e o processo penal terá seguimento.

Caso o crime imputado na denúncia tenha a pena mínima cominada igual ou inferior a um ano, o Ministério Público deverá nesta propor a suspensão do processo, por dois a quatro anos, desde que o acusado não esteja sendo processado ou não tenha sido condenado por outro crime, e que a culpabilidade, os antecedentes, a conduta social e personalidade do acusado, bem como os motivos e as circunstâncias do crime autorizem a concessão do benefício (art. 89, *caput*, da Lei n° 9.099/1995 c/c art. 77, II do CP).

Vale salientar que, embora o art. 89, *caput*, da Lei n° 9.099/1995 se valha da expressão "poderá", atendidos os requisitos legais, é *dever* do Ministério Público propor o acordo de não persecução penal, o qual é, em princípio, um direito subjetivo do acusado.

Por conseguinte, deve o membro do Ministério Público fundamentar as razões pelas quais a culpabilidade, os antecedentes, a conduta social e personalidade do acusado, bem como os motivos e as circunstâncias do crime eventualmente não autorizem a proposta de suspensão condicional do processo. Aqui, vale salientar o descumprimento do acordo de não persecução penal pelo acusado também poderá ser utilizado pelo Ministério Público como fundamento para o eventual não oferecimento da suspensão, conforme art. 28-A, § 11° do CPP.

Para aferir se pena mínima do crime imputado é igual ou inferior a um ano, devem também ser computadas eventuais causas de aumento (em sua maior proporção) ou diminuição de pena (em sua menor proporção) que se mostrem incidentes. Em caso de concurso material de crimes, devem suas penas privativas de liberdade, quando somadas, não superar o referido limite, assim como, em casos de concurso formal, deve ser computado, para este fim, eventual causa de aumento (em sua maior proporção de metade, se os delitos tiverem mesma pena) deste decorrente (art. 70 do CP).

Por sua vez, a suspensão do processo efetua-se mediante atendimento das seguintes condições: 1) reparação do dano, salvo impossibilidade de fazê-lo; 2) proibição de frequentar determinados lugares; 3) proibição de ausentar-se da comarca onde reside, sem autorização judicial; 4) comparecimento pessoal e obrigatório a juízo, mensalmente, para informar e justificar suas atividades. Podem ainda ser fixadas outras condições, desde que adequadas ao fato e à situação pessoal do acusado (art. 89, §§ 1º e 2º da Lei nº 9.099/1995).

Aceita a proposta pelo acusado e seu defensor, na presença do Juiz, este, ao receber a denúncia, poderá suspender o processo, submetendo o acusado às seguintes referidas condições durante o período de suspensão.

A suspensão será revogada se, no curso do seu prazo, o acusado vier a ser processado por outro crime ou não efetuar, sem motivo justificado, a condição de reparação do dano. A depender do caso, a suspensão também poderá ser revogada, se o acusado vier a ser processado, no curso do prazo, por contravenção, ou descumprir qualquer outra condição imposta. (art. 89, §§ 3º e 4º da Lei nº 9.099/1995).

Durante o prazo de suspensão condicional do processo, o curso do prazo para prescrição do crime objeto da acusação ficará suspenso. Contudo, uma vez expirado o prazo da suspensão condicional do processo sem revogação, o Juiz declarará extinta a punibilidade (art. 89, §§ *5º e 6º da Lei nº* 9.099/1995).

3.4.1.8.4 Providências passíveis de adoção pelo ofendido diante de inquérito policial que apurou crime objeto de ação penal privada

Se comparadas com as providências passíveis de adoção pelo Ministério Público diante de inquérito policial que apurou crime objeto de ação penal pública, as possibilidades conferidas ao ofendido, diante de um inquérito policial que apurou crime de objeto de ação penal privada, são significativamente mais restritas, consistindo, basicamente, no requerimento de devolução para diligências imprescindíveis, ou ajuizamento de ação penal.

Embora o Código de Processo Penal não preveja expressamente, deve assistir ao ofendido ou seu representante legal o direito de requerer a devolução do inquérito ao delegado de polícia para a realização de diligências imprescindíveis, nos crimes objeto de ação penal privada, nos termos do art. 16 do CPP, desde que não tenha se operado a decadência do seu direito de queixa (art. 38 do CPP). Como ao ofendido não assiste a prerrogativa de requisitar diretamente documentos complementares ou elementos de convicção de quaisquer autoridades ou funcionários que devam ou possam fornecê-los, conferida ao Ministério Público pelo art. 47 do CPP, legitima-se o seu requerimento de devolução, também para que o delegado de polícia (ou até mesmo o próprio juiz que o apreciar, de plano) requisite, diretamente, de quaisquer autoridades ou funcionários informações que repute imprescindíveis ao oferecimento da queixa.

Descartada a hipótese de requerimento de devolução do inquérito policial para diligências imprescindíveis ou para requisição de documentos, cabe ao ofendido exercer a ação penal privada, cuja peça inicial denomina-se queixa, ou quedar-se inerte, caso renuncie tacitamente a este direito, deixando escoar o prazo decadencial.

Como atualmente os crimes objeto de ação penal privada são, em regra, de menor potencial ofensivo[875], releva notar que a Lei nº 9.099/1995 não prevê a aplicação da transação penal pelo ofendido, uma vez que legitimou apenas o Ministério Público para a sua propositura ao limitar sua aplicação às infrações de **ação penal pública incondicionada e condicionada à representação (art. 76, *caput*)** [876].

Entretanto, a Lei nº 9.099/1995 confere ao ofendido a possibilidade de composição dos danos civis com o indiciado em audiência prelimi-

---

875 No Código Penal, atualmente o único crime objeto de ação penal privada que não é de menor potencial ofensivo é o crime de dano do art. 163, parágrafo único, IV, cuja pena máxima é de três anos (art. 167).

876 Art. *76, caput* da Lei nº 9.099/1995:

"Art. 76. *Havendo representação ou tratando-se de crime de ação penal pública incondicionada*, não sendo caso de arquivamento, o Ministério Público poderá propor a aplicação imediata de pena restritiva de direitos ou multas, a ser especificada na proposta" (grifo nosso).

Contudo, a jurisprudência do Superior Tribunal de Justiça tem admitido, por analogia, a aplicação, não apenas da transação penal, mas também da suspensão condicional do processo aos casos objeto de ação penal privada, permitindo a sua proposição pelo ofendido, quando atendidos os seus requisitos legais (HC 13.337/RJ, Qunta Turma, Rel. Min. Félix Fisher, j. em 15/05/2001, DJ 13/08/2001; HC 34.085/SP, Qunta Turma, Rel. Min. Laurita Vaz, j. em 08/06/2004, DJ 02/08/2004; Edcl no HC 33.929/SP, Qunta Turma, Rel. Min. Gilson Dipp, j. em 21/10/2004, DJ 29/11/2004).

nar, sendo que o acordo homologado judicialmente, acarreta não apenas a renúncia ao direito de queixa, nos casos de crime objeto de ação penal privada, mas também ao direito de representação nos casos de crime objeto de ação penal pública a esta condicionada (art. 74, parágrafo único).

Por fim, vale ressaltar que o ofendido enquanto acusador, assim como o Ministério Público, não se vincula às conclusões (inclusive indiciamentos) trilhadas pelo delegado de polícia em seu relatório, sendo lhe facultado, por exemplo, fundamentadamente requerer a audiência preliminar ou acusar quem não foi indiciado, em sua queixa crime, o que será objeto de julgamento pelo juiz no bojo do devido processo legal.

3.4.2 Formas especiais de exercício da polícia judiciária

De acordo com o art. 2º § 1º da Lei nº 12.830/2013, ao delegado de polícia cabe a condução da investigação criminal por meio de inquérito policial ou outra forma de exercício da polícia judiciária prevista em lei.

No entanto, outras autoridades de polícia judiciária podem coexistir paralelamente ao delegado de polícia, uma vez que o parágrafo único do art. 4º do CPP, prevê a possibilidade de atribuição do seu exercício a outros agentes públicos, desde que esta esteja prevista em lei.

Portanto, superado o estudo do inquérito policial, passar-se-á, doravante, a se analisar outras formas de exercício de polícia judiciária prevista em lei de incumbência do delegado de polícia, consistente na apuração de ato infracional atribuído a adolescente, assim como aquelas onde autoridade de polícia judiciária é a atribuída a outros agentes públicos, quais sejam, o inquérito policial militar e o inquérito parlamentar penal.

Com relação a estes dois últimos, como a ambos são aplicadas subsidiariamente as normas relativas ao inquérito policial (art. 3º "a" do CPPM e art. 6º da Lei nº 1.579/1952), tal análise se concentrará nas suas principais especificidades em relação ao já abordado ao longo do item 3.4.1.

3.4.2.1 Apuração de ato infracional atribuído a adolescente

De acordo com o art. 59, *in fine*, do Código Penal, a sanção penal tem por finalidade reprovar e prevenir a prática de infrações penais.

No entanto, o art. 26 do referido diploma legal considera isento de pena por inimputabilidade o agente que, por doença mental ou desenvolvimento mental incompleto, ou retardado, era, ao tempo da conduta, inteiramente incapaz de entender o caráter ilícito do fato ou de determinar-se de acordo com esse entendimento. Para estes, foi prevista a aplicação de medidas de segurança – quais sejam, internação em hospital de custódia e tratamento psiquiátrico ou, à falta, em outro estabelecimento adequado, ou sujeição a tratamento ambulatorial (art. 96, I e II do CP) – que têm por objetivo curar, ou, pelo menos, tratar o inimputável, a fim de torná-lo apto a conviver em sociedade sem voltar a delinquir.

Por sua vez, o art. 228 da CF, reproduzido no art. 27 do CP, também considera inimputáveis os menores de 18 (dezoito) anos, o quais ficam sujeitos às normas estabelecidas na legislação especial. Tal legislação hoje consiste essencialmente na Lei nº 8.069/1990 (Estatuto da Criança e do Adolescente).

A Lei nº 8.069/1990, além de denominar as infrações penais praticadas pelos menores como "ato infracional" (art. 103), previu uma série de medidas socioeducativas, cuja finalidade, como próprio nome sugere, é educá-los para o convívio social. As meiddas socioeducativas são a advertência; obrigação de reparar o dano; prestação de serviços à comunidade; liberdade assistida; inserção em regime de semi-liberdade; internação em estabelecimento educacional; encaminhamento aos pais ou responsável, mediante termo de responsabilidade; orientação, apoio e acompanhamento temporários; matrícula e frequência obrigatórias em estabelecimento oficial de ensino fundamental; inclusão em serviços e programas oficiais ou comunitários de proteção, apoio e promoção da família, da criança e do adolescente; requisição de tratamento médico, psicológico ou psiquiátrico, em regime hospitalar ou ambulatorial; inclusão em programa oficial ou comunitário de auxílio, orientação e tratamento a alcoólatras e toxicômanos (art. 112).

A criança e adolescente, embora não sejam penalmente imputáveis, são responsabilizados pelas condutas descritas como infração penal, mediante aplicação de medidas socioeducativas (art. 103 da Lei nº 8.069/1990), analogamente ao que ocorre com o inimputável adulto que, em razão de doença mental ou desenvolvimento mental incompleto, ou retardado, era, ao tempo da conduta, inteiramente incapaz de entender o caráter ilícito do fato ou de determinar-se de acordo com esse entendimento (art. 26 do CP). Estes, embora não se também sujeitem às sanções penais elencadas no Título V do Código Penal (art. 32) são responsabilizados mediante aplicação de medidas de segurança previstas no Título VI do mesmo diploma legal (art. 96, I e II).

Portanto, insere-se na função de polícia judiciária a apuração de ato infracional nos termos do art. 103 da Lei nº 8.069/1990, uma vez que este, em essência, trata-se de infração penal, para a qual não são aplicadas as sanções originalmente previstas no tipo penal, em razão da inimputabilidade do seu autor.

Dentre os princípios específicos que a Lei nº 8.069/1990 previu para reger a aplicação das medidas de proteção a criança e ao adolescente, foram estipulados a *intervenção mínima*, exercida exclusivamente pelas autoridades e instituições cuja ação seja indispensável à efetiva promoção dos direitos e à proteção da criança e do adolescente; a *intervenção precoce* das referidas autoridades e instituições, logo que a situação de perigo seja conhecida; a *responsabilidade parental*, que orienta a intervenção de modo que os pais assumam os seus deveres para com a criança e o adolescente; e a *prevalência da família* nas medidas que os mantenham ou os reintegrem na sua família natural, ou extensa ou, se isso não for possível, que promovam a sua integração em família adotiva (art. 100, parágrafo único, VI, VII, IX e X).

Tais princípios, muito embora incluídos na Lei nº 8.069/1990 pela Lei nº 12.010/2009, pareciam já se encontrar implicitamente presentes no Estatuto da Criança e do Adolescente, uma vez que, no que diz respeito a persecução de atos infracionais (ou seja, condutas tipificáveis como infrações penais das quais os menores estão isentos de pena por serem considerados inimputáveis), disciplinou-se o exercício da polícia judiciária praticamente restrito a hipóteses de flagrância, de forma sumaríssima, e com uma menor incidência de controle jurisdicional, na Seção V do Capítulo III (art. 171 e ss.).

Ali, se prevê que adolescente apreendido em flagrante de ato infracional será, desde logo, encaminhado ao delegado de polícia (art. 172), afastando-se o exercício da polícia judiciária em relação a atos infracionais praticados por crianças. Neste ponto, deve-se ressaltar que o art. 2º, *caput*, da Lei nº 8.069/1990 considera criança a pessoa até doze anos de idade incompletos, e adolescente aquela entre doze e dezoito anos de idade.

Havendo delegacia de polícia especializada para atendimento de adolescente e em se tratando de ato infracional praticado em coautoria com maior, prevalecerá a atribuição da repartição especializada, que, após as providências necessárias e conforme o caso, encaminhará o adulto capturado à delegacia de polícia com competência para a análise criminal de sua conduta (art. 172, parágrafo único). Desta forma, caso o adolescente e o adulto acabem sendo apresentados à delegacia de polícia não especializada, ambos serão prontamente encaminhados à delegacia especializada, para as providências de sua alçada.

Em caso de flagrante ato infracional cometido mediante violência ou grave ameaça a pessoa, o delegado de polícia deverá lavrar auto de apreensão, ouvidos as testemunhas e o adolescente, imediatamente comunicando a apreensão o local onde o adolescente se encontra recolhido à autoridade judiciária competente e à família do apreendido ou à pessoa por ele indicada; apreender o produto e os instrumentos da infração; bem como determinar ou requisitar os exames ou perícias necessários à comprovação da materialidade e autoria da infração (art. 173). Embora, aqui, utilize-se da expressão *auto de apreensão*, trata-se, em essência, de um auto de prisão em flagrante, permitido para *ato infracional* (ou seja, crime) praticado por adolescente mediante violência ou grave ameaça a pessoa, cuja custódia será realizada mediante internação em entidade de atendimento (arts. 174 e 175, § 1º)[877].

Nas demais hipóteses de flagrante de ato infracional, a lavratura do auto poderá ser substituída por boletim de ocorrência circunstanciada (art. 173, parágrafo único).

---

877 Arts. 174 e 175, § 1º da Lei nº 8.069/1990:

"Art. 174. Comparecendo qualquer dos pais ou responsável, o adolescente será prontamente liberado pela autoridade policial, sob termo de compromisso e responsabilidade de sua apresentação ao representante do Ministério Público, no mesmo dia ou, sendo impossível, no primeiro dia útil imediato, exceto quando, pela gravidade do ato infracional e sua repercussão social, deva o adolescente *permanecer sob internação* para garantia de sua segurança pessoal ou manutenção da ordem pública.

Art. 175. [...].

§ 1º Sendo impossível a apresentação imediata, *a autoridade policial encaminhará o adolescente à entidade de atendimento*, que fará a apresentação ao representante do Ministério Público no prazo de vinte e quatro horas (grifo nosso).

Comparecendo qualquer dos pais ou responsável, o adolescente será prontamente liberado pelo delegado de polícia, o qual encaminhará imediatamente ao representante do Ministério Público cópia do auto de apreensão ou boletim de ocorrência incluindo termo de compromisso e responsabilidade de sua apresentação ao membro do Ministério Público, no mesmo dia ou, sendo impossível, no primeiro dia útil imediato, exceto quando, pela gravidade do ato infracional e sua repercussão social, deva o adolescente permanecer sob internação para garantia de sua segurança pessoal ou manutenção da ordem pública. Em caso de não liberação, a autoridade policial encaminhará, desde logo, o adolescente ao representante do Ministério Público, juntamente com cópia do auto de apreensão ou boletim de ocorrência. Não sendo possível a apresentação imediata, o delegado de polícia encaminhará o adolescente à entidade de atendimento, que fará a apresentação ao membro do Ministério Público no prazo de vinte e quatro horas, ou ele próprio providenciará a apresentação, nas localidades onde não houver entidade de atendimento (arts. 174 a 176).

Aqui, observa-se que o controle jurisdicional *a priori* sobre a apreciação do delegado de polícia quanto a sua captura do adolescente é exigido apenas nos casos em que se lavrar auto de apreensão, quando o delegado de polícia verificar cometido mediante violência ou grave ameaça a pessoa. Nas demais hipóteses, em que há boletim de ocorrência circunstanciada, como não há restrição à liberdade do adolescente pela apreensão, tal controle é suprimido, sendo o adolescente encaminhado ao Ministério Público, sem que se imponha a comunicação ao juiz competente.

O controle jurisdicional *a priori* também é suprimido nas hipóteses em que, afastada a hipótese de flagrante, houver indícios de participação de adolescente na prática de ato infracional, na qual a autoridade policial encaminhará ao representante do Ministério Público relatório das investigações e demais documentos, conforme art. 177 da Lei nº 8.069/1990. Embora o referido dispositivo legal refira-se apenas ao "relatório das investigações e demais documentos", trata-se aqui, em essência, de um inquérito policial instaurado por portaria, sendo-lhe aplicável, por analogia, os dispositivos do Código de Processo Penal que não se revelem incompatíveis com a apuração de atos infracionais praticados por adolescentes em que não haja estado de flagrância (art. 3º do CPP)[878].

Apresentado o adolescente ao membro do Ministério Público[879], este, no mesmo dia e à vista do auto de apreensão, boletim de ocorrência ou relatório policial, devidamente autuados pelo cartório judicial e com informação sobre os seus antecedentes, procederá imediata e informalmente à sua oitiva e, em sendo possível, de seus pais ou responsável, vítima e testemunhas. Em seguida, deverá requerer ao juiz, fundamentadamente e com o resumo dos fatos, o arquivamento dos autos ou a remissão, extinguindo ou suspendendo a persecução, ou representar-lhe pela aplicação de medida socioeducativa, instaurando-se uma relação processual (arts. 179 a 182[880]).

Discordando o juiz do arquivamento ou remissão propostos pelo Ministério Público, fará remessa dos autos ao Procurador-Geral de Justiça, mediante despacho fundamentado, e este oferecerá representação, designará outro membro do Ministério Público para apresentá-la, ou ratificará o arquivamento ou a remissão, que só então estará a autoridade judiciária obrigada a acolher (art. 181 § 2º), fórmula semelhante à originalmente disposta no art. 28 do CPP, estudada no item 3.4.1.8.3.2.

---

878 Art. 3º do CPP:
"Art. 3º A lei processual penal *admitirá interpretação extensiva e aplicação analógica*, bem como o suplemento dos princípios gerais de direito" (grifo nosso).
879 Em caso de não apresentação do adolescente, dispõe o parágrafo único do art. 179 da Lei nº 8.069/1990, que o representante do Ministério Público notificará os pais ou responsável para apresentação do adolescente, "podendo requisitar o concurso das polícias civil e militar". A escolha de qual instituição requisitar, no entanto, deve guardar, na medida do possível, pertinência com as suas funções, devendo ser dirigida à Polícia Militar quando for necessário acompanhar o servidor ou membro do Ministério Público a fim de preservar a manutenção da ordem pública quando do ato de notificação, ou ser dirigida à Polícia Civil quando for necessário o exercício colaborativo da polícia judiciária no intuito de localizar os pais ou responsável pelo adolescente, com fulcro no art. 129, VII da CF, o qual estatui, dentre as funções do Ministério Público, "requisitar diligências *investigatórias* e a instauração de inquérito policial [...]", bem como na aplicação subsidiária do art. 13, II do CPP, o qual dispõe que incumbe ao delegado de atender as diligências requisitadas pelo Ministério Público.
880 Convém pontuar que, nos arts. 179 a 182 da Lei nº 8.069/1990, o legislador se valeu das expressões "promover" o arquivamento e "conceder" a remissão pelo Ministério Público, o que não reflete o controle jurisdicional relativo à apreciação dos referidos requerimentos, bem como se refere a "procedimento" para aplicação da medida socioeducativa, o que não retrata a natureza contraditória da relação que se instaura a partir da referida representação.

3.4.2.2 Inquérito policial militar

Como visto ao longo do item 1.3.1, tanto a Polícia Federal como a Polícia Civil são instituições organizadas e mantidas para o exercício da polícia judiciária, previstas constitucionalmente. Todavia, com relação à apuração de crimes militares, não há um órgão constitucionalmente designado para este fim.

Apesar disso, estranhamente não se tem questionado a recepção, pela Contituição vigente, de dispositivos do Código de Processo Penal Militar (Decreto-lei nº 1.002/1969) que atribui a militares o exercício a autoridade de polícia judiciária no âmbito de órgãos com finalidade precipuamente diversa, e sem exigência formação jurídica para tanto. Apesar da respeitabilidade dos postos arrolados no art. 7º do Código de Processo Penal Militar, não deveria se admitir que a autoridade de polícia judiciária militar fique a cargo de militares ou ministros de Estado, de maneria ocasional sem qualquer exigência de formação jurídica específica para a presidência de investigações criminais (art. 8, "a" do CPPM).

Tal panorama se agrava sobremaneira ao se observar que à autoridade policial militar, conforme previsto no art. 7º do CPPM (Decreto-lei nº 1.002/1969), é amplamente delegável pelo rol militares ali relacionados, exigindo-se, tão somente, que a pessoa a quem esta for cometida seja oficial de posto superior ao do indiciado (ou investigado), ou até mesmo oficial do mesmo posto, desde que mais antigo, caso não haja de posto superior.

Tais parâmetros – por serem excessivamente elásticos e se pautarem em um critério meramente hierárquico-castrense, sem exigência de qualquer formação jurídica à autoridade policial judiciária militar – acabam por reduzir a sua designação ao casuísmo, comprometendo a eficiência na presidência das investigações policiais militares, bem como a sua própria isenção, sobretudo se for considerado o fato das mesmas serem conduzidas *interna corporis*, e não no âmbito de um órgão autônomo e especificamente destinado para este fim, e que a competência da Justiça Militar eventualmente incidirá em crimes em que a vítima será um civil, como será analisado logo adiante.

Neste ponto, cumpre observar que o próprio Código de Processo Penal Militar reconhece a inaptidão do critério hierárquico para exercer a autoridade de polícia judiciária, pois – além de não lhes reconhecer esta qualidade, denominar-lhes "encarregado" em diversas passagens[881] – faculta-lhes, em seu art. 14, solicitar ao procurador geral a indicação de membro do Ministério Público Militar para lhe assistir na apuração de "fato delituoso de excepcional importância ou de difícil elucidação", o que, por si só, traria por consequência a influência de quem acusará em eventual processo penal subsequente, comprometendo a isenção necessária para apuração, como já pontuado no item 3.1.2.

Para se viabilizar o exercício da polícia judiciária militar sem um órgão autônomo e especificamente destinado para este fim, os arts. 8°, g e 321 do CPPM, permitem à autoridade requisitar a órgãos civis – em especial Polícias Civil e Federal, que ordinariamente exercem a polícia judiciária – pesquisas, perícias e exames necessários ao complemento e subsídio de inquérito policial militar.

O conceito de crimes militares em tampo de paz[882], por sua vez, encontra-se delineado no art. 9° do Código Penal Militar (Decreto-lei n° 1.001/1969).

De acordo com os incisos I e II do referido artigo, consideram-se crimes militares, em tempo de paz, os crimes de que trata o CPM, quando definidos de modo diverso na lei penal comum, ou nela não previstos, qualquer que seja o agente, salvo disposição especial; assim como os crimes previstos no CPM e na legislação penal, quando praticados: 1) por militar em situação de atividade ou assemelhado, contra militar na mesma situação ou assemelhado, ou contra o patrimônio sob a administração militar, ou a ordem administrativa militar; 2) por militar em situação de atividade ou assemelhado, em lugar sujeito à administra-

---

[881] Arts. 10 a 22, 141 e 142, 156 e 157, 162, 176, 184, 201, 225, 228, 272, 361, 378 e 404 do CPPM.

[882] Os crimes militares em tempo de guerra, por seu turno, encontram-se previstos no art. 10 do CPM, sendo estes considerados os especialmente previstos no referido código para o tempo de guerra, além aqueles previstos para o tempo de paz; aqueles previstos no CPM, embora também o sejam com igual definição na lei penal comum ou especial, quando praticados, qualquer que seja o agente: a) em território nacional, ou estrangeiro, militarmente ocupado; b) em qualquer lugar, se comprometem ou podem comprometer a preparação, a eficiência ou as operações militares ou, de qualquer outra forma, atentam contra a segurança externa do País ou podem expô-la a perigo; e os crimes definidos na lei penal comum ou especial, embora não previstos no CPM, quando praticados em zona de efetivas operações militares ou em território estrangeiro, militarmente ocupado.

ção militar, em serviço ou atuando em razão da função, em comissão de natureza militar, ou em formatura, ainda que fora do lugar sujeito à administração militar, bem como durante o período de manobras ou exercício, independentemente da vítima ser militar ou civil.

Com relação aos crimes cometidos por militares contra civis, estes, quando dolosos contra a vida, não serão de competência da justiça militar, mas sim do Tribunal do Júri, de matiz constitucional (art. 5°, XXXVIII, *d* da CF e art. 9°, § 1º do CPM)[883]. Como a competência é

---

883 Neste ponto, deve-se observar que o art. § 5º do art. 125 da própria Constituição atual, inserido pela Emenda n° 45/2004, o qual prevê, *in verbis*, que "compete aos juízes de direito do juízo militar (estadual) processar e julgar, singularmente, os crimes militares cometidos contra civis [...]", não retira a força normativa, pelo menos em tempo de paz, do art. 5º, XXXVIII, *d* da CF, no qual o constituinte originário previu que é assegurado ao júri a competência para o julgamento dos crimes dolosos contra a via, sem distinção de natureza comum ou militar.

No entanto, a Lei nº 12.432/2011, sucedida pela Lei nº 13.491/2017, ao acrescentar o § 2º do art. 9º do CPM, inconstitucionalmente afastou a competência do tribunal do júri para o julgamento dos crimes contra a vida, sendo que esta última, previu que estes, quando cometidos por militares das Forças Armadas contra civil, serão da competência da Justiça Militar da União, se praticados no contexto: "I – do cumprimento de atribuições que lhes forem estabelecidas pelo Presidente da República ou pelo Ministro de Estado da Defesa; II – de ação que envolva a segurança de instituição militar ou de missão militar, *mesmo que não beligerante*; ou III – de atividade de natureza militar, de operação *de paz, de garantia da lei e da ordem* ou de atribuição subsidiária, realizadas em conformidade com o disposto no art. 142 da Constituição Federal e na forma dos seguintes diplomas legais" (grifo nosso): a) Lei no 7.565/1986 (Código Brasileiro de Aeronáutica), cujo art. 303 prevê a possibilidade de destruição pela aeronáutica de aeronave classificada como hostil nas hipóteses neste previstas e após autorização do Presidente da República ou autoridade por ele delegada (Comandante da Aeronáutica), hipótese já prevista desde a Lei nº 12.432/2011; b) Lei Complementar no 97/1999, cuja análise já foi realizada no item 1.3.1.7.2, para o qual remete-se o leitor; c) Decreto-Lei no 1.002/1969 (Código de Processo Penal Militar), o qual, em matéria policial, destina-se a, todavia, regulamentar precipuamente o exercício da função de polícia judiciária, e não a de polícia administrativa geral, consistente na garantia da lei e da ordem; d) Lei no 4.737/1965 (Código Eleitoral), cujo art. 23, XIV, dispõe que compete privativamente ao Tribunal Superior Eleitoral requisitar a "força federal" necessária ao cumprimento da lei, de suas próprias decisões ou das decisões dos Tribunais Regionais que o solicitarem, e para garantir a votação e a apuração, funções de polícia administrativa geral, para as quais as forças armadas só podem exercer excepcionalmente, nas hipóteses da citada Lei Complementar no 97/1999.

A jurisdição penal militar deve ter um alcance restritivo e excepcional, relacionada a bens jurídicos específicos de ordem militar, e a Lei nº 13.491/2017, além

constitucionalmente definida para o julgamento de tais crimes, estes, implicitamente, deixam de ser considerados crimes militares, cuja definição é infraconstitucional[884]. Além de ser julgados pela justiça comum pro meio do júri, os crimes dolosos contra a vida devem ter sua investigação criminal a cargo do delegado de polícia[885], embora o art. 82, § 2º do CPPM, disponha que, nos crimes dolosos contra a vida praticados

de violar o art. 5º, XXXVIII, *d* da CF, vai de encontro a esta diretriz, ao buscar atrair para a justiça castrense crimes cometidos em situações onde os militares das Forças Armadas atuam anomalamente no exercício da polícia administrativa geral, em tempo de paz.

[884] EMENTA: Recurso extraordinário. Alegação de inconstitucionalidade do parágrafo único do artigo 9º do Código Penal Militar introduzido pela Lei 9.299, de 7 de agosto de 1996. Improcedência. - No artigo 9º do Código Penal Militar que define quais são os crimes que, em tempo de paz, se consideram como militares, foi inserido pela Lei 9.299, de 7 de agosto de 1996, um parágrafo único que determina que "os crimes de que trata este artigo, quando dolosos contra a vida e cometidos contra civil, serão da competência da justiça comum". - Ora, tendo sido inserido esse parágrafo único em artigo do Código Penal Militar que define os crimes militares em tempo de paz, e sendo preceito de exegese (assim, CARLOS MAXIMILIANO, "Hermenêutica e Aplicação do Direito", 9ª ed., nº 367, ps. 308/309, Forense, Rio de Janeiro, 1979, invocando o apoio de WILLOUGHBY) o de que "sempre que for possível sem fazer demasiada violência às palavras, interprete-se a linguagem da lei com reservas tais que se torne constitucional a medida que ela institui, ou disciplina", *não há demasia alguma em se interpretar, não obstante sua forma imperfeita, que ele, ao declarar, em caráter de exceção, que todos os crimes de que trata o artigo 9º do Código Penal Militar, quando dolosos contra a vida praticados contra civil, são da competência da justiça comum, os teve, implicitamente, como excluídos do rol dos crimes considerados como militares por esse dispositivo penal, compatibilizando-se assim com o disposto no "caput" do artigo 124 da Constituição Federal.* - Corrobora essa interpretação a circunstância de que, nessa mesma Lei 9.299/96, em seu artigo 2º, se modifica o *"caput"* do artigo 82 do Código de Processo Penal Militar e se acrescenta a ele um § 2º, exceptuando-se do foro militar, que é especial, as pessoas a ele sujeitas quando se tratar de crime doloso contra a vida em que a vítima seja civil, e estabelecendo-se que nesses crimes "a Justiça Militar encaminhará os autos do inquérito policial militar à justiça comum". Não é admissível que se tenha pretendido, na mesma lei, estabelecer a mesma competência em dispositivo de um Código – o Penal Militar – que não é o próprio para isso e noutro de outro Código – o de Processo Penal Militar – que para isso é o adequado. Recurso extraordinário não conhecido.

STF – RE 260.404/ MG, Tribunal Pleno, Relator(a): Min. Moreira Alves, j. em 22/03/2001, DJ 21/11/2003 (grifo nosso).

No mesmo sentido, STJ – CC 45.134/MG, Rel. Ministro Og Fernandes, Terceira Seção, j. em 29/10/2008, DJe 07/11/2008.

[885] Neste sentido, STJ – HC 47.168/PR, Quinta Turma, Rel. Ministro Gilson Dipp, j. em 16/02/2006, DJ 13/03/2006.

contra civil, a Justiça Militar, ao receber os autos do inquérito policial militar, os encaminhará à justiça comum, o que poderia dar a entender que a apuração de tais delitos continuaria a ser da autoridade de polícia judiciária militar.

Consideram-se também crimes militares, em tempo de paz, aqueles previstos no CPM e na legislação penal[886], quando praticados por militar da reserva, ou reformado, ou por civil, contra as instituições militares, considerando-se como tais não só os crimes de que trata o CPM, quando definidos de modo diverso na lei penal comum, ou nela não previstos, mas também os crimes previstos no CPM e na legislação penal, quando praticados: 1) contra o patrimônio sob a administração militar, ou contra a ordem administrativa militar; 2) em lugar sujeito à administração militar contra militar em situação de atividade ou assemelhado, ou contra funcionário de ministério militar ou da Justiça Militar, no exercício de função inerente ao seu cargo; 3) contra militar em formatura, ou durante o período de prontidão, vigilância, observação, exploração, exercício, acampamento, acantonamento ou manobras; 4) ainda que fora do lugar sujeito à administração militar, contra militar em função de natureza militar, ou no desempenho da preservação da ordem pública, administrativa ou judiciária, quando legalmente requisitado para este fim (art. 9º, III do CPM).

Note-se, portanto, que o item 4 acima descrito, permite que sejam considerados crimes militares aqueles praticados por civil em face de militar requisitado para exercer a polícia administrativa geral, cujas hipóteses foram analisadas no item 1.3.1.7.2, assim como em face de policiais militares[887].

---

886 Outra criticável alteração no CPM operada pela Lei nº 13.491/2017 ocorreu no seu art. 9º, II, onde se substituiu a expressão "os crimes previstos neste Código, embora também o sejam com igual definição na lei penal comum" por "crimes previstos neste Código e os previstos na legislação penal", permitindo-se a leitura de que quaisquer crimes da legislação penal que não os previstos no Código Penal Militar passariam a ser crimes militares quando praticados por milicianos no exercício da função. No entanto, tal alteração acaba por não se harmonizar com o art. 6º do CPPM, o qual continua a preconizar que suas normas se aplicam aos processos da Justiça Militar Estadual, "nos crimes previstos na Lei Penal Militar" a que responderem os membros das polícias e corpos de bombeiros militares, permanecendo a persecução penal militar, em relação a estes, restrita aos crimes militares contemplados no Código Penal Militar.

887 Neste ponto, cumpre consignar que embora o art. 124, *caput*, da Constituição Federal disponha que "À Justiça Militar compete *processar e julgar os crimes*

3 – Polícia Judiciária

Para a apuração dos crimes militares o Código de Processo Penal Militar, regulamentou o inquérito policial militar (Título III, Capítulo Único).

Ali, pode-se observar a peculiaridade da previsão de possibilidade de instauração do inquérito policial militar por portaria mediante determinação da autoridade militar que lhe é hierarquicamente superior (art.10, *b*, do CPPM). Neste caso, o militar que executa a instauração do inquérito não exerce autoridade de polícia judiciária, atuando de fato como um *longa manus*, em atendimento da ordem de quem mandou instaurar, a quem compete, *a priori*, presidir o feito[888].

Embora o referido dispositivo legal nada diga a respeito, tanto a referida determinação, quanto a delegação da autoridade de polícia judiciária pelo militar hierarquicamente superior que possui a sua titularidade, também ali referida, devem se dar para inquérito policial militar específico, inadmitindo-se determinações ou delegações de instauração de inquérito policial genéricas, sem especificação do caso a ser apurado. Prevê-se ainda que, em caso de urgência, a determinação e delegação

---

militares definidos em lei", o § 4º do seu art. 125 estatui que "Compete à Justiça Militar estadual *processar e julgar os policiais militares e bombeiros militares nos crimes militares, definidos em lei* [...]". Do confronto de tais dispositivos, pode-se observar que competência da Justiça Militar Federal possui maior abrangência, sujeitando para sua esfera qualquer agente de crime militar, não importando se civil ou militar. Já a competência da Justiça Militar Estadual é restrita, uma vez que a mesma só pode processar e julgar os policiais militares e bombeiros militares.

Como exemplo, pode-se citar a hipótese em que um civil, em coautoria com um militar, pratica um crime de furto, dentro de um local sujeito à administração militar. Tratando-se de uma instalação militar das Forças Armadas (federal), ambos serão processados e julgados pela Justiça Militar Federal. No entanto, se a mesma coautoria ocorrer com um policial militar, em local sob à administração da Polícia Militar (estadual), o policial militar será processado e julgado pela Justiça Militar Estadual e o civil pela Justiça Comum.

Portanto, o art. 79, I do CPP, que determina a separação do processo e julgamento em casos de continência (que engloba casos por cumulação subjetiva, ou seja, coautoria e participação) no concurso entre a justiça comum e militar, foi parcialmente recepcionado pela atual Constituição Federal, aplicando-se apenas à esfera estadual.

Por sua vez os crimes militares praticados por civil em face de policial militar e bombeiros militares também serão processados e julgados na Justiça Comum.

888 Aqui, cumpre pontuar que o art. 11 do CPPM prevê que a designação de um militar para funcionar como escrivão para o inquérito policial militar caberá àquele que o preside, se não tiver sido feita por quem lhe deu delegação para este fim.

podem ser feitas por via telegráfica (ou *e-mail*, que hoje lhe é equivalente) ou radiotelefônica, e confirmada posteriormente, por ofício (embora este possa, desde logo, ser anexado ao *e-mail*).

No entanto, o aguardo de eventual delegação não impede que qualquer oficial militar responsável por comando, direção ou chefia, ou aquele que o substitua ou esteja de dia, de serviço ou de quarto, tome ou determine que sejam tomadas imediatamente as providências iniciais para a preservação da materialidade e autoria delitivas, uma vez que tenha conhecimento de infração penal, como dirigir-se ao local, providenciando sua preservação, arrecadar para apreensão instrumentos e todos os objetos que tenham relação com o fato, ou capturar aquele em flagrante delito militar[889]. Caso o infrator tenha posto que lhe seja hierarquicamente superior ou igual, será feita a comunicação do fato à autoridade militar superior titular da autoridade de polícia judiciária, para que esta adote as providências cabíveis, ou a delegue oficial militar de posto superior ao do infrator (arts. 10, §§ 1º, 2º e 12 do CPPM).

Da mesma forma, se no curso do inquérito policial militar, a autoridade que o preside verificar que oficial de posto superior ao seu, ou mais antigo, pode ser autor do crime ou deve ser investigado tendo em vista indícios de sua autoria delituosa, adotará idênticas providências necessárias para que as suas funções sejam delegadas a outro oficial militar hierarquicamente superior (arts. 10, §§ 5º do CPPM).

Caso inexista autoridade de polícia judiciária militar nas proximidades do local em que ocorrer flagrante delito militar, permite-se ao delegado de polícia decidir pela prisão e lavrar o correspondente de auto de prisão em flagrante delito, devendo os demais atos eventualmente necessários a apuração dos fatos ser presidido pela autoridade da polícia judiciária militar (arts. 250 e 252 do CPPM).

---

[889] Embora o art. 12, *b* e *c* do CPPM, em sua literalidade, mencione a apreensão dos bens e a prisão do flagrado, a apreensão de bens e/ou a autuação em flagrante delito são inerentes àquele que detém autoridade de polícia judiciária, de forma que ao militar que não se encontre investido na referida autoridade possibilita-se apenas a arrecadação de bens e/ou captura e condução do flagrado, apresentando-os à autoridade. Contudo, uma vez realizada a delegação da autoridade de polícia judiciária ao militar que realizou a arrecadação de bens e/ou captura e condução do flagrado, autoriza-se que este formalize a apreensão do que arrecadou e autue em flagrante delito quem capturou.

Outra peculiaridade prevista no art. 18 do CPPM era a possibilidade de prisão do indiciado durante o inquérito policial militar, independentemente de flagrante delito, cabendo a autoridade que o preside apenas comunicar o fato ao juiz competente. Tal prisão teria prazo de trinta dias, prorrogável por mais vinte dias pelo comandante da Região, Distrito Naval ou Zona Aérea, mediante solicitação fundamentada do encarregado do inquérito e por via hierárquica.

Tal norma, no entanto, a partir de 1988 deve ser interpretada à luz do art. 5º, LXI da CF, a seguir transcrito:

> Art. 5º [...]
>
> **LXI - ninguém será preso senão em flagrante delito ou por ordem escrita e fundamentada de autoridade judiciária** competente, **salvo** nos casos de transgressão militar ou **crime propriamente militar, definidos em lei (grifo nosso).**

Para se dimensionar o alcance da referida norma constitucional, insta esclarecer que, para parte da doutrina, considera-se crime propriamente militar aquele em que o sujeito ativo necessariamente deve ser o militar da ativa[890], enquanto o crime impropriamente militar seria aquele no qual o civil também pode ser autor, embora tal conduta seja prevista no Código Penal Militar[891]. No entanto, até a presente data, não veio a lume qualquer lei que traga tais conceitos para a legislação, circunstância a qual, forçosamente, implica na inutilidade do art. 18 do CPPM – conquanto em princípio, seja recepcionado pela constituição atual – até que sobrevenha lei regulamentando a questão.

De acordo com o art. 20 do CPPM, o inquérito policial militar deverá ser concluído em 20 (vinte) dias, se o indiciado estiver preso, contado esse prazo a partir do dia em que se executar a ordem de prisão; ou no prazo de 40 (quarenta) dias, quando o indiciado estiver solto, contados da data da sua instauração. Apesar de o §§ 1º e 2º do referido dispositivo estabelecer que este último prazo poderá ser prorrogado por mais vinte dias pela autoridade militar superior, ou ao Ministro de Estado

---

[890] A partir de tal conceito, poderiam ser exemplificados como propriamente militares os crimes de motim (art.149 do CPM), revolta (art. 149 do CPM), abandono de posto (art. 195 do CPM), entre outros.

[891] Para um maior aprofundamento sobre o tema, cf. SOUZA, Marcelo Weitzel Rabello de. Esse tal crime propriamente militar. Busca de um conceito. *Revista do Ministério Público Militar*. Brasília, n. 23, 2013, p.09-26.

competente, inafastável se mostra o controle jurisdicional *a priori* quando do esgotamento do prazo do inquérito, mesmo quando o indiciado se encontrar em liberdade, o que faz com que os referidos dispositivos, por não terem sido recepcionados pelo art. 5º, XXXV da CF, deem espaço a aplicação subsidiária do art.10, § 3º do CPP, já analisado no item 3.4.1.8.1, onde se impõe apreciação judicial de tal requerimento.

3.4.2.3 Inquérito parlamentar penal

Como visto no item 1.3.1.7.1, o art. 58, § 3º da CF possibilita a formação de comissões no Poder Legislativo, compostas por membros tanto da Câmara dos Deputados, quanto do Senado Federal, com as seguintes características: 1) Requerimento de um terço de seus membros para a sua criação; 2) Apuração de fato determinado e por prazo certo; 3) Poderes de investigação próprios das autoridades judiciais; 4) Encaminhamento das suas conclusões, se for o caso, para o Ministério Público, a fim de que seja promovida a responsabilidade civil ou criminal dos infratores.

Das duas primeiras características acima listadas, verifica-se que as comissões parlamentares de inquérito exercem autoridade de exceção, uma vez que criadas temporariamente para apurar um fato após o seu cometimento, o que é vedado em sede judicial por força da garantia constitucional do art. 5º, XXXVII da CF[892].

No entanto, o requerimento de um terço dos membros da casa legislativa para criação de CPI foi concebido pelo constituinte como forma de fazer com que apenas fatos realmente graves sejam submetidos à apuração parlamentar, sendo tal gravidade mensurada a partir do consenso de um número significativo de parlamentares. Já apuração de fato determinado requer sua descrição precisa, de sorte que a investigação possa ocorrer em casos pontuais e de forma minimamente eficaz. A exigência de prazo certo, por sua vez, objetiva que a investigação não se protraia indeterminadamente no tempo, concentrando as diligências em um determinado período.

---

892 art. 5º, XXXVII da CF:
 "Art. 5º [...]
 XXXVII - não haverá juízo ou tribunal de exceção"

Quando as apurações presididas por comissões parlamentares de inquérito incidem sobre supostos fatos delituosos, estas acabam por exercer função de polícia judiciária, aplicando-se ao inquérito legislativo, no que não for contrário às suas peculiaridades, o mesmo regramento jurídico aplicável ao inquérito policial (art. 6º da Lei nº 1.579/1952). Como os fatos apurados por tais comissões são, em princípio, graves – quais sejam, aqueles nos quais ordinariamente acabam incidindo infrações penais – pode-se afirmar que o exercício de autoridade de polícia judiciária por tais comissões é, pelo menos, a regra.

A autoridade das comissões parlamentares de inquérito – além de, em princípio, ganhar feições de polícia judiciária – é acrescida da prerrogativa de restringir um leque mais amplo de direitos fundamentais, independentemente de autorização judicial, do que aqueles já abordados ao longo do item 3.4.1.6.6, em decorrência dos seus "poderes de investigação próprios das autoridades judiciais" previstos no art. 58, § 3º da CF[893]. Ressalvam-se deste leque, entretanto, as medidas que a Constituição expressamente determinou que fossem reservadas à prévia autorização judicial, como a busca domiciliar (art. 5º, XI da CF), interceptação telefônica (art. 5º, XII da CF), e decretação de prisão, excetuada a hipótese de flagrância penal (art. 5º, LXI da CF)[894], cabendo ao presidente da comissão, por deliberação desta, representar judicialmente por tais medidas (art. 2º-A da Lei nº 1.579/1952).

Desta forma, desde logo observa-se que tais comissões estão menos sujeitas ao controle jurisdicional, o que, na legislação infraconstitucio-

---

893 Art. 4º da Lei Complementar nº 105/2001:

"Art. 4º O Banco Central do Brasil e a Comissão de Valores Mobiliários, nas áreas de suas atribuições, e as instituições financeiras fornecerão ao Poder Legislativo Federal as informações e os documentos sigilosos que, fundamentadamente, se fizerem necessários ao exercício de suas respectivas competências constitucionais e legais.

§ 1º As comissões parlamentares de inquérito, no exercício de sua competência constitucional e legal de ampla investigação, obterão as informações e documentos sigilosos de que necessitarem, diretamente das instituições financeiras, ou por intermédio do Banco Central do Brasil ou da Comissão de Valores Mobiliários.

§ 2º As solicitações de que trata este artigo deverão ser previamente aprovadas pelo plenário da Câmara dos Deputados, do Senado Federal, ou do plenário de suas respectivas comissões parlamentares de inquérito".

894 STF – MS 23.652/DF, Tribunal Pleno, Rel. Min. Celso de Mello, j. em 22/11/2000, DJ 16/12/2001.

nal, refletiu-se no art. 6º-A da Lei nº 1.579/1952, inserido pela Lei nº 13.367/2016, o qual dispõe relatório conclusivo do inquérito será encaminhado pela Comissão Parlamentar, para as devidas providências, diretamente ao Ministério Público, para que adote as providências de sua alçada em relação às infrações penais apuradas[895], devendo este informar, no prazo de trinta dias, as providências adotadas ou a justificativa pela omissão (art. 2º da Lei nº 10.001/2000). Paralelamente, a comissão apresentará relatório à respectiva Câmara, para aprovação mediante resolução (art. 5º, *caput*, da Lei nº 1.579/1952).

Também escapa ao Poder Judiciário o controle sobre a duração do inquérito parlamentar, cujo prazo para encerramento, de acordo com o art. 5º, § 2º, da Lei nº 1.579/1952, coincide com o do término com a sessão legislativa em que tiver sido instaurado (período anual, em que o Congresso se reúne), salvo deliberação da respectiva Câmara, que poderá prorrogá-lo dentro da Legislatura em curso (período de quatro anos de execução das atividades pelo Congresso Nacional).

O excepcional exercício da autoridade de polícia judiciária por comissão formada por membros do Poder Legislativo fundamenta-se no fato deste, além da sua típica função de criação das leis, cumprir fiscalizar a própria administração pública, mediante apurações específicas voltadas, em especial, para condutas dos membros do Poder Executivo, bem como do próprio parlamento.

Todavia, assim como já pontuado em relação às autoridades de polícia judiciária militar, a outorga da presidência de investigações criminais a agentes políticos, sem exigência qualquer formação jurídica específica para o exercício da polícia judiciária, inevitavelmente acaba por desfavorecer a eficiência das apurações, que, não raras vezes, acabam ocupando um plano secundário em relação a interesses políticos, que maculam a isenção indispensável à presidência da investigação. Desta forma, chama atenção o fato de que o controle jurisdicional da investigação criminal é paradoxalmente menor onde a autoridade de polícia judiciária é exercida por aqueles menos vocacionados para tanto.

---

895 No entanto, o texto o art. 58, § 3º da CF não dispõe que o inquérito parlamentar será encaminhado diretamente o Ministério Público, mas que suas conclusões serão encaminhadas, *se for o caso*, para este, a fim de que seja promovida a responsabilidade criminal dos infratores, o que não elidiria, em princípio, a atribuição dada ao Poder Judiciário pela legislação processual penal pátria de exercer o controle de legalidade dos trabalhos da comissão parlamentar, avaliando se é o caso de se encaminhar as mesmas ao Ministério Público.

No exercício da sua autoridade de polícia judiciária, poderão as Comissões Parlamentares de Inquérito requerer a convocação de Ministros de Estado, tomar o depoimento de quaisquer autoridades federais, estaduais ou municipais, sem se submeter as formalidades do art. 221 do CPP (art. 2º, *caput*, da Lei nº 1.579/1952). Em caso de não comparecimento da testemunha sem motivo justificado, a sua intimação será solicitada ao juiz criminal da localidade em que resida ou se encontre, a quem incumbe determinar sua condução coercitiva, bem como aplicar-lhe multa pelo não comparecimento, sem embargo do processo penal pelo crime de desobediência (art. 3º, § 1º da Lei nº 1.579/1952).

A autoridade judicial que presidir processo criminal decorrente de inquérito parlamentar penal comunicará ao parlamento, semestralmente, a fase em que o processo se encontra, até a sua conclusão, tendo este prioridade sobre qualquer outro, exceto sobre aquele relativo a pedido de *habeas corpus, habeas data* e mandado de segurança (art. 2º, parágrafo único e art. 3º da Lei nº 10.001/2000).

3.5 INQUÉRITOS EXTRAPOLICIAIS

A doutrina processualista penal tem se valido da expressão "inquéritos extrapoliciais", para denominar outras formas de exercício de polícia judiciária que não o inquérito policial[896], as quais acabaram de ser analisadas no item 3.4.2, sendo tal conceito cunhado a partir do art. 4º, parágrafo único, do Código de Processo Penal, o qual permite que outras autoridades que não o delegado de polícia, exerçam funções de polícia judiciária.

Todavia, considerando que a etimologia da expressão inquéritos extrapoliciais refere-se, em sua literalidade, aos inquéritos de "fora da polícia", mais adequado seria aplicar esta expressão aos veículos de apuração de fatos externos às funções policiais, analisadas no item 1.2. Ali, foi visto que são funções policiais tanto a apuração tanto de condutas que impliquem no sancionamento administrativo no âmbito da polícia administrativa especial, quanto de fatos delituosos no âmbito da polícia judiciária.

---

[896] Cf., por exemplo, TOURINHO FILHO, Fernando da Costa. *Processo penal, volume 1*. 25ª Ed. São Paulo: RT, 2003, p. 193-194; TÁVORA, Nestor; ANTONINI, Rosmar. *Curso de Direito Processual Penal*. 7ª Ed. Salvador: Juspodivm, 2012, p. 101-104.

Portanto, inquéritos extrapoliciais seriam aqueles externos, portanto, ao escopo das funções policiais, sendo destinados a apurar ilícitos civis passíveis de reparação judicial.

Consequentemente, ao se analisar a legislação pátria, observa-se que se adequam a etimolgia da expressão inquéritos extrapoliciais apenas o inquérito civil público, presidido por membro do Ministério Público, o inquérito civil presidido por comissão parlamentar e a investigação extrapenal privada, presidida por detetive particular.

O inquérito civil público destina-se a apuração de ilícitos civis passíveis de ser objeto de ação civil pública, quais sejam, aqueles que ensejam responsabilização por danos morais e patrimoniais causados aos direitos difusos ou coletivos (art. 1º da Lei nº 7.347/1985).

Direitos difusos constituem direitos transindividuais, ou seja, que ultrapassam a esfera de um único indivíduo, caracterizados principalmente por sua indivisibilidade, em que a satisfação do direito deve atingir a uma coletividade indeterminada, porém, ligada por uma circunstância de fato, como, por exemplo, do direito ao ao meio ambiente equilibrado, ao patrimônio público e social, entre outros que pertençam à massa de indivíduos, e cujos prejuízos de uma eventual reparação de dano não podem ser individualmente calculados. Direitos coletivos, por sua vez, são direitos transindividuais de pessoas ligadas por uma relação jurídica, que os tornam determináveis, havendo ainda a indivisibilidade do direito, uma vez que não é possível tratamento diferenciado a coletividade interessada. Como exemplo, citem-se os direitos à honra e à dignidade de grupos raciais, étnicos ou religiosos.

Como a esfera civil de reparação de danos é potencialmente menos violadora de direitos fundamentais do que a esfera penal, não viu o legislador pátrio maiores empecilhos para outorgar a presidência do inquérito civil público a membro do Ministério Público[897] sem prazo legalmente fixado, cabendo ao mesmo também promover o arquivamento da apuração, ainda que sujeito a homologação do seu órgão, ou atuar como parte acusadora na ação civil pública desta decorrente, apesar de o art. 5º da Lei nº 7.347/1985, prever que outras instituições estão concorrentemente legitimadas para intentar a referida ação. Tais instituições hoje são a Defensoria Pública; a União, os Estados, o Distrito Federal e

---

897 Cf. nota nº 266.

os Municípios; autarquias, empresas públicas, fundações ou sociedades de economia mista; além da associação que, concomitantemente esteja constituída há pelo menos 1 (um) ano nos termos da lei civil; inclua, entre suas finalidades institucionais, a proteção ao patrimônio público e social, ao meio ambiente, ao consumidor, à ordem econômica, à livre concorrência, aos direitos de grupos raciais, étnicos ou religiosos ou ao patrimônio artístico, estético, histórico, turístico e paisagístico.

Apesar de tais entes colegitimados não ter sido outorgada a presidência do inquérito civil público, estas, quando individualizáveis, devem obrigatoriamente ser notificadas caso o membro do Ministério Público promova o arquivamento do inquérito civil público, uma vez que podem apresentar razões escritas ou documentos até a sessão do Conselho Superior do Ministério Público, que homologar ou rejeitar a referida promoção de arquivamento (art. 9º, § 2º da Lei nº 7.347/1985). Toidavia, nem a instauração tampouco o arquivamento do inquérito civil público traduz fato impeditivo a que os colegitimados venham a intentar, de imediato, ação civil pública, caso disponham de elementos informativos para tanto.

Outra peculiaridade do inquérito civil público em relação aos inquéritos policiais é que sua publicidade, como seu próprio nome sugere, *a priori*, não é restrita[898], sendo esta necessariamente ampla, uma vez concluídas as investigações, ainda que haja promoção de arquivamento, tendo em vista o dever de se notificar as entidades colegitimadas para propor ação civil pública.

Vele ainda observar que no curso do inquérito civil ou da ação civil pública é facultado aos órgãos públicos a esta legitimados tomar dos interessados compromisso de ajustamento de sua conduta às exigências legais, mediante cominações, que terá eficácia de título executivo extrajudicial (artigo 5º, § 6º, da Lei nº 7.347/1985). Tal termo caso adotado pelo membro do Ministério Público no curso do inquérito civil público, não pode dispensar a reparação integral do dano, e tem a sua eficácia condicionada à homologação da correspondente promoção de arquivamento pelo Conselho Superior do Ministério Público.

---

898 Só haverá publicidade restrita sobre o inquérito civil público quando nele estiverem contidas informações sobre as quais se imponha legalmente o dever de sigilo.

Por sua vez, quando as apurações presididas por comissões parlamentares de inquérito não incidem incidem sobre supostos fatos delituosos, mas apenas ilícitos civis, estas acaba por ter natureza extrapolicial, sendo-lhe aplicável, no que não for contrário às suas peculiaridades, o mesmo regramento jurídico aplicável ao inquérito civil público, e não aquele relativo ao inquérito policial, muito embora o art. 6º da Lei nº 1.579/1952 só preveja esta última possibilidade de aplicação subsidiária, provavelmente tendo em vista que da excepcionalidade da constituição de tais comissões decorreria, necessariamente, a apuração de fatos delituosos.

Outra espécie de inquérito extrapolicial é a investigação extrapenal privada, presidida por detetive particular, cuja atividade profissional, de acordo com o art. 2º da Lei nº 13.432/2017, consiste no planejamento e execução de coleta de dados e informações de natureza não criminal, com conhecimento técnico e utilizando recursos e meios tecnológicos permitidos, visando ao esclarecimento de assuntos de interesse privado do contratante.

Portanto, em caso de detecção de indícios de prática delituosa no curso da investigação privada, deverá o detetive particular comunicá-los ao delegado de polícia ou outra autoridade de polícia judiciária[899] com atribuição para o caso, a fim de que esta prossiga na apuração do fato delituoso, podendo aquele ainda colaborar na apuração do caso, desde que expressamente autorizado pelo contratante e admitido pela referida autoridade, a qual poderá aceitar ou rejeitar a referida colaboração (art. 2º da Lei nº 13.432/2017). Caso admitida a colaboração, é vedado ao detetive particular, contudo, participar diretamente de diligências realizadas no inquérito policial ou congênere (art. 10, IV da Lei nº 13.432/2017).

---

899 No entanto, o art. 4º, § 1º da Lei nº 13.432/2017, que impunha expressamente ao detetive particular comunicara notícia de infração penal ao delegado de polícia foi vetado, ao incoerente argumento de que o mesmo inviabilizaria o exercício da sua atividade, uma vez que o indício de prática de infração penal é o mote para a contratação, em grande parte das situações, muito embora o art. 2º do referido diploma legal permaneça expresso ao definir que sua atividade destina-se a colheita de informações de natureza não criminal, de sorte que tal obrigação permanece íntegra, embora não mais prevista expressamente na legislação.

3.6 ATRIBUIÇÕES ADICIONAIS DA AUTORIDADE DE POLÍCIA JUDICIÁRIA

Como salientado no item 3.2 e ao longo do Capítulo 1, além da investigação criminal, à autoridade de polícia judiciária também foram incumbidas, adicionalmente, atribuições acessórias e correlatas a esta função, previstas no *caput* do art. 13 do CPP, o qual dispõe, textualmente, que "incumbirá **ainda** à autoridade policial" executar os mandados de prisão expedidos pela justiça criminal, prestar as informações que se fizerem necessárias à instrução e julgamento dos processos criminais, bem como realizar as diligências requisitadas por esta ou pelo Ministério Público no curso ou após os mesmos (art. 13, I, II e III do CPP).

Releva ainda notar que o referido dispositivo, também incluiu no rol de atribuições adicionais a representação por prisão preventiva (IV), sem que fosse realizada qualquer referência à natureza do seu fundamento. Aqui, cabe observar que duas das suas três circunstâncias autorizadoras previstas art. 312 do CPP – quais sejam a "conveniência", ou melhor dizendo, necessidade da instrução criminal e a segurança da aplicação da lei penal – possuem natureza cautelar, por serem essencialmente um meio de viabilizar a própria investigação e provável subsequente processo criminal, salvaguardando a elucidação dos fatos delituosos, de sorte não devem, portanto, ser consideradas como uma atribuição adicional da autoridade polícia judiciária. Apenas a prisão preventiva em face da garantia da ordem pública e econômica, por destinar-se precipuamente a evitar a prática de infrações penais, não possui natureza cautelar, ostentando finalidade nitidamente preventiva, separável da apuração dos fatos delituosos ao ponto de justificar sua previsão legal como atribuição adicional da autoridade de polícia judiciária no art. 13, IV do CPP[900].

Feitas tais considerações preliminares, a seguir ter-se-á a oportunidade de se analisar mais detidamente as atribuições relacionadas no art. 13, I, II e III do CPP, relacionadas à função de polícia judiciária, mas

---
900 Neste ponto, cumpre observar que o art. 8º do CPPM acaba por incorrer em impropriedade mais grave, ao elencar indistintamente, dentre as atribuições da autoridade de polícia judiciária militar, além da investigação criminal (alínea "a"), e, genericamente, da prisão preventiva (alínea "d"), outros meios para o seu exercício (alíneas "d", "f" e "g"), assim como atribuições adicionais (alíneas "b", "c" e "h").

que com esta não se confundem, remetendo-se o leitor, no que tange ao estudo da prisão preventiva, ao já exposto no item 3.4.1.6.7.1.

3.6.1 Fornecimento de informações às autoridades judiciais

Ao se analisar a legislação penal e processual penal, pode-se identificar que diversas informações coletadas ao longo da investigação criminal são necessárias à instrução e julgamento dos processos, uma vez que o juiz, ao fixar a pena, deverá também atentar aos antecedentes, à conduta social, à personalidade do agente (art. 59, *caput*, do CP), cabendo a autoridade de polícia judiciária o fornecimento de informações que subsidiem tal análise, nos termos do art. 13, I do CPP.

Sob este prisma, ganha relevo a prestação das informações relativas à averiguação da vida pregressa do indiciado, ilustrada no art. 6º, IX do CPP, procedida tanto quando da sua qualificação na primeira parte do interrogatório (art. 6º, V c/c arts. 185, caput, 186 e 187, § 1º do CPP), quanto por meio da elaboração de boletim individual, o qual possui uma via que acompanhará o processo, e que, depois de passar em julgado a sentença definitiva e lançados os dados finais, será enviada ao Instituto de Identificação ou repartição congênere (art. 809, § 3º do CPP).

Neste momento, também se mostra adequado colher as informações objeto do art. 6º, IX do CPP, bem como do inciso X do referido artigo (este último incluído pela Lei nº 13.257/2016, que também incluiu previsões análogas nos arts. 185, § 10º e 304, § 4º), quais sejam, averiguar sua atitude e estado de ânimo antes e depois do crime e durante ele, e quaisquer outros elementos que contribuírem para a apreciação do temperamento e caráter do indiciado, e, caso este seja preso, colher informações sobre a existência de filhos, respectivas idades e se possuem alguma deficiência, com o nome e o contato de eventual responsável pelos seus cuidados.

Ainda deve a autoridade de polícia judiciária, com fulcro no art. 13, I do CPP, informar diretamente ao Juízo tudo quanto disser respeito a providências úteis ou necessárias à persecução penal que conduzirá a um julgamento, notadamente aquelas que possam afetar a definição de sua atribuição, e correspondente competência jurisdicional[901], ainda mais se esta for em razão da matéria, uma vez que a incompetência

---

901 A respeito, cf. ainda item 3.4.1.7.4.

material acarreta a nulidade dos atos judiciais praticados no âmbito do inquérito policial[902]. Com efeito, necessárias ao julgamento do processo também se mostram as informações relativas a (in)competência de um juiz para julgar um caso porventura decorrente de um inquérito policial, a partir da qual se fixa a competência para exercer o controle de legalidade da investigação criminal neste veiculada, bem como para apreciar medidas coercitivas sujeitas a autorização judicial eventualmente cabíveis durante seu curso.

3.6.2 Atendimento de requisições de diligências investigatórias

Dispõe o art. 13, II do CPP, que incumbe a autoridade de polícia judiciária "realizar as diligências requisitadas pelo juiz ou pelo Ministério Público".

A natureza investigatória de tais diligências, além de ser depreendida do fato do art. 13, II estar inserido no Título II do Livro I do CPP (cujo título é "Do Inquérito Policial), está disposta expressamente na constituição atual e na legislação que lhe sucedeu, mais especificamente o art. 129, VIII, onde se estabelece como função institucional do Ministério Público, "requisitar diligências investigatórias [...]", cuja redação foi seguida pelo art. 26, IV da Lei nº 8.625/1993 (Lei Orgânica Nacional do Ministério Público) e art. 38, II da Lei Complementar nº 75/1993, sobre a organização, as atribuições e o estatuto do Ministério Público da União.

Com efeito, haverá situações onde a realização de diligências investigatórias se fará necessária fora do inquérito policial ou outro veículo de exercício da polícia judiciária, como forma de complementar sua instrução e/ou aquela realizada durante o processo penal.

Neste sentido, encontra-se o art. 402 do CPP, o qual dispõe, *in verbis*, que "Produzidas as provas, ao final da audiência, o Ministério Público, o querelante e o assistente e, a seguir, o acusado poderão requerer diligências cuja necessidade se origine de circunstâncias ou fatos apurados na instrução". Caso tais diligências tenham natureza investigatória, o juiz, ao deferi-las tendo em vista sua necessidade, deverá requisitá-las a autoridade de polícia judiciária, com fulcro no art. 13, II do CPP.

---

[902] Art. 564. A nulidade ocorrerá nos seguintes casos: I - por *incompetência*, suspeição ou suborno do juiz. A respeito das nulidades no inquérito policial, cf. item 3.7.

Outro caso de aplicação do art. 13, II do CPP já foi analisada no item 3.4.1.7.4.1, e se dá a partir da previsão infraconstitucional constante na Lei Orgânica da Magistratura Nacional (LOMAN) de que a investigação de crimes praticados por magistrados seja feita pelo Tribunal competente para processá-lo (art. 33, II parágrafo único da Lei Complementar nº 35/1979). Na prática, a presidência de tais investigações incumbe ao relator do caso, ficando a decisão do órgão colegiado adstrita apenas às questões mais relevantes da investigação, como o caso de medidas coercitivas penais e decisões de arquivamento.

Já as leis orgânicas do Ministério Público dispõem que a investigação de infrações penais atribuídas aos membros seja presidida pelo Procurador Geral da referida instituição, ou outro membro designado pelo mesmo (art. 40, III e art. 41, II e parágrafo único da Lei nº 8.625/1993, art. 18, II, *d, f*, e parágrafo único da Lei Complementar nº 75/1993).

Portanto, quando uma autoridade judicial ou membro do Ministério Público passam a ser investigados criminalmente, um colega seu excepcionalmente passa a atuar como autoridade de polícia judiciária, presidindo o respectivo inquérito policial. O único ato de polícia judiciária cuja presidência, de acordo com os referidos dispositivos legais, remanesce sob a autoridade do delegado de polícia é o auto de prisão em flagrante, desde que por crime inafiançável.

No entanto, no Brasil tanto os Tribunais como o Ministério Público não possuem como função ordinária o exercício da polícia judiciária, não contando, por consequência, com estrutura e pessoal especializado para a realização de investigações criminais. Diante disso, ao desembargador relator ou Procurador Geral, enquanto presidente de tais inquéritos policiais, resta requisitar efetivação das diligências que entende pertinentes ao delegado de polícia com fulcro no art. 13, II do CPP, a fim de que este último promova a sua realização utilizando-se dos recursos que seu órgão dispõe.

Mais uma hipótese de requisição com o referido fundamento legal, como visto no item 3.4.1.8.3.1, se dá em inquéritos policiais concluídos em que o indiciado se encontrar preso, nos quais o Ministério Público não poderá requerer sua devolução ao juiz para a realização de diligências imprescindíveis, uma vez que, de acordo com o art. 46 do CPP, tal devolução só se aplica aos casos em que o indiciado estiver solto. Nesta hipótese, o Ministério Público caso ofereça denúncia, deverá acompanhá-la do inquérito policial (art. 12 do CPP[903]), requisitando em apartado e diretamente ao delegado de polícia as diligências que fundamentadamente entender imprescindíveis para a completa elucidação do caso, com fulcro no art. 129, VIII da CF e art. 13, II do CPP.

Por sua vez, em inquéritos policiais concluídos em que o indiciado se encontrar em liberdade, pode o Ministério Público, ao invés de requerer ao juiz a devolução dos seus autos para o delegado de polícia, desde logo oferecer denúncia, devidamente acompanhada do inquérito policial, requisitando em apartado e diretamente ao delegado de polícia as diligências que fundamentadamente entender imprescindíveis, igualmente com fulcro no art. 129, VIII da CF e art. 13, II do CPP, desde que sua pendência não venha a comprometer o curso do processo.

Com relação à requisição de diligências no curso do inquérito policial, cumpre pontuar que a mesma deve corresponder a atos específicos cuja adoção legalmente deve-se dar de maneira obrigatória no seu âmbito, quando cabível (art. 6º, II e IV a X do CPP), podendo seu atendimento não ser necessariamente imediato, mas no momento em que o delegado de polícia reputar mais adequado para a investigação. Conforme visto no item 3.4.1.5.1.3, requisição é a exigência para a realização de algo, fundamentada em lei (portanto, a esta vinculada), e admitir que requisições de diligências, durante o curso do inquérito policial, extrapolem o referido rol ou demandem necessariamente atendimento imediato, equivaleria a substituir a discricionariedade do delegado de polícia na escolha das daquelas que reputa mais aptas para a elucidação do fato que apura, bem como, no caso de requisições oriundas do Ministério Público, comprometeria a paridade de armas durante a investigação criminal, uma vez que permitiria ao eventual acusador *exigir* diligências que seriam apenas *requeridas* pelo indiciado ou investigado, com fulcro no art. 14 do CPP[904].

E esta sistemática não foi alterada pelo fato do art. 129, VIII da CF, que, ao explicitar que ao Ministério Público incumbe, *in verbis*, "re-

---

903 Cf. notas nº 849 e 346.
904 Apesar de o art. 14 do CPP, estatuir, *in verbis*, que "o ofendido, ou seu representante legal, e o indiciado poderão requerer qualquer diligência, que será realizada, ou não, a juízo da autoridade", requerimentos de diligências que se mostram cabíveis com fulcro no art. 6º II e IV a X do CPP, *a priori* obrigam o delegado a proceder o seu atendimento, equiparando-as às requisições de diligências do art. 13, II do CPP.

quisitar diligências investigatórias e a instauração de inquérito policial [...]", não pode ser interpretado de forma apartada do princípio constitucional da paridade de armas, consectário do devido processo legal[905], que devem ser observados, neste particular, pela legislação processual. Busca-se, assim, evitar que a investigação criminal fosse unilateralmente conduzida pelo acusador de eventual processo penal subsequente, mediante requisições de diligências emitidas de forma indiscriminada, interferindo na presidência do delegado de polícia.

Diante de tais reflexões, conclui-se que ao juiz e ao membro do Ministério Público, no curso do inquérito policial, assiste a prerrogativa de *requisitar* ao delegado de polícia, com fulcro no art. 13, II c/c art. 6º, II e IV a X do CPP, as diligências cuja adoção legalmente deve-se dar de maneira obrigatória no âmbito do inquérito policial, sem embargo do Ministério Público, *requerer* outras diligências ao delegado de polícia[906], ou, após a conclusão do inquérito sem indiciados presos, requerer ao juiz a devolução dos autos para a realização de outras diligências que repute imprescindíveis (art. 16 do CPP), as quais, com ou sem indiciados presos, podem ser diretamente requisitadas ao delegado de polícia paralelamente ao oferecimento da denúncia e de forma apartada do inquérito policial, também com fulcro no art. 13, II do CPP, de forma a não comprometer a celeridade da persecução penal.

3.6.3 Execução de mandados de prisão

De acordo com o art. 13, III do CPP, incumbe a autoridade de polícia judiciária, além providenciar a execução das medidas que representou por autorização judicial, por meio de seus agentes, deve fazer o mesmo com relação aos mandados de prisão expedidos pelas autoridades judiciais, seja no curso do processo penal, seja em decorrência de condenação transitada em julgado.

Para tanto, vislumbrou-se o risco a integridade física do executor inerente a execução de uma prisão, deslocando-se tal função do oficial

---
905 Cf. nota nº 262.
906 Para tanto, pode-se valer da aplicação analógica do art. 14 do CPP, o qual, apesar de fazer menção do direito de requerer diligências apenas ao ofendido e ao indiciado, pode ser perfeitamente aplicado pelo Miistério Público, quando, no curso do inquérito, pretenda realizadas diligencias às quais o delegado de polícia, *a priori*, não está legalmente obrigado a realizar.

de justiça, agente da autoridade judicial, para os agentes da autoridade de polícia judiciária, melhor preparados para tanto.

Por sua vez, a inclusão do art. 289-A no Código de Processo Penal pela Lei nº 12.403/2011 facilitou sobremaneira a difusão dos mandados de prisão entre os órgãos exercentes da polícia judiciária, e sua correspondente execução.

De acordo com o *caput* e § 1º do referido dispositivo, o juiz competente providenciará o imediato registro do mandado de prisão em banco de dados mantido pelo Conselho Nacional de Justiça para essa finalidade, podendo qualquer agente policial poderá efetuar a prisão determinada no mandado de prisão ali registrado, ainda que fora da competência territorial do juiz que o expediu.

Ainda que o mandado judicial não esteja registrado no banco de dados mantido pelo Conselho Nacional de Justiça, qualquer agente policial poderá executar a prisão decretada judicialmente, adotando as precauções necessárias para averiguar a autenticidade do mandado ao juiz que a decretou, o qual, diretamente comunicado da prisão pelo delegado de polícia, deverá providenciar, em seguida, o registro do mandado (§ 2º).

A prisão será também imediatamente comunicada ao juiz do local de cumprimento da medida, o qual providenciará a certidão extraída do registro do Conselho Nacional de Justiça e informará ao juízo que a decretou (§ 3º), ao qual incumbe providenciar a remoção do preso no prazo máximo de 30 (trinta) dias, contados da efetivação da medida (art. 289, § 3º).

Havendo fundadas dúvidas das autoridades de polícia judiciária e/ou judicial sobre a legitimidade do mandado ou sobre a identidade do preso, poderão pôr este em custódia, até que fique esclarecida a dúvida, cabendo a primeira desde logo representar à segunda pela prisão preventiva em caso de dúvida sobre a identidade do preso, o qual deverá ser imediatamente libertado caso sua identificação demonstre não ser a pessoa objeto do mandado judicial (art. 289-A, § 5º, art. 290, § 2º, e art. 313, parágrafo único do CPP).

3.7 NULIDADES NO EXERCÍCIO DA POLÍCIA JUDICIÁRIA

Como visto no item 3.4, o inquérito policial e demais formas de exercício da polícia judiciária são materializados por um conjunto dos atos e procedimentos, pelo qual ordinariamente é documentada a investigação de fatos aparentemente delitivos.

Os atos e procedimentos que dão substância a este conjunto podem ser administrativos ou jurisdicionais, sendo os primeiros essenciais (alguns deles obrigatórios), e os segundos eventuais e acessórios. No entanto, ambos resultam reunidos em razão da finalidade de apurar a verdade sobre um fato aparentemente delituoso.

Embora caracterizado fundamentalmente pela liberdade de rito, reconhecendo-se ampla discricionariedade à autoridade que o preside na escolha do momento, ordem e conteúdo dos atos e procedimentos que o compõem, este conjunto – além de possuir alguns atos de adoção obrigatória, caso aplicáveis – está vinculado a sequência de atos legalmente prevista para os procedimentos que são adotados.

Já os atos e procedimentos jurisdicionais passíveis de integrar o exercício da polícia judiciária são relativos às medidas coercitivas jurisdicionadas eventualmente aplicáveis a investigação criminal, previstas na legislação processual penal.

Como consequência da fixação de regras legais para a formalização dos atos e procedimentos, somente aqueles atos praticados em conformidade com estas deverão ser considerados juridicamente válidos e aptos a produzirem os efeitos desejados. Aqueles que não atendem a tais regras revelam-se passíveis de ser desconsiderados, de acordo com a intensidade do desvio do modelo legal.

Nesta senda, consideram-se atos inexistentes aqueles cujo vício é de tal gravidade que compromete a sua essência, ao ponto de nem sequer se cogitar da sua invalidação, uma vez que a inexistência precede a qualquer consideração sobre a validade. No outro extremo, encontram-se casos onde o desacordo do ato com a previsão legal é mínimo, ao ponto de não descaracterizá-lo, cingindo-se a uma mera irregularidade.

Na zona crepuscular entre estes dois extremos situam-se os atos nulos, os quais são aqueles onde o desacordo com a previsão legal pode levar ao reconhecimento da sua inaptidão para produzir efeitos jurídicos, a partir de um pronunciamento judicial. Dentre estes, cumpre ainda distinguir os casos de nulidade absoluta e relativa: nos primeiros, o prejuízo ocasionado pelo vício é manifesto, atingindo, nos dizeres de Grinover, Fernandes e Gomes Filho, "o interesse público de correta aplicação do direito"[907], devendo a nulidade ser declarada de ofício a qualquer tempo, independentemente de provocação do interessado; nos últimos, deixa-se ao interessado à faculdade de oportunamente pedir ou não a invalidação do ato, subordinando-se o reconhecimento do vício à efetiva demonstração do prejuízo sofrido por este[908], não se fazendo possível invocar nulidade a que haja dado causa, ou para que tenha concorrido[909].

A ofensa a garantias constitucionais, portanto, implicará sempre na nulidade de natureza absoluta, quando não na inexistência jurídica, uma vez que implica na violação de direitos reputados fundamentais pelo ordenamento jurídico.

Neste ponto, vale ressaltar que apesar de ao inquérito policial e seus congêneres não ser aplicável a garantia constitucional do contraditório, por não possuírem a natureza jurídica de processo ou procedimento, diversas outras garantias e direitos fundamentais e legais incidem nos atos e procedimentos que o integram[910], sendo perfeitamente válido concluir que, a partir daí, lhe são aplicáveis a garantia constitucional do devido processo legal (material).

Cabível, portanto, a declaração, independentemente de provocação do interessado, das nulidades que sejam absolutas no inquérito policial e congêneres, bem como das nulidades relativas em que o interessado efetivamente demonstrou prejuízo, estendendo-se a declaração de nulidade a todos os demais atos ou procedimentos **derivados daqueles anulados**, salvo quando não evidenciado o nexo de causalidade entre uns e outras, ou quando os derivados puderem ser adotados por uma fonte independente dos elementos colhidos por meio dos atos ou procedimentos anulados (art. 157, § 1º do CPP)[911].

---

907 GRINOVER, Ada Pellegrini; FERNANDES, Antônio Scarance; GOMES FILHO, Antônio Magalhães. As Nulidades no Processo Penal. 8ª Ed. São Paulo: Revista dos Tribunais, 2004, p. 24.
908 As nulidades relativas regem-se pelo princípio contemplado no art. 563 do CPP, segundo o qual nenhum ato será declarado nulo, se da nulidade não resultar prejuízo para quem o alegue.
909 Art. 565 do CPP: "Art. 565. Nenhuma das partes poderá arguir nulidade a que haja dado causa, ou para que tenha concorrido, ou referente a formalidade cuja observância só à parte contrária interesse".
910 Para exemplos, remete-se ao leitor aos itens 3.4.1.4, 3.4.1.6.1.1.1 e 3.4.1.5.2.2.
911 Art. 157, § 1º do CPP:
"Art. 157. São inadmissíveis, devendo ser desentranhadas do processo, as provas ilícitas, assim entendidas as obtidas em violação a normas constitucionais

ou legais.

§ 1º *São também inadmissíveis as provas derivadas das ilícitas*, salvo quando não evidenciado o nexo de causalidade entre umas e outras, ou quando as derivadas puderem ser obtidas por uma fonte independente das primeiras".

Tal artigo do Código de Processo Penal, nos termos da transcrita redação dada pela Lei nº 11.690/2008, foi reflexo de jurisprudência consolidada no Supremo Tribunal Federal, acolhendo a teoria norte americana dos frutos da árvore envenenada (*fruits of the poisonous tree*), como se pode perceber pela leitura dos seguintes acórdãos:

HABEAS CORPUS – ACUSAÇÃO VAZADA EM FLAGRANTE DE DELITO VIABILIZADO EXCLUSIVAMENTE POR MEIO DE OPERAÇÃO DE ESCUTA TELEFÔNICA, MEDIANTE AUTORIZAÇÃO JUDICIAL – PROVA ILÍCITA – AUSÊNCIA DE LEGISLAÇÃO REGULAMENTADORA – ART. 5º, XII, DA CONSTITUIÇÃO FEDERAL – FRUITS OF THE POISONOUS TREE – O Supremo Tribunal Federal, por maioria de votos, assentou entendimento no sentido de que sem a edição de lei definidora das hipóteses e da forma indicada no art. 5º, inc. XII, da Constituição não pode o juiz autorizar a interceptação de comunicação telefônica para fins de investigação criminal. Assentou, ainda, que *a ilicitude da interceptação telefônica – à falta da lei que, nos termos do referido dispositivo, venha a discipliná-la e viabilizá-la – contamina outros elementos probatórios eventualmente coligidos, oriundos, direta ou indiretamente, das informações obtidas na escuta*. Habeas corpus concedido. (STF – HC 73.351/ SP, 1ª Turma, Rel. Min. Ilmar Galvão, j. em 09/05/1996, DJU 19/03/1999).

HABEAS CORPUS – CRIME QUALIFICADO DE EXPLORAÇÃO DE PRESTÍGIO (CP, ART. 357, PÁR – ÚNICO) – CONJUNTO PROBATÓRIO FUNDADO, EXCLUSIVAMENTE, DE INTERCEPTAÇÃO TELEFÔNICA, POR ORDEM JUDICIAL, PORÉM, PARA APURAR OUTROS FATOS (TRÁFICO DE ENTORPECENTES) – VIOLAÇÃO DO ART. 5º, XII, DA CONSTITUIÇÃO – [...] 3. As provas obtidas por meios ilícitos *contaminam as que são exclusivamente delas decorrentes*; tornam-se inadmissíveis no processo *e não podem ensejar a investigação criminal e, com mais razão, a denúncia, a instrução e o julgamento* (CF, art. 5º, LVI), ainda que tenha restado sobejamente comprovado, por meio delas, que o Juiz foi vítima das contumélias do paciente. 4. Inexistência, nos autos do processo-crime, de prova autônoma e não decorrente de prova ilícita, que permita o prosseguimento do processo. 5. Habeas corpus conhecido e provido para trancar a ação penal instaurada contra o paciente, por maioria de 6 votos contra 5. (STF – HC 72.588/PB, Tribunal Pleno, Rel. Min. Maurício Corrêa, j. em 12/06/1996, DJU 04/08/2000).

HABEAS CORPUS – CRIME DE TRÁFICO DE ENTORPECENTES – PROVA ILÍCITA: ESCUTA TELEFÔNICA – 1. *É ilícita a prova produzida mediante escuta telefônica autorizada por magistrado, antes do advento da Lei nº 9.296, de 24.07.1996, que regulamentou o art. 5º, XII, da Constituição Federal; são igualmente ilícitas, por contaminação, as dela decorrentes: aplicação da doutrina norte-americana dos frutos da árvore venenosa.* 2. Inexistência de prova autônoma. 3. Precedente do Plenário: HC nº 72.588-1-PB. 4. (STF – HC 74.116/SP, 2ª Turma, Rel. p/ Ac. Maurício Corrêa, j. em 05/11/1996, DJU 14/03/1997).

A *contrário sensu*, não serão anulados os atos ou procedimentos integrantes da investigação criminal nos quais não haja identificação do nexo de causalidade com um ato ou procedimento anteriormente adotado, ou embora haja tal nexo, os atos subsequentes possam adotados por uma causa independente, que não decorra dos atos atos ou procedimentos anulados. Neste último particular, convém ressaltar que o próprio art. 157, § 2°, CPP define a causa (fonte) independente como "aquela que por si só, seguido os trâmites típicos e de praxe, próprios da investigação ou instrução criminal, seria (igualmente) capaz de conduzir ao fato objeto da prova"[912].

Cabível, portanto, a declaração, da nulidade de elementos de convicção utilizados no processo cuja colheita durante investigação criminal seja ilícita, salvo quando não evidenciado o nexo de causalidade entre ambos, ou quando os derivados puderem ser obtidos por uma fonte independente da colheita viciada.

Neste ponto, vale ainda recordar que, dos atos produzidos no inquérito policial, as inquirições são medidas que devem repetidas em juízo, enquanto as provas consideradas cautelares, irrepetíveis e antecipadas como, por exemplo, as provas periciais, em especial aquelas versem sobre vestígios transitórios, e todas as provas documentais, não se mostram possíveis de ser repetidas, sendo válidas em juízo, desde que neste sejam posteriormente submetidas ao contraditório (contraditório diferido), conforme ressalva constante no art. 155 do CPP, parte final.

Desta forma, caso a acusação subsista sustentável por fonte independente de inquirições formalizadas durante a investigação criminal declaradas nulas, nada impede que a colheita da prova oral seja refeita

---

912 A fim de exemplificar um elemento de convicção válido por ser acessível por fonte independente no exercício da polícia judiciária, imagine-se que, por uma interceptação telefônica sem prévia autorização judicial (logo, ilegal) obtenha-se a localização de um documento incriminador em relação um investigado em inquérito policial. Paralelamente, uma testemunha, em depoimento válido, também indicou ao delegado de polícia que preside o referido inquérito o lugar onde se encontrava tal documento.

Se esse documento fosse apreendido unicamente pela informação obtida na interceptação, tal apreensão seria ilícita por derivação e inadmissível no processo. No entanto, considerando que tal informação foi também obtida por fonte independente e válida, que do mesmo modo levaria a tal localização, mesmo que a interceptação ilegal não existisse, tal apreensão pode ser aceita como lícita, assim como o documento que foi seu objeto pode ser considerado prova lícita.

validamente na fase processual, uma vez que estas, de qualquer sorte, já seriam repetidas, de fato não repercutindo no processo penal tais nulidades decorrentes do exercício da polícia judiciária, o que já não ocorreria no caso em que da colheita prova anulada for irrepetível, cuja nulidade forçosamente deverá se estender (também) aos atos processuais que venham a versar sobre esta.

No entanto, apesar da clareza da aplicabilidade dos preceitos relativos às nulidades a todas as formas de exercício da polícia judiciária, persiste na jurisprudência o entendimento de que seria inviável anulação do processo penal por alegada irregularidade no inquérito, ao argumento de que as nulidades processuais concernem tão somente aos defeitos de ordem jurídica pelos quais afetados os atos praticados ao longo da ação penal condenatória[913].

Embora tenha em si compreendida as fases da investigação criminal e do processo penal, a persecução penal é *una*, sendo eventuais vícios concernentes ao exercício da polícia judiciária potencialmente infirmadores da validade jurídica do subsequente processo penal condenatório. Portanto, não se revela sustentável o argumento de que as nulidades *processuais* –compreendidas como, tão somente, aos defeitos de ordem jurídica que afetam os atos praticados ao longo da ação penal condenatória – não poderiam guardar uma relação de derivação com aquelas concernentes a investigação criminal que a antecedeu, como se, a partir do processo penal, se chancelasse uma espécie de "vale tudo".

Apesar de ainda haver resistência jurisprudencial em se reconhecer genericamente a aplicabilidade do regime de nulidades ao exercício da polícia judiciária, em diversos julgados acaba-se por invalidar os atos investigativos praticados sem a observância das formalidades e garantias devidas, como, por exemplo, em caso de busca domiciliar executada em endereço diverso do judicialmente autorizado[914], ou afastamento de

---

913 Neste sentido, STF – RHC 131450/DF, 2ª Turma, Relator(a): Min. Cármen Lúcia, j. em 03/05/2016, DJe 17/05/2016; STF – HC 73.271/SP, Primeira Turma, Rel. Min. Celso De Mello, j. em 19/03/1996, DJU 04/10/1996.

Em sentido contrário, no entanto, STJ – HC 149.250/SP, 5ª Turma, Relator(a): Min. Adilson Vieira Macabu, j. em 07/06/2011, DJe 05/09/2011, cuja ementa se diz, expressamente, que "as nulidades verificadas na fase pré-processual, e demonstradas à exaustão, contaminam futura ação penal".

914 STF – HC 106.566/SP, 2ª Turma, Relator(a): Min. Gilmar Mendes, j. em 16/12/2014, DJe 19/03/2015.

sigilo de comunicações amparada exclusivamente em denúncia anônima[915]. Portanto, parece estar em curso uma palatina revisão no tratamento dado ao tema.

Apesar de a legislação ainda não explicitar claramente a aplicação do regime jurídico de nulidades ao exercício da polícia judiciária, um avanço pode ser constatado no art. 7º, XXI da Lei nº 8.906/1994 (Estatuto da Advocacia), inserido por meio da Lei nº 13.245/2016, segundo o qual é direito do advogado assistir a seus clientes durante a apuração de infrações, "[...] sob pena de nulidade absoluta do respectivo interrogatório ou depoimento e, subsequentemente, de todos os elementos investigatórios e probatórios dele decorrentes ou derivados, direta ou indiretamente [...]", dispositivo o qual já foi abordado no item 3.4.1.4.

Todavia, na prática, ainda se observa uma grande tolerância no que diz respeito a verificação de nulidades durante o exercício da polícia, contemporaneamente verificada, em especial, no que diz respeito às atribuições constitucionalmente traçadas em relação aos órgãos legitimados para exercê-la, a ser mais detidamente analisada no tópico a seguir.

3.7.1 Casos de ilegitimidade

Como visto no item 1.3, a função de polícia judiciária é atribuída a alguns órgãos por meio de normas constitucionais e legais que incumbem a cada um o seu exercício com referência, em regra, a uma dada categoria de infrações penais, excluindo-se, *a priori*, os demais órgãos para que só aquele deva exercê-la em concreto.

A observação de tal quadro normativo torna possível determinar os passos pelos quais se define a atribuição da autoridade de polícia judiciária, a partir do esclarecimento de qual órgão detém a referida função para a infração penal noticiada, de qual de suas unidades possui circunscrição que abrange o local do fato, assim como de quem é a autoridade responsável por esta circunscrição. No entanto, tais passos levam ao esclarecimento apenas estimativo da atribuição, uma vez que

---

915 STF – HC 108.147/PR, 2ª Turma, Relator(a): Min. Cármen Lúcia, j. em 11/02/2012, DJe 01/02/2013; STJ – HC 190.334/SP, 5ª Turma, Relator(a): Min. Napoleão Nunes Maia Filho, j. em 10/05/2011, DJe 09/06/2011; STJ – HC 137.349/SP, 6ª Turma, Relator(a): Min. Maria Thereza de Assis Moura, j. em 05/04/2011, DJe 30/05/2011.

a própria constituição brasileira, paralelamente, admite a autoridade de polícia judiciária de exceção por comissões parlamentares de inquérito (art. 58, § 3º da CF).

Por outro lado, todas as formas de exercício da polícia judiciária estão ligadas a um juiz competente para estabelecer seu controle de legalidade, o qual é definido por um análogo sistema de regras constitucionais e legais, que também define qual membro do Ministério Público exercerá controle externo finalístico sobre o órgão no qual será exercida a polícia judiciária. Como se verá mais adiante (item 5.2.3), o controle externo finalístico do Ministério Público tem por escopo velar pela competência dos órgãos incumbidos de funções policiais, a fim de evitar que as mesmas sejam exercidas de forma desviada (art. 3º, "e" da Lei Complementar nº 75/1993).

Diante disto, natural seria considerar absolutamente nulo ou até mesmo juridicamente inexistente o exercício da polícia judiciária no âmbito de órgãos alheios aos constitucionalmente designados para a referida função, dada a infringência de normas constitucionais estabelecidas em função da ordem pública e ao devido processo legal.

Todavia, talvez em função da (falsa) ideia de que "não há nulidade na investigação criminal", que ainda se encontra residualmente arraigada em alguns julgados que se analisam nulidades no exercício da polícia judiciária, tem se observado na prática uma tolerância e até reconhecimento de casos em que esta se dá no âmbito de órgãos que não são destinados a esta função pelas normas constitucionais pertinentes, destacando-se aqueles onde a autoridade de polícia judiciária é exercida por autoridade de polícia administrativa, membro do Ministério Público ou autoridade judicial.

3.7.1.1 Autoridade de polícia judiciária exercida por autoridade de polícia administrativa ou seus agentes

Como visto no item 2.2.2.3, o único caso de detenção concomitante de todas as funções policiais por uma autoridade de um único órgão ocorre nas fronteiras terrestres, portos e aeroportos internacionais, onde a Polícia Federal exerce, a um só tempo, funções de polícia administrativa geral e especial, além da polícia judiciária da União prevista no art. 144 § 1º, IV da CF.

Por sua vez no item 1.2.3, demonstrou-se que a finalidade da atuação da polícia administrativa geral será essencialmente preventiva e a da polícia judiciária essencialmente investigativa, independentemente da coercitividade dos atos praticados.

Sob este prisma, ali foi pontuado que até mesmo atividades que em princípio seriam afins à polícia judiciária se justificariam no exercício da polícia administrativa geral e vice-versa, desde que implementadas com a finalidade precípua de atender peculiaridades atinentes à finalidade das suas respectivas funções. Nesta hipótese, adequam-se os denominados "setores de inteligência" aos órgãos de polícia administrativa geral, desde que destinados à coleta velada de informações sobre criminosos e o modo como eles atuam com vistas a melhor planejar ações de policiamento ostensivo, o que não repele o intercâmbio de informações com órgãos incumbidos da polícia judiciária.

No entanto, na prática, o que se tem verificado que a atividade dos referidos setores de inteligência, não raras vezes, tem avançado para atos relativos à investigação criminal de crimes comuns (não militares) praticados anteriormente, à revelia das autoridades de polícia judiciária.

Apesar da inexistência jurídica ou nulidade absoluta de tais atos diante das atribuições constitucionais das Polícias Militares já analisadas no item 1.3.1.4, há precedentes no Superior Tribunal de Justiça convalidando um caso investigação de tráfico de drogas[916], bem como realização de interceptação telefônica pela Polícia Militar[917]. No primeiro caso, busca-se desvirtuar o conteúdo histórico da polícia judiciária já abordado no item 1.2, para restringi-lo apenas às suas atribuições adicionais, objeto do item 3.6, enquanto, no segundo caso, entendeu-se que, dos arts. 6º e 7º da Lei nº 9.296/1996, não haveria como extrair que a autoridade de polícia judiciária seja a única autorizada a proceder às interceptações telefônicas, até mesmo porque o legislador não teria como antever, diante das diferentes realidades encontradas nos estados brasileiros, quais órgãos teriam a estrutura necessária, ou mesmo as maiores e melhores condições para executar a medida.

---

916   STJ, HC 339.572/SC, 6ª Turma, Rel. Min. Maria Thereza De Assis Moura, j. em 02/02/2016, DJe 23/02/2016; STJ – HC 316.687/MG, 6ª Turma, Rel. Min. Maria Thereza De Assis Moura, j. em 19/05/2015, DJe 27/05/2015.
917   STJ, RHC 67.384/ES, 5ª Turma, Rel. Min. Ribeiro Dantas, j. em 27/02/2018, DJe 05/03/2018; STJ, RHC 28.281/SP, 5ª Turma, Rel. Min. Jorge Mussi, j. em 21/02/2013, DJe 01/03/2013.

Todavia, conforme já exposto no item 1.3.1.1 (para o qual remete-se o leitor), a interpretação da constituição não devem existir lacunas ou contradições. O entendimento de se inovar, negando a identidade entre a apuração de infrações penais e a função de polícia judiciária, além de ignorar questão já longamente assentada sem que se vislumbrem razões técnicas ou sociológicas para tanto, implicaria simplesmente em negar a existência de um órgão constitucionalmente atribuído para apuração de crimes eleitorais e diversas hipóteses de competências criminais da Justiça Federal, não se harmonizando com a unidade da constituição.

Por outro lado, além da expressão "autoridade policial", constante dos arts. 6º e 7º da Lei nº 9.296/1996, equivaler a autoridade de polícia judiciária, em razão das peculiaridades da nossa evolução legislativa já apontadas no item 3.4.1.2.1 (para o qual também remete-se o leitor), a própria natureza da interceptação telefônica, enquanto ato precipuamente destinado à investigação criminal, conforme expresso no art. 5º, XII da CF[918], não leva a outra conclusão que não seja de que tal ato é da alçada da autoridade de polícia judiciária, não sendo juridicamente válido invocar uma melhor estrutura ou as maiores e melhores condições para executá-la, para convalidar sua realização por órgãos que não são constitucionalmente designados para este fim.

Outro ato que, não raras vezes, tem sido irregularmente realizado por órgãos de polícia administrativa, notadamente Polícias Militares e Polícia Rodoviária Federal, é o termo circunstanciado.

Aqui, argumenta-se que a lavratura de termos circunstanciados por policiais dos referidos órgãos vai de encontro a celeridade e informalidade na persecução penal de infrações penais de menor potencial ofensivo, objetivada pela Lei nº 9.099/1995, uma vez que permitiria que tais policiais pudessem lavrar tais atos no próprio local do fato, evitando-se a sua condução à presença da autoridade de polícia judiciária, por vezes quilômetros distante. Todavia, neste particular o Supremo Tribunal Federal já teve oportunidade de se pronunciar, declarando inconstitucio-

---

918 Art. 5º, XII da CF:

"Art. 5º, [...]

XII - é inviolável o sigilo da correspondência e das comunicações telegráficas, de dados e das comunicações telefônicas, salvo, no último caso, por ordem judicial, nas hipóteses e na forma que a lei estabelecer *para fins de investigação criminal* ou instrução processual penal" (grifei).

nal lei estadual que previa atribuição desta natureza às polícias militares ante a violação do art. 144 da CF, por estar a lavratura de termo circunstanciado compreendida na função de polícia judiciária[919].

Conforme demonstrado no item 3.4.1.5.2.2.3, o termo circunstanciado é um procedimento de polícia judiciária alternativo ao auto de prisão em flagrante, o qual se autoriza a partir do indiciamento em flagrante por uma infração penal de menor potencial ofensivo, assim entendida como aquela a que a lei comine pena privativa de liberdade máxima não superior a 2 (dois) anos, cumulada ou não com multa, ressalvados os crimes de natureza militar. Para a verificação se um dado crime é ou não de menor potencial ofensivo devem também ser computadas para fixação de sua pena máxima também eventuais causas de aumento (em sua maior proporção) ou diminuição de pena (em sua menor proporção) que se mostrem incidentes. Em caso de concurso material de crimes, devem suas penas privativas de liberdade, quando somadas, não superar o prazo máximo de 2 (dois) anos (art. 69 do CP) para se possibilitar a lavratura do termo circunstanciado e a aplicação dos demais dispositivos da Lei nº 9.099/1995, assim como, em casos de concurso formal, deve ser computado, para este fim, eventual causa de aumento (em sua maior proporção) deste decorrente (art. 70 do CP).

Diante de tais características, fica óbvio que a decisão pela lavratura de termo circunstanciado, até pela sua relação de alternatividade ao auto de prisão em flagrante, incumbe a autoridade de polícia judiciária, não tendo policiais de órgãos de polícia administrativa atribuição, tampouco formação jurídica necessária para tanto, o que é infinitamente mais relevante para a eficiência da persecução penal do que meras conveniências de ordem prática.

As polícias legislativas, órgãos de polícia administrativa geral, também tem protagonizado tentativas de exercício da polícia judiciária, as quais guardam um histórico bem menos recente, uma vez que a legitimidade para o exercício de tal função estaria respaldada na Súmula 397

---

[919] STF – RE 702.617 AgR/ AM, 1ª Turma, Rel. Min. Luiz Fux, j. em 26/02/2013, DJe-054 21/03/2013.

No Supremo Tribunal Federal, tramita também a Ação Declaratória de Constitucionalidade nº 6.264/DF, na qual se aponta idêntica inconstitucionalidade no art. 6º do Decreto nº 10.073/2019 da Presidência da república que, ao inserir o inciso XII do art. 47 Anexo I do Decreto nº 9.662/2019, previu a possibilidade de a Polícia Rodoviária Federal lavrar termo circunstanciado.

do STF de 03/04/1964, que então dispunha que: "O Poder de Polícia da Câmara dos Deputados e do Senado Federal, em caso de crime cometido nas suas dependências, compreende, consoante o regimento, a prisão em flagrante do acusado e a realização do inquérito".

Tal enunciado partia da ótica de que as referidas normas regimentais relativas a crimes cometidos na sede do Poder Legislativo, tinham como fundamento também impedir que o mesmo tivesse sua função, e reflexamente a sua própria independência, embaraçada por eventuais excessos no exercício da polícia judiciária praticados no interesse do Poder Executivo, numa época em que a autoridade de polícia judiciária podia realizar um maior número de atos, independentemente de autorização judicial[920].

Todavia, quando a Súmula 397 do STF foi editada, ou seja, 03/04/1964, vigorava a Constituição de 1946, cujo artigo 40 dizia que *"a cada uma das Câmaras compete dispor, em regimento interno, sobre sua organização, polícia, criação e provimento de cargos"*, e não previa, como instituição, a Polícia Federal, razão pela qual não havia norma constitucional semelhante art. 144, § 1º, IV da atual Constituição, o qual dispõe ser do referido órgão o exercício exclusivo da polícia judiciária da União. Como visto no item 3.2, a Polícia Federal começou a receber os atuais contornos apenas com a edição da Lei nº 4.483, de 16 de novembro de 1964, tendo posteriormente, através do artigo 210 do Decreto-lei nº 200, de 25 de fevereiro de 1967, passando a se denominar Departamento de Polícia Federal.

Desta forma, a Súmula 397 do STF atualmente deve ser apreciada diante da Constituição de 1988, principalmente diante do art. 144, § 1º, IV, que não tinha previsão semelhante nas Constituições anteriores. Evidente, portanto, que tal enunciado deve ser formalmente cancelado, por expressa violação ao artigo 144, § 1º, IV, da Constituição vigente, o qual, em respeito ao princípio da unidade da constituição, deve ser interpretado em consonância com o art. 51, IV e 52, VIII da referida carta,

---

920 De maneira muito semelhante às disposições regimentais do Poder Legislativo, existem normas análogas em regimentos internos de tribunais, que atribuem a seus membros autoridade de polícia judiciária para investigação de crimes cometidos nas dependências de Tribunais, a serem estudadas adiante, no item 3.7.1.3.

que preveem que cada casa legislativa deve dispor sobre sua respectiva polícia[921].

Tentativas ilegítimas de exercício da polícia judiciária também podem ser observadas a partir de órgão de polícia administrativa especial. Como visto nos itens 1.2.1.2 e 2.2, a polícia administrativa especial pode ser exercida tanto de maneira preventiva, por meio da expedição atos normativos regulamentares, concedendo licenças e autorizações, bem como promovendo ações fiscalizatórias e vistorias, quanto eventualmente repressiva, por meio da imposição e execução de sanções ao descumprimento de obrigações eventualmente averiguadas em ação fiscalizatória, como multas, interdições ou apreensão e destruição de bens. A aplicação de tais sanções deve ser precedida por um processo administrativo, no qual devem ser assegurados o contraditório e a ampla defesa, com os meios e recursos a esta inerentes (art. 5º, LV da CF).

É possível que, em caso de sancionamento, verifique-se que a infração administrativa aplicável também configura uma idêntica infração penal (fatos com idêntica tipicidade na esfera administrativa e penal), ou que, paralelamente a infração administrativa configurada, haja indícios de possível infração penal correlata, que demandem ulterior inves-

---

921 No Supremo Tribunal Federal, tramitou a Ação Declaratória de Constitucionalidade nº 24/DF, ajuizada em 2009 pelo Senado Federal para que seja declarada a constitucionalidade da Resolução nº 59/2002, daquela Casa legislativa, a fim de que a Polícia do Senado tenha reconhecida atribuição constitucional para o exercício polícia judiciária. Entretanto, parecer oferecido pela Procuradoria Geral da República na referida ação posicionou-se no sentido de que a apuração ficasse a cargo da Polícia Federal, órgão que possui a incumbência exclusiva, conferida pela Constituição, para exercer as funções de polícia judiciária da União, uma vez que o órgão policial ao qual a Constituição faz referência ao citar as competências do Senado Federal se aproxima conceitualmente da função de polícia administrativa. Portanto, seriam inconstitucionais as disposições da Resolução nº 59/2002 que traduziriam atribuição de polícia judiciária à Polícia do Senado. Diante deste cenário, Senado Federal editou a Resolução nº 14/2015, cujo artigo 7º revogou expressamente a Resolução n. 59/2002, objeto da referida Ação Declaratória de Constitucionalidade. Com isso, obteve-se a extinção da ADC nº 24/DF, por perda superveniente do objeto, ou seja, sem resolução de mérito, excluindo-a da pauta de julgamento do plenário daquela corte (STF – ADC 24/DF, Relator(a): Min. Cármen Lúcia, j. em 26/09/2016, DJe-212 05/10/2016).

Todavia, a Resolução nº 018/2003 da Câmara dos Deputados, ainda prevê a atribuição para o exercício da polícia judiciária por seu órgão policial, cuja autoridade desloca-se para o deputado corregedor, em caso de indiciamento de membro da casa (art. 3º, VIII; 5º, II; e 6º, XI c/c art. 269 do Regimento Interno da Câmara dos Deputados.

tigação. No primeiro caso, deve a autoridade de polícia administrativa especial encaminhar cópia do processo ao Ministério Público, uma vez que no mesmo já pode haver, em princípio todos os elementos que o habilitem a, por exemplo, oferecer denúncia, ou requerer judicialmente o arquivamento do caso, o que não obsta ao membro do Ministério Público requisitar a instauração de inquérito policial ou congênere, caso entenda necessário aprofundamento da investigação criminal. Na segunda hipótese, deve encaminhar o processo a autoridade de polícia judiciária, para que esta, verificando indícios mínimos de prática delituosa, investigue criminalmente o caso, o que não exclui o intercâmbio de ulteriores dados úteis da alçada da autoridade de polícia administrativa especial[922].

Na segunda hipótese, contudo, já foram observados casos de a autoridade de polícia administrativa especial estender indevidamente da instrução do processo administrativo para dar continuidade a investigação criminal, provavelmente movida pelo argumento de que seria a mais habilitada para tanto, em função da sua especialidade em um regime jurídico particularizado, no qual se insere a hipótese criminal. No entanto, a especialização em um regime jurídico administrativo específico não lhe dota de uma compreensão jurídica conglobante, que abarque, em especial, sua aplicação em sede penal, cuja persecução é permeada por um maior número de garantias individuais e meios de investigação vistos ao longo deste capítulo, razão pela qual o ordenamento jurídico brasileiro em regra exige, para o exercício da polícia judiciária, uma autoridade com formação jurídica, qual seja, o delegado de polícia.

Portanto, a validade da investigação criminal por autoridades de polícia administrativa resta comprometida em razão da sua ilegitimidade para os atos que lhe são inerentes, uma vez que esta, além de violar dispositivos constitucionais já estudados no item 1.3.1, em última análise, infirma a efetividade dos direitos fundamentais dos investigados também assegurados na constituição, os quais, caso contrário, estariam expostos à apreciação de quem profissionalmente não possui formação adequada para preservá-los no curso das apurações.

---

922 Todavia, o regramento da representação fiscal para fins penais dotado pelo art. 83 da Lei nº 9.430/1996 não faz distinção entre as duas hipóteses, impondo-se a autoridade de polícia administrativa fiscal o encaminhamento do processo ao Ministério Público, o qual, em qualquer caso agirá nos termos da primeira hipótese.

3.7.1.2 Autoridade de polícia judiciária exercida por membro do Ministério Público

Outra hipótese cada vez mais frequente nos dias atuais, diz respeito ao membro do Ministério Público presidir investigação criminal, em hipóteses além daquelas atinentes à investigação de seus pares, já estudadas no item 3.4.1.7.4.1, de forma concorrente às autoridades de polícia judiciária previstas na legislação brasileira.

Para tanto, sustenta-se, em apertada síntese, que o art. 129, I, da CF confere ao Ministério Público autoridade para promover, privativamente, a ação penal pública, enquanto o inciso VIII do referido artigo lhe confere requisição de diligências investigatórias e a instauração de inquérito policial, e, implicitamente, investigar infrações penais, uma vez que "quem pode o mais (requisitar investigação e acusar) poderia o menos (investigar)". Tal entendimento restaria corroborado, por outro lado, pelo art. 129, VI da CF conferiria ao Ministério Público a prerrogativa de expedir notificações em procedimentos administrativos de sua atribuição e requisitar informações, e pelo art. 127 do CF atribui ao *parquet* a defesa da ordem jurídica, do regime democrático e dos interesses indisponíveis.

No entanto, ao se interpretar literalmente a Constituição, observa-se que nesta, em seu art. 129, I, o legislador atribuiu-se ao Ministério Público: "promover, privativamente, a ação penal pública (...)"; enquanto que no inciso III a redação é: "promover o inquérito civil e a ação civil pública (...)". Desta redação extraem-se duas conclusões. Primeiro, o legislador constituinte não atribuiu ao Ministério Público a promoção do inquérito penal, como fez com o inquérito civil. Segundo, não deu atribuição privativa para a promoção da ação civil pública. Do contrário, teria formulado redação idêntica a dispositivos simétricos.

E tal redação não se deu por acaso ou má técnica do constituinte originário. Ao rememorar sua vivência enquanto assessor na assembleia constituinte da qual decorreu a constituição vigente, José Afonso da Silva, após relatar que, durante os debates sobre a redação do art. 129 da CF, foi rejeitada as propostas que atribuíam ao Ministério Público a presidência de investigações criminais, pontuou que processos de formação constitucional tem interesse, não para a interpretação das normas acolhidas, mas para conhecer os valores que foram rejeitados durante sua formação, os quais não podem ser invocados para a composição de direitos, menos ainda de competências/atribuições, ainda mais quando a competência pretendida tenha sido outorgada a outro órgão, como é o caso, já que a Constituição conferiu às Polícias Civis e Federal a função de polícia judiciária (art. 144, parágrafo 1º e 4º)[923].

Desta forma, a teoria dos poderes implícitos, a qual preconiza que a outorga de competência expressa a determinado órgão estatal importa em deferimento implícito, a esse mesmo órgão, dos meios necessários à integral realização dos fins que lhe foram atribuídos, não se aplica ao caso em tela, porque não foi atribuído ao Ministério Público função de polícia judiciária[924], e a outro órgão foi incumbida a referida função[925].

A redução de tal teoria à lógica do "quem pode o mais pode o menos" é perigosamente inapropriada, primeiro, porque nem sempre esta

---

923 SILVA, José Afonso da. Em Face da Constituição Federal de 1988, O Ministério Público Pode Realizar e/ou Presidir Investigação Criminal, Diretamente? *Revista do Instituto Brasileiro de Ciências Criminais (IBCCRIM)*, São Paulo, n. 49, jul-ago. 2004, p. 368-388.

Ao atuar como relator do RHC 81.326/DF (2ª Turma, j. em 06/05/2003, DJ 01/08/2003), o então Ministro do Supremo Tribunal Federal Nelson Jobim, no inteiro teor do voto, aponta que Emendas nº 945, 424, 1.025, 2.905, 20.524, 24.266 e 30.513, que pretendiam atribuir ao Ministério Público a presidência de investigações criminais na Constituição Federal, foram rejeitadas durante assembleia constituinte.

924 Neste ponto, vale rememorar que o princípio da legalidade, notadamente na perspectiva de Hely Lopes Meirelles(*in Direito administrativo brasileiro*. 14ª Ed. - São Paulo: RT, 1990, p. 78), expressa-se no sentido de que, enquanto o particular pode fazer o que a lei não proíbe, a legalidade impõe que o poder público só pode fazer o que a lei autoriza.

925 Neste ponto, vale esclarecer que a rejeição da PEC nº 37/2011 (então inapropriadamente alcunhada de "PEC da impunidade"), não conferiu ao Ministério Público, por via oblíqua, autoridade para presidir, ordinariamente, investigação criminal.

Com efeito, o texto pretendia essencialmente incluir um parágrafo (§ 10) no art. 144 da CF, explicitando que a apuração de infrações penais, inapropriadamente previstas de maneira separada das funções de polícia judiciária nos §§ 1º e 4º do referido dispositivo – conforme já esclarecido no item 1.3.1.1, ao se analisar o art. 144, § 1º da CF – incumbem respectivamente às Polícias Federal e Civil.

Desta forma, a rejeição daquele projeto não preenche o vazio normativo para atribuir ao *parquet* função que não tem e nunca teve a partir da Constituição de 1988. Para tanto, releva notar que os projetos de emendas constitucionais que pretendiam conferir ao Ministério Público função de polícia judiciária foram arquivados ou não apreciados (PEC's nº 059/1995, 109/1995, e 021/1999 e 197/2003), o que reforça a vontade do legislador em negar-lhe tal atribuição.

se verifica. Para exemplificar, observe-se que o juiz pode condenar o acusado (que seria o "mais"), mas não pode pedir a condenação (que seria o "menos"). Segundo, porque presidir investigação criminal não é um "menos" em relação a acusar e processar criminalmente. Em termos de potencial restrição a direitos individuais, inclusive, representaria até mesmo um "mais", uma vez que a autoridade de polícia judiciária poderia, por exemplo, prender em flagrante, o que é vedado ao membro do Ministério Público.

Por outro lado, o *munus* do controle externo da atividade policial, atribuído ao Ministério Público pelo art. 129, VII da CF (a ser mais detidamente analisado mais adiante, no item 5.2.3), é incompatível com a presidência de investigação criminal, pois se quem tem o dever de controlar externamente a atividade policial é justamente quem exerce a função de polícia judiciária, confundem-se as funções de fiscalizador e fiscalizado, e transmutando-se o controle externo em interno, contrariando a vontade constitucional[926]. No Estado Democrático de Direito, exige-se um sistema de controle entre os poderes, chamado pela doutrina de Freios e Contrapesos, não podendo prescindir de mecanismos de controle de seus órgãos públicos.

E ainda que não fosse atribuído o controle externo finalístico da atividade policial ao Ministério Público, mesmo assim, de acordo com o sistema historicamente adotado no ordenamento jurídico brasileiro, seria incompatível com o exercício da polícia judiciária com a acusação em ação penal pública. Conforme já pontuado 3.1.3, deve incumbir à autoridade de polícia judiciária, em nome do Estado, presidir a investigação criminal de forma isenta, colhendo elementos que não só favoreçam a acusação, mas também a defesa, pois busca a obtenção da verdade dos fatos apurados, o que materializa-se no disposto nos art. 252, incisos I e II c/c art. 258 do CPP, que considera impedido o membro do Ministério Público[927] que atue no processo, e anteriormente tenha funcionado como autoridade de polícia judiciária[928].

---

926 No mesmo sentido, BITENCOURT, Cezar Roberto. A inconstitucionalidade dos poderes investigatórios do Ministério Público. *Revista Brasileira de Ciências Criminais (IBCCRIM)*, São Paulo, n. 66, v. 15, 2007, p. 237-270.
927 Cf. nota n° 268.
928 CPP: "Art. 252. O juiz não poderá exercer jurisdição no processo em que:
   I - tiver funcionado seu cônjuge ou parente, consanguíneo ou afim, em linha reta ou colateral até o terceiro grau, inclusive, como defensor ou advogado,

Tal impedimento fundamenta-se no fato de que, por exercer acusação no processo penal, o membro do Ministério Público naturalmente atua de forma parcial, e sua anterior presidência de investigação criminal inevitavelmente seria unilateral, visando atender os interesses de posterior acusação, acentuando o desequilíbrio das eventuais partes processuais, com graves prejuízos para os indiciados e investigados, uma vez que tal equilíbrio só se mostra plenamente atingível, por meio da existência de uma autoridade que não se confunda com os futuros personagens que agirão na eventualmente futura persecutio criminis in juditio.

Afinal, como visto ao longo deste capítulo, apesar de o exercício da polícia judiciária ser inquisitivo, e, portanto, não contraditório, vigora neste a ampla defesa, acarretando a sua presidência pela parte acusadora de eventual posterior processo em ofensa a paridade de armas que se concretiza, em especial, pela dificuldade do investigado ou indiciado exercer preliminarmente sua defesa perante futura parte adversa, a qual, ao presidir a investigação, fatalmente terá comprometido o distanciamento crítico, necessário à análise sobre o oferecimento ou não da denúncia.

Não obstante, o Conselho Nacional do Ministério Público (CNMP), por meio da Resolução nº 13/2006 (hoje substituída pela Resolução nº 181/2017), passou a regulamentar sua autoridade de polícia judiciária, disciplinando seu "procedimento" investigatório criminal, o qual, em apertada síntese, replicou, sob sua presidência normatização relativa ao inquérito policial. Suprimiu, no entanto, o controle jurisdicional quanto ao seu arquivamento, ao permitir que o esta seja promovido por órgão superior no âmbito do próprio Ministério Público (art. 15, parágrafo único, *in fine*, da Resolução nº 13/2006 do CNMP, e art. 19, § 1º, *in fine*, da Resolução nº 181/2017)[929], e fixou prazos de 90 (noventa) dias para

---

órgão do Ministério Público, *autoridade policial*, auxiliar da justiça ou perito;
II - ele próprio houver desempenhado qualquer dessas funções ou servido como testemunha; [...]
Art. 258. Os órgãos do Ministério Público não funcionarão nos processos em que o juiz ou qualquer das partes for seu cônjuge, ou parente, consanguíneo ou afim, em linha reta ou colateral, até o terceiro grau, inclusive, *e a eles se estendem, no que lhes for aplicável, as prescrições relativas à suspeição e aos impedimentos dos juízes*".
929 Tal função, no Ministério Público da União, tem sido incumbida às suas Câma-

a sua conclusão será em 90 dias, permitindo-se prorrogação sucessiva por decisão do próprio membro do Ministério Público que presidir a investigação (art. 12 da Resolução nº 13/2006 do CNMP, e art. 13 da Resolução nº 181/2017).

Note-se que, nestes pontos, tal disciplina é completamente diversa daquela constante no Código de Processo Penal, de forma que o CNMP não se limitou as atribuições do Ministério Público, sim, legislou sobre processo penal, o que é de competência exclusiva do Congresso Nacional, sendo, portanto, inconstitucional e ilegal a referida resolução, e juridicamente inexistentes os atos praticados sob seu fundamento, impondo-se a rejeição liminar das denúncias eventualmente lastradas nas investigações fulcradas na referida resolução[930].

---

ras de Coordenação e Revisão, as quais, de acordo com o artigo 62, IV, da LC nº 75/1993 (Lei orgânica do Ministério Público da União), compete se manifestar "sobre o arquivamento de inquérito policial, inquérito parlamentar ou peças de informação, exceto nos casos de competência originária do Procurador-Geral". No entanto, tal manifestação deve ser realizada tão somente nos casos em que o juiz competente discorde do pedido de arquivamento do membro do Ministério Público da União, a fim de confirmá-lo ou designar outro membro para oferecer a denúncia (art. 28 do CPP), salvo quando tal atribuição incumbir originariamente ao Procurador-Geral, como, por exemplo, em alguns casos de foro por prerrogativa de função (cf. item 3.4.1.8.3.2 e nota nº 851).

Desta forma, as atribuições das Câmaras de Coordenação e Revisão foram indevidamente ampliadas de forma infralegal, de forma a suprimir o controle jurisdicional no arquivamento da investigação criminal, precipuamente previsto no art. 28 do CPP.

Mais recentemente, a Lei nº 13.964/2019 deu nova redação ao art. 28 do CPP, para conferir ao Ministério Público a prerrogativa de, *interna corporis*, promover o arquivamento do inquérito policial.

Entretanto, o Supremo Tribunal Federal, por meio de medida cautelar concedida na ADI 6299 MC/DF pelo Ministro Relator Luiz Fux em 22/01/2020, suspendeu, por tempo indeterminado, a eficácia da nova redação do art. 28, *caput*, do CPP, introduzido pela Lei nº 13.964/2019. Na referida decisão, entendeu-se que a referida alteração legislativa padeceria de possível inconstitucionalidade material, em razão da ausência de dotação orçamentária, com violação da autonomia dos Ministérios Públicos, assim como de estudo de impacto prévio para implementação da lei, e do seu impacto na eficiência da persecução penal no país (a respeito, cf. ainda a nota nº 850).

930 Art. 395 do CPP: A denúncia ou queixa será rejeitada quando: [...] III - faltar justa causa para o exercício da ação penal.

Art. 396 do CPP: Nos procedimentos ordinário e sumário, oferecida a denúncia ou queixa, o juiz, *se não a rejeitar liminarmente*, recebê-la-á e ordenará a citação do acusado para responder à acusação, por escrito, no prazo de 10 (dez) dias.

Todavia, admitida tal normatização, uma pergunta se impõe: Como saber os critérios determinantes sobre quando o membro Ministério Público requisita a instauração de inquérito presidido por autoridade de polícia judiciária, e quando irá ele próprio exercer tal autoridade? A resolução do CNMP não trata deste tema expressamente, permitindo uma aleatória seletividade investigativa ao arbítrio do membro do Ministério Público, e, por consequência, o estabelecimento verdadeira investigação criminal de exceção, admitida no ordenamento jurídico brasileiro apenas quando presidido por comissão parlamentar de inquérito, como visto nos itens 1.3.1.7.1 e 3.4.2.3.

Contudo, embora inicialmente rejeitasse o exercício da polícia judiciária pelo Ministério Público, a jurisprudência do Supremo Tribunal Federal foi progressivamente divergindo em posições contra[931] e a favor[932] ante recorrência de casos, possivelmente movida pelo receio da invalidação em massa de processos penais.

Ao dirimir a questão em julgado de repercussão geral, o Supremo Tribunal Federal decidiu, por maioria, que o Ministério Público também pode, excepcionalmente, presidir investigações criminais, em casos de abuso de autoridade, prática de delito por policiais, crimes contra a Administração Pública, inércia dos organismos policiais, ou procrastinação indevida no desempenho de investigação penal, situações que, exemplificativamente, justificariam sua intervenção *subsidiária*. Na ocasião, prevaleceu o entendimento de, apesar de inexistir expressa previsão a respeito no ordenamento jurídico pátrio, a legitimidade de tal investigação criminal, de acordo com o referido pretório, seria extraída da própria Constituição, a partir de cláusula que outorgaria o monopó-

---

Como visto no item 3.7, ofensa às normas constitucionais importa em inexistência jurídica dos atos viciados, ou seja, estes não podem produzir nenhum efeito, inclusive o de servir de justa causa para a denúncia.

931 STF, RE 205.473/AL, 2ª Turma, Rel. Min. Carlos Velloso, j. em 15/12/1998, DJ 19/03/1999; STF, RE 233.072/RJ, 2ª Turma, Rel.Min. Néri Sa Silveira, Rel. p/ acórdão Min. Nelson Jobim, j. em 18/05/1999, DJ 03/05/2002; STF, RHC 81.326/DF, 2ª Turma, Relator(a): Min. Nelson Jobim, j. em 06/05/2003, DJ 01/08/2003

932 STF, HC 91.661/PE, 2ª Turma, Relator(a): Min. Ellen Gracie, j. em 10/03/2009, DJe-064 03/04/2009. Anteriormente, julgados do Superior Tribunal de Justiça já admitiam investigações criminais presididas por membro do Ministério Público, como pode-se observar no HC 13.368/DF, 5ª Turma. Rel. Min Gilson Dipp, j. em 03/04/2001, DJ 04/06/2001; RHC 8106/DF, 5ª Turma, Rel. Min. Gilson Dipp, j. em 03/04/2001, DJ 04/06/2001; RHC 11670/RS, 6ª Turma, Rel. Min. Fernando Gonçalves, j. em 13/11/2001, DJ 04/02/2002;

lio da ação penal pública e o controle externo sobre a atividade policial ao Ministério Público[933].

O entendimento firmado Corte Suprema, portanto é, de que o exercício de autoridade de polícia judiciária por membro de Ministério Público é subsidiário, portanto, excepcional, o que poderia até fazer sentido em casos onde os mecanismos de controle interno dos órgãos titulares de função de polícia judiciária forem comprovadamente insuficientes para assegurar seu eficiente exercício, uma vez que ao Ministério Público foi incumbido seu controle externo.

Contudo, o que tem se observado na prática é que o Ministério Público, além de continuar a atuar concorrentemente aos órgãos ordinariamente titulares da polícia judiciária, o faz de maneira seletiva, estabelecendo investigações criminais de exceção[934], e adicionalmente tem ampliado, por meio do CNMP, a normatização da matéria, mais precisamente por meio Resolução nº 181/2017.

Diante de tal cenário, cabe estabelecer a seguinte reflexão: Se for para levar a sério o exercício da polícia judiciária pelo membro do Ministério Público, deve-se transferir *por completo* a presidência ordinária de investigações criminais da autoridade de polícia judiciária para aquele, e não apenas de forma seletiva, como tem acontecido na prática, adotando-se efetivamente o sistema do "promotor-investigador", já exposto no item 3.1.2, com as devidas alterações nos dispositivos constitucionais e legais pertinentes. Consumada esta hipótese, o que fazer então com os delegados de polícia em disponibilidade, destinados especificamente para tal função?

Uma resposta foi pensada na Proposta de Emenda Constitucional nº 89/2015, a qual, ao dotar o membro do Ministério Público de autoridade de polícia judiciária[935], paralelamente criava o cargo específico de

---
933 STF, RE 593727/ MG, Tribunal Pleno, Rel. Min. Gilmar Mendes, j. em 14/05/2015, DJe-097 22/05/2015.
934 Em sentido semelhante, LOPES JR., Aury; ROSA; Alexandre Moraes da. *Poder de investigação do MP cria mais problemas do que resolve*. Disponível em: <http://www.conjur.com.br/2015-mai-22/limite-penal-poder-investigacao-mp-cria-problemas-resolve>. Acesso em: 22 mai. 2015.
935 No entanto a referida proposta não transferiu *por completo* a presidência ordinária de investigações criminais da autoridade de polícia judiciária para o membro do Ministério Público, mas apenas nas hipóteses a ser previstas em lei complementar, continuando a admitir autoridades de polícia judiciária integrantes Polícias Civil e Federal, e até mesmo Polícia Militar, em carreira única destituída

juiz de instrução e garantias destinado a exercer o controle jurisdicional da investigação criminal, bem como extinguiu o cargo de delegado de polícia, "desmembrando" as suas funções judiciais, com seus integrantes devendo optar, no prazo legal, entre um novo cargo de juiz de instrução e garantias, ou a permanência no órgão policial de origem na classe, ou categoria mais elevada de carreira estritamente policial, destituída de funções judiciais.

3.7.1.2.1 Formação de grupos parapoliciais

Para presidir mais efetivamente investigações criminais do seu interesse estratégico, Ministérios Públicos de diversos estados brasileiros passaram desenvolver uma estrutura de apoio nos denominados "Grupos de Atuação Especial no Combate ao Crime Organizado (GAECO)" ou "Grupos de Apoio ao Promotor de Justiça (GAP)"[936].

Em tal estruturação, diversos destes grupos tem recrutado policiais civis, para basicamente executar a mesma função de polícia judiciária que já desempenhavam nos órgãos de origem e, sobretudo, policiais militares[937], também para executar a polícia judiciária, embora tal função seja diversa da polícia administrativa para a qual foram precipuamente formados[938], ambos sob a direção de um promotor de justiça.

Tais policiais passam a atuar junto ao Ministério Público por meio de cessão, ato administrativo que permite o afastamento temporário de servidor público, do seu cargo público de origem, para exercer atividades por este em órgão distinto.

Desta forma, com a anuência das Polícias Civil e Militar e/ou do Poder Executivo estadual no qual estas se encontram inseridas, tais gru-

---

de funções judiciais e sem qualquer exigência de formação jurídica.
936 Como exemplos, pode-se citar, os Ministério Públicos dos estados na Bahia, Mato Grosso do Sul, Paraná e São Paulo (GAECO's), e Rio de Janeiro e Rondônia (GAP's)
937 Como exemplo, *cf.* notícia disponível em: <https://extra.globo.com/noticias/rio/pm-amplia-para-220-numero-de-policiais-cedidos-ao-ministerio-publico-estadual-1388795.html>. Aceso em: 30 jun. 2018.
938 Ressalva-se aí a função de polícia judiciária decorrente da apuração de crimes militares, a qual policiais militares excepcionalmente podem exercer, ante a aplicação de dispositivos do Código de Processo Penal Militar já analisados no item 3.4.2.2.

pos têm efetivamente funcionado como órgãos policiais paralelos às Polícias Civis, constitucionalmente designadas para o exercício da polícia judiciária (art. 144, § 4º da CF), em crimes de maior interesse do Ministério Público, quais sejam, aqueles em que potencialmente se façam presentes organizações criminosas[939].

Por meio da Resolução nº 146/2013 do Ministério Público Federal, foram criados os GAECO's no âmbito do Ministério Público Federal, os quais atualmente estão sendo progressivamente instalados em suas representações nos Estados.

3.7.1.3 Autoridade de polícia judiciária exercida por autoridade judicial

Por fim, adentra-se aos casos em que magistrados acabam por presidir inquérito policial, em hipóteses além daquelas atinentes à investigação de seus pares já estudadas no item 3.4.1.7.4.1, e de forma concorrente às autoridades de polícia judiciária ordinariamente previstas na legislação brasileira.

Tais hipóteses encontram-se previstas em regimentos internos de tribunais atribuindo a seus membros autoridade de polícia judiciária para investigação de crimes cometidos nas suas dependências, de maneira análoga às disposições regimentais do Poder Legislativo, vistas no item 3.7.1.1.

Como exemplo, pode-se citar o atual Regimento Interno do Supremo Tribunal Federal (RISTF) que em seu artigo 43 prevê que "ocorrendo infração à lei penal na sede ou dependência do Tribunal, o Presidente instaurará inquérito, se envolver autoridade ou pessoa sujeita à sua jurisdição, ou delegará esta atribuição a outro Ministro". E o § 1º do mesmo dispositivo, ao tratar de crimes cometidos nas dependências do Tribunal por pessoa que não possui a prerrogativa de foro, dispõe que "nos demais casos, o Presidente poderá proceder na forma deste artigo ou requisitar a instauração de inquérito à autoridade competente". O Superior Tribunal de Justiça (art. 58), os Tribunais Regionais Federais e

---

939 A constitucionalidade da criação e estruturação de Grupo de Atuação Especial de Combate ao Crime Organizado (Gaeco) atualmente encontra-se questionada perante o Supremo Tribunal Federal, por meio das ADI 2.838/MT e 4.624/TO, ambas sob a relatoria do Min. Alexandre de Moraes.

até mesmo o Tribunal Superior do Trabalho (artigo 41, inciso XIV), que não possui competência para julgar processos em matéria penal, adotaram disposições regimentais semelhantes[940].

Os regimentos internos dos Tribunais, são editados com base no art. 96, I, *a*, da CF, o qual estatui que lhes confere competência privativa para a sua elaboração, a fim de dispor sobre a competência e o funcionamento dos respectivos órgãos jurisdicionais e administrativos, "com observância das normas de processo e das garantias processuais das partes". Tratam-se, portanto, de normas primárias equivalentes às leis, no que tange ao funcionamento dos respectivos órgãos jurisdicionais e administrativos, e de normas infralegais, quando versar sobre direito processual, submetendo-se, em esfera criminal, ao disposto no Código de Processo Penal[941].

O referido art. 43 do RISTF e demais acima citados tinham como fundamento, assim como e disposições análogas do Poder Legislativo, impedir que o Poder Judiciário tivesse sua função, e reflexamente a sua própria independência, embaraçada por eventuais excessos no exercício da polícia judiciária praticados no interesse do Poder Executivo, sendo originalmente concebidas em período anterior a atual ordem constitucional, numa época em que a autoridade de polícia judiciária podia realizar um maior número de atos, independentemente de autorização judicial.

---

940 Interessante notar que o artigo 49 do Regimento Interno do Tribunal Superior do Trabalho quase repete o artigo 43 do Regimento Interno do Supremo Tribunal Federal. Deixa, porém, de citar em seu *caput* o trecho que menciona que a condução do inquérito por Ministro da corte se dará "se envolver autoridade ou pessoa sujeita à sua jurisdição", já que, a rigor, nenhuma autoridade é processada originariamente naquele tribunal. Por outro lado, o Regimento do TST curiosamente repetiu o parágrafo único do art. 43 do STF, que trata justamente dos casos de crimes cometidos nas dependências do Tribunal por pessoas não detentoras da prerrogativa de foro. De forma diversa, e com maior rigor técnico, o Tribunal Regional do Trabalho da 2ª Região, sediado em São Paulo, previu em seu regimento a requisição de instauração de inquérito em casos de crimes cometidos em suas dependências (art. 8º, § 1º).

941 No entanto, a jurisprudência do STF não tem feito esta diferenciação, ao sustentar que s regimentos internos dos tribunais consubstanciam normas primárias de idêntica categoria às leis, solucionando-se eventual antinomia não por critérios hierárquicos, mas, sim, pela substância regulada (HC 143.333/PR, Tribunal Pleno, Rel. Min. Edson Fachin, j. em 12/04/2018, DJe-055 de 21/03/2019).

3 – Polícia Judiciária

No entanto, como já salientado no item 3.4.1.7.1.1, todas as normas que atribuem poderes investigatórios a magistrados devam ser (re)interpretadas sob à luz da atual constituição, não se vislumbrando, *a priori*, qualquer respaldo normativo das referidas disposições regimentais perante as normas constitucionais relativas ao exercício de funções policiais, estudadas ao longo do Capítulo 1[942].

Vale ainda destacar que os dispositivos regimentais em questão deferem também a magistrados de Tribunais atribuição para investigar crimes que, a rigor, não devam ser julgados originariamente por Tribunais, como se infere do § 1º do art. 43 do Regimento Interno do Supremo Tribunal Federal e dos dispositivos análogos dos regimentos dos demais tribunais, pois estes não regulamentam apenas a investigação criminal de "pessoas sujeitas à jurisdição do Tribunal" (leia-se, detentoras da prerrogativa de foro). Com efeito, tais dispositivos preveem a atribuição de membros da corte para presidir a investigação nos demais casos de *crimes ocorridos em sua sede ou dependências* (isto é, mesmo quando não envolver autoridades com prerrogativa de foro). Ou seja, o fato de que a atribuição do Tribunal para investigar, em tais casos, não teria o condão de atrair sua competência para o seu eventual processo e julgamento, por não haver previsão constitucional para tanto.

Portanto, acatada a vigência de tais normas, haveria, em tese, a inusitada possibilidade de membro de tribunal investigar crimes cujo eventual processo deva ser julgado por um juiz de primeira instância, e que só seriam julgados por corte na via recursal. Também teríamos que admitir um Ministro de tribunal superior ter que representar a um juiz de primeira instância pela autorização de ato sujeito a reserva jurisdicional, já que a sua atribuição para investigar jamais poderia se converter em competência para autorizar medidas coercitivas.

Analogamente, no caso de crimes que devam ser originariamente julgados pelo Tribunal no qual o inquérito é instaurado, deveria o

---

942 Contudo, o Supremo Tribunal Federal declarou constitucional o art. 43, § 1º do seu Regimento Interno, muito embora, para tanto, tenha levado em consideração específicas e próprias circunstâncias do fato investigado, no qual haveria incitamento ao fechamento do STF, de ameaça de morte ou de prisão de seus membros, de apregoada desobediência a decisões judiciais (ADPF 572/DF, Tribunal Pleno, Rel. Min. Edson Fachin, j. em 18/06/2020, DJe-271 13/11/2020).

membro do tribunal que o preside submeter a medida sujeita a reserva de jurisdição a prévia autorização do plenário da corte que integra, além de estar impedido a participar do julgamento de processo penal deste decorrente, por ter atuado como autoridade de polícia judiciária, conforme art. 252, incisos I e II do CPP[943].

Contudo, na recente casuística de inquéritos dessa natureza conduzidos pelo Supremo Tribunal Federal, o que tem se verificado que o mesmo ministro que preside a investigação criminal também tem autorizado as medidas penais sujeitas ou não à reserva jurisdicional[944], em franca concentração de funções de polícia judiciária e judicial que destoa do sistema adotado no ordenamento jurídico brasileiro.

Por outro lado, o STF tem conferido uma interpretação extensiva ao art. 43 do seu Regimento Interno para trazer para si a competência pata julgamento de todos os delitos em um dos seus ministros forem ofendidos, independentemente deste fisicamente se dar na sede ou dependência do Tribunal. Tal fato, de acordo com Lênio Luiz Streck, Marcelo Andrade Cattoni de Oliveira e Diogo Bacha e Silva, teria sua razão de ser em dois pontos: Primeiramente, haveria um caso explícito de atentado à própria jurisdição do STF (que atingiria os princípios da democracia e da República), fazendo com que o próprio STF deva eli-

---

943 Art. 252, incisos I e II do CPP: "Art. 252. O juiz não poderá exercer jurisdição no processo em que: I - tiver funcionado seu cônjuge ou parente, consanguíneo ou afim, em linha reta ou colateral até o terceiro grau, inclusive, como defensor ou advogado, órgão do Ministério Público, *autoridade policial*, auxiliar da justiça ou perito;

II - *ele próprio houver desempenhado qualquer dessas funções* ou servido como testemunha; [...]" (grifo nosso)'.

Tais normas, por sinal, foram expressamente acolhidas pelo art. 277 do RISTF ao dispor, *in verbis*, que "Os Ministros declarar-se-ão impedidos ou suspeitos nos casos previstos em lei". Neste mesmo sentido, cf. STRECK, Lênio Luiz; CARVALHO. Marco Aurélio; OLIVEIRA, Marcelo Andrade Cattoni de; SILVA. Diogo Bacha; TORON; Alberto Zacharias; CARDOZO; José Eduardo. *Ainda sobre o inquérito judicial e o sistema acusatório*. Disponível em: <https://www.conjur.com.br/2020-jun-05/opiniao-ainda-inquerito-judicial-sistema-acusatorio>. Acesso em: 5 jun. 2020.

944 Como exemplo, pode-se citar o Inq. 4.781/DF, no qual o Min. Alexandre de Moraes, seu presidente, determinou, dentre utras medidas, a realização de busca domiciliar e afastamento de sigilo bancário e fiscal, sujeitas à reserva de jurisdição. Disponível em: <https://www.stf.jus.br/arquivo/cms/noticiaNoticiaStf/anexo/mandado27maio.pdf>. Acesso em: 27 mai. 2020.

minar o *ataque à corte*; em segundo, em um ambiente virtual, a noção de um local físico não faria mais sentido, e que o próprio § 1º do art. 43, do RISTF, autorizaria ao Presidente do Tribunal agir de acordo com o disposto no *caput* do mesmo artigo, mesmo quando a infração não se dê nas dependências físicas do STF[945].

Ocorre que o § 1º do art. 43, do RISTF, tem interpretação indissociável do seu *caput* que, conforme reproduzido mais acima, textualmente refere-se a infração penal ocorrida (fisicamente) na sede ou dependência do Tribunal, enquanto o fato de um crime que ofenda um membro de tribunal ser em ambiente virtual (via *internet*) não tem o condão afastar a vigência do art. 70 do CPP, o qual dispõe que esta deve ser "determinada pelo lugar em que se consumar a infração, ou, no caso de tentativa, pelo lugar em que for praticado o último ato de execução". Desta forma, o local de um crime cometido em ambiente virtual no qual um ministro do STF seja ofendido não necessariamente será a sede ou dependência do tribunal.

Ademais, os princípios da democracia e da república não encontrara efetivação na exacerbada concentração de poderes em membros de tribunal, mas no respeito as atribuições das instituições ordinariamente encarregadas da função de polícia judiciária na Constituição Federal, vistas no item 1.3.1.

Portanto, na hipótese de, por exemplo, uma notícia de crime que tenha como *ofendido* um ministro do Supremo Tribunal Federal ou pessoa sujeita a sua jurisdição, conclui-se, partindo-se também do visto no item 3.4.1.7.4.1, que sua investigação deve(ria) ficar a cargo da Polícia Federal (art. 144, § 1º, IV da CF) e o julgamento de eventual processo penal deste decorrente à Justiça Federal de primeira instância, de modo que o STF só viria a julgar o caso pela via recursal extraordinária (art. 102, I, *i* "1ª parte", II e III da CF[946]), salvo se um dos seus ministros ou

---

945 STRECK, Lênio Luiz; OLIVEIRA, Marcelo Andrade Cattoni de; SILVA. Diogo Bacha e. *Inquérito judicial do STF: o MP como parte ou "juiz das garantias"?* Disponível em: <https://www.conjur.com.br/2020-mai-28/opiniao-inquerito-stf-mp-parte--ou-juiz-garantias>. Acesso em: 28 mai. 2020.

946 Art. 102, I, i "1ª parte", II e III da CF:

"Art. 102. Compete ao Supremo Tribunal Federal, precipuamente, a guarda da Constituição, cabendo-lhe:

I - processar e julgar, originariamente:

pessoa sujeita à sua jurisdição vier a figurar como *investigado* ou *indiciado*, hipótese na qual a competência para julgamento passaria a ser originária da suprema corte (art. 102, I, *b, c* e *d* da CF[947]).

[...]

i) o *habeas corpus*, quando o coator for Tribunal Superior [...];

II - julgar, em recurso ordinário:

a) o *habeas corpus* [...] decididos em única instância pelos Tribunais Superiores, se denegatória a decisão;

b) o crime político;

III - julgar, mediante recurso extraordinário, as causas decididas em única ou última instância, quando a decisão recorrida:

a) contrariar dispositivo desta Constituição;

b) declarar a inconstitucionalidade de tratado ou lei federal;

c) julgar válida lei ou ato de governo local contestado em face desta Constituição.

d) julgar válida lei local contestada em face de lei federal".

Embora, a rigor, o art. 102, I, i "1ª parte", trate de hipótese de competência originária do Supemo Tribunal Federal, o *habeas corpus*, ajuizados contra ato de tribunal superior tem sido utilizado, no processo penal, como verdadeiro último recurso em razão de outros *habeas corpus* sucessivamente denegados em instâncias inferiores.

947 Art. 102, I, *b, c,* e *d* da CF:
"Art. 102. Compete ao Supremo Tribunal Federal, precipuamente, a guarda da Constituição, cabendo-lhe:

I - processar e julgar, originariamente:

[...]

b) nas infrações penais comuns, o Presidente da República, o Vice-Presidente, os membros do Congresso Nacional, seus próprios Ministros e o Procurador-Geral da República;

c) nas infrações penais comuns e nos crimes de responsabilidade, os Ministros de Estado e os Comandantes da Marinha, do Exército e da Aeronáutica, ressalvado o disposto no art. 52, I, os membros dos Tribunais Superiores, os do Tribunal de Contas da União e os chefes de missão diplomática de caráter permanente;

d) o *habeas corpus*, sendo paciente qualquer das pessoas referidas nas alíneas anteriores; o mandado de segurança e o *habeas data* contra atos do Presidente da República, das Mesas da Câmara dos Deputados e do Senado Federal, do Tribunal de Contas da União, do Procurador-Geral da República e do próprio Supremo Tribunal Federal".

4 OPERAÇÕES POLICIAIS

A reboque de uma sociedade mais complexa e dinâmica, nos últimos anos observou-se uma verdadeira revolução na forma de se exercer as funções policiais. Da prática de atos, diligências ou procedimentos de forma isolada, evoluiu-se para metodologias que passaram a combinar coordenadamente diferentes medidas condicionantes ou restritivas de direitos, objetivando ajustar o exercício das liberdades individuais ao bem-estar social, estabelecendo um novo paradigma para a referida atividade estatal, denominado *"operações policiais"*.

Diante deste cenário, e finalizado o estudo relativo a cada função policial, passar-se-á a conceituar as operações policiais, pontuando as suas características essenciais, bem como proceder-se-á a sua classificação, de acordo com a natureza da função, ou funções, exercida por meio destas.

4.1 CONCEITO

Tendo em vista os escassos os estudos acerca do tema, um ponto de partida para a conceituação das operações policiais pode ser observado nas definições esboçadas por Romero Meneses, para ação policial e operação policial. De acordo com o referido autor, ação policial seria "[...] todo ato praticado para desenvolvimento de atividades de polícia administrativa ou judiciária"[948], enquanto operação policial seria "[...] um conjunto de ações policiais coordenadas, voltadas à execução das atividades de polícia administrativa ou judiciária, mediante a mobilização de recursos humanos, materiais e financeiros necessários"[949].

---

948 MENESES, Romero Luciano Lucena. *Manual de planejamento e gestão da investigação policial*. Olinda: Livro Rápido, 2012. p. 43.
949 Ibid., p. 44. Definição semelhante foi dada por Élzio Vicente da Silva ao que denominou "operações especiais de polícia judiciária", entendeu como "conjunto de ações planejadas e concentradas, destinadas à obtenção da prova, com par-

Todavia, em que pese a iniciativa de Meneses, a sua conceituação prezou mais por ilustrar aspectos da execução das operações policiais (sentido material ou descritivo), do que propriamente caracterizar a sua configuração jurídica (sentido formal ou normativo), uma vez que pode levar a se denominar de "operação policial" uma ação policial cuja complexidade requereu a mobilização excepcional de recursos humanos materiais e financeiros, o que não reflete seus aspectos jurídicos, nos quais se concentram este estudo.

Segundo o Dicionário Houaiss da língua portuguesa, a palavra "ação", em seu sentido filosófico, significa "[...] atividade prática, concreta, que intervém no real em contraste à passividade de uma atitude puramente especulativa ou teórica"[950]. Por sua vez, a palavra "operação", em uma de suas acepções, significa "[...] aplicação de medidas necessárias à obtenção de determinados objetivos (políticos, militares, financeiros, sociais etc.)"[951]. A função no significado filosófico do termo "operação" denota ainda, de acordo com Nicola Abbagnano, a "atividade caracterizada por um certo fim", ou ainda, o sentido de uma relação ou correlação[952].

José Cretella Júnior, ao asseverar que a ação policial manifesta-se por meio de fatos e atos administrativos, salienta que o ato de polícia, tal como o administrativo, é dotado de autoexecutoriedade, podendo ser executado direta e imediatamente pela Administração[953]. É de se ressaltar, contudo, que as medidas penais incidentes no âmbito do exercício da função de polícia judiciária dependem, em regra, de autorização judicial para sua execução pelo órgão da administração que a titula. Salienta o referido autor, ainda, que a ação policial é uma atividade concreta, fundamentada no poder de polícia[954].

---

ticipação de equipe de policiais treinados, motivados e voltados para o projeto de investigação" (cf. *Operações especiais de polícia judiciária*: e ruptura de planos de ataque terrorista. Barueri, Novo Século Editora, 2017, p. 13).
950 HOUAISS, Antônio; VILLAR, Mauro de Salles. *Dicionário Houaiss da língua portuguesa*. Rio de Janeiro: Objetiva, 2001. p. 42.
951 Ibid., p. 2069.
952 ABBAGNANO, Nicola. *Dicionário de filosofia*. 6 ed. São Paulo: Martins Fontes, 2012. p. 849-850.
953 CRETELLA JÚNIOR, José. Polícia Militar e poder de polícia no direito brasileiro. In: LAZZARINI, Álvaro et al. *Direito administrativo da ordem pública*. 2 ed. Rio de Janeiro: Forense, 1987. p. 179-180.
954 Ibid., p. 180.

4 – Operações Policiais

Desta forma, ao se cotejarem tais preceitos com os conceitos estudados no item 1.2, observa-se que, ao tempo que pode se considerar uma ação policial o ato administrativo pelo qual se materializa o exercício de uma dada função policial, a natureza jurídica de uma operação policial irá variar de acordo com a função policial das ações policiais que a constituem, verificável por sua finalidade ou objetivo, abrindo espaço para o esboço de uma dogmática jurídica das operações policiais[955].

Ao se identificar a ação ou operação policial de acordo com a natureza jurídica da função que as mesmas exercem, viabiliza-se o exercício de todas as atividades constituintes da dogmática jurídica, quais sejam, descrição do regime jurídico que lhes é aplicável, sua análise sistemá-

---

[955] Para Robert Alexy (Cf. *Teoria da argumentação jurídica*: a Teoria do Discurso Racional como Teoria da Fundamentação Jurídica. 3 ed. Tradução de Zilda Hutchinson Schild Silva. Rio de Janeiro: Forense, 2011. p. 247-248), por "dogmática jurídica" ou "dogmática do Direito" deve-se entender a Ciência do Direito em sentido mais estrito e próprio, consistente em uma mescla de, ao menos, três atividades, quais sejam, a descrição do direito vigente, sua análise sistemática e conceitual, e a elaboração de propostas para a solução de casos jurídico-problemáticos. Em correlação com estas três atividades podem-se distinguir três dimensões, denominadas empírico-descritiva, analítico-lógica e prático-normativa. Na dimensão empírico-descritiva pode-se distinguir, sobretudo, a descrição da práxis dos tribunais e a averiguação da vontade fática do legislador. A dimensão analítico-lógica inclui tanto a análise dos conceitos jurídicos como também a investigação das relações entre as diferentes normas e princípios. Finalmente, procede segundo uma dimensão prático-normativa, por exemplo, quem propõe e fundamenta a interpretação de uma norma, uma nova instituição, ou quem critica uma decisão judicial quanto a seus defeitos práticos e elabora uma contraproposta. Por sua vez, o cerne da atividade dogmático-jurídica pode se distribuir de forma diferente nessas dimensões, a depender dos interesses práticos do dogmático ou cientista do direito e das peculiaridades do campo de trabalho.

A par desta conceituação mais ampla, Alexy aponta ainda que a dogmática jurídica, em um sentido mais estrito, compreenderia três tarefas: a análise lógica dos conceitos jurídicos, a recondução desta análise a um sistema e a aplicação dos resultados desta análise na fundamentação das decisões jurídicas (Ibid., p. 248-249). A tal acepção estrita agregam-se as lições de Neil Maccormick (Cf. *Retórica e o Estado de Direito*: Uma teoria da argumentação jurídica. Tradução de Conrado Hübner Mendes. Rio de Janeiro: Elsevier, 2008. p. 299), para quem dogmática jurídica cumpre papel importante na construção ou reconstrução racional das normas jurídicas em conformidade com um sistema ideal, ajudando reforçar a implementação prática do Direito da maneira guiada pela ideia de sistematicidade. Para o referido jurista escocês, sistemas (ou subsistemas) jurídicos construídos pela dogmática jurídica são, em parte, descritivamente precisos, apesar de não serem, e nem deverem ser, descrições perfeitas ou completas da totalidade da atividade jurídica.

tica e conceitual, bem como a elaboração de propostas para a solução de casos jurídico-problemáticos. Por outro lado, a proposição de uma dogmática jurídica para as operações policiais revela-se de suma importância, uma vez que, na medida em que estas se revelam cada vez mais essenciais à atuação policial contemporânea, o fato de praticamente inexistirem estudos sobre o tema à luz da Ciência do Direito propicia a proliferação de uma práxis assistemática, onde prolifera o exercício abusivo de funções policiais[956], ou impropriedades terminológicas, como a utilização indiscriminada do termo "operação policial" com vistas a "valorizar" uma dada ação policial, isoladamente considerada.

Desta forma, enquanto a ação policial consiste em uma medida potencial ou efetivamente preventiva, condicionante ou restritiva de direitos pelo Estado no exercício de uma função policial, a operação policial, enquanto conjunto de ações policiais estrategicamente coordenadas, requer, quando da sua concepção, uma avaliação no sentido de se verificar se o arranjo de tais medidas em tese concretizará o exercício eficiente da função policial, o que traz em si a concordância prática entre a sua finalidade e os direitos fundamentais daqueles que a esta estão sujeitos. Diante disto, **conceitua-se a operação policial como o método de exercício de funções policiais consistente na conjugação estratégica de medidas potencial ou efetivamente preventivas, condicionantes ou restritivas de direitos pelo Estado**[957].

---

[956] Considera-se abuso de poder um vício no tocante a competência do ato administrativo, composto pelas modalidades denominadas excesso de poder, quando o agente público excede os limites da sua competência/ atribuição, e desvio de poder (também denominado desvio de finalidade), quando o agente público pratica ato com finalidade diversa da que decorre explícita ou implicitamente da lei.

[957] Cumpre esclarecer, contudo, que o eventual planejamento estratégico no cumprimento de múltiplos mandados de prisão e demais medidas cautelares penais expedidos pela Justiça, quando não decorrentes de representação da autoridade de polícia judiciária na condução da investigação criminal, assim como aquele decorrente do atendimento de diligências requisitadas pelo Poder Judiciário ou pelo Ministério Público, apesar de também incumbidos à polícia judiciária enquanto função auxiliar a Justiça (art. 13 do CPP), escapam ao estudo jurídico das operações policiais para adentrar a sua análise apenas enquanto atividade executória, nos termos da conceituação proposta por Romero Meneses anteriormente citada, uma vez que a análise jurídica quando da postulação ou decisão sobre ao seu cabimento diante do caso concreto não ocorre no âmbito

4.2 TIPOLOGIA DAS OPERAÇÕES POLICIAIS

Como já salientado, a natureza jurídica uma operação policial vai variar de acordo com a função policial das ações policiais que a constituem, verificável por sua a finalidade ou objetivo.

Desta forma, uma vez fixada a conceituação básica das operações policiais, cumpre agora classificá-las teleologicamente, subdividindo-as em operações de polícia administrativa geral, operações de polícia administrativa especial e operações de polícia judiciária, além de uma quarta modalidade, decorrente do exercício de mais de uma das referidas funções, denominadas operações policiais plurifuncionais.

4.2.1 Operações de polícia administrativa geral

As operações de polícia administrativa geral são um método de exercício da função anteriormente vista no item 1.2.1.1, tendo por objeto, portanto, a prevenção ostensiva de perigos para a ordem e segurança públicas, inclusive a prevenção de crimes.

Deste modo, as supraditas operações compreendem a realização conjunta ou sistemática de uma série de ações preventivas, dentre as quais a vigilância/patrulhamento, proteção/segurança, evacuação de áreas e revista pessoal[958], estrategicamente procedidas em uma dada região ou ocasião[959], em razão de circunstâncias potencialmente ofensivas aos bens jurídicos acima referidos.

---

da discricionariedade funcional do presidente da investigação criminal exercida pela polícia judiciária (em regra o Delegado de Polícia), mas sim na atividade judicante do Juiz criminal, quando da decretação das referidas medidas *de offício*, ou mediante provocação do Ministério Público, enquanto parte acusadora no processo penal.

958 Autorizada apenas quando houver fundada suspeita de que a pessoa esteja na posse de arma proibida ou de objetos, ou papéis que constituam corpo de delito, nos termos do art. 244 do CPP (cf. nota 38).

959 Como exemplo de operação de polícia administrativa geral, pode-se citar a operação "PrevPaz", realizada pela Polícia Civil do Estado de São Paulo em 1º de agosto de 2014, assim definida em nota oficial:

4.2.2 Operações de polícia administrativa especial

As operações concebidas para o exercício da função policial administrativa especial correspondem a um método de exercício das atividades ilustradas no item 1.2.1.2, em especial por meio de fiscalizações objetivando verificar o atendimento das leis e regulamentos de setores específicos da atividade humana em esfera administrativa, cujo descumprimento é punível por sanções como multas, interdições ou apreensão e destruição de bens.

Desta forma, as operações de polícia administrativa especial em regra se dão por meio da realização conjunta ou sistemática de diversas fiscalizações, estrategicamente procedidas em uma dada região, momento e/ou em face de um ou mais infratores com características comuns. Tem-se verificado a ocorrência de operações dessa natureza, em especial, na

---

"Polícia Militar realiza operação na zona sul. A Polícia Militar inicia às 13h30 desta sexta-feira (1º) a PrevPaz (Política para Prevenção Criminal e Manutenção da Paz e Ordem Pública) na zona sul da Capital. A operação tem o objetivo de aumentar a segurança na região e diminuir os indicadores de criminalidade. Serão realizados bloqueios, policiamento ostensivo e preventivo. A ação terá a participação de equipes do Comando de Policiamento de Choque (CPChq) e de Trânsito (CPTran), Rota (Rondas Ostensivas Tobias de Aguiar), COE (Comando e Operações Especiais), Rocam (Rondas Ostensivas com Apoio de Motocicletas) e Força Tática, além do efetivo territorial. O início da operação terá a presença do secretário da Segurança Pública, Fernando Grella Vieira, e do comandante de Policiamento da Capital, coronel Glauco de Carvalho, porta-voz da ação." Disponível em: < http://www.ssp.sp.gov.br/noticia/lenoticia.aspx?id=34460>. Acesso em 19 ago. 2014.

Outro exemplo, seria a "Operação Verão 2014", desenvolvida pela Polícia Militar do Estado da Bahia durante o verão do início de 2014, assim definida em nota oficial do referido órgão: "A Polícia Militar da Bahia lança na sexta-feira (03), às 8h30, no Jardim dos Namorados, a Operação Verão 2014, que conta com o reforço no policiamento de 20 mil policiais e bombeiros militares em todo o estado. As ações contemplam a intensificação do policiamento nas praias, em pontos turísticos, nas festas populares, museus, igrejas, parques, reservas ecológicas, chegando a um incremento em até 100% em locais com maior fluxo de pessoas. A Operação contempla 36 cidades baianas com vocação turística como Ilhéus, Lençóis, Porto Seguro e Praia do Forte". Disponível em: <http://www.pm.ba.gov.br/index.php?option=com_content&view=article&id=4279:operacao-verao-re forca=-seguranca-de-baianos-e-turistas-na-alta-estacao&catid=87:assessoria-de-imprensa&Itemid=480>. Acesso em 8 mar. 2014. Entretanto, ao se observar a referida descrição, constata-se que, de fato, a "Operação Verão 2014" não cuida de apenas uma operação de polícia administrativa geral, como inicialmente se supõe, mas de diversas operações dessa natureza, desenvolvidas em razão de locais ou eventos cujo maior trânsito de pessoas demandam uma especial atuação do referido órgão, objetivando a manutenção da ordem pública durante o verão baiano.

fiscalização tributária⁹⁶⁰, ambiental⁹⁶¹, de trânsito⁹⁶² e do trabalho.⁹⁶³

---

960 Como exemplo, pode-se citar a operação "Moda Legal", realizada pela Receita Federal para realização de fiscalização tributária do comércio de mercadoria sem emissão de nota fiscal no dia 14/08/2013 em Natal/RN, assim noticiada: "Receita Federal faz operação para fiscalizar comércio ilegal. A Receita Federal no Rio Grande do Norte realizou operação, na manhã desta quarta-feira (14), para fiscalizar o comércio de mercadorias sem a emissão de notas fiscais. A ação, batizada de Operação Moda Legal, averiguou a situação de comerciantes em Natal e Região Metropolitana que trabalham principalmente com vendas de roupas e acessórios. Até o início da tarde, a Receita Federal não tinha um balanço a respeito das autuações e apreensões realizadas durante a operação. As informações serão divulgadas às 16h". Disponível em: <http://www.tribunadonorte. com.br/noticia/receita-federal-faz-operacao-para-fiscalizar-comercio--ilegal/258383>. Acesso em 1 set. 2013.

961 Como exemplo, pode-se citar a operação "Labareda", realizada pelo Instituto Brasileiro do Meio Ambiente e dos Recursos Naturais Renováveis (Ibama) para realização de fiscalização ambiental da extração ilegal de madeira entre julho e outubro de 2012 na Amazônia Legal, assim noticiada:

"Operação Labareda – Ibama reforça fiscalização contra desmatamento na Amazônia (31 de agosto de 2012 – Jaime de Agostinho). O Ibama reforça nos próximos dias a Operação Labareda, contra o desmatamento ilegal na Amazônia, após uma intensificação no mês de agosto. Serão alocados 350 fiscais em áreas específicas para o combate ao desmatamento na região. A operação está em andamento desde julho e a medida deve impedir que desmatamento ilegal persista na região. Como ocorrida no ano passado em Mato Grosso, foi feita uma convocação nacional para a Amazônia e espera-se que também se reduza de pronto os níveis de desmatamento na região. 'A Amazônia é muito grande, mas o Ibama tem estudos que mostram que o desmatamento se concentra em algumas áreas muito específicas', disse o diretor de Proteção Ambiental do Ibama, Ramiro Hofmeister Martins-Costa. Segundo ele, são áreas prioritárias o eixo da BR163 no Pará, a Floresta Nacional Jamanxim, o sul da Amazônia, Rondônia, e algumas regiões importantes do Mato Grosso. 'Nós não precisamos olhar para a Amazônia do ponto de vista do tamanho dela, mas de onde está concentrado o problema. E aí, nós centramos os nossos esforços.' Informações de inteligência do Ibama apontam que há polígonos de desmatamentos, principalmente dentro das unidades de conservação e das florestas nacionais (Flonas) que estão sendo objetos de grilagem. O Ibama irá fiscalizar esses polígonos e, se constatado o desmatamento ilegal, haverá apreensão de bens, apreensão de gado e destruição de maquinários que não tiverem como ser retirados de áreas que estejam trabalhando. 'O resultado que nós queremos é que, na região, nos meses de setembro e outubro, nós consigamos zerar o desmatamento ilegal. O desmatamento só será contido quando a sociedade se envolver. O desmatamento é um pacto social. Nós precisamos da confiança e do apoio da sociedade para dar uma nova realidade para a Amazônia, com produtos valorizados e que não seja criminalizada pelo mundo', ressalta o diretor. FONTE: Ascom Ibama". Disponível em: < http://www.ecoamazonia.org.br/2012/08/operacao-labareda-ibama-reforca-fiscalizacao-desmatamento -amazonia/>. Acesso em 19 ago. 2014.

962 Como exemplo, pode-se citar a operação "Lei Seca", realizada pelo Detran do Estado de Pernambuco, voltada para coibir a embriaguez no volante mediante fiscalização no trânsito em festividades ocorridas no sertão pernambucano em

Entretanto, uma vez verificada uma infração administrativa, a adoção das providências que lhe são cabíveis se dará, em regra, de forma vinculada, uma vez que, conforme visto no item 1.1.1.2 e 1.2.4, os regimes jurídicos particularizados que caracterizam a polícia administrativa especial fazem com que seu exercício se dê de forma sobremaneira mais vinculada ao direito positivo do que a polícia administrativa geral,

---

julho de 2013, assim noticiada: "Agentes do Detran fazem Operação Lei Seca no Sertão. A partir desta quinta-feira (25), o Departamento Estadual de Trânsito de Pernambuco (Detran) mobilizará 36 agentes de fiscalização para dar apoio à Operação Lei Seca durante a Exposição e Feira Internacional da Indústria do Gesso (Expogesso 2013), que acontece em Trindade, no Sertão, até sábado (27). O evento acontece anualmente e é considerado o maior do gênero no Brasil. Além disso, a equipe também está mobilizada por conta da Missa do Vaqueiro, que começou na última terça-feira (23), em Serrita, também no Sertão. Durante o evento, a Operação Lei Seca também terá auxílio de 36 agentes de fiscalização. A Missa do Vaqueiro acontece desde 1971 e teve origem em memória do vaqueiro Raimundo Jacó, morto nas caatingas do Sítio Lages. Foi idealizada pelo rei do baião, Luiz Gonzaga, cantor e compositor pernambucano. O evento acontece no período de 23 a 29 de julho". Disponível em <http://www.diariodepernambuco.com.br/app/noticia/vida-urbana/2013/07/25/interna_vidaurbana,452561/agentes-do-detran-fazem-operacao-lei-seca-no-sertao.shtml>. Acesso em 1 set. 2013.

963 Como exemplo, pode-se citar a operação realizada pela Superintendência Regional do Trabalho e Emprego (SRTE) de fiscalização do trabalho na construção civil em Porto Velho/RO em 14 de agosto de 2012, assim noticiada: "Fiscalização da SRTE constata irregularidades em obras públicas. Auditores-fiscais da Superintendência Regional do Trabalho e Emprego de Rondônia (SRTE/RO) realizaram, nesta terça-feira (14/08), uma operação especial de fiscalização em diversas obras de construção civil em Porto Velho com o objetivo de identificar situações de grave e iminente risco aos trabalhadores deste setor. O resultado foram 15 obras interditadas e uma completamente embargada por falta de condições de segurança para os trabalhadores. Entre as obras nas quais foram encontradas irregularidades estão o Palácio do Governo do Estado, a Assembleia Legislativa, o teatro estadual e o Instituto Técnico Federal de Educação e Tecnologia, que tiveram atividades suspensas por problemas como andaimes irregulares, falta de proteção contra quedas, ausência de cintos de segurança, entre outros. 'Deslocamos nossa força de trabalho para uma ação concentrada, com foco em construção civil. O resultado expõe como o setor ainda carece de fiscalização constante e mostra à população a importância da fiscalização trabalhista no estado em prol do trabalho seguro', explica o auditor-fiscal Jansen de Lima e Silva. Os responsáveis pelas obras foram notificados e precisarão corrigir as irregularidades antes que os trabalhos sejam retomados. Se os trabalhadores voltarem às atividades antes da liberação definitiva, os responsáveis poderão ser enquadrados na prática de crime de desobediência e encaminhados à Polícia Federal." Disponível em <http://www.rondoniagora.com/noticias/fiscalizacao-da-srte-constata-irregularidades-em-obras-publicas-2012-08-14.htm>. Acesso em 1 set. 2013.

cuja atuação, dada a sua generalidade, impõe uma maior margem de discricionariedade.

4.2.3 Operações de polícia judiciária

As operações de polícia judiciária são um método de investigação criminal consistente na aplicação estrategicamente conjugada de diversas medidas limitadoras de direitos fundamentais previstas no direito processual penal, em regra dependentes de autorização judicial, que objetivam propiciar a elucidação de fatos supostamente delituosos de natureza complexa.

Com efeito, ao tempo que as investigações criminais, ordinariamente formalizadas mediante inquérito policial, passam a se deparar com fatos de maior complexidade, mormente aqueles protagonizados por organizações criminosas, estas passam a lidar com uma multiplicidade de investigados e até mesmo de indiciados, sujeitando os seus diversos direitos fundamentais à restrição excepcional. Quando os indícios colhidos, à luz do ordenamento jurídico constitucional e processual penal, revelam ser imprescindível que múltiplos direitos fundamentais sejam restringidos para o esclarecimento de fatos supostamente delituosos, os primeiros acabam por ser excepcionalmente limitados por meio de medidas cautelares penais.

Neste cenário, substancial parte destas medidas cautelares requer aplicação simultânea ou conjugada, a ser estrategicamente planejada de forma a maximizar a eficiência da investigação criminal, sem descuidar da sua concordância prática com os direitos fundamentais de indiciados e investigados a serem restringidos. Após tal aplicação, a investigação tende a se debruçar sobre a análise das evidências eventualmente coletadas por meio de tais medidas excepcionais, que serão devidamente condensadas no relatório do inquérito policial ou congênere, no qual se concluirá ou não pela existência de materialidade e autoria delitivas.

Há casos, contudo, que a análise dos elementos de convicção colhidos em uma dada operação de polícia judiciária pode indicar a necessidade de uma nova operação, e não necessariamente levar ao encerramento da investigação criminal correspondente. É possível, portanto, a ocorrência de uma pluralidade de operações de polícia judiciária no mesmo inquérito policial ou congênere, muito embora a praxe tenha inapropriadamente se valido, para tal, da expressão "fases" da operação (no singular) em um dado caso, e não operações (no plural) em um dado caso (no singular), enfatizando o nexo causal com a mesma investigação, porém olvidando-se de que se tratam de operações diversas, ainda que sucessivas, em um determinado caso, uma vez que se cuida de nova aplicação do referido método de investigação[964].

Portanto, e de acordo com o já analisado no item 1.2.4, observa-se que as margens de discricionariedade relativas de uma operação de polícia judiciária, quando comparadas às operações de polícia administrativa *in genere*, apresentam uma amplitude consideravelmente maior em termos de possibilidades de restrições a direitos fundamentais, uma vez que é aí onde estes estão sujeitos a uma maior variedade e profundidade de reflexos de uma função policial. Tais operações incidem sobre uma margem de discricionariedade que abrange um amplo espectro de direitos fundamentais, não apenas em situações em que a autoridade de polícia judiciária, prescinde de autorização judicial vistas no item 3.4.1.6.6, mas, sobretudo, por meio das mais variadas medidas a esta sujeitas (objeto do item 3.4.1.6.7), passíveis de adoção no curso da investigação criminal, quando também incumbirá ao órgão titular de tal função a execução das próprias diligências postuladas em Juízo. Como se observa no item 3.4.1.6.8.1, uma operação de polícia judiciária pode até mesmo contemplar o retardamento da intervenção sobre a atuação de uma organização criminosa sob investigação por meio ação controlada, desde que a organização investigada seja mantida sob observação e acompanhamento para que a medida legal se concretize no momento mais eficaz à formação de provas e obtenção de informações essenciais à elucidação dos fatos delituosos[965], fazendo com que o direito encontre

---

964 Na operação de polícia judiciária denominada "lava-jato", no entanto, utilizou-se da inapropriada terminologia "fases" não apenas para designar as operações utilizadas no inquérito policial em que inicialmente se apurou uma rede de lavanderias e um posto de combustíveis de Brasília utilizados por uma das organizações criminosas investigadas para movimentar dinheiro ilícito, mas também a maior parte das operações de polícia judiciária que ocorreram em investigações criminais diversas, decorrentes de desmembramentos deste primeiro caso (Disponível em: <http://www.pf.gov.br/imprensa/lava-jato>. Acesso em: 23 jul. 2018). Contudo, de acordo com a conceituação ora proposta, mais adequado seria reconhecer como "fases", ou seja, "operações (no plural) lava-jato", apenas àquelas aplicadas no inquérito policial de origem, cabendo as demais receber alcunha diversa, variável de acordo com cada caso desmembrado em que foram aplicadas.

965 A ação controlada encontra previsão nos arts. 8º e 9º da Lei nº 12.850/2013. Aqui, releva notar que o art. 8º, § 2º do referido diploma legal, ao estatuir que a comunicação prévia da ação controlada ao juízo competente "[...] será sigilosamente distribuída de forma a não conter informações que possam indicar a *operação a ser efetuada*", utilizou o termo "operação" na legislação brasileira de

a estratégia da forma mais evidente.

Desta forma, considerando-se que ação policial-judiciária decorre de atos e/ou procedimentos administrativos sujeitos ou não à prévia autorização judicial, e por conta da ampla gama de direitos fundamentais sujeitos à sua interferência, pode-se afirmar que é nas operações de polícia judiciária que o estudo das operações policiais ganha maior relevo, demandando cuidadosa análise de cada caso concreto por parte de cada operador do direito envolvido na persecução penal extrajudicial, em especial dos delegados de polícia e juízes, enquanto autoridades de polícia judiciária e judiciais.

4.2.4 Operações policiais plurifuncionais

As operações policiais plurifuncionais, como a própria denominação sugere, caracterizam-se pelo exercício concomitante de mais de uma espécie/subespécie de função policial anteriormente estudada. Uma operação plurifuncional pode ocorrer quando um mesmo órgão exerce concomitantemente diferentes espécies/subespécies de funções,

---

forma compatível com conceito de operação de polícia judiciária ora adotado, pois a ação controlada, enquanto diligência especificamente destinada à investigação de organizações criminosas, em regra integrará uma operação de polícia judiciária, uma vez que a complexidade da atuação das organizações criminosas potencialmente demanda a conjugação de diversas medidas restritivas de direitos. O mesmo pode ser dito em relação ao seu art. 12, *caput*, que contém disposição idêntica, desta feita relacionada à diligência de infiltração de agentes da autoridade de polícia judiciária em organizações criminosas, assim como seus arts. 10-A, § 5º, 10-B e 10-D, incluídos pela Lei nº 13.964/2019.

Todavia, os § 1º e 2º do referido art. 12, ao utilizar o termo "operação de infiltração", assim como seu § 3º, ao prever que a "operação" será sustada em caso de risco iminente ao agente infiltrado, acabaram por confundir a parte com o todo, uma vez que, como já dito, a infiltração de agentes nada mais é do que uma ação policial cuja execução ostenta excepcional complexidade, estando, por isso e em função da sua destinação precípua à investigação de organizações criminosas, em regra inserida em uma operação de polícia judiciária.

Semelhante desvirtuamento pode ser observado também no arts. 190-A, § 1º e 190-B da Lei nº 8.069/1990 (Estatuto da Criança e do Adolescente), incluído pela Lei nº 13.441/2017, *que* a alterou para prever a "infiltração" de agentes do delegado de polícia "na *internet*" com o fim de investigar crimes contra a dignidade sexual de criança e de adolescente, bem como pelo § 2º do art. 8-A da Lei nº *9.296/1996, inserido* pela Lei nº 13.964/2019, que versa sobre a instalação de dispositivo de captação ambiental. Sobe ação controlada e infiltração de agentes da autoridade de polícia judiciária, cf. itens 3.4.1.6.8.1 e 3.4.1.6.8.2.

ou por diferentes órgãos, também exercendo diferentes espécies/subespécies de funções, em ação coordenada, tendo se consagrado, neste último caso, a expressão "operações conjuntas" para sua designação[966].

Tal atuação cooperativa é permitida expressamente na legislação pelo art. 10, I da Lei nº 13.675/2018, que, ao instituir o Sistema Único de Segurança Pública, estabeleceu que seu funcionamento se daria mediante integração e coordenação dos órgãos que o compõe, as quais se daria mediante planejamento e execução integrada de operações.[967]

---

966 Como exemplo, pode-se citar a operação "Arapongas", realizada pela Polícia Federal e Instituto Brasileiro do Meio Ambiente e dos Recursos Naturais Renováveis (Ibama), voltada para coibir crimes ambientais, assim como infrações administrativas desta espécie em 10/08/2011, assim noticiada: "PF e Ibama em operação conjunta contra tráfico de animais. Uma ação conjunta entre a Polícia Federal e o Ibama foi deflagrada na manhã de hoje para desarticular uma quadrilha de tráfico e comércio ilegal de animais em sete estados. Os criminosos agiam comercializando animais por meio de um site na internet. Os investigados recebiam encomendas de todo e qualquer tipo de animais, como répteis, anfíbios, mamíferos e pássaros. Esses animais seriam obtidos por meio ilícito, como criadouros irregulares e captura de animais silvestres na natureza. A quadrilha também fazia encomendas para fora do país. Até agora seis pessoas foram presas. A operação, intitulada Arapongas, conta com 150 Policiais Federais e 106 Fiscais do Ibama e está acontecendo nos estados São Paulo, no Paraná, Rio de Janeiro, Minas Gerais, Bahia, Ceará e Paraíba. A Vara Federal Ambiental, Agrária e Residual de Curitiba/PR expediu até agora seis mandados de prisão temporária e vinte e cinco mandados de busca e apreensão. De acordo com as irregularidades encontradas pelo Ibama, os investigados responderão pelos crimes de tráfico internacional de fauna, tráfico de animais silvestres nativos, estelionato, sonegação fiscal, falsidade ideológica, biopirataria, entre outros. Todos os animais em situação irregular serão apreendidos". Disponível em: <http://www.oeco.org.br/salada-verde/25231-pf-e-ibama-em-operacao-conjunta-contra-trafico-de-animais>. Acesso em 2 set. 2013

Na legislação, a utilização do termo "operações conjuntas" e "ação operacional conjunta", pode ser observada nos arts. 2º e 7º da Lei nº 11.347/2007, ao tratar das atividades objeto de cooperação federativa decorrente de convênio da União com os Estados e o Distrito Federal no âmbito da Força Nacional de Segurança Pública e da Secretaria Extraordinária de Segurança para Grandes Eventos, inaugurando a referência a operações policiais na legislação brasileira. Sobre a Força Nacional de Segurança e a Secretaria Extraordinária de Segurança para Grandes Eventos, cf. ainda item 1.3.2.

Entretanto, é possível que dois órgãos distintos e titulares de funções policiais da mesma natureza atuem de forma cooperativa em uma dada operação policial, o que também corresponderia a uma "operação conjunta"[968], em que pese não equivaler a uma operação plurifuncional.

No que se refere especificamente à função de polícia judiciária, a cooperação entre diferentes órgãos também é contemplada no art. 9º do Decreto nº 154/1991[969] (Convenção Contra o Tráfico Ilícito de Entorpecentes e Substâncias Psicotrópicas), no art. 19 do Decreto nº 5.015/2004[970] (Convenção das Nações Unidas contra o Crime Organizado Transna-

---

967 O § 2º do art. 10, I da Lei nº 13.675/2018, entretanto, classifica tais operações policiais executadas mediante atuação coordenada de mais de um órgão em "ostensivas", "investigativas", ou "mistas" (contando ainda com uma quarta modalidade, denominada "de inteligência"), privilegiando assim aspectos descritivos da atividade a ser executada nas operações, ao invés da natureza jurídica policial da finalidade a que estas se destinam.

968 Como exemplo, pode-se citar a hipótese de uma operação conjunta de apuração de crimes militares, conexos a crimes comuns, que implicaria na atuação coordenada de diferentes órgãos titulares de função de polícia judiciária, uma vez que o art. 79, I do CPP impõe a investigação em separado dos referidos delitos.

969 Art. 9º, 1, b do Decreto nº 154/1991:

"Artigo 9 Outras Formas de Cooperação e Capacitação

1 - As Partes Colaborarão estreitamente entre si, em harmonia com seus respectivos ordenamentos jurídicos e sua administração, com o objetivo de aumentar a eficácia das medidas de detecção e repressão, visando à supressão da prática de delitos estabelecidos no parágrafo 1 do Artigo 3. Deverão fazê-lo, em particular, com base nos acordos ou ajustes bilaterais ou multilaterais:

[...]

b) cooperar entre si na condução de inquéritos [...]

c) quando for oportuno, e sempre que não contravenha o disposto no direito interno, criar equipes conjuntas [...]".

970 Art. 19 do Decreto nº 5.015/2004:

"Artigo 19 Investigações conjuntas

Os Estados Partes considerarão a possibilidade de celebrar acordos ou protocolos bilaterais ou multilaterais em virtude dos quais, com respeito a matérias que sejam objeto de investigação, processos ou ações judiciais em um ou mais Estados, as autoridades competentes possam estabelecer órgãos mistos de investigação. Na ausência de tais acordos ou protocolos, poderá ser decidida casuisticamente a realização de investigações conjuntas. Os Estados Partes envolvidos agirão de modo a que a soberania do Estado Parte em cujo território decorra a investigação seja plenamente respeitada".

cional), art. 49 do Decreto nº 5.687/2006[971] (Convenção das Nações Unidas contra a Corrupção).

No Brasil, como muitas vezes órgãos titulares de funções de polícia administrativa geral também são incumbidos de funções de polícia administrativa especial[972], também é comum a ocorrência de operações de polícia administrativa em termos genéricos, onde são exercidas coordenadamente funções de ordem geral e especial, o que, a rigor, não seriam propriamente operações plurifuncionais, por compreenderem subespécies do mesmo gênero de função policial.

Nas operações plurifuncionais, normalmente uma das funções policiais exercidas exerce um papel principal, enquanto outra atua acessoriamente, de maneira colaborativa, adequando-se a uma conjugação estratégica concebida visando a outra função para também cumprir com a sua finalidade, reforçando assim a atuação estatal. Formas comuns de operações plurifuncionais se dão mediante fiscalização administrativa (especial) quando de operações de polícia judiciária ou de polícia administrativa geral[973], exercício planejado da polícia judiciária quando de

---

971 Art. 49 do Decreto nº 5.687/2006:

"Artigo 49 Investigações conjuntas

Os Estados Partes considerarão a possibilidade de celebrar acordos ou tratados bilaterais ou multilaterais em virtude dos quais, em relação com questões que são objeto de investigações, processos ou ações penais em um ou mais Estados, as autoridades competentes possam estabelecer órgãos mistos de investigação. Na falta de tais acordos ou tratados, as investigações conjuntas poderão levar-se a cabo mediante acordos acertados caso a caso. Os Estados Partes interessados velarão para que a soberania do Estado Parte em cujo território se efetua a investigação seja plenamente respeitada".

972 Cf. nota 44.

973 Como exemplo de operação onde atividades de polícia administrativa especial foram exercidas em uma operação de polícia administrativa geral, pode-se citar a operação "Sergipe Mais Seguro" realizada pela Polícia Militar de Sergipe na noite do dia 16 e madrugada do dia 17/08/2014, nos bairros Santa Maria e 17 de Março, na Zona de Expansão de Aracaju/SE. Quarenta e nove policiais militares de diversas companhias foram divididos em três pontos de bloqueio posicionados nos principais acessos aos bairros, onde 340 abordagens a veículos de passeio, ônibus, táxis e pessoas suspeitas, foram realizadas. Apesar de a referida operação visar a diminuir os índices de criminalidade na área, evitando, assim, a prática de crimes contra o patrimônio e crimes dolosos contra a vida, em especial o tráfico de drogas, porte ilegal de armas de fogo, roubo a ônibus e irregularidades no trânsito, vinte condutores foram notificados e oito veículos foram apreendidos por estarem com o CRLV vencido, além de um homem ter sido conduzido à Polícia Civil por porte ilegal de arma de fogo. Disponível em:

potencial ocorrência de flagrante delito em operações de polícia administrativa e apoio de polícia administrativa geral quando de operações de polícia administrativa especial.

A aplicação de operações policiais plurifuncionais em que ponderá a função de polícia judiciária vai de encontro ao previsto no art. 3º, VIII da Lei nº 12.850/2013, o qual prevê a cooperação entre instituições e órgãos federais, distritais, estaduais e municipais na busca de provas e informações de interesse da persecução penal de organizações criminosas, bem como ao previsto no art. 5º, I e III da Lei nº 13.344/2016 que, objetivando a repressão do tráfico de pessoas previu a cooperação entre órgãos do sistema de justiça e segurança, nacionais e estrangeiros (I), paralelamente a formação de equipes conjuntas de investigação (III). A limitação do objeto das referidas leis não obsta, contudo, que o método da operação policial plurifuncional não possa ser aplicado durante a apuração de outros crimes que não seja tráfico de pessoas, ou perpetrados por organizações criminosas.

<http://g1.globo.com/se/sergipe/noticia/2014/08/policia-realiza-operacao--sergipe-mais-seguro-no-santa-maria-e-17-de-marco.html>. Acesso em 19 ago. 2013.

5 CONTROLE DA ATIVIDADE POLICIAL

Nos capítulos anteriores, foi estudada a atividade que concretiza o exercício de cada função policial. Como tal atividade apresenta-se potencialmente restritiva a direitos fundamentais, deve fazer-se acompanhar de mecanismos de controle no âmbito do próprio Estado, a fim de evitar que o mesmo se divorcie do ordenamento jurídico que está inserido para se tornar instrumento de arbítrio.

Neste particular, insta observar que, a partir da Constituição de 1988, tem se observado um notável avanço nos mecanismos de controle da atividade policial, o qual atualmente encontra-se estruturado em diferentes esferas do Estado, com informações cada vez mais acessíveis à sociedade.

Neste cenário, a primeira instância de controle da atuação policial seria interna ao próprio órgão responsável, a cargo das suas respectivas corregedorias de polícia, a qual abrange desde aspectos da legalidade da atividade exercida até aspectos de índole administrativa do referido exercício. No plano externo, o controle se especializa nas esferas administrativa, a cargo das controladorias gerais no âmbito do próprio Poder Executivo; contábil, financeiro, orçamentário, e patrimonial, a cargo dos Tribunais de Contas do Estado e da União; finalística, que se dá especialmente pela atuação do Ministério Público no controle de legalidade da atividade policial; e jurisdicional, a cargo do Poder Judiciário, o qual incide em aspectos de legalidade tanto do exercício de funções policiais, quanto excepcionalmente em relação à administração dos meios pelos quais se dá este exercício pelos órgãos desta incumbidos.

Outra importante colaboração para o controle, em especial, do exercício da polícia judiciária, provém da Ordem dos Advogados do Brasil (OAB), por meio de advogados e defensores públicos. Tais operadores do direito, ao exercer de sua prerrogativa de acesso aos autos de inquéritos policiais e congêneres, já analisada no item 3.4.1.2.6, podem também provocar as instâncias administrativas (e judicial) de controle do exercício da referida função policial, comunicando fatos de sua alçada.

Por fim, não se pode aqui deixar de se recordar que, para um mais eficiente funcionamento destas modalidades de controle externo da atividade policial, faz se essencial que estas sejam efetivadas por toda a sociedade. Afinal, sem a participação direta da população no acompanhamento do exercício de funções policiais, tanto por meio dos cidadãos quanto por organizações não governamentais, reduz-se sobremaneira as possibilidades de atuação das demais instâncias de controle, uma vez que estas dependem, em grande parte, da comunicação de fatos que possam ensejar a responsabilização de policiais em face de condutas com repercussão no seu exercício funcional.

E uma importante ferramenta a disposição do cidadão, neste sentido, consiste na lei de acesso à informação (Lei nº 12.527/2011), a qual visa assegurar o direito fundamental a informação contemplado pelo art. 5º, XXXIII da CF[974]. Tal diploma legal traça as balizas a partir das quais qualquer interessado poderá apresentar pedido de acesso a informações aos órgãos públicos de interesse para a formulação de notícias de irregularidades funcionais, o qual faculta-se por qualquer meio legítimo, devendo o mesmo apenas conter a identificação do requerente e a especificação da informação requerida (art. 10).

Os pedidos de informação deverão ser atendidos imediatamente, ou em prazo não superior a 20 (vinte) dias (art. 11 e § 1º). Ressalvam-se, contudo o acesso a informações cuja publicidade for restrita pela administração do órgão por se mostrar imprescindível à segurança da sociedade ou do Estado (art. 23), por prazo determinado (art. 24); bem como inquéritos policiais ou processos cuja publicidade for restrita (art. 22), assegurando-se ao requerente, em qualquer caso, o direito de obter o inteiro teor de decisão de negativa de acesso, por certidão ou cópia (art. 14).

---

974 Art. 5º, XXXIII da CF:
"Art. 5º [...]
XXXIII - todos têm direito a receber dos órgãos públicos informações de seu interesse particular, ou de interesse coletivo ou geral, que serão prestadas no prazo da lei, sob pena de responsabilidade, ressalvadas aquelas cujo sigilo seja imprescindível à segurança da sociedade e do Estado".

Caso tenha conhecimento de irregularidades no exercício da atividade policial, pode o cidadão se valer de instrumentos para provocar o controle interno por meio das ouvidorias dos órgãos policiais[975], exercício do direito de petição aos Poderes Públicos em face de ilegalidade ou abuso de poder (art. 5º, XXXIV, "a" da CF), ou provocar o controle jurisdicional *a posteriori*, a ser visto mais adiante, seja diretamente, por meio de *habeas corpus*, seja indiretamente, por intermédio do Ministério Público ou da Defensoria Pública para o ajuizamento das medidas judiciais cabíveis.

Feitas estas considerações introdutórias, passar-se-á, doravante, a análise de cada uma das esferas de controle do exercício de funções policiais existentes no ordenamento jurídico pátrio[976].

5.1 CONTROLE INTERNO

Controle interno é aquele realizado pelo próprio órgão policial sobre o exercício de suas funções, por meio de suas respectivas corregedorias, as quais detêm atribuições para, com prioridade, avaliar a atividade policial desenvolvida pelo órgão e expedir orientações buscando seu aperfeiçoamento, mediante correção e prevenção de ilegalidades; exercer a persecução administrativa de condutas tidas como infrações ad-

---

975 Neste ponto, releva pontuar que o art. 34 da Lei nº 13.675/2018 – inserido em sua Seção II, denominada "Do acompanhamento público da atividade policial" do Capítulo II, denominado "Do controle e da Tranparência" – dispõe que a União, os Estados, o Distrito Federal e os Municípios, conforme o caso, deverão instituir órgãos de ouvidoria dotados de autonomia e independência no exercício de suas atribuições, às quais incumbirá o recebimento e tratamento de representações, elogios e sugestões de qualquer pessoa sobre as ações e atividades dos profissionais, devendo encaminhá-los ao órgão de controle com atribuição para as providências legais e a resposta ao requerente.

976 Paulo Mesquita Neto identifica quatro estratégias básicas de controle da atividade policial. O primeiro tipo é o "controle externo e formal/legal", que se dá através dos poderes Executivo, Legislativo e Judiciário, especialmente do Ministério Público. Esta estratégia "visa a controlar principalmente usos ilegais da força física por policiais". O segundo tipo é o "controle interno e formal/legal", que é feito por meio da ação disciplinar dos superiores e das corregedorias de polícia. O terceiro tipo é o "controle externo e informal/convencional das polícias", que se verifica "através da imprensa, da opinião pública, da universidade, de grupos de pressão, particularmente das organizações de direitos humanos nacionais e estrangeiras". O quarto tipo é o "controle interno e informal/convencional", que se dá por meio da "profissionalização das polícias e dos policiais". (MESQUITA NETO, Paulo. *Violência policial no Brasil*: abordagens teóricas e práticas de controle. In: Dulce Pandolfi et al. (orgs.), Cidadania, justiça e violência, 1999).

ministrativo-disciplinares[977], bem como, quando detentoras de funções de polícia judiciária, investigar criminalmente quando (também) o requer casos desta natureza, por meio de autoridade de polícia judiciária lotada no seu âmbito. Por conta de tais atributos, costuma-se denominar as corregedorias de órgãos policiais como "a polícia (administrativa especial) da polícia".

Portanto, corregedorias de órgãos detentores de função de polícia administrativa, caso verifiquem que infrações disciplinares de sua alçada (também) configuram crimes, deverão encaminhar as evidências correspondentes para o órgão cuja autoridade de polícia judiciária incumbe a apuração do fato[978].

A avaliação interna da atividade policial objetivando a correção e prevenção de ilegalidades é efetivada mediante inspeções periódicas nas instalações físicas do órgão policial, bem como em relação às atividades nestas desenvolvidas, tanto policiais quanto administrativas[979]. A partir daí, expedem-se orientações buscando o aperfeiçoamento da atividade exercida e até eventualmente da sua gestão, fixando-se prazo para atendimento, bem como iniciada a persecução administrativa-disciplinar, caso se verifique infrações desta natureza.

Tais correições periódicas, são realizadas mediante as seguintes atividades: exame dos autos de inquérito policial, inquérito policial militar ou qualquer outro expediente ou documento inerente a atividade policial desenvolvida, ainda que conclusos à autoridade, deles podendo extrair cópia ou tomar apontamentos, fiscalizando seu andamento e regularidade; fiscalização da destinação de apreensões, em especial armas,

---

977 Esta atribuição encontra-se explicitada no art. 33 da Lei nº 13.675/2018, inserido em sua Seção I do Capítulo II, denominada "Do controle interno", o qual dispõe que os setores de correição, dotados de autonomia no exercício de suas atribuições, "caberá o gerenciamento e a realização dos processos e procedimentos de apuração de responsabilidade funcional, por meio de sindicância e processo administrativo disciplinar, e a proposição de subsídios para o aperfeiçoamento das atividades dos órgãos de segurança pública", nos quais se encontram inseridos os órgãos policiais.

978 Aqui, cumpre pontuar que art. 2º § 7º da Lei nº 12.850/2013 prevê expressamente que, casos indícios de participação de policial no crime organizado, autoridade de polícia judiciária da respectiva Corregedoria de Polícia instaurará inquérito policial, e comunicará ao Ministério Público, que designará membro para acompanhar o feito até a sua conclusão.

979 Dentre estas últimas, incluem-se lotação de servidores, regime de funcionamento da unidade correicionada, distribuição de tarefas etc.

valores, substâncias entorpecentes, e veículos; fiscalização da execução da medida de interceptação telefônica e demais medidas cautelares, bem como o cumprimento dos mandados de prisão, e demais medidas determinadas pelo Poder Judiciário; fiscalização das perícias, ainda que em andamento, incluindo documentos e objetos a esta sujeitos; verificar as cópias dos boletins de ocorrência ou sindicâncias que não geraram instauração de inquérito policial e a motivação do despacho do delegado de polícia.

As infrações disciplinares, por sua vez, são condutas previstas nos estatutos funcionais aplicáveis a cada órgão, em regra sancionáveis administrativamente com advertência (repreensão), suspensão, demissão ou e cassação de aposentadoria de acordo com a gravidade, bem como destituição de cargo em comissão exercido por não ocupante de cargo efetivo. Em órgãos policiais militarizados, no entanto, admite-se a prisão em face de transgressões administrativas disciplinares militares, independentemente de autorização judicial, conforme pode-se observar no art. 5º, LXI da CF[980].

Objetivando uma maior efetividade na aplicação das normas disciplinares e criminais, o art. 4º-A, *caput*, da Lei nº 13.608/2018, <u>inserido pela Lei nº 13.964/2019,</u> dispõe que as corregedorias ou ouvidorias devem ser mantidas de forma a qualquer pessoa o direito de noticiar informações sobre crimes contra a administração pública, ilícitos administrativos ou quaisquer ações, ou omissões lesivas ao interesse público[981].

Considerada plausível a informação e procedido seu encaminhamento para apuração[982], ao noticiante que seja servidor do órgão no qual sejam relatadas as irregularidades serão asseguradas proteção integral

---

980 Art. 5º [...]LXI - ninguém será preso senão em flagrante delito ou por ordem escrita e fundamentada de autoridade judiciária competente, *salvo nos casos de transgressão militar* ou crime propriamente militar, definidos em lei (grifo nosso).

981 O art. 4º-A da Lei nº 13.608/2018, impõe tal dever não apenas a União, os Estados, o Distrito Federal e os Municípios e suas autarquias, nos quais estão situados seus órgãos policiais, mas também às suas fundações, empresas públicas e sociedades de economia mista, sendo aplicável até mesmo à atividade econômica exercida pelo Estado.

982 O art. 4º-C, *caput* e § 3º da Lei nº 13.608/2018, também <u>incluído pela Lei nº 13.964/2019,</u> dispõe ainda que quando as informações disponibilizadas resultarem em recuperação de produto de crime contra a administração pública, poderá ser fixada recompensa em favor do noticiante em até 5% (cinco por cento) do valor recuperado.

contra retaliações e isenção de responsabilização civil ou penal em relação ao relato, além das medidas de proteção de ofendidos e testemunhas vistas no item 3.4.1.6.3.6, exceto se, posteriormente, for verificado que o noticiante apresentou, de modo consciente, informações ou provas falsas. Considera-se retaliação ao noticiante servidor, por exemplo, seu sancionamento arbitrário, alteração injustificada de funções ou atribuições, imposição de prejuízos remuneratórios ou materiais de qualquer espécie, retirada de benefícios, diretos ou indiretos, ou negativa de fornecimento de referências profissionais positivas. A prática de retaliação ao noticiante configurará infração disciplinar grave e sujeitará aquele que a pratica à sanção de demissão (arts. 4º-A, parágrafo único, e 4º-C, *caput* e § 1º da Lei nº 13.608/2018, incluídos pela Lei nº 13.964/2019)[983].

Em esfera federal, aplicam-se aos policiais as infrações disciplinares previstas na Lei nº 4.878/1965 que forem recepcionadas pela constituição vigente[984], com aplicação subsidiária daquelas previstas na Lei nº 8.112/1990, relativa aos demais servidores públicos da União, bem como da Lei nº 9.784/1999, que dispõe sobre o processo administrativo no âmbito da administração pública federal[985]. Tais normas serão, doravante, adotadas como referência na análise do funcionamento da persecução administrativa disciplinar, a qual pode ser subdividida em uma fase apuratória denominada sindicância (arts. 143 a 146 da Lei nº 8.112/1990), e do processo administrativo disciplinar de rito ordinário (art. 143 a 182 da Lei nº 8.112/1990) ou sumário (art. 133 da Lei nº 8.112/1990).

Uma vez noticiados fatos passíveis de ser configurados como infrações disciplinares, os mesmos poderão ser apurados mediante sindicância pelo prazo de 30 (trinta) dias, prorrogável por igual período, da qual poderá resultar arquivamento do caso, quando o fato narrado não configurar infração disciplinar ou ilícito penal; ou instauração de

---

983 O art. 4º-C, *caput* e § 2º da Lei nº 13.608/2018, prevê ainda que o noticiante será ressarcido em dobro por eventuais danos materiais causados pela retaliação, sem prejuízo da indenização por danos morais.
984 Sobre infrações administrativas elencadas no art. 43 da Lei nº 4.878/1965 julgadas não recepcionados pela Constituição Federal, cf. STF, ADPF 353/DF, Tribunal Pleno, Rel. Min. Carmen Lúcia, j. em 21/06/2021.
985 Na prática, contudo, o que se observa que a Lei nº 4.878/1965, não tem sido utilizada em face de integrantes de órgãos federais que exercem apenas função de polícia administrativa especial, aos quais tem se aplicado somente as Leis nº 8.112/1990 e 9.784/1999.

processo disciplinar (art. 145 da Lei n° 8.112/1990). Na hipótese de o relatório da sindicância concluir que a infração está capitulada como ilícito penal, será encaminhada cópia dos autos ao Ministério Público a fim de que, independentemente da imediata instauração do processo disciplinar, o mesmo possa desde logo ajuizar a ação penal pública ou requisitar a instauração de inquérito policial (art. 154, parágrafo único da Lei n° 8.112/1990).

O art. 145, II da Lei n° 8.112/1990, ainda prevê a possibilidade da sindicância decorrer diretamente a aplicação de penalidade de advertência ou suspensão de até 30 (trinta) dias, muito embora deva-ser observado que tal disposição seria de questionável constitucionalidade, uma vez que o art. 5° LV da CF, assegura ao processado administrativamente o contraditório, o qual revela-se incompatível com a estrutura inquisitorial aplicável a sindicância, a qual é similar, por exemplo, a do inquérito policial.

Sempre que a infração disciplinar imputada ensejar a imposição de penalidade de suspensão por mais de 30 (trinta) dias, demissão, cassação de aposentadoria ou disponibilidade, ou destituição de cargo em comissão, será obrigatória a instauração de processo disciplinar, devendo os autos da sindicância integrá-lo (arts. 146 e 154, *caput*, da Lei n° 8.112/1990).

Por sua vez, o processo administrativo disciplinar de rito ordinário, previsto no art. 148 a 182 da Lei n° 8.112/1990, é subdividido em seu art. 151 em três fases: instauração, com a publicação do ato que constituir a comissão que presidirá a fase denominada "inquérito" administrativo – que compreende instrução, defesa e relatório – sucedendo-se daí a fase de julgamento.

O processo administrativo disciplinar será conduzido por comissão composta de três servidores estáveis designados pela autoridade competente, que indicará, dentre eles, o seu presidente, o qual deverá ser ocupante de cargo efetivo superior ou de mesmo nível, ou ter nível de escolaridade igual ou superior ao do processado (art. 149, *caput*, da Lei n° 8.112/1990). A autoridade competente para instaurar o processo e designar a comissão, por sua vez, é aquela a qual cabe (julgar) e aplicar a pena, conforme art. 166 da Lei n° 8.112/1990[986].

---

986 Art. 166 da Lei n° 8.112/1990:

É de se observar, portanto, que tal estrutura processual, onde quem acusa também julga, e nomeia quem presidirá a instrução processual, ao tempo em que levará adiante a acusação, não possui estrutura acusatória – marcada pela divisão de papéis entre acusação, defesa e julgador independente e imparcial – não se adequando ao que dispõe o art. 5º LV da CF, o qual assegura ao processado administrativamente um rito contraditório, assim entendido essencialmente como a garantia de que ao envolvido no processo de estrutura acusatória a possibilidade de realizar pedidos, de argumentar e assim demonstrar razões de aceitabilidade de seus pleitos a autoridade julgadora, e, por fim, da mesma maneira, demonstrar as razões de não aceitabilidade dos pedidos da parte adversa.

Como medida cautelar, e a fim de que o servidor processado não venha a influir na apuração da irregularidade, a autoridade instauradora do processo disciplinar poderá ainda determinar o seu afastamento do exercício do cargo, pelo prazo de até 60 (sessenta) dias, sem prejuízo da remuneração, o qual poderá ser prorrogado por igual prazo, findo o qual cessarão os seus efeitos, ainda que não concluído o processo (art. 147 da Lei nº 8.112/1990). Independentemente de tal medida, o servidor que responder a processo disciplinar só poderá ser exonerado a pedido, ou aposentado voluntariamente, após a conclusão do processo e o cumprimento da penalidade, acaso aplicada (art. 172 da Lei nº 8.112/1990).

Caso a comissão processante, uma vez encerrada a instrução processual[987], entenda configurada infração disciplinar, será formulada a indiciação[988] do servidor, com a especificação dos fatos a ele imputados

---

"Art. 166. O processo disciplinar, com o relatório da comissão, *será remetido à autoridade que determinou a sua instauração, para julgamento*" (grifo nosso).

987 Cumpre registrar que o art. 3º, §§ 1º e 2º da Lei Complementar nº 105/2001, dotam a comissão da prerrogativa de solicitar diretamente ao Poder Judiciário a prestação de informações e o fornecimento de dados bancários, independentemente da existência de processo judicial em curso durante o processo administrativo disciplinar (observe-se que o art. 3º, § 1º refere-se ao "inquérito" administrativo", fase do processo disciplinar que compreende, além da instrução, a defesa e relatório conclusivo). Sobre o afastamento de sigilo de dados bancários, cf.ainda itens e 3.4.1.6.7.6 e 2.2.2.1.

988 Apesar da Lei nº 8.112/1990 ter se valido do termo "indiciação" durante o processo, esta, comparando-se a persecuções administrativo disciplinar e penal, guarda maior similitude com a sentença de pronúncia (art. 413 do CPP) do que com o indiciamento no inquérito policial, assemelhado, em esfera administrativa, à sindicância.

e das respectivas provas. O indiciado será citado por mandado expedido pelo presidente da comissão para apresentar defesa escrita, no prazo de 10 (dez) dias, assegurando-se-lhe vista do processo na repartição, ou pelo prazo comum e de 20 (vinte) dias, havendo dois ou mais indiciados, os quais podem ser prorrogados pelo dobro, para diligências reputadas indispensáveis (art. 161 da Lei nº 8.112/1990).

Apreciada a defesa, a comissão elaborará relatório minucioso e conclusivo quanto à inocência ou à responsabilidade do servidor, no qual resumirá as peças principais dos autos e mencionará as provas em que se baseou para formar a sua convicção, bem como, caso reconheça a indicará o dispositivo legal ou regulamentar transgredido e eventuais circunstâncias agravantes ou atenuantes. Com isso, o processo será remetido à autoridade que determinou a sua instauração, para julgamento (arts. 165 e 166 da Lei nº 8.112/1990).

O prazo para a conclusão da fase denominada "inquérito" administrativo do processo disciplinar não excederá 60 (sessenta) dias, contados da data de publicação do ato que constituir a comissão, admitida a sua prorrogação por igual prazo, quando as circunstâncias o exigirem. No prazo de 20 (vinte) dias, contados do recebimento do processo, a autoridade julgadora proferirá a sua decisão (arts. 152 e 167 da Lei nº 8.112/1990).

Interessante observar que os arts. 167, § 4º e 168 da Lei nº 8.112/1990, indevidamente, buscam vincular o entendimento jurídico da autoridade julgadora (e instauradora) do processo ao da comissão processante, suprimindo o livre convencimento da primeira, ao dispor que o julgamento acatará seu relatório da comissão, salvo quando contrário às provas dos autos, ou determinará o arquivamento do processo, quando reconhecida pela comissão a inocência do servidor. Apenas quando o relatório da comissão contrariar as provas dos autos, a autoridade julgadora poderia, motivadamente, agravar a penalidade proposta, abrandá-la ou isentar o servidor de responsabilidade.

Caso ao final do processo administrativo disciplinar se conclua pela incidência de infração também capitulada como ilícito penal, seus autos serão encaminhados ao Ministério Público a fim de que o mesmo possa desde logo ajuizar a ação penal pública ou requisitar a instauração de inquérito policial, ficando sua cópia no órgão processante (art. 171 da Lei nº 8.112/1990).

Por sua vez, o rito sumário destina-se aos casos de acumulação ilegal de cargos, empregos ou funções públicas, caso o servidor, após notificado pela autoridade instauradora não opte por um dos cargos no prazo improrrogável de dez dias, bem como nos casos de abandono de cargo ou inassiduidade habitual. Nestas hipóteses o processo administrativo disciplinar se desenvolverá em três fases, denominadas, (1) instauração, com a publicação do ato que constituir a comissão, a ser composta por dois servidores estáveis, e simultânea indicação da autoria e a materialidade da transgressão objeto da apuração; (2) instrução sumária, que compreende indiciação, defesa e relatório; e (3) julgamento. O prazo para a conclusão do processo administrativo disciplinar submetido ao rito sumário não excederá trinta dias, contados da data de publicação do ato que constituir a comissão, admitida a sua prorrogação por até quinze dias (arts. 133, e 140, *caput*, da Lei nº 8.112/1990).

Como a Lei nº 8.112/1990 é omissa em relação à previsão de recursos administrativos ao julgamento do processo administrativo disciplinar, aplica-se a este a Lei nº 9.784/1999, que estabelece normas gerais para o processo administrativo no âmbito da Administração Pública Federal. O referido diploma legal, em seu art. 56, § 1º prevê o cabimento de pedido de reconsideração à autoridade julgadora, a qual, se não o acolher no prazo de cinco dias, o encaminhará à autoridade superior. O recurso administrativo tramitará no máximo por três instâncias administrativas (art. 57), sendo de dez dias o prazo para interposição de recurso administrativo, contado a partir da ciência ou divulgação oficial da decisão recorrida, devendo ser decidido no prazo máximo de trinta dias, prorrogável por igual período, a partir do recebimento dos autos pelo órgão competente (art. 59).

A priori, o recurso administrativo não tem efeito suspensivo sobre a decisão recorrida, o que não obsta que a autoridade recorrida ou a imediatamente superior possa, de ofício ou a pedido, dar-lhe tal efeito, caso entenda haver risco de prejuízo de difícil ou incerta reparação decorrente da aplicação da sanção disciplinar (art. 61 da Lei nº 9.784/1999).

Já a prescrição da persecução administrativa disciplinar se dá de acordo com a natureza da sanção aplicável, ocorrendo em 5 (cinco) anos, quando aplicáveis infrações puníveis com demissão, cassação de aposentadoria ou disponibilidade e destituição de cargo em comissão; em 2 (dois) anos, quando as infrações incidentes forem sancionáveis por suspensão; ou em 180 (cento e oitenta) dias, quando a sanção aplicável for de advertência, os quais começam a correr da data em que o fato se tornou conhecido pelo órgão. No entanto, os prazos de prescrição previstos na lei penal aplicam-se às infrações disciplinares também capituladas como crime (art. 142, *caput*, e §§ 1º e 2º da Lei nº 8.112/1990).

Por seu turno, a abertura de sindicância ou a instauração de processo disciplinar interrompe a prescrição, até a decisão final proferida por autoridade competente, com os referidos prazos (re)começando a correr a partir de então (art. 142, §§ 3 e 4º da Lei nº 8.112/1990).

5.2 CONTROLE EXTERNO

O controle externo é aquele que se realiza por órgão estranho àquele responsável pelo ato controlado. Externamente, o controle da atividade policial se especializa em diferentes esferas quais sejam, administrativa, a cargo das controladorias gerais no âmbito do próprio Poder Executivo; contábil, financeiro, orçamentário, e patrimonial, a cargo dos Tribunais de Contas do Estado e da União; finalística, que se dá especialmente pela atuação do Ministério Público; e jurisdicional, o qual incide tanto em aspectos de legalidade quanto administrativos do exercício de funções policiais.

Assim, superada análise da esfera interna de controle dos órgãos policiais pelas corregedorias de polícia e congêneres, cumpre analisar, doravante, cada uma das referidas esferas externas de controle.

5.2.1 Controle externo administrativo

Uma instância de controle administrativo, externa ao órgão policial e interna ao Poder Executivo que este integra, pode ser observada nas Controladorias Gerais do Estados ou da União, que, no âmbito federal, atualmente consiste em um Ministério. Tais órgãos são responsáveis por assistir direta e imediatamente o Chefe do Poder Executivo quanto aos assuntos que, no âmbito do referido poder do Estado, sejam relativos à defesa do patrimônio público e ao incremento da transparência da gestão, por meio das atividades de controle, auditoria, correição, prevenção e ouvidoria.

De acordo com o art. 51 da Lei nº 13.844/2019, dentre as atribuições da Controladoria Geral da União, incluem-se, instaurar os procedimentos e processos administrativos a seu cargo, constituindo comissões, e requisitar a instauração daqueles que venham sendo injustificadamente retardados pela autoridade responsável; acompanhar procedimentos e processos administrativos em curso em órgãos ou entidades da administração pública federal; realizar inspeções e avocar fundamentadamente procedimentos e processos em curso na administração pública federal, para exame de sua regularidade, propondo a adoção de providências ou a correção de falhas; declarar a nulidade de procedimento ou processo administrativo e, se for o caso, a imediata e regular apuração dos fatos mencionados nos autos e da causa da nulidade; requisitar fundamentadamente procedimentos e processos administrativos já arquivados por autoridade da administração pública federal; requisitar a órgão ou entidade da administração pública federal informações e os documentos necessários ao exercício de suas funções; propor medidas legislativas ou administrativas e sugerir ações que visem evitar a repetição de irregularidades constatadas; receber as reclamações relativas à prestação de serviços públicos em geral e promover a apuração do exercício negligente de cargo, emprego ou função na administração pública federal, quando não houver disposição legal que atribua a competência a outros órgãos.

Como se pode observar, por se situar externo ao órgão policial, mas controlar internamente a administração do Poder Executivo que o mesmo integra, à Controladoria Geral são incumbidas atribuições de controle externo que se aproximam das de um controle interno subsidiário, uma vez que pode vir até mesmo a excepcionalmente assumir tais funções em caso de irregularidades na atuação da respectiva corregedoria.

5.2.2 Controle externo contábil, financeiro, orçamentário, e patrimonial

Outra instância de controle externo dos órgãos policiais pode ser observada nos Tribunais de Contas do Estado e da União.

De acordo com o art. 70 da CF, a fiscalização contábil, financeira, orçamentária, e patrimonial das entidades da administração direta e indireta, quanto à legalidade, legitimidade, economicidade, aplicação das subvenções e renúncia de receitas, será exercida pelo Poder Legislativo, mediante controle externo, sem embargo do sistema de controle interno de cada Poder.

Por sua vez o controle externo a cargo do Poder Legislativo, será exercido com o auxílio do Tribunal de Contas, cujas atribuições incluem apreciar as contas prestadas anualmente pelo Chefe do Poder Executivo, mediante parecer prévio; julgar as contas de responsáveis por dinheiro, bens e valores públicos da administração direta e indireta, e as contas daqueles que derem causa a perda, extravio ou outra irregularidade de que resulte prejuízo ao erário público; apreciar a legalidade dos atos de admissão de pessoal, a qualquer título, na administração direta e indireta, excetuadas as nomeações para cargo de provimento em comissão, bem como a das concessões de aposentadorias, reformas e pensões; realizar – por iniciativa própria, ou do Poder Legislativo – inspeções e auditorias de natureza contábil, financeira, orçamentária, operacional e patrimonial, nas unidades administrativas dos Poderes Legislativo, Executivo e Judiciário; fiscalizar a aplicação de quaisquer recursos repassados mediante convênio, acordo, ajuste ou outros instrumentos congêneres; prestar as informações solicitadas pelo Poder Legislativo, sobre a fiscalização contábil, financeira, orçamentária, operacional e patrimonial e sobre resultados de auditorias e inspeções realizadas; aplicar aos responsáveis multa proporcional ao dano causado ao erário, em caso de ilegalidade de despesa ou irregularidade de contas, sem prejuízo de outras sanções previstas em lei; assinar prazo para que o órgão ou entidade adote as providências necessárias ao exato cumprimento da lei, se verificada ilegalidade; sustar, se não atendido, a execução do ato impugnado, comunicando a decisão ao Poder Legislativo. O Tribunal encaminhará ao Poder Legislativo, periodicamente, relatório de suas atividades, tendo eficácia de título executivo as suas decisões que resultem imputação de débito ou multa (art. 71 da CF).

Como pode-se observar, as principais funções do Tribunal de Contas no auxílio ao controle externo exercido pelo Poder Legislativo podem ser agrupadas de acordo com sua natureza em fiscalizadora, consultiva, informativa, judicante, sancionadora, e corretiva.

A função fiscalizadora compreende a realização de auditorias e inspeções, bem como a apreciação da legalidade dos atos de concessão de aposentadorias, reformas, pensões e admissão de pessoal no serviço público e a fiscalização de renúncias de receitas e de atos e contratos administrativos em geral.

A função judicante ocorre quando a corte de contas julga as contas dos administradores públicos, bem como daqueles que derem causa a perda, extravio ou outra irregularidade de que resulte prejuízo ao erário.

A função sancionadora manifesta-se na aplicação aos responsáveis da sanção de multa ou outra sanção prevista em lei[989], em caso de ilegalidade de despesa ou de irregularidade de contas, enquanto a função corretiva é exercida quando o tribunal susta, se não atendido, a execução do ato impugnado, comunicando a decisão ao Poder Legislativo.

Por sua vez, a função consultiva é exercida mediante a elaboração de pareceres prévios e individualizados, de caráter essencialmente técnico, acerca das contas prestadas, anualmente, pelos chefes dos Poderes Legislativo e Judiciário e do Ministério Público da União – além do poder Executivo, no qual se inserem os órgãos policiais – a fim de subsidiar o julgamento pelo Poder Legislativo. Já a função informativa é exercida quando da prestação de informações solicitadas pelo Poder Legislativo, a respeito da fiscalização exercida pelo Tribunal ou acerca dos resultados de inspeções e auditorias realizadas pelo TCU. Compreende ainda comunicação ao poder competente de irregularidades ou abusos apurados, assim como o encaminhamento periódico ao Poder Legislativo de relatório das atividades do Tribunal.

5.2.3 Controle externo finalístico

De acordo com o art. 129, VII da CF, o controle externo da atividade policial incumbe ao Ministério Público, o qual será exercido na forma de lei complementar, que estabelecerá a organização, atribuições e estatuto de cada Ministério Público (art. 128, § 5º da CF). Cuida-se aqui de desdobramento de função institucional de tal órgão prevista no inciso II do mesmo dispositivo constitucional, o qual prevê que incumbe a referida instituição, *in verbis*, "zelar pelo efetivo respeito dos Poderes Públicos e dos serviços de relevância pública aos direitos assegurados nesta Constituição, promovendo as medidas necessárias a sua garantia".

---

989 A lei orgânica do Tribunal de Contas da União (Lei nº 8.443/1992), em seus arts. 57 a 71, prevê além da sanção de multa, a inabilitação do responsável pelo dano para o exercício de cargo em comissão ou função de confiança no âmbito da Administração Pública por um período que variará de cinco a oito anos, sempre que o colegiado, pela maioria absoluta dos seus membros, considerar grave a infração cometida.

Embora o Ministério Público brasileiro encontre-se estruturado em uma Lei Orgânica Nacional (Lei nº 8.625/1993), como a matéria encontra-se regulada no âmbito de lei complementar no âmbito de cada instituição desta natureza[990], tomar-se-á como referência a Lei Complementar nº 75/1993, que consiste na Lei Orgânica do Ministério Público da União, até porque o art. 80 da própria Lei nº 8.625/1993 estatui que se aplicam aos Ministérios Públicos dos Estados, subsidiariamente, as normas do Ministério Público da União.

A regulamentação do controle externo da atividade policial na Lei Complementar nº 75/1993 situa-se nos arts. 3º, 9º, e 10º. Enquanto o primeiro enumera os objetivos desta atividade administrativo-fiscalizatória, os dois últimos elencam os instrumentos para a efetivação desta, bem como de provocação do controle externo jurisdicional, conjuntamente, em seu Capítulo III, denominado "Do Controle Externo da Atividade Policial".

Os objetivos do controle externo da atividade policial consistem no respeito ao ordenamento jurídico (art. 3º, "a"), com ênfase a efetivação da função de polícia administrativa (art. 3º, "b"); a prevenção e a correção de ilegalidade ou de abuso de poder (art. 3º, "c"); bem como a indisponibilidade da persecução penal (art. 3º, "d"), a qual, no âmbito da polícia judiciária, ganha corpo por meio do art. 17 do CPP, que veda o delegado de polícia de mandar arquivar o inquérito policial, que é prerrogativa do juiz, mediante requerimento do Ministério Público. Por fim, o controle externo da atividade policial tem ainda por escopo velar pela competência dos órgãos incumbidos de funções policiais, a fim de evitar que as mesmas sejam exercidas de forma desviada (art. 3º, "e")[991].

---

990 Lei nº 8.625/1993, Art. 2º: "Lei complementar, denominada Lei Orgânica do Ministério Público, cuja iniciativa é facultada aos Procuradores-Gerais de Justiça dos Estados, estabelecerá, no âmbito de cada uma dessas unidades federativas, normas específicas de organização, atribuições e estatuto do respectivo Ministério Público".

991 Art. 3º da LC nº 75/1993:
"Art. 3º O Ministério Público da União exercerá o controle externo da atividade policial tendo em vista:
a) o respeito aos fundamentos do Estado Democrático de Direito, aos objetivos fundamentais da República Federativa do Brasil, aos princípios informadores das relações internacionais, bem como aos direitos assegurados na Constituição Federal e na lei;
b) a preservação da ordem pública, da incolumidade das pessoas e do patrimônio público;

Portanto, a partir dos objetivos do controle externo da atividade policial pelo Ministério Público, pode-se observar que o mesmo cuida de um controle com viés nitidamente finalístico onde, no âmbito do respeito à ordem jurídica, prevenção e correção de ilegalidades, vela-se, em especial, pela eficiência no exercício de cada função policial, no âmbito de atribuição de cada órgão. Neste particular, cumpre rememorar que o controle externo finalístico, de acordo com Hely Lopes Meirelles, além de externo, é limitado e não possui fundamento hierárquico, pois não há subordinação entre a entidade controlada e o órgão controlador, sendo um controle teleológico, de acompanhamento dos atos das das autoridades policiais dirigentes dos seus órgãos no desempenho de suas funções, para o atingimento das finalidades da entidade controlada[992].

Com relação aos instrumentos de concretização destes objetivos, o art. 9º da Lei Complementar nº 75/1993, estatui que os mesmos poderão ser atingidos mediante medidas judiciais para provocação do controle jurisdicional, a ser vistas mais adiante, bem como por medidas extrajudiciais, eventualmente aplicáveis pelo próprio Ministério Público em sua fiscalização, mais especificamente o livre ingresso em estabelecimentos de órgãos policiais (I); acesso a documentos relativos à sua atividade-fim, ou seja, relativas à função policial exercida (II)[993]; represen-

---

    c) a prevenção e a correção de ilegalidade ou de abuso de poder;
    d) a indisponibilidade da persecução penal;
    e) a competência dos órgãos incumbidos da segurança pública".
    No entanto, como já expandido nos itens 3.7, o Ministério Público, não raras vezes, não tem apenas se omitido na efetivação do objetivo do art. 3º, *e*, acima transcrito, como tem ele próprio promovido o desvio de função na atividade policial, o que impõe repensar o papel do referido órgão, na sua fiscalização.
992 MEIRELLES, Hely Lopes. *Direito administrativo brasileiro*. 14ª Ed. - São Paulo: RT, 1990, p. 565-567. Cumpre consignar, contudo, que o referido autor aplica o referido conceito de controle externo finalístico a entidades da administração indireta, onde, embora administrativamente autônomas, ostentam vinculação com o órgão da entidade estatal que o criou, diferentemente dos órgãos policiais, os quais não possuem nem sequer vinculação administrativa com o Ministério Público.
993 Exclui-se, portanto, o acesso a documentos e dados inerentes a atividade meio (administrativa) de órgãos policiais. Neste sentido, *cf.* STJ – REsp 1.439.193/RJ, 1ª Turma, Relator Min. Gurgel de Faria, j. em 14/06/2016, DJe 09/08/2016.
    No entanto, o art. 4º, e incisos II alínea "l" e V, do art. 5º da Resolução nº 20/2007, do Conselho Nacional do Ministério Público, ao pretender regulamentar no âmbito do Ministério Público o controle externo da atividade policial, acabou por estatuir normas que consubstanciam verdadeiro controle interno,

inclusive mediante ingerência indevida em aspectos alheios à atividade-fim de órgãos policiais.

Com efeito, o artigo 9º, II da Lei Complementar nº 75/1993, cuidou de fixar limites ao controle externo da atividade policial por porte do Ministério Ptiblico, ao estabelecer que este poderá ter acesso aos documentos da atividade fim policial.

Por outro lado, de acordo com Hely Lopes Meirelles, as resoluções são atos administrativos, normativos, expedidos pelas altas autoridades do Poder Executivo (exceto pelo chefe, que somente expede decretos), por presidentes de tribunais, de órgãos legislativos ou de colegiados administrativos, cujos efeitos atingem apenas o universo interno da entidade expedidora, como o Conselho Monetario Nacional e Conselho Nacional de Justiça (*Direito administrativo brasileiro*. 14ª Ed. - São Paulo: RT, 1990, p. 158-159).

Portanto, uma vez que a lei complementar estabeleceu limite ao controle externo, não se adequa a hierarquia de normas jurídicas a possibilidade deste ser extrapolado por uma resolução, a qual não deve gerar efeitos externos ao do seu órgão expedidor, não havendo como reconhecer validade nas referidas disposições da Resolugao nº 20/2007 do CNMP, uma vez que esta excede os limites do exercício do controle externo atribuído ao Ministério Priblico, nos termos do artigo 129, VII, da Constituição Federal; e arts. 3º, 9º e 10º da Lei Complementar nº 75/1993, aplicável subsidiariamente às análogas legislações em esfera estadual, por meio do art. 80 da Lei Orgânica Nacional do Ministério Público (Lei nº 8.625/1993).

Dessa forma, restaram excluídos do controle externo finalístico quaisquer acessos a documentos e dados inerentes a atividade meio, relativos à administração de órgãos policiais, como relatórios e soluções de sindicâncias findas, embora prevista no art. 5º, II, *I*, da Resolução nº 20/2007 do CNMP, muito menos a instauração procedimento administrativo visando sanar diretamente deficiências ou irregularidades detectadas no exercício do controle externo da atividade policial, apesar dos termos do seu art. 4º, § 2º.

Pensar diferentemente, equivaleria a invadir a atribuição de controle interno precipuamente exercido pelas Corregedarias, acarretando uma verdadeira sobreposição de funções, que apenas dificulta o devido funcionamento das instâncias de controle policial. Afinal, atividades como lotação de servidores, determinação do regime de funcionamento da Unidade, distribuição de tarefas, instituição de mecanismos internos de controle de suas próprias atividades, estabelecimento de convênios etc., são, na sua maioria esmagadora, atos de gestão e de expediente.

Neste particular, impõe-se registrar que os órgãos policiais são instituições que possuem autonomia funcional, administrativa e financeira em relação ao Ministério Público, já promovendo, portanto, o controle interno suas atividades, cuja supervisão deve o exercício do controle externo precipuamente se ater. Se assim não fosse, os órgãos policiais seriam meros apêndices do Ministério Publico, o que não ocorre no ordenamento jurídico brasileiro, e perderiam inteiramente a sua condição de instituição deste administrativamente independente.

Quando o Ministério Público, enquanto controlador externo dos órgãos policiais,

tação à autoridade competente pela adoção de providências para sanar a omissão indevida, ou para prevenir ou corrigir ilegalidade ou abuso de poder (III); requisição de instauração de inquérito policial sobre a omissão ou fato ilícito ocorrido no exercício da atividade policial (IV), a ser dirigida a delegado de polícia que funcione na corregedoria (*cf.* item 3.4.1.5.1.3).

O art. 10 do referido diploma legal estatui ainda que a prisão (em flagrante) determinada por autoridade de polícia judiciária federal, deverá ser comunicada imediatamente ao Ministério Público competente no âmbito da União, com indicação do lugar onde se encontra o preso e cópia dos documentos comprobatórios da legalidade da prisão. Por meio de tal comunicação, busca-se dar uma maior efetividade aos instrumentos previstos nos incisos III e IV do art. 9º, uma vez que tais informações deverão chegar ao Ministério Público independentemente de requisições de acesso, objeto do art. 9º, I e II as Lei Complementar nº 75/1993.

Como o controle interno da atividade policial incumbe a corregedoria de cada órgão titular de funções policiais, os instrumentos à disposição do controle externo finalístico deverão ser primordialmente utilizados como ferrramentas de sua supervisão do controle interno, a fim de garantir que o mesmo funcione eficientemente, inclusive aplicando sanções administrativas disciplinares, quando cabíveis[994]. Portanto, o controle externo finalístico da atividade policial a cargo do Ministério

---

pretende substituir seus setores de controle interno, assumindo diretamente a gestão dos seus recursos materiais, humanos, tecnológicos e financeiros, tenta lhes subtrair indevidamente sua autonomia administrativa estruturada no ordenamento jurídico pátrio, atuando o próprio ente fiscalizador com abuso de poder, o qual deveria coibir.

Portanto, o controle externo finalístico não pode acarretar o (in)gerenciamento do Ministério Público em assuntos de natureza eminentemente interna dos órgãos policiais, notadamente de seus recursos humanos, materiais e financeiros, muito embora admita-se, ainda que excepcionalmente, que aquele provoque o Poder Judiciário propondo ação civil pública, com fulcro no art. 129, II da CF e art. 1º, IV da Lei nº 7.347/1985, objetivando seu melhor aparelhamento, a fim de que suas funções sejam mais eficientemente exercidas (cf. item 5.2.4.1 e nota nº 1001).

994 Como pode ser observado, em esfera federal, pela própria redação do art. 7º, III da Lei Complementar nº 75/1993, o qual dispõe que incumbe ao Ministério Público da União, "requisitar à autoridade competente a instauração de procedimentos administrativos, *ressalvados os de natureza disciplinar*, podendo acompanhá-los e produzir provas" (grifo nosso).

Público deve ser efetivado preponderantemente mediante coordenação com as corregedorias dos órgãos policiais, para aperfeiçoamento do seu controle interno, no que ganha relevo a utilização dos instrumentos previstos nos incisos III e IV do art. 9º, acima citados.

Todavia, como já pontuado no item 3.3, atribuir o controle externo finalístico da atividade policial apenas ao Ministério Público, como hoje encontra-se previsto no art. 129, VII da CF, acaba por ser potencialmente conflituoso em relação ao exercício da função de polícia judiciária. Tal órgão, isoladamente, não revela aptidão para exercer o controle externo da referida função policial, uma vez que não detém a isenção necessária para o exercício da sua fiscalização, em razão da parcialidade de quem naturalmente atentará muito mais para as eventuais omissões que impliquem na ineficiência da apuração do que para os direitos individuais do investigado ou indiciado, já que naturalmente interessado na acusação em eventual processo penal decorrente da apuração[995].

Em contrapartida, não se vislumbra qualquer óbice para que o Ministério Público, enquanto *custos legis*, proceda ao controle administrativo externo da função de polícia administrativa, uma vez que a mesma atua externamente à persecução penal.

Portanto, para que o controle externo em relação à polícia judiciária venha a efetivamente contemplar todos os pontos de vista que orbitam a Justiça Criminal, sugere-se que o mesmo seja dotado de maior pluralidade, sendo exercido por um colegiado composto não apenas por membros do Ministério Público, mas também por juízes, advogados e até mesmo membros da sociedade civil organizada, de sorte que a isen-

---

[995] Neste particular, confira-se a seguinte ementa de julgado do Superior Tribunal de Justiça onde, diante de tal situação, assim se decidiu:
PROCESSUAL PENAL. HABEAS CORPUS. INQUÉRITO POLICIAL. AUSÊNCIA DE JUSTA CAUSA. MINISTÉRIO PÚBLICO. CONTROLE EXTERNO DA POLÍCIA JUDICIÁRIA. CONTROVÉRSIA. ATIPICIDADE PENAL.
– A extensão conceitual do controle externo da atividade policial pelo Ministério Publico é questão a ser dirimida pela cúpula da Administração, considerando os altos interesses públicos, abstraídas as políticas corporativas.
– *Eventual debate sobre o tema, em que ocorre discussão e desacordo entre promotores de justiça e delegados de polícia, não configuram, em tese, crime de desobediência, pois não se confunde controle externo com subordinação hierárquica.* – Recurso ordinário provido. Habeas corpus concedido. RHC nº 7.640/SP, 6ª Turma, Rel. Min. Vicente Leal, j. em 01/09/1998, DJ 13/10/1998 (grifo nosso).

ção e eficiência da investigação criminal seja efetivamente fiscalizada em todas as suas nuances.[996] [997]

Desta forma, exercida por órgãos autônomos e controlados externamente por todos os vetores que compõem a Justiça Criminal por esta defendida[998], a polícia judiciária teria um controle mais adequado ao Princípio da Separação de Poderes em que se estrutura nosso Estado Democrático de Direito[999].

---

[996] Em sentido semelhante, posiciona-se Fábio Konder Comparato, ao declarar que a polícia judiciária deve ser fiscalizada "por um conselho composto por magistrados, membros do Ministério Público e advogados", quando de entrevista concedida enquanto presidente da Comissão Nacional de Defesa da República e da Cidadania da Ordem dos Advogados do Brasil (OAB). Disponível em: <http://terramagazine.terra.com.br/interna/0,,OI1638587-EI6578,00.html>. Acesso em: 14 abr. 2012.

[997] Proposta de emenda constitucional que se aproxima deste sentido pode ainda ser observada na PEC nº 409/2009, em trâmite no Congresso Nacional, na qual se institui conselhos para controle externo da polícia judiciária em esfera federal e estadual composto por magistrados federais, membros do Ministério Público, advogados, e delegados de polícia (arts. 144-B e 144-C). Tal conselho, inclusive, disporia de meios consideravelmente mais extensos dos hoje existentes, competindo-lhe zelar pela autonomia funcional e administrativa dos órgãos exercentes da polícia judiciária, podendo expedir atos regulamentares, no âmbito de sua competência, ou recomendar providências; zelar pela observância do art. 37 da CF e apreciar, de ofício ou mediante provocação, a legalidade dos atos administrativos praticados por delegados de polícia ou seus órgãos, podendo ainda desconstituí-los, revê-los ou fixar prazo para que se adotem as providências necessárias ao exato cumprimento da lei; receber e conhecer das reclamações em face de delegados de polícia ou seus órgãos, inclusive seus serviços auxiliares, sem prejuízo do controle interno de cada instituição, podendo avocar processos disciplinares em curso, determinar a remoção, a disponibilidade ou a aposentadoria com subsídios ou proventos proporcionais ao tempo de serviço e aplicar outras sanções administrativas, assegurada ampla defesa; rever, de ofício ou mediante provocação, processos disciplinares julgados há menos de um ano; elaborar relatório anual, propondo as providências que julgar necessárias sobre a situação da polícia judiciária e as atividades do Conselho, o qual deve integrar a mensagem prevista no art. 84, XI da CF.

[998] Tal diretriz foi adotada na constituição Conselhos de Segurança Pública e Defesa Social, instituídos pelos arts, 19 a 21 da Lei n° 13.675/2018 com competência consultiva, sugestiva e de acompanhamento social das atividades dos órgãos policiais e demais integrantes do Sistema Único de Segurança Pública (art. 20, § 2º). Na sua composição, integram-se representantes não apenas do Ministério Público e órgãos integrantes do referido sistema, mas também do Poder Judiciário, Defensoria Pública, entidades e organizações da sociedade cuja finalidade esteja relacionada com políticas de segurança pública e defesa social, e até mesmo de entidades de classe. (art. 21).

[999] Segundo Humberto Ávila (in Teoria dos princípios: Da definição a aplicação dos Princípios Jurídicos. 12ª Ed. São Paulo: Malheiros, 2011, p.126), o princípio da

Ademais, apesar de haver previsão explícita na constituição atribuindo controle externo (finalístico) da atividade policial Ministério Público, a utilização de diversos dos instrumentos judiciais que o ordenamento jurídico, para tanto, lhe assegura, não lhe é atribuída com exclusividade, podendo ser realizada por outras instituições, em diferentes instâncias, como se observará a seguir.

5.2.4 Controle externo jurisdicional

Manifestação do Estado de Direito, a inafastabilidade do controle jurisdicional, insculpida no art. 5º, XXXV da CF[1000] se apresenta como uma das mais relevantes garantias de proteção do Princípio da Separação dos Poderes, preconizado nos seus arts. 2º e 60, § 4º, III, sobre o qual se discorreu, ainda que sucintamente, no item 3.3.

E tal garantia constitucional não poderia deixar de irradiar seus efeitos no controle externo da atividade policial, para o qual se prevê uma série de possibilidades de apreciação pelo Poder Judiciário, caso seu exercício implique em lesão ou ameaça de lesão a direito.

De acordo com a função policial exercida, pode coexistir, junto ao inafastável controle jurisdicional *a posteriori*, o controle jurisdicional *a priori*, tendo em vista a potencial restrição de direitos fundamentais, conforme se explanará a seguir.

5.2.4.1 Controle *a posteriori*

O controle jurisdicional *a posteriori*, como o próprio nome sugere, é aquele posteriormente exercido pelo Poder Judiciário, uma vez provocado, sobre lesão ou ameaça de lesão a direito, sendo aplicável a quaisquer funções policiais.

---

separação de poderes, assim como os princípios federativos, da igualdade e do devido processo legal, incluem-se entre os chamados princípios estruturantes, que normatizam o modo e o âmbito da atuação estatal, 'não sendo adequado referir-se a eles com a expressão "dimensão de peso". Como eles preveem uma estrutura que organiza e ordena determinados elementos ou conforma determinados modos de atuação e manifestação, a sua observância não é propriamente gradual, nem podem suas exigências ser afastadas por razões contrárias'.

1000 Art. 5º, XXXV da CF:
"Art. 5º [...]
XXXV - a lei não excluirá da apreciação do Poder Judiciário lesão ou ameaça a direito".

Com relação à atividade policial, incumbe ao Poder Judiciário apreciar as medidas judiciais adotáveis pelo Ministério Público em casos de lesão ou ameaça de lesão a direito durante o seu exercício, como ação penal quando houver implicações criminais (art. 9º, V da Lei Complementar nº 75/1993), bem como ação de improbidade administrativa (Lei nº 7.429/1992), ação civil pública (art. 129, III da CF e art. 1º, IV da Lei nº 7.347/1985), mandado de segurança (art. 5º, LXIX da CF e Lei nº 12.016/2009) e *habeas corpus* (art. 5º, LXVIII da CF, art. 32, I da lei nº 8.625/1993 e arts. 647 a 667 do CPP), sendo que, para estas últimas, o mesmo não possui legitimação privativa.

Diferentemente da ação penal pública – cuja titularidade é privativa do Ministério Público, só podendo ser transferida ao particular subsidiariamente, a partir da sua eventual omissão – ação civil pública pode também ser ajuizada pela Defensoria Pública ou a associação que esteja constituída há pelo menos 1 (um) ano e inclua, entre suas finalidades institucionais, a proteção ao patrimônio público e social, ou aos direitos de grupos raciais, temas passíveis de guardar pertinência temática com o controle externo da atividade policial (art. 3º, III e V da Lei nº 7.347/1985)[1001].

Quando provocado mediante ação civil pública, a atuação judiciária no controle externo da atividade policial pode-se dar de maneira concentrada incidindo abstratamente, por exemplo, na juridicidade de atos normativos regulamentares emitidos pelos órgãos que a exercem, a fim de harmonizá-lo com o ordenamento jurídico, ou até mesmo recair sobre a omissão estatal que inviabiliza tais órgãos de exercer eficientemente suas funções policiais[1002].

1001 Todavia, não se vislumbra como a União ou Estado possam ajuizar ação civil pública objetivando o controle da atividade policial, uma vez que, embora estejam legitimados pelo art. 3º, IV da Lei nº 7.347/1985, o fato dos órgãos policiais estarem vinculados a estrutura do seu Poder Executivo faz que os mesmos, ao tempo que naturalmente se valham de medidas de controle administrativo das suas atividades, sejam também incumbidos de sua defesa, em caso de ajuizamento de medidas judiciais de controle

1002 Como exemplo, pode se citar o ajuizamento de ação civil pública (art. 129, I da CF e art. 1º, IV da Lei nº 7.347/1985) pugnando pela instalação de órgãos policiais em locais onde sua presença se faça imprescindível e correspondente prestação de concurso público para ocupar as novas vagas desta decorrente, aquisição de bens para suas atividades quando seu acervo se encontrar manifestamente insuficiente, obsoleto ou imprestável.

Contudo, no controle das omissões estatais, cabe ao Poder Judiciário adotar especial cautela. Para ponderar os diversos fatores envolvidos na formulação e na execução de políticas públicas e aplicação de recursos, não pode a Justiça deixar de reconhecer que, enquanto se organiza para examinar casos concretos e normas abstratas, o Poder Executivo considera a ampla complexidade de fatores sociais e econômicos que lhes são subjacentes, não podendo aquele deixar de observar o que tradicionalmente se denomina "princípio da realidade" e "reserva do possível", o qual parte da ideia de que a concretização da dimensão prestacional dos direitos fundamentais se caracteriza pela gradualidade de sua efetivação; dependência financeira de recursos do Estado; tendencial liberdade de conformação do legislador quanto às políticas de realização destes direitos; e insuscetibilidade de controle jurisdicional dos programas político-legislativos, salvo quando estes se manifestem em clara contradição com normas constitucionais ou quando, manifestamente, suportem dimensões desproporcionais de efetividade.

De fato, muitas vezes, não há recursos materiais disponíveis para o devido exercício de uma função policial. O controle jurisdicional, nesse campo, pode ter lugar, mas deve se dar de maneira moderada e subsidiária às decisões do Executivo e do Legislativo, e em casos onde a sua necessidade se revele manifesta, sob pena de se banalizar a intervenção do Poder Judiciário em assuntos administrativos do Poder Executivo, o que não se coaduna com o Princípio da Separação dos Poderes (arts. 2º e 60 § 4º, III da CF)[1003].

Por sua vez, através da ação de improbidade administrativa, o Ministério Público ou a pessoa jurídica de direito público interessada busca a repressão de ilícitos decorrentes de atos de improbidade administrativa eventualmente aplicáveis a autoridades policiais, para os quais se prevê sanções civis e administrativas.

Já por meio do mandado de segurança, o titular de direito líquido e certo busca junto ao Poder Judiciário a correição eventual ilegalidade ou abuso de poder no exercício de funções policiais, enquanto, por meio do

---

1003 Admitindo o excepcional controle das omissões estatais, cf. STF- STA 837/PR, DJe-216, 10/10/2016; STF – ARE nº 827.568-AgR/DF, 2ª Turma, Relator Ministro Dias Toffoli, j. em 15/03/2016, DJe-098 16/05/2016; STF – SL nº 47-AgR/PE, Tribunal Pleno, Relator o Ministro Gilmar Mendes, j. em 17/03/2010, DJe-076 30/4/2010.

habeas corpus, colima-se esta mesma finalidade, mas especificamente relacionada ao direito à liberdade de locomoção.

Neste particular, cumpre salientar que o *habeas corpus* dispõe de irrestrita legitimidade postulatória, podendo ser impetrado por qualquer pessoa, em seu favor ou de outrem (art. 654 do CPP), o que faz com que a possibilidade de controle externo da atividade policial atinja sua máxima amplitude em casos de violência ou coação em liberdade de locomoção, ou sua ameaça, por ilegalidade ou abuso de poder.

Ainda no que tange à polícia judiciária, a fim de reforçar o controle jurisdicional nos casos de prisão em flagrante, os arts. 10 da Lei Complementar nº 75/1993 e 306 do CPP estatuem ainda que esta, uma vez determinada por autoridade de polícia judiciária, deverá ser comunicada imediatamente ao Ministério Público, dispondo a primeira norma que tal comunicação, no âmbito da União, deverá estar acompanhada da indicação do lugar onde se encontra o preso e cópia dos documentos comprobatórios da legalidade da prisão. Por meio desta providência, busca-se suplementar o controle jurisdicional *a priori* já exercido pelo juiz quando do recebimento da sua comunicação pelo delegado de polícia (art. 5º, LXV da CF[1004]), possibilitando ao Ministério Público provocar o controle jurisdicional *a posteriori* mediante ajuizamento de *habeas corpus*, em favor do preso em caso de homologação da prisão em flagrante ilegal, ou prontamente ajuizar ação penal pública em face do abuso de autoridade ou crime correlato (art. 9º, V da LC nº 75/1993 e Lei nº 4.898/1965), uma vez que tais informações, relativas à atividade-fim da polícia judiciária, deverão chegar ao Ministério Público independentemente das requisições de acesso previstas no art. 9º, I e II do referido diploma legal.

5.2.4.2 Controle *a priori*

Quando do exercício da polícia judiciária, coexiste ao controle jurisdicional *a posteriori* o controle *a priori*, realizado pelo Poder Judiciário de forma direta e difusa em cada investigação criminal[1005], objetivan-

---

1004 Art. 5º, LXV da CF:
"Art. 5º [...]
LXV - a prisão ilegal será imediatamente relaxada pela autoridade judiciária".
1005 A respeito, cf. MARQUES, José Frederico. *Elementos de Direito Processual Penal – volume 1*. 1ª Ed. Campinas: Bookseller, 1998, p. 153.

do prevenir lesão a direitos fundamentais. Aqui, ocorre uma verdadeira presunção *ex lege* de ameaça a direito fundamental[1006], impondo-se ao Poder Judiciário a atuação prévia ou subsequente a sua restrição, mediante provocação da própria autoridade de polícia judiciária, independentemente de ser suscitada a sua lesão ou ameaça pelo titular do direito.

Como pode-se observar, e de acordo com o já analisado no item 1.2.4, o exercício da polícia judiciária, quando comparado ao da polícia administrativa *in genere*, apresenta uma amplitude consideravelmente maior de possibilidades de restrições a direitos fundamentais, uma vez que é aí onde estes estão sujeitos a uma maior variedade e profundidade de reflexos de uma função policial. Tais restrições, podem ocorrer não apenas em situações que prescindem de autorização judicial, mas, sobretudo, por meio das mais variadas medidas a esta sujeitas, passíveis de adoção no curso da investigação criminal, quando também incumbirá a autoridade de polícia judiciária providenciar a execução das próprias diligências cuja autorização representou em Juízo.

Portanto, é natural que o controle externo jurisdicional da atividade policial seja reforçado em relação à função de polícia judiciária, apresentando uma série de mecanismos de controle direto pelo Poder Judiciário, como ocorre na homologação de prisão em flagrante, e autorização de medidas representadas pela autoridade de polícia judiciária[1007], já vistas nos itens 3.4.1.5.2.2.2 e 3.4.1.6.7, bem como no controle da duração da investigação criminal (art. 10 e 16 do CPP).

1006 CF, art. 5º [...] "XXXV - a lei não excluirá da apreciação do Poder Judiciário lesão ou *ameaça a direito*".

1007 Excepcionalmente, verifica-se o controle jurisdicional *a priori* no exercício da polícia administrativa especial, mais especificamente na polícia da concorrência (a respeito, cf. item 2.2.2.6.1), na qual sua autoridade, o Superintendente-Geral do CADE, durante a persecução de infrações admistrativas, pode provocar a Procuradoria Federal junto ao CADE, a fim de que esta requeira ao Poder Judiciário a busca e apreensão de objetos, papéis de qualquer natureza, assim como de livros comerciais, computadores e arquivos magnéticos de empresa ou pessoa física, aplicando-se, no que couber, dispositivos correlatos no Código de Processo Civil, sendo inexigível a propositura de ação principal (art. 13, VI, "d" da Lei nº 12.529/1011). Vale ressaltar, todavia, que aqui o Poder Judiciário não é provocado diretamente pela autoridade policial, como ocorre no exercício da polícia judiciária, mas pelo Poder Executivo (no caso, a Advocacia Geral da União), o que faz sentido na medida em que a polícia administrativa é essencialmente uma função de governo, enquanto a polícia judiciária, conforme exposto no item 3.3, é (ou deve ser) uma função de Estado, na qual a autoridade que a exerce deve(ria) ser dotada de autonomia funcional.

Quanto a este último aspecto, vale recordar que, ressalvados os inquéritos policiais iniciados mediante auto de prisão em flagrante, ou quando no seu prazo inicial são autorizadas judicialmente medidas constritivas ou ocorrem outros incidentes, é na sua tempestiva conclusão ou no requerimento de devolução dos atos com prazo para realização de diligências faltantes onde ocorre a primeira oportunidade da autoridade judicial exercer o controle de legalidade durante a persecução penal.

Nesta ocasião, deverá o juiz exercer o controle da sua legalidade, devendo prontamente arquivá-lo, caso neste verifique a existência de manifesta ilegalidade que acarrete nulidade absoluta ou abuso de poder, ou em caso de extinção da punibilidade, independentemente do delegado de polícia ter se valido da mesma razão para encerrá-lo, bem como declarar sua incompetência para atuar no caso. Em tais casos, é admitida sua atuação de ofício, independentemente de provocação, assim como lhe é autorizada a concessão de *habeas corpus* (arts. 61, 109 e 654, § 2º do CPP)[1008].

Neste ponto, incumbe salientar que qualquer pessoa pode manejar o *habeas corpus* para a correção de ilegalidade ou abuso de poder (art. 654, *caput*, do CPP), inclusive com o fim de promover o trancamento de inquérito policial, podendo optar por veicular sua pretensão em ação autônoma, em autos diversos do inquérito policial, ou provocar a concessão de ofício pelo magistrado, nos autos do próprio inquérito. O indiciado ou investigado, no entanto, somente após ter tomado conhecimento da existência do inquérito policial, poderá provocar o controle *a posteriori* Poder Judiciário para a correção de eventuais ilegalidades, devendo sua esfera de direitos, antes desse momento, ser protegida primeiramente pelo delegado de polícia, ou, na sua omissão, pelo Poder Judiciário, mediante controle *a priori* de ofício, ou ainda mediante provocação do seu controle *a posteriori* pelo Ministério Público.

Caso o juiz, uma vez verificada a ausência de tais hipóteses de intervenção, encaminhe o inquérito policial concluído ao Ministério Público, e este requeira a sua devolução ao delegado de polícia para realização de diligências, verificará se as mesmas são imprescindíveis à formação de sua *opinio delicti*, devendo remeter, em caso contrário, os autos ao Procurador Geral, e este, ou outro membro do Miistério Público que

---
1008 Cf. nota nº 824.

designar, proporá transação penal ou acordo de não persecução penal, oferecerá a denúncia, ou requererá o arquivamento, ou, diversamente, insistirá no pedido de diligências, ao qual só então estará o juiz obrigado a atender (art. 16 c/c art. 28 do CPP, em sua redação original, ainda em vigor[1009]).

Por sua vez, mesmo nos crimes em que não couber ação pública, o inquérito será remetido ao juízo competente, onde – caso este não verifique a ocorrência de circunstâncias as quais cumpre reconhecer de ofício, como as já citadas prescrição e nulidades absolutas – aguardará a iniciativa do ofendido ou de seu representante legal, ou terá seus autos entregues ao requerente, se o pedir (art. 19 do CPP).

Vale ainda mencionar que, uma vez ordenado o arquivamento do inquérito pela autoridade judiciária por falta de base para a denúncia, o art. 18 do CPP mencione apenas a possibilidade do delegado de polícia proceder a novas pesquisas, se de outras provas tiver notícia. Caso a procedência da notícia de nova prova tenha sido verificada positivamente, nos termos do art. 5º, § 3º do CPP, deverá ser requerido o desarquivamento do inquérito policial caso não prescrito o crime apurado, o que demandará nova incidência de controle jurisdicional.

No entanto, o que tem se visto recentemente é que o Poder Judiciário vem progressivamente se desincumbindo de exercer o controle externo jurisdicional *a priori* sobre o exercício da polícia judiciária mediante inquérito policial, em especial com relação as providências eventualmente adotáveis no controle de sua duração.

Em meados de 2009 começou a proliferar no Poder Judiciário, em especial na sua esfera Federal, atos que, objetivando atender ao interesse público na agilidade da persecução penal e na economia de recursos, autorizaram a tramitação direta dos inquéritos entre a Polícia e o Ministério Público Federais, ao final dos prazos legais para a sua conclusão.

Tais autorizações partem do princípio de que as regras do art. 10, §§ 1º e 3º do CPP *não se coadunam com a Constituição Brasileira, mais precisamente* com o disposto no artigo 129, I e VII, de onde se conclui que **é o Ministério Público o destinatário das informações coligidas no inquérito, sendo este** o órgão que deve avaliar a necessidade de novas diligências e o prazo para as suas conclusões, bem como responsável

---

1009 Cf. nota no 489.

pelo controle externo da atividade policial. Desta forma, os despachos judiciais de prorrogação de prazos de inquéritos a pedido da autoridade de polícia judiciária não conteriam qualquer carga decisória, representando apenas uma homologação desnecessária que nada acrescentaria ao andamento da investigação, sendo a atividade jurisdicional, durante o inquérito policial, um procedimento burocrático, incompatível com os princípios da celeridade e eficiência e, portanto, dispensável.

O referido entendimento acabou sendo prestigiado por entidades como o Conselho Nacional de Justiça (PCA n° 599, julgado em 16/08/2007), Conselho da Justiça Federal (Resolução n° 63, de 26/06/2009), bem como pelas Corregedorias dos Tribunais Regionais Federais (Provimentos n° 37/2009, TRF 1ª Região; n° 95/1997, TRF 2ª Região; n° 108/2009 TRF 3ª Região; n° 1/2009 TRF 4ª Região; e n° 1/2009, TRF 5ª Região), os quais autorizam a tramitação direta dos inquéritos entre a Polícia e o Ministério Público, somente admitindo a distribuição destes aos Juízos competentes para decisão de matérias consideradas da reservada competência do Poder Judiciário, quais sejam: 1) Denúncia, queixa ou pedido de arquivamento, promovido pelo titular da ação penal; 2) Aguardar em juízo, a iniciativa da parte interessada, quando se tratar de inquérito instaurado a pedido do ofendido ou de seu representante legal, para instruir ação penal privada (art. 19 do CPP); 3) Requerimento de medidas que expressamente requerem autorização judicial, tais como, prisão preventiva, prisão provisória, busca domiciliar, produção antecipada de provas, medidas assecuratórias, quebra de sigilo bancário ou fiscal, e outras; 4) Comunicação de prisão em flagrante, com os respectivos autos; 5) Requerimento de prorrogação de prazo para a conclusão de inquérito policial em que o indiciado se encontre preso.

Portanto, fora estas hipóteses, estipulou-se o inquérito policial terá andamento entre a autoridade de polícia judiciária e o Ministério Público, que exercerá o respectivo controle externo, dispensada a sua conclusão ao juízo.

Como pode se observar, partindo da premissa de que o Ministério Público seria o destinatário do inquérito policial e de que a este caberia o controle externo da atividade policial, normas infralegais afastaram a incidência do art. 10, §§ 1° e 3° do CPP, instituindo, a margem da lei vigente, uma nova sistemática de tramitação dos inquéritos policiais sem presos, na qual estes, quando em curso, periodicamente tramitariam entre o *órgão de polícia* judiciária e o *parquet*, independentemente de intervenção do Poder Judiciário.

No entanto, quando confrontadas com o arcabouço legal vigente, demonstra-se que tais premissas não se adequam à legislação aplicável, tampouco a harmonizam com a Constituição Federal de 1988.

Para tanto, cumpre inicialmente observar que no item IV da Exposição de Motivos do vigente Código de Processo Penal, o legislador infraconstitucional, ao conceber o referido diploma legal, optou pela manutenção do inquérito policial, ao invés da adoção do sistema denominado Juizado de Instrução já analisado no item 3.1.1, em que a prova é recolhida pelo próprio juiz, por entender que o primeiro, o qual também denominou de "instrução provisória", era mais adequado a realidade do nosso país, submetendo aquele, entretanto, ao controle jurisdicional, como pode se observar, por exemplo, nos arts. 10, 16, 18 e 19 do CPP, mencionados anteriormente.

Ao comparar os dois sistemas, Tourinho Filho formulou a seguinte questão[1010]:

E qual seria a diferença entre um Juiz Instrutor e um Delegado de Polícia, no nosso ordenamento, se ambos têm a mesma formação jurídica? Apenas esta: as provas colhidas pelo Juiz Instrutor já integrariam a instrução criminal e as colhidas pelo Delegado de Polícia serviriam apenas e tão somente para a propositura da ação penal[1011] [...] Claro que o inquérito satisfaria melhor, como satisfaz, aos interesses da sociedade (evitando-se um julgamento precipitado) e, ao mesmo tempo, protegeria melhor o indiciado, que não correria o risco de ser condenado com provas recolhidas sem a participação da defesa.

Nos últimos anos, a doutrina processual penal pátria, que outrora não questionava o encaminhamento do inquérito policial ao juiz competente com fulcro no art. 10, §§ 1º e 3º do CPP[1012], passou gradativa-

---

1010 TOURINHO FILHO, Fernando da Costa. *Processo Penal*. 25ª ed. São Paulo: RT, 2003. p. 280-281.

1011 Ressalvam-se aí as provas periciais que versem sobre vestígios transitórios, que forçosamente integrarão a instrução criminal, desde que judicialmente submetidas ao contraditório (contraditório diferido). Precedente: STF – HC 74751/RJ – 1ª turma – Rel. Min. Sepúlveda Pertence – j. em 04/11/1997, DJ 03/04/1998.

1012 Neste sentido, TOURINHO FILHO, Fernando da Costa. *Processo Penal*. 25ª ed.

mente se inclinar no sentido do reconhecimento do Ministério Público como verdadeiro "destinatário" deste, enquanto titular da ação penal pública[1013], bem como em face do sistema acusatório – pautado pela delimitação dos papéis da acusação, defesa e julgamento, o qual teria sua atuação pautada pela provocação das partes[1014] – o que veio a embasar a admissão do trâmite direto do inquérito policial entre a autoridade de polícia judiciária e membro do *parquet*, tanto na sua conclusão, quanto na renovação de seu prazo, devendo o Poder Judiciário permanecer afastado quando dos referidos procedimentos, ressalvadas as hipóteses anteriormente elencadas[1015].

Ocorre que, por ser o objeto do inquérito a imparcial apuração da materialidade e autoria delitivas mediante busca da verdade, as provas coletadas em sua instrução não implicam necessariamente em fornecer

---

São Paulo: RT, 2003. p. 266-270 e CAPEZ, Fernando. *Curso de Processo Penal*. 6ª ed. São Paulo: Saraiva, 2001. p. 86-87.

1013 Neste sentido, NUCCI, Guilherme de Souza. *Manual de Processo Penal e Execução Penal*. 2ª Ed. São Paulo: RT, 2006. p. 156.

1014 A doutrina brasileira, em apertada síntese, distingue três tipos de sistema processual penal: o acusatório, o inquisitivo e o misto.

O processo acusatório se caracteriza por ser público, possuir contraditório, oportunizar a ampla defesa, e, primordialmente, por distribuir as funções de acusar, defender e julgar a órgãos distintos. As funções de acusar, defender e julgar são distribuídas. A acusação é, nos crimes objeto de ação pública, atribuição do Ministério Público, e, quando objeto de ação privada, prerrogativa do ofendido. Ao acusado pessoalmente e a seu defensor, necessariamente inscrito na Ordem dos Advogados do Brasil, cabem a defesa. A função de julgar cabe ao Poder Judiciário.

O sistema inquisitivo, por sua vez, é sigiloso, não contraditório e reúne na mesma pessoa ou órgão as funções de acusar, defender e julgar. Já o sistema misto possui uma fase inicial preliminar inquisitorial e uma segunda fase acusatória.

Parte da doutrina entende ser misto o nosso sistema, por ter uma fase inquisitorial – a investigação pré-processual – e uma segunda fase com todas as características do sistema acusatório – o processo propriamente dito. A essa posição tem-se objetado que o processo brasileiro inicia-se com o oferecimento da acusação, não havendo razão para levar em conta a fase pré-processual (inquérito policial) na classificação do sistema processual.

Há um consenso de que o sistema acusatório é o único apto a garantir a imparcialidade do julgador, uma vez que o coloca a salvo de um comprometimento psicológico prévio decorrente do exercício da função de defesa ou de acusação, sendo o único sistema compatível com as garantias individuais previstas na atual Constituição (art. 5º, LIII, LIV, LV, LVI, LVI, LXI, LXII, LXV, LXVIII).

1015 OLIVEIRA, Eugênio Pacelli de. *Curso de Processo Penal*. 3ª Ed. Belo Horizonte: Del Rey, 2004. p. 36.

elementos para que o Ministério Público ajuíze a ação penal, podendo estas igualmente militar em favor da defesa do investigado[1016], como, por exemplo, no caso de perícia conclusiva quanto à sua não autoria.

Por outro lado, a titularidade da ação penal não é atribuída ao Ministério Público em caráter exclusivo, sendo esta também incumbida ao ofendido de maneira privativa, nos casos em que a lei admite, ou subsidiária, conforme arts. 29 e 30 do CPP[1017]. Neste particular, deve ser ressaltado que os atos normativos que instituíram a tramitação direta omitem-se quanto a prorrogação de prazo nos inquéritos sem presos que versem sobre crimes de ação penal privada, dando a entender que, ainda que nos casos em que o titular da ação penal e "destinatário" do inquérito seja o particular, os autos esdruxulamente tramitariam entre a Polícia Judiciária e o Ministério Público.

Ademais, além do inquérito policial, como visto no item 3.4.1.1, não possuir partes, senão em potencial, estas, caso existissem, não impediriam o juiz de reconhecer prescrição ou nulidades absolutas que lhe cumpre fazer de ofício por meio do controle jurisdicional *a priori*, cuja oportunidade quando do encerramento do inquérito policial (ou do esgotamento do seu prazo) acaba lhe sendo suprimida por meio do deslocamento da sua tramitação para o Ministério Público, o qual, nos crimes objeto de ação penal pública, inevitavelmente atuará no inquérito policial com a parcialidade de quem potencialmente figurará na acusação de eventual processo criminal deste decorrente.

Destarte – em razão do inquérito policial ter por objeto a isenta apuração da materialidade e autoria mediante busca da verdade – a qual, inclusive, pode até mesmo indicar a desnecessidade de um processo penal, e não necessariamente a busca de elementos para quaisquer partes em superveniente processo judicial – este, enquanto veículo de

---

1016 Neste sentido, DAURA, Anderson Souza, *Inquérito Policial*: Competência e Nulidades de Atos de Polícia Judiciária. 3ª Ed, rev. e atual. Curitiba: Juruá, 2009, p. 116.

1017 Arts. 29 e 30 do CPP:

"Art. 29. Será admitida ação privada nos crimes de ação pública, se esta não for intentada no prazo legal, cabendo ao Ministério Público aditar a queixa, repudiá-la e oferecer denúncia substitutiva, intervir em todos os termos do processo, fornecer elementos de prova, interpor recurso e, a todo tempo, no caso de negligência do querelante, retomar a ação como parte principal.

Art. 30. Ao ofendido ou a quem tenha qualidade para representá-lo caberá intentar a ação privada".

investigação criminal, compatibiliza-se com uma destinação, qual seja, a busca da verdade sobre uma conduta supostamente delituosa, e não com um "destinatário"[1018].

Outro fundamento utilizado para justificar a tramitação direta dos inquéritos entre órgão que exerce função de polícia judiciária e o Ministério Público parte da premissa de que esta rotina estaria inserida no âmbito do controle externo da atividade policial outorgado ao Ministério Público por força do art. 127, VII da Constituição Federal, que estabelece que o mesmo será exercido *"na forma da lei complementar"*.

No entanto, tal regulamentação, no âmbito do Mistério Público da União, ficado a cargo do art. 9º e 10º da LC 75/93, já analisados anteriormente, cujos termos, *mutatis mutandis*, se refletem nas legislações congêneres em âmbito estadual. Desta forma, o exercício legítimo da atividade de controle externo deverá ser exercido dentro das balizas acima delineadas, sob pena de ser considerado ilegal.

Neste ponto, vale ainda salientar que houve uma tentativa de se incluir tramitação direta na Lei Orgânica Nacional do Ministério Público (Lei nº 8.625/1993), mais precisamente nos incisos X e XI do art. 25, os quais autorizavam o Ministério Público a receber, independentemente de manifestação judicial, inquéritos policiais, em caso de infração objeto de ação penal pública, bem como conceder prazo para a conclusão de inquérito policial, quando o indiciado estivesse em liberdade. No entanto, tais dispositivos foram vetados pelo Presidente da República, justamente em razão dos mesmos não se coadunarem às diretrizes do Código de Processo Penal, as quais, recepcionadas pela Constituição de 1988, asseguram a autoridade judiciária o controle jurisdicional do inquérito policial, independentemente de provocação.

Destarte, uma releitura do art. 10 do CPP (e disposições congêneres) à luz dos princípios da Constituição da República, que dispõem sobre a tramitação judicial do inquérito policial, revela que o mesmo se

---

1018 Em sentido contrário, ao entendimento de que o Ministério Público é – enquanto *"dominus litis"* – o verdadeiro destinatário do inquérito policial (e, por consequência da investigação criminal), STF – HC: 73.271/SP, 1ª Turma, Relator: Min. Celso de Mello, j. em 19/03/1996, DJ 04/10/1996.

Todavia, ainda que se admita a existência de um "destinatário" do inquérito policial, este deveria ser o Poder Judiciário já que o julgamento de eventual processo penal deste decorrente lhe cabe. Portanto, vale mencionar que o papel mínimo do Poder Judiciário, no inquérito policial, continua a ser, pelo menos, o de exercer o controle acerca da sua legalidade.

mostra plenamente recepcionado pela carta magna vigente, ao tempo em que outorga ao juiz mais uma oportunidade, muitas vezes a primeira, de tutelar dos direitos fundamentais dos indiciados, ainda que em liberdade, mediante supervisão dos inquéritos policiais em curso.

E essa função garantidora exercida pelo Judiciário quando do trâmite das investigações criminais não é passível de ser substituída pela atividade de controle externo do Ministério Público, pois esta última, em sede de polícia judiciária, inevitavelmente tende a estar viciada pela parcialidade de quem naturalmente atentará muito mais para as eventuais omissões que impliquem na ineficiência da apuração do que para os direitos individuais do indiciado, pois fruto da ótica daquele que futuramente representará a acusação em subsequente processo criminal.

Portanto, ao se analisar a tramitação direta infralegalmente instituída[1019] entre a autoridade de polícia judiciária e Ministério Público à luz do arcabouço legal subjacente, conclui-se que a mesma parte de premissas inválidas para negar vigência, por meio de norma infralegal, a procedimento disciplinado em texto de lei vigente e recepcionado pala carta magna atual, violando assim o princípio do devido processo legal.

Inclusive, tal regramento já é objeto da Ação Direta de Inconstitucionalidade n° 4305/DF, na qual se pleiteia a declaração de sua inconstitucionalidade do referido sistema pelo Supremo Tribunal Federal, por

---

1019 Neste ponto, convém consignar que o Supremo Tribunal Federal já declarou formalmente inconstitucional dispositivo de lei estadual que estipulava o trâmite direto de inquéritos policiais entra a Polícia Judiciária e o Ministério Público (art. 35, IV da Lei Complementar nº 106/2003, do Estado do Rio de Janeiro). Aqui, o fundamento utilizado para declarar a inconstitucionalidade foi formal, ao entendimento de que as normas relativas ao inquérito policial se incluem no âmbito estrito do processo penal, cuja competência é privativa da União (art. 22, I, CF), subsumindo-se nos limites da competência legislativa concorrente, a teor do art. 24, XI, CF, o qual estabelece competência concorrente da União, Estados-membros e Distrito Federal para legislar sobre "procedimentos em matéria processual".

Como em se tratando de competência concorrente, as disposições de caráter geral serão estabelecidas pela União (artigo 24, § 1º, da CF), o referido dispositivo, de acordo com o julgado, contrariou norma geral constante do 10, § 1º do CPP, o qual estabelece norma geral (editada pela União), a qual determina que, findo o inquérito, os autos serão enviados ao juiz competente (ADI nº 2.886/RJ, Tribunal Pleno, Rel. Min. Eros Grau, j. em 03/04/2014, DJe-150 de 05/08/2014).

considerá-lo incompatível com o disposto nos arts. 2º; 22, I; 128, § 5º; e 129, VII da CF.

Neste mesmo sentido, em 2010 o Conselho Superior da Magistratura do Judiciário do Estado de São Paulo decidiu recusar a proposta de permitir que inquéritos tramitem entre a Polícia e o Ministério Público sem a intermediação da Justiça[1020]. Na oportunidade, enfatizou-se que embora as investigações policiais não tenham de se submeter ao contraditório, o fato de lidarem com a liberdade das pessoas já é motivo suficiente para que estas não se afastem da supervisão do Judiciário, não tendo a função de (também) controlar externamente a polícia o condão de outorgar ao *parquet* a referida função.

Afinal, suprimir ou reduzir o controle jurisdicional *a priori* da polícia judiciária fragiliza garantias individuais, bem como a imparcialidade exigida na investigação criminal, pois, como salientado, o controle difuso da tramitação dos inquéritos pela via do controle externo finalístico da atividade policial não é o mais adequado a tutela de direitos fundamentais, já que o *parquet* tenderá a se manifestar como parte da dialética processual penal.

5.3 QUADRO SINÓTICO

A partir dos mecanismos estatais de controle externo da atividade policial, mostra-se possível se traçar o seguinte quadro esquemático:

Órgão/ setor de controle	Esfera	Natureza
Corregedorias e congêneres	Interna	Legal e administrativa
Controladorias Gerais	Externa ao órgão policial e interna ao Poder Executivo	Legal e administrativa
Tribunais de Contas	Externa	Legal
Ministério Público	Externa	Legal
Poder Judiciário	Externa	Legal e excepcionalmente administrativa

---

1020 *Processo no 42.954/2010*, publicado nº Diário da Justiça Eletrônico em 12/11/2010.

Referências

ABBAGNANO, Nicola. **Dicionário de filosofia**. 6 ed. São Paulo: Martins Fontes, 2012.

ALEXY, Robert. **Teoria dos direitos fundamentais**. Tradução de Virgílio Afonso da Silva. 2 ed. São Paulo: Malheiros, 2011.

_____. **Teoria da argumentação jurídica**: a Teoria do Discurso Racional como Teoria da Fundamentação Jurídica. 3 ed. Tradução de Zilda Hutchinson Schild Silva. Rio de Janeiro: Forense, 2011.

ALMEIDA, Carlos Alberto Simões de. **Medidas cautelares e de polícia do processo penal em direito comparado**. Coimbra: Almedina, 2006.

ALMEIDA, Joaquim Canuto Mendes de. **Princípios fundamentais de processo penal**. São Paulo: Revista dos Tribunais, 1973.N

ALMEIDA, Thiago Lacerda. **Condução Coercitiva no Inquérito Policial**. Disponível em: <http://www.delegados.com.br /juridico/conducao-coercitiva-no-inquerito-policial.html>. Acesso em: 23 abr. 2011.

ALMEIDA JÚNIOR. João Mendes de. **O processo criminal brasileiro**. v. 1. 4 ed. Rio de Janeiro/São Paulo: Freitas Bastos, 1959.

ALONSO, Annibal Martins. **Organização Policial**. ed. Rio de Janeiro/São Paulo: Freitas Bastos, 1959.

ALVES, Rogério Pacheco. O poder geral de cautela no processo penal. **Revista da EMERJ**, Rio de Janeiro, v. 6, n. 22, 2003, p. 276-306.

ANSELMO, Márcio Adriano. Art. 2º § 6º. O indiciamento, privativo do delegado de polícia, dar-se-á por ato fundamentado, mediante análise técnico-jurídica do fato, que deverá indicar a autoria, materialidade e suas circunstâncias. In: PEREIRA, Eliomar da Silva; DEZAN; Sandro Lúcio (Coord.). **Investigação criminal**: conduzida por delegado de polícia – comentários à Lei 12.830/2013. Curitiba: Juruá, 2013, p. 198-202.

ANSELMO, Márcio Adriano. **Colaboração premiada**: o novo paradigma do processo penal brasileiro. Rio de Janeiro: Mallet, 2016.

ANSELMO, Márcio Adriano; CARDOSO, Duílio Mocelin. **Prerrogativa de foro não impede indiciamento pela polícia judiciária**. Disponível em: <http://www.conjur.com.br/2016-abr-05/prerrogativa-foro-nao-impede-indiciamento-policia-judiciaria>. Acesso em 5 abr. 2016.

ARAS, Wladimir. **Debaixo de vara: a condução coercitiva como cautelar pessoal autônoma**. Disponível em <http://www.ibadpp.com.br/1368/debaixo-de-vara-a-conducao-coercitiva-como-cautelar-pessoal-autonoma-por-vladimir-aras>. Acesso em: 30 jan. 2014.

ÁVILA, Humberto. Teoria dos princípios: da definição a aplicação dos Princípios Jurídicos. 12 ed. São Paulo: Malheiros, 2011.

BADARÓ, Gustavo Henrique. Medidas cautelares alternativas. In: FERNANDES, Og (Coord.). **Medidas cautelares no processo penal**: comentários à Lei 12.403, de 04.05.2011. São Paulo: Revista dos Tribunais, 2012.

BARBOSA, Adriano Mendes. **Curso de investigação criminal**. Porto Alegre: Núria Fabris, 2014.

BARBOSA, Manoel Messias. **Inquérito policial**. 7 ed. rev. e atual. São Paulo: Método, 2009.

BARBOSA, Ruchester Marreiros. **Delegado deve efetivar a garantia de defesa na investigação criminal**. Disponível em: <http://www.conjur.com.br/2015-ago-25/academia-policia-delegado-efetivar-garantia-defesa-investigacao-criminal> Acesso em: Compartilhar

25 ago. 2015.

BARBOSA, Ruchester Marreiros; SILVA, Raphael Zanon da. **Delegado de polícia deve viabilizar acordo de não persecução penal**. Disponível em: <http://www.conjur.com.br/2020-mar-17/academia-policia-delegado-policia-viabilizar-acordo-nao-persecucao-penal> Acesso em: Compartilhar

17 mar. 2020.

BARROS, Suzana de Toledo. O princípio da proporcionalidade e o controle de constitucionalidade das leis restritivas de direitos fundamentais. 2 ed. Brasília: Brasília Jurídica, 2000.

BATISTA JÚNIOR, Onofre Alves. **O poder de polícia fiscal**. Belo Horizonte: Mandamentos, 2001.

BITENCOURT, Cezar Roberto. A inconstitucionalidade dos poderes investigatórios do Ministério Público. **Revista Brasileira de Ciências Criminais (IBCCRIM)**, São Paulo, n. 66, v. 15, 2007, p. 237-270.

BRITTO, Aldo Ribeiro. **A polícia judiciária enquanto função essencial à Justiça**. Salvador: publicação do autor, 2012.

_____. **Operações policiais e medidas alternativas penais**. Salvador: Juspodivm, 2015.

CAETANO, Marcello. **Princípios fundamentais do direito administrativo**. Rio de Janeiro: Forense, 1977.

_____. **História do direito português**. 3 ed. Lisboa/São Paulo: Verbo, 1992.

_____. **Manual de direito administrativo**. v. 2. 10 ed. rev. e atual., 9 reimp. Coimbra: Almedina, 2008.

CALABRICH, Bruno Freire de Carvalho. Pequenos mitos sobre a investigação criminal no Brasil. In: CALABRICH, Bruno Freire de Carvalho; FISCHER, Douglas; PELELLA, Eduardo (Coord.). **Garantismo penal integral**. Salvador: Juspodivm, 2010.

CAPEZ, Fernando, **Curso de Processo Penal**. 6ª ed. São Paulo: Saraiva, 2001.

CARNELUTTI, Francesco. Mettere il pubblico ministero al suo posto. **In: Rivista di diritto processuale**. Padova: Cedam, 1953, Volume VIII, Parte I, p. 257-264.

CARVALHO FILHO, José dos Santos. **Manual de Direito Administrativo**. 20ª Ed. rev. ampl. e atual. Rio de Janeiro: Lumen Juris, 2008.

CARVALHO FILHO, Líbero Penello de. Ministério Público e polícia judiciária. Natureza jurídica das requisições ministeriais à autoridade policial. In: **Revista Jurídica Consulex**, Brasília, n. 313, jan. 2010.

CASARA, Rubens R. R. **Mitologia Processual Penal**, São Paulo: Saraiva, 2015.

CAVALCANTI, Danielle Souza Andrade e Silva. **A investigação preliminar nos delitos de competência originária de tribunais**. Rio de Janeiro: Lumen Juris, 2011.

CHOUKR, Fauzi Hassan. **Garantias constitucionais na investigação criminal**. 3 ed. rev. ampl. e atual. Rio de Janeiro: Lumen Juris, 2006.

COSTA, Adriano Souza; HOFFMANN, Henrique; HABIB, Gabriel. **Acordo de não persecução penal também precisa ser feito pelo delegado.** Disponível em: <http://www.conjur.com.br/2019-dez-17/academia-policia-acordo-nao-persecucao-penal-tambem-feito-delegado>. Acesso em 17 dez. 2019.

CRETELLA JÚNIOR, José. Polícia Militar e poder de polícia no direito brasileiro. In: LAZZARINI, Álvaro et al. **Direito administrativo da ordem pública.** 2 ed. Rio de Janeiro: Forense, 1987.

CRUZ, João Francisco da. **Tratado de polícia,** São Paulo: Revista dos Tribunaes, 1932.

CUNHA JÚNIOR, Dirley da. **Curso de direito administrativo.** 10 ed. rev., ampl. e atual. Salvador: Juspodivm, 2011.

_____. **Curso de Direito Constitucional.** 12. ed. rev., ampl. e atual., Salvador: Juspodivm, 2018.

DALLARI, Dalmo de Abreu. A Polícia Civil no Estado Brasileiro. In: MORAES, Bismael B. (Coord.). **A polícia à luz do direito.** São Paulo: Revista dos Tribunais, 1991.

DAURA, Anderson Souza. **Inquérito policial:** Competência e Nulidades de Atos de Polícia Judiciária. 3 ed. rev. e atual. Curitiba: Juruá, 2009.

DELMANTO, Fábio Machado de Almeida. **Medidas substitutivas e alternativas à prisão cautelar.** Rio de Janeiro: Renovar, 2008.

DEZAN, Sandro Lúcio. Prólogo sobre a investigação criminal e sua teoria comum, o inquérito policial como fase do processo criminal. In: ZANOTTI, Bruno Taufner; SANTOS, Cleopas Isaías. (Coord.). **Temas avançados de polícia judiciária.** Salvador: Juspodivm, 2015.

DI PIETRO, Maria Sylvia Zanella. **Direito administrativo.** 14ª ed., São Paulo: Atlas, 2002.

DIMOULIS, Dimitri; MARTINS, Leonardo. Teoria geral dos direitos fundamentais. 4 ed. rev. atual. e ampl. São Paulo: Atlas, 2012.

ESPÍNOLA FILHO, Eduardo. **Código de Processo Penal Brasileiro anotado.** Atualizadores: José Geraldo da Silva e Wilson Lavorenti. Campinas: Bookseller, 2000.

FABRETTI. Humberto Barronuevo. **Segurança pública:** fundamentos jurídicos para uma abordagem constitucional. São Paulo: Atlas, 2013.

FARIA, Regina Helena Martins de. **Em nome da ordem:** a constituição de aparatos policiais no universo luso-brasileiro (séculos XVIII e XIX). 2007. Tese (Doutorado em História) – Centro de Filosofia e Ciências Humanas, Universidade Federal de Pernambuco, Recife.

FERNANDES, Antônio Scarance. **Processo penal constitucional.** 3 ed. rev. atual. e ampl. São Paulo: RT, 2003.

FERNANDES, Og (Coord.). **Medidas cautelares no processo penal**: comentários à Lei 12.403, de 04.05.2011, São Paulo: Revista dos Tribunais, 2012.

FERRAJOLI, Luigi, Direito e razão: teoria do garantismo penal. Tradução de Ana Paula Zomer et al. 3 ed. rev. São Paulo: Revista dos Tribunais, 2010.

FORNAZARI JÚNIOR, Milton. Atos internacionais de polícia judiciária. **Revista de direito de polícia judiciária**, Brasília, n. 2, jul./dez. 2017, p. 115-130.

FORNAZARI JÚNIOR, Milton. Carta rogatória e auxílio direto. In: PEREIRA, Eliomar da Silva; FORNAZARI JÚNIOR, Milton (Coord.). **Direito internacional de polícia judiciária.** Belo Horizonte: Fórum, 2020, p. 119-145.

GIACOMOLLI, Nereu José. **A fase preliminar do processo penal**: crises, misérias e novas metodologias investigatórias. Rio de Janeiro: Lumen Juris, 2011.

GOMES, Geder Luiz Rocha. **A substituição da pena de prisão**: alternativas penais: legitimidade e adequação. Salvador: Juspodivm, 2008.

GOMES, Luiz Flávio. **Juizados criminais federais, seus reflexos nos juizados estaduais e outros estudos.** São Paulo: Revista dos Tribunais, 2002.

GOMES, Luiz Flávio; TASSE, Adel El. **Os crimes tributáros e a extinção da punibilidade.** Disponível em: <http://www.conjur.com.br/2011-mar-17/coluna-lfg-crimes-tributarios-extincao-punibilidade> Acesso em: Compartilhar 11 out. 2016.

GOMES FILHO, Antônio Magalhães. Medidas cautelares e princípios constitucionais. In: FERNANDES, Og (Coord.). **Medidas cautelares no processo penal**: comentários à Lei 12.403, de 04.05.2011. São Paulo: Revista dos Tribunais, 2012.

GRECO, Rogério. **Curso de Direito Penal**: Parte geral. 3ª ed. Rio de Janeiro: Impetus, 2003.

GRINOVER, Ada Pellegrini; FERNANDES, Antônio Scarance; GOMES FILHO, Antônio Magalhães. **As Nulidades no Processo Penal**. 8ª ed. São Paulo: Revista dos Tribunais, 2004.

HOUAISS, Antônio; VILLAR, Mauro de Salles. Dicionário Houaiss da língua portuguesa. Rio de Janeiro: Objetiva, 2001.

JARDIM, Afrânio Silva. **Direito Processual Penal**. 11ª ed. rev. e atual. Rio de Janeiro: Forense, 2002.

KFOURI FILHO, Abrahão José. Polícia Civil – Institucionalização. In: MORAES, Bismael B. (Coord.) **A polícia à luz do direito**. São Paulo: Revista dos Tribunais, 1991.

KHALED JR, Salah; ROSA, Alexandre Moraes da. **Delegados relevantes e lesões insignificantes: a legitimidade do reconhecimento da falta de tipicidade material pela autoridade policial**. Disponível em: <http://justificando.com/2014/11/25/delegados-relevantes-e-lesoes-insignificantes-legitimidade-reconhecimento-da-falta-de-tipicidade-material-pela-autoridade-policial/>. Acesso em 26 nov. 2014.

LAZZARINI, Álvaro. **Polícia de manutenção da ordem pública e a justiça**. In:_____. **Direito administrativo da ordem pública**. 2 ed. Rio de Janeiro: Forense, 1987.

LEONCY, Léo Ferreira. **Princípio da simetria e argumento analógico**: o uso da analogia na resolução de questões federativas sem solução constitucional evidente. 2011. Tese (Doutorado em Direito do Estado) – Faculdade de Direito, Universidade de São Paulo, São Paulo, 2011. Disponível em: <http://www.teses.usp.br/teses/disponiveis/2/2134/tde-03092012-143741/>. Acesso em: 14 ago. 2015.

_____. **Uma proposta de releitura do "princípio da simetria"**. Disponível em: <http://www.conjur.com.br/2012-nov-24/observatorio--constitucional-releitura-principio-simetria/>. Acesso em: 14 ago. 2015.

LIRA FILHO, Roberto. A classificação das infrações penais pela autoridade policial. In: ASÚA, Luis Jimenes de et al. **Estudos em homenagem a Nelson Hungria**. Rio de Janeiro: Forense, 1962.

LOPES JR., Aury; GLOECKNER; Ricardo Jacobsen. **A Investigação preliminar no processo penal**. 5 ed. São Paulo: Saraiva, 2013.

_____; ROSA; Alexandre Moraes da. **Poder de investigação do MP cria mais problemas do que resolve**. Disponível em: < http://www.conjur.com.br/2015-mai-22/limite-penal-poder-investigacao-mp-cria-problemas-resolve>. Acesso em: 22 mai. 2015.

MACCORMICK, Neil. **Retórica e o Estado de Direito**: Uma teoria da argumentação jurídica. Tradução de Conrado Hübner Mendes. Rio de Janeiro: Elsevier, 2008

MACHADO, André Augusto Mendes. **Investigação criminal defensiva**. 2009, p. 36. Disponível em: <http://www.teses.usp.br/teses/disponiveis/2/2137/tde-27082009-114835/pt-br.php>. Acesso em 08 mar. 2012.

MADEIRA, José Maria Pinheiro. **Reconceituando o poder de polícia**. Rio de Janeiro: Lumen Juris, 2000.

MAGALHÃES, Délio. **A polícia judici**ária e o novo código de processo penal. Curitiba, São Paulo e Rio de Janeiro: Guaíra, 1945.

MALAN, Diogo. Condução coercitiva do acusado (ou investigado) no processo penal. **Boletim do Instituto Brasileiro de Ciências Criminais (IBCCRIM)**, São Paulo, n. 266, jan. 2015.

MARQUES, José Frederico. **Elementos de direito processual penal – volumes 1 e 4**. Campinas: Bookseller, 1998.

MEDAUAR, Odete. **Direito administrativo moderno**. 7ª Ed. São Paulo: RT, 2003.

MEDAUAR, Odete; SCHIRATO, Vitor Rhein (coord.). **Poder de polícia na atualidade**: Anuário do Centro de Estudos de Direito Administrativo, Ambiental e Urbanístico – CEDAU do ano de 2011. Belo Horizonte: Fórum, 2014.

MEIRELLES, Hely Lopes. **Direito administrativo brasileiro**. 14ª Ed. - São Paulo: RT, 1990.

MEIRELLES, Hely Lopes. Polícia de manutenção da ordem pública e suas atribuições. In: LAZZARINI, Álvaro et al. **Direito administrativo da ordem pública**. 2 ed. Rio de Janeiro: Forense, 1987.

MENDRONI, Marcelo Batlouni. **Curso de investigação criminal**. 2 ed. rev. e aum. São Paulo: Ed. Juarez de Oliveira, 2008.

MENDES, Regina Lúcia Teixeira. A invenção do inquérito policial brasileiro em uma perspectiva histórica comparada. **Revista da SJRJ**, Rio de Janeiro, n. 22, 2008, p. 147-169.

MENESES, Romero Luciano Lucena. **Manual de planejamento e gestão da investigação policial**. Olinda: Livro Rápido, 2012.

MESQUITA NETO, Paulo. **Violência policial no Brasil**: abordagens teóricas e práticas de controle. In: Dulce Pandolfi et al. (orgs.), Cidadania, justiça e violência, 1999.

MIRABETE, Julio Fabbrini. **Processo Penal**. 8ª Ed. rev. e atual. São Paulo: Atlas, 1998.

MONET, Jean-Claude. **Polícias e sociedades na Europa**. Tradução de Mary Amazonas Leite de Barros. 2 ed. São Paulo: Editora da Universidade de São Paulo, 2002.

MORAES, Alexandre de. Direito Constitucional. 11ª ed. São Paulo: Atlas, 2002.

MORAES, Bismael B. **Direito e polícia**: uma introdução à polícia judiciária. São Paulo: Revista dos Tribunais. 1986.

_____. **Estado e segurança diante do direito.** São Paulo: Revista dos Tribunais, 2008.

_____. (Coord.). **A polícia à luz do direito.** São Paulo: Revista dos Tribunais, 1991.

MOREIRA NETO, Diogo de Figueiredo. Direito administrativo da segurança pública. In: LAZZARINI, Álvaro et al. **Direito administrativo da ordem pública**. 2 ed. Rio de Janeiro: Forense, 1987.

_____. Revisão doutrinária dos conceitos de ordem pública e segurança pública. **Revista de Informação Legislativa**, Brasília, n. 97, jan./mar. 1988.

_____. A segurança pública na Constituição. **Revista de Informação Legislativa**, Brasília, n. 109, jan./mar. 1991.

MOURA, Maria Thereza Rocha de Assis. **A prova por indícios no processo penal**, Rio de Janeiro: Lumen Juris, 2009.

NADER, Paulo. **Introdução ao Estudo do Direito**. 16ª ed. Rio de Janeiro: Forense, 1998.

NICOLITT, André. Manual de Processo Penal, 6ª ed. rev. atual. e ampl., São Paulo: Revista dos Tribunais, 2016.

NIETO, Alejandro. **Derecho administrativo sancionador**. 5 ed. Madri: Tecnos, 2012.

NUCCI, Guilherme de Souza. **Manual de processo penal e execução penal**. 2ª Ed. - São Paulo: RT, 2006.

OLIVEIRA, Adriano; ZAVERUCHA, Jorge. A dinâmica da criminalidade organizada no Brasil a partir das operações da Polícia Federal: origens, atores e escolha institucional. **Dilemas:** Revista de Estudos de Conflito e Controle Social. Rio de Janeiro, v. 5, n. 3, jul./ago./set., 2012, p. 423-446.

OLIVEIRA, Eugênio Pacelli de. **Curso de Processo Penal**, 3ª Ed. Belo Horizonte: Del Rey, 2004.

PAULA, Antônio de. **Do direito policial**. 2 ed. Rio de Janeiro: A Noite, [1943?].

PERAZZONI, Franco. **O delegado de polícia no sistema jurídico brasileiro: Das origens inquisitoriais ao garantismo penal de Ferrajoli**. 2010. Disponível em: <http://www.amdepol.org.br >. Acesso em: 20 dez. 2010.

_____. Art. 3º. O cargo de delegado de polícia é privativo de bacharel em Direito, devendo-lhe ser dispensado o mesmo tratamento protocolar que recebem os magistrados, os membros da Defensoria Pública e do Ministério Público e os advogados. In: PEREIRA, Eliomar da Silva; DEZAN; Sandro Lúcio (Coord.). **Investigação criminal**: Conduzida por delegado de polícia – comentários à Lei 12.830/2013. Curitiba: Juruá, 2013, p. 238-239, passim.

PEREIRA, Eliomar da Silva. **Teoria da investigação criminal**. Coimbra: Almedina, 2010.

PEREIRA, Eliomar da Silva; DEZAN; Sandro Lúcio (Coord.). **Investigação criminal**: conduzida por delegado de polícia – comentários Lei 12.830/2013. Curitiba: Juruá, 2013.

PIERANGELI, José Henrique. **Processo penal**: Evolução histórica e fontes Legislativas. 2 ed. São Paulo: Thomson IOB, 2004.

PITOMBO, Sérgio Marcos de Moraes. Polícia judiciária: regras orientadoras. In: MORAES, Bismael B. (Coord.). **A polícia à luz do direito**. São Paulo: Revista dos Tribunais, 1991.

PITOMBO, Sérgio M. de Moraes. **Inquérito policial**: novas tendências. Belém: Cejup, 1986.

QUEIROZ, Carlos Alberto Marchi de. **Conceito doutrinário de força pública**. Disponível em: <http://israelcop2.blogspot.com/2010/07/conceito-doutrinario-de-forca-publica.html> Acesso em: 27 jun. 2019.

RASSI; João Daniel; ORTIZ; Mariana Tranchesi O Indiciamento nas infrações de menor potencial ofensivo. **Boletim do Instituto Brasileiro de Ciências Criminais (IBCCRIM)**, São Paulo, n. 228, nov. 2011.

RIVERO, Jean. **Droit administratif**. 2 ed. Paris: Dalloz, 1962.

ROBERTO, Welton. **Paridade de armas no processo penal**. Belo Horizonte: Fórum, 2011.

ROCHA, Luiz Carlos. **Organização Policial Brasileira**. São Paulo: Saraiva, 1991.

ROVEGNO, André. **O inquérito policial e os princípios do contraditório e da ampla defesa**. Campinas: Bookseller, 2005.

_____. **Os direitos fundamentais à honra e à imagem como limite às ações de polícia judiciária no inquérito policial**. 2011. Tese (Doutorado em Direito – Faculdade de Direito, Universidade de São Paulo, São Paulo.

SAAD, Marta. **O direito de defesa no inquérito policial**. São Paulo: Revista dos Tribunais, 2004.

SANNINI NETO, Francisco. Delegado de polícia: O juiz da fase pré processual e sua relação com o Poder Judiciário e com o Ministério Público. In: ZANOTTI, Bruno Taufner; SANTOS, Cleopas Isaías. (Coord.). **Temas avançados de polícia judiciária**. Salvador: Juspodivm, 2015.

SANTORO, Antonio Eduardo Ramires. Arquivamento do Inquérito Policial: uma análise sobre a imutabilidade dos seus efeitos. **Revista Brasileira de Direito Processual Penal**, Porto Alegre, vol. 4, n. 3, set./dez., 2018, p. 1095-1118.

SARLET, Ingo Wolfgang. **A eficácia dos direitos fundamentais**: uma teoria geral dos direitos fundamentais na perspectiva constitucional. 10 ed. rev. atual. e ampl. Porto Alegre: Livraria do Advogado, 2011.

SCHIRATO, Vitor Rhein. O poder de polícia é discricionário? In: MEDAUAR, Odete; SCHIRATO, Vitor Rhein (Coord.). **Poder de polícia na atualidade**: Anuário do Centro de Estudos de Direito administrativo, Ambiental e Urbanístico – CEDAU do ano de 2011. Belo Horizonte: Fórum, 2014, p. 27-45.

SERRANO, Nicolas Gonzales-Cuellar. **Proporcionalidad y derechos fundamentales en el proceso penal**. Madrid: Colex, 1990.

SILVA, Eduardo Pereira da. **Prerrogativa de foro no inquérito policial. Jus Navigandi,** Teresina, ano 11, n. 1115, 21 jul. 2006. Disponível em: <http://jus.com.br/revista/texto/8676>. Acesso em: 27 abr. 2013.

SILVA, Élzio Vicente da. **Operações especiais de polícia judiciária**: e ruptura de planos de ataque terrorista. Barueri, Novo Século Editora, 2017.

SILVA, José Afonso da. **Curso de direito constitucional positivo**. 15 ed. rev. São Paulo: Malheiros, 1998.

_____. Em Face da Constituição Federal de 1988, O Ministério Público Pode Realizar e/ou Presidir Investigação Criminal, Diretamente? **Revista Brasileira de Ciências Criminais (IBCCRIM)**, São Paulo, n. 49, jul-ago. 2004, p. 368-388.

SIMANTOB, Fábio Tofic. O monitoramento eletrônico das penas e medidas alternativas: efetividade ou fascismo penal? **Boletim do Instituto Brasileiro de Ciências Criminais (IBCCRIM)**, São Paulo, n. 145, dez. 2004.

SOBRINHO, Mário Sergio. **A identificação criminal**. São Paulo; Revista dos Tribunais, 2003.

SOUSA, Antônio Francisco de. **A polícia no estado de direito**. São Paulo: Saraiva, 2009.

SOUZA, Marcelo Weitzel Rabello de. Esse tal crime propriamente militar. Busca de um conceito. **Revista do Ministério Público Militar**. Brasília, n. 23, 2013, p. 09-26.

SOUZA NETO, Cláudio Perera Souza. Segurança pública na Constituição de 1988: Coceituação constitucionalmente adequada, competências federativas e órgãos de execução das políticas. **RDE – Revista de Direito do Estado**. Rio de Janeiro, v. 8, out./dez, 2007, p. 19-73.

STRECK, Lênio Luiz. **Desde 1992, a falta de Audiência de Custódia pode anular condenações?** 2015. Disponível em: <http://www.conjur.com.br/2015-jul-23/senso-incomum-falta-audiencia-custodia--anular-condenacoes-antigas>. Acesso em: 31 mar. 2016.

_____; OLIVEIRA, Marcelo Andrade Cattoni de; SILVA. Diogo Bacha e. **Inquérito judicial do STF: o MP como parte ou "juiz das garantias"?** Disponível em: <https://www.conjur.com.br/2020-mai-28/opiniao-inquerito-stf-mp-parte-ou-juiz-garantias>. Acesso em: 28 mai. 2020.

_____; CARVALHO, Marco Aurélio; OLIVEIRA, Marcelo Andrade Cattoni de; SILVA. Diogo Bacha; TORON; Alberto Zacharias; CARDOZO; José Eduardo. **Ainda sobre o inquérito judicial e o sistema acusatório**. Disponível em: <https://www.conjur.com.br/2020-jun-05/opiniao-ainda-inquerito-judicial-sistema-acusatorio>. Acesso em: 5 jun. 2020.

TÁCITO, Caio. Poder de polícia e polícia do poder. In: LAZZARINI, Álvaro et al. **Direito administrativo da ordem pública**. 2 ed. Rio de Janeiro: Forense, 1987.

TASSE, Adel El. **Investigação preparatória**. 3 ed. Curitiba: Juruá, 2010.

TÁVORA, Nestor; ANTONINI, Rosmar. **Curso de Direito Processual Penal**. 7ª Ed. Salvador: Juspodivm, 2012.

TORNAGHI, Hélio Bastos. **Instituições de direito processual penal**, v. 2, 2 ed. rev. e atual. São Paulo: Saraiva, 1977.

TOURINHO FILHO, Fernando da Costa. **Processo penal, volumes 1 e 3**. 25ª Ed. São Paulo: RT, 2003.

VALENTE, Manuel Monteiro Guedes. **Teoria geral do direito policial**. 2 ed. Coimbra: Almedina, 2009.

VEDEL, Georges. **Droit administratif**. 10 ed. Paris: Presses Universitaires de France, 1961.

VITTA, Heraldo Garcia. **Poder de polícia**. São Paulo: Malheiros, 2010.

WALINE, Marcel. **Droit administratif**. 9 ed. Paris: Sirey, 1963.

ZACARIOTTO, José Pedro. **A polícia judiciária no estado democrático**. Sorocaba: Brazilian Books, 2005.